JOHANN WALLBERGENS SAMMLUNG

Natürlicher Zauberkünste

Begründet von
Hans Magnus Enzensberger

Johann *Wallbergens* SAMMLUNG Natürlicher Zauberkünste

Oder aufrichtige Entdeckung
vieler bewährter, lustiger und nützlicher
Geheimnüsse, insbesondere denen
Wein-Negozianten dienende.

Nebst einem ANHANGE von medizinisch~,
sympathetisch-antipathetisch~
und ergötzenden Kunst-Stücken.

Nebst einem ESSAY von Christoph Hein,
einem NACHWORT und einer ZEITTAFEL
zur Wissensgeschichte der »Naturmagie«
von Rainer Schmitz sowie
ANMERKUNGEN von Birgit Dietzsch

VORERINNERUNG
an den
geneigten Leser.

Was den Verfasser derer hierinnen begriffenen Geheimnüsse zu gegenwärtiger Herausgabe derselben bewogen, ist die ganz ohninteressierte Liebe des Nächsten, selbige wollte ihme nicht gestatten, bloß allein die Menge allbereits an dem Tage liegender Schriften von dieser Gattung hiermit zu vermehren, vielweniger, nach Art derer meisten Autorum solcher Schriften ohne Unterschied Gutes und Böses, Gewiß~ und Ungewisses dem geneigten Leser hierinnen anzuhängen, sondern denselben im Gegenteile vor anderweitigem Zeit- und Geldverlust hierdurch liebfreundlichst zu verwahren; immaßen man versichern kann, auch die Erfahrung selbsten bei angestellter Probe einem jeden zeigen wird, daß auf die Wahrheit und Gewißheit dieser auserlesenen Sammlung sicher zu bauen ist, woferne man nur nicht mit ganz ungewaschenen Händen und ohne allen Verstand damit zu Werke schreitet; da hingegen man in andern dergleichen Sammlungen wohl zehn und zwanzig Fehlgriffe vor einen guten tun kann, wie Verfasser dieses vielfältig mit Schaden erfahren hat. Es sind zwar die meisten hierinnen enthaltenen Stücke unter gleichlautenden Rubriken allbereits in andern dergleichen Büchern zu finden, (immaßen zu gegenwärtigen Zeiten schwerlich etwas Neues und zuvor noch nie Erhörtes kann erdacht und gesagt werden), gleichwohl findet man deren größten Teil daselbsten entweder dunkel, unverständlich und mangelhaft oder auch ganz falsch beschrieben, welches die Konferierung des Textes ohnschwer zu erkennen geben wird; es sind aber auch nicht wenige schön~ und hochschätzbare Geheimnüsse hierinnen anzutreffen, die vermittelst dieses Drucks zum ersten Male das Licht erblicken, zum Exempel unter denen in dem Anhange begriffenen dieses: Wann ein Mensch im Wasser ertrunken ist und vor tot gehalten wird, denselben wieder zurechte zu bringen, (welches ungläubliche Stück in den Druck kommen zu lassen man billigen Anstand würde genommen haben, wo nicht die einige Zeit her in Frankreich praktizierte und von einem gelehrten Doctore Medicinae ohnelängst in teutscher Sprache edierte Kunst, ertrunkene Menschen wieder zu erwecken, obgleich nach einer andern Methode, hierzu Gelegenheit gegeben hätte). Der übrigen vielen, noch nie gedruckten Geheimnüsse, so hier mit eingebracht worden, insonderheit zum Dienst der Wein-Negozianten, nicht zu gedenken. Nun hat man noch wegen derer sympathetisch~ und antipathetischen Stücke mit wenigem sollen erinnern: 1) Daß diejenige, so die Sympathie in Zweifel ziehen, nur dieses einzige mögen bedenken, woher es doch müsse kommen, daß die von Erfrörung herrührende und sogenannte Winterbeulen die Änderung des Wetters im Winter, auch sogar eine gute Zeitlang vorher, durch Schmerzen anzudeuten pflegen, und zwar, welches noch mehr zu bewundern, die eine Gattung derselben bloß allein starken Frost, eine andere Schnee und wieder eine andere Tauwetter. 2) Daß man sich der sympathetisch~ oder antipathetischen Mittel niemals blindlings ohne gehörige Zirkumspektion auf den großen Unterschied, Mannigfaltigkeit und Wechsel der Natur und Beschaffenheit aller Dinge, noch ohne genugsame Vorsicht wolle bedienen, (zum Exempel, so man einige Krankheit wollte in einen Baum transplantieren, so müßte ein solcher darzu erwählet werden, welcher von Feuersgefahr und andern Anstößen entfernet, oder so man solche einem Tier beibringen wollte, müßte man deren sich enthalten, die andern Menschen zur Speise werden möchten etc.), woferne man nicht nach Gestalt der Sachen anstatt der gewünschten guten zuweilen keiner, wo nicht gar widriger und schlimmer oder unglücklicher Würkung will gewärtig sein, dergleichen manchmalen erst nach geraumer Zeit, da man sich dessen am wenigsten mehr versiehet, sich ereignen kann, immaßen die edle, obschon von einigen, wie bereits erwähnet, ohne zureichenden Grund in Zweifel gezogene, jedennoch durch vielfältige genau untersuchte Erfahrung (gleichwie die Materie von Gespenstern) zur Genüge verifizierte Wissenschaft der Sympathie und Antipathie wegen ihrer allzu tief verborgenen und keinesweges in die äußerliche Sinnen fallenden principiorum cognoscendi von der gelehrten Welt noch dato nicht sattsam hat können untersucht, geschweige dann in ein helles Licht gesetzt werden. Dahero auch die mannigfaltige darbei erforderte Kautelen, besonders bei dem Gebrauch des Menschenbluts nicht auszuforschen, noch zu erzählen sind; zur Warnung mögen dienen zerschiedene betrübte Exempel durch die Sympathie erzwungener Liebe bei Personen andern Geschlechts nebst deren unglückseligen Ausgang. Gleichwie nun die Mitteilung dieses Traktätgens aus aufrichtiger Liebe geschiehet, als versiehet man sich zu dem geneigten Leser, er werde solches gleichergestalten in Liebe aufnehmen, die nicht so genau aller Orten beobachtete Ordnung mit dem sonsten beliebten Wechsel gütigst excusieren und dargegen gewogen bleiben

dem Verfasser.

Curieuser, ergötzend~

und ganz leichter

I.

GEHEIM-
NÜSSE

Das Erste.
Seltsames Blendwerk mit einer unsichtbaren Dinte, so ein Unwissender sollte vor Zauberei halten:
Wenn man zum Exempel von einer Person, von deren zu vermuten, daß ihr solches und dergleichen Kunststückgen unbekannt, als dem größten Teil Weiber- und Pöbelvolks, gerne etwas Verborgenes möchte herauslocken, dessen sie nicht will geständig sein, ob man gleich deswegen wohl gegründeten Argwohn auf sie hat, so kann man ihr warnungsweise drohen, daß, woferne sie nicht gutwillig und aufrichtig die Wahrheit wolle bekennen, so werden sie beede Elementen, Feuer und Wasser, müssen verraten und beschämen. Laßt sie es nun darauf ankommen, so langt man in ihrer Gegenwart aus einem Haufen Papiers ein paar weiße Blättgen hervor, welche mit einem unerkenntlichen und uns allein bewußten Kennzeichen müssen bemerket sein, damit man an deren Stelle unter der Menge Papiers kein unrechtes ergreife. Oder man nimmt auch aus einem frischen, vorhin darzu verwahrten Buch Papiers einen heimlich bezeichneten Bogen, den man hernach, dem geheimen Merkmale gemäß, zu 2 Blättgen zerschneidet wegen der benötigten zweifachen Schrift. Auf diese Blättgen oder Bogen Papiers muß man nun zum voraus schon mit nachfolgendem Wasser oder unsichtbaren Dinte und einer neuen Feder in Geheim dasjenige antwortsweise geschrieben haben, was man von der Person argwohnet und zu wissen verlangt. Hierauf leget man das eine mit der unsichtbaren Dinte allbereits beschriebene Blättgen in ein Geschirre mit frischem Wasser, das andere aber hält man über eine frische Kohlenglut, daß es wohl heiß werde, jedoch nicht anfange zu sengen noch zu brennen; so wird die Schrift im Wasser auf dem davon durchsichtig gewordenen Papiere in schönen weißen, die Schrift aber über den Kohlen in schönen schwarzen Buchstaben erscheinen. Solche kann man der bezüchtigten und bei dieser ganzen Handlung mit dem Feuer und Wasser stets gegenwärtig gewesenen Person selbsten lesen lassen, welche dann hierüber gewißlich nicht wenig wird erstaunen und verstummen.

Man kann auch anstatt der glühenden Kohlen das eine Blättgen Papiers an eine heiße Ofenplatte drücken oder ein heißes Bigeleisen daraufsetzen und solches zu rechter Zeit wieder hinwegnehmen, sobalde nämlich die ganze Schrift lesbar erscheinet.

Das zugehörige Wasser oder die unsichtbare Dinte:

Man läßt nur in klar~ und reinem warmen Wasser soviel recht zart gepülverten Alauns zergehen, als dessen das Wasser annehmen mag, unter öftermaligem Umrühren, und schreibt hernach mit solchem hellen Alaunwasser und einer neuen Feder; so siehet man ganz und gar nichts von solcher Schrift, wenn sie trocken ist.

2. Aus zweien durchsichtigen Wassern im Augenblick durch bloßes Zusammengießen eine schwarze Dinte zu machen:

In dem einen Wasser läßt man lindlich eine proportionierte Quantität gestoßener Galläpfel ein Weilgen sieden; in dem andern aber solviert man nach Proportion blauen Kupfervitriol nebst etwas Gummi und Alauns, auch ein wenig Salz. So man will, mag man jedes Wasser nachgehends filtrieren und in einem Glas jedes besonders aufheben, so erscheinen sie beede klar.

In dem Moment des Zusammengießens aber geben sie eine kohlschwarze Dinte zum Schreiben.

3. Daß ein umgestürzter Hafen oder Topf eine Schüssel voll Wassers aussaufe:

Fülle eine tiefe Schüssel mit Wasser; sodann laß in einem ungespaltenen, etwas weiten und erwärmten Topf einen angezündten ziemlichen Lock Flachs oder Bogen Papiers ausbrennen. Wenn solches beinahe vorbei ist, so stürze den Topf mit seiner Mundung in die Schüssel mit Wasser, so säuft er das Wasser begierig in sich, welches mit Lust zu sehen ist.

Man kann den Flachs oder das Papier vor der Türe in dem Topfe verbrennen lassen, damit die zugegenseienden Personen so eigentlich nicht können vermerken, was mit dem Topfe vorgegangen.

4. Auf eine ganz leichte manière, ex tempore, ohne Kompaß oder andere Weitläufigkeit den Punkt des Norden oder die Mittagslinie zu finden:

Lasse in einer Schüssel mit Wasser auf dessen Oberfläche ganz sachte eine lange und subtile Nähenadel (ohne nötig zu haben, selbige vorher an einen Magnetstein zu streichen) mit den Fingern nieder, so daß deren beeden Ende zugleich aufs Wasser kommen, mithin selbige nicht untersinke, und laß denn die Schüssel ruhig und ohn alles Rühren und Bewegen stehen, so wird die Nadel einige Zeit lang auf dem Wasser in einem Circul umherschwimmen, endlich aber ganz stillestehen und mit dem einen Ende Norden, mit dem andern Ende aber Süden akkurat andeuten. Welches gewißlich ein curieux~ und nachdenkliches Experiment ist.

Man sollte selbiges bei windstillem Wetter ebensowohl auf dem Felde und in Wäldern auf einem stillestehenden Wasser können praktizieren als in einer Stuben.

5. Im Wasser ertrunkene Fliegen oder Mücken wieder lebend zu machen:

Wenn es zumalen nicht allzu lange angestanden, daß sie ersoffen, als etwan 3, 4 Stunden, eine halbe oder auch ganze Nacht, so kehre sie also naß über und über um in zart geschabter Kreide und lege sie sodann an die Sonne, so werden sie bald wieder lebend. Oder nimm sie aus dem Wasser und lege sie nur in warme Asche. Ist zwar ein gering und verächtlich scheinendes Experiment, hat aber gleichwohlen was mehrers und größers in recessu; ein Kluger sinne ihm nach.

6. Mit einem Strohhalmen ein Glas voll Wein oder Bier aufzuheben, bloß allein vermittelst dessen Einsteckens in das Glas:

Nimm einen schön ganzen und unzerknickten Strohhalm, von diesem schneide bei einem Knoten einen Teil hinweg, so daß der Knote an dem ganzen Halm stehen bleibe; dann misse mit dem Halm von dessen knotigten Ende an die Weite der Mündung des Glases oder deren

Diameter; so weit nun daselbsten das Glas von einer Seite zur andern befunden wird, ebenso weit biege oder brich den Strohhalm um. Hierauf stecke den also gebrochenen Halm in das Glas hinein und zeuch ihn bei seinem langen Ende allgemach heraufwärts, als wolltest du selbigen wieder aus dem Glase ziehen, so bekömmt das Stroh in dem Glase einen Widerhaken und stämmet sich bei dem knotigten Ende und bei dem Bruche fest an die beede Seiten des Glases, dergestalten, daß du mit selbigem das gefüllte Glas ohne Schwierigkeit aufhebest.

Dieses Stückgen dienet, denen Unwissenden eine Wette damit abzugewinnen, und wird um so mehr Verwunderung verursachen, wenn man das Maß mit einem Strohhalm zum voraus in Geheim an dem Glase genommen, selbigen solchem gemäß umgebrochen, dann selbigen etwan unter eine Bank geworfen und nachgehends in der Compagnie gleichsam von ohngefähr wieder aufgehoben, dann hierauf die Wette geschlossen, damit die Unwissenden nicht so leichte merken, wie es damit zugehet.

7. Allerleicht und sicherstes Mittel, daß man nicht leichtlich trunken werde:

So man bei unvermeidlicher Gelegenheit sich gerne der Trunkenheit möchte erwöhren, so trinke man vorhero nüchtern ein ganz frisch Hühnerei aus, also rohe ungesotten, und, wo möglich, annoch warm von der Hennen.

8. Seinen Armen und Fäusten auf eine Zeitlang eine außerordentliche Stärke zu geben:

Nimm vor einige Batzen Beifußsaft aus der Apotheke und schmiere damit Hände und Arme bis über die Ellenbogen: solches je öfter, je besser wiederholt und wohl eingerieben. Man wird sich wundern.

9. Auf ein Papier geschriebene Buchstaben oder andere Figuren zu verbrennen und dieselben nachgehends auf der Hand wiederum erscheinend zu machen:

Gegenwärtiges Kunststückgen werden Unwissende gar leichte vor Zauberei ansehen: Schreibe oder zeichne, was dir selbsten beliebig, mit deinem eigenen Urin und einer neugeschnittenen Feder außen auf deine Hand, siehe aber wohl zu, daß du nicht kleckest und daß gleichwohl die Feder recht fließe, damit die Buchstaben oder Figuren deutlich ausgedrückt mögen werden; hernach laß es trocknen, so siehet man nichts davon, hüte dich aber, daß dir nicht etwan die Hand nachgehends schwitze oder du selbige aus Unbesonnenheit abwaschest, noch auch sonsten benetzest, damit dardurch die unsichtbare Schrift oder Figuren nicht wiederum vertilget werden.

Wenn du nun hierauf in einer Gesellschaft, in deren aber solches Kunststückgen niemanden allbereits bekannt darf sein, Verwunderung und Spaß damit erregen willt und etwan ohnehin ein brennendes Licht zugegen ist oder auf den Tisch kömmt, so schreibe nach einigem anderweitigen Zeitvertreib oder Discours öffentlich mit Feder und Dinte auf ein Stückgen Papiers eben diejenigen Buchstaben, Worte oder Figuren, die du zuvor heimlich auf deine Hand geschrieben hast, und zwar auch in ebenderselben Gestalt und Größe und laß es trocknen. Hernach zünde das Papier bei dem Lichte an, lasse selbiges verbrennen und reibe sodann mit der schwarzen Papierasche deine Hand an demjenigen Ort, da du zuvor mit dem Urin hingeschrieben, so werden die Buchstaben oder Figuren kohlschwarz, und erscheinet dasjenige wiederum auf der Hand, was von dir auf das Papier verzeichnet und nachgehends verbrennt worden war.

10. Ein mit Kohlen auf den Tisch gezeichnet~ und wieder ausgelöschtes Kreuz auf der Hand wiederum erscheinend zu machen:

Dieses Stückgen beruhet auf dem allererst gezeigten Fundamente, ausgenommen, daß dieses mit größern Figuren und mit wenigern Umständen zu praktizieren ist: Zeichne mit Kohlen ein dreifaches Kreuz auf den Tisch; dann hole etwas Asche aus der Küchen und zeichne inzwischen heimlich mit der Spitze eines Inschlitt-Lichts die nämliche Kreuzfigur auf deine verkehrte Hand. Bringe hierauf die Asche in die Stube, reibe mit selbiger die auf dem

Tisch stehende Kreuzfigur völlig aus, streue die hierzu gebrauchte Asche auf deine verkehrte Hand, reibe sie auf derselbigen wohl hin und wieder und, blase sie dann hinweg, so wird das mit selbiger auf dem Tische ausgelöschte Kreuz auf deiner Hand wiederum erscheinen.

11. **Curieuses Mittel, erfrorne Glieder, Hände und Füße wieder zurecht zu bringen:**
Selbige muß man in frischen Schnee stecken und so lang darinnen lassen, bis sie über und über rot werden. Es wird zwar heftig schmerzen, die Hülfe aber ist gewiß.

12. **Zur Winterszeit in einer warmen Stube aus Wasser Eis zu machen:**
Wenn es im Winter Schnee hat, so fülle ein Gläsgen, das oben enge und unten einen großen Bauch hat, dergleichen die in den Sanduhren sind, mit laulichtem Wasser und stopfe selbiges feste zu; hernach nimm Schnee in ein ziemlich großes Gefäß, mische darunter etwas Salpeters und einigen Teil gemeinen Salzes, so wird hiervon der Schnee gleichsam brennend kalt; sodann setze das Gläsgen mit dem Wasser mitten in diesen Schnee, so daß selbiges damit über und über bedecket seie, und laß es eine gute Viertelstunde darinnen stehen in der warmen Stube, so wird das Wasser in dem Gläsgen in Eis verwandelt sein.

13. **Einem Unwissenden ein vermeintes Gespenst zu zeigen:**
Wenn der Mond recht helle und deine Wohnung entweder von der Seiten zu schräg oder è diametro beleuchtet, so laß dessen Strahlen in einen bei Handen habenden kleinen Spiegel fallen und richte selbige auf die Fenster eines Zimmers deines gerade gegenüber wohnenden Nachbars, wenn kein Licht mehr in selbigem Zimmer vorhanden ist; lasse solchen Schein, durch Bewegung des Spiegels, in dem Zimmer bemeldten Nachbars längst den Fenstern auf- und niedergehen oder hüpfen und zeige solches einer dir zur Seiten am Fenster liegend~ und hinausschauenden Person, so wird sich deren Augen ein veritabler Irrwisch

oder laufendes und hüpfendes Lichtgen in des Nachbars Zimmer präsentieren. Jedoch siehe dich wohl für, daß die geäffte Person deines Spiegels nicht gewahr werde.

14. **Unter 21 Kartenblättern dasjenige zu erraten, so jemand aus der Compagnie hat in den Sinn genommen:**

Zähle 21 Kartenblätter ordentlich nacheinander hin auf den Tisch, auf 3 Häufgen, jedoch nur bei dir selbst, ohne daß die andern dein Zählen, noch auch die Anzahl der Kartenblätter vermerken, und zwar so, daß du vom 3ten Häufgen jederzeit wieder auf das erste, hernach auf das 2te, dann auf das 3te und so fort wieder auf das erste, 2te und 3te Häufgen in der Ordnung immerzu die Blätter hinlegst, bis in jedem Häufgen der Blätter 7 liegen. Die übrigen Blätter vom ganzen Kartenspiele kannst du heimlich irgendswo verstecken. Währendem Hinzählen nun der 21 Blätter in den 3 Häufgen lasse jemanden aus der Compagnie ein selbstbeliebiges Blatt davon in den Sinn nehmen und selbiges wohl bemerken, auch genau beobachten, in welchem Häufgen das bemerkte Blatt liege; selbiges Häufgen lasse dir nach dem Zählen von ihme anzeigen. Dann lege die drei Häufgen aufeinander dergestalten, daß das angezeigte Häufgen mit dem bemerkten Blatte in die Mitte zu liegen komme; hernach zähle die Blätter wieder nacheinander hin, auf drei Häufgen, gleichwie zum ersten Mal, laß deinen Freund sein Blatt wieder wohl merken und in welches Häufgen selbiges anjetzo komme, sodann solches Häufgen nach geendigtem Zählen dir wieder anzeigen, tue selbiges wieder in die Mitte und zähle die Blätter noch einmal hin, wie zuvor, laß ihn abermalen sein Blatt wohl merken, dasjenigen Häufgen, darinnen es nun liegt, dir anzeigen, und tue selbiges Häufgen noch einmal in die Mitte. So ist dann das bemerkte Blatt ganz gewiß das mittelste unter den 21 Blättern allen, nämlich das 11te, du magst nun von dem ganzen Haufen von oben herab oder von unten hinauf anfahen zu zählen. Doch läßt du dir solches nicht anmerken, sondern zählest nur bei dir selbst 10 Blätter heimlich (etwan unter dem Tische) davon hinweg und würfst ihme dann das eilfte Blatt hin als sein erwähltes Blatt, so wird es nicht geringe Verwunderung verursachen.

15. **Dasjenige unter dreien Dingen zu erraten, so eine jede von dreien Personen angerührt oder zu sich genommen hat:**

Man setze, es seien 3 Dinge A E J, gilt gleich viel, was es auch vor Dinge seien mögen:

    I.   II.   III.
    A   E   J

Deren man A das erste, E das zweite und J das dritte nennen mag.

Es seien auch 3 Personen, nämlich Adolph die erste, Bernhard die 2te und Carl die 3te.

Nun lege 24 Stück Zahlpfennige auf den Tisch oder, nach Belieben, soviel Stücke anderer Dinge, um sich deren nur bloß zum Zählen bedienen zu können, als Nüsse, Bohnen, Steingen etc. Hiervon gib der ersten Person 1 Stück, der andern 2 und der dritten 3, sodann gehe beiseit oder auch vor das Zimmer hinaus und laß inzwischen eine jede der 3 Personen ein Stück von den anfangs gemeldten 3 Dingen heimlich hinwegnehmen und bei sich stecken. Nach deiner Rückkehr sprich, daß derjenige, so das erste Ding A zu sich genommen, soviel Stücke von denen auf dem Tisch übriggebliebenen Zahlpfennigen solle hinwegnehmen, als du ihme gegeben, der aber das 2te Ding E zu sich genommen, solle zweimal soviel der Zahlpfennige hinwegnehmen, als du ihme gegeben hast, und endlich derjenige, so das 3te Ding J zu sich genommen, solle viermal soviel Zahlpfennige hinwegnehmen, als du ihme gegeben hast.

In währender Zeit, da diese drei Personen ihre benennte Anzahl Pfennige hinwegnehmen, kannst du ihnen den Rücken zukehren oder vor der Türe des Zimmers bleiben und ihnen von draußen herein zurufen, was ein jeder wegen der Zahlpfennige erstbeschriebenermaßen zu beobachten oder auch vor deinem Hinweggehen gleich zum voraus ihnen sagen, was ein jeder in Ansehung des

Dinges, so er von den dreien bei sich stecket, ingleichem der ihme von dir eingehändigten und noch weiter vom Tisch hinwegzunehmenden Zahlpfennige zu tun hat.

Es ist auch nicht vonnöten, bei Nennung derer drei Dinge ihre Zahl 1, 2, 3 mit zu nennen, sondern damit das Geheimnüs um so mehr verborgen bleibe, magst du nur die drei Dinge mit ihrem Namen nennen, zum Exempel A eine Uhr, E ein Federmesser, J einen Ring, genug, wenn nur du bei dir selbst genau bemerkest, das wievieleste jedes von denen 3 Dingen gewesen.

Nachdeme nun jede der 3 Personen ihre benannte Anzahl Pfennige vom Tisch hinweggenommen, so trete herbei und siehe zu, ohne daß die Anwesenden dessen wahrnehmen, wie viele noch von den Zahlpfennigen auf dem Tische übriggeblieben, deren können nun niemals mehrere sein als entweder 1, 2 oder 3 oder aber 5, 6 oder 7 Stücke. Hieraus kannst du jedesmal sicher schließen, wer das erste, 2te oder 3te Ding zu sich genommen habe, wenn du nur nachfolgenden Vers wohl im Gedächtnüs behaltest und desselben Worte, nebst deren Silben, bei dir selbst betrachtest:

Salve	certa	animae (ae anstatt e)	semita	vita	quies.
1.	2.	3.	5.	6.	7.

Immaßen, wenn nur 1 Zahlpfennig auf dem Tische übriggeblieben, so bedeutet selbiger das erste Wort dieses Verses, 2 Zahlpfennige bedeuten dessen 2tes und 3 dessen 3tes Wort; 5 Zahlpfennige hingegen bedeuten dessen 4tes, 6 Zahlpfennige dessen 5tes und 7 dessen 6tes Wort.

Ferner bedeutet die erste Silbe jeden Worts die erste Person, die 2te Silbe die andere und die 3te, so nämlich das Wort 3 Silben hat, die 3te Person; denn bei denen übrigen Worten, die wegen des Verses nur aus 2 Silben bestehen, gibt sich die 3te Person von selbsten an den Tag, wenn man die andern beede weiß.

Endlich bedeutet der Vokal-Buchstabe a in jedem Wort das erste Ding, e das 2te und i das 3te; ist aber einer von diesen 3 Buchstaben nicht in dem Wort enthalten, so gibt er sich gleichergestalten, samt dem dardurch bedeuteten Dinge, aus denen bereits bekannt gewordenen übrigen beeden Buchstaben von selbsten zu erkennen.

Wären nun zum Exempel 2 Zahlpfennige auf dem Tische geblieben, so betrachte das 2te Wort certa und sprich: Adolph (als die erste Person) habe das Federmesser (als das 2te Ding e) zu sich genommen, Bernhard (als die 2te Person) habe die Uhr (als das erste Ding a) und Carl den Ring.

Wären 5 Zahlpfennige übriggeblieben, so betrachte das 4te Wort semita und sprich: Adolph (als die erste Person) hat das Federmesser (als das 2te Ding e), Bernhard (als die 2te Person) den Ring (als das 3te Ding i) und Carl die Uhre (als das erste Ding a) und so fort bei den übrigen Abwechslungen.

Damit auch hierbei das Geheimnüs desto verdeckter bleibe, so ist unnötig, die Personen gerade in der Ordnung nacheinander herzunennen, sondern man kann den Carl oder Bernhard zuerst nennen samt demjenigen Dinge, so er zu sich genommen, nach Maßgabe des Worts aus dem Vers, so du heimlich bei dir selbst betrachtest.

16. Zu erraten, wieviel Geldes jemand bei sich habe:

1. Laß die Person die Anzahl des Geldes dreifach nehmen oder mit 3 multiplizieren.
2. Diese dreifache Zahl in 2 gleiche Teile teilen ohne Bruch, so es sich tun läßt; kann es aber ohne Bruch nicht geschehen, so lasse die Person noch 1 zur Zahl hinzusetzen und sodann selbige erst teilen, auch, wenn sie 1 zusetzen müssen, dir solches anzeigen.
3. Solche Hälfte wiederum mit 3 multiplizieren oder dreifach nehmen.
4. Von dieser dreifachen Zahl so vielmal 9 hinwegwerfen, als es sich tun läßt, oder mit 9 dividieren und dir sodann melden, wievielmal man die 9 hinwegwerfen können.

Nun rechne du bei dir selbst vor jeden Neuner 2 und für die hinzugesetzte Ziffer 1 rechne 1, so hast du die Zahl des Geldes.

Zum Exempel: Es habe jemand 6 Taler bei sich, so heiße ihn die Zahl der Taler dreimal oder dreifach nehmen, das wären 18, diese 18 heiße ihn halbieren, so sind es neun; laß ihn diese Hälfte wieder dreimal nehmen, so kommen heraus 27; hiervon laß ihn 9 hinwegwerfen, sovielmal er kann, dieses wird dreimal können geschehen; derowegen laß dir solches melden und rechne nun du vor jeden Neuner 2, sprechende, er habe 6 Taler, (weilen 2 mal 3 sechse bringt).

ITEM: Es habe jemand 7 Groschen, so multipliziere er solche mit 3, das gibt 21, diese teile er in 2 gleiche Teile, und da er wird sprechen, es lasse sich nicht tun, so sage, er solle 1 zu seiner Zahl hinzusetzen und dann selbige teilen, so wird er 22 bekommen, deren Hälfte 11 sind; diese Hälfte multipliziere er wieder mit 3, so hat er 33, hiervon werfe er die 9 hinweg oder dividiere die 33 mit 9, solches kann hier abermals zu 3 Malen geschehen, das lasse dir anzeigen. Dann rechne vor jeden Neuner 2 und vor den hinzugesetzten Einser rechne 1 und sprich: Er habe 7 Groschen. Dann die Münzsorten mußt du dir gleich zum voraus lassen zu erkennen geben.

<u>NB.</u> So ein Exempel vorkäme, da man den Neuner mehr nicht als einmal von der letztem Zahl hinwegwerfen könnte, so gibt solches zu verstehen, daß die Person nur 2 Münzstücke bei sich habe.

Wäre aber die letztere Zahl weniger als neun, so ist daraus zu schließen, daß die Person nicht mehr als 1 Stück der angegebenen Münze bei sich habe.

17. **An einen hölzernen Eßlöffel hintenzu in den Stiel ein Messer zu stecken und denselben hernach mit dem Vorderteil 2 Querfinger breit auf einen Tisch zu legen, daß er darauf liegen bleibe, obgleich das Messer hinten in dessen Stiele stecket:**

Nimm einen hölzernen Eßlöffel, aber keinen Rührlöffel, womit man Speise kocht, darein stecke hinten in den Stiel, nahe bei dessen Ende, ein spitziges Messer, so daß es zwar hinunterwärts hange, jedoch nicht gerade, sondern wohl schräg gegen dem Vorderteile zu, da man aus isset, in dem Stiele des Löffels stecke; alsdann lege den Löffel mit dem Vorderteile, daraus man zu essen pfleget, kaum 1 oder 2 Querfinger breit auf einen Tisch, so bleibt er darauf liegen, obschon das Messer darinnen steckt, welches er doch in solcher Lage vor sich selbst allein nicht tun könnte.

Dahero man mit einem wetten mag, wenn er den Löffel allein wegen überwiegenden Gewichts seines Hinterteils bei aufliegenden so geringen Spatio seines Vörderteils auf dem Tische nicht kann liegend machen, man wolle nicht nur solches ins Werk stellen, sondern noch über dieses das allbereits übergewichtige Hinterteil des Löffels mit einem noch weit großem Gewichte beschweren und gleichwohlen den Löffel weder mit Pech, noch sonsten etwas auf dem Tische befestigen, sondern daß er in solcher Lage von freien Stücken auf dem Tische müsse liegenbleiben.

18. Ein langes Pferd-Haar in ein Ei zu bringen:

Stich mit einer subtilen Nadel ein kleines Löchel durch die Schale und das innere Häutgen eines Eies an einer dessen Spitzen und treibe durch selbiges nach und nach ein langes Pferd-Haar hinein; über dieses verstopfe das Löchel mit einem Staubkörngen von Kreide und lasse das Ei sieden. Dann lege selbiges vor, wem du willt.

19. Einen Brief in ein Ei zu bringen:

Das Briefgen darf zwar lang, aber nicht breiter sein als der mittlere Finger; darauf kann man nun einem seine Gedanken kürzlich und mit ganz kleiner Schrift entdecken. Wenn selbiges wohl getrocknet, so ritzet man mit einem scharfen Messergen an dem einen Ende ein Ritzgen in das Ei und sticht zugleich das innere Häutgen durch; dann schiebet man hierdurch das Briefgen allgemählig hinein, welches ohne sondere Schwierigkeit geschehen kann, und verschmieret das Ritzgen vermittelst eines subtilen Penselgens auf das pünktlichste mit ein klein bißgen zart geriebenen Kalks, so mit Gummiwasser angemacht worden. Man kann auch, anstatt der letztern Stücke, Bleiweiß und Tragant hierzu gebrauchen.

Um die Eröffnung der Schale des Eies anfänglich zu erleichtern, mag man das Ei 3 oder 4 Stunden lang in einem scharfen Essige lassen liegen, so wird davon die Schale ganz weich werden; dann mit einem Messergen dieselbe subtil aufgeritzt, das Briefgen hineingesteckt und hierauf das Ei eine Zeitlang in kaltes Wasser gelegt, so wird es wiederum ganz hart wie vorhin.

20. Einen Apfel zu zerschneiden, daß gleichwohl die Schelfe ganz bleibe:

Nimm eine subtile Nadel mit einem guten zähen Faden und nähe damit auf einer Seiten des Apfels in einem Circul unter der Schelfen herum, dergestalten, daß du jederzeit mit der Nadel zu demjenigen Löchelgen wieder hineinstechest, zu welchem du selbige mit einem Teile des Fadens hast herausgezogen. Zu solchem Ende mache niemalen allzu lange Stiche, immaßen die Nadel gerade ist und der Apfel rund; lasse auch ein ziemlich langes Trumm von dem Faden zu demjenigen Löchelgen vor den Apfel heraushängen, wo du mit Nähen hast den Anfang gemacht, und bleibe im Nähen mit der Nadel und Faden immerfort so nächst unter der Schelfen, als es sich tun läßt, jedoch auch so ferne, daß davon die Schelfe nicht beschädiget noch zerrissen werde und daß man auch nachgehends die Striemen von der Nadel und Faden so leichtlich nicht könne durch die Schelfen hindurch beobachten; fahre solchergestalten mit dem Nähen fort, bis und dann du damit in einem Circul oder Ring um den ganzen Apfel auf desselben einer Seiten bist herumgekommen. Dann fasse bei demjenigen Löchelgen, woselbsten du mit Nähen den Anfang hast gemacht, beede Trümmer des Fadens, halte das eine Trumm, vermittelst Andrückens mit einem Finger, feste an den Apfel an und ziehe an dem andern Trumm des Fadens stark über deinen anhaltenden Finger hin, bis der ganze Faden auf solche Weise wieder aus dem Apfel heraus ist. Auf jetztbemeldte Art prozediere auch auf denen übrigen 3 Seiten des Apfels; jedoch immerfort so, daß die Circul-Naht nicht allzu groß werde, noch dem Putzen des Apfels zu nahe komme, damit der Faden im Herausziehen und Durchschneiden des Apfels den Putzen nicht berühre, immaßen auf solchen Fall der Faden würde zerreißen. Dergleichen Apfel stelle nun, nebst anderm Obst, auf einer Tafel zu essen vor; wenn zumalen zerschiedene auf diese Weise zugerichtet worden sind, so werden sie allererst nach dem Schälen in viele Stückgen zerfallen, welches manchem seltsam und unbegreiflich vorkommen muß.

21. Ein Leinwat-Tüchel anzuzünden, daß es über und über brenne und gleichwohlen nicht versehret werde:

Tauche das Tüchel in Branntenwein, der nicht auf das höchste abgezogen, sondern annoch ziemlich wässerig ist, und lasse darinnen das Tüchel durchaus naß werden; dann fasse selbiges mit einer Zangen, zünd es an und laß es brennen, bis die Flamme von selbsten verlöschet, so wird das Tüchel zwar dem Ansehen nach brennen und in voller Flamme stehen, aber gleichwohlen nicht verbrennen, ja sogar im mindesten nichts daran versehret sein.

22. Daß ein in die Flamme gehaltener Faden nicht brenne:

Binde den Faden feste um ein Ei oder auch um eine zinnerne Kanne, Becher oder blechernes Federrohr etliche Mal dichte aneinander herum; dann fülle die Kanne, Becher oder Federrohr mit frischem Wasser und halte hierauf die Gegend, wo der Faden umgebunden, in Flamm-Feuer, so wird der Faden in selbigem nicht brennen; gleichwohlen nimm ihn in acht vor Kohlenglut.

23. Daß ein Papier nicht brenne:

Tauche das Papier in Oleum Tartari per deliquium, zu teutsch, geflossen Weinsteinöl, laß es wieder trocknen und halte es sodann in Flamm-Feuer, so wird es nicht brennen noch Flammen fahen, ob es gleich von der Gewalt des Feuers endlich verzehret wird.

Hingegen, so man nur ein Blatt gemeinen Papiers platt über ein brennendes Licht hält und beständig fort stark mit dem Munde oben darauf hinbläst, so wird es sich keineswegs entzünden, noch von der Flamme versehret, viel minder verzehret werden, solange man mit dem Blasen anhält; nähme man aber anstatt gemeinen ein auf obige

Weise mit Weinsteinöle bereitetes Blättgen Papiers, so würde man mit ringerer Mühe diesfalls seinen Zweck erreichen, um bei denen Zuschauenden Verwunderung zu erwecken.

24. **Zum Schrecken plötzlich eine starke helleuchtende Flamme oder Blitz in einem Zimmer, sonderheitlich so dasselbige finster ist, zu erregen ohne Gefahr und ohne Gestank:**
Fülle einen Federkiel oder Kopf einer Tobakspfeifen mit semine Lycopodii, zu teutsch Bärlappsamen (welcher in allen Apotheken angetroffen wird), jedoch nicht ganz voll, damit das freie Blasen nachgehends um so weniger dadurch verhindert werde; dann blase mit dem Munde diesen Samen schnelle zu öberst durch die Flamme eines Lichts oberhalb dessen Putzen oder Schnuppen hin, damit von dem Blas das Licht nicht ausgelöscht werde; auch solle in der Nähe nichts Brünstiges befindlich sein, so von der Flamme ergriffen werden möge. Das Blasen wird, soviel möglich, hinterrücks und unvermerkts der Anwesenden verrichtet.

Weit größer würde der Schrecken und das Entsetzen sein, so es sich sollte fügen, daß ein oder andere Person (deren dieses Stück nicht vorhin bekannt) bei Nachtzeit in einem finstern Zimmer, Kammer oder Schlafgemach ohne Licht sich befinden und etwan ohnehin in der Tür oder in der Wand oder in einem Fensterladen derselben Kammer ein kleines Astloch oder ander bequemes Löchel vorhanden sein sollte; wo aber dergleichen Löchel nicht allbereits zugegen wäre, so könnte an einem bequemen Ort eines durch die Türe oder Wand der Kammer durchgebohret werden, bloß von der Größe, daß man etwan mit dem kleinen Finger hindurchkommen könnte, oder noch ringer; über dieses wäre zum Vorhaben beförderlich, wenn alle andere Ritzen, Fugen, Löcher und Öffnungen an der Türe und Wand vorhero auf das beste mit Tuch-Enden, Filz oder grauem Papiere etc. vermacht worden wären, damit nirgend wodurch einig brennendes Licht in solche Kammer schimmern könnte; hiernächst erfordert vernünftige Vorsicht, daß ein Kind, schwangere Frau, noch sonsten eine schreck- und zaghafte, traurige oder niedergeschlagene Person nit in solcher Kammer, ingleichem daß, wie oben bereits gewarnet, alle leicht entzündliche Dinge als Werg, Flachs, Papier, Leinewand, Schwefel, Schießpulver und der gleichen zuvor in der Kammer ferne hinweggeschafft worden seien. Wann nun beschriebenermaßen alles zum Vorhaben bequem sich sollte anschicken und in besagtem finstern Zimmer oder Kammer ein oder andere resolute, muntere und mutwillige Person entweder vor sich bereits vorhanden oder mit Manier und unvermerkts hineingelockt worden wäre, so verfüge dich mit einem brennenden Lichte in aller Stille hin vor das in die Kammer gehende Löchel, halte das Licht nächst an dasselbe, jedoch dergestalten, daß bloß die Spitze von der Flamme des Lichtes dem Löchel gleich komme und das Licht sowenig als möglich oder gar keinen Schein in die Kammer werfe. Dann blase deinen in dem Federkiele bereit haltenden Bärlappsamen behende durch die Spitze der Lichtflamme und zugleich durch das Löchel, etwas schräg über sich, in die Kammer, so wird er in derselben, wider alles Vermuten der darinnen Anwesenden, einen feurigen starken Strahl und hellleuchtenden Blitz formieren und niemand so leichte erraten, wo selbiger hergekommen.

Nach Gestalt der Sachen, wo du sicher bist, daß der Betrug dardurch nicht möchte entdecket werden und du zerschiedene dergleichen gefüllte Federkiele bei Handen hast, kannst du das Durchblasen entweder hurtig hintereinander oder auch nach einiger Frist wiederholen.

25. Daß bei dem Eintritt einer Person in ein Zimmer dasselbige ganz voller Feuer erscheine:

Laß in einer großen Menge des allerstärksten Branntenweins in kleine Stückgen zerschnittenen Kampfer sich auflösen, gleichergestalten in ziemlicher Menge und beinahe soviel, als dessen der Branntenwein mag in sich nehmen. Wenn der Kampfer nun aller aufgelöst, so wird ein Zimmer erwählt, welches ziemlich feuerfest und durchaus leer sein solle von all und jeden brünstigen Dingen, auch Vorhängen und dergleichen, worzu ein steinernes vor andern möchte bequem sein; dessen Türen, Fenster, Ritzen und samtliche Kläckgen und Löchergen werden auf das genaueste vermacht und verstopft, damit nirgendswo einiger Dampf könne durchdringen; in demselbigen setze alsdann deinen Branntenwein mit dem aufgelösten Kampfer in einer dauerhaften verglästen Schüssel auf eine Kohlenpfanne mit sanfter Glut, so daß keine Flamme möge darein schlagen, und laß, vermittelst gelinden Kochens, all den Kampfer-Branntenwein in dem Zimmer ausrauchen und dasselbige erfüllen, so wird solcher Dampf wegen seiner Subtilität gleichwohlen kaum mit Augen zu erkennen sein. Hierauf lasse jemanden mit einem brennenden Lichte in solches Zimmer treten, so wird sich von dem Lichte sogleich die ganze Luft darinnen entzünden und das Zimmer das Ansehen eines brennenden Backofens gewinnen, worinnen alles in voller Flamme stehet. Welches dann demjenigen, so hineingehet, heftigen Schrecken wird verursachen.

Wann in dem Branntenwein zugleich etwas Bisams oder ganz ein wenig Ambra aufgelöst worden, so wird die daher entstehenden Flamme mit ihrer Lieblichkeit erquickend sein.

26. Feurige Schlangen in der Luft zu präsentieren:

In gutem Branntenwein lasse soviel Kampfers zergehen, als dessen der Branntenwein annehmen mag; dann tauche darein zerschiedene schmale Trümmergen von Pergament von selbst beliebiger Größe, daß sie durchaus naß werden, und lasse sie wieder trocken werden. Hernach zur Nachtszeit zünde selbige an an einem sichern Orte, ferne von Heue, Stroh und andern dergleichen leicht entzündlichen Dingen, und lasse sie brennend von einer Höhe herniederfallen, entweder in einem hohen Zimmer oder auch von einem Fenster auf die Straße, wo es daselbsten sicher ist; so wird man mit Lust feurige Schlangen sehen durch die Luft passieren.

27. Feuer ohne Mühe und Schaden aus dem Munde zu speien:

Nimm Flachs, ziehe aus demselben ein langes Trumm heraus, als ob du spinnen wolltest, darfst aber selbiges nicht drehen, formiere daraus ein dichte aufeinandergewickeltes Knäulgen in der Größe einer Musketenkugel, stecke selbiges an ein Gäbelgen, halte es über ein brennendes Licht, wende es zum öftern um und lasse es wohl ausbrennen, bis dir dünkt, es seie vom Feuer völlig durchdrungen; dann lege selbiges also glühend auf einen ausgebreiteten Flachs und wickle es ganz darein; jedoch darf der Flachs nicht größer sein, denn daß du ihn mit Bequemlichkeit könnest in den Mund bringen. In solcher Gestalt stecke ihn bei dich in die Tasche, bis du in einer Gesellschaft willst Feuer speien; alsdann nimm solchen Flachs unvermerkt in den Mund und blase stark darein, so wird das glimmende Kügelgen den Flachs entzünden und dir die Funken lustig aus dem Munde springen. Jedoch siehe dich wohl für, daß du bei dem Atemholen die Luft nicht durch den Mund in dich ziehest, sondern nur durch die Nase, damit dir nicht der Rauch in den Hals komme.

Oder:

Lege ein Häufgen zart gepülverter und gerädener Weidenkohlen auf ausgebreitete frische Baumwolle, schlage die Baumwolle über dem Kohlenhäufgen zusammen und formiere daraus einen Ballen, den du füglich in den Mund bringen kannst, nähe die Baumwolle ringsumher fleißig zu, schneide ein wenig von der vördern Seite davon herab und lege durch solche Öffnung ein hellglühendes kleines Köhlgen oder ausgebrannt~ und annoch munter glimmendes Stückgen Schwamm hinein zwischen das Häufgen Kohlenpulvers; alsdann nimm solches Bällgen unvermerkt und sittsam in den Mund, so daß du nichts von dem Feuer aus Ungeschicklichkeit verlierest und daß die Öffnung in dem Munde zu stehen komme, fasse selbiges fein leis zwischen die Zähne, und wenn du nun willst Feuer speien, so halte mit den Zähnen das Bällgen wohl und blase stark darein, so wirst du sehen ein ziemliches Feuer aus deinem Munde gehen ohne deine Verletzung, nur daß du, obiger Warnung gemäß, die Luft zum Atemen nicht durch den Mund, sondern durch die Nase allein an dich ziehest.

28. Die helleuchtende Sonne ohne Verletzung der Augen anzuschauen, mithin eine Sonnenfinsternis bequemlich zu observieren:

Stich mit einer Nadel ein subtiles Löchgen durch ein Kartenblatt, halte darhinter ein dunkelgrünes, blaues oder dunkelrotes, jedoch durchsichtiges Glas und beschaue dardurch die Sonne.

29. Eine Lampe zu machen, bei welcher die Umstehende ganz totenfarbig erscheinen:

Gieße etwas Branntenwein in ein irden-verglästes Schüsselgen, lege darein Flöckgen von verzofften Flachs, bestreue solche mit Salz, darunter etwas zart geriebenen Schwefels vermischt seie, und rühre alles wohl durcheinander, daß es gleichsam einem Teiglein ähnlich komme; sodann setze das Schüsselgen auf einen Teller, zünde den Flachs an und gehe damit in ein Zimmer, darinnen kein anderes Licht vorhanden seie, so werden die Umstehenden an Farbe gleich denen Toten erscheinen, absonderlich, so sie, ohne zu reden, stille und unbeweglich stehenbleiben, und je lebhafter und röter sonsten ein Mensch von Angesicht ist, je gräßlicher siehet er aus bei solchem Lichte; so aber ein ander gemeines Licht dargebracht wird, erlanget jeglicher wieder seine natürliche Farbe.

Noch weit abscheulicher würde einer hierbei sich präsentieren, so er von weißen Rüben eine Reihe Zähne schnitte, solche in den Mund nähme und halb hervorblicken ließe, auch über dieses irgend noch ein Leil-Tuch über den Kopf schlüge.

30. Bei dem Schein des Mondes, wenn selbiger kurz vorher allererst ins neue Licht getreten oder auch bei stückfinsterer Nacht ohne nahe stehendes Licht die subtileste Schrift zu lesen:

Gegenwärtige Kuriosität kann in Notfällen auch zum Nutzen gereichen. Man bedienet sich hierzu eines Brennspiegels oder auch ziemlich großen Brennglases und hält eines von beeden gegen den annoch in schwachem Lichte stehenden Mond oder gegen den Planeten Venus oder Jupiter oder nur gegen einen andern hellen Stern erster Größe oder auch gegen ein Feuer oder Fackel, so beedes so weit von einem entfernet, daß es einem lange nicht genugsamen Schein von sich selbsten mitteilet, um dabei einigen auch der größten Buchstaben zu erkennen, oder endlich gegen ein in des Nachbars Hause brennendes Licht, so werden die Lichts-Strahlen in dem Brennspiegel oder Brennglase sich sammlen und einen ordentlichen Focum oder Brennpunkt formieren in seiner gehörigen Distance. Diesen Brennpunkt läßt man nun auf die Schrift hinfallen und führt selbigen immer von einem Worte zum andern, so wird ein jedes soviel Lichts davon erhalten, als es bedarf, dergestalten, daß man auch die kleinste Schrift dabei wird lesen können.

31. Vermittelst eines Spiegels eine Schrift an einer Wand vorstellig zu machen:

Man nimmt ein Blatt steifen Pappendeckels oder dicken Kartenpapiers, womit man das ganze Spiegelglas überdecken kann, und schneidet darein große Buchstaben aus, die mit wenigen ein verständliches Wort oder Sensum zu verstehen geben; hierzu kann man sich lateinischer Buchstaben bedienen, weilen solche bequemer auszuschneiden sind als die teutschen. Nachgehends leget man solches Blatt mit den Buchstaben verkehrt über den Spiegel, heftet es auch ein wenig an, damit es nicht abfalle, und lässet die Sonne durch die ausgeschnittene Buchstaben in den Spiegel scheinen, indeme man den Spiegel zugleich gegen eine überstehende und nicht allzufern entlegene dunkle Wand richtet, so wird der Widerschein an derselben das Wort in hellen Buchstaben entwerfen. Damit man aber von gegenüber deinen Spiegel nicht erblicken möge, so haltest oder stellest du selbigen in deinem Zimmer in der Tiefe oder Niedrigkeit, unterhalb deinen Fenstern, und neigest den Rücken des Spiegels so weit gegen der Erden, daß der Schein von den Buchstaben durch dein und deines Nachbars ohnehin offenstehendes Fenster an den obersten Teil der gegen dir überstehenden dunkeln Wand seines Zimmers falle, so wird man daselbst so leichte nicht erraten, wo solche seltsame Repräsentation herrühre. Will man solche Schrift nur an der freien offenen Wand eines gegenüberstehenden Hauses vorstellen, so hat man nicht so großer Vorsicht vonnöten.

So man aber im Gegenteile wollte Buchstaben formieren von Kartenpapiere oder Pappendeckel, dergestalten, daß nur die Buchstaben sollten das Spiegelglas bedecken und das übrige des Glases umher helle bleiben, so würde der um die dunkel an die Wand fallende Buchstaben helle leuchtende Spiegelschein den Betrug leichtlich entdecken.

Noch wundersamer und düsterer würde obige Repräsentation bei nächtlicher Weile in die Augen fallen vermittelst des Scheins von einem starken und recht helle brennenden Lichte; solchen könnte man auch aus einem in das andere nächstanliegende dunkle Zimmer richten durch irgend in dem obersten Teile der Wand vorhandene Fensteröffnungen oder auch, gleichwie oben, an die Wand eines sehr nahe gegenüberstehenden Gebäudes; wobei man aber den nebenbei an die Wand fallenden Schein von dem Lichte durch vorher angebrachte Verdeckungen auf das sorgfältigste abhalten müßte, da es dann hauptsächlich darauf ankömmt, daß man das Licht nächst hinter die Verdeckung oder dicken Vorhang setzt und den Spiegel etwas ferne darhinter, seitwärts, damit des Lichtes Strahlen von der einen Seite schräg in den Spiegel und mit ebendiesem Winkel gegen der andern Seite wieder schräg zurücke fallen durch ein Fenster an die benachbarte dunkle Wand, wie nächststehende Figur deutlich zeiget:

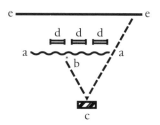

a.a. Der Vorhang oder Verdeckung.
b. Das Licht.
c. Der Spiegel mit den Buchstaben.
d. Fenster.
e.e. Die benachbarte Wand.

NB. Dieses ist die eigentliche Figur.

32. An dem Monden zu sehen, ob er im Zu- oder Abnehmen begriffen:

Man stelle sich gegen den Mond und betrachte, mit welcher Hand man gleichsam in den Mond greifen könnte; geschehe es mit der rechten, so wäre er im Abnehmen, wo aber mit der linken, so nähme er zu. Oder noch deutlicher zu sagen: Wann die Hörner des Monden gegen Aufgang der Sonnen gerichtet stehen, so nimmt er zu, stehen sie aber gegen der Sonnen Niedergang, so nimmt er ab.

33. Eine jegliche Sonnenuhr zur Nachtszeit bei Mondenschein anstatt einer Mondenuhr zu gebrauchen und daran die richtige Stunden zu erkennen:

Wäre es in der Zeit vom Neuen- bis zum Vollmonde, so suche erstlich in dem Kalender des Monden Alter, wieviel Tage nämlich selbiger vom Eintritt des Neuenmonden bis dahin fortgeloffen seie, und so der Neumond am Vormittage eingefallen, so fange gleich selbigen Tag an zu zählen, wo aber nachmittags, so fange den nächstfolgenden Tag an zu zählen. Hierauf siehe zu, was der Mond anstatt der Sonnen durch seinen Schatten dir auf einer Sonnenuhr vor eine Stunde zeiget; alsdann multipliziere das Alter des Monden mit 4, das kommende dividiere man durch 5, und was denn herauskömmt, das addiere zu der auf der Sonnenuhr dir gezeigten Stundenzahl, so hast du nahebei die rechte Zeit und Stunde. Zum Exempel: es wiese des Monden Schein auf der Sonnenuhr die 3te Stunde, und du hättest in dem Kalender des Monden Alter gefunden auf 9 Tage, so multipliziere diese 9 mit 4, kommen 36. Diese 36 dividiere mit 5, kommen 7 ein Fünftel, diese addiert zu der auf der Sonnenuhr dir gezeigten Stundenzahl, nämlich zu drei, so kommen 10 und ein Fünftel Stunden oder beinahe 10 Uhr und ein Viertel als die rechte Zeit. Wobei zu merken, daß, wenn beede addierte Zahlen mehr als 12 betragen, man sodann 12 hinwegwirft, so ist der Rest die wahrhafte und gewisse Stunde.

Zur Zeit vom vollen bis zum neuen Monden ist die Operation mit der vorhergehenden ganz einerlei, nur daß man auf obgedachte Weise die Tage nicht vom neuen, sondern vom vollen Mond an zählet.

34. Bei Nacht mit einem Brennglas einen entlegenen Ort lichte zu machen:

Stelle ein brennendes Licht ein wenig hinter den Brennpunkt eines großen Brennglases, so wird es seine gleichlaufende Strahlen weit von sich in die Ferne werfen, daß man die, so auf der Straßen gehen, und was in entlegenen Zimmern vorgehet, darbei erkennen kann. Conf. num. subseq. 72.

35. Daß jemand bei fest verstopften Ohren oder auch ein Tauber den Klang von einer Laute, Zither oder Leier etc. möge hören:

Verstopfe mit den Fingern oder womit du sonsten magst, deine Ohren auf das festeste, dergestalten, daß du gar nichts hörest; alsdann beiße mit den Zähnen in das Haupt einer Laute, Zither, Leier oder andern Instruments, halte solches feste zwischen den Zähnen und lasse einen andern auf solchem Instrumente spielen, so vernimmst du dessen Klang ganz deutlich und zwar weit lieblicher, als er an ihm selber ist. Ja du kannst auch nur ein hölzernes Stengelgen zwischen die Zähne nehmen, so das Instrument berühre.

36. Mit Anmut den heroischen Klang der großen Erfurter oder Wiener Glocken zu vernehmen, welchen die andern Anwesende ehender nicht genießen, bis sie sich mit dir gleichen Vorteils bedienen:

Nimm eine aus dem Ganzen geschmiedete und nicht zusammengeschweißte Feuerklamme oder Kluft aus der Küche, ziehe durch ihren öbern Circul-Bug einen Bindfaden, nicht allzu lang, dessen beede Trümmer schlinge etliche Mal um deine beede Zeigerfinger und stopfe mit selbigen deine beede Ohren feste zu; denn laß die also hangende Feuerklamme oder Kluft ohne Schränkung des Bindfadens in dem Tempo, wie man etwan eine große Glocke zu läuten pfleget, vermittelst sachten Schwengens wider eine Bank schlagen und halte die Ohren inzwischen mit den beeden Fingern beständig fort feste geschlossen, so wirst du über der magnifiquen Resonanz erstaunen.

37. Daß die in letzten Zügen liegende Personen, denen allbereits das Gehör verfallen, den Zuspruch des Geistlichen dennoch deutlich vernehmen mögen:

Diese Kuriosität ist von ganz unschätzbarem Nutzen und durch vielfältige Erfahrung bewährt, auch ganz leicht zu praktizieren:

Der ganze Vorteil hiervon bestehet bloß darinnen, daß die zusprechend- oder betende Person nur ihren Mund zu dem Scheidel der in Zügen liegenden und ihres Gehörs beraubten Person halte und die Worte mit nicht stärkerer Stimme, als sie vorhin gewohnt, ausspreche, so wird selbige die schwache Person deutlich vernehmen und auf Befragen solches durch Zeichen an den Tag legen.

38. Eine windblasende und feuerleitende Kugel zu machen:

Solche Kugel wird gemacht von geschlagenem Kupfer in der Größe, daß sie möchte eine halbe oder ganze Maß halten, und mit einer langen, vorwärts spitzig zulaufenden Röhre versehen, auch alle Fugen auf das pünktlichste mit Silber gelötet; obenauf kann ein rundes Löchelgen in die Kugel gemacht werden, durch selbiges geuß ein wenig Branntenweins in die Kugel. Wenn du sie jetzt gebrauchen willst, beschließ das Löchelgen auf das genaueste und sehr feste mit einem Zäpfgen von Kork und lege die Kugel auf eine nicht allzu heftige Glut, so beginnet sie Wind zu blasen gleich einem Blasbalge und dienet, um etwas bei einer Lampe zu schmelzen.

Wenn selbige nachlässet zu blasen, so läßt man sie wieder erkalten, füllet auch, so es vonnöten, etwas Branntenweins nach und erfrischet entzwischen die Glut.

39. Daß eine gläserne Kugel ohne Pulver mit starkem Knall zerspringe:

Geuß in selbige ein wenig Branntenweins, verkeule das Mundloch derselben auf das beste mit einem Stöpsel von Kork, daß nicht die mindeste Luft könne herausgehen, über dieses verklebe denselben ringsumher mit papiernen Streifen, die mit einem Teige von Mehl und Eierklar wohl bestrichen sind, und laß trocknen. Nachgehends lege die Kugel an einem sichern Orte, wo sie beim Krepieren nichts kann beschädigen, in einer Glutpfanne auf glühende Kohlen und retiriere dich beizeiten; so wird man nach weniger Frist die Operation vernehmen.

40. Daß eine aufgeblasene Schweins- oder Rindsblase von selbsten mit Knallen zerbörste:

Fülle die Blase im Kühlen dichte voll Luft, binde sie auf das allerfesteste zu, daß nicht die mindeste Luft könne herausgehen, und hänge sie dann an einen wohl eingeheißten Ofen, so wird sie nach kurzer Frist mit gewaltigem Krachen krepieren.

41. Eine lebendige Katze fliegend zu machen:

Binde einer lebendigen Katze unter ihre 4 Büge 4 aufgeblasene und wohl zugebundene Schweinsblasen mit Bindfaden feste an und stoße sie dann bei starkem Windsturm von einem hohen Turme herab; so wird sie, unter Anstimmung einer abenteuerlichen Musique, dahinfliegen.

42. Fürchterlicher Spaß zur Nachtszeit mit einer Katze:

Man füllet 4 Nußschalen mit weichem Harz, drücket selbige der Katze fest unter ihre 4 Pfoten und lässet sie damit bei nächtlicher Weile auf dem Oberboden des Hauses laufen, wohin sie will; so wird solch Ungetüm bei den Unwissenden seltsame Gedanken erwecken.

43. Mit einem Hahnen eine lustige Komödie anzustellen:

Stelle einen ziemlich großen Spiegel an die Erde und lasse einen muntern Hahnen dargegenlaufen, so wirst du deine

Lust sehen, wie er mit sich selbsten kämpfen wird. Jedoch trage Sorgfalt vor den Spiegel, daß er nicht zuschanden gehe, durch angebrachtes Drahtgitter.

44. Auf einem Tanzboden, da viele Leute auf tanzen, eine lustige Kurzweil anzustellen:

Bestreue den Boden des Tanzplatzes, bevor der Tanz angehet, in geheim mit einer ziemlichen Menge gepülverter Nieswurz. Wenn man nun hierauf anfähet zu tanzen, erhebet sich solches Pulver mit dem Staub in die Nasen der Tänzer und Zuschauer, daß sie davon alle zugleich mit Niesen einander werden sekundieren müssen. Welcher unerwartete Zufall dann, nebst der Kurzweil, auch dem Tanz eine frühzeitige Endschaft bringen kann.

45. Ein Kelchglas von oben an bis fast zu unterst hin ringsherum in einer Schneckenlinie entzweizuschneiden:

Nimm ein reines Kelchglas, darinnen keine Blasen noch Sandkörngen zu finden sind, auf selbiges zeichne zuvor mit Dinte die Schneckenlinie ab, die du schneiden willst. Hierauf fasse das Kelchgen mit der Hand, halte solches oben am Mundstücke, bei dem Anfang deiner Zeichnung, an ein brennendes Licht, daß es daselbsten heiß werde. Schlage mit einem zuvor mit Speichel genetzten Finger an selbigen Punkt, woselbst es erhitzet, so wird es davon ein Rißgen bekommen. Hernach nimm 2 brennende Lunten, hänge selbige so, daß das brennende End unten komme. Wenn nun die Lunte fein spitzig abgebrannt, so halte selbige mit der brennenden Spitze zuäußerst an das im Kelchgen gesprungene Rißgen und fahre damit sachte deiner Zeichnung nach auf dem Kelchgen hin, so wird solches immerfort nach dem Luntenzuge springen; wenn dann deine Lunte stumpf geworden, so ergreife die andere und fahre damit weiter fort, bis so lang vorige Lunte, die inzwischen wieder muß unter sich hängen, spitzig geworden, und solchergestalten wechsele mit den beeden Lunten um so lange, bis die Zeichnung vollendet. Wenn man nun zu Ende gekommen, muß man mit der Lunte einen Querstrich machen, so hält alsdann das Glas feste beisammen.

<u>NB.</u> Man muß aber nicht allzu nahe an das Ende des Glases kommen, sondern etwan 1 oder 1 und einen halben Finger breit vom Querrißgen an bis zum Ende oder auf den Fuß des Glases Spatium lassen, damit selbiges noch eine ziemliche Stärke behalte. Diesem nach hänget das zerschnittene Glas so dichte beisammen, daß es Getränke hält und, wenn es leer, zur Kuriosität dennoch die Fugen etwas auseinander gezogen werden können, welche dann von selbsten wiederum sich zusammenbegeben, daß man daraus trinken kann.

46. Buchstaben oder Schrift vom Papiere hinwegzubringen:

Ein Lot gelben oder weißen Agtsteins mit 2 Lot guten Scheidwassers oder Vitriolgeistes zart zerrieben und mit einem subtilen Penselgen auf die Buchstaben gestrichen, so werden sie nach und nach alle davon hinweggenommen. Man muß aber sogleich darauf immerzu mit einem in reines Wasser getauchten Schwämmgen nachwischen, sonsten wird das Papier gelbe.

Nach dem Ertrocknen kann man das Papier an denjenigen Orten, da es zuvor naß gewesen, mit Wasser, darinnen viel Alaun zergangen, bestreichen und wieder lassen trocken werden, so kann man nachgehends wieder darauf schreiben, ohne daß es durchschlüge.

47. Dinte aus einer gedruckten Schrift, so sie ganz nicht mehr leserlich, zu bringen:

Nimm 1 Löffel voll guten Scheidewassers, darinnen eines Gerstenkorns groß Kreide zergangen, 2 Löffel voll Rosenwassers und 1 Löffel voll Essigs; dieses in einem neuen Gläsgen vermischt und etliche Stunden stehenlassen. Dann ein Stückgen neues Schwamms in diesem Wasser genetzt, damit über den Dintenfleck, das Schwämmgen ausdrückend, hergefahren und, wenn das Papier ein wenig trocken, wieder mit frischem darüber hingefahren, so gehet der Fleck rein hinweg. Hierauf wird der Ort mit Brunnenwasser zu zerschiedenen Malen befeuchtet, darzwischen mit trockenen reinen Leinewad-Läppgen immerfort abgetrocknet und endlich von selbsten ganz lassen trocken werden.

48. **Eine Schrift zu schreiben, die, wenn sie mit einem besondern Wasser überstrichen wird, gänzlich verschwindet, und an deren Stelle eine andere verborgene Schrift erscheinet:**

Lasse zart geriebenen blauen Kupfervitriol in reinem Wasser zergehen und schreibe mit selbigem auf ein Papier, was du deinem Freunde in geheim notifizieren willst, so wird man nach dem Ertrocknen nichts von solcher Schrift erkennen.

Damit aber gleichwohlen zu Vermeidung allen Argwohns auf dem Papier eine Schrift sich zeige, so brenne Haberstroh dergestalten, daß es nicht zu Aschen werde, sondern schwarzkohlicht bleibe; dieses reibe auf einem Stein aufs zarteste mit reinem Wasser zu einem flüssigen schwarzen Färbgen, daß es einer dicken Dinte gleichkomme, und schreibe damit zwischen die weit voneinanderstehene Zeilen der verborgenen Schrift, was dir beliebet von gleichgültigen Sachen.

Wenn nun dein Freund die verborgene Schrift lesen will, so nimmt er, zuvor abgeredtermaßen, zart gestoßene Galläpfel, läßt solche in einer proportionierten Quantität heißen Wassers ein gut Weilgen stehen, taucht alsdenn ein reines Schwämmgen oder etwas Baumwolle in dieses Wasser und wischet damit die schwarze Schrift von dem Papiere ab, so kommt dargegen die verborgene erstere Schrift zum Vorschein.

Man kann den Prozeß auch umkehren und anstatt des Vitriolwassers mit dem Galläpfelwasser schreiben, auch, der Bequemlichkeit halben, nur einen Galläpfel mit einem Messergen aushöhlen, daß er einem Schüsselgen gleich gestaltet werde, in solche Höhlung einige Tropfen heißen Wassers tun, ein Weilgen ausziehen lassen und dann damit schreiben; so kann man sich solchen Gallapfels zu mehreren Malen hierzu bedienen. Nachgehends kann man die

Schrift von der Stroh-Dinte mit dem Vitriolwasser abwaschen und dardurch zugleich die verborgene Schrift vom Gallapfelwasser erscheinend machen.

So man auch allein mit einem der beeden Wasser etwas auf ein Blättgen Papiers geschrieben hätte ohne beigefügte falsche Stroh-Dintenschrift, so darf man nur solch Blättgen durch das andere Wasser ziehen, alsbalden wird die verborgene Schrift mit schwarzen Buchstaben sichtbar werden.

49. **Daß auf einem schwarzen Blatt Papiers die durch die Schwärze verdeckte Schrift in gelblechten Buchstaben erscheine:**

Den gelben Dotter aus einem Ei in einem Schälgen wohl zerrührt, daß er zum Schreiben flüssig werde; mit selbigem schreibe, was beliebig, auf ein Blättgen Papiers und laß es trocknen. Sodann überstreiche das Blättgen, vermittelst eines Pinsels, mit guter schwarzer Dinte von seiten der Schrift oder auch auf beeden Seiten, laß es ertrocknen, bestreichs wieder mit Dinte, laß es trocknen, und dieses wiederhole so oft und viel, bis das Blättgen vollkommen schwarz erscheine. Wenn du nun die von der Schwärze bedeckte Schrift lesen willst, schabe mit einem Messer so lang über dem Blättgen her auf seiten der verborgenen Schrift, bis daß die Dinte über den Buchstaben nebst dem Eierdotter, womit sie geschrieben worden, von dem Papier völlig ab- und hinwegspringe; so kömmt die Schrift aus dem schwarzen Grunde mit schönen gelblechten Buchstaben hervor.

50. **Eine unsichtbare Schrift mit Buchstaben, von was für Gattung Farben man will, ex tempore sichtbar zu machen:**

Lasse in Zwiebelsaft etwas zart geriebenen Gummi zergehen, schreibe damit auf Pergament oder Papier und laß es von selbsten trocken werden; hernach streue das subtile Pulver von derjenigen Farbe darauf, so du haben willst, so nimmt die verborgene Schrift alsobald die Farbe an und erscheinet in solchen Buchstaben als: zu gold~ und silbernen Buchstaben nimm gemahlen Gold und Silber, zu roten nimm Karmin, Zinnober, Florentiner Lack, zu blauen Ultramarin, Berlinerblau, Indig, zu grünen destillierten Grünspan, gemahlen Saftgrün, zu gelben Gummigutti, zu braunen Ombra, zu schwarzen Tusche, Kühnruß etc.

51. Schwarze Filzhüte oder schwarzes Tuch mit unauslöschlich~ gelblechten Buchstaben zu signieren:

Schreibe, was du willst, mit Vitriolgeist und mit einer groben Frakturfeder auf einen schwarzen Filzehut oder auf schwarzes Tuch und laß es trocknen, so erscheinet solche Schrift mit gelblechten Buchstaben, die nicht wieder vergehen.

52. Daß man inwendig eines Eies könne lesen, was von außen unsichtbarlich darauf geschrieben:

Schreibe mit starkem Alaunwasser auf das Ei und laß es wohl trocknen; legs alsdann in einen scharfen Essig 3 oder 4 Tage lang, laß es wieder trocknen, hernach harte sieden. Das Ei schäle sodann, so erlangest du dein Begehren.

Oder:

Schreibe mit einer Dinte, welche gemacht worden aus zerstoßenen Galläpfeln, Alaun und Essige, auf die Schale des Eies, laß es an der Sonne trocknen, dann in Salzwasser recht harte sieden, so verschwindet die Schrift von außen und begibt sich inwendig hinein, immaßen selbige nach abgenommener Schale auf dem Weißen des Eies wird können gelesen werden.

53. Zur Nachtszeit, so man der Abfeuerung eines feindlichen Stückgeschützes von ferne gewahr wird, zu erkennen, ob man in Gefahr stehe und der Kugel auszuweichen habe oder nicht:

Man gebe wohl acht auf das von dem abgefeuerten Geschütz erblickende Feuer; ersiehet man 2 Feuer, so hat es keine Not, dieweilen man sodann dem Schuß nicht gerade entgegen, sondem schräg gegen denselben situiert ist; wird man aber nur eines Feuers gewahr, so retiriere man sich eilfertigst auf eine Seite, immaßen man solchen Falls mit dem Geschütze in gerader Linie stehet, welches die Ursache ist, daß das hintere Feuer des Zündkrautes von dem vördern aus der Kanone brechenden Feuer bedecket worden.

54. **Wenn man bei finsterer Nacht schießet, die Kugel und den Ort, wo sie hingetroffen, zu erkennen:**

Zerlasse in einem Kessel oder Pfannen 10 Pfund Harzes und 1 Pfund Inschlittes untereinander; dann tauche die Kugel hinein, daß sie mit dem Harze überzogen werde, nimm sie wieder heraus, wirf sie in zerriebenes Schießpulver und kehre sie wohl darinnen um, daß sich das Pulver wohl in das weiche Harz hänge und die Kugel über und über bedecke. Nachgehends lade mit selbiger das Geschütz gleich unmittelbar auf die Ladung des Pulvers, gib auch der Kugel ihren gehörigen Vorschlag oder Spiegel und feure sodann ab, so siehest du die Passage der brennenden Kugel durch die Luft.

Man kann sich dieses angewiesenen Vorteils gleichergestalten bei kleinem Gewöhr bedienen, sonderheitlich, so man nur zu Lust dergleichen Schuß bei nächtlicher Weile tun wollte, da man denn, anstatt der schweren Bleikugel, wegen deren allzuschnellen Flugs, eine Kugel von Stein oder Zinn, auf obige Weise zubereitet, emplojieren kann.

55. **Mit scharfer Ladung und starkem Knalle in der Nähe wornach zu schießen, daß gleichwohl die Kugel von derjenigen Sache, nach deren du geschossen, ohne selbige zu beschädigen, nur niederfalle:**

Teile den Schuß Pulvers in 3 Teile. Den einen Teil des Pulvers tue zuerst in das Rohr, hernach die Kugel, nach solcher die andern beeden Teile Pulvers und zuletzt das Papier. Solches praktiziere alles verborgen, daß dir niemand zuschauet. Wenn du nun losbrennest, so wird es zwar, gleich einem ordinären Schuß, stark knallen, die

Kugel aber, zur Verwunderung, vor derjenigen Sache, nach deren du geschossen, ohne selbige im mindesten zu beschädigen, niederfallen, wann sie selbige kaum berühret; da du dann einen Einfältigen leicht bereden kannst, du habest die Sache festgemacht.

56. Daß man mit einem ordinären Schuß eine Handzwehle nicht durchschießen könne:

Laß nur die Handzwehle ganz frei und ohngespannt an einem Orte hängen, so daß sie auch in der Nähe keine Wand hinter sich habe, da sie anschlagen möchte. Dann wette mit jemanden, du wollest die Zwehle dergestalten festmachen, daß er sie nicht durchschießen könne; lasse ihn nun selbsten laden und mit einer Kugel nach der Zwehle schießen, so wird gleichwohl die Kugel nicht durchgehen, sondern die Macht des Schusses alsobald in der freihangenden Zwehle verschlagen und gehemmet, welches dem Unwissenden sehr seltsam vorkommen wird.

57. Mit einem Stumpen Lichts ein Brett durchzuschießen:

Lade, anstatt der Kugel, das Gewöhr auf das Pulver mit einem Stumpen Lichts und halte bei dem Abfeuren das Gewöhr nächst und genau an das Brett, so wird es geschehen.

58. Einen Schuß zu tun mit Donnern und Beben des Erdbodens:

Spießglas und Mercurii sublimati (welcher der stärkste Gift ist), jedes 1 Quintel, untereinander zart gepülvert und unter 1 Pfund Pulvers vermischt. Mit solchem Pulver nun das Gewehr, wie gebräuchlich, geladen und abgefeuert, so knallt es sehr heftig. Hüte dich aber vor der Gefahr des Zersprengens.

59. Brennende kleine Lichtgen oder Sterngen zur Nachtzeit in die Luft zu schießen:

Laß Erbsen in zerlassenem Speck ein Weilgen protzeln oder kochen, dann nimm sie heraus und laß sie erkalten. Hernach lade ein Gewöhr mit einem schwachen Schuß

Pulvers, auf das Pulver tue ein wenig zerriebenen Pulvers, hierauf die Erbsen eingeladen, auf diese wieder ein wenig zerriebenen Pulvers geschüttet und ein wenig Papiers darauf gestoßen. Dann zur Nachtszeit in die Luft geschossen.

60. Mit gemeinem Brunnenwasser zu schießen, daß es knallt wie von Schießpulver:

Lade einen dauerhaften, wohlgelöteten Schlüssel nicht ganz, jedoch ziemlich und beinahe voll Wassers und zerkeule dessen Mundloch darüber feste zu mit einem genau schließenden Zapfen von Kork oder weichem Holz. Dann lege den Schlüssel mit dem Hinterteile in eine frische Glut oder halte ihn mit einer Zangen in eine starke Lichtflamme, bis das Wasser anfängt zu sieden, so wird es mit Knallen losgehen. Doch muß man das Vörderteil des Schlüssels wohin richten, da der ausgestoßene Zapfe nicht kann Schaden tun.

61. Veritable Komposition des stillen Pulvers:

Man hat sich Mühe gegeben, zerschiedene Kompositionen von dem sogenannten stillen Pulver, die man hin und wieder beschrieben gefunden, auf die Probe zu setzen, solche aber durchgängig ungegründet und nichtig befunden; gegenwärtige Komposition allein legitimierte ihr wahrhaftiges Fundament in Praxi dergestalten, daß eine gewöhnliche Ladung von deren Pulver aus einer Pistole, unter einem schwachen Klapf bei dessen Abfeurung, die Kugel auf 50 Schritte wider eine Mauer breit schläget, dahingegen dem andern Kompositionen gemäß bereiteten Pulver soviel an seiner Brünstigkeit und Kraft entgehet, als es an dem Knalle verlieret, mithin solche vielmehr tot als stille zu nennende Pulver ganz und gar nichts taugen. Derohalben nimm feinen Pirschpulvers oder nur der

Pirschpulver-Komposition	1 viertel Pfund,
gebrannten Salzes	anderthalb Quint,
Kreiden	anderthalb Quint,
Kampfers	anderthalb Quint.

Solches zusammen in einer Pulvermühle, gleich anderem Pirschpulver, arbeiten und körnen lassen; oder man arbeite und körne es auch selbsten. Nachgehends ein Gewehr damit geladen und zum Zündkraut halbzerknirschtes gutes Pirschpulver gebraucht.

62. Vexier- oder Knallpulver:
    Nimm guten Salpeters   anderthalb Lot,
    trockenen Weinsteins   ein Lot,
    Schwefels   ein halb Lot.

Diese 3 Stücke sehr zart untereinander gerieben und wohl vermischt. Von diesem Pulver ein Messerspitzgen voll in ein eisern kleines Löffelgen getan und ferne von allen leicht entzündlichen Dingen über ein brennendes Licht gehalten, so wird selbiges, sobald es erhitzet, mit Knallen in die Luft gehen.

NB. Man nehme dessen keine allzu starke Portion auf einmal.

63. Ex tempore zu wissen, welche Monate 30 und welche 31 Tage haben:

Recke den Daumen, Zeiger- und Mittelfinger an der linken Hand über sich, den Gold- und Ohrenfinger aber halte eingebogen; dann eigne dem Märzen den Daumen zu, dem April den Zeigerfinger, dem Maien den Mittelfinger, dem Brachmonat oder Junio den Goldfinger, dem Heumonat oder Julio den Ohrenfinger, von vornen wiederum dem Augustmonat den Daumen, dem Herbstmonat oder September den Zeigerfinger, dem Weinmonat oder Oktober den Mittelfinger, dem Wintermonat oder November den Goldfinger, dem Christmonat oder Dezember den Ohrfinger und dann endlichen wiederum dem Jänner den Daumen und dem Hornung oder Februario den Zeigerfinger.

Welche Monate nun auf die aufgereckte Finger fallen, die haben 30 Tage, ausgenommen den Hornung, welcher im gemeinen Jahre 28 und im Schaltjahre 29 Tage hat.

64. Einen ganzen Tag ohne Eintauchen zu schreiben:
Die Feder schneide aus einem dicken Schwanenkiele, gieße sie voll Dinte und stopfe sie zu öberst des Ausschnitts zu mit einem langen Schwämmgen, dergestalten, daß, sooft

du an das Schwämmgen mit dem Mittelfinger drückest, die Dinte dir in die Feder fließe, so wirst du einen ganzen Tag, ohne einmal des Eintauchens zu bedürfen, schreiben können.

65. **Dreißig Personen oder andere Dinge, deren eine Hälfte gut und die andere Hälfte schlimm, eilfertig solchergestalten in Ordnung zu rangieren, daß, wenn nach dem Los der Zahlen je die 9te oder 7te Person oder Ding in der Ordnung ausgemustert wird, solch Ausmusterungslos allein die schlimme Hälfte treffe, mithin jemanden von 30 Dingen allein die 15 guten Stücke und einem andern dargegen die 15 schlimmen zufallen:**

Man setze den Fall, daß 30 Personen miteinander müßten losen zu dem Ende, daß deren Hälfte entweder dem Tode oder einig anderm widrigem Schicksale sollte überlassen werden; es wären aber unter den 30 Personen gerade 15 fromme und würde zugleich der allgemeine Schluß gefaßt, daß das Los solle durch Zählen bestimmet werden, dergestalten, daß, wann die 30 Personen in eine Reihe gestellet und von der ersten an zu zählen gefangen worden, je immer die 9te oder die 7te sollte die unglückliche sein; damit nun das Unglückslos keine von den frommen Personen möge treffen, sondern allein die schlimmen und zwar im ersten Falle, so es nämlich in der Ordnung immer dem 9ten solle gelten, so rangiere die 30 Personen folgender Gestalten, da die Strichelgen die frommen und die Ringelgen die schlimmen Gesellen bedeuten:

| | | o o o o o | | o | | | o | o o | | o o o | o o | | o

Um solche Ordnung nun in continenti treffen zu können, so trücke dir folgenden Vers wohl ins Gedächtnüs:

Populeam virgam mater regina tenebat.

Diesen Vers rezitiere zeit währender Rangierung der Personen bei dir selbst, lasse die 5 vocales a, e, i, o, u vor 1 2 3 4 5 gelten und mache dem vocali o oder der Zahl 4 gemäß mit 4 frommen Personen den Anfang, nächst diesen stelle dem vocali u oder der Zahl 5 gemäß 5 schlimme, dann weiter dem vocali e oder der Zahl 2 gemäß wieder 2 fromme und so fort, immer wechselsweise die frommen und schlimmen nach Maßgabe der Vokalen des obigen Verses.

Nachdeme nun die Personen gemeldter Maßen gestellet, so lasse jemand mit Zählen von dem ersten in der Reihe den Anfang machen, je immer den 9ten aus der Reihe ausmustern, und so man mit Zählen durch die Reihe hindurch, immer wieder von oben in der Reihe herunter fortzählen, bis und dann die 15 schlimme Personen alle ausgeschossen sind und allein die 15 fromme annoch sich befinden.

So man aber je immerzu den 7ten wollte ausgemustert wissen anstatt des 9ten, so stelle man die Personen auf erstbeschriebene Weise in der Ordnung diesem nächstfolgenden Vers und dessen Vokalen gemäß:

Rex Angli cum gente bona dat signa serena.

Dieses Stück kann man, zum angenehmen Zeitvertreib und Verwunderung, in einer Gesellschaft praktizieren mit 15 guten und 15 nichtswürdigen Dingen, zum Exempel mit 15 guten Münzsorten und 15 Zahlpfennigen, item mit Obst und dergleichen, da man die 15 guten Stücke dieser und die 15 gering~ oder schlimmen Stücke einer andern Person kann zuschanzen oder, wenn 15 Äpfel und 15 Birn vorhanden wären, der einen Person allein alle die Äpfel und der andern Person allein alle die Birn durch das Los zufallen lassen.

66. Ohne vorhergehendes Fragen eine Zahl zu erraten, die ein anderer vor sich im verborgenen geschrieben:

Lasse jemanden im verborgenen eine selbst beliebige Zahl vor sich hinschreiben.

Heiße ihn selbige Zahl dopplieren oder mit 2 multiplizieren. Zu solcher gedoppelten Zahl lasse ihn diejenige Zahl, so du ihme nach deinem Belieben nennest, zusetzen oder addieren.

Dann heiße ihn solche gesamte Summe halbieren.

Endlich lasse ihn die von ihme zuerst geschriebene Zahl von dieser Hälfte abziehen und den Überrest hinschreiben.

Dieser Überrest ist dann jederzeit und ohnfehlbar die Hälfte von derjenigen Zahl, die du ihme zuzusetzen oder zu addieren benennet hast.

Weilen dir nun selbige Zahl wissend ist, so wird es dir ein leichtes sein, die von ihm zuletzt hingeschriebene Zahl zu erraten und ihme anzuzeigen, so du ihme nämlich nur die Hälfte deiner anfänglich zu addieren ihm benennten Zahl angibest.

Zum Exempel:

Dein Freund schriebe im verborgenen vor sich hin die Zahl 16.

Diese solle er dopplieren oder multiplizieren mit 2. (16 mal 2 = 32)

Zu dieser gedoppelten und dir unbekannten Zahl 32 solle er addieren die von dir benennende Zahl 12. (32 + 12 = 44)

Diese dir unbekannte Summe 44 solle er halbieren oder dividieren mit 2. (44 : 2 = 22)

Von dieser dir noch unbekannten Hälfte solle er abziehen oder subtrahieren die von ihm zuerst geschriebene dir auch unbekannte Zahl 16. (22 − 16 = 6)

So machet die Hälfte deiner ihme zu addieren benennten Zahl 12 dir in continenti bekannt diesen Überrest 6, als die von deinem Freund zuletzt hingeschriebene Zahl, welche du ihme dann anzeigen kannst.

ITEM:

Deines Freundes Zahl	30 (30 mal 2)
Diese doppliert	60
Deine Zahl darzu addiert	15 (60 + 15 = 75)
Summa	75
Diese Summe halbiert	37 ½
Davon subtrahiert deines Freundes 1ste Zahl 30	
Überrest 7 ½	

als die von deinem Freunde zuletzt geschriebene Zahl und Hälfte deiner Zahl 15.

67. In einem Zimmer, so entweder weiß angestrichen oder darinnen ein weißes Tuch angehänget worden oder auch an der weißen Wand eines benachbarten, nicht allzuweit entlegenen Gebäudes bei finsterer Nacht augenblicklich teils angenehme, teils erschröckliche und wundersame Abbildungen von allerlei fast nur erdenklichen Dingen in lebendigen Farben und großer Gestalt zu präsentieren:

Solches geschiehet vermittelst der Laternae magicae oder zu teutsch genannten Zauberlaterne. Alldieweilen aber selbige zu unsern Zeiten allbereits eine solch bekannte Sache ist, daß nicht leicht ein halbweg angesehener Ort in Teutschland sein wird, woselbsten nicht ein oder anderer Künstler oder Mechanicus solche sollte zu fabrizieren wissen und deren Gebrauch curieusen Liebhabern zeigen können; als werden diese hiermit an jene verwiesen. Immaßen wer die Mittel hat, dergleichen Laterne, nebst Zugehör, nach Anleitung einer weitläufigen Beschreibung (welche gleichwohl ohne die gezeigten Handgriffe bei Ungeübten keinesweges möchte hinlänglich sein) entweder selbsten zu verfertigen oder selbige verfertigen zu lassen, der wird auch in dem Stande sein, ohne große Mühe und Weitläufigkeit eine solche bereits vollständige Laterne entweder in loco an sich zu erhandln oder von andern Orten her sich verschreiben zu lassen. Welches der kürzeste Weg ist, darzu zu gelangen, maßen dem Titul dieses Traktätgens gemäß unter dessen curieusen Geheimnüssen keine von besonderer Schwierigkeit erscheinen dürfen.

Welch kurze Erinnerung der Ursachen wegen hier eingeflossen, damit unter gegenwärtigen Kuriositäten die Zauberlaterne als ein obgleich bekanntes, jedoch auch denen erfahrnen angenehm~ und nobles Prinzipalstück nicht möchte in Vergessenheit bleiben.

68. Camera obscura
    oder:
    Verfinstertes Zimmer, darinnen all~ und jede gegenüber situierte Dinge, sowohlen Gebäude,

Städte, Gärten, Wälder, Felder, Berge und Tale, als auch Menschen und Tiere gehend, laufend, springend und fliegend in ihrer würklichen Bewegung, natürlichen Farben, die kein Maler schöner exprimieren kann, und in kleiner Gestalt auf die angenehmste Art sich vorstellig machen:

Was die Cameram obscuram portatilem betrifft oder diejenige, so man in Form eines kleinen Gehäuses von einem Orte zum andern bringen kann, darinnen die Objecta oder Bilder der Dinge sich aufrecht präsentieren und die zu bequemer Entwerfung oder Abschilderung der Städte, Gebäude und unzählig anderer Sachen dienlich ist, so findet hierbei die allernächst vorhergehende wegen der Zauberlaterne geschehene Erinnerung gleichergestalten statt.

Was aber die gewöhnliche und gleichwohlen nicht jedermänniglich, besonders dem gemeinen Manne nicht bekannte Cameram obscuram betrifft, weilen selbige aller Orten zu bereiten nicht sonders schwer, als folget hiermit kürzlich der hiervon erforderte deutliche Unterricht:

Wenn sich Gelegenheit findet, diese Repräsentation in einem Zimmer anzustellen, welches die Aussicht hat gegen einem gangbaren schönen Garten oder gemeinen Platz, darüber viel Volks zu passieren pflegt, so wird man ein solch wunderschönes Schauspiel erblicken, das ein Unerfahrener fast für Zauberei halten möchte.

Außerdem aber seie gleich ein Zimmer situiert, wie es wolle, so ist hierbei vördersamst nur dieses zu beobachten, daß zeit währender Repräsentation die Sonne solchem Zimmer nicht entgegen scheinen darf, immaßen jene dardurch gänzlich würde vernichtet werden; so aber die gegenüberliegende Objecta gleich zu solcher Zeit von der Sonne bestrahlet werden, wird die Repräsentation weit angenehmer und lebhafter ausfallen als bei trübem Himmel.

Das Zimmer nun, wenn es nicht ohnehin schon mit genau schließenden Läden versehen wäre, vermittelst angenagelter dicker Teppiche, Tücher oder Mäntel nächst hinter dessen Fenstern und zu allen Seiten auf das genaueste verfinstert, so daß nirgendswo das mindeste Licht möge einfallen, ausgenommen die einzige kleine Öffnung, durch welche die Repräsentation geschehen solle; gerade vor selbiger Öffnung, so nämlich das Zimmer nicht durch Läden, sondern innerhalbs der Fenster durch Teppiche und dergleichen verfinstert wäre, wird ein Fenster offengelassen. Hernach wird in bemeldte Öffnung zwischen den Teppichen ein geschliffenes Linsen- oder Brennglas oder auch großes Brillenglas, etwan von der Größe eines harten Talers oder Guldens, so zwischen einen gedoppelten und à proportion des Glases in der Mitten rund ausgeschnittenen Pappendeckel oder gedoppeltes Kartenblatt gefaßt worden, eingenähet dergestalten, daß das Licht bloß allein durch ermeldtes Glas in das Zimmer falle.

Wäre aber das Zimmer durch Läden verfinstert, so wird in einer derer Läden ein Loch geschnitten und das eingefaßte Glas mit Nägelgen darhinder angeheftet, mithin solches Loch hiermit bedecket.

So man nun nahe hinter das Loch, darüber das Glas befindlich, ein groß weißes Blatt Papiers gerade hält, so wird man mit besonderer Belustigung sehen, wie die ganze gegenüber situierte Revier auf dem weißen Blatte sich gleichsam abmalen und darstellen wird, aber alles unters über sich; auch werden solche Gesichter alle die Bewegungen, so von ihren Objectis geschehen, nachtun: Man wird sehen die Wolken des Himmels vorbeiziehen, die Vögel in der Luft vorüberfliegen, die Leute hin- und widergehen und die Blumen in dem schönsten Schmelzwerk ihrer Farben, ja alles so natürlich sich vorstellen, daß, wenn man sich die Mühe wollte geben, alles so, wie man es auf dem Papiere entworfen siehet, mit gleichen Farben darauf nachzumalen (als zu welchem Endzweck hauptsächlich die Camera obscura portatilis bequeme), man das eigentliche Original-Contrefait derer Dinge, von der Natur selbsten vorgezeichnet, haben würde.

Wie weit das Papier von dem Glas solle gehalten werden, wird die Erfahrung selbsten lehren, immaßen die dem Glas nahe gelegene Dinge erfordern, daß man mit dem Papiere weiter davon hinwegrücke, die weit entlegene hingegen erfordern eine geringere Distance.

NB. An teils Orten findet man in kuglichte hölzerne Capsuln gefaßte Linsengläser zu Kauf, welche sich in einer Scheiben von Pappendeckel, worinnen solche Capsul mit dem Glase eingeschlossen, hin und wider dies- und jenseits, auch über und unter sich drehen und richten lassen und exprès zur Camera obscura gewidmet sind, um dardurch die Repraesentationes zu erleichtern; immaßen die dem Glase gerad gegenüberstehende Objecta sich am deutlichsten zeigen.

69. In einem Zimmer ein fürtreffliches Schauspiel vorzustellen:

Man läßt sich einen langen Kasten verfertigen von selbst beliebiger Länge und Größe, als zum Exempel 2 oder 3 Ellen lang, 1 Elle hoch und eine halbe oder dreiviertel Ellen breit oder auch in allem nur halb so groß oder à proportion noch kleiner.

In dessen vördere, zum Exempel einer Ellen hohe und einer halben oder dreiviertel Ellen breite Seite wird fast zu öberst in der Mitten ein kleines Loch eingeschnitten, damit man dardurch nur mit einem Auge könne in den Kasten schauen, mithin dessen, was zunächst unter diesem Loche in dem Kasten befindlich, nicht gewahr werden. Dieses Loch kann mit einem hellen Glase beschlossen werden, darüber man auch auswendig eine bewegliche Bedeckung oder Schiebergen machen mag.

Auf die dieser vördern Seite gerade entgegenstehende hintere Seitenwand dieses Kastens, welche von gleicher Größe mit der vördern, befestiget man inwendig einen hellen schönen Spiegel ohne Rahmen, der just in den Kasten passe und die hindere Seite ganz bedecke; damit man auch um so weniger einige Fuge beobachten möge, muß das Spiegelglas auf dem Boden und zu beeden Seiten in das Holz des Bodens und der Wände beeder Nebenseiten genau eingelassen sein.

Der Boden und die beeden Seitenwände dieses langen Kastens werden, gleich einer Höhle, mit dunkler Farbe angestrichen und mit allerlei zarten Gemös, nebst kleinen Blümgens, etwan auch mit felsenhaftem Gesträuche zu beeden Seiten auf das zierlichste ausgekleidet. Zuvörderst aber, nächst hinter derjenigen Seitenwand, dadurch man in den Kasten hineinschauet, kann man einen anmutigen Berg mit einer weiten Höhle und kleinen Bildgen oder Tiergen hineinmachen, jedoch dergestalten, daß von dem Hineinschauenden nichts davon bemerket werde.

Der Oberteil des Kastens aber wird, anstatt eines Deckels, längsthin mit Papier, so mit Öle wohl getränket und recht helle gemacht worden, überlegt, damit das Licht dadurch hineinfallen möge.

Dieser Kasten nun wird in einem Zimmer wohin plaziert, da man ihn am bequemsten verbergen kann; sollte sich aber Gelegenheit finden, selbigen in ein angelegenes Zimmer mit seiner vordem Seitenwand nächst an die Schiedeswand der beeden aneinanderstoßenden Zimmer setzen zu können, dergestalten, daß man in demjenigen Zimmer, darinnen man sich befindet, gar nichts davon gewahr würde, sondern daß man durch ein in selbige Wand gemachtes Loch in bemeldten Kasten schauen müßte, so würde dadurch die Bewunderung um ein merkliches vergrößert werden, immaßen das Aug des Hineinschauenden gleichsam mit Entzückung in eine helle, weit sich erstreckende Bergallee und anmutsvolle Höhle wird hineinblicken.

<u>NB.</u> Es muß auch dieser Kaste mit dem Hinterteile um etwas höher als mit dem Vörderteile gesetzet werden, nur bloß so viel, damit dem Hineinschauenden die papierene Bedeckung nicht in die Augen fallen könne; worzu noch mehr beförderlich, wenn das Glas, wordurch man hineinschauet, außerhalb des Brettes der vördern Seitenwand befindlich ist und innerhalb des Loches noch über dieses ein etwas erhabener hölzern~ oder hornener Ring oder eine querfingersdicke runde Capsul das Loch umgibt.

Es darf auch inwendig längst des Kastens hin nichts von Objectis oder Bildgen angebracht werden, die von andern sich distinguierten und durch ihren Widerschein den Spiegel verrieten, sondern die Verzierung des Kastens muß aus einerlei oder doch vielen einander ganz ähnlich sehenden Objectis bestehen, (dahin unter andern die Zweiglein von Zypressen könnten dienlich sein), ausgenommen der zuvörderst hinpostierten Berghöhle, die man vornen nicht kann beobachten, sondern selbige allein vermittelst des Widerscheins in dem unvermerkten Spiegel erblicket.

70. Anmutige Träume zu machen:

Solches zu bewerkstelligen wird wenig oder gar nichts zu Nacht gespeist und anstatt dessen oder zu Ende einer gemäßigten Nachtmahlzeit eine ziemliche Portion grüner Melissen als ein Salat mit Wein und Zucker oder mit Baumöle und sehr wenig Essige oder besser nur also rohe genossen. So werden sich einem in dem Traume meistenteils anmutige grüne Gärten, lustige Alleen, schattigte Waldungen und dergleichen charmierende Revieren vorstellig machen.

71. Allerlei wunderbarliche Dinge in einem Glase mit Wasser zu präsentieren:

Lasse ein wenig Safrans in einem Leinewad-Büntelgen ein Weilgen in etwas frischen Wassers hängen, bis das Wasser sich wohl davon gefärbet; denn das Weiße von einem Ei mit diesem gefärbten Wasser vermischt und einmal oder etliche untereinander mit dem Finger gerührt, geklopft oder geschüttelt. Hernach miteinander in ein helles Trink-, Kelch- oder Uringlas, so fast voll frischen Wassers, geschüttet und einige Zeit lang, oder über Nacht, ruhig stehenlassen, so wirst du Wunder sehen.

72. Zur Nachtszeit vermittelst eines Hohlspiegels und Lichtes weit entlegene Sachen sichtbar zu machen:

Halte in der einen Hand den Spiegel und mit der andern Hand ein brennendes starkes Licht an dessen Brenn- oder Verkehrungspunkt, so fallen die zurückeprallende Lichtes-Strahlen, als gleichlaufende Linien, hin an den verlangten Ort, daß es daselbst ganz helle wird. Die Distance oder Länge derer zurückefallenden Strahlen ist zur Größe des Spiegels proportioniert.

Hiermit ist zu konferieren vorhergehender Numerus 34, als woselbsten dergleichen durch ein großes Brennglas zu bewerkstelligen Anweisung geschehen.

73. Mit einem Hohlspiegel im Schatten oder an einem Orte, der von der Sonnen nicht beleuchtet wird, ein Feuer anzuzünden:

Stelle den Hohlspiegel an dem dunkeln Orte auf und lege vor denselbigen ein Stückgen Schwamm oder andere dergleichen entzündliche Materie akkurat an diejenige Stelle, dahin sonsten der Fokus oder Brennpunkt des Hohlspiegels zu fallen pfleget. Dann stelle an einen entgegen liegenden Ort, den die Sonne beleuchtet, einen flachen gemeinen Spiegel gegen der Sonnen solchergestalten, daß er die Sonnenstrahlen in den Hohlspiegel zurückwerfe, so werden solche aus dem Hohlspiegel wieder zurückfallende Strahlen an dem Orte, wo die entzündliche Materie lieget, sich vereinbaren und dieselbige entzünden.

Soferne ein flacher Spiegel allein nicht genugsam hierzu wäre, kann man deren zwei oder mehrere nehmen und jeden derselben also richten, daß er die Sonnenstrahlen zurücke in den Hohlspiegel werfe.

74. Mit wenigen Lichtern oder Lampen einen großen Saal sehr helle zu machen:

Zu solchem Ende werden an 4 oder mehrern Orten eines Saals neben an den Wänden hohle Spiegel hingestellt und just vor den Verkehrungspunkt eines jeden eine helle brennende Lampe gesetzt, auch diese Spiegel solchergestalt geneiget und gelenket, daß die aus denenselben zurückefallende und gleichlaufende Strahlen an einem verlangten Orte zusammenstoßen, so wird es daselbsten so hell und lichte werden als bei hellem Mittage.

Die Kerzenlichter dienen der Ursachen wegen nicht hierzu, weilen sie im Brennen niedriger werden, mithin die Stellen des Widerscheins verändern.

75. Unvorgreiflicher Vorschlag zu einer handwerkischen immerwährenden Bewegung oder perpetuo mobili:

Es werde ein aufgericht laufendes Rad verfertiget von solcher Gattung, daß es vom Gewalt der Winde möge umgetrieben werden; diesem gegenüber werden etliche starke Blasbälge angebracht, die einander sekundieren können und die entweder mit proportioniertem Gewichte zum Niederdrücken beschweret oder auf andere Weise so zugerichtet wären, daß sie sich von selbsten wieder schlössen, dergleichen bei denen Orgelwerken zu sehen. Damit nun diese Blasbälge, die das Rad umzutreiben gewidmet, hinwiederum durch das Rad selbsten möchten aufgetrieben werden, sollte wohl möglich sein, daß, zum Exempel, von der Zirkumferenz des Rades aus wohlbefestigte und starke, auch gehörigen Orts gebogene eiserne Arme bis an die Handgriffe der Blasbälge herausliefen, die, wenn nur einmal das Rad durch jemanden in starke Bewegung gebracht worden, die recht dauerhaften Handgriffe der Blasbälge könnten anfassen und selbige nur so lang angefaßt halten, bis der Blasbalg genugsam aufgetrieben, alsdenn ihre Klammer, womit sie den Handgriff des Blasbalges bis dahin gehalten, von selbigem Handgriffe von selbsten wiederum abginge und solchen entfahren ließe. Welcher Zweck hierdurch möchte zu erhalten sein, wenn die eiserne Arme des Rades im Umlaufen einen ungleich weit größern Circul beschrieben, als die Handgriffe der Blasbälge und aus einem weit voneinander entfernten Centro; auch über dieses die Klammern solcher Arme bemeldte Handgriffe nur zuvörderst beim Ende anfaßten und endlich solche Handgriffe daselbsten eine schräg zugestutzte Extremität hätten, davon, bei genugsamer Elevation des Blasbalges und da der Circul des Armes von dem Circul des Balges anfinge abzuweichen, die Klammer des Armes leichtlich könnte abschleifen.

Caeterum inventis facile est semper aliquid addere.

76. Einen Windweiser zu verfertigen, der auch in einem Zimmer weiset, wo der Wind hergehet:

Man richtet über der Decke des Zimmers eine leichte oder hohl gemachte Stange auf, deren öberstes End ein gut Stück über das Haus hinausreiche und mit einem angehefteten blechernen Fahnen versehen seie. Die Stange solle oben durch in einem eisernen Ringe gehen, unten aber eine kleine metallene Kugel haben, die auf das beste poliert seie und in einer gleichergestalten wohl polierten Mutter mit der Stange ganz leichte sich herumdrehe. Das untere End der Stange muß über dieses, unterhalbs der Kugel, durch die Mutter sowohlen, als durch die Decke des Zimmers durchgehen; denn mag man aus dem Mittelpunkt des Loches, da das untere End der Stange durchgehet, an des Zimmers Decke einen Circul beschreiben, selbigen in 8, 16 oder 32 gleiche Teile teilen und zu den Teilen mit großen Buchstaben die Namen der Winde schreiben.

An dem untern Ende der Stange, die auf dem Mittelpunkt des Circuls umlaufet, muß ein Zeiger befestigt sein, der gerade der obern Fahne entgegenstehe, damit selbiger den Wind, so da wehet, auf dem Circul andeute.

77. Hell leuchtende schöne Fenster von Leinwad-Tuch zu machen:

Naßgemachte zarte Leinewad über die Fensterrahmen gespannt, mit Leim darauf befestigt und trocken lassen werden. Dann

Terpentins 3 Pfund oder anderthalb Pfund,
Weiß Wachs 1 und ein viertel Pfund,
Schaf-Inschlitts 1 viertel Pfund oder 3 viertel Pfund

untereinander zerlassen, die Rahme mit dem Leinewad-Tuch warm gemacht, die zerlassene Materie mit einem saubern Pensel darübergestrichen und trocknen lassen.

78. Wie von fernen zu erkennen, ob ein Regiment oder ganze Armee Volks sich bewege oder stille stehe:

Eröffne einen gemeinen Zirkel, halte selbigen vor das Gesichte und schaue mit einem Auge von dem Kopf des Zirkels hinaus, dergestalten, daß die eine Spitze des Zirkels die Armee und die andere einen Wald, Dorf oder ander dergleichen unbewegliches Objectum treffe. Nach kurzer Frist siehe mit unverrücktem Zirkel wieder dahin, so wirst du gewahr werden, ob der Marsch vor sich gegangen oder nicht.

79. Einen Kupferstich von dem Papiere auf ein Glas zu bringen:

Lege einen schön schwarz ausgedruckten Kupferstich auf eine helle Glastafel, so, daß der Stich unter sich kommt; bestreiche ihn alsdann vermittelst eines Pensels mit gutem Scheidewasser, laß ihn 24 Stunden also liegen, tue ihn nachmals wiederum herab und trockne ihn mit Tüchelgen gar wohl ab. Hernach nimm das Glas, darauf er kommen soll, säubere selbiges rein und trage nachgehends mit einem Pensel diesen Fürniß fein dünne darauf:

Rp: Terebinthins 2 Lot,
Terebinthinöls 1 Lot.

Dieses über einer sanften Glut untereinander geschmelzt und gerührt, je langsamer, je besser.

Wenn nun das Glas, wie gemeldt, hiermit dünne überstrichen, so lege den Kupferstich fein glatt, genau und eben darauf, so, daß er nirgends einiges Bläsgen noch Runzel bekomme, und laß ihn solchergestalten trocknen.

Hernach gieße Wasser darauf und wälgere mit dem Finger fein sachte das vom Scheidewasser mürb gewordene Papier miteinander herunter, so wirst du den Kupferstich auf dem Glase haben. Den laß wiederum trocknen, und wenn er recht trocken, so bestreiche ihn noch einmal mit obigem Fürnisse fein warm und laß ihn alsdenn kalt werden.

NB. Das Glas muß man auch allgemach lassen erwarmen, bevor man den warmen Fürniß aufträget, damit es nicht springe.

Nachmalen kannst du den Kupferstich auf dem Glase nach Belieben mit Ölfarben bemalen oder aber mit Goldblättgens überlegen.

80. Einen Kupferstich klar und durchsichtig zu machen:

Lasse nach Größe des Kupferstichs eine Rahme machen, darauf spanne und leime den Kupferstich ganz glatt und steif auf.

Alsdann Rp. Terpentinöls 4 Lot, Terpentins 2 Quent und soviel hoch rektifizierten Branntenweins. Dieses laß zusammen allgemach schmelzen und siehe zu, daß es nicht zu heiß werde.

Streiche solches mit einem Pensel also warm auf den Kupferstich, tue dieses 2 oder 3mal, und immer zu dem Feuer gehalten, damit es jederzeit warm geschehe, bis du siehest, daß alles schön klar und durchsichtig ist.

Alsdenn kannst du selbigen auf der hintern Seite mit Ölfarben bemalen und trocknen lassen und, wenn solches geschehen, mit obigem Fürnisse auf Seite des Kupferstichs fein eben überstreichen, so wird es einem Glase ähnlich sehen.

Nachgehends weiters einen Tag, 8 oder 14 trocknen lassen und folgends mit einem wullinen reinen Tuche gerieben, so wird der Kupferstich fein poliert und ganz klar werden.

81. Einen jeden Kupferstich oder gedruckte Schrift abzudrucken:

Ganz klein geschabter venedischer Seife und eichener Asche, eines soviel als des andern, auch etwas weniges lebendigen Kalchs mit Wasser in einem neuen Topfe-Hafen sieden lassen. Wenn sich nach dem Abheben alles wohl gen Boden gesetzet hat, so überfahre mit dieser Lauge vermittelst einer reinen Feder oder Pensels das gedruckte Papier oder Kupferstich fein sanft auf beeden Seiten und lege zwischen solche angestrichene Blätter rein weißes Papier. Hernach tue das Buch zu und lege es über eine kleine Weile zwischen eine Presse oder schlage es mit einem Hammer; aber die erstere Weise ist weit besser; so wird der Kupferstich oder die gedruckte Schrift ganz eigentlich abgedruckt und bringt solches gleichwohl der Figur ganz keinen Schaden, gegenteils wird sie nur reiner hiervon; alleine die abgedruckte Figur oder Schrift fället verkehrt oder hinter sich aus.

Um nun solche verkehrte Schrift ohne Spiegel wieder recht vorstellig und lesbar zu machen, kann man sich nach Gestalt der Sachen und im Fall das Blatt nicht auf beeden Seiten Schrift hätte, des nächstvorhergehenden Kunststückes bedienen zum Durchscheinendmachen.

82. Zu machen, daß ein Zimmer mit den allermagnifiquesten Tapeten bekleidet und ausgezieret erscheine:
Füge 3, 4, 5, 6 oder nach Belieben mehrere dreiseitige oder sogenannte Regenbogengläser in einer zur Größe dieser Gläser proportionierten Rahme dergestalten aneinander, daß sie nur mit den scharfen Ecken einander berühren, mithin an der einen Seite eine ebene und unzertrennte, an der andern Seite aber eine furchenähnliche Grundfläche formieren und also zusammen in die Rahme verfaßt, die Gestalt eines tragbaren Fenstergens gewinnen. Dieses Fenstergen bequeme bei heiterem Himmel, anstatt eines andern Fensters, vor ein Zimmer auf derjenigen Seite, da gleich die Sonne ihre Strahlen hin läßt fallen, und zwar solchergestalten, daß die furchenähnliche Grundfläche selbigen Fenstergens auswendig seie, die andere aber inwendig; die übrigen Fenster aber, Türen, Öffnungen, Löcher und Ritzen beschließe, bedecke und verfinstere auf das genaueste und sorgfältigste. Sobalde nun die Sonnenstrahlen durch die dreiseitigen Gläser mehrberührten Fenstergens in das Zimmer streichen, wird selbiges durchaus, soweit nämlich solche Strahlen sich ausbreiten, mit einer himmlischen und lichten Zierde also bemalet werden, daß es einem Paradiese möchte zu vergleichen sein.

Werden hiernächst diese Strahlen mit einem Hohlspiegel aufgefangen oder auch mit einer Scheibe, darein eine Quantität vieleckigt geschliffener, heller Kristallgläsgen verfaßt befindlich, so wird dir bald eine neue Lustschau von Farben, die der erstem ganz ungleich, sich vor Augen stellen.

Siehest du aber durch mehr gedachte dreiseitige Gläser

des Fenstergens hinaus, so wird dir alles auswendig Vorkommende mit undenklicher Mannigfaltigkeit der Farben, welche von der erstem gleichergestalten ganz unterschieden, sich präsentieren und weiß nicht was Himmlisches vorzuweisen dich bedünken.

83. Eine farbträchtige Lustschau in den Fenstern vorzustellen:

Überziehe die Fenster mit grün gefärbtem und angeölten oder gefürnisten Papiere und bilde darein, mit einer Nadel viele subtile Löchergen stechend, mancherlei Figuren, so wirst du bei darauf scheinender Sonne deine tausend Wunder an dem zugleich durchstrahlenden und wiederkehrenden Lichte sehen, so du, in behöriger Weitschaft, ein anders mit einiger Farbe getränkt und gefürnistes Papier solchen Fenstern wirst entgegen halten, da dir nach Verschiedenheit der Farben von selbigem Papiere die allerlieblichsten Farben unterschiedlich verändert zu sehen vorkommen werden.

84. In einem finstern Zimmer oder bei nächtlicher Weile an einer benachbarten Wand feurige Buchstaben erscheinend zu machen:

Auf ein dünnes Brettgen, Pappendeckel oder Blech zeichne mit Kreide, Rötel oder Kohlen einige Buchstaben, Worte oder Namen nach deinem Gefallen. Dann schneide sie, solcher Zeichnung gemäß, aus und stelle darhinter in einiger Entfernung ein oder nach Erfordernüs derer Größe und Länge derer Worte zerschiedene hellbrennende Lichter oder Lampen so, daß der Schein davon allein durch die ausgeschnittene Buchstaben als gleichsam durch eine Wand, Türe oder Fensterladen an die Wand eines finstern Zimmers oder benachbarten Hauses falle.

85. Mit einer Kugel einen Küraß oder Harnisch durchzuschießen:

Tue ein Stückgen guten Kernstahls, einer Erbis groß, in eine Kugelforme, gieße darüber Blei zu einer Kugel und lade mit selbiger das Gewöhr.

86. Vermittelst eines Fadens jemanden ein Geheimnüs zu entdecken:

Man machet 2 viereckichte glatte Stäbgen von Holz gleicher Länge so, daß man auf deren jedes das ganze Alphabet mit ziemlich großen Buchstaben füglich könne verzeichnen. Dann stämpfe oder schreibe auf beede die Buchstaben des Alphabets in gleicher Weite, dergestalten, daß auf beeden Stäbgen durchaus gleiche Buchstaben akkurat zusammenpassen; zu solchem Ende und genauerer Akkuratesse wegen schneide auf jedes Stäbgen in der Mitte eines jedwedem Buchstabens eine Kerbe, gleichwie auf einem Kerbholz, daß die Kerben genau aufeinander treffen. Das eine dieser Stäbgen nun stelle deinem Freunde zu, das andere behalte du in Verwahrung. So du dann deinem Freunde etwas Geheimes entdecken willst, so nimm einen weißen Faden und messe darmit genau von dem Anfang des Stäbgens bis zur Kerbe desjenigen Buchstabens, mit welchem dein Schreiben solle anfangen, und bezeichne daselbst den Faden mit einem Punkt von guter schwarzer Dinte; dann lege diesen Punkt auf den Anfang des Stäbgens und messe von daselbst an bis zur Kerbe des 2ten Buchstabens deines Schreibens und bezeichne daselbst den Faden wieder mit einem Dintenpunkt. Weiter bringe diesen Punkt auf den Anfang des Stäbgens und messe von daselbst an bis zum 3ten Buchstaben deines Schreibens und bezeichne bei dessen Kerbe den Faden abermalen mit einem Punkte, und solchergestalten fahre immer fort, bis du dein Geheimnüs völlig entdecket. Wo ein Wort zu Ende ist, kann es auf dem Faden mit einem Punkt von roter Dinte bemerket werden, welche rote Punkten aber man bei dem Messen sich nichts muß irren lassen. Nachgehends wickle den Faden auf und fange bei dessen Ende an zu wicklen, damit der Anfang desselbigen herauskomme.

Diesen Knäuel Fadens überschicke hernacher deinem Freunde, der, wann er auf seinem Stäbgen den Faden seinen schwarzen Punkten gemäß nacheinander abmisset und jeden Buchstaben auf ein Blättgen Papiers schreibet, nach und nach das versteckte Geheimnüs völlig entdecken wird.

87. Schöne buntfärbige Glaslaternen zu machen:

Das Gestelle darzu lasse bei einem Tischer oder Glaser von Holzwerk machen, 4-, 6- oder 8eckicht. Dann nimm die vom Glaser hierzu zugerichtete Glastafeln, überstreiche selbige auf der einen Seite mit Fürnissen von allerhand zerschiedenen Farben, als die eine Tafel mit grünem, die andere mit blauem, die dritte mit goldfarbigem, die vierte mit rotem, die fünfte wieder mit grünem, die sechste mit blauem, die siebende mit goldfarbigem und die achte mit rotem Fürnisse und lasse sie trocknen. Wenn sie nun wohl trocken, so lasse sie durch den Glaser in das Holzwerk einrichten, dergestalten, daß die gefürnißte Seiten einwärts gerichtet stehen.

So man nun solche Laterne mit einem brennenden Lichte in einem weißgemachten Saale oder Zimmer aufhänget, so wird man mit Lust sehen, wie die gefärbten Gläser werden die Farben an denen Wänden spielen lassen.

88. Daß ein Fenster von Pergamente einem gläsernen ähnlich scheine:

Nimm in der Größe soviel du zu einem Fenster brauchest, Pergament von Schaf- oder Ziegenfellen, das ohne Kalch bereitet seie, und lasse selbiges wohl und dünne schaben. Hiernächst vermische untereinander dickes arabisches Gummiwasser, wohl zerklopftes Eierklar von 12 frischen Eiern und Honig, der auf das beste geläutert worden, in einem glasürten großen Topfe und lasse das Pergament hierinnen wohl erweichen; dann spanne selbiges in eine Rahme und lasse es darinnen wohl ertrocknen. Hernach male Glasscheiben darauf, wie ein Fenster sein solle, und, so diese Malerei gleichergestalten trocken, so überstreiche es wohl mit einem guten Fürnisse, dann wird es einem Glasfenster ganz ähnlich.

89. Daß papierene Fenster denen gläsernen ähnlich scheinen, dergleichen in Italien insgemein im Brauch sind:

Nimm Papier aus der Papiermühlen, woselbsten es bereitet wird, das noch nicht geleimet ist. Dann zerlasse untereinander Terpentins 6 Teile und Mastix 2 Teile, bestreiche das ausgedehnte Papier damit und lasse es trocknen, so hast du dein Begehren. Da kannst du runde oder gevierte Scheiben mit Dinte oder mit andern Farben auf das Papier zeichnen.

90. Bei nächtlicher Weile in einem finstern Zimmer jemanden mit vermeinten Gespenstern oder Irrwischen zu erschröcken:

Nimm gut und frisches faul Holz, das bei der Nacht fein helle leuchtet, mache daraus zerschiedene, nicht allzu kleine Stückergen und kleibe solche mit Harze einigen muntern Krebsen auf den Rücken feste auf. Diese Krebse bringe sodann heimlich in das Zimmer oder Kammer desjenigen, den du fürchten machen willst; wenn er sich nun daselbsten niedergeleget hat und du irgend durch einig gemachtes Gerümpel ihn an seinem Schlafe störest, so wird er in seiner Kammer bei unversehener Erblickung zerschiedener, von einem Orte zum andern sich bewegender düstern Lichtergen sich so leichte nicht hierein zu finden wissen und wohl ein Heer ungebetener Irrgeister darinnen vermuten.

91. Einem wohlbekannten Freunde und Gast, welcher Scherz ohne Widerwillen aufzunehmen weiß, einen kurzweiligen Possen zu spielen:

Nimm zu zartem Mehl gestoßene Galläpfel, solches Mehl reibe in eine alte Handzwehle, die sonsten nicht mehr viel wert, jedoch neu gewaschen ist, wohl ein und stäube es wieder ein wenig heraus, daß man desselben nicht daran gewahr werde; nach diesem tue gepülverten blauen Vitriol in das Handfaß und laß ihn in dem Wasser, da man die Hände mit waschet, zergehen, so siehet es dessen ohngeachtet gemeinem Wasser ähnlich.

So nun der Gast mit diesem Wasser die Hände waschet und solche an der Zwehlen abtreuget, so macht er seine Hände, nebst der Handzwehle, kohlschwarz; welches dann bei ihme Verwunderung und Scham über dieser seiner Unflätterei erwecken und denen übrigen Anwesenden genug zu lachen geben wird.

92. Einen Vogel abzurichten und zu gewöhnen, daß er ausfliegt und nacher Hause wiederkehret:

Einem jungen Vogel schneide ein gut Stückgen von dem Oberteile des Schnabels hinweg und ätze und fräse ihn nachgehends, wie man andere junge Vögel zu ätzen pfleget, so gewohnet er nach und nach an dich. Hernacher, wenn er fliegen lernet, so laß ihn in der Stuben umherfliegen. Wann er dann hungerig wird, kann er selbst nichts fressen, weilen das Oberteil seines Schnabels kürzer ist als das untere, kommt derhalben jederzeit zu dir geflogen und begehret der Speise; solche mußt du ihm nun immerzu einstecken, bis er dessen wohl gewohnt wird. Sodann eröffne letztlich zur Zeit, da der Vogel wieder hungrig, die Fenster der Stuben und laß ihn fliegen, wohin er will, so fliegt er zum ersten Mal, des Hungers wegen, nicht weit, sondern kehret bald wieder zurücke, gewohnet auf solche Weise auch des Orts, da er ausgeflogen, und so er weiters ausflieget, muß er doch allezeit, wenn ihn hungert, wiederkehren und von dir das Essen fordern.

Ein gewisser Curiosus hat auf solche Manier einen Staren abgerichtet und leichtgläubigen Leuten weisgemacht, es wäre selbiger sein Spiritus familiaris. Vielleicht ist Mahomets Taube auch von dieser Gattung gewesen, die er vor den H. Geist ausgegeben haben solle.

93. Einen lebendigen Wetterpropheten zu haben:

Setze einen grünen Laubfrosch in ein bedecktes Handfaß mit frischem Wasser oder in ein mit Wasser nicht voll gefüllt, auch wohl bedecktes, hoch und großes Glas, damit er nicht echappieren könne (welches bei der mindesten Öffnung, so er bloß die Bedeckung lüften kann, zu geschehen pflegt), jedoch daß er zu seiner subtilen Respiration etwas weniges Lufts habe, und gib ihm täglich frisches Wasser; so wird er bei bevorstehendem Regen- oder Unwetter stark quäken, außer diesem aber immerfort stille sich verhalten.

Auch findet man in Oberschwaben und anderer Orten eine Gattung Fische, welche denen Neunaugen oder Bricken fast ähnlich sehen; diese in eine Bouteille mit Wasser und Sand eingesperrt, bewegen sich bei instehendem Unwetter immerfort in einem Circul herum, da sie außer diesem stille zu liegen pflegen.

94. Ein Glas mit Wasser heulend oder schreiend zu machen:
Fülle ein halbmäßiges, dünn~ und hohes Trinkglas über die Hälfte mit Wasser; dann tauche einen Finger in das Wasser und fahre mit demselbigen aufdrückend immerzu auf dem obern scharfen Rande des Glases umher, so wird man einen seltsamen Laut und Geheul des Glases vernehmen, welches Heulen anstatt Wassers nach Bier oder Wein geschiehet.

95. Mit einer gläsernen Kugel, gleichwie mit einem Brennglase, anzuzünden, auch bei Nachtszeit einen hellen Schein dardurch zuwege zu bringen:
Fülle eine gläserne helle Kugel mit frischem Wasser und halte sie bei klarem Sonnenscheine in deren Strahlen gegen etwas Entzündliches als Zunder oder Schwamm und dergleichen, so, daß die Kugel vermittelst der Sonnenstrahlen einen ordentlich formierten Focum oder Brennpunkt darauf hinwerfe, so wird der Schwamm sich balde entzünden.

Ebensolche Kugel ist bei Nachtszeit vermittelst Werfung ihres hellen Scheins, wenn eine brennende starke Lampe darhinter disponieret ist, zu Erkenn~ und Verfertigung der subtilesten Arbeit dienlich.

96. Wasser vom Weine abzusondern:
Befeuchte einen lang~ und schmalen Streifen wullenen Tuches oder ein dergleichen zartes Tuch-End mit Wasser, stoße dann selbiges mit dem einen Ende in ein Glas mit Wasser vermischten Weines bis auf dessen Boden und laß das andere Ende desselben Streifes, welches länger sein muß, auswendig an dem Glase herunterhängen, zu solchem Ende das Glas auf etwas erhöht muß stehen, setze ein Geschirrgen unter, so wird sich durch den Streifen alles Wasser aus dem Weine ziehen und nach und nach in das Geschirrgen tropfen.

Auf solche Weise kann man die Weine probieren.

97. Dreierlei Liquores in einem Glase, unvermischt übereinanderstehend, vorzustellen:

Geuß in ein durchsichtig langes Glas auf dessen Boden, etwan 3 Querfinger hoch, Bier oder Wasser, hierauf geuß auch so hoch Baumöl und zuletzt lasse fein sachte an den Seiten des Glases auf das Baumöl einen zum höchsten rektifizierten Branntenwein, bei deme ganz kein Wasser ist und der zur Probe Pulver anzündet, fließen, so stehet dieser, weilen er leichter als das Öl, oben, das Öl in der Mitten und das Bier oder Wasser unten, daß also dreierlei Feuchtigkeiten zugleich in einem Glase unvermischt untereinander vorgestellet werden.

98. Zu wetten, man wolle einem oder mehrern Freunden einen in eine Schüssel gelegten Dukaten, wenn sie so weit davon getreten, daß sie wegen des Randes der Schüssel den Dukaten nicht mehr können liegen sehen, selbigen augenblicklich wieder sichtbar machen ohne Spiegel, auch ohne sich und ihre Augen, noch selbsten den Dukaten von der Stelle zu bewegen:

Lege in die Mitte einer zinnern tiefen Schüssel einen Dukaten oder Zahlpfennig, stelle die Zuschauer so weit vom Tische, darauf die Schüssel stehet, hinweg, daß sie, wegen des Randes der Schüssel, den Dukaten darinnen nicht mehr können liegen sehen; sprich, sie möchten nun sich und ihre Augen unverwandt und auf einer Stelle unbeweglich halten. Dann schütte die Schüssel voll Wassers, so wird ihnen, per refractionem radiorum, der Dukaten alsobald wieder sichtbar.

99. Ein Petschaft von rotem Siegellack auf eine leichte und angenehme Weise zu glasüren oder zu emaillieren zu dem Ende, damit niemand davon einen Abdruck nehmen, noch mithin solchen Petschafts fälschlich worzu sich bedienen möge:

Das silberne, messinge oder stählerne Petschier läßt man über einem brennenden Lichte, da wo der Stich ist, von dem Inschlitt-Ruß kohlschwarz anlaufen, legt selbiges dann beiseits und läßt es erkühlen. Inzwischen besiegelt man den Brief mit rotem Lack und drückt das schwarz berußte Petschier darauf. Wenn nun das Petschaft gedrückt, so hält man ein zusammengerollt~ und angezündt~ ganz kleines Stückgen Papiers, mit einem klein~ und subtilen Flämmgen brennend, nächst darüber her, so lange, bis die Oberfläche des Petschafts völlig wiederum zerflossen ist; denn läßt man es also wieder gestehen und hart werden. Nur ist zu verhüten, daß keine Papierasche darauf falle und die Glasur verderbe, auch daß die Flamme das Papier des Briefes nicht versenge. Solchergestalten wird der Grund des Petschaftes schwarz, die Figuren desselben rot und die ganze Oberfläche darüberher glatt, einem Glase gleich, erscheinen.

100. Daß man seine eigene Gestalt von hintenzu möge sehen:

Solches geschiehet vermittelst zweier gegeneinander über zu stellend~ oder zu haltender Spiegel, je größer solche sind, je besser ist es; in deren vörderem die darzwischen stehende Person ihr Vorderteil und zugleich auch in ebendemselbigen aus dem darinnen mit sich präsentierenden hintern Spiegel ihr Hinterteil betrachten kann.

101. Eine rote Rose ex tempore entweder ganz weiß oder, um größerer Bewunderung willen, nur auf einer Seite weiß zu machen:

Halte nur ein Stückgen brennenden Schwefelfadens oder von einer Schwefelschnitte darunter, so wird die Rose augenblicklich weiß an demjenigen Orte, woselbsten sie von dem Schwefelrauche berührt ist worden; auch wird man nachgehends von dem Schwefelgestank an der Rose nichts empfinden.

102. Rosen zu zeugen von fürtrefflichem Geruche:

Im Frühjahre nächst bei einem Rosenstocke einen Zwiebel gestecket, gibt denen Rosen einen über die Maßen herrlichen und penetranten Geruch; mithin auch dem daraus zu brennenden Wasser.

103. Dem Rauchtobak einen lieblichen Goût zu geben:

Die äußerste zarte Schelfen von einem schwarzen Waldkirschenbaum unter den Tobak geschnitten und gerauchet, geben ihm einen lieblichen Goût und stärken zugleich das Haupt nebst dem Gedächtnüs.

Auch den Tobak in Milch ein Weilgen gesotten, benimmt ihm sein überflüssiges Öl, Schärfe und Wildigkeit und macht ihn zu rauchen sehr angenehm und douce.

104. Auf radiertes Papier ohne Ausfließen der Dinte und noch besser als vorher schreiben zu können:

Wo auf einem Papiere ein Dintenklecks oder Schrift ausradiert worden, so schlage ein reines Leinewat-Läppgen um einen Finger, düpfe damit in Gummi Juniperi, so zum subtilesten Mehl gestoßen worden, und reibe dann wohl damit über den radierten Fleck her, so wird man sich wundern, wie vortrefflich es sich nachhero auf solcher Stelle schreiben läßt.

105. Eine besondere Dinte ohne Galläpfel:

Zu schwarzem Pulver gebrenntes Hirschhorn und Büchsenpulver mit Tropfwein und Regenwasser untereinander gerieben nebst ein wenig Gummi.

106. Von freier Faust, ohne Zirkel, nur mit der Feder einen vollkommenen Circul-Riß auf ein Papier zu zeichnen:

Nimm ein Blättgen, so auf anderes Papier weich und eben gelegt, oder auch ein 4- oder 8fach zusammengelegtes Papier, setze auf selbiges den Mittelfinger deiner rechten Hand feste mit der untern scharfen Ecke des Nagels; laß dann die auf selbigem Finger aufliegende eingetauchte Feder das Papier berühren, halte den rechten Faustballen etwas frei über sich, damit er nicht auf dem Papiere aufliege, ergreife mit der linken Hand das Papier bei einer Ecke und drehe damit selbiges im Ringe herum, so ist der Circul-Riß formieret. Die Übung machet den Meister.

107. Papier anzuölen, daß es dem schönsten Glase gleicht, hält aus im Regen und Winde und dient zu Fenstern und dergleichen:

Lasse die Abschnitzgen von Pergamente in Wasser kochen, bis selbiges sehr klebrig und wie ein starkes Leimwasser wird, geuß das Lautere davon ab und laß es durch ein Tüchelgen laufen. Hiermit überstreiche das aufgespannte Papier und laß es wohl trocknen; dann überstreiche selbiges 1- oder 2mal mit nächstfolgendem Fürnisse oder auch nur mit Terpentinhanf- oder Magsamenöle und laß es trocknen.

Der Fürnis:

Rp. Olei Templini (ist das veritable Terpentinöl, so schön weiß) 2 Pfund, gemeinen Terpentinöls ein halb Pfund untereinander, darinnen laß 4 Lot hellen Tannenharzes in der Wärme zergehen.

Oder nimm statt dessen den Sandaracfürnis, so mit Leinöle gemacht ist.

108. Vielfältig praktizierter, überaus schöner Glanzfürnis, der im Anstreichen wie das schönste Kristallglas aussiehet und von keiner Nässe, wenns gleich Scheidewasser wäre, angegriffen werden mag:

Nimm des reinesten Gummi-Copals ein halb Pfund, schön reinen Mastix 6 Lot, auserlesenen weißen Weihrauchs 3 Lot, untereinander zart gestoßen, in ein reines Glas getan, des allerfeinsten veritablen Spicköls anderthalb Pfund darüber gegossen, das Glas wohl vermacht, 14 Tage lang in linder Wärme stehenlassen, das Glas zu Zeiten ausgenommen und wohl untereinander geschüttelt. So nun befunden wird, daß das meiste sich aufsolvieret hat, so geußt man des allerreinesten, alten und durch Lindenholz filtrierten Leinöls bei anderthalb Pfund darzu, vermacht das Glas auf das beste und läßt es gleichergestalten noch ein paar Tag auf dem heißen Sande stehen. Alsdann läßt mans durch ein reines leinen Tuch laufen, so erlangt man einen fürtrefflichen Glanzfürnis, dem gar keine Nässe schaden mag.

Wenn man mit diesem Fürnisse illuminierte Kupferstiche, welche vorher mit Pergamentleim wohl getränket worden sind, ein paarmal überstreichet und ertrocknen läßt, so tut ihnen weder Wetter noch andere Nässe Schaden.

109. Auf einem glatten silbernen Blättgen durch bloße Erhitzung über einer Glut schwarze Buchstaben erscheinend zu machen, sooft man nur will:

Man nimmt Silber, welches im Feuer nicht anläuft, und läßt durch einen Goldschmied ein Silberlot zubereiten, das dem Silber an Farbe gleichkömmt, aber in dem Feuer anläuft und schwarz wird. Von dem Silber läßt man runde Blättgen wie Groschen oder je größer, je besser ausschneiden und mit dem Lote gewisse Buchstaben oder Worte hineinlöten. Weilen nun das Silber und das Lot gleiche Farben haben, so kann man die Schrift nicht sehen, denn der Pfennig siehet überall weiß und ungeprägt aus; sobalde man aber selbigen auf glühende Kohlen leget, so läuft das Lot schwarz an, und das Silber bleibet weiß; derowegen kömmt eine schwarze Schrift zum Vorschein, die um soviel schwärzer wird, je länger man selbige auf der Glut lässet; jedoch darf diese nicht zu heftig sein, damit das Lot nicht fließe.

Will man solche Schwärze wieder von dem Silber bringen, so reibet man dessen Fläche, wo die Schrift zu sehen ist, mit ein wenig Zinnasche oder geschabtem Trippel und Speichel, dann kann die Probe damit sehr ofte wiederholet werden.

110. Silber, welches den Schein verloren, wiederum helle zu machen:

Reibe nur das Silber mit Sale Tartari oder Weinsteinsalz, so erlanget es seinen vorigen Glanz wieder.

111. Rost an Eisen zu vertreiben:

Das Eisen nur mit Oleo Tartari bestrichen, nachgehends mit einem wullenen Lappen darüberher wohl abgerieben; macht es zugleich glänzend.

112. Eisen harte zu machen wie Stahl:

Ochsenklauen geraspelt, gestoßen Glas und Ruß, eines soviel als des andern, untereinander gemischt, in einen Tiegel getan oder in ein ander proportioniert tönernes Gefäß, die gemachte Eisenarbeit mitten darein gelegt und den Tiegel oder Gefäß verlutiert. Hernacher allgemach miteinander durchglühen lassen und wenn es stark glühet, samt dem Gefäß in frisches Wasser gestoßen; je kälter das Wasser ist, je härter das Eisen wird. Sodann solche Arbeit herausgenommen, die erscheinet schwarz; derowegen selbige mit einem Holze gerieben oder, wie sonsten gebräuchlich, poliert, so ist das Eisen so hart wie der beste Stahl.

113. Eine Klinge zu parfümieren:

Bisam, Zibet und Ambra, nach Belieben, mit Spiritu Vitrioli zerrieben. Dann die Klinge glühend gemacht und mit dieser Komposition abgelöscht.

114. Auf eine Klinge zu ätzen:

Bedecke die Klinge mit einem Teige von getötetem Kalch und Wasser, mache mit einer Stecknadel oder spitzigen harten Hölzgen die Figuren darein und laß trocknen. Nachgehends beschmiers darüber her mit einem dünnen Teige von Grünspan, Vitriol und ein wenig des sehr giftigen Mercurii sublimati; mit Essige angemacht, laß von ferne bei einem Feuer trocknen und wasch es alsdann ab.

115. Ein Stücke Silbers oder Münze in einer Nußschale zu schmelzen:

Salpeters 2 Lot, Schwefels ein halb Lot und trocken Sägemehls 1 Quent, wohl untereinander gerieben, die Nußschale damit gefüllet, das Silber mitten dareingeleget und dieses Pulver an einem sichern Orte mit einem glühenden Eisen oder Köhlgen angezündt.

116. Zerbrochene Gläser, Krüge, Töpfe etc. behende zu leimen:

Ungelöschten Kalch mit Eierklar auf einem Steine wohl untereinander gerieben, das zerbrochene Geschirr damit bestrichen, die Stückergen mit Geschicklichkeit ineinandergefüget und ertrocknen lassen.

117. Besonders Geheimnüs zu machen, daß Hunde, Pferde und Esel in der Größe bleiben, wie sie gefallen, und weiter nicht wachsen:

Wenn die Hunde beginnen, die Augen zu eröffnen, sobalde solle man ihnen 1 Lot gestoßener Korallen mit ein wenig Branntenweins und Mehl eingeben. Auf gleiche Weise denen Pferden vier Lot und denen Eseln fünf Lot Korallen.

118. Daß man beim Marschieren und Laufen weder schwitze noch matt werde:

Beifußkraut und Wurzel, um Bartholomäizeit gesammlet und in den Schuhen, auch an dem Leibe bei sich getragen, verhindert das Schwitzen nebst der Mattigkeit. Dieses Mittels bedienen sich die Lacquayen in Spanien.

119. Das eilfertigst-, curieus- und leichteste Mittel vor das Nasenbluten:

Nur den kleinen Finger an der Hand, auf derjenigen Seite, da das Nasenloch blutet, zwischen dem Nagel und ersten Gelenke mit Zwirnsfaden feste gebunden; fehlet nicht, wenn es recht gemacht wird.

120. Dürre gewordene welsche Nüsse mit leichter Mühe, denen grünen gleich, schälen zu können:

Lasse nur die Nüsse ein Weilgen in Wasser oder besser in Milch sieden.

121. Curieuses Experiment von einer ohne äußerliches Feuer zu erregenden Erhitzung und Entzündung, welche zu künstlicher Repräsentation des feuerspeienden Berges Aetnae bequem ist:

Rein und frische Eisenfeil, welche nicht rostig noch staubig, mit gröblicht gepülvertem gemeinen Schwefel in gleichem Gewichte vermischt und dergestalten mit gemeinem Wasser angefeuchtet, daß diese Mixtur, vermittelst gebührenden Umrührens, zwar durchaus naß seie, jedoch kein überflüssiges Wasser zu Boden sich setze, sondern selbiges, auf diesen Fall, durch Neigung des Gefäßes abgegossen werde. Wenn die Mixtur nun einige Stunden ruhig gestanden, so wird sie von freien Stücken warm und balde hierauf mit Macht erhitzet, schwillt auf, siedet und bricht aus in einen Dampf in solchem Grad der Hitze, daß man nicht nur schwerlich das Glas in Händen halten kann, sondern auch selbiges fast allemal zerbricht, sowohlen von der Hitze, als von der Expansion dieser Massae.

NOTA:

Dieses Experiment wird befördert, wenn
1. Anstatt der Eisenfeil Stahlfeile genommen wird.
2. Wenn das Gefäß, worein man diese Massam tun will, hoch ist und wohl zugedecket wird, damit die ausdünstende Wässerigkeit die Mixtur nicht so balde trocken zurücklasse.
3. Wenn dieser Materie eine große Quantität zum Experiment emploiieret würde, zu 10, 20 oder mehrern Pfunden, so solle nicht nur eine gewaltige Hitze, sondern auch die heftigste Entzündung mit Flammen daraus entstehen.

Damit aber solchenfalls die Depensen nicht vergebens aufgewendet möchten werden, so ist zu wissen, wenn die Massa entweder von selbsten sich entzündet oder, bei geringerer Quantität, selbige nach der Erhitzung nunmehro trockener geworden und annoch heiß in einer Schüssel etwas dünner ausgebreitet, sodann vermittelst Kohlen oder eines glühenden Eisens angezündet wird, daß selbige nachgehends in daran geschüttetes warmes Wasser hurtiger und reichlicher das Vitriolum Martis vor die Apotheker gebe, als durch gemeine Kalzination des Eisens mit Schwefel zu geschehen pflegt.

122. Einen Schneeballen anzuzünden, daß er einem Lichte gleich brenne:

Stecke in geheim ein langlecht und ziemlich Stückgen Kampfers in einen Schneeballen, so daß des Kampfers noch ein guter Teil hervorrage, und zünde selbigen an, so werden die Unerfahrenen sich nicht darein zu finden wissen, wenn sie den Schneeballen brennen sehen; immaßen der Kampfer dem Schnee oder Eise ähnlich siehet und, wegen seiner heftigen Brünstigkeit, sich so leichte nicht durch wenige Wässerigkeit, wo er nicht davon überschwemmet wird, verlöschen läßt.

123. Granaten, die im Wasser brennen:

Hierbei ereignet sich keine besondere Schwierigkeit, immaßen eine jedwedere von geübter Hand gearbeitete Granate im Wasser sowohlen fortbrennen als auch darinnen krepieren muß. Alldieweilen aber Granaten, die im Wasser spielen sollen, solcher Lust allzu schnelle würden ein Ende machen, wenn sie ihrem gewöhnlichen Tempo gemäß krepierten, als folget hiermit ein probater Satz zu den Brandröhren solcher Lustgranaten:

Rp. Salpeters 4 Lot, Schwefels 2 Lot, Mehlpulvers 2 Lot, Kampfers ein halb Lot, letztem mit ein paar Tröpfgen Branntenweins besprengt und auf einem glatten Brette alles wohl untereinander gerieben.

Mit diesem Satz vermittelst eines eisernen Setzergens und hölzernen Schlegelgens die hölzerne Brandröhre vollgeschlagen, mit gleichen Ladungen und gleichen Streichen, und sorgfältig verhütet, daß selbige keinen Riß bekommen; sollte aber solches gleichwohlen geschehen, so wird selbige Brandröhre sogleich ausgeschossen und an deren Stelle eine in Bereitschaft haltende frische emploiiert. Die gute Brandröhren hingegen und die genau in die Granaten müssen passen, werden unterhalb des Köpfgens mit Leim bestrichen, in die mit Pulver gefüllte hölzerne Granaten gesteckt und, nachdeme die Granaten unters über sich auf die Brandröhren gestellet worden, mit einem Schlegel feste hineingetrieben, hiernächst selbige Brandröhren obenher im Schüsselgen mit Teige von Mehlpulver und Branntenwein angefeuert, mit Papier um das Köpfgen herum zugebunden und nach diesem die Granaten noch zum Überfluß bis an das Köpfgen der Brandröhren in zerlassenem Peche getauft.

124. Kugeln oder Ballen, die im Wasser brennen:
Nimm geriebe~ oder Mehlpulver, Salpeter, jedes 4 Lot, Schwefels 3 Lot, Kampfers ein halb Lot, Colophonii 1 Lot, Terpentinöls ein halb Lot, Sägespäne und Lohmehls jedes ein halb Lot, mit Leinöle angefeuchtet, wohl untereinander gearbeitet, in Leinewat-Plätzgen eingeschlagen von beliebiger Größe, nachdeme sie viel oder wenig dieses Satzes fassen sollen, und mit Bindfaden feste umbunden in die Gestalt einer Kugel oder Ballens. Dann 1 mal oder 3 in zerlassenes Pech getaucht über und über und, wenn es harte geworden, hin und wieder mit einem Pfriem ziemliche Löcher in die Kugel oder Ballen gestochen, von obigem Satze mit ein wenig geriebenen Pulvers vermischt hineingestreut, auch hierauf Teig von Branntenwein und geriebenem Pulver in solche Löcher gestrichen und trocknen lassen. Endlich die Kugel mit einer Zangen feste haltend, ferne vom Gesichte, durch eine Lunte rund umher angezündet und ins Wasser geworfen, so wird sie darinnen lustig spielen. Ist ein sehr angenehmes Stück, so manchem Feuerwerker unbekannt und gleichwohl mit ringer Kunst und Mühe, ohne feuerwerkerische besondere Instrumenten und Handgriffe, zu bereiten ist.

Der Kampfer, mit einigen Tropfen Branntenweins bespritzt, läßt sich gerne zart reiben, außer dem aber nicht, wegen seiner zähen Fettigkeit, welche von dem Branntenwein augenblicklich zerrissen wird.

125. Uhrwerk, welches anstatt Glockenschlags die Stunden mit Kanonenknalle anzeiget:
Solches zu bewerkstelligen wäre einem Potentaten ganz was leichtes, so man nämlich auf einer hochsituierten und hierzu bequemen Galerie ließe ein Uhrwerk anrichten, welches, anstatt mit dem Hammer an die Glocke zu schlagen, ein wohl zugerichtetes Flintenschloß abdrückte, von welchem eine gegen Feuer, Luft und Wasser wohl verwahrte Feuerleitung auf die hierzu in gehöriger Ordnung parat stehende und geladene Kanonen zuliefe. Derer Kanonen müßten zwölf sein und hierüber ein besonderer Feuerwerker oder Kanonier, nebst Handlanger, die Auf-

sicht haben, um nach jedesmaliger Abfeurung die Kanonen wiederum zu laden, an gehörigen Ort und Stelle selbige wiederum anzurücken und das Flintenschloß, nebst der Feuerleitung, von frischem fertig zu machen. Die Feuerleitung könnte in proportionierter Höhe, oberhalb den Zündlöchern der Kanonen hin, über eine blecherne, untenzu scharfwinklichte und mit hohen Seitenwänden (als zween unten gleichsam zusammenstoßenden Dächern) versehene Hohlkehle geführt werden, damit keine Feuerfunke könnte darüber hinspritzen; aus dem untern scharfen Winkel dieser blechernen Hohlkehle müßten gegen jedes mit Zündkraute wohl versehenes Zündloch der 12 Kanonen 12 mit Pulver geladene eiserne Röhrgen akkurat gerichtet stehen, welche obenher innerhalb des Winkels der Hohlkehle mit hölzernen Zäpfgen genau beschlossen, auch um deren jedesmalige frische Ladung zu erleichtern, aus der Hohlkehle herausgenommen könnten werden und, damit solche Ladung beim Losbrennen nicht zurücke über sich könnte schlagen, müßte unterhalb denen Zäpfgen ein Bödgen mit geraumem Zündloche in den Röhrgen sein.

So es nun sollte 1 Uhr schlagen, richtete der Feuerwerker in selbiger Stunde die Feuerleitung nur bis zu dem geladenen und oben eröffneten Röhrgen der ersten nächstplantierten Kanone, auf 2 Uhr zu denen 2 geladenen und eröffneten nächsten Röhrgen, auf 3 Uhr zu denen 3 nächsten Röhrgen und so fort an, nur daß auch erstbemeldte losgebrannte Röhrgen nach jeder Abfeurung, soviel derer vonnöten, wieder von frischem müßten geladen werden: zum Exempel: binnen 12 Stunden müßte das erste Röhrgen 12mal, das 2te 11mal, das 3te 10mal, das 4te 9mal und so fort, endlich das 12te nur einmal frisch geladen werden.

Wollte man aber dieser Mühe überhoben sein, so könnte der Kanonier, anstatt daß sonsten die darzu bestellte Turmwächtere mit Ziehen an Riemen die gehörigen Glockenschläge tun müssen, die gebührende Anzahl der Kanonen nach Maßgabe des Uhrwerkes vor der Faust abfeuern.

Auch hierbei mag das Sprüchwort stattfinden:
Inventis facile semper aliquid addere.

Es ist zwar nicht ohne, daß zu dergleichen Werk ein ganzes Jahr hindurch ansehnliche Kosten erforderт würden; alleine was sollten selbige zu bedeuten haben bei einem Potentaten, welcher in dem Stande ist, auch in einer Stunde noch mehreres aufzuwenden, als nur dieses und zwar auf ein solch magnifiques Pläsier, dessen noch dato in der Welt kein großer Herre genießet? Darneben würde es auch nicht ohne allen Nutzen sein, sondern zu beständiger Reinigung der Luft dienen und hiernächst von einem erhabenen Orte seinen Schall viel weiter extendieren als der Glockenschlag. Auch könnte, menage wegen, dessen Dienst nur gewissen Zeiten des Jahrs gewidmet werden.

126. Einen gleichsam himmelischen und fast unerträglich hellen Lichtschein nebst erstaunlichem Lustblick im verborgenen jemanden vorstellig zu machen:
Lasse dir ein 8eckicht ablanges Kästgen verfertigen, ohngefähr anderthalb Spannen lang und 1 Spanne breit oder, dieser Proportion gemäß, nach Belieben größer; die Höhe derer Seitenwände mag ebenmäßig um 1 Dritteil weniger betragen als deren Länge; über dieses wird eine 8eckichte Dachung formieret, in deren Mitte mit einem kleinen Rauchfange oder Kamingen, und gleichwie die Dachung sich in die Höhe erhebet, also muß im Gegenteile der Boden mit der Dachung gleich gebrochenen Winkeln vertiefet werden, dergestalten, daß alle Flächen und Winkel einander gerade entgegen stehen und miteinander genau korrespondieren, am füglichsten zu vergleichen mit einer vieleckichten, oben gleichwie unten verloren zulaufenden Hanglaterne, ausgenommen, daß, wie dergleichen Laternen à proportion sich weit in die Höhe erstrecken, dieses vieleckichte Kästgen hingegen mehr eine flache als hohe Figur bekommen solle. Alle inwendige Flächen dieses Kästgens nun, sowohlen derer Seiten als der Dachung und des vertieften Bodens, werden mit foliierten hellen Spiegelgläsern beleget, ausgenommen diejenige Stelle, wo der Rauchfang stehet nebst der zuunterst auf dem Boden dem Rauchfange gerade entgegen stehenden kleinen Grundfläche, worauf nämlich das Kästgen ruhet; auch wird durch

die Vorderseite ein Loch gemacht, von der Größe, daß man dardurch mit einem Auge nach der Länge des Kästgens hineinschauen könne; solches Loch mag entweder durch das selbige Seite von innen bedeckende Spiegelglas durchgeschnitten sein, (welches besser wäre), oder mag gedachte Seite von innen, um das Loch umher, mit zusammengefügten Spiegelgläsern bekleidet werden, damit selbige nur nicht leer davon erscheine. In den Winkeln, woselbsten die Spiegelgläser zusammenstoßen, können, zur Zierde und Vergrößerung des Lichtscheines, entweder foliierte gläserne Rähmgen oder, anstatt deren, lauter vieleckichte falsche Edelgesteine oder auch mit dergleichen Edelgesteinen besetzte Rähmgen von hellpoliertem Golde und Silber angebracht werden; auf die schönste und prächtigste Weise. Mitten in das Kästgen, auf die leere Grundfläche und gerade unter dem Rauchfange, wird ein reich vergüldet oder übersilbert zierliches Engelsbild gesetzt mit gen Himmel erhobenen Gesichte, aus dessen Munde eine Wachskerze brennet, und damit man selbigem könne beikommen, muß eine Seite des Kästgens, gleich einem Türgen, können auf- und zugetan werden. Was nun solches wegen der unzählbaren Reflexion derer Lichtes-Strahlen dem Hineinschauenden werde für einen Anblick vorstellig machen, stehet nicht zu beschreiben.

Um die Erstaunung der hineinschauenden Person zu vergrößern, wird nicht in deren Gegenwart die Wachskerze angezündet, noch das Türgen des Kästgens eröffnet, sondern irgendwo im verborgenen.

Wäre hiernächst ein solches Kästgen geraum und groß genug, so möchten auf zierlich~ und subtilen Säulgens rings um das Bild herum, gerade vor das Licht und denen 8 Seitenflächen entgegen, 8 mit reinem Wasser gefüllte helle Glaskügelgen postieret und mit Harze auf den Säulgen befestiget werden. Auf solchen Fall aber wäre besser, daß aus dem Munde des Bildes anstatt der Kerze eine Wachslampe brennete.

127. Einen erstorbenen Baum mit leeren Ästen auf ein Papier mit Dinte zu zeichnen und mit einem andern

Liqueur die Blätter an die Äste zu malen, welche Blätter hierauf unsichtbar werden; so man aber das Papier über ein Feuer hält, die Blätter in grüner Farbe zum Vorschein kommen, mithin der erstorben gemalte Baum von selbsten an auszuschlagen und zu grünen fängt:

Löse in Scheidewasser auf Mineram Bismuthi oder Schneebergisches Wismuterz. Diese Solution geuß in frisches Wasser, darinnen gemeines Salz zergangen, ziehe die Wässerigkeit alle davon ab über den Helm, aus dem residuo extrahiere das rosenfarbige Salz; dieses sodann pulverisiert, mit Branntenwein extrahiert und hiermit die Blätter, vermittelst Düpfens mit einem reinen Penselgen, an die Ästgen des unbelaubten Baums gemalet.

Willt du nun obbemeldtes Wunder jemanden vor Augen stellen, so halte nur das Blatt Papiers mit dem gezeichneten Baum über eine Glut, daß es erhitze, so wird angesichts der Augen der Baum anfahen zu grünen, da er vorhin tot gewesen.

128. Quecksilber zu koagulieren, daß es sich hämmern läßt, zu Ringen und andern Arbeiten bequem:

Lasse Blei fließen; wenn es geflossen, hebe selbiges ab und, bevor es beginnt zu gestehen, so drücke mit einem runden Holz obenher eine Grube hinein, streue Asche darauf oder lege ein Leinewat-Läppgen darüberher; dann geuß darauf erwärmtes Quecksilber, so wird es von dem Bleidampf gestehend und harte. Dieses Quecksilber lasse in einem Tiegel zwischen glühenden Kohlen heiß werden, bis es beginnt, stark zu rauchen und zu zischen. Hüte dich aber auf das sorgfältigste vor solchem Rauch und halte zu einiger Präservation einen oder ein paar Dukaten im Munde. Alsdann den Tiegel mit der Zangen ergriffen und das heiße Quecksilber behende in warmem Leinöle abgelöscht. Dieses Heißmachen und Ablöschen des Quecksilbers in dem Leinöle wird so ofte und viel wiederholet, bis und dann das Quecksilber sehr harte und hämmerig geworden; welches nicht fehlet, so man gebührend damit prozedieret.

Hieraus können Ringe und Amuleta verfertiget werden.

NB. Es wird zwar das Quecksilber auf solche Weise gehärtet, aber keinesweges gänzlich figiert; derowegen selbiges bei dem Schmelzen nicht lange in dem Feuer zu lassen, damit es nicht gänzlich hinwegrauche, nämlich, so es, wie hier, vor sich selbsten in metallischer Gestalt solle zurückebleiben; so es aber in ein anderes Metall etwas Tingierendes solle im Fluß einführen, so mag es immerhin verrauchen, sobalde es solchen Dienst geleistet hat.

129. Bewährter alchymischer Prozeß, um in das Silber Gold zu bringen:

Es wird zwar die sogenannte Goldmacherei und nebst dieser zugleich die Kunst der Verwandlung oder Verbesserung derer Metalle beinahe von aller Welt verspottet, gehasset und geflohen in Ansehung derer vor Augen liegenden betrübten Exempeln derjenigen unglückseligen Personen, so sich hierein vertiefet, und wenn man die unermeßliche Verderbnüs menschlichen Geschlechts in reife Betrachtung ziehet, sollte man billigen Anstand nehmen, die mindeste Gelegenheit zu geben zu solcher, erst berührter Ursache wegen, höchstgefährlichen und das so arg verderbte menschliche Gemüt gleichsam bezauberenden Kunst, sondern vielmehr einen jeglichen Nebenmenschen darfür treulich warnen, als für Gift und Tod; immaßen auch der klügste Mensch, aus natürlicher allzu tief verborgener Eigenliebe, am wenigsten sich selbsten kennet, sondern insgemein sich selbst vor weit klüger und besser ansiehet als seinen Nächsten, inzwischen aber, anstatt vernünftiger Klugheit, sonderheitlich bei geschehendem Verfall auf mehr berührte Kunst, seine ungebundene Passionen sich beherrschen lässet und darbei der warnenden Stimme des Geistes GOttes nimmermehr Gehör gibt, welche ihme zurufet: Die da reich werden wollen, die fallen in Versuchung und Stricke etc. Dahero er dann billig seinen Unglauben und Ungehorsam, da er gleichwohl noch vermittelst einer unschuldigen Kunst, Reichtum erzwingen wollen, hier in der Zeit noch büßen mag, als welches ihme kann zum Heil gedeihen bei erfolgender Erkanntnüs. Da herentgegen andere, die durch ungerechte Griffe den Mammon anstatt des wahren GOttes zu ihrem Gott allhier erlanget haben, von diesem ihren Lohn in jener Welt erheben mögen.

Inzwischen bleibt doch die Kunst der Verbesserung der Metallen, unerachtet der menschlichen Unart, Unwissenheit und Widerspruchs, an sich eine unschuldige und wahre Kunst; wer aber nicht ein Meister ist in der Chymie und Metallurgie, noch in dem Stande, die Mannigfaltigkeit derer Dinge und Umstände gebührend einzusehen und durch die Gnade von oben sich hiernächst selbsten klüglich zu gouvernieren, nicht nur was den Willen, sondern auch den Verstand nebst dessen Präokkupationen betrifft, der lasse ja, so lieb ihm seine Ehre und zeitliche Fortune ist, seine Hände darvon.

Dieses voraus erinnert, werden hiermit der Welt vier wahrhaftige Prozesse spendieret, nicht in der Intention, um eitele Mammonsknechte, nebst andern ihresgleichen unseligen Sklaven derer Lüste, hierdurch zu vergnügen, als welchen man zum schlechten Trost vorhero sagt, daß sie keinesweges ihr Konto hierbei finden werden. Gleichwie insbesondere die vorsätzlich betrügerische, gott- und gewissenlose, verächtliche Laboranten, Filous und nichtswürdige Lumpen, welche vor andern die hochedle Alchymie als Werkzeuge des Teufels und Feinde der Wahrheit schwarz und stinkend machen, (immaßen Licht und Finsternüs in Ewigkeit keine Gemeinschaft miteinander können haben, auch s. h. Mausdreck nicht unter den Pfeffer tauglich), sich dessen gewissen Fluchs anstatt des Segens und ihren Verdiensten gemäß Kots anstatt Goldes zu versehen haben, um soviel gewisser die Hand GOttes, deren sie in ihren verstockten Herzen nur immerzu spotten (ohne, daß sie nötig hätte, Wunder zu würken), mit ist in allen menschlichen Unternehmungen, entweder zum Segen oder zum Fluche, welchen letztem sie täglich bei sich mit Händen gleichsam greifen könnten, wo sie nicht stockblind und fühllos wären. Vielleicht aber kömmt eine geschickte und bescheidene Hand darüber, welche, vermittelst täglicher Übung und zunehmender Erfahrenheit, einen mäßigen Gewinst und Nahrung daraus zu ziehen von GOtt das Glück und die Gelegenheit haben möchte, als welche nicht einem jedwedem vergönnet ist. Zum wenigsten kann man die Versicherung geben, daß mancher die Aufwendung der namhaftesten Summen nicht soviel alchymischer Realité jemals haben mag zu sehen bekommen, als nur einer dieser nachfolgenden Prozesse einem redlichen, klug~ und geübten Manne gewähren wird, immaßen die Erfahrung lehret, daß insgemein alle großsprecherische und aus der Mark Silbers etliche Lot Goldes verheißende Prozesse erlogen sind. Nur hat man sich sorgfältigst zu hüten vor der in der Alchymie verderblichsten Pest des Verfallens von einem Prozesse auf den andern, bevor man einen genugsam untersuchet und gebührend zu traktieren die Vorteile erlernet hat.

Nun folget der erste Prozeß:

Rp. Den Schwefel, den du aus einem guten Goldkies ausgezogen hast; solchen kannst du leichter in das Silber nicht einbringen, dann mit dem Mercurio coagulato, welcher mit Blei koaguliert ist worden. Nimm derohalben solchen kleingeriebenen Mercurii coagulati 1 Teil und des ausgezogenen Schwefels 3 Teile, misch es untereinander, tue es in ein Zementiergeschirre, verlutiers wohl und setze es in ein Zementierfeuer 15 Stunden lang gelinde, so, daß du die Hand schier daran erleiden magst, hernach 5 Stunden lang ein wenig stärker Feuer gegeben; dann laß es erkalten.

Nun nimm diese Materie und laminiert fein Silber, mache damit stratum super stratum in einem Tiegel, wohl verlutiert, gleichergestalten in ein Zementierfeuer gesetzt, 10 Stunden lang gar gelinde Feuer gegeben, hernach 5 Stunden lang stärker, daß der Tiegel braun glühe und das Silber nicht fließe. Dann laß es erkalten, nimms heraus und behalte dein Silber.

Hernach nimm das Pulver, so dir im Zemente blieben ist, mische selbiges mit Blei und Regulo Antimonii (etwan des Pulvers 16 Lot, Blei 1 Pfund und Reguli Antimonii 4 Lot), auch mit Sale alcali oder guter, frischer und trockener Pottaschen in einem Tiegel, streue zuöberst eines Querfingers dick verpufftes Salz darauf und laß es fließen zu einem Könige.

Den König tue auf einen Treibscherben, laß ihn eine Weile verriechen, dann trage dein Silber darein, das im Zemente gewesen ist, und laß es eine Weile darmit gehen. Hernach treibe es ab und scheids, so hast du eine gewisse Arbeit.

Den Schwefel aus dem Goldkies zu ziehen:

<u>Rp.</u> 1 Teil Goldkies und 2 Teile ungelöschten Kalchs, untereinander gemischt, in einen Topf getan, verlutiert und zementiert Tag und Nacht, bis es rot wird. Dann herausgenommen und mit Urin ausgezogen, hernacher einkoaguliert.

Ist der Goldkies gut, so ist der Schwefel auch desto besser; den magst du in die Arbeiten brauchen.

Kies gählings zu erkennen, ob er einen fixen Schwefel hat oder nicht:

Glühe dessen einen Stuffen, einer welschen Nuß groß, und lege ihn also glühend auf ein reines Eisenblech, so färbt der Kies das Eisen. Weiß und gelb untereinander zeigt an einen guten, rot einen noch bessern, weiß allein einen arsenikalischen und taugt nicht viel. Gehen Tröpfgen aus dem Stuffen, so ist es Antimonium; gibt aber der Stuffe keine Farbe, sondern nur eine blaue Flamme und Rauch, so ist er nicht gut und hat nur einen flüchtigen Schwefel, derselbige Stuffe zerfällt nach dem Glühen und wird schwarz. Der beste Kies ist, so er, geglühet und in Essig ausgelöschet, seine Farbe behält oder schöner wird und nicht zerfällt, und zuvoraus, wo man ihn zum andern Mal glüht und auslöscht in Essige oder Urin, solches ist ein Zeichen, daß er einen fixen Schwefel hat, daraus man Tinkturen macht oder Gold in Silber bringet.

ITEM: Lege nur einen Kies in ein Feuer und lasse ihn wohl glühen. Behält er das Glanzigte, so ist er fürbindig gut. Werden die Kiese nach dem Glühen schwarz und zerfallen nicht, so sind sie auch gut, jedoch nicht alle; zerfallen sie aber gar und werden weder gelb, noch glanzig, noch rot, so sind sie nichts nütze und haben keinen fixen Schwefel. Welche nicht zerfallen und nicht viel ringer werden, sie bleiben gleich schwarz, gelb, rot oder glanzig, die haben allwegen einen fixen, goldischen Schwefel, wenig oder viel.

Den besten Regulum Antimonii zu machen,
der gut ist zu allem Abtreiben:

Rp. 4 Lot Antimonii, 1 Lot Salpeters und 2 Lot kalzinierten Tartari, mischs untereinander, laß wohl fließen in einem Tiegel und würf ein wenig Eisen darein, so fällt dir der Regulus Antimonii schön gen Boden. Diesen bereite ferner wie folgt, denn er ist noch spröde und ungeschmeidig:

Drücke ungelöschten Kalch in einem Tiegel hart nieder, lege den Regulum Antimonii in dessen Mitten und oben darauf mehr Kalch. Dann laß ihn darzwischen fließen 1 Stunde lang, so wird er geschmeidig zu allem Abtreiben, läßt dir nichts hinwegrauchen und ist ein gewisses Stück.

NOTA:

Wenn ein Kalch aus dem Silber in der Quart weiß fiele, so trage solchen ausgesüßten Kalch aufs neue in 3 Teile frischen Silbers auf dem Teste, lasse es abgehen, scheids oder quartiers in Scheidewasser oder in einem Gradierwasser, so fällt es mit dem Grade. Des neugebornen Golds einem Teil setze 2 Teile frischen Goldes zu und gradiers mit dem Zemente, rheinisch auf ungarisch, so erlanget es den hohen Grad.

Dahero am sichersten prozediert wird, so man bei dergleichen Arbeiten jederzeit zum voraus dem Silber eine Portion Goldes zusetzt, zum sogenannten Fermento, sintemalen aus der Erfahrung man soviel erlernet hat, daß das alte in einem Übergewichte vorhandene Gold des zarten neugebornen Goldes Schutz und Konfirmation zu sein pfleget bei denen auszustehenden scharfen Goldproben.

130. Eine Arbeit, da, vermittelst des Croci Martis, Gold in das Silber gebracht wird:

Rp. Gefeilten Stahl, den feuchte an mit destilliertem Weinessige, welcher mit Salz destillieret worden ist, und lasse den angefeuchteten Stahl von selbsten trocken werden; hernach feuchte ihn wieder an, jedoch zuvor jedesmal auf einem Steine gerieben, so wird er zu einem gelben Pulver, subtil wie Mehl.

Dann setze diesen Crocum Martis auf einem flachen Scherben, der einen breiten Rand hat, fein dünne ausgebreitet in einen Reverberierofen auf 24 Stunden mit starkem Feuer, so wird er rot als Blut, den streiche obenher mit einem Hasenfuß fein reinlich ab; der darunter bleibet, siehet rosenfarb aus; den reverberiere wie vor, bis er auch rot wird wie Blut, so ist er wohl bereitet, um seine Essentiam auszuziehen.

Diesen Crocum Martis solviere in Oleo Salis (das ist ein dephlegmiert~ und konzentrierter Spiritus Salis) dergestalten, daß das Oleum Salis davon ganz dickrot wird, denn gieß es davon ab und frisches dargegen auf, laß es also stehen, bis es gleichergestalten rot wird; solches tue also lang, bis und dann du 8 Lot des Croci hast ausgezogen, welche dir das Gewicht des wohl getrockneten übrigen Croci wird zu erkennen geben, so du nämlich selbigen auch vorher gewogen hast.

Diese 8 Lot Croci Martis setze hinzu digerieren 8 Tag und Nacht; sodann destilliere das Oleum Salis wieder mit starkem Feuer davon, bis der Crocus ganz trocken wird. Hernach gieße das Oleum Salis wieder darauf und ziehe den Crocum damit abermal aus, wie zuvor, und, so er extrahieret ist, so setze das Oleum wieder zu digerieren, auch, so sich während der Digestion Faeces setzen, so tue selbige fein säuberlich davon hinweg. Diese Arbeit verrichte dreimal und setze allwegen das Oleum, nachdeme der Crocus damit extrahieret ist, zu digerieren 8 Tag und Nacht; wenn es nun gar keine Faeces mehr setzet, so ist es die rechte Quinta Essentia Croci Martis. Die lasse dann ein dick~ schön~ rotes Oleum bleiben, gleich einem Blute, und setze sie in linde Wärme so lange, bis die Solutio Boracis geschehen; solche bringest du in einem halben oder längstens ganzen Tag zuwegen; deme tue also:

Rp. Borax, reibe ihn klein, tue selbigen in ein Glas, geuß 2 Lot Olei Salis darauf, setze es in warmen Sand oder Aschen, so zergehet darinnen der Borax als eine Butter. Diesen solvierten Borax geuß auf die acht Lot des bereiteten Croci Martis und laß es zusammen digerieren. Alsdann destilliere das Oleum wieder davon. Darnach gieß es wieder darauf und destilliers nach einiger Digestion wieder davon, daß der Crocus zuletzt ganz trocken wird zu einem Steine. So hast du alsdann eine wahre Tinktur aus dem Croco Martis, der da fleußt als Blei; diesen trage in das Silber, wie jetzt folgt:

Rp. 1 Teil Wismuts und 1 Teil Silbers, laß es miteinander in einem Tiegel fließen und trage den Crocum Martis mit einem eisernen Löffelgen fein einzeln darein, der gehet gern ein; (gewinnt es eine Schlackenhaut, so treibe es einmal ab durch Blei: Ich sage aber, ohne Blei ist es besser.) Dann auf einen Scherben gesetzt und also zum Blick getrieben mit etwas Antimonii-Schlacken. Hiernächst ein Stückgen von dem abgetriebenen Silber geschieden; hält es die Quart noch nicht, so schmelze das Silber wieder mit gleichem Teile Wismuts wie zuvor und treibs damit auf dem Scherben zum Blick. Wenn dieses zu 3 Malen geschiehet, so hält es die Quart.

Bei würklich geschehener Untersuchung und gleichwohl ziemlichermaßen beschleunigter Ausarbeitung dieses Prozesses hat sich ergeben, daß das Silber mit dem Wismute auf dem Scherben ohne jenes mindesten Abgang oder Verlust sich schön finieren lassen und dessen 1 Mark im Scheiden gegeben 1 Quent hohen Goldes.

131. Merkwürdig~ curieus~ und vielfältig experimentierter, auch mit einem besonders vorteilhaften Handgriffe noch niemals im Drucke erschienener Prozeß einer wahrhaftigen Goldscheidung aus gemeinem, ungöldischem Silber:

Rp. Blutsteins, Galmeis, gemeinen Vitriols und Schwefels ana 1 Pfund, stoße alles zart, mischs untereinander, feuchts an mit altem Urin zu 3 Malen und trückne es jedesmal wieder an der Sonne oder sonsten in der Wärme; dann tue es in eine beschlagene Retorte, treibs per Gradus, gleich einem Scheidewasser, herüber in eine große Vorlage und gib zuletzt Glühe-Feuer; so ist das Gradier- oder vielmehr Präzipitierwasser fertig.

Dann solviere fein Silber, soviel du dessen willst, in gemeinem Scheidewasser, geuß selbige Solution in eine geraume Glasschale und ohngefähr halb soviel gemeinen lauen Wassers darzu; hernacher lasse obiges Präzipitierwasser tropfenweis in diese Solution, auf deren breiten Oberfläche, herumfallen, so ziehet sich davon obenher eine Röte zusammen. Dieselbe lasse zu Grund fallen; dann tropfe auf besagte Weise des Präzipitierwassers mehr hinein, lasse die davon entstehende Röte wieder sich präzipitieren und kontinuiere hiermit so lang und viel, bis sich nichts mehr präzipitieret. Da gieße die Solution von dem in gewaltiger Menge niedergeschlagen sich befindlichen, braunrötlechten Kalche rein ab und schlage daraus auf gemeine Weise dein übriges Silber nieder. Man fische aber hier nicht vor dem Hamen und jubiliere nicht vor der Zeit über die Findung eines eingebildeten großen Goldschatzes; denn, so man diesen Kalch bloß so, wie er da vorhanden, ausglühet, reduziert und abtreibt, da verschwindet er zum größten Teile wieder und läßt auf der Kapelle, anstatt Goldes, nur ein nichtshaltiges Korn Silbers zurücke.

Gleichwohlen führet ein gewisser älterer Autor, namens Meisner, einen dem gegenwärtigen größtenteils ähnlichen, jedoch nur bis zur simplen Reduktion und Kapellierung des aus der Silbersolution niedergeschlagenen Kalchs, beschriebenen Prozeß an zum Beweis der Verwandlung Silbers in Gold, welcher aber im Examine gleichergestalten, als erst erwähnt ist worden, mit Schanden bestehet; dahero auch anderweit ein neuerer Autor (nämlich D. Berlich in Dissertatione de Medicina universali, Schediasmati D. Clauderi de Tinctura universali annexa, 4to Norimb. 1736 pag. m. 228., woselbsten eine noch weitere und dienlich sein könnende Nachricht von einigen bei Ausarbeitung solchen Prozesses vorgefallenen sehr nachdenklichen Phaenomenis zu finden, sonderheitlich, daß das daher erhaltene Silberkorn weich wie Blei gewesen und in Scheidewasser nicht können aufgelöset werden.) selbigen in Praxi nichtig befundenen Prozeß mit Recht verwirft, immaßen ihme dessen von ersterem Autore mangelhaft erteilte Beschreibung ohnmöglich Satisfaktion gewähren können.

So man aber mit obbeschrieben~ niedergeschlagenem Kalche, selbstgemachter Experience gemäß, nun weiter zu Werk gehet, so, wie hiernächst davon der Unterricht folgt, so wird man daher allezeit anstatt des erwähnten bloßen Silberkornes nach der Scheidung auch ein schönes Körngen echten und hochgradierten Goldes von der Kapelle erhalten:

Derohalben gieße über diesen niedergeschlagenen Kalch ein gemeines Scheidewasser, so über lebendigem Kalch gestanden und denselben extrahieret hat, und ziehe selbiges per Retortam 3mal von solchem braunrötlechten Silber-Kalche ab bis auf die Tröckene; das Residuum aber muß jedesmal wieder kleingestoßen werden. Alsdenn süße es wohl aus, reduziers und scheids.

Vor der Reduktion lasse diesen Kalch mit einer guten Menge Inschlitts kochen und damit wohl abbrennen und ausglühen; dann tue ihn mit 3 oder 4 Teilen frischer und trockener Pottasche in einen Tiegel und zu öberst darauf eine Lage verpufften Salzes, laß wohl fließen, scheids und treibe nach dem Absüßen und Ausglühen dein Gold-Kälchel ab, wie gebräuchlich ist.

132. **Noch eine kurz~ und gute Arbeit, Gold dardurch in das Silber zu bringen:**
Rp. Stahl und Kupfer ana 1 Teil, Antimonii 2 Teile, laß es miteinander wohl fließen, hernacher miteinander zart gestoßen, auf einem Scherben in den Reverberierofen gesetzt und reverberiert 24 Stunden lang, anfänglich linde, nachgehends stärker, bis es nicht mehr flüssig sich erzeiget, sondern nur sich glühen läßt. Alsdann in einem

Glase mit gutem Vitriolöle digeriert 8 Tag und Nacht, nach diesem das Vitriolöl davon abgegossen, soviel dessen sich abgießen läßt, das übrige, unter stetigem Umrühren, darüber einkoaguliert, dann ein wenig reverberiert, damit die Spiritus hinwegrauchen. Hierauf dessen 4 Lot mit 1 Lot Arsenici, cum Minio fixati, wohl vermischt und in 4 Lot feinen Silbers in gutem Flusse nach und nach eingetragen. Dann sogleich geschieden und beederseits Kalche des Silbers und des Goldes, nach gebührendem Absüßen und Ausglühen des Gold-Kalches, reduziert, auch letztem abgetrieben.

Sollte nun allenfalls, so man des gefallenen Gold-Kalches ein kleines Pröbgen auf der Kapelle ablaufen lassen, selbiger nicht vollkommen die Goldprobe auf der Kapelle wollen ausstehen, so trage den übrigen gefallenen Kalch von neuem in 3 Teile feinen Silbers (noch besser in 6 Teile Silbers und 1 Teil Goldes) im Flusse, dann treibs ab und scheids.

Arsenicum cum Minio, vel Lithargyrio fixatum:

Rp. Minii, oder Lithargyrii und Arsenici ana, in ein wohlbeschlagenes Kolbenglas getan, mit einem Stöpsel verwahret und fließen lassen. Ist ein vortrefflicher Ingreß-Fluß zum Einführen derer Einbringen dienlich.

Auch

So du ein Einbringen abtreiben willst, sollest du selbiges durch wismutisches Blei abtreiben.

Solches bereite also:

Rp. 3 Lot Bleies und 1 Lot Wismuts, laß es stark in einem Tiegel durcheinanderfließen. Hernach geuß es aus und brauchs zum Abtreiben.

Profitable

öko-
nomische

II.

GEHEIM-NÜSSE

1. **Die allerbeste Wein-Schöne zu zäh~ und trüben Weinen, vermittelst deren ein ganz neuer, rauh~ und trüber Wein binnen 6 oder sieben Tagen schön helle, mild, zart und einem alten ähnlich wird:**

Rp. Auf einen Eimer Weins, der ohngefähr 700 Pfund am Gewichte hält, 1 Lot (auf das höchste 5 Quent, wenn nämlich der Wein über die Maßen trüb und zähe wäre) schön heller Hausenblasen mit einem Hammer dünne geschlagen und klein verzopft, 1 Schoppen oder 1 Leipziger Nößel frischen Wassers daran geschüttet und auf einer gelinden Glut darinnen zergehen lassen unter stetigem Umrühren; jedoch sorgfältig verhütet, daß es nicht siede oder koche. Dann das Weiße von 3 oder vier Hühnereiern in einem Schüsselgen zu Schaum zerklopft und zu der zergangenen, inzwischen wieder etwas erkühlten Hausenblase in den Topf gestrichen (dieser mag halbmäßig und noch größer sein oder etwas über 1 Leipziger Kanne halten) und wohl untereinander gerührt. Hernacher Wein darzu in den Topf oder Hafen gelassen, umgeschwenkt und durch einen großen blechenen Trichter in das Faß mit Wein, so man schönen will, gegossen, auch den Topf mit frischem Weine ausgespület und darzugegossen. Alsdann den Wein im Fasse mit einem langen Rührscheit oder Pfahle wacker hin und wider gerührt bei 1 Viertelstunde lang oder, nachdeme des Weins viel ist, um so viel länger; sodann das Faß mit dem Spunden verwahret und ruhenlassen. So wird man nach etlich wenigen Tagen die erwünschte Würkung finden.

NB. Durch diese sogenannte warme Schöne reüssieret man schnelle, leidet nicht so großen Abgang am Weine, wie bei der kalten, und ist ganz keiner Gefahr unterworfen, wenn zumalen der Wein von der Schöne bald hierauf abgelassen wird.

2. **Dem Branntenweine seinen brandigen und widerwärtigen Geschmack und Geruch zu benehmen dergestalten, daß man ihn nachgehends im Weine nicht verspüret, noch riechet:**

Nimm zu einem Maß Wein-Branntenweins (nicht Zwetschgen- oder Pflaumen-, Korn- noch Trester- etc. Branntenweins) wenigstens 3 Maß frischen Brunnenwassers und ziehe den Branntenwein ganz gelinde davon ab; höre aber zeitlich auf, ehe und bevor Wässerigkeit mit herüber steigt.

Hernach zu 1 Teil des herübergegangenen wieder 3 Teile frischen Wassers geschüttet und wie vorhin damit prozedieret.

Also auch zum 3ten Male.

Zum 3ten Male kann man, anstatt des Wassers, in 1 Maß dieses gereinigten Branntenweins eine Handvoll gemeinen Salzes werfen und hiervon solchen Branntenwein auf das allergelindeste abziehen, welches zum bequemsten geschiehet, so der Brennzeug in einem Kessel mit siedendem Wasser oder sogenannten Balneo Mariae stehet.

Der Abgang ist nicht groß, wenn zumalen der Branntenwein vorhin schon gut gewesen.

Auch kann man den im Wasser zurückgebliebenen schlechtern Geist vollends lassen herübergehen und zu anderem Gebrauch besonders aufbehalten.

3. Einen Wein stark, lieblich und sehr gut, auch von schöner Farbe zu machen:

Rp. Zu 2 Fudern (das sind 12 Eimer) Weins 2 Zuckerhüte von dem besten Canari-Zucker, auch von acht Hühnereiern das Weiße zerklopft, beedes in einen Kessel oder Pfanne getan nebst 4 Lot präparierten Weinsteins und 2 oder 3 Maß Wassers daran geschüttet, bis es den Zucker bedecket. Dann sieden lassen und den Zucker wohl verschäumt, bis er lauter ist. Wenn er nun kalt geworden, 2 oder 3 Maß des obigen Branntenweins darein getan, wohl umgerührt und also oben in das Faß eingefüllet, unten wieder herausgelassen, wieder eingefüllt, und solches etliche Mal wiederholet. Sodann den Wein verspündet einige Tage über ruhenlassen.

Oder:

Rp. Zu 2 Fudern Weins 13 Pfund braunen Zucker-Kandis in einen Kessel getan und Wasser darzu geschüttet, bis der Zucker davon bedecket ist, auch sieden lassen, bis er helle geworden. Sodann, wenn er kalt, 2 oder 3 Maß obigen Branntenweins dareingetan, umgerührt, oben in das Faß eingefüllt, unten herausgelassen und so fort, wie bei vorhergehendem.

4. Daß ein Wein, sonderheitlich roter, süß bleibe:

Drei Imi (das ist 30 Maß) recht süßen Mosts in einem Kessel lindlich sieden lassen, bis dessen 1 Imi eingesotten, auch fein sauber abgeschäumt, daß er schön helle seie.

Die Probe kann man auf einem Teller nehmen, ob er genug gesotten, wann nämlich dessen ein Tropfe schön hell, kliebricht und rund beisammenbleibt.

Sodann also heiß in den Most in das Faß getan, zu einem Eimer 2 oder 3 Maß.

Der Wein bleibet just, wohin man selbigen führet.

5. Fürtreffliches Arkanum, den Wein süß zu erhalten und daß er gleich helle wird:

Brenne einem sehr starken reinen Fäßgen wohl ein mit nachbeschriebenem fürtrefflichem Weinschwefel, auf 1 Eimer von 700 Pfund 2 Lot des Schwefels oder 2 ganze Schnitten oder soviel das Fäßgen des Schwefelrauchs nur fassen mag; hierauf das Fäßgen wohl zugespündet, damit sich der Schwefelrauch zum wenigsten ein 24 Stunden lang wohl könne in das Holz setzen und selbiger bei erfolgendem Einfüllen nicht wieder zum Spundloche herausrauche. Sodann das Fäßgen nach verflossenen 24 Stunden mit dem allerbesten und süßesten Vorlaß-Most nahezu ganz angefüllet, bis auf ein ganz geringes Spatium, und wohl zugespündet. Nach Verlauf von 8 Tagen den Most in ein anderes dergleichen 24 Stunden zuvor frisch und stark geschwefeltes Fäßgen abgelassen und wohl wieder zugespündet. Endlich nach 14tägiger Frist noch einst in das erstere von frischem stark geschwefelte Fäßgen, nachdeme selbiges vor dem Aufbrennen wohl gereiniget worden, den Most abgezogen und wohl zugespündet also liegenlassen. Dann mag man ihn nach vierteljähriger Ruhe aber einst ablassen auf bemeldte Art und Weise.

Man wird sich die Mühe sicherlich nicht lassen dauren,

angesehen solch süßer Wein bei Verbesserung saurer Weine sich redlich wird bezahlt machen.

6. Der allerfürtrefflichste Weinschwefel, welcher seiner Reinigkeit halben nicht nur die Weine beständig gut, helle und springend erhält, sondern auch würklich zähe und trüb gewordene Weine wieder zurechte bringt und über dieses in den Weinen, nach kurzer Frist, nicht mehr gerochen noch empfunden wird, man nehme gleich dessen zum Einbrennen soviel, als man immer will:
Rp. 3 Pfund Schwefels, solchen in einer eisernen Pfannen zerlassen, hernach angezündt, den achten Teil davon verbrennen lassen und, vermittelst Zudeckens, wieder ausgelöscht; dann in destillierten Weinessig ausgegossen und darinnen erkalten lassen.

Solchen Schwefel hierauf zum andern Male zerlassen, in frischem destillierten Essige abgelöscht und darinnen gestehen lassen.

Zum 3ten Male den Schwefel wieder zerlassen, 1 Lot geflossenen Weinsteinöls darin herumgeschüttet, umgerührt und bald hierauf den Schwefel in Regenwasser, welches mit etwas Rosenwassers vermischet worden, ausgegossen und darinnen erkalten lassen. Das Wasser sodann abgegossen und den Schwefel noch einst mit frischem Wasser abgespült, so ist er bereitet zum Tunken derer Schnitten.

Diese werden von Papiere zugeschnitten und 2mal durch den zerlassenen Schwefel durchgezogen.

Bei dieses Schwefels ordinärem Gebrauch sind dessen 3 Quent bis 1 Lot genug auf 1 Eimer Weins von 700 Pfunden; so aber ein Wein trüb, zähe, stinkend oder schimmlend wäre, nimmt man auf einmal dessen 2 Lot auf 1 Eimer und läßt solchen Wein nach 14 Tagen wiederum ab in ein ander ebenso stark hiermit geschwefeltes Faß.

7. Daß ein Wein nicht kahnicht werde:
Kleingestoßenen Borax in den Wein getan; auch 3 Hände voll wohl geröstet oder gebrannten Salzes in einen Eimer

Weins getan. Dann das Faß zugespündet und nach Zeit von 8 Tagen den Wein abgelassen.

8. Einen verdorbenen Wein wieder zurechte zu bringen:

Nach der Größe des Fasses eine rechte Portion reinen Weizens in ein Säckgen getan und in das Faß mit Wein gehänget. Selbiges sodann nach einigen Tagen wieder herausgenommen, so wird das Widrige alles in das Säckgen sich gezogen haben.

9. Einem abgestandenen Weine wiederum aufzuhelfen:

Gute Weinhefen in den Wein getan, je mehr, je besser, einen Blasbalg auf ein leeres Faß gemacht, das Geschirre an die beeden Fässer angeschlagen und, vermittelst des Blases, den Wein mit der Hefen gewaltig lassen untereinander rumpeln. Dann nach 2 oder 3 Wochen den Wein abgelassen und die Hefen wieder davon abgetan, so wird er wieder frisch und gesund.

10. Einen über die Maßen herrlichen und süßen Wein zu machen, einem welschen gleich:

Nimm nur zeit der Weinlese eine gute Quantität der zeitigsten Trauben von der edelsten und besten Sorte, als Gutedeln und dergleichen, und lasse solche zu Haus an einem trockenen Orte auf ausgebreitetem, nicht übelriechendem Strohe, etwan 4 Wochen lang liegen. Alsdann die Beere alle von den Kämmen abgemacht, die faulen alle hinweggetan und die guten, nebst einer selbst beliebigen ziemlichen Quantität der saftigsten, gelben und recht frischen großen Rosinen oder Zibeben (je mehr, je besser), gequetscht, dergestalten, daß die Kerne nicht mit zerknirschet werden. Dann den Saft oder Most davon vermittelst starker Leinewat-Tücher wohl ausgepreßt, zu dessen 4 Imi oder 40 Maßen 1 Maß des oben sub Num. 2 beschriebenen Branntenweins gegossen und zusammen, dem vorhergehenden Num. 5 gemäß, in einem zwar ziemlich, jedoch nicht also stark geschwefelten und verspündeten Fäßgen traktieret und verwahret.

11. Einen roten oder weißen Wein zu streichen, daß er nicht widerspenstig werde und den Strich behalte:

Nimm zu sechs Eimern Weins drei oder vier Imi, das sind 30 oder 40 Maß, des allersüßesten Mostes, den du haben magst, solchen in einem reinen Kessel auf das allergelindeste gesotten, bis er keinen Schaum mehr gibt, auch vor einschlagendem Rauche und brandigem Geschmack auf das sorgfältigste bewahret. Hernacher solchen gesottenen Most also heiß in den Wein gegossen, so hast du einen guten und bewährten Wein. Dann hierauf nach 3 Wochen abgelassen.

12. Vom Ablassen derer Weine überhaupt:

Dieses soll geschehen:
1) Nach Weihnachten, vor Lichtmeß.
2) Vor dem Weinblühen.
3) Nach dem Herbst, vor dem Winter.

Auch sollen die Fässer mit frischem Schöpfbrunnenwasser rein ausgewaschen werden, so werden die Weine nicht zähe noch schwer; sonderheitlich, wenn man sich des obigen Schwefels Num. 6 fleißig dabei bedienet.

Man soll auch nicht ablassen, wenn der Südwind, sondern wenn der Nordwind gehet, und wenn der Himmel heiter ist; kranken Wein solle man im Winter und starken im Märzen ablassen.

13. So ein Wein, durch den Gebrauch des gemeinen schlechten Schwefels, überschwefelt wäre:

Werden nur neugelegte Hühnereier, deren spitzigen Teil unten gekehrt, in den Wein gehangen, so ziehen sie den Schwefel an sich. Selbige sodann nach verflossenen wenigen Tagen wieder herausgetan.

14. So ein Wein vom Fasse einen häßlichen Geschmack bekommen:

Wird eine große Quitte kreuzweis gespalten, so, daß sie gleichwohl nicht voneinander fällt, ein Faden darum gebunden und solchergestalten in das Faß gehangen, daß sie kaum den Wein berühre; selbigen eine gute Zeit also hängenlassen, so ziehet sie den Schimmel und üblen Geschmack an sich. Wenn aber das Faß groß, müssen der Quitten zerschiedene, und je größer das Faß, je mehr derselbigen sein.

Oder eine dick geschnittene Kruste von Roggenbrot wohl geröstet und also heiß in das Faß getan benebst frischen Lorbeeren vor 2 Pfenninge und Sevenbaum 1 Fingers lang in einem reinen Tüchel.

Beim Ablassen bediene man sich des obigen Schwefels sub Num. 6.

15. **Daß ein Wein sich nicht verkehre oder breche, noch zäh werde, solange man davon schenket oder trinkt:**

Lege ein grobleinenes Tuch über den Spund des Fasses und auf dieses schön gerädene Linden-, Buchen- oder Eichenasche 2 oder 3 Finger dick, und stich mit einer Spindel 3 oder mehr Löcher durch die Asche bis auf das Tuch, darauf lege einen schönen grünen Rasen. Man kann es auch frisch machen.

16. **Alten verdorbenen Wein wieder frisch und gut zu machen:**

Zur Herbstzeit tue in einen großen Zuber oder Bottich gute Weintrester, die nur einmal übergepreßt worden und da nicht aller Most herausgekeltert ist; hierüber schütte den verdorbenen Wein, so, daß er bloß die Trester bedecke, lasse ihn 3 Tage über mit Brettgen und Tüchern wohl bedecket stehen und rühre ihn täglich 4mal untereinander, daß er sich wohl erwärme und die Kraft denen Trestern ausziehe. Hernach lasse ihn auf der Kelter auspressen, gleich einem Most, und fasse ihn wieder in ein frisch zugerichtetes und mit dem oben sub Num. 6 beschriebenen Schwefel wohl aufgebrenntes Faß, lasse ihn vergären und lauter werden. Nach diesem lasse ihn ab, so ist er gut.

17. **Sauer gewachsene Weine durch Kunst ganz natürlich~ und ungezwungenerweise zu erhöhen und zu versüßen, daß der beste Wein daraus werde:**

Nimm gequetscht~ und ausgekernte große Rosinen oder Zibeben, selbige 4 Stunden lang mit genugsamen Wasser auf das allergelindeste gekocht; hernach den Saft durch leinene Tücher wohl herausgepreßt, ziemlich viel Zuckers zur Versüßung darzugetan und nach und nach auf das allergelindeste gekocht zur Konsistenz eines Sirups. Diesen wohl vermischt mit ein paar Maß guten Weins und etwas guter Hefen von weißem süßen Biere und in ein Faß sauren Weins gegossen, an einem warmen Orte, so wird der Wein zu Most. Wann dieser Most verjoren und verbrauset hat, so tut man darzu, nach Genüge und nach Belieben des Geschmacks, von folgender Weintinktur, so wird man aus saurem geringen Weine den herrlichsten Wein erlangen.

18. **Weintinktur, die alle saure und geringe Weine exaltiert und lieblich machet:**

Nimm des allersüßesten und annoch ungegorenen Mostes, soviel du solcher Tinktur verlangest, und tue zu dessen 4 Maßen und 2 Pfund Zuckers nebst einer halben Maß des obigen Branntenweins sub Num. 2; hernacher laß es ziemlich wohl verspündet miteinander vergären. Zu einiger weitern Explikation konferiere hiermit obigen Num. 5.

19. **Spanischen Wein zu machen:**

Nimm ein Fäßgen, darinnen zuvor spanischer Wein gewesen, tue darein zerquetschter gelber Zibeben 30 Pfund, gieße darauf 3 Maß des mehrermeldten Branntenweins von obigem Num. 2 nebst 4 Pfund gestoßenen Weinsteins und 30 Maß Wassers oder soviel Wassers und Weins zu gleichen Teilen untereinander, lasse es also, bei geschlossenem Spunden, in der Wärme einige Tage über gären; hernacher ziehe es ab in ein anderes Fäßgen und lege es wohl zugespündet in den Keller.

Das Fäßgen, darein man solchen Wein abziehet, mag zuvor mit obigem Schwefel Num. 6 ein wenig geschwefelt werden, immaßen solcher Schwefel bei keiner Gattung Weine was verderbet. NB. Man kann auch diesen Wein schlechter ansetzen und den Zibeben abbrechen.

20. Zitronen- oder Pomeranzenwein über Tische zu machen:

Nimm in die rechte Hand abgeschälete frische Zitronen- oder Pomeranzenschalen und in die linke ein Glas mit Wein, halte jene zur Flamme des Lichtes und dieses nahe darbei, so spritzet die Flamme kleine Bläsgen in das Glas, welche den Wein mit gedachtem Goût tingieren.

21. Sehr herrlicher Schlehenwein:

In dem Monat Oktober oder November nimm zeitige Schlehen, nach Proportion der Quantität des Weins, laß solche auf dem warmen Ofen ein wenig einschrumpfen, dann samt den Kernen zerstoßen. In dem Fäßgen, welches muß ein großes Spundloch haben, mitten innen mit Stäben einen Unterschied gemacht, weißen oder roten Wein oder auch Burgunder (als welcher hierzu fürtrefflich taugt), hineingetan, den Saft von den zerstoßenen Schlehen darzu gegossen, die zerstoßene Schlehen aber, samt den Kernen, in einem leinenen reinen Säckgen zwischen denen Stäbgen in den Wein gehängt und in einem besondern kleinen Säckgen ganzes Gewürze von Nägelgen und Zimmet darneben. Dann geläuterten Zucker nach Belieben hinzugeschüttet und 8 Tage lang liegenlassen. Wird gleich helle, dauret lange und ist sehr delikat und gesund zu trinken.

22. Ein sogenannter Schurli-Murli:

Rp. Ehrenpreis,
Wermut,
Tausendguldenkraut,
Lungenkraut,
Edel-Leberkraut,
Edle Salbeien,

Lange oder große Salbeien,
Kardobenedikten,
Schnallenblumen,
Galgant,
Zitwer,
Engelsüß,
Alantwurz,
Wacholder- oder Kranabetbeere. Deren jedes nach eigenem Gutdünken und Belieben.

Alles kleingeschnitten, in einem leinen Säckgen, in ein Fäßgen mit Wein gehängt. Dann nach Belieben solchen Wein, wenn er allbereits ausgezapft, vor dem Fasse mit spanischem Weine versüßt. Ist ein angenehmer und gesunder Trank, besonders des Morgens frühe zu genießen.

23. **Allerlei Gattung angemachter süßer Weine, als Kirschen-, Himbeer-, Quitten-, Zitronen-, Alant- und dergleichen Weine auf den kürzest~ und leichtesten Weg, auch zu allen Zeiten des Jahrs, zu machen ex tempore:**

Man lasse sich aus einer wohlbestellten Apotheke nur den Sirup von derjenigen Frucht holen, deren Geschmack und Geruch man dem Weine zu geben verlanget, und schütte davon, wenn der Wein allbereits in der Kanne oder Krug gezapfet worden, soviel in den Wein, als dessen genug ist, nach eines jedwedern Goût und Belieben, in Ansehung des Geschmacks und der Süßigkeit; hierauf gieße solchen Wein, genauerer Mischung wegen, ein paarmal aus einem Krug oder Kannen in die andere hin und wider.

So man diesfalls mit einem bekannten und diskreten Apotheker eines wird, werden die Kosten wohl noch zu erleiden sein und mit Profit sich wiederum bezahlt machen, wo man dergleichen Weine auszuschenken beliebte; außer diesem aber und, da sichs der Mühe belohnete, bei bedürfender größerer Quantität mag man dergleichen Sirup selbsten verfertigen, deren, als einer bekannten Sache, Beschreibung hier einfließen zu lassen, vor überflüssig erachtet wird. Jedoch siehe nachfolgenden Num. 35.

24. Aus Wasser Wein zu machen:
Lasse 12 Pfund fließenden Wassers bis auf 10 Pfund lindlich einkochen, schütte solches Wasser in ein reines Fäßgen und tue hinzu 2 und ein halb Pfund zerstückten harten Zuckers nebst einem halben Schoppen des Branntenweins von obigem Num. 2 Schwenke das Fäßgen um und, alldieweilen das Wasser darinnen noch laulich warm ist, wirf ein Stück lindlich gerösteten hausbacken Brots, so mit Hefen von weißem süßen Biere überstrichen, hinein und lasse es, mit dem Spunden verwahret, an einem warmen Orte zusammen gären. Nachdeme es nun einige Tage über ziemlich, jedoch nicht gar völlig ausgegoren, so zapfe diesen Wein ab in ein ander, rein und mit obigem Schwefel Num. 6 geschwefeltes Fäßgen, spünde selbiges ganz feste zu, nachdeme zu öberst in dem Fäßgen, gleichwie in dem ersteren, noch ein geringes Spatium leer gelassen worden, und lasse es in einem kühlen Keller 1 Monat lang stille liegen. Dann fülle solchen Wein auf gläserne Bouteillen und halte selbige, ganz voll und mit Stösseln von Gorke wohl verwahret, auf zum Gebrauche in dem kühlen Keller und Sande.

25. Champagne-Wein auf der Stelle zu machen:
Von wohlzeitigen Johannes-Träubgen den Saft durch ein Tuch lindlich ausgepreßt und in einem verglasten neuen Küchentiegel über sanfter Glut nach und nach eingekocht, bis zur Honigdicke; dann in ein gläsern Fläschgen gefüllt und mit einem Stöpfel mit Gorke im Kühlen wohl verwahret zum Gebrauch.

So man nun Champagne-Wein verlanget, so nimm 1 Maß des besten weißen Franzweines, mische darunter 2 Löffel voll des obigen Saftes, fülle damit umflochtene schmale Bouteillen und schüttle selbige stark, so ist er zum Trinken parat.

26. Ros Solis Persico:
4 Lot aufgeklopfter Pfersichkerne mit ein wenig Zuckers kleingestoßen, in einem gläsernen Brennkolben 1 Maß Branntenweins benebst einem Trinkglas voll frischen

Wassers daran geschüttet, aus einer Sand- oder Aschenkapelle oder Balneo Mariae (das ist ein Kesselgen mit siedendem Wasser, darinnen der Brennzeug stehet) mit gelindem Feuer herübergezogen und 3 Schoppen, oder so viel Leipziger Nößel, davon lassen herübergehen. Zu diesen 3 Schoppen werden 2 Pfund Zuckers in einem halben Maß oder 2 Nößeln, das ist 1 Leipziger Kanne, Wassers abgesotten, geläutert und dareingetan. Hernach wohl untereinander gerüttelt, durch ein Fließpapier filtriert und zum Gebrauch aufgehoben.

27. Pomeranzen-Ros Solis:

Nimm Pomeranzen, diese schäle, schneide den weißen Pelz rein heraus, beize die Schalen in beliebiger Quantität Branntenweins 8 oder 10 Tage lang und brenn es hernach in einem gläsernen Brennzeug. Die geschälte Pomeranzen ausgedruckt, deren Saft in den Keller gestellt und in dem hellen Safte, anstatt Wassers, Zucker nach Belieben geläutert, hernach den geläuterten Zucker, wie bei nächst vorhergehendem, in den Branntenwein geschüttet, wohl untereinander gerüttelt und filtriert; im Filtrieren etliche Safranblättgen hineingelegt, so wird es schön gelblecht.

Wann diese Essenz zu stark wäre, kann man sie mit schwarzem Kirschenwasser, item mit Erdbeer-, Beimenten- oder dergleichen Wasser schwächen.

28. Beimenten- oder Krausemünze-Essenz:

Zu 1 Maß Branntenweins 3 Hände voll geschnittener Beimenten oder Krausemünze und von 6 Pomeranzen die Schalen kleingeschnitten zusammen in einem Glase 8 Tage lang stehenlassen, hernach im gläsernen Brennzeuge abgezogen. Will man solche Essenz von Beimentengeruche stärker haben, so kann man noch einmal Beimenten dareintun und selbige herüberziehen oder, wenn sie etliche Tage lang darüber gestanden, selbige nur reinlich davon abgießen.

Von den obigen geschälten Pomeranzen kann man den Saft austrücken, von den Kernen säubern, über Nacht in dem Keller stehenlassen, hernach 3 viertel Pfund Zuckers damit läutern, selbigen mit der Essenz vermischen und etliche Tage über stehenlassen, dann filtriert und in Gläsern wohl verwahrt.

29. Anisessenz:
1 Pfund gestoßenen Anis in 1 Maß Branntenweins 8 Tage lang auf einem warmen Ofen stehenlassen und unterweilen ein wenig geschüttelt; alsdenn gebrannt, wie den Persico Num. 26. Hierauf 1 Pfund Zuckers mit Wasser geläutert und in den Branntenwein geschüttet, hernach filtriert.

30. Zimmetwasser, welches nicht hitzet:
1 halb Pfund des besten Zimmets gestoßen, in einem Glase 1 viertel Pfund Rosenwassers und ein halb Maß Quittensafts daraufgegossen, welcher allererst ausgepreßt worden, und 4 Tage über im Keller wohl vermacht stehenlassen, hernach ausgebrannt. Ist sehr lieblich.

Man mag auch das Rosenwasser davon lassen und puren Quittensaft nehmen, weilen nicht jedermann die Rosen leiden kann.

Ist eine gewaltige Herzstärkung und zugleich dem Magen sehr dienlich.

31. Lavander-Wasser, in Ohnmachten und großen Schwachheiten sehr bewähret:
Der Lavander-Blümgen in der Blüte abgestreift 1 Pfund, Zimmets 2 Lot, Muskatennuß 2 Lot, Nägelgen 1 Lot, Zitronenschalen 2 Lot; das Gewürz gestoßen und die Schalen geschnitten, zu den Lavendeln in ein Glas getan nebst 1 viertel Pfund Rosenwassers, 1 achtteil Pfund Melissenwassers und ein halb Maß spanischen Weins, 8 Tage lang stehenlassen, hernach gebrannt.

Tüchlen darein getaucht, selbige auf das Herz und Pulsen gelegt, auch die Schläfe und Würbel damit bestrichen.

32. Das veritable Eau des Carmes oder Karmeliterwasser:
Rp. Frischer Melissenblätter 6 Hände voll,
Betonienkrauts 3 Hände voll,
Zitronen-Schelfen 4 Lot,

Muskatennuß,
Koriander, jedes 2 Lot,
Nägelen,
Zimmet, jedes 1 Lot,
guten Weins 1 Apothekermaß,
rektifizierten Branntenweins 24 Lot.
Zusammen ein paar Tage über beizen lassen und dann aus einem Brennzeuge gelinde abgezogen, wie ein anderes Wasser.

33. Gutes Aqua Vitae, so der Brust dienlich:
Rp. Pomeranzenschalen 1 halb Lot,
Krausemünze 1 halbe Handvoll,
Römischer Kamillenblumen 1 Handvoll,
Holunderblüten 3 Lot,
Anis,
Fenchel,
Kümmel, jedes 1 und 1 halb Quent,
feinen Zimmets 3 Quent,
Muskatennuß 1 und 1 halb Quent.
Alles gröblich zerstoßen und zerschnitten, in genugsamer Quantität Weins und etwas Branntenweins eingeweicht, hernach destilliert, nach Belieben mit geläutertem Zucker versüßt, filtriert und zum Gebrauche aufgehoben.

34. Ein anderes Aqua Vitae:
Rp. Guten Branntenweins 1 Maß,
Nägelgen,
Zimmet,
Muskatennuß jedes 1 halb Lot,
Kardamomen,
langen Pfeffer,
Galgant,
Zitwer, jedes 1 Quent,
Anis,
Fencheln,
Koriander,
Pfefferkörner,
Imber-Zehen,

Paradieskörner, jedes 1 Lot,
Muskatenblüte 1 Quent,
Bisams 4 Gran,
Safrans 1 Gran,
Sandels 1 Lot.

Diese Stücke alle miteinander zerstoßen und in dem Branntenweine 4 Tage eingeweicht, hernach ausgepreßt; den Sandel aber besonders zuletzt darzu gepreßt und mit geläutertem Zucker nach Belieben versüßt, filtriert und zum Gebrauche verwahret, ohne vorhergegangene Destillation, welche unterbleiben mag.

35. Zucker zu läutern, als welches das Fundament aller Sirupe:

Ein Pfund Zuckers in Stücke zerschlagen, in einem reinen Kesselgen oder Pfannen 1 Schoppen oder Nößel frischen Wassers daraufgegossen, über einer Glut mit einem Löffel immerzu ein wenig umgerühret, bis er beginnet zu sieden; alsdann das Weiße von einem Ei, wohl zerklopft, nebst 2 Löffeln voll Rosenwassers hurtig darein gerührt, so siedet bemeldtes Eierweiß alles darinnen zusammen. Dieses wird sodann, nebst dem Schaume, fleißig mit einem Löffel abgehoben.

Anstatt des Wassers kann man auf 1 Pfund Zuckers 1 Schoppen ausgepreßten Safts, welcherlei man will, gießen, hernach den Zucker mit dem Eierklare und Rosenwasser (so man dieses letztere liebt) läutern, so hat man den Sirup von derjenigen Frucht, davon der Saft genommen ist.

Wenn der Zucker im Sieden Blattern gibt, so heißt mans: Der Zucker fliegt.

Wenn er aber, mit einem Löffel aufgezogen, Faden gibt, so heißt es: Der Zucker spinnt.

36. Kühlender angenehmer Julep zur Sommerszeit:

Gieße in eine halbe Maß oder 1 Leipziger Kanne frischen Brunnenwassers 4 Lot Violensirups und menge es durch Hin- und Widergießen wohl untereinander; sodann tue etliche Tropfen Spiritus Vitrioli hinein, auch, wenn beliebig, etwas Safts aus einer frischen Zitrone darzu, und geuß nochmals alles wohl untereinander, so ist er zum Trinken bereitet.

37. Sorbet zu machen:

Nimm das Weiße von 2 Eiern, von 2 Zitronen den Saft, 2 Pfund Zuckers, einige Grane Ambra oder Bisams und 4 Lot köstlicher Pastillen aus der Apotheke. Dieses zusammen in einer halben Maß hellen Brunnenwassers bei gelindem Feuer ein Weilgen lassen kochen, dann abgenommen und soviel Brunnenwassers zugegossen, bis alles zusammen 2 Maß beträget; hernacher durch ein reines Tuch laufen lassen und im Kühlen zum Trinken aufbehalten.

38. Moskowitischer Met:

Auf ein Maß Honigs, wie es mit Wachs und allem aus dem Bienenstocke geschnitten wird, nimmt man 7 Maß Wassers; wäre es aber ausgelassener Honig, so werden auf dessen 1 Maß 8 oder acht und 1 halb Maß Wassers genommen.

Jedoch muß solcher Honig nicht warm ausgelassen sein, weilen gemeiniglich Mehl und anderes darzu kommt, so den Met würde trüb machen.

Wären nun des Honigs 20 oder mehrere Maß, so gieße in einen reinen Zuber oder Bottich die zugehörige Quantität Wassers nach und nach laulecht darauf und wasche den Honig inmittelst fein aus dem Wachse, daß er aller in das Wasser gehe und die Süßigkeit gänzlich aus dem Wachse herausgezogen werde; dann drücke letzteres mit den Händen rein aus und seihe das Honigwasser alles zusammen durch ein reines Seihtuch in einen saubern Kessel, dero große genug seie, um all das Wasser auf einmal darinnen zu sieden, damit man durch 2maliges Kochen nicht dürfe gedoppelten Abgang leiden. Hernacher ein gut Feuer untergemacht, in einem fort rechtschaffen wohl kochen lassen, damit man auch durch allzulange Zeit und hinwegrauchenden vielen Qualm nicht allzu großen Verlust leide, und immerzu fleißig abgeschäumt, so lange, als sich noch Schaum erzeigt. Nach anderthalb bis 2stündigem Kochen und nachdeme der dritte Teil davon eingekocht, wird in einem reinen Schälgen von dem siedenden Met etwas herausgeschöpft und, so selbiger gleich fället, ist es ein Kennzeichen, daß es genug gesotten, ingleichem auch, wenn ein frisches Ei, in den Met geworfen, obenauf schwimmet; solchen diesfalls alsofort in einen reinen Bottich oder Zuber von Eichenholz geschüttet und wohl zugedeckt, damit kein Qualm davon gehe.

Zu gleicher Zeit, da das Honigwasser anfänglich über das Feuer gebracht wird, geußt man in einem reinen Kesselgen über ein halbes Pfund Hopfen so viel Wassers, daß davon der Hopfen meist bedecket wird, setzts gleich übers Feuer und läßt es kochen, bis das Wasser abgekocht ist; alsdann von dem Met daraufgegossen und wieder so lang kochen lassen, bis man in einem in Triangelsgestalt zusammengedreheten Strohhalme, den man in den kochenden Hopfen stecket, gleichsam einen Spiegel bleiben siehet. Den Hopfen sodann in den Met geschüttet und miteinander so lange stehengelassen, bis es kaum noch warm ist.

Alsdann ein weißes Brot in 5 oder 6 Stücke zerschnitten, auf beeden Seiten frische Hefen von weißem süßen Biere darauf gestrichen, nicht allzu dicke, nur einem Butterbrote gleich, und also in den Met geworfen, auch wieder zugedeckt, so wird er gären. Man trägt aber Sorge, daß er nicht zu lange gäre, sonsten verlieret der Met alle Süßigkeit und wird sauer.

Sobalde man gewahr wird, daß die Gärung zu fallen beginnet, wird der Met durch ein Haartuch in ein reines Fäßgen gebracht und dichte zugespündet in den Keller oder andern kühlen Ort geleget.

Nach 3mal 24 Stunden denselben abgezogen und auf 2 Imi 4 Lot Kardamomen, 3 Lot Zimmets und 2 Lot Korianders, auch, wenn beliebig, etwas Violenwurzel, Kubeben und Nägelgen zusammen in einem leinenen reinen Säckgen auf einige Tage in das Fäßgen gehängt und, wenn es dem Met Geschmacks genug mitgeteilet hat, wieder herausgenommen.

39. Chocolate zu machen:

Ein Pfund Kakao geröstet, damit die äußerste Schale hinwegkomme, in einem warmen Mörsel zart gestoßen, ein halbes Pfund Zuckers, zwei Stücke Vanillien und 2 Lot gestoßenen Zimmets darzu getan, mit ein wenig Wassers über sanfter Glut eine Massa daraus gemacht und Tafeln oder Rollen formieret.

Will man nun die Chocolate kochen, so wird auf 2 Personen gemeiniglich genommen derselben 1 viertel Pfund, auch nach Belieben ebensoviel Zuckers, beedes zart gerieben, und Wassers viel oder wenig, nachdeme man selbige dünne oder dick verlanget. Das Wasser muß erst wohl sieden und die Chocolate sodann ein Weilgen damit kochen, unter fleißigem Rühren; hierauf ein wenig abgehoben und 3 oder 4 Eier, oder nur deren Dotter, darzu geschlagen, nachgehends unter stetigem Umrühren wieder sachte aufkochen lassen, nicht zu lang, auch nicht zu kurz, damit sie weder zu dicke, noch zu dünne werde.

Sie dienet dem kalten Magen, der Brust wider den Husten und Schwindel, resolvieret den zähen Schleim und stärket den Lebensbalsam.

<u>NB</u>. Die Chocolate mag man auch, anstatt Wassers, mit Wein oder Milch kochen.

40. Fürtrefflich wohlriechende Tinktur, die man in Ungarisch-Wasser-Büchsgen zum Riechen kann bei sich tragen:

Nimm feinen Zibet und Bisam, jedes zwei Skrupel oder 40 Gran, Ambra 26 Gran, in ein reines Kölbgen getan und darzu Zimmetöl, Rhodiser-Holz-Öl, Bergamottenöl, Zederöl, Zederessenz, jedes zehen Gran, darüber geuß hoch rektifizierten Branntenweins 4 Lot und Rosenspiritus, nach Belieben und Genüge. Das Gläsgen aufs beste verstopft und einige Tage über in gelinder Digestion lassen stehen, bis sich der Spiritus schön gelblich gefärbet hat.

41. Sehr angenehmer Schnupftobak von Blumen:

<u>Rp</u>. Gelber Violen,
blauer Violen,

Nelkenblumen,
roter Rosenblätter,
weißer Rosenblätter,
Sammetrosenblätter,
blauer Kornblumen, jedes eine halbe Handvoll.
Lavendel,
Majoran,
Rosmarin,
Sinau, jedes 2 Pfötgen voll,
Maienblümgen, ohne Sonne wohl gedörrt
und pulverisiert, 1 Quent.

Diese Spezies werden den Frühling über gesammlet und jede besonders in papiernen Capsuln gedörrt im Schatten, hernach mit einer Schere so zart, als nur immer möglich, zerschnitten, durch ein halbenges Apotheker-Siebgen gelassen, bis durch wiederholtes Zerschneiden alles durch das Siebgen gefallen.

Hierunter Rappée-Tobak nach Belieben vermischt, von dem Pulver etwas in einen reinen Mörser geworfen, Zimmet- und Rhodiser-Holz-Öl, jedes 3 Tropfen, auch Bisam und Ambra grisea, jedes 2 Gran, wohl darunter zerrieben; alsdann unter die ganze Massam misciert und an einem temperierten Orte in bleiernen oder blechernen Büchsen aufbehalten.

42. Fürtrefflicher roter Schnupftobak:
<u>Rp.</u> Roter Backnelken 4 Schock, das sind 240 Stücke,
Violenwurz 1 Quent,
Rhodiser-Holz-Öl,
Zitronenöl, jedes 6 Tropfen,
Bisams 6 Gran,
Ambrae 4 Gran.

Gleich nächst vorhergehendem alles wohl untereinander gemischt und aufbehalten.

43. Ros Solis auf gemeine Weise:
Anderthalb Pfund Zuckers in anderthalb Schoppen oder Nößeln Wassers gekocht, jedoch nicht allzusehr, und geläutert, bis er einem Sirup gleich werde; nach dem

Abheben und kurzer Frist 1 Lot gestoßenen scharfen Zimmets hineingerührt, auch nach einig weiterer Abkühlung 2 Grane Bisams darzu. Hernacher durch einen Durchseige-Sack lassen laufen, mit 1 Lot zerschlagenen Zucker-Kandis in 1 Maß guten Branntenweins getan, wohl untereinander gemischt und aufbehalten.

44. Ros Solis auf eine andere Art:

<u>Rp.</u> Scharfen Zimmets 2 Lot,
Galgant,
Zitwerwurzel,
Ingwer,
Gewürznelken, jedes 1 Lot,
Muskatenblumen 3 Quent,
Muskatennuß 2 Quent,
Violwurz,
Kardamomen,
Zitronen- und Pomeranzenschalen, jedes 2 Quent,
Rhabarbara,
Kubeben, jedes 1 Quent,
Rosmarin,
trockene rote Rosen, jedes eine halbe Handvoll.

Alles gröblicht zerstoßen und zerschnitten, in einer gläsernen Flasche 4 Maß guten Branntenweins daraufgegossen, mit 2 Pfund geläuterten Zuckersirups vermischt, einen Tag oder 10 digerieren lassen. Hernach durch einen tüchenen Sack gelassen und aufbehalten.

45. Grünes Magen-Aqua-Vitae:

<u>Rp.</u> Scharfen Zimmets 3 Lot,
Kleinen Galgant,
Ingwer,
Muskatenblumen,
Muskatennüsse,
Gewürznelken, jedes 2 Lot,
florent. Violwurz 2 Quent,
Kalmus, anderthalb Quent.

In 3 Maß Branntenweins 24 Stunden beizen lassen, darzu getan:

Salz 1 Handvoll,
frischen Wassers 1 Maß.

Hiervon 2 Maß herüber destilliert und in einem leinenen Säckgen lucker eingefüllt, darein gehängt:

Getrocknete frische Melissen,
„   „   Rauten,
„   „   Krausemünze oder Beimenten,
jedes 2 Hände voll.

Wenn es sich dann hiervon grün genug gefärbet, das Säckgen wieder herausgenommen und das Aquam Vitae, nach Belieben, mit einem ziemlich wässerig~ oder dünnen Zuckersirupe einigermaßen versüßet.

46. Wittenbergisches rotes Aqua Vitae:

Rp. Scharfen Zimmets 2 Lot,
roten Sandelholzes 2 Quent,
Muskatennuß,
Rhodiser-Holz, jedes 1 Quent,
gelben Sandelholzes ein halb Quent,
Muskatenblumen,
Galgant,
Kardamomen,
Gewürznelken, jedes 15 Gran.

Alles gröblicht gestoßen, in anderthalb Maß guten Branntenweins 8 Tage lang digeriert, hernacher filtriert, süße gemacht und zuletzt anderthalb Grane Bisams hineingehangen.

47. Danziger Aqua Vitae:

Rp. Gröblich gestoßenen Anissamen 1 Pfund,
wohlriechenden Kalmus 4 Lot,
geraspelt Süßholz,
weißen Ingwer, jedes 3 Lot,
Angelikawurzel 2 Lot,
Pomeranzen- und Zitronenschalen, jedes 1 Lot,
scharfen Zimmets 3 Quent,
Kardamomen 2 Quent.
Darüber gegossen
guten Branntenweins 10 Maß,

Salz 1 Handvoll,
frischen Wassers 1 Maß.
Abgezogen und mit Zuckersirupe versüßet.

48. Fürtrefflicher Poudre:
Nimm 1 Pfund weißer Stärke oder Kraftmehls, befeuchte selbiges mit Branntenwein, stells an einen warmen Ort, bis es trocken, stoße es wieder zu subtilem Mehle und tue darzu:
Zart pulverisierter Violwurz 8 Lot,
Rhodiser-Holz-Öls 10 Tropfen,
Nelkenöls 20 Tropfen,
Zimmetöls 6 Tropfen,
Balsams von Peru, nach Belieben ein wenig.
Wohl untereinander gerieben und verwahret.

49. Sehr herrlicher Ros Solis oder Maienblümgen-Branntenwein:
Nimm eine Maßkanne voll abgezopfter Maienblümgen und geuß daran 3 Schoppen guten alten Weins; dann zusammen, in einem Kolbenglas oder Kruge wohl verbunden, 3 Wochen lang im Keller stehenlassen. Alsdann mit einer halben Maß guten Branntenweins in einem Brennzeuge zusammen abgezogen. Zu 1 Maß solchen herübergezogenen Branntenweins 1 Pfund Zuckers in 1 oder anderthalb Schoppen frischen Brunnenwassers überm Feuer geläutert und so lang, als ein hart paar Eier, sieden lassen, bis man einen Finger darinnen erleiden kann. Sodann den Maienblümgens-Branntenwein nach und nach dareingerührt und filtriert.

50. Wasser, das Angesicht schön damit zu machen und die Runzeln zu vertreiben:
Nimm fließend Wasser, das wohl geschlagen ist, nämlich ein solches, das entweder unter einer Mühle durchgegangen oder in einem Gefäße eine geraume Zeit wohl geschüttelt worden. Dieses durch eine reine Leinwat geseiget und in einem glasürten neuen Topfe, nebst einer Handvoll wohl gewaschener Gersten, gekocht, bis die Gerste keimet;

sodann vom Feuer genommen, sich setzen lassen und abermals durch ein leinen Tuch geseiget in eine gläserne Flasche, daß der vierte Teil leer bleibe. Hierauf zu 1 Nößel des Wassers 3 Tropfen des weißen Balsams von Peru getan und 10 oder 12 Stunden lang ohnaufhörlich geschüttelt, bis der Balsam mit dem Wasser vollkommenlich sich vereiniget hat und das Wasser trüb und ein wenig weißlich verbleibet, so ist es bereitet.

Dieses Wasser wird täglich einmal gebraucht und tut Wunder. Vor dessen Gebrauche aber muß jedesmal das Angesicht mit fließendem Regen- oder Brunnenwasser gewaschen werden.

51. Mittel wider die Sommersprossen:

Nimm Bohnenblüt und Holunderblüten zu gleichen Teilen, hierüber Ziegenmilch gegossen und 24 Stunden stehenlassen. Hernacher ex Balneo destilliert. Mit diesem Wasser und Bohnenmehle einen Teig gemacht, das Angesicht damit geschmiert, von selbsten trocknen lassen, alsdann wieder abgerieben und damit fortgefahren.

52. Wasser wider die Narben und Mäler von Pocken und Urschlechten:

Nimm der Wurzeln von Esels-Kürbs und blauen Lilien, jedes 1 halb Pfund, der Wurzeln von Eibisch und weißen Lilien, jedes 1 Pfund, Blätter von Bohnen und Glaskraut, jedes 2 Hände voll, Seeblumen und Pappelblumen, jedes 2 Hände voll, Brosamen oder Grumen von Gerstenbrote 1 Pfund. Solches alles weichen lassen in 1 Nößel weißen Weins und 1 Nößel Ziegenmilch. Ferner hinzugetan eine in Scheibgen zerschnittene Rübe, derer 4 kühlenden Samen, von jedem 1 Lot und Urin von einem 9- bis 10jährigen Mädchen 1 halb Pfund. Dieses zusammen destilliert in einem siedenden Balneo Mariae oder Kesselgen mit siedendem Wasser, darein der Brennzeug gesetzet wird, wie bekannt.

Dieses Wasser ist fürtrefflich gut wider alle Flecken des Angesichts, vertreibet die Narben benebst denen Brand- und Pockenmälern.

53. Sehr geheime Pomade, zur Schönheit des Angesichts dienlich:

Nimm von einem heimischen roten Eber Hacksch oder Bargen 2 Pfund Specks vom Rücken, solchen ganz kleingeschnitten, in einem irdenen Geschirre in fließendes Wasser gelegt, 14 Tage darinnen liegengelassen, aber alle Morgen und Abend das Wasser sauber abgegossen durch ein Sieb, den Speck mit einem Rührlöffel wohl untereinandergerührt und jedesmal wieder frisch fließend Wasser darangeschüttet.

Wenn die 14 Tage vorüber, so tue zu diesem gereinigten Specke:

Borax 2 Lot,
präparierter Krebsaugen 1 Lot,
Camphors 1 Lot,
präparierter oriental. Perlen, nach Belieben,
weißen Rosenwassers 1 halb Maß und
weißen Lilienwassers 1 halb Maß.

Dieses alles zusammen getan in einen neuen von außen und innen glasürten Topf, den Deckel darauf wohl vermacht mit einem Teige von Mehl und Eiern, daß keine Luft hinein könne dringen. Hierauf in einer Pastetenpfanne Wasser lassen siedend werden, den Topf dareingestellt und in einer Hitze, auch gleichem Sude 5 Stunden lang wohl kochen lassen. Sodann Rosenwasser in eine Schüssel gegossen, das Gekochte durch ein rein leinen Tuch hineingepreßt und darinnen gestehen lassen; hernacher herausgenommen und noch zu zerschiedenen Malen mit frischem Rosenwasser rein abgewaschen, sodann mit frischem Rosenwasser in ein Zuckerglas getan, zugebunden und verwahrt; aber alle vierzehn Tage muß frisches Rosenwasser darangegossen werden.

Dieser Pomade kann man sich die Woche zweimal bedienen, und wenn davon das Angesicht allzu schmierig wäre, wird selbiges mit einem reinen Tuche oder Scharlachlappen abgerieben, so wird die Haut rein, zart und weiß.

Sie vertreibt die Sommersprossen, Mitesssser, Geflechte und Zittermäler.

Man darf sie aber nicht mit bloßen Händen, noch mit

Silber oder anderm Metalle aus dem Glase nehmen, sondern mit einer hölzernen Spatel.

54. Rote Pomade:
Nimm gelben Wachses ein halb Pfund, ungewaschene frische Butter 12 Lot, frischen Inschlitts oder Talgs ein viertel Pfund, saurer Äpfel, großer Zibeben ein halb Pfund, roter Ochsenzungen vier Lot. Die Butter lassen zergehen, sauber abgeschäumt, das übrige hineingeschnitten und mit 1 Schoppen oder Nößel Rosenwassers über einer Glut lindlich kochen lassen.

55. Gelbe Pomade:
Nimm 3 viertel Pfund frischer Butter, 6 Lot gelben Wachses, 2 Lot Honigs, anderthalb Schoppen oder Nößel roten Cläfner-Mostes. Über einer Glut gesotten, bis der Most eingesotten, alsdann erkalten lassen, sauber aus dem Topfe herausgetan und in einer Schüssel auf der Glut zergehen lassen. Hernach in ein Geschirrgen gegossen, darinnen Rosenwasser gewesen, und, bevor man sie geußt, den Schaum wohl hinweggetan.

Diese Pomade ist inn~ und äußerlich zu gebrauchen.

56. Unschätzbares Arkanum, die Zähne von Jugend auf bis ins hohe Alter zu erhalten, auch bei vorfallenden Mängeln oder Schmerzen vollkommen zu kurieren, ohne jemals einen Zahn ausnehmen zu lassen:
Nimm Raute 1 Teil und Salbei 2 Teile, zusammen eine gute Handvoll (in Ermanglung grüner nur dürre), hierüber 1 halbe Maß Wassers gegossen und bei gelindem Feuer allmählich sieden lassen.

Dieses Wasser wird sodann an einen trockenen und warmen Ort gesetzt und zum Gebrauche jedesmal ein wenig warm gemacht. Es kann 14 Tage und länger dauern.

Mit diesem Wasser wird der Mund nebst den Zähnen die Woche über 2- oder 3mal ausgewaschen, indeme man selbiges eine Zeit über gelinde warm in dem Munde hält, nachgehends die Zähne mit dem Finger wohl abreibt.

Es präservieret zugleich den ganzen Mund und das Zahnfleisch wider alle Fäulnüs und Skorbut, erhält die Zähne fest im Mund und präkavieret vor Flüssen und Zahnschmerzen.
Wobei zu beobachten:
1) Daß man jedesmal nach genossener Speise die Zähne vermittelst eines Zahnstochers von einer Feder oder Beine, und keineswegs von Golde, Silber, Messing oder Eisen, wohl säubere, hernach mit einer Serviette über die Zähne gelinde hergefahren und morgens, mittags und abends den Mund und die Zähne mit reinem Wasser wohl gerieben und ausgespült.
2) Daß man sich all~ und jeder Gattungen von Zahnpulvern gänzlich enthalte, ausgenommen gebrannten Brots, mit ein wenig Mastix vermischt, oder des dicken Kaffees, der in dem Kaffeetopfe am Boden sich setzet; wordurch die Zähne sauber und glänzend gemacht, auch mit der Zeit vom angelegten Weinsteine befreiet werden.
3) Daß man bei entstandenen Zahnschmerzen, von welcherlei Gattung solche gleich sein mögen, sich einige Tage obbeschriebenen Wassers fleißig und oft bediene, selbiges jedesmal auf der schmerzhaften Seite einige Zeitlang warm in dem Munde haltend und sodann wieder auswerfend. Man kontinuieret hiermit, bis das Malum aus dem Grunde gehoben, obgleich der Schmerze schon des ersten Tages gewichen wäre.
4) Wacklende Zähne werden mit den Fingern fein gerade, fest und stark wieder in das Zahnfleisch eingedrückt und darneben immer dieses warme Wasser, wie vor berichtet, fleißig gebraucht. Mit Wiedereindrücken eines Zahnes muß zuweilen 2, 3, auch 4 Wochen kontinuieret werden.
Bei sorgfältiger Beobachtung dessen allen hat man keine Zahnbrecher vonnöten, sondern erhält ein schön und gutes Gebiß bis in das graue Alter.

57. Eine gute schwarze Dinte:

Nimm 6 Lot groblecht gestoßenen Gallus, der schwarze, runzlecht-klein~ und schwere Körner hat und inwendig nicht weiß, sondern gelbe erscheinet, 5 Lot zart gestoßenen blauen Kupfervitriols, der auf ein naßgemachtes Messer zur Probe gerieben, selbiges kupferfarbig macht, (so man will, mag man auch hinzutun 4 Lot zerstoßener Knöpfgen von Erlenbäumen, welche die Hutmacher zum Färben gebrauchen), 4 Lot zart gestoßenen hell~ und leichten Gummi arabici, 2 Lot zart gestoßenen Alauns und eine Handvoll Salzes, auch, so beliebig, ebensoviel Zuckers. Hierüber einen halben Schoppen oder ein halbes Nößel guten warmen Weinessiges gegossen, über Nacht stehenlassen, sodann eine Maß oder 4 Nößel, das ist 2 Leipziger Kannen, heißen Regenwassers oder andern faulen Wassers oder auch nur ordinären Wassers oder, am besten, soviel Biers oder Tobakwassers darzu geschüttet und Sommerszeit an der Sonne, zur Winterszeit aber beim Ofen stehengelassen, auch anfangs täglich ein paarmal umgerührt. Sie ist gleichbalden zu gebrauchen.

58. Schöne rote Presill-Dinte:

Nimm 2 Lot Presill-Holzes und ein Dritteil von einer Maß Bier oder Weins, über Nacht in ein starkes Glas getan und des Morgens, wenn ein heller schöner Tag ist, in eine Pfanne oder Topf, darinnen Wasser ist, samt dem Glase gesetzt und miteinander sieden lassen, bis die Farbe in dem Glase rot genug erscheinet. Siedet das Wasser in der Pfanne oder Topfe ein, so wird wieder Wasser zugegossen, aber nicht in das Glas. Dann tue einer Bohnen groß Alauns, so zart gestoßen, hinein (denn Gummi leidet das Presill nicht lange, die Farbe nimmt bald ab), rührs wohl untereinander, laß noch einmal aufsieden und dann erkalten. Hernach durch ein Tüchel geseihet und in einem Glase wohl verdeckt aufbehalten.

Diese Dinte wäre wohl vollkommenlicher in einem Töpfgen zu sieden, aber die Glasur verursachet, daß sie nicht schön wird; man mag sie zwar auch in einem küpfernen Geschirrgen sieden, aber im Glase wird sie schöner.

Das Bier soll lauter und weiß sein, bei solchem kann man den Gummi entraten; bei dem Weine aber, der die Dinte schöner gibt, muß man gar wenig und weißen Gummi brauchen, wenn die Dinte fleußt.

NB. In Zinn gesotten, wird diese Dinte am allerschönsten.

59. Eine rote Dinte ex tempore zu machen:

Nur zart geraspeltes Brasilien- oder vulgo Presill-Holz in geflossenes Weinsteinöl geleget und ein Weilgen in der Wärme stehenlassen, wird gleich zur roten Dinte, mit deren man schreiben mag und die zugleich einen feinen Schein hat.

60. Rote Dinte von Zinnober:

Nimm Zinnobers, soviel du willt, den reibe auf einem Steine mit Gummiwasser und ein paar Tropfen Eierklars fein zart; dann tue ihn in eine Muschel mit lauterem Wasser und laß die Farbe zu Boden sitzen, alsdenn geuß das Wasser ab und weiter frisches Wasser daran, solches tue zu 3 Malen, bis die Farbe schön rot zu Grunde liegt. Hiernächst temperiers mit Gummiwasser ziemlich dicke, so ists getan.

Der Zinnober muß zuvörderst vorbereitet werden folgendergestalten: Den Zinnober halte in einem blechernen Pfänngen über ein Kohlenfeuer und laß ihn wohl erhitzen, bis er schwarzlecht wird, so gehet das Unreine im Rauch davon.

61. Gold und Silber aus der Feder zu schreiben oder vermittelst eines Pensels damit zu malen:

Nimm einen Knollen Salzes, den brenne in einem reinen Schmelztiegelgen zwischen frischer Glut, daß er glühend werde, laß ihn auf einem Reibestein erkühlen, schütte daran in Wasser zergangenen Gummi, so in der Dicke eines Öls, reibs also durcheinander auf dem Steine. Hiernächst nimm ein Blättgen feinen Goldes oder Silbers und reibe deren je eines nach dem andern, eine geraume Zeitlang, sehr wohl darunter auf dem glatten Steine oder Glastafel; dann tue es in ein Gläsgen, geuß warm Wasser darüber, rührs wohl untereinander, laß es stehen, bis es sich wohl gesetzet, gieße das Wasser davon oben ab und wieder lauter warm Wasser daran, rühre es abermals, wie zuvor, laß sichs wiederum wohl setzen und geuß sodann das Wasser ab.

Dieses wiederhole nun so oft und viel, bis das Gold oder Silber wohl abgesüßt und fein lauter und glänzend ist; sodann tue es in ein reines Müschelgen.

Wenn du nun selbiges gebrauchen willst, so temperiere es mit einem Gummiwässergen nach rechter Maß und nicht zu dünne, dann schreib oder male damit und poliers, nachdeme es wohl ertrocknet, mit einem Polier-Zahne.

Oder:

Lasse ein wenig Honigs auf einem Reibestein an der Sonne zerschmelzen, nachgehends lege Goldblättgens darauf und reibs allgemach sehr wohl untereinander, so lange, bis das Honig ganz zergangen. Hiernächst tue das Gold, nebst dem Honige, in ein Gefäß mit Lauge und wasche es mit demselbigen so lange und viel, bis das Gold recht rein und gänzlich befreit vom Honige worden. Wenn dieses geschehen, so temperiere es mit Gummiwasser, dann läßt es sich wohl damit schreiben.

62. Goldschrift ohne Gold:

Nimm des allerschönsten gelben und auf das subtileste pulverisierten Auripigments und zart pulverisierten Kristallsteins, reibs auf dem Reibestein wohl untereinander, temperiers mit Eierklar und schreibe darmit.

63. Silberschrift ohne Silber:

Nimm des feinsten englischen Zinns 2 Lot, unverfälschten Quecksilbers 4 Lot und mache hiervon ein Amalgama, indeme man das Zinn lindlich läßt zergehen und inzwischen das Quecksilber in einem andern Tiegel heiß werden, hernacher, bevor das vom Feuer genommene Zinn gestehet, das Quecksilber darzu hineingeußt und mit einem köllnischen Tobak-Pfeifen-Röhrgen wohl umrühret, sich aber, vermittelst in den Mund genommener Dukaten, vor dem Rauche sorgfältigst präkavieret. Dieses Amalgama mische und reibe mit Wasser so oft und viel ab, bis das Wasser ganz helle und lauter wieder darvon gehet. Dann reibe solches Silberpulver ab mit gutem Gummiwasser und schreibe darmit, so wird die Schrift nicht anders erscheinen, als ob sie mit Silber geschrieben wäre.

64. **Mit Wasser, Wein, Biere und dergleichen hellen Liqueur zu schreiben als wie mit der schwärzesten Dinte:**
Stoße etwas guten Dintenpulvers in einem Mörser sehr zart, reibe das Papier wohl damit, hernach schüttle das überenzige Pulver wieder herunter und schreibe auf das geriebene Papier, womit du willt; wenn es treuge worden, so ist es so schwarz, als obs mit der schwärzesten Dinte geschrieben wäre.

65. **Schöne sitt-grüne Dinte:**
Nimm guten reinen Grünspans und roten Weinsteins, jedes ein viertel Pfund, auch in einem Mörser jedes besonders ganz zart gestoßen, in ein enghalsiges Kolbenglas getan, klar Wasser daran gegossen, wohl durcheinander geschüttelt und mit einem warmen Stöpsel zugestopft.
<u>**NB.**</u> Der Kolbe darf nicht voll sein und muß wenigstens des Tages 3mal stark geschüttelt werden. Es gibt anfänglich einen großen Schaum und muß dahero mit Schütteln kontinuieret werden, bis kein Schaum mehr auf dem Wasser stehenbleibt. Nach etlichen Tagen geußt man das reineste von dem Satz sachte herab aus dem Glase in eine große Muschel, Glasschale oder in das obere Tee-Köpgen und setzts, mit Papiere zugedeckt, an die Sonne; wenns ein paar Tage gestanden, so findet sich wieder ein Satz am Grunde der Muschel oder Tee-Köpgens, da sodann das Klare von Zeit zu Zeit immer abgesiegen wird in ein reines Gläsgen. Nachgehends laß in einem anderen Gläsgen reinen Gummi in Wasser zergehen, und da solches geschehen, nur davon das obere Klare in das abgesiegene grüne Wässergen fallen, so ist die grüne Dinte bereitet.

66. **Unverbrennliche Schrift:**
Lasse in scharfem Weinessige zart gestoßen Silberglätte und Alaun in der Wärme solvieren, soviel deren der Essig solvieren mag, und vermische diese Solution nachgehends mit Eierweiß, so wohl geklopft worden, darmit schreibe mit einer neugeschnittenen Feder auf Papier, laß es trocknen und wirf sodann das Papier ins Feuer, so werden auf

dem verbrannten Papiere die Buchstaben sichtbar und unverbrennlich erscheinen.

67. Schreibtäfelgen, darauf mit Reißblei, auch Gold-, Silbern- und Messingestiften geschrieben wird:

Beine von Schaf- oder Kalbsköpfen lasse bei einem Töpfer, wenn er sein Geschirr brennt, mit einsetzen, nachgehends kleinstoßen und mit Wasser auf einer Töpfersmühle abtreiben zu 3 oder 4 Malen, dergestalten subtil, daß mans zwischen den Fingern nicht fühlet; sodann durch ein grobes leinen Tuch gezwungen und in einem reinen Geschirre an der Luft erharten gelassen. Nun reibs auf einem Reibestein mit Gummiwasser wieder zart ab, bestreiche damit Papier auf beeden Seiten, vermittelst ein Pensels, 2 oder 3 mal, laß es jederzeit wohl trocknen und zerschneids hernach zu Täfelgen von beliebiger Größe. Von diesen wird die Schrift, sooft man will, mit Öle oder anderm Fett bekanntermaßen wieder hinweggerieben, aber keineswegs mit einiger Wässerigkeit.

68. Rechenblätter oder Rechenhäute zu machen:

Nimm erstgedachter subtil präparierter Beinasche, die reibe mit starkem Leim- oder Gummiwasser, so nach Belieben mit Safran gelb tingieret worden, auf das zarteste ab. Hiermit überstreiche Pergament auf beeden Seiten zu 2 oder 3 Malen und laß es jedesmal wohl trocknen.

Diese ertragen gleichergestalten keine Wässerigkeit, um die Schrift damit wieder hinwegzubringen; sollen sie aber selbige ertragen können, so muß bei deren Bereitung, anstatt Leim- oder Gummiwassers, ein guter Öl- oder Spickfürnis employieret werden; alsdenn kann man auch mit Dinte darauf schreiben.

Auch, so mans verlanget, und dieser aufgetragene Grund nach dem Trocknen einem zu rauh wollte scheinen, kann er polieret werden mit einem zart geschliffenen Bimsensteine und nach diesem mit ein wenig Zinnaschen.

69. Reißkohlen zu brennen:

Nimm Stecken oder Stäbe von Haselstauden, schabe die äußere Rinden darvon, zerschneide sie zu fingerslangen Stückgen, jedoch so, daß daran kein Ästgen bleibe, formiers von der Gestalt, wie die Reißkohlen sein sollen. Dann nimm einen neuen unverglästen Topf, tue darein eine Lage dürren Sandes, darauf eine Lage der Hölzgen, und dieses so oft wechselsweise, bis der Topf voll wird und die Hölzgen mit dem Sande wohl bedecket sind, tue den Deckel darüber und verstreiche ihn wohl mit Leimen; sodann lasse solchen Topf ins Töpfers Ofen mit dem andern Geschirre brennen und kalt werden.

Auf eine andere Art:

Nimm Holz, darauf die Pfaffenhütgen aufwachsen, formiers, wie du sie haben willt, und binds in kleine Büschelgen; darnach nimm ein Stück Leimen, machs hohl, lege die Büschelgen darein und verkleibe es allenthalben wohl mit dem Leimen, legs in eine Glut so lange, bis der Leimen durchaus glühet und Leimen und Glut einerlei Farbe hat. Dann nimms gar sanft heraus, laß erkalten, tue den Leimen allgemach von den Reißkohlen herab und behalte selbige.

70. Des Prinzen Roberti vortreffliche also genannte Reißkohlen oder trockene Farben so feste als Rötelstein zu machen, also, daß man trocken damit malen kann:

Nimm der schönsten und weißesten Feg-Erden, so je zu bekommen ist, solche wohl gedörret und in einer Töpfersmühle, nachdeme sie zuvor zart gestoßen worden, ganz klar mahlen gelassen, wie sie ihr Glas zu mahlen pflegen, das Wasser abgegossen, die Massam durch ein Leinentuch gezwänget, wieder trocknen lassen, trocken abgerieben, in einer beliebigen Farbe vermischt, so hoch mans von Farbe verlanget, mit Wasser zu einem Teige gemacht, daraus Stengel formieret, die oben und unten spitzig sind, und an der Luft trocknen lassen, so sind sie bereitet.

Soll nun die hiermit geschehene Zeichnung oder Malerei auf dem Papiere halten ohne abzugehen, so wird selbige über und über subtil mit einem in Gummiwasser angefeuchteten reinen Schwamme bedrücket und wieder an der Luft getrocknet.

71. **Sehr schöner Fürnis aus gemeinem Spiegelruße, womit man die Metallen, als mit dem besten Goldfürnisse, überziehen und gleichsam vergulden kann:**

Nimm des klebrichten Glanzrußes und Gummi mit Armoniaci, jedes 1 Teil, beedes zusammen auf einem Reibestein mit sehr scharfem Weinessige, zart abgerieben, nebst einer Erbis groß Boli Armeni und Knoblauchs, auch einer Nußschale voll Honigs zuletzt; dann temperiers mit starkem Gummiwasser, gleich einem zerlassenen Honig, so ist der Fürnis bereitet. Er leidet aber nach dem Ertrocknen nichts Wässeriges.

72. **Alle Arbeiten von Messing dem Golde gleich zu machen:**

Salmiak in einem Mörsel mit Speichel wohl zerrieben, gleich einer weichen Salbe. Hiermit die messingene Geschirre und Sachen geschmiert und gerieben, hernach auf glühende Kohlen gelegt, um wohl zu trocknen, dann mit einem wullenen Lappen fein abgerieben, so werden sie nicht nur rein und helle, sondern auch an Farbe dem besten Golde gleich, immaßen der Salmiak die Rinde von dem Metalle fein hinwegziehet und selbiges zugleich schön glänzend macht und färbet.

Mit diesem Kunststücke hat zu Rom einer sich großes Gut erworben, indeme er vermittelst dessen die messingene Leuchter derer Kirchen und andere Geschirre gesäubert.

Oder:

Schwefel, Kreide und Kaminruß in einem Mörsel zart untereinander gerieben, ohngefähr zu gleichen Teilen. Hiermit werden die messingene Arbeiten, nachdeme sie zuvor vermittelst zarten Trippels gesäubert worden, mit einem wüllenen Lappen und Leder nur trocken wohl gerieben, so gewinnen sie das Ansehen, als ob sie mit dem feinsten arabischen Golde auf das stärkste verguldet wären.

Mit diesem Stückgen habe durch scheinbare ganz außerordentlich hohe Vergüldung meines Degen-Gefäßes manchem öfters die Augen verblendet und charmieret, gestalten von solcher Höhe nicht leichtlich eine Vergüldung aus Goldschmieds Händen jemand wird zu Gesichte kommen; nur ist es schade, daß solcher Fucus nicht von längerer Daur ist, immaßen von der feuchten Luft und Witterung selbiger gar balde changieret und fleckigt wird, auf welchem Fall jedoch solche Scheinvergüldung, ohne sondere Mühe und Weitläufigkeit, jedesmal wieder von frischem kann vorgenommen werden.

73. Daß blankes Eisen nicht roste:

Nimm Rinderklauenschmalz und süß Mandelöl, jedes 1 halb Pfund, darein tue zart gepülverten Bleies, so mit Schwefel gebrannt worden, 1 Pfund, laß solches unter fleißigem Umrühren zusammen kochen, daß es zu einer Salbe wird; letzlich rühre darunter 8 Lot Kampfers, der, vermittelst etlich aufgespritzter Tropfen Branntenweins, in einem Mörser zart gerieben worden. Mit dieser Salbe das blanke Eisen wohl gerieben, so ist es vor allem Roste sicher.

Oder:

Nur Baumöl über kleingefeiltes Blei oder über zart geriebene Silberglätte gegossen, bis zu dessen gänzlicher Bedeckung, und 9 oder 10 Tage in der Wärme zusammen stehengelassen. Sodann das Eisen erstlich rein gescheuret und geputzet, hernach mit diesem Öle gerieben, so wird es in langer Zeit nicht rosten.

Oder:

Schmiere nur die Harnische und Klingen, im Falle der Not, mit frischem ungesalzenen Specke wohl ein.

74. Allerlei Gläser schön, rein und helle zu machen:

Etwas Wassers in eine Glut oder heiße Asche gegossen, das Glas über den hiervon aufsteigenden Rauch gehalten und nachgehends mit reinem Wasser ausgewaschen.

In enghalsichte Gläser und Bouteillen werden, nebst etwas Wassers, kleingemachte Eierschalen getan, die Gläser wohl geschüttelt und endlich mit reinem Wasser sauber ausgeschwenkt. Hierdurch bringt man den angelegten alten Schleim, Wein- und Wasserstein nach und nach rein aus den Gläsern.

75. Leder zum Gewöhrpolieren:
Nagele ein Leder fein glatt auf ein Brettgen, solches Leder überstreiche nachgehends mit warmen Leim, bestreue es sodann mit dem allersubtilesten Mehl oder Staub von zart gestoßenem und durch ein sehr feines Haarsieb gelassenem weißen Glase und laß es trocknen. Hierauf kann man alles Gewöhr und Klingen von Stahl und Eisen schön reine machen und polieren.

76. Altes Gold schön reine zu machen:
Laß Salmiak solvieren in Knaben-Urin und siede hierinnen das Gold oder güldenes Geschmeide, so wird es sehr schön und koloriert, als neu.

77. Messer, Meißel und andere Waffen oder Instrumenten, die Eisen schneiden als wie Blei:
Aus Regenwürmern destilliere ein Wasser über den Helm, dieses vermische mit gleich soviel Rettichsafts. Hierinnen lösche feinen Stahl ab wohl glühend zu 4 oder 6 Malen. Aus solchem Stahl lasse nachgehends schmieden Messer, Schwerter etc., so schneiden sie das Eisen wie Blei.

78. Zerbrochene Gläser zu leimen und wieder ganz zu machen:
Nimm subtiles Mehl von weißem Glase, schön hellen Mastix, weißes Harz und destillierten Terebinthin, jedes 1 Lot. Dies alles wohl untereinander geschmelzt, und, so du willst ein Glas leimen, so mache es nach und nach warm, bestreichs mit diesem warmen Leim, füge es genau zusammen, laß harte werden und schabe nebenzu den Leim ab, so hält es wieder so gut als zuvor.

79. Kristallen und allerlei Gläser zu leimen, auch solche Leim-Massa so harte zu machen, daß sie für einen Topas möchte angesehen werden:

Eierweiß und ungelöschten frischen Kalch, der noch nicht zerfallen, zu einem Teiglein wohl untereinandergerührt eine geraume Zeitlang, leimet also kalt allerlei gläserne Geschirre und Kristallen zusammen auf das allerschönste.

Diese Massa mit subtil gestoßenem Safran gemischt und tingieret, sodann in eine beliebige Forme gedrückt, wird binnen Monatsfrist so harte, daß sie mag vor einen Topas angesehen werden. Sodann mag mans lassen polieren und aufsetzen.

80. Guter Glasleim:

Sehr zart und subtil gepülvert weißes oder venedisches Glas und Mennige untereinander mit einem Öl- oder Spickfürnisse angemacht, der balde trocknet.

81. Ein zerbrochenes Glas wieder ganz zu machen auf einen sehr behenden Weg:

Nimm ein Korn des hell~ und reinesten Mastix, stecke solches auf einen an der Spitze heiß gemachten Draht oder Gabel, halte es bei ein Licht, bis es zergehet, streichs an das zerbrochene Glas und füge selbiges zusammen.

82. Zerbrochene Gläser, Krüge und porcellainen Geschirr wieder ganz zu machen:

Frisch~ und unzerfallenen ungelöschten Kalch reibe auf einem Reibestein sehr wohl ab mit Eierklar. Hiermit leime also kalt die zerbrochene Stücke wieder zusammen und laß wohl trocknen, so halten sie so stark als zuvor immer, auch sogar heiße Getränke.

83. Eine gute Glas-Kütte oder Leim:

Ein wenig zerklopfter und kleinzerschnittener schöner Hausenblasen über Nacht in starkem Wein-Branntenwein weichen gelassen, ein wenig klein zerstoßenen hellen Mastix darzugetan, in einem messingen Leim-Pfänngen über sanfter Glut nur ein einiges Södgen tun gelassen und, wenn es wollte zu dicke werden, ein wenig Branntenweins darangegossen. Hernach das zerbrochene Glas darmit geleimet.

84. NB. Eine gute Glas- und Stein-Kütte:
Alten hartgewordenen Schafkäse auf einem Reibeisen fein zart abgerieben, mit ungelöschtem, frischem und unzerfallenem Kalche, so zart gerieben worden, vermischt, wohl untereinandergerieben und mit wohl zerklopftem Eierklar zu einer Kütte angemacht. Hält Heißes und Kaltes.

85. Glas- oder Steinleim anderer Gattung:
Heißen Leim- und Steinstaub wohl untereinandergemacht und, wenn man darmit leimen will, den Stein wohl erwärmet und fein warm zusammengefüget. Hält sehr feste.

Oder:

Tragant und Gummi in Wasser gelegt und miteinander kochen lassen. Ist ein guter Leim zu Steinen, auch andere Sachen damit zu leimen.

86. Fürtrefflicher Leim, womit man Glas, Messing und dergleichen kann auf Holz leimen:
Nimm 1 halb Pfund Leims, für 6 Pfennige oder 2 Kreuzer destillierten Terpentins, für 1 Dreier oder Kreuzer Ochsengalle, den Saft von 2 Knoblauchzehen, einer welschen Nuß groß wohl zerklopft~ und klein zerschnittener Hausenblasen, Tragante und Mastix nach Gutdünken. Solches alles zusammen in eine Pfanne getan, starken Branntenwein darangegossen und über einer Glut untereinander zergehen lassen, dann abgehoben und mit einem runden Holz oder Pistille wohl vermischt und abgestoßen, bis und dann der Leim beginnet zu gestocken; dann wieder über die Glut gesetzt, mehr Branntenweins darangegossen, zergehen lassen, mit dem Pistille wieder wohl abgestoßen, bis der Leim abermals gestocket und solches zum 3ten Mal getan. Hernachmals in ein Becken ausgegossen und so weit erkalten lassen, daß mans annoch kann zu Stücken schneiden.

Willst du nun deren eines gebrauchen, so wird es anstatt Wassers wiederum in Branntenwein zerlassen.

87. Dergleichen einer, womit man Holz, Gläser, Steine, auch sogar Metallen kann zusammenleimen:

4 Lot guten Leims über Nacht in destillierten Essig gelegt und des andern Tages darinnen ein wenig lassen aufsieden. Ferner eine Knoblauchszehe im Mörser zerstoßen, 1 Lot Ochsengalle darunter gerieben und zusammen durch ein Tüchelgen in den warmen Leim getrieben. Dann 1 und ein halbes Quent Mastix und 1 Quent Gummi Sandaracae kleingerieben nebst 1 und einem halben Quent Sarcocollae oder Fleischleims und 1 Quent Terpentins in ein Gläsgen getan, 2 Lot hoch rektifizierten Branntenweins darübergegossen und wohl vermacht 3 Stunden lang in gelinder Wärme lassen stehen, unter öfters wiederholtem Umschütteln. Hernacher in den warmen Leim geschüttet und immerzu mit einem Holze durcheinandergerühret, bis ein wenig von der Feuchtigkeit verrauchet und der Leim kalt geworden.

Zum Gebrauche wird dessen, soviel man nötig hat, in scharfem Essige ein Weilgen geweicht und über einer Glut zerlassen.

NOTA:

Steine zu leimen, mag man nur etwas zart geriebenen Trippels, Kreide, Steinstaubs oder Ziegelmehls darunter rühren.

Zum Glasleimen aber, nebst ein wenig Trippels, des allersubtilesten Glasmehls oder Glasstaubs, soviel genug.

Zu Messing, Kupfer und Eisen wird von dergleichen Metallen der allersubtileste Feilstaub (so zuvor, vermittelst Wassers, vom Staub geschlemmt, getrocknet und durch ein zartes Sieb gelassen worden) zugesetzt.

Man kann auch ein wenig Hausenblasen beifügen.

Solle auch dieser Leim im Wasser sich dauerhaftiger erzeigen, so muß er mit starkem Druckerfürnisse versetzt, jedoch dessen mit dem Fürnisse mehr nicht angemachet werden, als man über einmal zu verbrauchen gedenket, immaßen man ihn sonsten nicht mehr erweichen kann.

88. Leim, der fester hält, als das Brett an ihme selber ist:

Guten Tischlerleim erstlich mit warmem Wasser zugerichtet, hernach das Wasser rein abgegossen, dann ferner den Leim mit Branntenwein gar zugerichtet, wie er sein solle, wohl abgestoßen und geknetet. Nachgehends damit geleimet, man wird sich verwundern.

89. Mund-Leim zu machen:

Lasse Leimschnitten über Nacht oder länger in Wasser weichen, bis sie linde und zitternd sich erzeigen, wie eine Sulze; sodann das Wasser abgegossen und den Leim also für sich, ohne Wasser, über sanfter Glut lassen zergehen und hiernächst wiederum gestehen; bevor er aber erhartet, werden kleine Stückgen daraus geschnitten, so bequem in den Mund zu nehmen sind.

90. Guter Mund-Leim:

Geklopft und kleingeschnittene Hausenblasen in Branntenwein weichen lassen 3 oder 4 Tage, hernacher, nebst ein wenig zart gepülverten Gummis, in den Leimtiegel getan, alles untereinander über einer Glut zergehen und nachmals durch ein Tüchlein laufen lassen in einen verglasten Scherben. Wenns gestehet, werden daraus Riemgen geschnitten und nicht an der Sonne, sondern an der Luft getrocknet.

91. Ein anderer:

Dergleichen Hausenblasen 2 Lot, nur trocken, nebst ein wenig Zucker-Kandel und ein klein wenig Abschnitzgen von sauberm Pergament in ein neues reines Töpfgen getan, 1 halbe Maß Wassers darübergegossen und allgemach halb einsieden lassen; hernach durch ein Tüchel gegossen, in ein hölzern~ viereckigtes Trögel, wenn es gestanden, Riemgen daraus geschnitten, auf ein ausgespanntes Garn gelegt und an der Luft trocknen lassen.

92. Erlenholz durch Kunst in Stein zu verwandeln:

Lasse dergleichen Holz, wo man Bier bräuet, mit dem Hopfen wohl sieden, bis der Hopfen genug hat. Hiernächst grabe solches Holz in einem Keller in frischen Sand oder

Kiesel und laß es 3 Jahre über ruhig darinnen liegen, so wird es binnen solcher Zeit zu einem harten Stein, so die besten Wetzsteine gibt zu Schermessern und dergleichen.

93. Holzwerk vor Würmern zu bewahren, selbigem auch zugleich eine schöne Farbe zu geben:

Nußlaub samt den grünen Schalen von Nüssen in einer Lauge gesotten und hiemit das Holzwerk, so zuvor vom Staube gesäubert worden, überstrichen, sodann, nachdem es wieder getrocknet, mit Schweinenschmalz geschmieret und mit einem wüllenen Lappen wohl und stark abgerieben.

94. Holzwerk dauerhaft zu machen und vor Fäulnüs zu bewahren:

Das Holzwerk mit Schwefelöle angestrichen, verfaulet nicht von Regen und Witterung.

95. Holz für Feuer zu bewahren:

In warmem guten Leimwasser zart gepülverten Alauns solviert, soviel es dessen mag annehmen, selbiges hierauf lassen siedend heiß werden und darein gerührt zart geriebenen Hammerschlags und Ziegelmehls, zu gleichen Teilen, so viel, daß es gleich einem dünnen Teig werde; solches hiernächst also heiß, Messerrückens Dicke auf ein Brett gestrichen und trocknen lassen.

Ein dergleichen Brett nimmt vom Feuer nicht leichte Schaden, wenn gleich das Feuer nächst darbei wäre oder gar darauf angemacht würde, immaßen diese Kütte von dem Feuer, je länger, je härter wird und zuletzt wie Eisen.

96. Langbrennende Lichter, die zugleich einen lieblichen Geruch von sich geben:

Schön weißes Inschlitt oder Talg klein zerschnitten, in einem gefußten Topfe oder Pfanne über sanfter Glut allgemach zergehen lassen, hernach durch ein Tuch gezwänget oder gepresset, jedoch nicht stark, damit keine Unreinigkeit noch Schwärze mit durchgehe, und in kaltes Wasser gegossen, darinnen zu gestehen, sodann selbiges zum Gebrauch sauber und reinlich aufbehalten.

So man nun hiervon will Lichter gießen, so nimm dessen 3 Pfund ausgelassenen Hirsch-Inschlitts oder Hirschtalgs 2 Pfund und weißen Wachses 1 Pfund, solches zusammen in einem reinen Topfe oder Pfanne über sanfter Glut zerlassen; sodann daruntergerührt 9 Lot Salmiaks und 24 bis 36 Messerspitzen voll Frauen-Eises, so beedes vorher zum allersubtilesten Mehl zerrieben und wohl untereinander gemischet worden. Hierauf vom Feuer abgehoben und ein Weilgen stehengelassen, damit es ein wenig abkühle, inzwischen aber wird obiges Pulver oder Mehl, durch stetiges Rühren, mit dem zerlassenen Talg auf das fleißigste inkorporiert oder vermischet; sodann gegossen in die bei handen stehende gläsern~ oder blecherne Formen, und zeitwährenden Gießens immerzu fleißig gerühret, damit das Pulver sich nicht gen Boden setzen könne, sondern durchaus sich wohl zerteile. Wenn nun die Lichter erkaltet sind, werden die Formen in heißes Wasser gehalten und die Lichter herausgezogen.

Die Tächte hierzu zu bereiten:

Die Tächte werden entweder von gemeinem Lichtgarn oder, welches besser, von Baumwollengarn zugerichtet in der Dicke, je nachdeme man dicke oder dünne Lichter verlanget, und in nachfolgendes zerlassenes Wachs entweder eingetaucht oder kalt wohl damit gerieben, sodann, vermittelst oben und unten quer durchzogener Hölzgens, fein gerade und recht mitten in die Lichtformen hineingerichtet und gespannet, daß sie nicht mögen wanken.

Die Formen werden gerade aufrecht in trockenen Sand fest gestellt, daß sie nicht können umfallen.

Das Wachs zu denen Tächten:

Wachs 3 Teile, Storax 1 Teil und Benzoe 1 halben Teil, beedes subtil gepülvert und untereinander zerlassen. Dann von der Glut gehoben, ein wenig erkühlen lassen und sodann 1 Teil Balsams von Peru daruntergerühret. Hiermit werden die Tächte, nachdem es erkaltet, wohl gerieben oder auch hineingetaucht.

97. Lang brennende Lampen:
In ein schön helles und aufrechtes Glas wird ein breitgeschlagen Stück Blei, so mitten innen ein Löchelgen hat, geleget und hierein ein subtiles Reisgen oder Hölzgen gesteckt, so mit Baumwollen umwunden worden. Sodann das erwärmte Glas voll des obbeschriebenen zubereiteten Talgs gegossen.

98. Daß eine gemeine Lampe noch einmal so lang brenne als sonsten:
Solches zu bewerkstelligen wird nur ziemlich viel Salz in das Öl geworfen.

99. Daß das Öl im Brennen nicht rauche noch ruße:
So netze den Tacht in Weinessig und lasse ihn wieder trocknen.
Oder:
Tue destillierten Zwiebelsaft in die Lampe und oben darauf das Öl.

100. Mittel gegen die Müdigkeit der Füße:
Wegbreit-Blätter zerstoßen, ausgepreßt und mit dem Saft die Füße wohl geschmieret, so benimmts die Müdigkeit.

101. Daß einen zur Winterszeit nicht an die Füße friere:
Die Füße alle Morgen mit recht starkem Branntenwein gewaschen, auch des Branntenweins ein wenig in die Schuhe gegossen, wehret der Kälte.

102. So man im Winter reiten will, Brust und Füße gegen die Kälte zu bewahren:
Nachdeme die Füße mit recht gutem Branntenweine gewaschen, so stülpe über jeden Fuß einen Bogen Papiers, lege die Strümpfe darüber an, geuß auch Branntenwein in die Stiefel und fahre mit den Füßen hinein. Vor die Brust aber nimm ein halb oder ganzes Buch Papiers, so hast du merkliche Hülfe gegen die Kälte.

103. Daß einen nimmer friere:

Brennesseln in Öle gesotten und mit dem Öle, welches Glied du willst, geschmieret, so wird dich nicht daran frieren. Aber die Nesseln sollen vor Anfang der Sonnen gebrochen sein.

104. Reisemäntel oder Röcke von Leinwat von allerlei Farben, die keinen Regen lassen durchdringen und dem schönsten Tuche ähnlich sehen:

Ein Stück leinen Tuchs von benötigter Größe in eine große Rahme eingespannet, naß angefeuchtet, hernach Scherwollen von beliebiger Farbe mit einem Hackmesser auf das allersubtileste zerhackt. Sodann mit gesottenem Leinöle, nebst einem klein wenig Spicköls, einen rohen Grund angemacht, das aufgespannte Tuch auf beeden Seiten darmit übergründet und trocken lassen werden. Hiernächst eine der zerhackten Scherwollen ähnliche Farbe mit lauterem Fürnüsse, darunter auch etwas zähen Wachsöls sein kann, vermischt und das übergründete Tuch darmit überstrichen; hierauf die zerhackte Scherwolle durch ein subtiles Siebgen allenthalben auf das vom Fürniß nasse Tuch gesiebet, daß sie ganz dick darauf zu liegen komme, sodann mit einem Stäbgen an denen vier Ecken darauf geklopft, damit durch solche Bewegung die Wolle sich genauer setze und desto fester anhänge. Nachdeme es nun wohl getrocknet, wird es mit einer linden Bürste ganz gleich hindurchgebürstet, so siehet es dem schönsten Tuche ähnlich und lässet gar kein Wasser hindurch.

105. Die rechte Spargen-Kunst, wie solche an vielen Orten praktiziert wird:

Diese Kunst wird sehr geheimgehalten, verhält sich aber also: Man lässet die Erde ein paar Ellen tief oder mehr ausgraben und füllet den Ort mit gutem Pferdemist, Hornabgang bei den Kammachern oder sonsten gefeiltem Horne und anderem Dunge, mit guter Erde vermenget, bis auf eine halbe Elle oder mehr; darein säet man den Spargensamen; der gehet nun das erste Jahr schön artig auf, das andere Jahr schüttet man mehr solcher Erde hernach, so wächst er immer schöner, das dritte Jahr darauf muß er versetzet werden. Folgende Jahre schüttet man wieder soviel zu, als nötig ist, bis auf das fünfte, da man ihn beschneiden und brauchen mag; und also währet der Nutze 25 Jahre, und werden die Spargen schön und über die Maßen dicke. Das Geheimnüs in der Erhaltung aber bestehet darinnen, daß man sie über das dritte Jahr allezeit muß kastrieren und die Wurzel mit sonderbarem darzu gehörigen Eisen abstechen, sonsten stoßen sie allzu viele Nebenschößlinge hervor.

106. Daß die Kornsaat, ohne Düngung des Ackers, jedennoch reichlich Frucht bringe:

So jemand nicht die Mittel hat, seinen Acker zu düngen, der lasse das Korn, so er aussäen will, 23 Stunden lang in dicker Mistpfütze weichen, hernach trocknen und hierauf aussäen, so wird man ebenso starken Trieb verspüren, als ob der Acker selbst wäre gedünget worden.

Zu weiterer Erklärung dienet folgendes Erfahrungsstück:

Es wird in einer Grube eine Menge Roßmist gesammlet, zum öftern mit Wasser begossen und, nachdeme selbiger binnen etlichen Wochen wohl durchfäulet, die Mistlacke oder das Wasser davon genommen (als welches mit dem Salz des Mists wohl angeschwängert), in einem küpfernen Geschirre, nebst etwas Salpeters, ein wenig gekocht, sodann erkühlen lassen und, wenn es nur annoch laulicht warm, das Korn hineingeworfen und 3 Tage darinnen gelassen, damit es wohl aufquelle und zum baldigen Keimen geschickt werde. Selbiges hiernächst herausgenommen, etwas getrocknet und sodann ausgesäet. Da man aber von diesem Korn den 3ten Teil weniger zur Aussaat nötig hat als sonsten, so wird ein Dritteil Häckerling vor dem Aussäen damit vermenget.

107. Einen Weinberg, Acker, Wiese oder Garten auf ewig zu düngen:

Auf 1 Morgen Feldes genommen 15 Pfund geschmelzten Salzes, mit einem hölzernen Schlegel in haselnußgroße Stückgen zerschlagen und im Frühling oder Herbst auf dem Gute ausgestreuet, daß sie ziemlich weit voneinander fallen. In einem Weinberge werden sie durch das Hinunterhacken mit der Erde bedecket, auf einer Wiese oder Garten mit einer Harke oder Rechen hinunter gescharret und, so es ein Acker ist, wird selbiger geegget oder umgepflüget, die Saat gleich darauf ausgesäet und zugeegget.

108. Baumwachs:

Ein Pfund frischen Wachses benebst Terpentin und Baumöl, jedes 1 und ein halbes Lot, untereinander zergehen lassen.

109. Sehr gutes Baumwachs:

Nimm Wachs 1 Pfund,
weißen Schusterpechs 1 halbes Pfund,
weißen Harzes 1 halbes Pfund,
Terpentins, 1 halbes oder 1 viertel Pfund,
Leinöls 1 viertel Pfund,
Baumöls oder süß Mandelöls 4 Lot.
Obige Stücke über einer Glut zergehen gelassen, die Öle darzugegossen und alles wohl miteinander vermischt; dann in kaltes Wasser ausgegossen und so lang gewälgert, bis es recht ist.

110. Wachs zum Pelzen oder Pfropfen derer Bäume:

Zwei Pfund Harzes, 1 Pfund gelben Wachses, Terpentin und Baumöl, jedes 12 Lot, untereinander zergehen lassen und wohl vermischt.

111. Fürtreffliches Mittel, dardurch zuwege zu bringen, daß das aufgeschüttete Korn oder Getreide von Würmern und anderm kleinen Ungeziefer nicht angegriffen, noch lebendig werde:

Lasse in 12 Maß heißen Wassers, unter fleißigem Umrühren, 12 Pfund Vitriol zergehen und überstreiche mit dieser Vitriollauge, vermittelst eines großen Pensels, den leeren Kornboden unten, oben und auf allen Seiten und Winkeln, die Wände sowohl als Boden und Decke, laß es trocknen und wiederhole nach diesem solches Geschäfte noch ein paarmal. Wenn nun alles wohl getrocknet, wird das Getreide aufgeschüttet und ist daselbsten auf viele Jahre sicher vor Würmern und anderem Ungeziefer, wenn zumalen selbiges mit Brettern, so mit der Vitriollauge bestrichen worden, bedeckt und des Monats einmal umgewendet wird. Es wird auch keine Spinne daselbsten einig Gewebe anhängen.

112. Welsche Nüsse lange Zeit frisch zu erhalten, daß sie sich gerne schälen lassen:

Mache in einem Geschirre eine Lage von ausgepreßten trockenen Weintrebern oder Trestern, hierauf eine Lage von Nüssen, dann wieder eine Lage von Trestern und so fort wechselsweise kontinuieret, bis das Gefäß angefüllet und zu öberst eine Lage von Trestern gekommen.

Oder:

Die frischen Nüsse in einen frischen Flußsand gegraben, der jedoch nicht allzu naß seie, damit sie nicht Sprossen treiben, als wovon sie gallenbitter werden. Vor dem Gebrauche den Sand davon gewaschen.

113. Kastanien frisch und gut zu erhalten:

Selbige werden in ziemlich trockenem Sande mit welschen Nüssen untermenget oder auch nur im Keller auf frischen Sand geleget.

114. Kirschen, Pflaumen und dergleichen Früchte über Winter zu bewahren:

Nimm ein nach Art der Brunnenröhren hohl ausgebohrtes Stück Erlenholzes, hierein wohl trocken reife und unbeschädigte Kirschen oder dergleichen Früchte getan, hinten und vornen genau schließende Zapfen vorgeschlagen, damit kein Lüftgen noch Wasser könne eindringen, sodann in einen kühlen Brunnen oder ander dergleichen Wasser geworfen und darinnen liegengelassen bis mitten im Winter.

Man kann zerschiedene dergleichen Röhrenhölzer beschriebenermaßen füllen und verspünden, damit, wenn eines derselben zum Gebrauch eröffnet worden, man deren noch mehrere im Vorrat möge haben.

Oder unbeschädigte und von den Stielen befreite Kirschen in einem neuen Topfe lagenweis nur dick mit zart geriebenem Zucker bestreuet, voll gemacht, mit einer Blasen feste zugebunden und an einem kühlen Orte aufbehalten.

So man sie will gebrauchen, mag man den Zucker davon mit einer reinen Serviette abreiben.

Auch wäre ebenmäßig gut, anstatt eines großen, zerschiedene kleinere Töpfgen solchergestalten anzufüllen, der benötigten Eröffnung halben.

Den gebrauchten Zucker mag man zu anderweitigem Gebrauche nutzen.

115. Weintrauben wohl aufzubehalten:

Wohl zeitige Trauben, die keine faule Beere haben, bei schönem trockenen Wetter abgeschnitten, die Stiele in zerlassenes Pech getaucht, hierauf die Trauben ein paar Tage an die Sonne gelegt und sodann in trockene, wohl ausgelüftete Spreu, daß sie einander nicht berühren.

So die Witterung dergestalten contraire sich sollte erzeigen, daß man die Trauben nicht könnte trocken heimbringen, so werden sie in einer warm eingeheizten Stube abgetrocknet.

116. Eidechsen, Schlangen und dergleichen Tiergen unverweslich zu erhalten:

Fülle ein starkes und weites Glas voll rektifizierten Branntenweins, tue hierin dergleichen Tiergen lebendig und binde das Glas feste zu, damit sie nicht können entfliehen, so werden selbige, nachdeme sie krepieret, eine geraume Zeit unverweslich konservieret, und zwar so schön, als ob sie lebten.

117. Weinkirschen auf eine angenehme Art zu kondieren oder einzumachen:

Schöne reife Weinkirschen von den Stielen abgezopft, mit geschnittenem Zimmet und, so beliebig, auch mit einigen Gewürznelken besteckt, in ein Zuckerglas getan und zwischenunter immerzu mit geriebenem Zucker dicke bestreuet, bis das Glas beinahe voll ist; sodann starken Wein-Branntenwein daran gegossen, bis die Kirschen davon bedecket, und das Glas hierauf mit Papiere zugebunden.

Zur Abwechselung mag man ein anderes Glas voll, anstatt des Branntenweins, mit scharfem Weinessige übergießen; solche geben ein herrliches Labsal in hitzigen Krankheiten.

118. Blumen zu bereiten und aufzudörren, daß sie lange Zeit ihr natürliches Ansehen und Gestalt behalten:

Man bricht die Blumen frisch und wohl trocken von dem Stocke ab, stellet solche nachmalen aufrecht in ein Gefäß oder auch nur in eine papierne Düten, umschüttet und bedecket sie mit gesiebtem, reinem und wohl getrocknetem Sande und stellts oder hängts an die Sonne oder sonstenwo zur Wärme, damit der Sand etwas erhitze und die Blumen nach und nach austrockne, so behalten sie ihre Form und Farbe, jedoch die eine besser als die andere, nachdeme sie nämlich mehr trockener als mast~ oder feuchter Natur sind, zum Exempel die blauen und allerhand Gattungen Rittersporne, Ringelblumen, Hahnenfuß, Amaranthen etc. bleiben sehr schön.

119. Kräuter aufzudörren und in ihrer Gestalt aufzubehalten zu lebendigen Kräuterbüchern:

Man bricht sie gleichergestalten frisch und wohl trocken ab, leget sie in ein großes Buch nach ihrer Forme, beschweret alsdann das Buch oder presset es zusammen und läßts so lange liegen, bis die Kräuter wohl ausgetrocknet und dürre sind.

So es Kräuter sind, welche viele Feuchtigkeit bei sich haben, müssen selbige zum öftern zwischen frische Blätter geleget werden, damit sie nicht schimmlen, noch faul werden, sondern nach und nach austrocknen.

Alsdann werden sie mit nachfolgendem Leim in ein Buch gekleistert: Tue die oberste Zweiglein von Wermut in rektifizierten Branntenwein, daß der Branntenwein 3 Finger hoch darüber gehe, laß es etliche Tage über wohl vermacht an der Sonne oder auf dem warmen Ofen stehen; dann seihe den Branntenwein durch ein Tüchel und nimm desselben etwas, auch zart gepülverten Gummi Arabici und guten dicken Biers soviel, als zur Auflösung des Gummi vonnöten ist; wenn alles wohl zergangen, sobestreiche damit die eine Seite des Krauts und pappe es auf.

120. Allerhand Käfer, Fliegen, Mücken etc. auszudörren und in ihrer natürlichen Gestalt zu erhalten:

Man nimmt dieselben, durchstich sie mit einer spitzigen Nadel, stecket sie damit auf ein Holz und läßt sie darauf stehen, bis sie krepieret sind; alsdann zeucht man die Nadel aus, stellet ihnen die Füße nach Belieben und leimet sie mit zerlassenem Gummi auf, so können sie etliche Jahre über unversehrt behalten werden.

121. Bücher vor Würmern und Milben unversehrt zu erhalten:

Der Buchbinder solle sowohl zu seinem Planierwasser, als auch zur Kleister und Leim ein Wasser nehmen, darinnen vorher zerstoßene Koloquinten, auch Wermutsprößgen, zur Genüge und sattsamer Bitterkeit gesotten worden.

122. Daß die Federbetten von Motten und Milben unangegriffen bleiben:

Dürre kleingestoßene Koloquinten unter die wohlgetrocknete Federn gestreuet, wohl damit untermenget und zerteilet, und sodann die Betten damit gefüllet, so bleiben selbige auf immer vor dergleichen Ungeziefer gesichert.

123. Mittel wider die Wanzen:

Nimm ein viertel Pfund Quecksilbers und ein halbes Pfund Schmierseifen, reibs in einem verglästen Geschirre wohl untereinander, bis das Quecksilber gänzlich ertötet und man dessen kein Tröpfgen mehr siehet, so gewöhnlich einen halben Tag Zeit braucht. Alsdann säubere den Ort, da die Wanzen sich aufhalten, mit einem alten Messer aus, daß alles Geschmeiß wohl abgeschabet wird, und beschmiere ihn allenthalben mit dieser Salbe, so kommen sie in 8 Jahren nicht wieder.

Oder: Schmiere den Ort mit dem Safte von faulen Zitronen.

Oder: Nimm 4 oder 5 Rindsgallen, tue sie in einen reinen Topf, schneide darein 2 große Knoblauchhäupter, zerstoße darzu 3 Lot Schwefels, geuß darein 3 Lot Baumöls und 1 Schoppen oder Nößel scharfen Essiges und laß es zusammen eine gute Weile sieden. Hiermit also warm den Ort mit Federn bestrichen, etliche Mal nacheinander und, so es erkaltet, wieder warm gemacht. Sie krepieren und verlieren sich ganz.

124. Wider die Kleiderläuse:

Bestreiche nur die Nähte mit Spickenatenöle.

Oder ertöte Quecksilber mit Schweinenschmalz (gleichwie nächst hieroben mit Schmierseifen), und beschmiere hiermit die Nähte.

125. Wider die Fliegen oder Mücken:

Hierwider ist wenig zu tun, wegen großer Menge ihrer stets von neuem ankommenden Rekruten, woferne man sich nicht will gefallen lassen, Türen und Fenster continue zuzuhalten; dieweilen aber dieses, zumalen bei heißer Sommerszeit, allzu beschwerlich würde fallen und gleichwohl, ohne Abhaltung solchen von außenher einstürmenden Ungeziefers, alle Mittel darwider nur vergeblich angewendet werden, (immaßen selbiges durch deren keines sich schröcken, noch zurückehalten läßt), als verwahret man die, wegen durchstreichender Luft, offenstehende Fenster und Türen mit engen Gittern von subtilem Garne oder Draht, da keine Fliegen können durchpassieren, alsdann mögen allererst die von innen gebrauchende Mittel etwas verfangen. Deren sicherstes ist, vor andern, (sonderlich dem gefährlichen Gebrauche des Giftes), wenn man gestoßenen Pfeffer, mit Milch angemacht und mit vielem Zucker versüßet, in einem oder mehrern flachen Geschirren ihnen hinsetzet, anbei aber andere Speisen und Getränke vor ihnen verwahret, immaßen sie hiervon, wie es scheinet, den Geruch scheuen und nicht gerne, als aus Not gedrungen, anbeißen. So werden sie in kurzem davon aufgerieben und, was nicht will fressen und krepieren, in die Flucht dardurch getrieben.

126. Wider die Spinnen:
Zart gestoßenen Kupfervitriol in Wasser aufgelöst, soviel dessen das Wasser mag annehmen. Mit diesem Vitriolwasser oder Lauge die Zimmer, Schreinwerk und was man sonsten vor solchem Ungeziefer verwahren will, etliche Male bestrichen und wieder trocknen lassen.

127. Wider die Ratzen:
Diejenige Orte, da die Ratzen ihre meiste Rendezvous, Aufenthalt und Passage pflegen zu nehmen, werden nur mit Pottasche bestreuet und solche daselbst einige Zeit über liegengelassen, so werden die Ratzen sich balde verlieren.
Oder:
Bad-Schwamm in Stücken zerhackt, solche in Mehl mit Zucker vermischt trocken umgekehrt und in ziemlicher Menge umhergestreuet an Orten, wo die Ratzen sich befinden, inzwischen aber all andere Nahrung und Speisen vor ihnen wohl verwahret. Wenn sie nun den Schwamm fressen und darauf saufen, so quillet selbiger auf in ihnen, dergestalten, daß sie müssen krepieren; die übrigen aber verlaufen sich.

128. Wider die Motten der Kleider:
Nur Wermut und Violenwurzel zu den Kleidern gelegt.
Oder: die Kleider alle Vierteljahre mit Bilsenkrautsamen geräuchert.
ITEM: Eppichblätter zu den Kleidern gelegt.
ITEM: Kampfer in Tüchlen eingebunden und in den Schrank an etlichen Orten unter die Kleider geleget, damit der Geruch hiervon durchgehends sich ausbreite.

129. Gewisses Mittel wider das Viehsterben:
Schwämme von Lindenbäumen dem Viehe in das Trinken getan und selbiges davon saufen lassen, präserviret die Kühe und anderes Vieh vor der Seuche.
Im Falle aber ein Stück Viehes allbereits erkranket wäre,

so gib ihme ein Stückgen solchen Lindenschwamms gepülvert ein in Wasser zu trinken, zu wiederholten Malen; es wird selbigem dardurch geholfen.

130. Ochsen, Kälber, Schöpsen oder Hämmel binnen Monatsfrist über die Maßen fett und mast zu machen:

Kleingeschnittene gelbe Rüben und Wickenkörner, mit Häckerling wohl vermischt, denenselben so tags als nachts zu fressen gegeben und sie jedesmal darauf saufen lassen, so nehmen sie geschwinde zu.

131. Gänse wohl zu mästen, daß sie große Lebern bekommen:

Antimonium oder Spießglas auf das allersubtileste gestoßen und gerieben zu einem ganz unbegreiflichen Pulver oder Staub. Hernach einen Teig angemacht von Nachmehl, das Spießglaspulver auf das beste darmit vermischt, bekanntermaßen Gänsenudeln daraus formieret und gedörret. Das Spießglaspulver wird in solcher Proportion unter den Teig gemenget, daß vermittelst desselben Teiges jeder Gans täglich ohngefähr 3 Messerspitzen voll des Pulvers beigebracht werden, auf 3maliges Stoppen, man mag sie im übrigen mit puren Nudeln oder auch mit Türkenkorne etc. stoppen.

Man hüte sich, daß sie nicht überstoppet werden, und gebe ihnen auch satt zu trinken.

132. Ein Pferd dergestalten zu stärken, daß es bei kontinuierlichem Reiten 2 bis 3 Tage ohne Futter könne ausdauren:

Eberwurz 3 Lot, Bärwurz und Meisterwurz, jedes 2 Lot, untereinander sehr zart gestoßen, mit einer Handvoll Habermehls gemenget, nebst dem Saft von einem Knoblauchshaupt und einem Gran Zibets, mit spanischem Wein oder Branntenwein zu einem Teig angemacht, 3 Kuchen daraus formieret und auf einem heißen Ziegelstein gebacken. Sodann gleich vor instehender Reise einen von diesen Kuchen kleingestoßen, mit Branntenwein angefeuchtet, in ein Schwämmgen eingemacht und dem Pferde in das hohle Gebiß geleget; zuvor aber wird unter das letze Futter etwas geschnittener Meister- und Eberwurz gemenget, auch muß man während der Reise das Pferd nicht lassen Durst leiden.

ITEM: Gepülverter Hirschwurz 1 paar Hände voll öfters dem Pferd unter das Futter gemenget, erhält selbiges immerfort munter und gesund, ob es gleich ein ganzes Jahr hindurch täglich geritten wird.

133. Mittel vor vernagelte Pferde:

Dem Pferd erstlich das Eisen abgebrochen und, so man das Eiter gefunden, selbiges mit Weinessige rein ausgewaschen. Hiernächst Eiternessel, Speck und Salz untereinandergehackt auf den Schaden gelegt und das Eisen wieder angeheftet.

So aber dem Pferd das Leben heraustritt, wird Kupfervitriol, gebrennter Alaun und Roßschwefel, zu gleichen Teilen, zart gepülvert und mit Branntenwein zu einem Küchlein gemacht, aufgeleget; es treibet zurück und heilet.

134. Gutes Tauben-Aas oder Beize:

Nimm Leimen aus einem Backofen vor 1 Kreuzer oder Dreier,
Hanfsamen 4 Hände voll,
Anis,
Kümmel
Eberwurz, jedes 1 Lot,
Salz, eine Handvoll,
Urin von Knaben, soviel dessen vonnöten,
Branntenweins, 1 Trinkglas voll.
Solches alles untereinander angemacht.

NB. Man warte und füttere die Tauben wohl, und wenn man sie zum erstenmal ausläßt, soll es an einem trüben oder Regentage geschehen, damit sie nicht sogleich ausfliegen und sich verirren, sondern erst ein wenig am Hause bekannt und desselben gewohnt werden.

135. Tauben bei sich zu bringen:
Gersten in Honig eingeweicht und vor den Taubenschlag gestreuet.

136. Tauben und andere Vögel zu fahen:
Weiße Nieswurz mit Weizen gesotten, so lange, bis der Weizen aufspringet. Selbigen sodann denen Vögeln zu fressen hingeworfen, so wirst du sie nach kurzer Frist können fahen.

137. Daß die Hühner den ganzen Winter über Eier legen:
Nesselspitzen zur Zeit, da sie Samen haben, gesammlet, gedörrt und denen Hühnern in Kleien zu fressen gegeben; ingleichem auch Hanfsamen, so legen sie Tag vor Tag Eier.
ITEM: Um die Zeit, da die Hühner anfahen zu legen, Haber geröstet oder gekocht und ihnen warm zu fressen gegeben.
Hingegen von Brot, Korn, Gersten und Bohnen werden sie allzu fett und ungeschickt zum Legen.

138. Finnige Schweine zu heilen:
Gestoßene Lorbeeren mit Trebern vermenget und denen Schweinen mit Kleien und schwarzem Teige zu fressen gegeben.

139. Krebse zu zeugen:
Die Asche von verbrannten Krebsen in einem irdenen Geschirre mit ein wenig Wassers angefeuchtet und an einem warmen Orte stehengelassen, gibt binnen 20 Tagen unzählich viel kleiner Würmergens; selbige nun von Tag zu Tag mit Rinderblut besprützet, so werden sie nach und nach zu Krebsen.

140. Aale zu zeugen und einen Teich damit zu besetzen:
Von einer Haselstauden eine Sprosse geschnitten, so in einem Sommer getrieben seie. Hernach auf einer Wiesen einen länglichen Rasen ausgestochen von der Länge der Sprosse, den Rasen umgekehrt, daß das Gras

unten zu liegen komme, die Erde aber obenauf, darein mit einem Finger eine lange Strieme formieret, hierein die Haselsprosse geleget und einen andern Rasen von gleicher Länge mit der erdigen Seite oben darüber. Nach 3 Tagen den obersten Rasen abgenommen, so wird man an der Haselsprosse viel blaulichter Würmergens gewahr werden; sodann den abgenommenen Rasen wieder darübergedeckt, mit Bindfaden zusammengebunden und in einen Teich geworfen, so wird selbiger in Menge mit Aalen besetzet, obschon zuvor deren keiner jemals darinnen gewesen.

141. Die Flöhe zu töten:

Poleien angezündet in demjenigen Zimmer, darinnen viele Flöhe befindlich, so werden sie von dem Geruche krepieren.

Sonsten ist dienlich, um von solchem verdrießlichen Ungeziefer um so weniger angefochten zu werden, die Zimmer immerzu fleißig auszukehren, keine Hunde darinnen zu dulten und auf deren Boden keinen Urin von Menschen oder Tieren jemals kommen zu lassen.

142. Staub aus denen Kleidern zu bringen:

Einen gebackenen Ziegelstein glühend gemacht und Wasser daraufgeschüttet, daß der aufsteigende Dampf oder Rauch davon an die darüber ausgebreitet hängende Kleider gehe; solches ziehet wunderbarlicher Weise allen Staub heraus und macht sie wieder frisch.

143. Fettflecken aus Seidenzeug, auch aus wüllenem Tuche zu bringen auf eine behende Art:

Eine köllnische neue Tobakspfeife ganz zart gestoßen und gesiebet. Solches Pulver hernach bei seidenen Zeugen auf den Fleck nur also trocken gerieben, Fließpapier darauf geleget und mit einem heißen Bigeleisen darüber hergefahren oder glühende Kohlen in einem Löffel darüber gehalten.

Zu wüllenen Zeugen oder Tuche aber wird das nämliche Pulver mit Wasser zu einem Teige gemacht, auf den Fleck gestrichen und getrocknet; hernach ausgerieben und gebürstet.

144. Silberne Spitzen oder Galonen zu säubern:
Selbige werden nur mit zart geriebenem Spate erstlich vermittelst eines Bürstgens, nachgehends mit einem Stückgen Leder abgerieben.

Oder: anstatt des Spates genommen zart gestoßenen Weinsteins und Frauen-Eises gleich viel, in einem Goldschmieds-Tiegel gebrennt, heiß auf die Spitzen oder Galonen getan und mit einem Bürstgen gesäubert.

145. Zu goldenen Spitzen:
Safran in Branntenwein getan, die Spitzen durchgezogen und in den Keller gelegt, nachgehends aufgehängt.

Sind es aber Borten, die schon schmutzig, so werden sie vorher in einem lauen Seifenwasser gewaschen, hernacher erst durch den tingierten Branntenwein gezogen.

Oder: anstatt des tingierten Branntenweins mit zart geriebener Curcume nur trocken, vermittelst eines Leders, gerieben.

146. Halb golden- und halb silberne Spitzen zu reinigen:
Die Spitzen oder Borten nur mit laulicher Mandelkleien, auf einem weißen leinen Tuche, gerieben vermittelst eines Bürstgens, Lümpgens oder Leders.

147. Alte Gemälde, so nicht von Wasserfarben, zu erneuren und wieder glänzend zu machen:
Wohl geklopft Eierweiß mit weißem Wein gemischt, ein wöllenes Tuch darinnen genetzet und die Gemälde damit überstrichen.

Oder: Salz in Wasser zerlassen und vermittelst eines Schwammes die Gemälde damit abgewaschen.

148. Wunderbares und geheimes Schuhwachs,
so ohngeachtet der Fettigkeit, woraus es bestehet, in Wasser sich auflöset und den Schuhen einen

fürtrefflichen Glanz und Schwärze gibet ohne Schuppen, auch ohne zu rußen oder zu schmutzen:
Nimm zart gestoßenen Gummi,
Seife,
gelbes Wachs, jedes 1 viertel Pfund,
Kühnruß, vor 2 Kreuzer oder 6 Pfennige.

Den Gummi zuvörderst in 1 oder 1 und einem halben Schoppen oder Nößel Wassers, in einer verglästen tiefen Schüssel, über einer Glut völlig zergehen lassen; dann die Seife und das Wachs darein geschabt, letztlich den Kühnruß darzu getan und unter stetigem Umrühren gelinde kochen lassen, bis man gedenket, daß es genug seie. Hernach in ein oder mehrere Töpfgens gegossen und aufbehalten.

Wenn es erhartet, wird nur ein wenig Wassers daran geschüttet, diese Massa damit erweichet, umgerührt und vermittelst einer hölzernen Spatel auf die Schuhe gestrichen.

Man mag auch Kugeln daraus formieren oder diese Massam in papierne Kartuschen gießen und, so mans gebrauchen will, nur mit ein wenig Speichels, nebst denen Schuhen, benetzen, um die Schuhe damit beschwärzen zu können.

Solches Wachs oder Schwärze wird sodann mit einer Schuhbürsten auf den Schuhen allenthalben wohl herum- und nach diesem mit einer andern trockenen Bürsten von den Schuhen wieder rein herabgerieben; endlich können noch zum Überflusse die Schuhe mit einem wöllenen Lumpen oder Hader abgerieben und poliert werden, so rußen und schmutzen sie im mindesten nicht.

149. Stiefeln zu bereiten, daß kein Wasser durchdringe:

Heu zu Aschen verbrennt, diese Asche mit Nußöle wohl vermischt und die Stiefel warm damit geschmieret und gerieben.

150. Mit einem jeden Gewöhre 3mal so weit zu schießen als à l'ordinaire:

1 Pfund Schießpulvers auf einem Brette ausgebreitet, mit 6 Lot Kampfergeists besprenget, halb trocken lassen werden, 3 Lot zum allersubtilesten Mehl gestoßen~, gerieben~ und gesiebten Pfeffers darauf gestreut, auf das allerpünktlichste untereinandergemischt, ohne einiges Pulverkörngen zu zerknirschen, hierauf wieder ausgebreitet und an der Sonne, oder sonstenwo, auf das allerbeste vollends lassen trocken werden.

Hiermit, wie sonsten gewöhnlich, das Gewöhr geladen, wird zum Exempel eine Pistole in gerader Linie auf 200 Schritt weit treffen.

<u>NB</u>. Nur muß man durch zuverlässige Proben genugsam versichert sein, daß das Gewöhr aus recht gutem Zeuge fabrizieret seie.

151. Bäume und Stämme vor Frost und Erfrörung zu bewahren:

Zu solchem Ende werden selbige, von den Ästen bis auf den Boden, dicke mit Stroh umbunden und die Revier der Wurzeln mit Asche bestreuet.

Ist zwar ein einfältig~ und leichtes, aber sicher~ und gewisses Mittel, so es anderst nicht aus Geringschätzung (wie sonsten bei der stolzen und überklugen Welt gewöhnlich) negligieret wird.

152. Maulwürfe zu fangen:

Werden in alle deren Haufen und Löcher, wo möglich zur Zeit, da sie aufwerfen und gegenwärtig sind, tief hinunter nur gequetschte oder entzweigeschnittene Zwiebeln und Knoblauch gesteckt, so werden sie bald, als wären sie toll, herfürkommen.

153. Allerlei Ungeziefer aus den Gärten zu vertilgen:

Den Magen von einem frisch geschlachteten Hammel oder Schöpsen, so mit seinem Unflat annoch angefüllet, an derjenigen Stätte, wo das meiste Ungeziefer sich enthält, vergraben und mit ein wenig Erdreichs bedecket, so wird man, nach wenigen Tagen, dessen die Menge daselbst versammlet finden und ohne Schwierigkeit ertöten können.

Solchergestalten kann durch etlichmalige Wiederholung dieses Vorteils das Ungeziefer gänzlich vertilgt werden.

154. Frische Dinte von dem Papiere zu vertilgen:

Salpeters, Schwefels, Alauns und Bimsensteins, gleich viel, untereinander zart gemacht und die Schrift oder den Fleck darmit gerieben.

155. Sehr guter Schnupftobak, der dem Haupt, Gesichte und der Brust dienlich:

Maienblümgens vor 1 guten Groschen oder Batzen, im Schatten gedörrt, auch Thymian, Majoran, Bertram und Weiße Nieswurz, samt Gewürznelken und Augentrost, jedes vor 3 Pfennige oder 1 Kreuzer, benebst ein wenig mit Zucker geriebenen Bisams und Ambra (so mans liebet), wohl untereinander gerieben und vermischt.

156. Fürtrefflich wohlriechender Schnupftobak, wider alle Hauptflüsse dienlich:

Nimm des besten zart geriebenen virginischen Tobaks 12 Lot, Majorans ein halbes Quent, guten Bisams 10 Gran, Zibets 15 Gran, Schlagbalsams 40 Gran, Nelkenöls ebensoviel und Rosenholzöls 1 und ein halbes Quent.

Untereinander zu einem subtilen Pulver gerieben.

157. Dergleichen einer, wider den Schlag und kalte Hauptflüsse dienlich:

Nimm des besten zart geriebenen virginischen Tobaks 2 Lot, Maienblümgen und Majorans, jedes 2 Quent, Linden-, Rosmarin- und Lavendelblüt, nebst gelben Violen auch Koriandersamen, jedes 1 Quent, kalzinierten Vitriols und Nieswurz, jedes 1 halbe Quent, Bisams 6 Gran und Ambra 3 Gran.

Alles auf das subtileste untereinander gerieben.

158. Blaue Mäler oder Flecken, vom Stoßen oder Fallen herrührend, zu vertreiben:

Kleien, Salz und Essig miteinander gesotten, bis die Kleien die Feuchtigkeit in sich gesogen, also warm übergelegt und zu einigen Malen wiederholet.

159. Mittel wider die Muttermäler und andere Flecken des Angesichtes:

Muttermäler werden vertilget, so man sie sogleich nach der Geburt des Kindes mit der Nachgeburt überstreichet.

ITEM: Im Frühling Erdbeere zerdrückt und das Mal beim Schlafengehen darmit überstrichen; des Morgens darauf mit Erdbeerwasser wieder abgewaschen. Wird, solange die Erdbeeren währen, alle Abende gebraucht und vertreibet auch sonsten alle Flecken des Angesichtes.

160. Ein schönes Angesicht zu machen:

Distelkolben zu Asche gebrennt, mit Honig zu einem Teiglen gemacht, das Angesicht etliche Mal darmit bestrichen und mit warmen Wasser wieder abgewaschen. Hiervon verschwinden die Malmen im Gesichte oder wo es sonsten ist.

161. Fürtreffliche Seife, vermittelst deren schöne Hände zu machen:

Nimm Seife vor 6 Kreuzer oder 18 Pfennige,
Hirschtalg oder Hirsch-Inschlitt vor gleich soviel,
gute Pomade vor 3 Kreuzer oder 9 Pfennige,
Zibets, ein wenig nach Belieben.
Hierzu tue vor 6 Kreuzer oder 18 Pfennige Rosen-, Weißlilien- oder ein ander wohlriechendes Wasser.

Die Seife in kleine Stückgen gebrochen, das Wasser daraufgegossen und weichen lassen; hernach, nebst etwas Kraftmehls, mit der Hand wohl untereinander gemischt und Kugeln daraus formieret.

162. Gute Kütte oder Leim:

Griechisch Pech, Tannenharz und gestoßene Ziegelsteine untereinander gemischt. So du sie brauchen willst, so laß sie warm werden; wenn sie wieder erkaltet, hält sie so fest als ein Nagel.

163. Gute schwarze Farbe, um Säcke und dergleichen damit zu zeichnen:

Kühnruß und Leinöl wohl untereinander gerührt, auch ein wenig Silberglätte und ein klein wenig Salzes, fein zart gerieben.

164. Eine Dinte zum Linienziehen, so balde wieder vom Papiere zu bringen:

Weinstein gebrennt zu Asche oder bis er weiß worden. Hiervon einer Haselnuß groß in Wasser lassen zerschmelzen, solches durchgeseihet und darein gerührt zerstoßenen und auf das allersubtileste geriebenen schwarzen Probiersteins, soviel genug ist, daß es einer Dinte ähnlich werde. Hiermit Linien gezogen, welche sich, nachdeme sie ertrocknet, mit Brotgrumen oder Brosamen wiederum rein von dem Papiere hinwegreiben lassen.

165. Flachs oder Hanf zu bereiten, daß er der Seide gleich werde:

In einen Kessel zuunterst auf dessen Boden Stroh gelegt, auf das Stroh ein leinen Tuch, auf das Tuch den Flachs oder Hanf ausgebreitet, auf den Flachs wiederum ein Tuch, hierauf ein Geleg Pottasche, auf diese abermals ein Tuch, und auf dieses ferner Flachs, dann wieder Pottasche und so fortan eine Lage um die andere gemacht, bis der Kessel voll wird, dergestalten, daß der Flachs immer zwischen 2 Tüchern liege und von der Pottasche unberührt bleibe.

Hierauf sodann siedend heiß eine Lauge gegossen, die von ungelöschtem Kalch und Pottasche, zu gleichen Teilen, recht scharf gemacht worden, selbige Lauge darüber stehengelassen, bis sie beginnet zu erkalten; sodann an deren Stelle eine frische dergleichen Lauge siedend übergegossen und solches Aufgießen und Abziehen wenigstens einen ganzen Tag, oder je länger, je besser, kontinuieret.

Endlichen den solchergestalten zubereiteten Flachs ausgenommen und nach Belieben gefärbet, nachdem er zuvor gehechelt und wieder in Ordnung gebracht worden.

166. Eine falsche Waage zu erkennen:
Man sehe wohl zu, ob nicht der eine Arm des Waagbalkens länger seie als der andere; denn wo solches befunden wird, ist die Waage falsch, immaßen so zum Exempel in der Schale des langen Arms, von 12 Zollen, eine nur 11 Pfund wiegende Ware lieget und hingegen in der Schale des kürzern Arms, von 11 Zollen, das 12pfündige Gewicht. So stehet gleichwohlen die Zunge just innen, und kommst du also bei 12 Pfunden um 1 Pfund zu kurz.

167. Wenn man kein lauteres Wasser bekommen kann, solches klar zu machen:
Das Gefäß mit geschälten und zu Teige gestoßenen Mandeln gerieben und sodann das Wasser dareingetan; so wird selbiges sich in kurzer Zeit läutern und schön klar werden.

168. Kühlwasser, das Getränk darinnen zu kühlen:
Salniter in kaltes Schöpfbrunnenwasser getan und das Getränk darein gestellet, so wird es sehr kühle; aber keinen Finger darein getaucht.

169. Allem Fleisch den widrigen, wilden Geruch und Geschmack zu vertreiben:
Wenn das Fleisch schier halb gar gesotten, selbiges herausgetan und 1 Stunde an der Luft stehengelassen, sodann wieder in den Topf getan und vollends lassen fertig werden, so wildert es nicht mehr.

170. Sehr nützlich- und nahrhafter Zwieback:
Gutes Bier, bevor es gehopfet worden und noch ungegoren ist, aus einer Brauerei genommen und zur Konsistenz oder Dicke eines Sirups eingesotten. Dann einen Teig gemacht von Mehl mit Wasser, Sauerteig darzugetan und über Nacht sich heben lassen. Hierauf den eingesottenen Sirup daruntergemischt und Biskuit oder Zwieback daraus gebacken; so wirst du einen ganzen Tag an einem genug haben und selbiger doppelt soviel nähren, als sonsten die Chocolate zu tun pfleget.

171. Essig aus Regenwasser zu machen:
Nimm 3 bis 4 Lot zart gestoßenen Weinsteins, ein paar Tage über mit dem schärfesten Weinessige angefeuchtet, hernach mit dem Essige Kügelgen daraus gemacht und selbige in 1 Maß guten Weinessiges geworfen, auch einen Bogen Postpapiers kleingerissen darzugetan, so wird solches zu einer Mutter.

So man nun auf einmal den 8ten Teil ohngefähr von diesem Essige nimmt, wird das Gefäß jedesmal wieder mit lauem Regenwasser gefüllet; auf solche Weise vermehret er sich ohn Ende.

Es dauret so lang, als die Mutter von dem Postpapiere darinnen ist, muß aber immerzu an der Wärme stehen; auch kann zu Zeiten etwas Zuckers dareingeworfen werden.

Das Gefäß darf nicht bis oben hinaus voll gemacht, noch feste verstopfet werden.

Man kann in der Woche 2- bis 3mal davon nehmen.

172. Weißer Krausemünze- oder Beimenten-Branntenwein:
Zu einer Maß oder 2 Leipziger Kannen Frucht- oder Wein-Branntenweins (deren erster am tauglichsten ist) werden genommen: 2 Hände voll Kümmels und gleich soviel Anis, zerknirscht, auch von 2 bittern Pomeranzen die pure äußerste gelbe Schale, sauber von dem weißen Pelze abgesondert; dann den Saft aus denen Pomeranzen ausgedrückt, ohne daß weder Kerne noch Weißes dabei komme. Hiernächst junger und kräftiger Krausemünze oder Beimenten so viel, daß davon ein Glas von anderthalben Maßen beim Ansetzen halb voll werde.

Dann alles zusammengetan, zugebunden, an einem temperirten Orte einige Wochen über stehengelassen und hierauf mit einem Brennzeuge abgezogen.

Nach diesem genommen 3 viertel Pfund Canarien-Zuckers, daran gegossen Schlehenblüt-, Schwarzkirschen- oder auch gemeinen frischen Wassers soviel, als des Branntenweins, nachdem er abgezogen worden, noch übrig ist. Hiermit den Zucker geläutert, auch einen Eierklar dar-

ein geschlagen, welches aber, in währendem Läutern, mit einem Schaumlöffel nach und nach wieder sauber muß abgeschäumt werden. Wenn dann der Zucker recht geläutert, denselben in eine irdene Schüssel gegossen, wohl erkühlen gelassen; alsdann den Branntenwein dareingeschüttet, wohl untereinander gerührt, hernach durch ein Fließpapier laufen lassen, so ist der Branntenwein bereitet.
Dienet wider Magen- und Kolikschmerzen.

173. So man trunken ist, balde wieder nüchtern zu werden:

In solchem Falle nur ein wenig Magisterii Perlarum getrunken in Rosenwasser mit Violensirup versüßet.

174. Im Falle erforderter Notwehre die Festigkeit aufzulösen:

Mit Atheisten, Deisten und Naturalisten sich zu melieren, ist man dieses Orts keineswegs gemeinet, als welche man dem Gerichte ihrer Verstockung und verkehrten Sinnes überlässet, bis sie dereinsten von dem Tage des HErrn, in diesem oder jenem Verstande genommen, werden erwecket werden, sondern adressieret sich mit gegenwärtigem ganz kurz verfaßten Diskurse nur an diejenigen, die vermittelst eigener Vernunft sowohlen durch die bündigsten Schriften, z.E. des Abbadei, Pascals, Scuckforts, Dittons und dergleichen viele andere, als fürnehmlich aus der H. Schrift selbsten vermittelst eines höhern Lichtes, dessen die Welt, als Welt, nicht kann teilhaftig werden, auch aus gesunder Überlegung der alltäglich unter denen Menschen inn~ und äußerlich sich ereignenden sonderbaren Fügnissen in ihrem Innersten von der Wahrheit und Gewißheit der Existenz und Regiments GOttes, von der Göttlichkeit der H. Schrift und mithin von der Wahrheit der christlichen Religion überzeuget sind. Diejenige aber, die so weit gekommen sind, daß sie gegen der überschwenglichen Erkenntnis Christi alles vor Schaden und Dreck achten, haben unserer dunkelen Leuchte nicht mehr nötig.

Auf unsere abzuhandelnde Materie nun zu kommen,

so geben die im Drucke herausgekommene vortreffliche Acta & Bibliotheca Magica einem, der vor sich selbsten nicht mit genugsamem Witze versehen und deme zum Beweis genug ist, wenn er nur etwas gedruckt lieset oder von einem ehrbaren Manne erzählen höret, die heilsamste Anleitung, Dinge von diesem Calibre auf das fürsichtigste und genaueste zu untersuchen. Ob nun gleich durch die sowohlen gesunder Vernunft als erstbelobter Anleitung gemäß angestellte Untersuchung vor meine Person sattsam überzeugende Gewißheit erlanget, daß die Zufälle mit der sogenannten Passauer Kunst oder Festmachung menschlicher Leiber keineswegs bloße Chimären seien, (obschon der Sache heilloses Fundament, gleich aller andern Teufeleien, auf alt-vettelische Lappalien gesetzt zu sein das Ansehen hat), so stehet gleichwohlen andern frei, hiervon zu glauben, was sie wollen. Man wird deswegen mit niemanden in vergeblichen Disput sich einlassen, darbei acquiescierende, daß ein präokkupierter Beckerianer ebensowenig in dem Stande ist, mit 1000 seiner hinter dem Ofen ausgeheckter ohnmächtiger Grillen eine einzige Erfahrungsprobe umzustoßen, als im Gegenteile 1000 dieser letztem anzuführen würde zureichend sein, ihn von seinem albernen Schlusse abzudringen, nämlich:

»Dieses oder jenes hab ich selbsten nicht gesehen noch erfahren, oder dieses oder jenes kann ich mit meiner Vernunft nicht begreifen, ergo ist es nichts. Oder auch: man lieset und höret unzählig viele Märgen von Hexen und Gespenstern, ergo ist es damit überhaupt eitel Fabelwerk.«

Da doch insgemein teils die eingezogene Lebensart, teils die Zaghaftigkeit, teils auch die Malice solche Leute abzuhalten pfleget, sich durch selbstgemachte Erfahrung von der Wahrheit und Gewißheit einer Sache (als um welche, wie es doch billig sein sollte, es ihnen wohl im mindesten zu tun ist, sondern daß sie vielmehr nur, aus Antrieb ihres anererbten, von der Eigenliebe zwar ihnen selbst verdeckten Luzifer-Stolzes, durch Hegung neuer Meinungen von dem Vulgo sich distinguieren mögen) überzeugen zu lassen, wie von Hobbesio bekannt ist, daß, ob er gleich weder GOtt noch Teufel glaubte, selbiger gleichwohlen solch eine feige Memme gewesen, daß er im Finstern nicht vor die Türe seines Musaei hinauszugehen sich getrauete. Kurz, nichts ist so heilig, noch so gewiß, darwider die von der Paradies-Schlange infizierte Vernunft nicht könnte Exceptiones machen, noch darüber Dubia movieren; gleichwohlen bleibt die Existenz derer Dinge nach wie vor, obschon dieselben unserer gar sehr limitierten Vernunft wollen unbegreiflich fallen. Derowegen zur Sache:

Man solle nämlich in Bereitschaft haben zum Schießen solche Bleikugeln, in deren jede bei dem Gießen ein Weizenkorn gebracht ist worden.

ITEM: Eine jede gemeine Bleikugel vor dem Einladen nur s. h. durch das hinder Loch gezogen.

ITEM: Frisch gegossene Kugeln also heiß nur in Quecksilber abgelöscht und vor dem Rauch sich gehütet durch einen oder ein paar in den Mund genommener Dukaten.

Insgemein mag, außer Stahl, Eisen und Blei, fast alles wider die Festigkeit dienen, zum Exempel Kugeln von Silber, Salpeter etc. item, anstatt der Kugeln, das Gewöhr geladen mit zusammengebissenen Dukaten, zinnernen Knöpfen etc. ohne einige Zeremonien.

Den Degen solle man vor der Aktion, s. h. in Saudreck stecken, auch im Falle der Not nur in die Erde stoßen oder unter dem Schuh durch die Erde ziehen.

Sonsten ist bekannt, daß die Festigkeit weiter nichts als die Haut schützet, die Gebeine hingegen gleichwohlen der Zerschmetterung exponieret, dahero wider Stück-Kugeln, Bomben, Granaten, umgekehrte Musketen, Holzäxte etc. keine Festigkeit der Haut was hülft, noch, bei zerschmetterten Gebeinen, das Leben fristet.

Aus welchem allen deutlich erscheinet die große Torheit und Unsicherheit der miserablen Satans-Sklaven. Ob ich nun meines Orts schon kein formales Bündnüs mit dem Teufel, in sichtbarer Gestalt, hiermit zu behaupten gedenke, so dünket mich doch, der H. Schrift keineswegs entgegen zu sein, wenn man glaubet, daß der Teufel mächtig seie in den Kindern des Un- oder Aberglaubens, und daß, gleichwie der wahre ungezweifelte Glaube an GOtt den Menschen mit GOtt auf das genaueste verbindet und den Menschen mächtig macht, in der Kraft GOttes alles zu vermögen, was zu seinem wahrhaftigen Heil gereichet (als welches der Mensch sodann gewißlich nicht mehr in denen sichtbaren und vergänglichen Dingen wird suchen, darinnen das Reich GOttes nicht bestehet, noch GOtt den HErrn worinnen versuchen), also hingegen der Glaube an den Teufel, oder der sogenannte Aberglaube, den elenden Menschen mit dem Teufel verbinde, so nämlich der Mensch dem Teufel und seinen (wie beim Unglauben subtil versteckten, also beim Aberglauben offenbarlich abgeschmackten) Lügen durch Anhängen oder Venerierung dieser oder jener albern Tändeleien, mehr glaubet als GOtt, nach dem Exempel unserer ersten Eltern und, da mithin ein solcher Mensch den Teufel (als die gegen GOtt und dessen Reichsgenossen in der Tat ohnmächtigste Kreatur) eigentlich zu seinem GOtt (deme der Teufel von Anbeginn und zu allen Zeiten hat gleich sein wollen) erwählet, der Teufel aus GOttes gerechtem Gerichte Macht gewinne, selbsten in GOttes Kraft, als ohne welche ja weder der Teufel selbst, noch seine Angehörigen nicht einen Augenblick könnten bestehen, bei einem solchen ihme von Herzen und Gemüte ergebenen Menschen, zu dessen genauerer Bindung, übernatürlich scheinende Dinge zu würken, da ich nicht kann begreifen, wie es eigentlich damit zugehet.

Und hierinnen bestehet, meines Erachtens, der Unterschied des Glaubens an GOtt und des Glaubens an den Teufel oder des Glaubens und Aberglaubens: Welchem letztem nun, wie billig, Widerstand zu tun heutiges Tages viele zu nicht geringer Avantage des Reichs des Teufels (immaßen dieser verächtliche Geist, göttlicher Gerechtigkeit gemäß, zur Strafe des anererbten und herrschen lassenden Luzifer-Stolzes, als der Mutter des Unglaubens und aller Sünden, derer Ungläubigen Beherrscher ist. [gleichergestalten wie des Aberglaubens wegen derer Abergläubischen], da im Gegensatz durch die Demütigung vor der Allerhöchsten Majestät, der, von seiten derselben, recht überflüssig verifizierte und, zur Probe demütigen Gehorsams, vorgehaltene Glaube ohne weiteres höchst nachteiliges Scrupulieren in ganz kindlichem Sinne ergriffen, den Menschen mit derselben wiederum vereinigt, mediante Christo, folglich der, principaliter durch Stolz und Unglauben, als die Quelle aller Sünden und Unseligkeit, geschehene Fall Adams und Evae auf unserer Seite durch Demut und Glauben wiederum gebüßet und erstattet wird,) auf das gegenseitige Extremum, nämlich in gänzlichen Unglauben stufenweis verfallen, ob sie schon darvor nicht wollen angesehen sein, noch zugeben, daß ihr obstinates Ableugnen derer engelischen und teufelischen Würkungen in Körper, samt aller außerordentlichen Geister- und Gespensterbegebenheiten, der geoffenbarten Religion zum größten Spotte und Nachteil gereichen und sie dardurch so großes Ärgernis stiften sollen; immaßen selbige mögen zusehen, wie sie, ohne ärgerlichste Verdrehung und auf eine recht lächerliche Art gezwungene Dolmetschung des klaren Textes der göttlichen Schriften, folglich ohne Lutherum einer verfälschten Übersetzung zu beschuldigen, mithin das Fundament selbst der christlichen Religion zweifelhaft und ridicule zu machen, nur mit dem einzigen Exempel von der Gergesener Säuen, Matth. VIII, 31, 32 wollen zurechte kommen; ingleichem wie sie Christum, den Lehrer untrüglichster Wahrheit, wollen entschuldigen, daß Er bei gegebener Gelegenheit seine Jünger, mithin auch alle Christen, auf dem irrigen und so schädlich sein sollenden Wahn von Existenz der Geistererscheinungen hat gelassen und ihnen nicht rund heraus gesagt: es gibt deren keine; geschweige der 12 Legionen Engel, die unserm Heilande nichts würden sein nütze gewesen ohne Würkung in die Körper seiner Feinde: derer Gegengründe, so die gesunde Vernunft, benebst der Erfahrung, an die Hand gibet, nur mit wenigen Worten zu gedenken: so stelle einem jeden, der nicht öffentlich sich zum Atheisten will erklären, zu betrachten vor, daß vermöge der Offenbarung, GOtt, als der allerhöchste und vollkommenste Geist, alle Kreaturen hat erschaffen und durch seine unumschränkte Kraft selbige in ihrem Wesen und Bewegung erhält. Ob nun gleich zwischen Schöpfer und Geschöpfe, aus dem Lichte der Vernunft, keine Proportion oder Gleichheit sich will erweisen lassen, so lehret uns doch, zu unserm Zweck, die Offenbarung noch ferner, daß GOtt anfänglich den Menschen geschaffen habe Ihme zum Bilde und daß, nach des Menschen kläglichen Fall und Verlust des göttlichen Bildes, selbsten der Sohn GOttes die Menschheit habe an sich genommen und vermittelst des in selbiger vollbrachten Werks der menschlichen Erlösung, als der einzige zu Erlangung der verlornen Seligkeit verordnete Mittler, den in Ergreifung des geoffenbarten Glaubens sich demütigenden und sein unendliches Elend erkennenden Menschen mit der Gottheit wiederum wolle und könne vereinigen, mithin das verlorne Bild oder Ähnlichkeit mit GOtt im Menschen erneuern; da hingegen der im Falle liegenbleibende Mensch das Bild des Teufels träget, als des der gefallenen Welt zur gerechten Strafe von GOtt verordneten und eben deswegen seiner englischen Kräften nicht gänzlich beraubten, aber gleichwohl sehr eingeschränkten und nur sogenannten Gottes.

Immaßen nun diese von GOtt selbst zu unserm Heil uns geoffenbarte Wahrheit der christlichen Religion keine Absurdität kann involvieren, so ist nicht zu ersehen, auf was Art man könne vor absurd erklären, wenn man hiernächst vernunftsmäßig statuieret, daß auch die vollkommenere Geschöpfe oder Geister überhaupt ebensowohl, ja in noch höherem Grade der Vollkommenheit nach GOttes Bilde seien erschaffen worden und daß sie mithin, göttlicher Ordnung gemäß, in göttlicher, alle Dinge hegend~ und bewegender Kraft, als Subalternen können in die Körper würken, nämlich die Guten zu einem guten und die Bösen zu einem obschon bösen, jedoch auch göttliche Gerechtigkeit dereinsten verherrlichen müssenden Ende.

Über dieses gibt uns das Reich der Natur, in Betrachtung der sichtbaren Kreaturen und deren Qualitäten, die schönste Ordnung und Gradation, oder stufenweise Aufsteigung, von geringem zu vollkommenem Wesen zu erblicken. Warum soll denn unser dummer Eigensinn sich erkühnen, eben dergleichen unsichtbaren Kreaturen, (bloß allein deswegen, weilen sie nicht in die tierische Sinnen fallen und der natürliche Mensch, auch diesen Punkt betreffend, nichts kann vernehmen vom Geiste GOttes, noch Fleisch und Blut den HErrn nebst denen Geheimnüssen seines verborgenen Reiches sehen), abzusprechen und zwischen GOtt, dem Allerhöchsten und Allervollkommensten, auch auf das kräftigste in die körperliche Kreaturen (zweifelsfrei nicht immediate) würkenden Geiste und zwischen dem schwachen Menschen keine in die Körper würkenden geistliche Mittel-Kräften oder unsichtbare Ordnungen passieren zu lassen?

Da vielmehr das Gegenteil sowohlen der Vernunft als Schrift convenable zu sein erscheinet. Aber so gehet es, wenn der Mensch sich erfrechet, die vom Schöpfer seiner Vernunft gesetzte Grenze zu überschreiten und von Dingen zu räsonieren, die der Allerhöchste, wenigstens in diesem Leben, ihme will lassen verborgen bleiben, da er vielmehr hieraus sowohl als auch 1000 andern, auch sogar in die Sinnen fallenden und gleichwohlen der Vernunft unbegreiflichen Dingen sollte seine Schwäche erkennen, sich dahero vor GOtt demütigen und in den Staub legen, nicht aber es machen wie der Frosch in denen Fabulis Esopi, welcher an Größe wollte dem Ochsen gleich sein und darüber zerplatzte, noch erzwingen wollen, daß eine Maßkanne solle einen ganzen Eimer fassen.

Denn da unser Wissen in sichtbaren Dingen, wie man täglich kann gewahr werden, so gering und unzulänglich ist, sollte man denn nicht billig daher sich lernen moderieren im Räsonieren von der Natur und denen Kräften unsichtbarer Wesen und Geister und davon nicht verwegener Weise etwas Gewisses zu determinieren sich erkühnen? Noch gebe zu ponderieren die Würkung der menschlichen Seele in ihren eigenen Leib, (wenn man anderst die unsterbliche Seele nicht leugnen, noch selbige mit dem vergänglichen Leibe, aus Dummheit des stolzen Unglaubens, vermengen will), sintemalen auch die zum Behuf der wider GOtt und die in schuldigster Demütigung zu venerierende Offenbarung sich sträubenden Vernunft, erdachte Harmonia praestabilita auch selbsten der gesunden oder von Stolz, Eigensinne und Eigenliebe etc. nicht präokkupierten Vernunft allzu gezwungen und in denen mehresten Fällen unzureichend vorkommen will; welches weitläufiger auszuführen dieses Orts Zeit und Raum ermanglet.

Im übrigen geben obangezeigte und wider die Festigkeit zu adhibierende, ganz verächtlich scheinende Kautelen, nebst der Torheit derer Festgebackenen, zugleich die Schalkheit des Teufels zu erkennen, als aus deren Antrieb er die seinigen auf die vom Gegner geschehene Beobachtung eines so gar geringschätzigen und vor sich selbst gewißlich nichts würken könnenden Umstandes oder Kautele, nur damit er bei diesen seinen törichten Anbetern einigen Prätext möge haben, ganz ungezwungener Dingen und von freien Stücken, in der würklichen Praxi ihres verdammlichen Aberglaubens, in zeitlich und ewiges Verderben fallen läßt. Daß aber, ohne geschehene Beobachtung solcher und dergleichen Kautelen, Wöhre und Waffen bei festgemachten Körpern schlechterdings nichts wollen effectuieren, ist man durch überzeugende, mit aller nur zu prätendierender Fürsichtigkeit untersuchte Proben vergewissert.

Ob aber nicht einige derer obangeführten Kautelen selbsten nach, obschon nicht groben, Aberglauben schmecken möchten, ist eine andere Frage, welche zu entscheiden allhier zu weitläufig würde fallen. So viel melde nur, daß ein dem Willen GOttes in allen Fällen lauterlich sich aufopfernder wahrer Christ den Starkgewaffneten durch den Stärkern, (im Fall, daß dieser, der Stärkere nämlich, auch das äußerliche Leben dem seinigen gefristet wissen will und bei gerechtester, im Gewissen sich legitimierender, auch zu göttlichen Namens Verherrlichung gereichender Sache), mithin dem teufelischen Aberglauben durch ungezweifelten, felsenfest auf GOtt sich gründenden Glauben, ohne alle Beobachtung einiger dergleichen Kautele oder Umstandes, ganz gewiß besiegen kann: davon wir ein certo respectu quadrierendes Exempel haben an David und Goliath, immaßen die geistliche Deutung die Application auf das Äußerliche nicht ausschließet.

Ich habe aber oben allbereits erinnert, daß ein wahrer Christ GOtt nirgends worinnen versuche, auch allererst gemeldet, daß er GOttes Willen lauterlich sich aufopfere; dieser göttliche Wille aber gehet dahin, daß man sich alles Irdischen verzeihe, auch sogar sein äußerliches Leben mit feindseliger Gewalt nicht defendiere, immaßen der Höchste, wenn Er will und durch solchen über uns verhängten Fall dessen Endigung nicht beschlossen hat, ohne Zutun unserer eigenen ohnmächtigen Kräften, und gleichwohlen ohne Wunderwerk, selbiges verteidigen und erhalten kann, wenn wir nur unsers Orts eben damit, daß wir hieran keineswegs zweifeln, unsern Glauben beweisen; ob Ers aber auch tun wolle, Ihme lediglich anheim stellen. Dahero dergleichen Casus unter wahren Christen rarissimi sind.

Zum Beschluß gebe bei dieser Gelegenheit kürzlich annoch zu bedenken: wie lästerlich ein großer Teil der heutigen, nach Art Luzifers allwissend sein wollender und dahero Esprits forts sich nennender Herrn Philosophen, von dem scilicet dummen Teufel sich lassen übertölpeln, indeme sie bei aller sich anmaßender Scharfsichtigkeit nicht wollen erkennen, daß er selbsten es seie, der von dem Extremo des der ehemaligen dummen Welt beigebrachten Aberglaubens, seines ungleich weit großem Vorteils wegen, zu dem gegenseitigen Extremo des Unglaubens sie beweget und er dahero, um sie desto mehr darinnen zu verhärten und vor ihme sicherer zu machen, dieser Maxime sich bediene, heutigen Tages fast gar nicht mehr (außer unter dummen Nationen) mit Hexenpossen sich zu melieren, ja bei denen würklich von ihme verbrachten Operationen sich zu verleugnen, damit er nicht selbsten durch ein oder ander eklatantes Exempel sie möge überzeugen: (man beliebe ad hunc scopum, ohne Präokkupation und mit kluger Bedachtsamkeit, unter andern nur zu lesen E. C. Barchewitzens allerneueste Ost-Indianische Reise-Beschreibung, 8vo, Chemnitz 1730.), sie auch über dieses nicht wollen erkennen, daß der in H. Schrift zuvor verkündigte fatale Periodus bereits seinen Anfang genommen, darinnen vor der Zukunft des HErrn kein Glaube mehr wird auf Erden sein; worzu hauptsächlich den Weg hat müssen bahnen die cartesianische, über ihre Terminos allzuweit extendierte, in terminis aber höchst nützliche Thesis: de omnibus rebus dubitandum, benebst dem von Quantitatibus auf Qualitates zwar mit Räson applizierten, aber ohne Räson bei diesen, wider des Henkers Dank, ebenso infallible, als bei jenen, sein sollenden Methodo demonstrativa.

Welcher infallibilitati extra Mathesin, vor andern vielen, das Exempel Spinozae und Herrn Baron von Wolffen widerspricht, welche als 2 strenge Demonstratores nicht allein in ihren Lehrsätzen nicht einig sind, sondern vielmehr einander gerade entgegen stehen; dann die extra Mathesin insgemein unrichtige Praesupposita können auch keine andere als unrichtige Consectaria fournieren. Es wäre dann Sache, daß man, um die vermeinte Einfältigen zu übertölpeln, dem Methodo demonstrativae gleichergestalten, wie man bei der H. Schrift und dem Corpore Juris aus Schalkheit gewohnet, wollte eine wächserne Nase drehen und pro Veritatibus demonstrativis verkaufen, was man selbsten nicht darvor erkennete, mithin heute dieses und morgen das contrarium pro forma demonstrieren; auf welchen Fall man aber die prätendierte infallibilitatem methodi demonstrativae extra Mathesin nur um so mehr würde prostituieren.

Letzlich ist noch, in Ansehung der heutiger ungläubigen Welt entzogenen außerordentlichen Überzeugung- und Erscheinungen, nicht aus der Acht zu lassen das göttliche Gerichte, vermöge dessen ehmals der Heiland der Welt denen schnöden Verächtern der von ihm geoffenbarten Heilsordnung, nach seiner Auferstehung, sich nicht auf öffentlichem Markte zu sehen hat dargestellet und vermöge dessen jene 5 Brüder, wegen Verachtung Mosis und der Propheten, keiner außerordentlichen Erscheinung eines von den Toten wieder Auferstandenen gewürdiget sind worden, immaßen ja höchst billig ist, daß der Schöpfer seiner Kreatur (zwar nur zu ihrer selbst eigenen Wohlfahrt abzielende) und nicht die Kreatur ihrem Schöpfer Leges und Ordnung vorschreibe.

Will sie nun hierzu sich nicht bequemen, so sind sicherlich alle andere selbsterwählte Mittel an ihr verloren und wird ihrethalben Gott nicht aufhören GOtt zu sein, noch ihren teufelischen Stolz und Schnödigkeit, durch eine besonders wiederholte gänzliche Ablegung seiner Majestät und Gerechtigkeit, noch darzu belohnen; sintemalen er wohl ihrer, sie aber seiner nicht entraten, auch die Erbarmung und Rettung da nicht stattfinden kann, wo beede nicht angenommen, sondern hindangesetzt, verschmähet und verworfen werden, indeme man nicht erkennen, noch der Offenbarung glauben will, daß man von Natur äußerst elend und derselben bedürftig seie, auch daß man nicht allein die, von dem GOtt widersprechenden Satan verheißene, Gleichheit mit GOtt nicht besitze, sondern noch über dieses des göttlichen Bildes oder der Ähnlichkeit mit GOtt beraubet seie. Sapienti Satis.

Zu weiterer Illustranz dieser und dergleichen hier bloß aufs allerkürzeste berührter Materien mag dienen Henr. Corn. Agrippae unvergleichliches Traktätgen de Vanitate Scientiarum.

ITEM: W S G E. curieuse Relation von denen Vampyrs, &c. 8vo 1737.

175. Etliche wenige der untrüglichsten Wetterregeln:
Man betrachte die Wolken, von welcher Plaga oder Gegend der Welt selbige herziehen, daraus kann man erkennen, was vor ein Wind regiere, mithin, was man ohngefähr vor Witterung daher zu hoffen habe. Kommen nun die Wolken von Abend oder von Mittag, so ist man, so Winters als Sommerszeit, vor Regen nicht sicher, welcher um soviel näher und gewisser zu erwarten stehet, je weniger die Wolken zerteilet und je dichter hingegen dieselben beisammen, auch je finsterer und dunkeler sie sich präsentieren, oder der Himmel, gleichsam mit einer Decke überzogen, eine durchaus gleich dunkele Farbe zeigt, wenn zumalen der Wind zuvor gestürmet und nunmehro sich geleget hat.

Im Gegenteile, so man siehet die Wolken von Morgen oder von Mitternacht herziehen, so hat man Hoffnung zu bald erfolgendem schönen Wetter, wenn anderst der {Ost-/Morgen-} oder {Nord-/Mitternachts-} Wind so lang anhaltet, daß er die vorhin vom {West-/Abend-} oder

{Süd-/Mittags-} Winde ihm zugetriebene Wolken alle kann zurücke jagen und er nicht vor der Zeit vom {Süd-/Mittags-} oder {West-/Abend-} Winde wieder überwältigt wird.

Bisweilen bringet auch der {Ost-/Morgen-} Wind, zur Sommerszeit, Regen, im Fall die Wolken zuvor in so ungeheurer Menge und Dicke, bei ganzen Wochen hintereinander, durch den {West-/Abend-} Wind ihme sind zugejaget worden, daß er sich deren beim Zurücktreiben nicht bemeistern kann; welches aus Beobachtung der vorhergegangenen Witterung und Windes zum voraus zu präsumieren stehet.

Zur Winterszeit bringet der {Ost-/Morgen-} und besonders der {Nord-/Mitternachts-} Wind nebst hellem Himmel Frost und Kälte, gar selten Schnee; der Nordwestwind aber insgemein Schnee; hingegen der West- oder Abendwind, ingleichem der Süd- oder Mittagswind Tau- und Regenwetter. Wunderselten fället ein zumalen daurhafter Schnee mit dem Westwinde, es wäre dann bei einem über die Maßen harten und anhaltenden Winter, welcher sich bald zu erkennen gibt. Überhaupt geben zur Winterszeit, ohne auf den Zug der Winde insbesondere zu regardieren, hellgraue Wolken Schnee, dunkelgraue hingegen Regen zu erkennen; auch verratet sich, zur Winterszeit, der West- oder Regenwind sogar durch den wässerigen Geruch.

NB. Der Abend-, West- oder Regenwind regieret die meiste Zeit über, ein Jahr ins andere zu 5, 6, 8, bis 9 Monaten zusammengerechnet; nach diesem der Ostwind zu 3, 4, 5 bis 6 Monaten; hiernächst der Nordwind, bei 2, 3, 4 etc. Monaten; dann der Südwind zu 3, 4, 6 Wochen etc. Die Zwischenwinde mit unter gerechnet.

Wenn der Südwind eine geraume Zeit aneinander fort bläset, so bringet er, nebst unleidlicher Hitze zur Sommerszeit, allerlei tödliche Seuchen, wo nicht gar Pestilenz.

So die Sonne hell aufgehet, hat man selbigen Tages schön Wetter zu erwarten, obgleich zur selbigen Stunde noch der übrige Himmel ganz mit Wolken umhänget wäre, genug, wenn nur die kleine Revier ihres Aufganges in selbigem

Zeitpunkte sich aufgekläret hat. Gehet sie aber auf mit einer gewölkten Morgenröte oder gar in dicken Wolken, so bekömmt man selbigen Tags zur Sommerszeit Regen, etwan auch Schnee zur Winterszeit (ausgenommen, wie es zu Zeiten sich zuträget, wenn es daurhafte, gewülkte ganze Tage gibet, ohne Regen und Schnee), oder, wenn im Sommer solche Wolken schwarz und finster anzusehen, Gewitter, obschon zur selbigen Stunde der übrige Himmel noch durchgehends hell und klar sich erzeigete.

Hingegen Abendröte gibt auf den folgenden Tag schönes Wetter zu hoffen; gehet aber die Sonne in finstern Wolken unter, so bekommt man noch in selbiger Nacht Regen. Der Sonnen heller Untergang bedeutet, daß das heitere Wetter werde kontinuieren etc.

176. Fische zu versammlen und mit den Händen zu fangen:

Ein Stück stinkend Fleisch in eine Fisch-Reißen gelegt, die Reißen verstoppt, daß kein Fisch hinein kann kommen, und in ein Wasser gelegt. Solches spüren die Fische weit, sonderlich in fließenden Wassern, und schwimmen der Reißen zu. Alsdann würf ihnen kleine Kügelgen vor, gemacht aus zart gepulverten Nachtschattenbeeren mit faulem Käse und Branntenwein. Davon werden die Fische schlaffend und schwimmen über sich, daß man sie ergreifen kann.

Anhang

auserlesener,
teils medizinisch~,
teils sympathetisch~
und antipathetischer
GEHEIMNÜSSE.

1. **Wann ein Mensch im Wasser ertrunken ist und vor tot gehalten wird, denselben wieder zurechte zu bringen. So an einem fürnehmen Herrn, der lang unterm Wasser gewesen, glücklich praktizieret worden:**

Alsobald der Mensch aus dem Wasser gezogen wird, dessen Kopf, als Mund und Nase fürnehmlich, auf der Stell augenblicklich mit warmen Leinewat-Tüchern umhüllet, um den schleunigen Beitritt der freien Luft einigermaßen abzuhalten, jedoch bemeldte Tücher nicht straff angezogen, sondern nur sänftiglich gleichsam umhergeleget. Sodann die obere Rinde oder Kruste von Roggenbrot auf einem Rost wohl geröstet, warmes Aquam Vitae oder starken Branntenwein darauf gegossen und also warm auf das Herz geleget, auch solches zum öftern wiederholet. Inzwischen aber zu gleicher Zeit auch die übrigen Teile und Glieder des Leibes in einem warmen Bette mit warmen Tüchern ohnaufhörlich fort wohl gerieben, bis sie rot zu werden beginnen.

Man beliebe hiermit zu konferieren und in Überlegung zu ziehen nachfolgende Exempel, Begebenheiten und Observationes, auch sodann selbsten den Schluß daraus zu machen: 1. Ob ertrunkene oder auch erstickte Menschen (wenn anderst sonsten keine tödliche Verletzung darzu gekommen oder in specie die Ertrunkenen aus dem Wasser nicht plötzlich der freien Luft exponieret, noch sowohlen hierdurch als durch Unterlassung der eilfertigen Hülfsmittel, allererst wahrhaftig dem Tode überliefert worden) mit sattsamer Räson deswegen vor würklich tot zu halten, weilen bei ihnen die äußerliche Kennzeichen des Lebens zessieren; 2. Ob nicht das Momentum zu ihrer Wiederbelebung hauptsächlich darinnen zu suchen, daß, vermittelst der Erwärmung und unaufhörlichen Frottierens, das Herz wiederum in eine lebhafte Bewegung gesetzt und das re vera noch nicht gänzlich stillestehende Geblüt in eine frische Zirkulation gebracht werde; da inzwischen die Lunge, indeme Mund und Nase in die warme Leinewat-Tücher eingeschlagen, nur nach und nach stärkerer Respiration und freierer Luft wiederum gewohnet wird.

CONFERENDA:

1. Die durch den Druck allbereits publique gemachte Kunst, ertrunkene Menschen wieder zu erwecken. 4t0 1742.
2. Erzählet D. Joël Langelottus 3 merkwürdige Exempel: 1) Daß ein Gärtner in Schweden 16 Stunden unter eiskaltem Wasser geblieben, 2) daß ein Weib drei ganzer Tage unterm Wasser gewesen und 3) ein Jüngling allererst in der siebenden Woche im Wasser gefunden, alle 3 Personen aber, nachdeme sie herausgezogen, mit Tüchern umhüllet und an gelindem Feuer erwärmet, also wieder zum Leben seien gebracht worden.
3. Schreibet M G Chr Ludwig in einer Schrift, Rothenackers Traur-Tag betitult: Nachdeme man die A. 1709 in der Donau verunglückte Körper allgemach zusammengesucht, in eine warme Stube gebracht und mit warmem Wein gewaschen habe, seie geschehen, daß bei einigen, die 4, 5, 6 bis 8 Wochen unter dem Wasser gelegen waren, das helle klare Blut stark aus der Nasen herfürgeflossen etc.
4. Beliebe man in Erwägung zu ziehen, was Freiherr von Wolffen, Tomo 3. Phys. experiment. p. m. 476. seqq. von erdrosselten und wieder zum Leben gebrachten Tiergen anführt, so auf die von neuem exzitierte Bewegung des Herzens und Geblüts sich gründet.
5. Das Exempel ertränkter und wiederbelebter Fliegen, immaßen diese, obgleich ganz geringe und verächtliche Animalcula oder Insecta, ebensowohl die zur Erhaltung des Lebens benötigte Organa haben.
6. Das Exempel derer den Winter über im Wasser sich enthaltenden Schwalben.
7. Derer Animalium amphibiorum, oder derjenigen Tiere, die sowohlen in dem Wasser, als auf der Erde und an der freien Luft zu leben pflegen.
8. Des Sizilianers Pesce Cola, welcher, als ein Amphibium, geraume Zeit hat können unterm Wasser persistieren.
9. Derer Fische und aller Wassertiere, welche gleichwohlen nicht ohne alle Luft können leben.
10. Daß kein Wasser ohne Luft ist, wie man durch die Antliam pneumaticam schon längstens belehret worden.

11. Verdienet auch, nicht vergessen zu werden die in dem Leibe der Mutter fest verschlossene und dennoch lebende Frucht.

Endlich ist die Frage: ob obenbeschriebenes procedere in gewisser Maße nicht gleichergestalten auch auf erfrorne Personen sich möchte extendieren lassen?

2. Fürtreffliche Stärkung in Ohnmachten, auch in mancherlei andern Schwachheiten, und Mattigkeit des ganzen Leibes:

Nimm Zimmetwasser und Sirup oder Saft von Nelkenblumen, jedes 1 Löffel voll, auch 3 Tropfen Zimmetöls, wohl untereinander gemischt und auf einmal getrunken.

3. Lebenspulver oder Universal-Präservativ:

Nimm Muskatenblumen,
Zitwerwurz,
Alantwurz,
Kalmus,
Pimpernellwurz,
Süßholz,
gebrannt Hirschhorn, jedes 1 Lot,
weißen Ingwer,
des besten Zimmets,
Galgant,
Gewürznelken,
Hirschzungenblätter,
Ehrenpreis,
Kardobenedikt,
Tausendgüldenkraut, jedes 1 halb Lot,
Kubeben,
Kardamomen, jedes 2 und 1 halb Lot,
Anis,
Fenchel,
Feldkümmel,
Petersiliensamen, jedes 3 Quent,
Wacholderbeere, anderthalb Lot,
Sennesblätter, ohne Stengel, 6 Lot,
Rhabarbara, 3 Quent,

Fuchslungen, 1 Lot,
Zucker-Kandis, 1 Pfund.
Alles zart gepülvert und wohl untereinander gemenget.

Tugenden und Gebrauch:

Dieses Pulver reiniget das Phlegma und Geblüt von der bösen Cholera, vertreibt die Wehtage des Haupts, die Melancholie, erfrischet das Hirn, stärket das Herz, hält Lunge und Leber gesund, reiniget die Milz, vertreibt aus dem Halse den Schleim nebst dem Husten, machet Linderung der Brust und räumet hinweg alle innerliche Krankheiten; es stärket und erwärmet den Magen und macht gute Däuung der Speisen, vertreibt das Fieber dem kalten Herzen, reiniget die Blase und treibt von dem Menschen den Stein oder Grieß, wie Senfkörner, weiß oder rot; es erkläret auch die Augen, stärket das Gesichte und übrige Sinnen, macht gute Farbe, reiniget die Gedärme, hält den Menschen fett an seinem Leibe und verwahret ihn insonderheit vor dem Fieber und Lendenreißen, vertreibt auch den Schwendel, Bleich- und Wassersucht.

Morgens nüchtern und abends vor Schlafengehen gebrauche hiervon 1 Messerspitze voll und versuche es eine Zeitlang, so wirst du Wunder erfahren und empfinden.

ITEM:

Eine Stunde vor Essens 4 gute Messerspitzen voll desselben in einem Gläsgen alten Weins genommen, ist vortrefflich gut zu Verhütung des Schlags, Hauptwehes, auch gegen Verkürzung des Atems, Ohnmachten und Sausen der Ohren, macht guten Appetit zum Essen und dienet zugleich der Leber, den Nieren und wider den Husten.

NOTA:

Obschon dieses Compositum noch aus der alten Welt her sich schreibet, auch man es nicht wollte (alldieweilen es aus der Mode gekommen) vor ein Medicamen curativum passieren lassen, so kann aus eigener Erfahrung gleichwohl kontestieren, daß selbiges ein gleichsam universelles und lobwürdiges Praeservativum und Confortans ist, bei dessen öfters wiederholtem Gebrauch, auch zumalen beobachteter vernünftigen Diät und sorgältiger Evitierung aller Übermaß und Exzesse, zerschiedene Personen, ohne Anstoß von irgend einiger Maladie, ihr Leben auf ein sehr hohes Alter gebracht haben. Ingleichem, daß es mehrfältig bei angesetzt habender Schwindsucht und Hektik mit glücklichem Erfolg gebraucht ist worden.

4. Elixier wider vielerlei Krankheiten dienlich:

Nimm roter Myrrhen, Rhabarbarae, Angelicae, Terrae Sigillatae, Safrans, jedes 2 Quent, Enzians, Weißen Diptams, Zitwers, Lärchenschwamms, Tormentills, jedes 1 Quent, Bibergeils 1 halb Quent, Aloes 2 Lot, Theriaks 1 Lot, Spiritus Salis und Spiritus Vitrioli, jedes 2 Quent, Kampfers 1 Quent. Nach deme die Spezies gröblich zerstoßen und vermischt, wird in einem Glas 1 Maß oder 2 Leipziger Kannen von Löffelkraut 2mal abgezogen oder nur andern guten Wein-Branntenweins darübergegossen, einige Tage über, je länger, je besser, auf dem warmen Ofen oder an der Sonne stehenlassen, bis es einem roten Weine ähnlich siehet und sodann filtriert.

Man mag, nachdeme obiges Quantum aufgebraucht worden, wohl wieder frischen Branntenweins auf die Spezies schütten, das Elixier aber wird alsdann nicht mehr so kräftig wie zum erstenmale.

Tugenden und Gebrauch:

1. So jemand von der Pest infiziert wäre, der nehme dessen 50 bis 100 oder noch mehrere Tropfen ein in Bier, Wein oder Branntenwein, so wird er, unter göttlichem Segen, binnen 24 Stunden davon befreiet.
2. Zur Präservation 30, 40 bis 50 Tropfen davon eingenommen, so ist man nächst Gott auf 24 Stunden vor der Pest sicher.
3. In der fallenden Sucht oder Epilepsie, beim Anfall des Paroxysmi, dem Patienten 1 ganzen Löffel voll eingegeben oder eingeschüttet und zu solchem Ende allenfalls den Mund demselben aufgebrochen.
4. Beim Anstoß eines hitzigen oder kalten Fiebers einen

halben Löffel voll eingenommen und darauf geschwitzet, so bleibt selbiges außen.
5. Macht ein gutes Gedächtnis.
6. Vertreibet die Flüsse.
7. Schärfet das Gesichte.
8. Wehret der Kolik.
9. Dienet wider den Skorbut.
10. Reiniget das Geblüte.
11. Stärket die Glieder und
12. Erhält es den ganzen Leib in ohngestörter Gesundheit. In Summa, es seie, was Gattung von Unpäßlichkeit es wolle, so mag man bei deren Anstoß dieses Elixiers sich bedienen und darauf schwitzen. Auch jungen Kindern von 2 Jahren mag es zu 10 Tropfen gereichet werden.

5. **Herrliches Schlagwasser:**
Nimm des besten Zimmets,
weißen Ingwers,
Gewürznelken,
roten Sandels,
Muskatenblütes,
Pfeffers,
Galgants,
Kubeben,
Kardamomen,
Anis,
weißer Senfkörner,
Korianders,
Aromaticae rosatae,
Diambrae &
Dianthos, jedes 1 Lot,
Brasilienblätter,
Majorans,
Lavendelblüte,
Rosmarinblüte,
rote Scharlachrosen,
Spicanardenblüte, jedes 1 Handvoll.
Diese Spezies alle kleingestoßen und die Kräuter gehackt, wohl vermischt und in eine gläserne große Flasche getan,

da man mit der Hand wohl ein und aus kann kommen; dann darauf gegossen anderthalb Maß oder 3 Leipziger Kannen guten Wein-Branntenweins und ein halb Maß oder 1 Kanne des besten spanischen Weins, solches in der Wärme 4 Tage darauf stehen und beizen lassen, hernach stark ausgepreßt und zwei Pfund weißen, mit 8 oder mehr Lot guten Rosenwassers geläuterten Zucker-Kandis unter das ausgepreßte Schlagwasser gegossen, nebst 2 Lot Zimmet- und 2 Lot Nelkenwassers; alsdann durch ein weißes wüllenes Tuch laufen lassen.

Das jetzt beschriebene ist das rote Schlagwasser.

Über die zurückgebliebene übrigen Spezies nun guten Wein gegossen und aus einem Brennzeuge destilliert, so hat man auch das weiße Schlagwasser.

Beede können inn~ und äußerlich gebraucht werden.

DOSIS:

Von dem roten Schlagwasser einen halben Löffel und von dem weißen 1 ganzen Löffel voll auf einmal einzunehmen.

6. Oftbewährtes Präservativ vor dem Schlag:

Einen Schnecken samt dem noch verschlossenen Gehäuse in frischem Wasser rein gewaschen und in einem Mörser zerstoßen, nebst einer ganzen Muskatennuß und 6 Gewürznelken; dann zwischen zweien Tücheln auf den Würbel des Haupts gelegt, alle 24 Stunden frisch, so viel und oft es beliebig.

7. So jemanden der Schlag getroffen:

Weißen Senfsamens 1 Quent im Mörser zerstoßen mit 4 Lot schwarzen Kirschenwassers, auch Maienblümgens und Kirschengeists, von jedem 1 Lot, durchgetrieben und alle Stunden 3 Löffel voll davon eingegeben, bis es mit dem Patienten sich besseret.

Oder:

Weißen Senfsamens 1 Lot und 6 Stücke Feigen untereinander zerstoßen und scharfen Essiges so viel daran gegossen, daß es als ein Pflaster kann auf ein Tüchel gestrichen werden, dessen eines Talers groß auf den Nacken oder das

Genick geleget und alle drei Stunden erfrischet, bis sich davon eine Röte auf der Haut erzeiget.

Oder:

Bevor 24 Stunden verflossen, 9 Tropfen veritablen orientalischen Balsams in schwarzen Kirschenwasser oder Suppen eingegeben, bringet die Rede wieder und ist vielfältig probiert.

Oder:

Einer Haselnuß groß Bibergeils in Maienblümgens-, Lavendel- oder schwarzen Kirschenwasser zerrieben und dem Patienten eingegeben, bringet gleichergestalten die Rede wieder und ist diesfalls die bewährteste Medizin.

Oder:

Die Zunge des Patienten bestrichen mit Bibergeile und Mithidat, so in Schlagwasser zerlassen worden.

Oder:

Dem Patienten ein Niese-Pulver, von Rauten und Bibergeile gemacht, in die Nase geblasen.

Oder:

Nimm Salbei-, Maienblümgens- } Wasser, mit Wein gemacht, jedes 1 halb Nößel, klein zerschnittenen Bibergeils 2 Lot.

6 Stunden in warmer Asche oder auf dem Ofen digerieren lassen, dann morgens und abends den Nacken und ganzen Rückgrat, samt den gelähmten Gliedern, damit gewaschen, ist sehr bewährt.

8. Fürtrefflicher Universal-Wundbalsam:

NOTA: So man einen damit bestrichenen Pfriemen oder Nagel einem Huhn oder Hunde durch den Kopf schläget, krepieren sie nicht nur nicht hiervon, sondern befinden sich nach kurzer Frist vollkommen kuriert.

Ungarischen Vitriols 6 Lot, Salmiaks 2 Lot und Pottasche anderthalb Lot, jedes zart gepülvert, in 1 halb Maß oder 1 Kanne destillierten Weinessigs getan, 3 bis 4 Tage an der Sonne digerieren lassen und täglich etliche Male umgerüttelt, bis alles sich wohl aufgelöst hat. Sodann darzugegossen 1 Schoppen oder ein Nößel des stärksten

Wein-Branntenweins nebst Sauerampferwassers 10 Lot und ebensolang, als vorhin, an der Sonne stehenlassen, auch wieder fleißig umgerüttelt.

Hernach überdestilliert aus einem gläsernen Brennzeuge, so ist das Herübergegangene der Balsam.

Tugenden und Gebrauch:

1. So man gehauen, gestochen oder geschnitten worden, die Wunde von dem Geblüt gereiniget, 1 oder 2 Tropfen darein fallen lassen, eingerieben und ein dünn geschlagen Blei 24 Stunden darauf gebunden liegenlassen, so wird die Wunde heil ohne Schwüren und ohne Schmerzen.
2. So ein Arm oder Bein durch und durch gestochen, das geronnene Geblüt aus der Wunde gedruckt, diesen Balsam vermittelst einer Spritzen durchhin gespritzt und auf beeden Seiten ein dünn geschlagen Blei 24 Stunden darauf liegenlassen, so ist man ohne Schmerzen glücklich kuriert.
3. Wo man sich gebrennt, nur einen einzigen Tropfen aufgeschmieret, so läßt er keine Blase aufschießen und verhindert den Schmerzen.

So man behutsam prozediert, können mit diesem Balsam unzählige Kuren glücklich vollendet werden.

9. Wunderbares Universal-Pflaster vor mancherlei inn~ und äußerlicher Zufälle:

Nimm zur Herbstzeit weiße Rüben, solche auf einem Reibeisen gerieben und durch ein Tuch gepreßt; von diesem Saft 2 Schoppen oder Nößel, benebst einem Pfund des besten Baumöls, in ein wohl verzinnt küpfern Geschirre gegossen und über einer Glut sieden lassen, bis daß der Saft ganz eingesotten oder dessen Wässerigkeit verraucht ist; dann überkühlen lassen und inzwischen hineingerühret 1 halb Pfund zart geriebener guter Blei-Minie, hiernächst wieder auf die Glut gesetzt und fort lassen sieden, bis es braun wird; dann von der Glut wieder abgenommen und darein gerührt 3 Lot Mastix und 2 Lot Myrrhen, beedes zart gerieben, nebst 2 Lot weißen Lilienöls, auch letztlich 3 Lot, vermittelst ein paar Tropfen Branntenweins, zart geriebenen Kampfers.

Wenn nun durch anhaltend~ fleißiges Rühren alles wohl vermischt und genau inkorporiert worden, auch das Pflaster etwas sich abgekühlet hat, so wird es in Schächtelgen oder Capsuln ausgegossen und darinnen 14 Tage über offen stehengelassen, bis es erhartet, jedoch, vermittelst übergedeckten Papiers, vorm Staub verwahret.

Tugenden und Gebrauch:

1. Dienet es wider alle offene Schäden, ob sie gleich 20 oder 30 Jahre alt wären; alle 3 Tage frisch aufgestrichen. Es ziehet gewaltig, so daß man fast alle Augenblicke das Pflaster muß abwischen, selbiges aber immerzu wieder auflegen, immaßen es zu ziehen nicht nachläßt, solange was von Materie vorhanden.
2. Benimmt es die Geschwulst und lindert die Schmerzen, ausgenommen, was durch das Ziehen verursachet wird.
3. Wider alle Pest- und andere vergiftete Beulen und Geschwüre, alle 24 Stunden frisch aufgelegt.
4. Wider Seitenstechen und Erhärtung der Milz, einer Hand breit und länger auf die Seite, zwischen zween Tüchern, aufgeleget.
5. Wider Kopfschmerzen, zwischen 2 Tüchern, von einem Schlafe zum andern übergeleget.
6. Wider die Flüsse der Augen, eines Kopfstückes groß auf das Genicke oder Nacken geleget.
7. Wider die Zahnschmerzen, zwischen zwei Tücheln, damit das Pflaster nicht die Haut berühre, auf die Backen geleget; verursachet zwar die Geschwulst, benimmt aber die Schmerzen.
8. Wider alle hitzigen Krankheiten, auch Petecken, auf die Fußsohlen, Pulsen und Kopf aufwärts gestrichen und alle 12 Stunden ein frisches aufgelegt, inzwischen bricht sich die Hitze. Die Auflegung muß aber auf die Fußsohlen geschehen, auch dem Gift bei denen Petecken von innen gleichergestalten gewehret werden.
9. Wenn man sich gebrennt, selbiges subtil aufgestrichen; läßt keine Mase zu, noch das geringste Zeichen, und heilet geschwinde.
10. Wider die Hühneraugen aufgeleget und 14 Tage oder

3 Wochen liegenlassen, so fallen sie aus. Kommen sie wieder, macht mans wieder so.

11. So man sich sticht, schneidet oder hauet, wenns gleich bis aufs Bein ginge, nur dies Pflaster aufgeleget; zuvor aber die Wunde mit warmen Wein, der mit Salz gesotten, ausgewaschen, so läßts kein faul Fleisch zuwachsen.
12. Wider die rote Ruhr von diesem Pflaster 2 Stücke, das eine auf das Kreuz und das andere auf den Nabel geleget; hülft gewiß.
13. Wider das Rotlaufen oder die Rose, zwischen 2 subtilen Tücheln aufgelegt.
14. So man in ein Glas, Nagel oder sonsten worein getreten, daß es in dem Fleisch steckengeblieben, ziehet es dieses Pflaster aus, desgleichen auch Splitter oder Spreißen.
15. Wider alle Brüche der Kinder, ganz dünne aufgelegt, alle 3 Tage frisch und die Bänder nicht feste zugebunden. Auch von Sanickel, ein wenig Fenchel und Schneckendeckeln ein Wasser gesotten und davon trinken lassen, so heilet das Netz wieder zusammen.
16. Wider das Podagra, denn es ziehet alle salzige Feuchtigkeiten heraus und lindert die Schmerzen.
17. Für das Auswachsen der Kinder, wenn der Rückgrat gar zu krumm ist, auf ein Leder, dreier Fingerbreit und so lang, daß es von dem ersten Rückgrat-Grallen bis auf den letzten unterm Kreuze reichet, gestrichen und aufgelegt, alle 2 Tage frisch; hülft gewiß.
18. Wenn ein Pferd gedrückt, daß man ihm bis auf die Rippen siehet, dieses Pflaster auf Zwilch gestrichen und aufgelegt, zuvor aber den Schaden mit Wein, darinnen Salz gesotten, warm ausgewaschen, auch von dem Pflaster einen Meisel appliziert, läßt nichts Unreines darzu kommen, sondern heilet gewiß und bald.

10. **D. Stahls berühmte Pillen veritable:**
    Rp. Aloes cum succo Citri extr. & insspiss.
    unciam semis,
    Extr. Card. bened.
    Centaur. min.
    Trifol. fibr.

Cochlear. ana drachm. II.
Gumm. Sandarac.
Myrrh. ana drachm. I.
Sal. matr. Perlar. scrupul. II.
Terebinth. venet. quantum satis.
Misc. fiant pilul. gran. I. argento obduc.

Tugenden und Gebrauch sind denen Herrn Medicis, auch teils Apothekern bekannt genug.

11. Schlagbalsam:

Bisams 6 Gran mit ein klein wenig Zuckers in einer Reibeschalen zart gerieben, dann Muskatenöls 1 Quent daran getan und nebst 3 Gran schwarzer Ambrae, auch Zibets 10 Gran, untereinander gerieben: Hiernächst weiß Agtsteinöl und Maienblümgensöl, von jedem einige Tropfen untereinander getan und darinnen abgerieben 6 Gran grauer Ambrae. Sodann diese und obige Mischung zusammengebracht, wohl untereinander gerieben und zum Gebrauch verwahret.

Tugenden und Gebrauch:

Dienet wider Kopfschmerzen, Schwachheit des Gedächtnisses, Schwindel, Schlag, Ohnmachten etc. Die Schläfe und Pulsadern des Morgens damit bestrichen.

12. Flüssiger Lebensbalsam von sehr herrlichem Geruch:

In 6 Lot hoch rektifizierten Wein-Branntenweins aufgelöst Zitronen- und Nelkenöl, von jedem anderthalb Quent, nebst Lavendel-, Majoran- und Krausemünzen- oder Beimentenöl, jedes 10 Gran, auch Zimmet- und Rhodiser-Holz-Öl, von jedem 4 Tropfen; desgleichen in 3 Quent Rosengeistes Bisam, Ambra, Zibet und Balsam von Peru, jedes 2 Gran; sodann beede Solutionen zusammengegossen und wohl untereinander gemischt.

Tugenden und Gebrauch:

Sind mit nächst vorhergehenden einstimmig, außer daß dieser Balsam auch innerlich zu 10 Tropfen in Wein oder Bier, desgleichen wider die Kolik und Magendrücken, den Magen und Nabel damit geschmieret, kann genützet werden, gleichwie bei Kopfschmerzen durch Schmieren derer Schläfe.

13. Herrliche Salbe für allerlei Wunden:

Glorieth, rein Bargenschmer, Wachs und ungesalzene Butter, nebst einer guten Handvoll Kardobenediktenkrauts, miteinander aufkochen lassen, als ein weiches paar Eier; dann durch ein Tüchel geseihet und stehengelassen.

14. Köstliche Salbe für schwindende Glieder:

Schweineschmalz 4 Lot, Dachsenschmalz 2 Lot, Lohr-Öls 6 Lot, Wacholderöls 1 Lot und Spicköls 1 Quent, über einer Glut zusammen lassen zergehen und darein gerühret zart gepülverten Sade- oder Sevenbaums 2 Lot, Federweiß und Nesselsamens, jedes 1 Lot, und, unter stetigem Umrühren, erkalten lassen.

Es darf nicht kochen, sondern nur wohl heiß werden.

15. Mittel wider ein schwaches Gedächtnis:

Rautenöl und Rosenöl gleich viel untereinandergetan und 3 oder 4 Tropfen davon auf den Würbel des Haupts geschmiert, gibt ein treffliches Gedächtnis. Rauten- und Rosenwasser untereinander tuns gleichergestalten, sind aber schwächer.

Oder:

Pfeffer, Galgant, Safran und Myrrhen, jedes 2 Quent, Weihrauchs 1 Quent; miteinander zu subtilem Pulver gemacht und eine Zeitlang alle Morgen und Abende 1 Quent davon eingenommen.

Oder:

Im Zunehmen des Monds täglich nüchtern 3 Körner weißen Weihrauchs verschlungen.

Oder:

Kubeben und Muskaten nüchtern gekäuet und öfters an Ambra gerochen.

16. Wider Schwermütigkeit oder Melancholie:

Den Leib purgiert mit dem Extrakte aus Schwarzer Nieswurz.

Oder:

Eine Taube voneinander geschnitten, dem Menschen auf die Fußsohlen gebunden, eine Stunde darauf liegenlassen, sodann in fließendes Wasser geworfen und wieder frische aufgebunden. Ist bewährt.

17. Wider die Tollheit:

Im Monat Martio einem Esel die Ader hinter dem Ohre geschlagen, das Blut auf ein reines Läppgen Tuchs von Leinewat aufgefangen und dem Patienten ins Getränke geleget. Hülft gewiß.

Oder:

So es eine Mannsperson ist, die Lunge von einem jungen Böcklein also warm um den Kopf gebunden; einer Weibsperson die Lunge von einer jungen Ziegen oder Geißgen.

18. Wider beigebrachte Liebestränke:

Rp. Pulver. Secundinar. Exsiccat. 1 Skrupel,
Spiritus theriacal. camph. 1 Quent.

Untereinander dem Patienten auf einmal eingegeben und ihn darauf schwitzen lassen.

19. Wider den Schwindel:

Nimm Koriander,
Gemsenwurz, jedes gepülvert 1 halb Quent,
Spec. Diamosch.
Diambr., jedes 20 Gran.

Mit Zucker und Rosenwasser Täfelgen daraus gemacht, wie gebräuchlich, und deren etliche nach Belieben auf einmal genossen.

Oder:

Nur Schwarze Nieswurz und Gemsenwurz miteinander in dem Munde gekäuet, vertreibet den Schwindel. Dessen bedienen sich die Jäger in Tirol und Schweiz bei Besteigung der steilen Felsen.

20. Wider Kopfschmerzen:

Aufrichtig ungarisch Wasser (denn das gemeine tuts nicht,) auf den Würbel gegossen und eingerieben, vertreibet die Schmerzen alsobald.

Oder:

Beimenten oder Krausemünze mit Safran, zwischen einem zarten Leinewat-Tüchel, auf die Stirn gebunden.

Oder:

Lorbeeren und Kümmel untereinander zerstoßen und auf das Haupt gelegt, ist dienlich, so die Schmerzen von kalten Füßen herrühren.

21. Wider die schwere Not oder fallende Sucht:

Nimm Eichenmispel 3 Quent, Betonienwurz 2 Quent, Kardobenediktenpulver ein halb Quent, untereinander gemischt und auf einmal in laulichem Kardobenediktenwasser eingegeben, indeme die böse Krankheit will ankommen. So aber solches Tempo versäumt worden, morgens nüchtern eingegeben. Einem Kinde gibt man den halben Teil dieses Pulvers.

Oder:

Im Monat Martio einen jungen Raben, der noch im Neste liegt, mit ganzer Substanz zu Pulver verbrennt in einem neuen Topfe. Solches Pulver hält sich etliche Jahre und ist ein geringes, aber gewisses Mittel wider die schwere Not.

22. Wider den Krampf:

Trage gelbe Lilienwurzel bei dir. Auch von Hagedornsamen getrunken.

Oder:

Die Haut von einem Aale um das krämpfige Glied gebunden. Hülft gewiß.

Oder:

Ein Leinewat-Tüchel mit weißem Weihrauch beräuchert und das Glied damit gerieben.

23. Wider die Schlafsucht:

Nimm Salbei, Majoran, Betonien, Feldrosen und Holunderblüt, von jedem eine Handvoll nur dürre, hierüber gegossen Wasser und Wein, jedes 1 Schoppen oder 1 Nößel, und wohl verdeckt auf 3 Querfinger lassen einsieden; sodann die Kräuter wohl ausgedrückt, also warm ein 3- oder 4faches Leinewat-Tuch darein getaucht und dem Patienten um den Kopf geschlagen. Wenns erkaltet, wieder warm gemacht und das Umschlagen auf eine Zeitlang zum öftern wiederholet.

24. Wider den Schnuppen:

Salmiakgeist oder, welches besser, Sal volatile oleosum Sylvii auf ein Schwämmgen in ein Büchsgen getan und öfters daran gerochen. Dienet sonderlich in Stock-Schnuppen.

25. Wider Blödigkeit der Augen und das Gesichte zu stärken:

Anis und Fenchel, entweder in Form Konfekts oder nur rohe, nach Belieben, zum öftern genossen.

ITEM: Einige Wacholderbeere gekäuet, beede hohle Hände vor den Mund und die Augen gehalten und darein gehauchet, daß der warme Atem oder Brodem von den Wacholderbeeren an die Augen gehe; solches auch zum öftern wiederholet.

NB. Man wird bei fleißigem Gebrauch dieser geringen Mittel bis ins höchste Alter oder bis ans Ende keine Brillen bedürfen.

26. Augenwasser wider scharfe Flüsse, Schmerzen, Röte und Jucken der Augen:

Augentrost-, Wegebreit-, Baldrian- und Rosenwasser, jedes vor 3 Pfennige oder 1 Kreuzer, untereinander gemischt.

Des Tages etliche Mal frisch hierein getauchte und wieder ausgedrückte Tüchlein über die Augen gebunden.

27. Wider Schmerzen der Augen, von Fallen oder Schlagen herrührend:

Eierweiß mit Rosenwasser und ein wenig Kampfers wohl zerschlagen und mit Hanfwerg übergeleget.

28. **Fürtreffliche Augensalbe wider die Eiterblattern und alle Krankheiten der Augen, auch sogar der anfahenden Star bewährt:**
Nimm ungewaschene Maibutter 8 Lot,
präparierte Tutien 2 Lot,
Bleizucker,
rote Korallen,
Kampfer, jedes 1 halb Quent,
Weiß Nichts, 1 halb Lot,
Grünspans 12 Gran.
Die Spezies zart gepülvert und mit der Butter wohl vermischt zu einer Salbe.
Sie hält sich Jahr und Tage in einem beschlossenen Gefäß im Keller.
Hiervon wird des Abends einer Erbsen groß in die Augenwinkel geschmieret und des folgenden Morgens sogleich gute Würkung verspüret.

29. **Wider die Felle der Augen:**
Hierwider dienet der fleißige Gebrauch hiernächst vorher beschriebener Salbe.
Oder:
Vipern- und Aschenschmalz untereinander gemischt und gebraucht gleich der Salbe.
Oder:
Durch einen Trichter zum öftern die offenstehende Augen mit Brennesselsamen beräuchert. Ist sehr bewährt.

30. **Wider den Star:**
Hierwider ist, wie schon erwähnt, die oben sub Num. 28 beschriebene Salbe sehr dienlich.
Oder:
Nimm des in Apotheken bekannten Nicht- oder Augensälbgens 1 Quent,
Vipernschmalzes 1 Skrupel oder 20 Gran,
präparierte Tutien,
präparierten Agtstein, jedes 1 halben Skrupel
oder 10 Gran,

Bleizuckers 4 Gran,
Kampfers 2 Gran.
Zu einem Sälbgen untereinander gemacht und dessen alle Abende einer Linsen groß in die Augen geschmieret.
Oder:
Den Saft oder auch das gebrennte Wasser aus Vogelkraut des Tages zum öftern in die Augen geträpfelt. Ist beim Anfang des Stars sehr dienlich.

31. Wider Schmerzen der Ohren und verlornes Gehör:
Baumwolle befeuchtet mit 2 oder 3 Tropfen guten Schwefelöls und etliche Morgen in die Ohren getan.
Oder:
Skorpionöls 1 Quent und süß Mandelöls 1 halb Quent untereinander gemischt, etliche Tropfen davon in das schlimme Ohr fallen lassen und 1 Stunde lang auf das gute Ohr sich geleget. Fehlet es aber in beeden Ohren, so gebraucht mans wechselsweise.

32. Wider das Klingen, Getös und Sausen der Ohren:
Nimm ein Dreier- oder Kreuzerbrot, darinnen Wacholderbeere gebacken, solches also warm halb voneinander geschnitten, starken Branntenwein auf jedes inwendige Teil gegossen und, so warm mans erleiden kann, an beede Ohren gehalten eine gute Weile, auch zu gleicher Zeit das Haupt wohl zugedecket, daß es schwitze. Solches etliche Mal wiederholet, wenn es vonnöten wäre.
Oder:
Baumwolle in die Ohren getan, die zuvor bei Bisam gelegen oder mit indianischem Balsam bestrichen ist.
Oder:
Lorbeere in Wein gesotten und durch einen Trichter den Dampf in die Ohren gehen lassen.
Oder:
Terpentinöl warm in die Ohren geträpfelt. Eröffnet zugleich die Verstopfung der Ohren.

33. Wider schweres Gehör:

Biber- und Schlangenschmalz, jedes 20 Gran oder 1 Skrupel, nebst etlichen Tropfen Terpentingeist untereinander gemischt und hiervon einer Linsen groß mit Baumwolle in das Ohr gebracht.

Oder:

Nimm Anisöls, 1 Quent,
destillierten Fenchelöls, 6 Tropfen,
Zimmetöls, 4 Tropfen.

Untereinander gemischt und hiervon etliche Tropfen ins Ohr lassen fallen.

34. Wider das Nasenbluten:

Das Blut aus der Nasen nur auf glühendes Eisen lassen fallen.

Oder:

Selbiges mit dem sympathetischen Pulver vermischt.

Oder:

Kampfer vermittelst ein paar Tropfen Branntenweins kleingerieben, mit einem Löffel voll Rosenessiges und dem Weißen von einem Ei wohl durcheinander geschlagen, Baumwollen darein genetzet und in die Nasenlöcher gesteckt.

Oder:

Eine Spinnewebe in ein Schnupftuch getan und vor die Nase gehalten. Ist ein gewisses Mittel.

Oder:

Den Saft aus Roßmist gedrückt und dessen etliche Tropfen in die Nase gezogen. Ist bewährt.

Oder:

Blutstein in der Hand gehalten, bis er erwarmet.

35. Wider das Ausfallen der Haare:

Goldwurz zu Asche gebrannt, mit Honig temperiert und das Haupt damit gesalbet, behält die übrigen Haare steif, daß sie nicht ausfallen. Das können diejenigen brauchen, so anfangen kahl zu werden.

36. Wider Zahnschmerzen:

Bei fleißigem Gebrauch des oben unter denen ökonomischen Geheimnüssen mitgeteilten Mittels, die Zähne zu konservieren, wird man keines wider die Zahnschmerzen nötig haben. In Ermanglung aber dessen:

Werden die beede Schläfe und der Würbel des Haupts, nebst dem Nacken oder Genick, mit erwärmtem weißen Wacholderöle wohl gerieben und warm gehalten. Es pflegt schleunige Linderung zu verschaffen.

Oder:

Kümmel auf glühende Kohlen geworfen und das Angesicht unter einer Serviette wohl damit beräuchert, auch solchen Rauch durch einen Trichter in den Mund lassen steigen. Item: Kümmel unter Tobak vermischt und fleißig aus einer Pfeifen geschmaucht. Wie denn der Tobak vor sich ein Mittel darwider ist, immaßen die Tobaksschmaucher, soferne sie von solcher Gewohnheit nicht aussetzen, wenig oder nichts von Zahnschmerzen erfahren.

Oder:

Nelkenöls 1 Skrupel oder 20 Gran und Kampferöls einen halben Skrupel untereinander gemischt, etliche Tropfen hiervon auf Baumwolle getröpft und solche in den hohlen Zahn gesteckt.

Oder:

Bertramwurzel gekäuet. Diese lindert die Schmerzen vermittelst Ausziehen des Schleims.

Oder:

Einer Linsen groß Opii zwischen den Fingern warm und weich gemacht und auf den schmerzenden Zahn gelegt, stillet den Schmerzen mit seiner unempfindlich machenden Kraft; aber den Speichel hiervon nicht hinuntergeschlungen.

37. Wider die Heiserkeit:

Ehrenpreis und die Blumen von Himmelbrand, jedes 1 Handvoll, nebst ein Quent Anis, zerstoßen, in 1 Maß süßen Mets gesotten und des Tages 2mal davon getrunken, hilft augenblicklich, macht eine klare Stimme und vertreibet die Fülle um die Brust nebst langwürigen

Husten. Personen, so in 14 Tagen kein laut Wort reden können, sind hierdurch kuriert worden.
Oder:
Eisenkraut wohl zerstoßen und über die Kehle gelegt, vertreibet die Heiserkeit, wie groß sie immer mag sein. So man kein grünes kann bekommen, mag man dürres mit ein wenig warm Wasser anfeuchten, zerstoßen und überlegen.

38. Wider die Bräune:
Rosenwasser, Erdrauchwasser, zusammen vor 6 Kreuzer oder 18 Pfennige, und Schnallensaft, vor 4 Kreuzer oder einen guten Groschen, untereinander vermischt und getrunken.
Oder:
Hauswurz, Krebse und Essig zusammen gekocht, durchgeseiget und darmit gegurgelt, hülft gewiß.
Oder:
Schwalbenmist mit Milch, Wein oder Essig zu einem Brei gesotten und warm um den Hals geschlagen, hat eine überschwengliche Kraft wider das Halsgeschwür.
<u>NB.</u> So man in der Eil nirgend anderswo wüßte Schwalbenmist zu bekommen, wird man dessen doch in wohlbestellten Apotheken können habhaft werden.

39. Wenn der Zapfen im Hals einem geschossen ist:
Eines Hühnereies groß Sauerteig nebst einer Muskatennuß und ein wenig Pfeffers untereinander zerstoßen und auf den Würbel des Haupts gebunden.
Oder:
Die Haare auf den Würbeln in die Höhe über sich gezogen.
Oder:
Weiß Baumöl und Canarien-Zucker, jedes vor 1 Kreuzer oder 3 Pfennige, untereinander gemischt, ein Penselgen darein getaucht und den Hals damit gepinselt.
Oder:
Meloten-Pflaster auf ein Läppgen gestrichen und um den Hals gelegt. Wenn es trocken worden, selbiges mit süß Mandelöle beschmieret und wieder aufgeleget.

40. **Wider Geschwulst der Mandeln:**
Leinsamen und Eibischwurzel in Wasser gesotten, zu Mus gestoßen, auf ein Tuch gestrichen und pflasterweis um den Hals geschlagen.
Oder:
Meloten-Pflaster aufgelegt. Auch innerlich Maulbeersaft oder Rosenhonig gebraucht und mit einem guten Gurgelwasser gegurgelt.

41. **Wider dicke Hälse oder Kröpfe:**
R̲p̲. Spong. combust. praepar. unc. quatuor.
Oss. Sepiae,
Alum. sciss.
Lapis Spong. ana unc. semis.
Piper. longi,
nigri, ana drachm. un. & semis.
Zinzib. drachm. quinque,
Cinam. acuti,
Caryophill.
Nuc. mosch.
Rad. Pyrethr. ana drachm. II.
Aristoloch. sol. drachm. I.
Alum. crudi,
Salis Gemmae, ana scrup. semis,
Sacchari albi uncias sex.
Misceantur lege artis, fiat pulvis.
Dieses sehr bewährte Kropfpulver wird an einem warmen und trockenen Orte zum Gebrauch aufbehalten.
Hiervon werden vom letzten Mondsviertel an, bis zum Eintritt des neuen Lichts, täglich frühe morgens und abends zwei Stunden vor Tisch jedesmal 2 Messerspitzen voll trocken eingenommen und ordentlich 2 Stunden darauf gefastet. Vom neuen Lichte an wird dessen Gebrauch ausgesetzt bis zum letzten Viertel des anderen Monden und so fort, wenn es weiter vonnöten, vom neuen Lichte dieses bis zum letzten Viertel des 3ten Monden, also, daß dessen Gebrauch in jeglichem Monat nur eine Woche lang dauret.

NB. Weilen dieses Pulver etwas hitzig ist, so mögen hitzige Komplexionen zeit währenden Gebrauchs desselben hitziger Speisen und Tranks sich enthalten, damit sie nicht Öl ins Feuer gießen, insbesondere auch den Zorn meiden.
Oder:
Einen Maulwurf in der rechten Hand lassen ersterben, solchen hernach zu Pulver verbrennt in einen neuen unverglästen und wohl vermachten Topfe. Dieses Pulver sodann im Abnehmen des Monds auf einmal in einer Erbis-Suppe eingenommen, so vergeht davon der Kropf ungefähr in 9 Wochen.

42. Wider den Husten:
Nimm Walrat 1 Lot,
Süßholzpulver,
Violwurz-Pulver,
jedes vor 1 Kreuzer oder 3 Pfennige,
Safran nach Belieben,
braunen Zucker-Kandis 4 Lot.
Alles wohl untereinander gerieben zu einem Pulver und nach Belieben davon genommen.
Oder:
Gedörrte Kreuzsalbei und braunen Zucker-Kandi, zu gleichen Teilen nach dem Maß, untereinander gerieben.
Oder:
Süß Mandelöl, blauer Violen Öl, Kapaunenschmalz, Saft von gebratenen Borstorfer Äpfeln und gebratenen weißen Zwiebeln, benebst ein wenig destillierten Leinöls, durcheinander gerührt und fein warm die Brust damit geschmieret und eingerieben.
Oder:
Lindenblütwassers, Schwarzkirschen- und Schlehenblütwassers, gleich viel, untereinander heiß gemacht und mit braunem Zucker-Kandi, gleich einem Tee, warm getrunken.
Oder:
Einen süßen Apfel ausgehöhlet, darein getan gepülvert 2 Lot braunen Zucker-Kandis, 1 Quent Anis, einen halben Skrupel oder 10 Gran Safrans und Weihrauchs; den Apfel

gebraten in heißer Asche oder sonstenwo und abends denselbigen verzehret, treibet den Kindern viel Schleims von der Brust durch den Stuhlgang.

Oder:
Feigen vor 9 Pfennige oder 3 Kreuzer und kleine Rosinen vor 6 Pfennige, von Steingen und Sand gesäubert, gewaschen, getrocknet und untereinander zerhackt, dann darunter gerühret gepülverten braunen Zucker-Kandi vor 6 Pfennige und Korn-Branntenwein vor 3 Pfennige, den Branntenwein angezündt, von obigen Stücken lassen abbrennen und selbige warm mit einem Löffel gegessen.

Oder:
Weißen indianischen Balsams ohngefähr 10 Tropfen auf gestoßenen Zucker lassen fallen in einem Löffel und eingenommen.

Oder:
Anisöl in warmem Biere getrunken.

43. Wider Engbrüstigkeit ohne Auswurf:
Rp. Elixir pectoral.
Spirit. Salis ammoniac. anis. ana drachm. II.
Misciert.
Morgens und abends 30 bis 40 Tropfen davon eingenommen.

Oder:
Nimm Weiß Andorn-
Ehrenpreis- } Wasser, jedes 2 Lot,
Ysopen-
Syrup. de Erysim. Lobel. anderthalb Lot,
Oxymel. Scyllit. 1 Lot,
Spirit. Sal. ammon. anis. 1 Quent, misciert.
Alle drei oder vier Stunden 2 Löffel voll davon eingenommen.

Oder:
Nimm Weißwurz 2 Lot,
Alantwurz 1 Lot,
Frauenhaar,
Ehrenpreis,
Roßhub, jedes eine halbe Handvoll,

Rosen,
Violen, jedes soviel man zwischen 3 Fingern
kann fassen,
frische Feigen 4 Lot,
gesäuberte kleine Rosinen 3 Lot,
Fenchel,
Anis, jedes 1 halb Lot.

Diese Spezies kleingeschnitten und misciert. Mit Wasser dessen ein Pfötgen voll, gleich einem Thé bou, ein Weilgen lassen sieden, und morgens und abends mit braunen Zucker-Kandi nach Belieben davon getrunken.

Oder:

Rettich zu Scheiben zerschnitten, mit gestoßenem braunen Zucker-Kandi dicke bestreut, zwischen zwei Schüsseln geschwenkt, oder den Zucker-Kandi in einen ausgehöhlten Rettich getan und den davon ausziehenden Saft morgens und abends gebraucht.

44. Wider Stickflüsse:

Rp. Ess. Pimpinell.
Alexipharm. D. Stahlii, ana drachm. II.
Tinct. Salis Tartar.
Spirit. Sal. ammon. anis. ana drachm. j.

Misciert. Von dieser Schleim zerteilenden Tinktur werden täglich, zu 2 oder 3 Malen, 30 bis 40 Tropfen eingenommen.

45. Wider das Blutspeien:

Nimm Tormentill-
Gundelreben-
Brunellen-
Wegtritt-
} Wasser, jedes 2 Lot,
präparierte rote Korallen,
präparierten Blutstein, jedes 1 Skrupel oder 20 Gran,
Croci Mart. cachect. Zwelff.
Spec. de Hyacinth. ana 10 Gran
oder einen halben Skrupel,
Quittensirups 1 Lot.

Misciert. Hiervon zum öftern ein paar Löffel voll eingenommen, zuvor aber jedesmal das Gläsgen mit der Mixtur wohl geschüttelt.
Oder:
Auf das ausgeworfene Blut nur etwas von des Grafen Digby sympathetischen Pulver geworfen.

46. Wider Lungengeschwür:
Nimm Ehrenpreisblättgen, die noch jung und zart sind,
Traubenkraut,
Gundelreben, eines soviel als des andern,
zart gepülvert.

Mit geläutertem Honig zu einer Latwerge gemacht und davon einer Muskatennuß groß genommen, sooft es beliebig.

Hat zwar ein geringes Ansehen, tut aber gleichwohlen fürtreffliche Dienste.
Oder:
Immaßen nichts dienlicher ist gegen alle Geschwüre der Lungen und anderer Viscerum als der Schwefel, so werden aus Schwefelbalsam mit Zucker und Gummi-Tragant Hustenküchlein formieret, welche zugleich denenjenigen ersprießlich befunden werden, die mit stetigem Husten und Hauptflüssen beladen sind.
Oder:
Angelika, in Wein oder Wasser gekocht, ist ein recht wundersames Mittel wider alle Apostemata und Gepresten der Brust und Lunge.

47. Wider Entzündung der Lunge und Seitenstechen:
Nimm Skabiosenwasser 4 Lot,
Frauendistel-
Kardobenedikten- } Wasser, jedes 1 Lot,
Wilden-Schweins-Zahn,
Hechtzähne,
Antimonii diaphor. jedes 10 Gran oder
einen halben Skrupel,
Violenwurz,
Manus Christi Täfelein, jedes 1 halb Lot.

Hieraus eine Mixtur gemacht und alle 3 oder 4 Stunden, nachdeme mans im Gläsgen wohl umgeschüttelt, 2 Löffel davon genommen.
Oder:
1 Quent Walrats in 4 Lot frischen Leinöls in der Wärme aufgelöst, umgeschüttelt und des Tages 2- oder 3mal 1 Löffel voll warm davon genommen.

48. Wider die Schwindsucht:
Johannisbrot genommen, soviel dessen beliebt, darübergegossen guten alten Wein und 24 Stunden weichen lassen; den folgenden Tag, nachdeme man zuvor den Urin gelassen und selbigen hinweggegossen, von diesem Weine angefangen zu trinken und hiermit 9 Tage lang kontinuieret, ohne inzwischen einig~ anderes Getränke zu genießen; allen binnen dieser Zeit gelassenen Urin aber fleißig aufgesammlet und in Schweinsblasen in den Rauchfang gehänget, damit er nach und nach daselbst verzehret werde.
Oder:
Zart gepülvert Scordium mit reinem Zuckersirup oder, so mans leiden mag, nur mit Honig zur Latwerge zubereitet und gebraucht, ist sehr dienlich darwider.
Oder:
Mag auch ein Schwindsüchtiger, der hierzu sich verstehen kann, frühe morgens seinen Urin nehmen, in einem eisern~ oder irdenen Geschirre überm Feuer ein frisches Ei darein rühren und austrinken, auch solches einige Morgen kontinuieren.
Oder:
Dem Schwindsüchtigen eine Ader geöffnet und das herausgelassene Blut einem Hunde oder Hahn beigebracht.

49. Wider das Herzklopfen:
Nimm Ess. Alexipharm. D. Stahlii 2 Quent,
Pomeranzen- ⎫
Melissen- ⎬ Essenz, jedes 1 Quent,
Misciert. Morgens und abends 30 oder 40 Tropfen davon eingenommen.

Oder:
Zitronenöl mit Rosenzucker eingenommen.
Oder:
Hirsch-Herz-Wasser getrunken.
Oder:
Nimm Boragen,
Melissen, jedes 1 halbe Handvoll,
Rosenwasser,
Weinessig, jedes 4 Lot.

Miteinander ein wenig gekocht, ein 3faches Läppgen hierinnen angefeuchtet und aufs Herz geleget.
Oder:
Melissen zerstoßen und gleichergestalten aufs Herz geleget, hülft zur Stund. Kann man nicht grüne Melissen haben, so werden dürre mit ein wenig Rosenwassers angefeuchtet, zerstoßen und aufgelegt.

50. Wider Ohnmachten:

Rauten mit Essig für die Nase gehalten.
Oder:
Nimm Borretsch- } Zucker, jedes 2 Lot,
Rosen-
eingemachter Pomeranzenblüt 1 Lot,
Confect. Alkerm. compl. 1 halb Quent,
Spec. Diacinamom.
Diarrhod. Abbat. jedes 1 Skrupel
oder 20 Gran,
Syrup. acetos. Citri, soviel dessen zur Konsistenz
einer Latwerge vonnöten.
Hiervon jezuweilen eine Messerspitze voll eingegeben.

51. Wider den Schlucken:

Habern und Wermut in Wein gesotten, in 2 Säckgen gefaßt und deren eines vorn über den Magen und das andere hinten zwischen den Schultern, so heiß mans erleiden kann, übergeleget.
Oder:
Rp. Ess. alexipharm. D. Stahlii 2 Quent,
Spirit. Nitri dulcis 1 Quent.

Misciert.
Des Tages 3mal 30 Tropfen hiervon genommen.

52. Wider großen Durst:
Nimm 2 Lot Tincturae Papav. errat. oder Tinktur von Schnallen; worvon 80 Tropfen in eine Kanne oder in ein halb Maß Weins oder Biers zu tropfen.

Oder:
2 Hände voll Buchampferblätter benebst 1 Lot geraspelten Hirschhorns und einer Krusten Brots, zusammen gekocht in 2 Kannen oder einer Maß Brunnenwassers, bis der 4te Teil davon eingesotten; solches durch ein Tüchel geseiget und darzugetan den Saft aus 6 frischen Zitronen, Neckarweins 1 Schoppen oder Nößel und Zuckers, soviel beliebig. Hiervon mag der Patient trinken, sooft ihme beliebet.

Oder:
Salpeter-Küchelgen in den Mund genommen.

53. Wider den Sod oder Magenbrennen:
Rp. Spec. Diacret. Myns.
präparierte Hechtzähne,
Krebsaugen, jedes 1 Skrupel oder 20 Gran,
Muskaten-Nuß 1 Quent,
Sal Prunell. 1 halb Quent,
destill. Pomeranzenöls 3 Tropfen.
Misciert. Dieses Pulver in 7 gleiche Teile zerteilet und zu zerschiedenen Malen eingenommen.

Oder:
Weinsteinöls 2 Quent mit 6 Tropfen destillierten Zitronenschalenöls vermischt und zuweilen 20 Tropfen davon eingenommen.

Oder:
Johannisbrot und Kreide gegessen.

54. Wider verlornen Appetit:
Wermutblätter in die Schuhe gelegt und mit bloßen Füßen darauf gegangen, bringet Lust zum Essen; man muß aber täglich frische Blätter in die Schuhe, oder vielmehr in die Strümpfe, legen. Ist ein sonderbar geheimes Experiment.

Oder:
Nimm Spec. Imperat. 1 halb Lot,
D. Birckmanns Magenpulvers 1 Quent.
Mit Rosenwasser oder Balsamkrautwasser und Zucker Morsellen daraus formieret und je zu Zeiten einige davon genossen.

Oder:
Nimm Aronwurz 1 halb Lot,
Anis ein Quent,
Spec. Diarrhod. Abbat.
Diacinamom., jedes 1 halb Quent,
Wermutsalzes, 1 Skrupel oder 20 Gran.
Zu einem Pulver gemacht und vor Tisch morgens und abends 2 Messerspitzen voll davon genommen.

55. Wider Magenweh:
Nimm D. Birckmanns Magenpulvers 2 Quent,
Tausendgülden- ⎫
Kardobenedikten- ⎬ Kraut,
Zimmet, ⎭
Muskatennuß,
Pomeranzenschalen, jedes 1 Quent,
Perlenzuckers 2 Lot.
Zu zartem Pulver gemacht, ist ein guter Magen-Triseneth; wird vor der Mahlzeit messerspitzenweis genommen.

56. Wider den Ekel:
Hierwider dienet zum füglichsten ein gutes Vomitiv, als
Rp. Tartar. Emet. 3 Gran,
gepülverter Aronwurz einen halben Skrupel
oder 10 Gran,
Cremor Tartan 6 Gran.
Misciert. Auf einmal eingenommen in warmem Bier mit Butter, auch oft und viel schwachen Tee oder nur warm Wasser mit ein wenig Zuckers versüßt hintennach getrunken.

57. Wider das Brechen:
Des Pulvers von gedörrten Rebhühnermagen 1 gute Messerspitze voll, man seie gleich jung oder alt, in einer Suppen eingenommen, hülft ohnfehlbar. Man wird selbiges in allen wohlbestellten Apotheken können haben.

58. Wider die Brech- und Gallensucht, Cholera genannt:
Rp. Präparierten Bergkristalls 1 Quent,
gereinigten Salpeter,
Arcan. duplic. jedes 1 halb Quent,
präparierter roter Korallen 15 Gran,
himmlischen Theriaks 7 Gran.
Hiervon ein Pulver gemacht und alle 3 Stunden 1 Messerspitze voll eingenommen.

59. Wider den Durchfall:
Muskatennuß auf geröstete heiße Brotkruste, als wie auf einem Reibeisen, gerieben und miteinander ins Trinken getan.
Oder:
Muskatennußöl auf den Magen oder über die Gegend des Nabels warm gerieben.
Oder:
Gedörrte Heidelbeere gegessen.

60. Wider den Milchfluß oder wenn der Chilus oder Nahrungssaft durch den Stuhlgang in Milchgestalt fortgehet:
Rp. Tincturae Vitrioli Martis Ludovici,
Pomeranzenschalen-Essenz, jedes 1 halbes Lot.
Misciert. Des Tages 2- oder 3mal 20 bis 30 Tropfen davon eingenommen.

61. Wider den Leberfluß:
Nimm Tausendgüldenkraut-
Wegwartwurzel-
Pomeranzenblüt-
} Zucker, jedes 2 Lot,
eingemachte Lattichstengel,
Dresdnisches rotes Leberpulver,

jedes anderthalb Lot,
Gänsblümleinsirups, soviel zu einer Latwerge
genug ist.
Hiervon täglich 3mal einer Kastanien groß genommen.

62. Wider die Magenruhr:

Nimm Wegrich-
Tormentill-   } Wasser, jedes 2 Lot,
Balsamkraut-
Zimmetwassers mit Quitten 1 Lot,
Specifici stomach. Poterii anderthalb Skrupel,
Quittensirups 1 Lot.

Misciert. Hiervon alle 5 oder 6 Stunden, auch im Fall der Not noch öfters, einen guten Löffel voll genommen.

63. Wider die rote Ruhr:

Ein frisch gelegtes Hühnerei, so warm es von dem Huhn kommt, ungesotten und ungesalzen, mit einem guten Gewichte zart geriebener Muskatennuß ausgetrunken. Hülft gemeiniglich auf einmal; gleichwohlen kann dessen Gebrauch 1- oder 2mal wiederholet werden. Auch im Fall der Not nur ein ander ohnelängst gelegtes Hühnerei einen Augenblick in siedend Wasser gehalten zu erwarmen und, wie gemeldet, mit vieler Muskatennuß hinuntergetrunken; jenes aber ist besser. Ist ein viel bewährtes sicheres Experiment.

Oder:

Anstatt der Muskatennuß ganz zart geriebene Tormentillwurz (besonders deren, so unter Wacholderstauden wachsen), je mehr, je besser, in einem neugelegten, und so es nicht mehr warm, lindgesottenen Hühnerei eingenommen.

Oder:

Zart geriebener Tormentillwurz 1 Quent in Quittenwasser eingenommen.

Oder:

Sobald nur die Ruhr verspüret wird, ein Quent Mithridat gleichergestalten in Quittenwasser.

Oder:
Aus 4 Gran himmlischen Theriaks 6 Pillen formieret und auf einmal eingenommen.
Oder:
Altes Korn, je älter, je besser, zart gestoßen und des Tages 3mal in ziemlicher Quantität eingenommen, stillet alle Ruhr.
Ist an vielen Personen, da alles nichts hat helfen wollen, bewährt erfunden worden.
Oder:
Wachs in einer warmen Brühe zerlassen und eingetrunken, ist ebenmäßig ein wahrhaftiges Experiment.

64. Wider den Zwang zum Stuhlgange:
Destilliert Mastichsöl zu 3 oder 4 Tropfen mit Beimenten- oder Krausemünzenwasser eingenommen.
Oder:
Nimm Wullblumenöls 1 halb Lot,
Quittenschleim 1 Quent,
einen Eierdotter.
Daraus ein Sälbgen gemacht und mit Baumwollen dessen etwas in den Afterdarm appliziert.
Oder:
2 Säckgen mit Weizenkleien gefüllet, selbige in heißem Essige lassen warm werden und, nachdeme man sie wechselsweise ausgedrückt, so heiß mans erleiden kann, sich darauf gesetzt.
Oder:
Einen Ziegelstein warm gemacht, ein doppelt Tuch darüber geschlagen und sich darauf gesetzt.

65. Wider Verstopfung des Leibes:
Nur weiß Baumöl oder süß Mandelöl getrunken.
Oder:
Sennesblätter mit Zwetschgen gekocht und die Brühe davon getrunken, auch die Zwetschgen gegessen.
Oder:
Sennesblätter ins Bier gehangen und davon getrunken.
Oder:

Fischtran heiß gemacht, ein 4faches leinen Tuch darinnen genetzt und auf den Nabel gelegt.
Oder:
Die grüne Rinde von Holunderröhren in Gänseschmalz gebraten und davon um den Nabel geschmieret.

66. Wider die Kolik und Reißen im Leibe:

Nur Knoblauch in Branntenwein geweicht und davon getrunken.
Oder:
Einen Löffel voll aufrichtigen ungarischen Wassers eingenommen.
Oder:
Kalmus, Pomeranzenschalen und dergleichen in Branntenwein geweicht und selbigen getrunken.
Oder:
Spiritus Salis 7 oder 8 Tropfen in ein halb Trinkglas voll guten Branntenweins getropft und ausgetrunken.
Oder:
3 Lorbeeren zart gestoßen und mit einem Glas guten alten Weins hinunter getrunken.
Oder:
Der subtilesten gelben Schalen von Pomeranzen und Gewürznelken, jedes 2 Lot, in einem halben Nößel oder einem halben Schoppen Weins lassen kochen und davon getrunken, hülft alsofort und jederzeit.
Oder:
Das Blut von einem Aale in warmem Wein eingenommen, ist das beste Mittel hierwider.
Oder:
Einen Strang rohen Garns mit Aschen in Wasser gesotten und warm auf den Leib gelegt.
Oder:
Einen Sack mit Salz und Haber, so warm man es kann erleiden.
Oder:
Muskatenöl, Lohröl und Wacholderöl, jedes ein wenig, untereinander gemischt und warm in den Nabel geschmiert.

Oder:
Wildkatzenschmalz und Zibet auf den Nabel gestrichen.
Oder:
Eine lebendige Ente mit dem Steuß oder Hindern auf den Nabel gelegt, so bekommt selbige die Krankheit und krepiert.

67. Wider die Darmgicht:

Gereinigten und durch ein Leder gedrückten Quecksilbers 6 Lot und süß Mandelöls 3 Lot zusammengegossen, mit ein wenig Zuckers versüßt und auf einmal eingenommen. Sollte keine Würkung darauf erfolgen, kann es ohne Gefahr zum 2ten oder 3ten Male wiederholet werden. Es wird aber jedesmal eine starke Bewegung darauf erfordert.

68. Wider die Würmer:

Frischen Knoblauch und Wermut-Knöpfgen untereinander zerstoßen samt zart gepülvertem venetianischen Glas, Aloes und inspissierter oder dickgekochter Ochsengallen, jedes nach Gutdünken, so viel zur Konsistenz eines Pflasters vonnöten nebst ein paar Tropfen Olei Sabinae oder Sadebaumöls. Hiervon Pflästergen gestrichen und auf den Nabel, auch auf beede Pulsen der Arme geleget. Treibet die Würmer aus bei Alten und Jungen.

Oder:
Quecksilber gekocht in Aqua Tanaceti oder nur in gemeinem Brunnenwasser, solches in einem Glase wacker umgerüttelt und dann wieder sich setzen lassen Von diesem Wasser zum öftern 1 Löffel voll eingenommen; es ertötet die Würmer.

Oder:
Nimm Korallenmoos,
Zitwer- oder Wurmsamen, jedes 1 halb Lot,
Hirschhorns, so philosophicé kalziniert worden,
1 Quent,
ungarischen Zinnobers, 1 Skrupel oder 20 Gran.
Pulverisiert und hiervon morgens und abends eine Messerspitze voll, mit Honig wohl vermischt, eingenommen.

Oder:
Wenn der Mond beginnet abzunehmen, wird einem Kinde 1 Löffelgen voll Baumöls eingegeben, beim Eintritt des letzten Viertels der andere Löffel voll und beim Eintritt des neuen Lichts der dritte, so gehet der ganze Würmerstock vom Kinde hinweg.
<u>NB</u>. Alle wurm-ertötende Mittel werden im abnehmenden Monde gebraucht und tags darauf eine Purgation eingenommen, um die ertötete Würmer dadurch abzuführen.

68a. Bei dem Fluß der güldenen Ader:
Hierbei dienet fürnehmlich der Gebrauch von D. Stahls Pillen.
Oder:
Nimm Weinsteintinktur,
rektifizierten Hirschhorngeist, jedes ein und ein halb Quent.
Misciert und des Tages dreimal 25 bis 30 Tropfen davon eingenommen.
Oder:
Das Kraut Millefolium, Schafgarbe oder Garbenkraut genannt, als einen Tee gebraucht, dienet hauptsächlich bei deren allzu starken Fluß.

69. Wider die blinde güldene Ader:
Gepülverte Wallwurz mit Eierweiß temperiert und aufgelegt.
Oder:
Den After warm gebähet über heißen, in Milch gekochten Königskerzen.
Oder:
Diapompholygos-Sälbgen appliziert, lindert die Schmerzen.

70. Wider die Gelbesucht:
Erdbeerkraut, samt der Wurzel, in bitterm braunen Biere gekocht und davon getrunken.
Oder:
Aus einem wächsernen Becher getrunken, darein etliche Safranblumen oder ungarische Goldblättgen gewürket sind.

Oder:
Gepülverten Gänsekots 1 Quent über Nacht in ein Glas Wein getan, durch ein Tüchel gedrückt, mit Zucker versüßt und morgens nüchtern ausgetrunken, 3 Tage hintereinander.

Ist ein gewisses Mittel nicht allein wider die Gelbesucht, sondern auch wider den Scharbock, eröffnet und treibt noch über dieses die Monatzeit, Nachgeburt und Harn.

Oder:
Den Urin gelassen zu etlichen Malen auf heißen Pferdemist. Auch von Rhabarbara getrunken und öfters Kubeben gegessen.

Oder:
Frühe morgens, vor Aufgang der Sonnen, einen Wegwartstock ausgegraben, ohne dessen Wurzel zu verletzen, in das Loch den Urin gelassen, den Stock sogleich wieder hineingesetzt und mit Erde wieder zugescharret.

Oder:
Wermut zum öftern in Speis und Trank gebrauchet.

71. Wider die Bleichsucht auf Aufdünstung des Leibes:

Hierwider dienet hauptsächlich das oben sub Num 3 beschriebene Lebenspulver.

Oder:
Nimm von Stengeln gereinigte Sennesblätter anderthalb Lot,
Betonien,
Melissen,
Kardobenedikten, jedes 1 halbe Handvoll,
Tausendgüldenkraut,
Wermut, jedes soviel man zwischen 3 Fingern fassen kann,
Enzian-
Baldrian- } Wurz, jeder ein Lot,
Alant-
Zitronenschalen, 1 Lot,
Anis,
auserlesene Rhabarbara, jedes 3 Quent,
Weinsteinpulver 2 Quent,

Schwarze Nieswurz,
weißen Lärchenschwamm, jedes ein Quent.
Diese Spezies, wie gebräuchlich, zerschnitten und zerstoßen, in einem steinernen Krug oder reinen Topf mit 1 Pfund siedenden Wassers angebrühet, wenn solches erkaltet, 2 Pfund alten Weins darzu gegossen, über Nacht extrahieren lassen, und frühe morgens davon getrunken, täglich ein Spitzglas voll.

72. Wider die Bleichsucht des Frauenzimmers:

Frühe morgens, vor Aufgang der Sonnen, in einen Garten oder auf eine schöne grüne Wiese gegangen, einen grasreichen Rasen ausgestochen, den Urin in das Loch gelassen, den Rasen umgekehrt, das Gras unter sich und die Erde über sich, hineingelegt und wohl zugedrückt.

73. Wider Geschwulst der Füße:

Nimm Weihrauch,
Myrrhen,
Mastix, jedes 2 Quent,
Grießkleien, 1 Handvoll,
der Blättgen oder Sprößgen von Seven- oder
Sadebaum 1 halbe Handvoll.

Zu einem groben Pulver gemacht und die Geschwulst damit geräuchert.

Oder:

Ein Eichenbrett heiß gemacht und mit den bloßen Füßen darfür hingetreten.

Oder:

Weizenkleien warm zum öftern um die Füße geschlagen.

Oder:

Schaf-Lorbeeren in einer Pfanne gebraten und warm unter die Fußsohlen gebunden.

74. Wider Geschwulst und Wassersucht:

Nimm 3 Löffel voll Rübsamen und auserlesener Myrrhen, nach Gutdünken, zusammen in 1 halben Maß oder 2 Nößeln guten alten Weins über Nacht, wohl zugedeckt, in der Stuben stehenlassen.

Hiervon 1 Stunde nach dem Nachtessen, vorm Schlafengehen, 2 Löffel voll eingenommen, so der Mensch bei Jahren ist; wenn er aber halb gewachsen oder je nachdeme er sich bei Kräften befindet, mehr oder minder, und hiermit kontinuieret.

Sind durch dieses geringe Mittel viele Personen kuriert worden.

Oder:

Nimm zubereitetes Spießglas aus der Apotheke, welches rot, helle und durchscheinend seie wie rotes Glas, solches ist das beste; dieses zu einem subtilen Mehl zerstoßen und durch ein enges Sieb gesiebet. Hiervon einer alten Person von 50, 60 oder mehr Jahren 6 bis 8 Gerstenkörner schwer mit ein wenig Weins, Biers oder warmer Brühe, einem jungen Mann oder Weibe 8 bis 10 Gran, jungen Kindern aber 2 bis 4 Gran nüchtern eingegeben, 1 Stunde darauf fasten und hernach warm Bier trinken lassen. Reiniget ohne Gefahr und treibet das Wasser aus.

Oder:

Raute mit Wein zur Hälfte eingesotten und getrunken, benimmt die Wassersucht.

Oder:

Die Brühe von Rüben öfters warm getrunken.

Oder:

Schwertelwurz zerstoßen, mit Wein gekocht und getrunken.

Oder:

Schaf-Lorbeeren in einer eisernen Pfanne gebraten und, so warm es zu erleiden, unter die Fußsohlen gebunden.

Oder:

Von Karweil, Ziegen-Lorbeeren, Gerstenmehl und Essige ein Pflaster gemacht und auf den Leib geleget.

Oder:

Zween Heringe unten am Bauch nach der Länge aufgeschnitten, voneinander gebreitet, an die Fußsohlen gebunden, alle Tage zweimal frisch, und die abgenommene Heringe in die Erde vergraben. Auch darneben gebraucht Frankfurter Pillen oder andere laxantia, insbesondere von

Rhabarbara, mit Zichorien oder Wegwart, auch anderen specificis epaticis versetzt.

Oder:

Am rechten Arme zur Ader gelassen, das Blut in eine ausgeblasene leere Schale von einem neugelegten Ei getan, in Mist gelegt und darinnen verfaulen lassen, so wird der Patiente gesund.

75. Wider die Milz-Beschwerung:

Nimm Hirschzungen 2 Hände voll,
Tamariskenrinde 1 Handvoll,
Esch-Baum-Rinde 1 Lot,
Sal Tamarisci,
Juniperi, ana 1 Quent,
Gewürznelken 1 halb Quent,
gefeilten Stahl 1 halb Lot,
Pomeranzen-Schelfen 1 Quent.

Alles klein zerschnitten und zerstoßen, in einem steinernen Kruge 1 halb Maß oder 2 Nößel alten weißen Weins siedend daran geschüttet und wohl zugedeckt; wenns erkaltet, noch 1 Maß oder 2 Kannen Weins darzu geschüttet, 4 Tage über in einem Keller wohl bedeckt stehenlassen, hernacher durchgesiehen und davon morgens um 6 Uhren und abends um 5 Uhren 1 halb Trinkglas voll getrunken und darauf 1 halbe Stunde lang spazieren gangen.

Oder:

Nimm Hirschzungen,
Tausendgüldenkraut,
Betonienkraut,
Wegwartwurz,
Alantwurz,
Kleine Pimpinelle,
Anis, jedes nach Gutdünken und Belieben.

Über diese Spezies alten guten Wein gleichergestalten siedend gegossen, so kann man nach 24 Stunden davon trinken.

Durch Würkung dieses Tranks sind zerschiedene Personen genesen, die zuvor als der Schatten einhergegangen.

Oder:
Kapern zum öftern gegessen; item: bittere Mandeln.
Oder:
Von Tamariskenrinden, gleich einem Thé bou, getrunken.
Oder:
Tartarum chalybeatum täglich gebraucht.
Oder:
Emplastri de Cicuta 2 Lot auf ein Leder oder Tuch gestrichen und auf die Milz gelegt.

76. Wider Verhärtung der Milz und Leber:
Nimm Tausendgülden-
Kardobenedikten- } Kraut, jedes 1 halbe Handvoll,
Kerbel-
Groß Kletten-
Schwalben-
Alant- } Wurz, jedes 1 halbe Handvoll,
Gras-
Gift-
Sennetblätter, ohne Stiele, 1 Lot,
die Zäserchen von der Schwarzen Nieswurz,
Lärchenschwamm, jedes 3 Quent,
Tamariskenrinde,
Esch-Baum-Rinde, jedes 1 halb Lot,
Weinsteinsalz 1 Quent.
Geschnitten, gestoßen, eine genugsame Quantität alten weißen Weins darübergegossen und täglich 1 oder 2 Spitzgläsgen voll davon getrunken.
Oder:
2 Lot Emplastri splenet. auf ein Leder oder Tuch gestrichen und übergelegt.

77. Wider den Skorbut oder Scharbock:
Nimm Bachbungen
Sauerampfer, jedes 1 halbe Handvoll,
Löffelkraut,
Brunnkressen, jedes soviel man zwischen
3 Fingern fassen kann.

Zerhackt, mit Molken alle Morgen gesotten, nur etliche Wallen lassen darüber gehen und warm nach Belieben davon getrunken, nüchtern, auch eine ziemliche Motion darauf gemacht, wird wohl dienen.

78. Wider Gliederschmerzen oder reißende Gicht:
<u>Rp</u>. Cinnabar. Antimonii,
Bezoard. mineral. jedes 1 halb Quent.

3 gleiche Pulver daraus gemacht, und das erste frühe morgens um 7, das andere um 11 und das 3te nachmittags um 3 Uhr mit warmem Tee eingenommen, auch etliche Schälgen hinterher getrunken und auf das letzte Pulver zum Schweiße sich bequemet.

<u>NB</u>. Bei diesem und bei allem Schwitzen überhaupt muß der Schweiß mit warmen Tüchern abgetrocknet und abgerieben, auch der Beitritt kühler Luft, nebst aller inn- und äußerlichen schnellen Abkühlung, wie Gift vermieden werden.

Oder:
<u>Rp</u>. Essent. alexipharm. D. Stahlii,
Tinctur. Antimon. tartarisat. jeder 1 halb Lot,
Agtsteinessenz 1 Quent.

Misciert. Morgens und abends 25, 30 bis 40 Tropfen davon eingenommen.

Oder:
Kampfer- und Quendelgeist untereinander gemischt und äußerlich sich damit gewaschen und wohl gerieben, zerteilt und lindert die Schmerzen.

79. Wider Rückenschmerzen,
auch Hüft- und Lendenweh:
<u>Rp</u>. Essent. alexipharm. D. Stahlii,
Scordii, jedes anderthalb Quent,
Pimpinellae albae,
Tincturae Antimon. tartaris. jedes 1 halb Quent.

Misciert. Morgens und abends 60 Tropfen davon eingenommen.

Oder:
Den schmerzhaften Ort mit einem warmen Tuche gerieben, hernach mit Majoranöl oder gerechtem ungarischen Wasser geschmieret und über einem Kohlenbecken selbiges wohl eingerieben.

Oder:
Wacholderöls 10 bis 20 Tropfen in Petersilienwasser öfters eingenommen. Dienet hauptsächlich in Lendengrieß.

Oder:
Pilularum Widegansii 3 Stücke eingenommen.

Oder:
Regenwürmer, soviel beliebig, unter einen Brotteig geknetet, im Backofen gebacken und den schmerzhaften Ort damit gerieben. Verschaffet augenscheinliche Linderung.

Oder:
Ceratum de Galbano und Emplastrum saponat. Barbett. leisten die schleunigste Hülfe, immaßen sie sonderlich zu Anfang gewaltig zerteilen.

80. Wider das Podagra oder Zipperlein:
Nimm präparierte Muscheln,
  gereinigte und getrocknete Regenwürmer, jedes
  1 halb Lot,
  gereinigten Salpeter,
  Bezoard. mineral., jedes 1 Quent,
  ungarischen Zinnobers 2 Skrupel oder 40 Gran.
Von diesem Pulver des Tages etwan 3 gute Messerspitzen voll eingenommen.

Oder:
Den andern Tag nach eingetretenem letzten Mondsviertel von einer Weide einen Ast gehauen und selbigen behauen und zugerichtet in allem, wie man die jungen Satzweiden pfleget zu machen; auch an diesem Tage den Patienten an dem affizierten Orte lassen schröpfen und das Blut, sobald es ausgezogen ist, aus den Köpfen in einen bei Handen stehenden und mit des Patienten von ein paar Tagen her gesammleten Urine über die Hälfte gefüllten großen Topfe zu dem Urin getan, wohl untereinander gerührt und, solange als die Köpfe Blut ziehen, hier-

mit kontinuieret. Alsdenn die Satzweide mit demjenigen Ende, so sie in die Erde gesetzt wird, in diesen Topf gelegt und darinnen lassen liegen bis 3 Tage vor dem Neuenmonden; sodann an einem sicher gelegenen Orte ein Loch, so groß die Satzweide erfordert, in die Erde gemacht, den Urin samt dem Blute hineingegossen, die Satzweide darauf hineingesetzt, mit Erden dichte beschüttet und solchergestalten stehenlassen. Nach verflossenen 4 Wochen, abermals 3 Tage vor dem Neuenmonden, obbeschriebenermaßen wieder geschröpft, das Blut in frisch gesammleten Urin getan, wohl vermischt, die Erde oben um die Satzweide ein wenig geräumet und selbiges sodann darauf hingegossen. Solches über 4 Wochen noch einmal wiederholet, so wird das Podagra glücklich transplantieret.

Es muß aber solches um diejenige Zeit geschehen, da man sonsten junge Satzweiden zu setzen pflegt; auch solle zur Zeit des Schröpfens der Mond nicht im Zeichen der Fische laufen.

Oder:
Eine gute Handvoll Königskerzenkrauts, nebst einem Stück Kreide von der Größe eines Eies, so zu Pulver gestoßen, in einem Fischtiegel gekocht in Schmiede-Löschwasser, eine halbe Stunde lang. Wenn es nun überschlagen, die Füße hineingesetzt, wie in ein ander Fußbad, und darinnen gebähet. Hernacher ein Loch in die Erde gemacht, das Wasser, samt dem Kraut und Kreide, hineingeschüttet und wieder zugescharret. Wenn es nun verfaulet und verweset, so vergeht auch das Podagra.

Oder:
Wilde Turteltäubgen, je mehrere, je besser, in dem Zimmer des Podagraci gehalten, so wird man mit Verwunderung gewahr werden, wie diesen Tiergen werden die Füßgen geschwellen, so daß sie nicht mehr können von der Stelle kommen, hingegen der Patient soulagieret wird.

Oder:
Ein Stück frischen Rindfleisches, das nicht feist ist, auf den Schmerz gelegt.

Oder:

Ein Pflaster von Herings-Milcher oder von hausbacken Brot, Milch, Eierdotter und Safran gemacht.

Oder:

Zart geriebenen Alaun mit Eierklar zu einem Müsgen untereinander gerührt und übergelegt im hitzigen Podagra. Hat vielen geholfen.

Wachsöl dienet wider die harten Knoten, so nach dem Podagra sich zu ereignen pflegen.

81. Wider das Blut-Harnen:

Nimm Ehrenpreis,
Kerbel-
Heidnisch-Wund-
Wegerichwurz, 2 Lot.

} Kraut, jedes eine halbe Handvoll,

Zusammen kleingeschnitten, in anderthalb Pfund Wassers gelinde lassen sieden und, wenn 2 Querfinger hoch Wassers eingesotten, das übrige abgeseiget und darzu getan 3 Lot Wallwurzsirup.

Hiervon ein Schälgen voll auf einmal warm getrunken.

Oder:

Brennesselsaft löffelweise eingenommen und damit kontinuieret.

82. Wider das Schneiden des Urins oder kalte Pisse:

Spanischen Wein getrunken mit Muskaten, Wiesenkümmel oder Wacholdersaft, das ist Wacholdergesälz.

Oder:

Den Urin durch einen Besen gelassen.

Oder:

Einen Knoten in das Hemd geknüpft auf der linken Seite, so vergehet es längstens in einer halben Viertelstunde.

83. Wider schmerzhaftes Harnen:

Nimm gereinigten Salpeter,
Tartari vitriolati,
präparierte Muscheln,
Krebsaugen, jedes ein halb Quent,
Zinnober aus dem Antimonio 12 Gran.

Zu Pulver gemacht und des Tages 4 Messerspitzen voll davon genommen.

Oder:

Nimm Agtsteinessenz, 1 halb Lot,
Weiße Pimpinellessenz,
Tincturae Antimonii acris, jedes 1 Quent.
Misciert. Des Tages 3mal zu 30 Tropfen eingenommen.

84. Wider Verhaltung des Urins:

Spiritus Nitri dulcis 30 Tropfen, in ein wenig Weins oder Biers eingenommen.

Oder:

Kalzinierter Krebsaugen, 2 Skrupel oder 40 Gran.

Oder:

Nimm Schlehenblüt-, Erdbeer-, Wacholder-, Petersilien-, Steinbrechwasser, jedes vor 3 Pfennige oder 1 Kreuzer.
Misciert. In einem Löffel voll von diesem Wasser eingenommen Wacholderöls, mit weißem indianischen Balsam vermischt, 6 bis 10 Tropfen, auch 2 bis 3 Löffel voll dieses Wassers nachgenommen.

85. Wider das Grieß, auch wider Nieren- und Blasenstein:

Ein sehr leicht- und sicheres Präservativ hierwider ist der tägliche Genuß der Rettiche; auch die Speisen genugsam gesalzen.

Oder:

Zeitlebens alle Morgen nüchtern 20 bis 30 Wacholderbeere gekauet und hinuntergeschluckt.

Oder:

Bei dessen würklicher Empfindung:
Rp. Laudan. urinar. Michael. 3 Quent,
Tincturae anodynae, 1 Quent.
Misciert. Zu 50 bis 60 Tropfen eingenommen.

Oder:

Nimm gereinigten Salpeter,
Tartar. Vitriol. jedes 1 halb Lot,
Zinnobers aus Spießglas 2 Skrupel oder 40 Gran.

Zu subtilem Pulver gemacht und alle 2 oder 4 Stunden 1 Messerspitze voll davon eingenommen.

86. **Bewährtes Mittel, den Stein zu zermalmen und ohne Schmerzen abzuführen:**
    Nimm Steinbrech-
    Ochsenbrech-
    Erdbeer-   } Kraut und Wurzel,
    Große Brennesseln-
    jung Eichenlaub,
    Wacholderbeere,
    Fenchel,
    Anis, jedes eine Handvoll.

Dieses alles in einem glasürten Topfe in 1 Maß oder 2 Kannen guten Wein-Branntenweins wohl verdeckt 6 Tage über in einem Keller lassen stehen; hernach in Balneo Mariae oder aus einem in einem Kessel mit siedendem Wasser stehenden Brennzeuge destilliert.

Solchen Branntenwein zum Gebrauch aufbehalten und in der Wochen 2 Morgen und 2 Abende jedesmal ein Löffel davon eingenommen; jedoch nicht zur Zeit, da der Schmerz vorhanden ist, denn es treibet zu stark.

87. **Vortrefflich bewährtes Grieß-Pulver:**
    <u>Rp.</u> Semin. Milii Solis,
    Anisi,
    Foeniculi,
    Petroselini,
    Melon. ana unciam semis.
    Ligni Aloës,
    Bacc. Alkekeng.
    Lap. Spong.
    Judaic. ana Scrup. IV.
    Rad. Filipend.
    Semin. Genist.
    Saxifrag. ana drach. II.
    Coriandr. Scrup. IV.
    Cinamon. acuti unciam I.
    Santal. rubr. uncias II.

Caryophill.
Galang. min.
Zinziber. ana unciam I.
Sacchari albi uncias VI.
Misceantur, fiat Pulvis. Dosis ist 30 bis 40 Gran auf einmal.

88. Wider Entzündung der Nieren und der Blasen:
Nimm geschälter Mandeln 1 Lot,
Mariendistelsamen 1 halb Lot,
Kerbelkraut-
Ehrenpreis- } Wasser, jedes 4 Lot.
Skabiosen-
Hieraus eine Milch gemacht, wie gebräuchlich, und daran getan
Präparierte Krebsaugen,
Pfersichsteine, jedes ein halb Quent,
Eibischsaft 2 Lot.
Misciert. Auf etliche Male zu trinken genommen und jedesmal zuvor wohl aufgeschüttelt.

89. Wider Nieren- und Blasengeschwür:
Nimm zart geriebenen Canarien-Zucker,
Walrat, jedes 1 Lot,
Anisöls 1 Skrupel oder 20 Gran.
Untereinander gerieben und hiervon bisweilen 1 Quent in einer warmen Suppen eingenommen.

Oder:
Weiß Baumöl oder Leinöl zum öftern mit Suppen eingenommen.

Oder:
Trochiscor. Alkekeng. 1 Lot, und davon zuweilen 1 halb Quent eingenommen.

90. Gute Purgation:
Rhabarbarae vor 1 oder 2 gute Groschen, je nachdeme sie im Preis steigend oder fallend, nebst Jalappae vor 3 Pfennige oder 1 Kreuzer, zart untereinander gestoßen und in Pflaumen- oder Zwetschgenbrühe eingenommen, auch 1 Stunde

darauf und dann weiter, zu verschiedenen Malen, dergleichen Brühe oder auch schwachen Tee nachgetrunken.

91. Wenn der Afterdarm ausgehet:
Skabiosen- und Königskerzenkraut, jedes vor 3 Pfennige oder 1 Kreuzer in einem zugedeckten Topfe gesotten, in einen Nachtstuhl gesetzt und den warmen Dampf oder Qualm lassen in den Hindern gehen.

92. Wider allerlei kalte oder mit Frost und Hitze abwechslende Fieber:
Das unschätzbare Kräutgen Schafgarbe oder Garbenkraut, lateinisch Millefolium, dessen vormittags nüchtern, gilt gleichviel, obs frühe, gegen Mittag oder selbsten zu Mittagszeit geschiehet, den ersten Tag 9 ganze ohngefähr fingerslange Spößgen, ungewaschen, aber zerschnitten, eingenommen in einem Löffel voll Brühe oder Suppen, den 2ten Tag 8 Stücke, den 3ten Tag 7, den 4ten Tag 6, und so fortan täglich eines weniger, bis die 9 Tage um sind; aber ohnausgesetzt damit kontinuieret und das Garbenkraut täglich frisch gebrochen, soviel möglich, in einer trockenen Viertelstunde, auch NB. ja nicht gewaschen. Hülft, nächst GOtt, gewiß ohne allen Nachteil und ist ein sicheres Experiment.

Oder:

Einen gedörrten Regenwurm zart gepülvert oder, im Falle der Not, nur so schwer Regenwurmpulvers, als ein dergleichen Wurm mag wiegen, aus der Apotheke, in einem Löffel voll Wermutsafts auf einmal eingenommen. Hülft gewiß und zwar gemeiniglich nur eine einzige Dosis. Jedoch mag mans den 2ten und 3ten Tag noch ein- oder höchstens 2mal wiederholen. Auch soll bei einer solchen Person auf Zeit Lebens kein Fieber mehr sich einfinden. Aber wo sind doch, die da glauben, daß der Allerhöchste das Geringe und Verachtete hat erwählet?

Oder:

Pfersig-Kern in scharfem Weinessige über Nacht liegengelassen und davon des ersten Tages 3, des andern Tages 5 und den 3ten Tag 7 Stücke nüchtern gegessen. Hat vielen Leuten geholfen.

Oder:

Gepülverter Zitwerwurz 2 Lot mit 1 Lot wohl gewaschenen Terpentins zu einem Teig gemacht, dessen ein wenig auf die Pulsen gelegt und, wenns dürre worden, wieder frisches und also fort kontinuiert. Bevor 9 Tage vergehen, wird es mit GOttes Hülfe sich bessern.

Oder:

Kampfer vor 2 Kreuzer oder 6 Pfennige in ein Tüchel genähet und 9 Tage lang angehänget bis in die Herzgrube.

Oder:

An einem Freitage, im Abnehmen des Monds, die Nägel an Händen und Füßen beschnitten, selbige einem lebendigen Krebs beim Schwanze unter die Schale in den Leib gesteckt und den Krebs hiermit wieder in fließendes Wasser geworfen.

Aus eigener Erfahrung erteile folgende Kautelen, bei Fiebern überhaupt zu beobachten:

Daß mit deren Kur nicht allzu schnelle zu eilen, sondern demselben wenigstens 8 bis 14 Tage Raum zu lassen.

Inzwischen mag man sich wohl eines bittern und gelinde laxierenden Kräutertranks bedienen, auch dem Durst wehren durch genugsames Trinken abgesottener Wasser, darinnen etwas Salpeters zergangen, etwan in der Maß 1 Quent, oder Brotwassers oder noch besser, wo mans haben kann, Sauerbronnens.

Hingegen hat man sich Essens, soviel möglich, zu enthalten und den Leib durch Fasten wohl auszukasteien.

Insonderheit zu meiden die Milch, sowohl im Speisen, als im Trinken.

Ingleichem das Aderlassen.

Auch allen Gebrauch der Chinawurzel.

Hauptsächlich aber darauf zu sehen, daß, wenn die Natur, wie gewöhnlich, nach dem Paroxysmo der Hitze auf einen Schweiß treibet, man selbigen ja nicht verhindere, sondern selbigen wohl abwarte.

Endlich, wenn nach glücklich vollendeter Kur der Appetit zum Essen mit Macht sich einstellet, hat man sich dabei wohl zu moderieren und alle Übermaß der Speisen sorgfältigst zu evitieren.

Von fürtrefflicher Würkung werden auch erfunden bei fieberischen, schwind- und wassersüchtigen Umständen, bei der Rose oder Rotlaufen, ja bei fast allen Krankheiten, sowohlen praeservative als auch curative, insbesondere, wenn ein Fieber übel und nicht durch obige der Natur convenable Mittel kuriert worden wäre, die dreierlei Gesälze oder gekochte Säfte von Wacholder, Holunder und Attich (man findet sie im Fall der Not, so man damit, als einer gewöhnlichen Hausmedizin, nicht selbsten versehen, in allen Apotheken) zu gleichen Teilen untereinander gemischt, der Säure wegen mit etwas präparierter Krebsaugen temperiert und eine Zeitlang morgens und abends 1 Löffel voll davon eingenommen; man hat nicht nötig, darauf zu schwitzen, sie können zur Genüge durch die unempfindliche Ausdünstung und durch den Urin operieren.

93. Wider das hitzige Fieber:

Nimm gereinigten Salpeters 2 Lot,
Armenischen Boli anderthalb Lot,
Tormentillwurz,
rote Myrrhen,
Aloes hepaticae,
Rosenblüte,
Guten Safran, jedes 2 Quent,
Angelic-
Teufelsabbiß-
Natter- } Wurz,
Zitwer-
Weißen Diptam,
Schafgarben, jedes 1 Quent.

Alles kleingestoßen, gesiebt und wohl untereinandergemischt. Bleibet ein ganzes Jahr gut.

Dieses Pulver ist in allen hitzigen Krankheiten mit großem Nutzen zu gebrauchen; auch wo ein Schweiß erfordert wird, kann es mit Holundersalze oder Gesälze, oder nur in Holunderblütwasser, eingenommen und darauf geschwitzt werden. Die Dosis ist bei einem Kinde 1, bei einer halb gewachsenen 2 und bei einer erwachsenen Person 3 Messerspitzen voll auf einmal.

Es treibet alles Gift und Hitze vom Herzen, stärket den Magen, kühlet das Geblüt, erfrischet und erquicket den ganzen Leib.

94. Wider den Friesel und Fleckfieber:
Nimm Antimonii diaphoret.
präparierte Muscheln, jedes 2 Quent,
gereinigten Salpeters 1 Quent.
Zum subtilen Pulver gemacht und gegen Abend oder gegen den Paroxysmum 2mal eine gute Messerspitze voll davon eingegeben.

Oder:
Rp. Tinct. bezoard. Michael.
Essent. alexipharm. Stahlii, jedes 2 Quent.
Misciert. Und nach dem Paroxysmo dem Patienten 30 Tropfen davon eingegeben, auch darauf schwitzen lassen.
NB. Die Patienten müssen, zeit währender dieser Krankheit, in einer stetigen, leidenlichen Wärme und Ausdünstung, nicht aber in ängstlicher Hitze erhalten und vor aller der mindesten Verlüftung auf das sorgfältigste verwahret werden.

95. Wider Masern und Pocken oder Urschlechten:
Nimm Lindenblüt-
Holunderblüt-
Skabiosen-
Kardobenedikten- } Wasser, jedes 3 Lot,
Steckrüben-
Akelei- } Samen, jedes 2 Quent.
Hieraus, wie gebräuchlich, eine Milch gemacht und hinzugetan:
Antimon. diaphor. 1 Skrupel oder 20 Gran,
Sacchar. perlat. soviel zur Süßigkeit genug ist.
Misciert. Des Tages dreimal einen Löffel voll hiervon eingegeben und jedesmal zuvor wohl aufgeschüttelt.

Oder:
Schaf-Lorbeeren ins Trinken gehangen. Sind gleichergestalten auch im Friesel und Fleckfiebern sehr dienlich.

96. Wider das Fluß- oder Katarrhen-Fieber:
 Rp. Essent. alexipharm. Stahlii 3 Quent,
 Lignor.
 Agtsteinessenz, jedes 1 Quent.
Misciert. Hiervon morgens und nach dem Paroxysmo jedesmal 40 Tropfen eingenommen.

97. Wider das verzehrende Fieber:
 Rp. Antimon. diaphor.
 präparierte Krebsaugen,
 präparierte Muscheln, jedes 2 Skrupel
 oder 40 Gran,
 gereinigten Salpeters 2 und einen halben Skrupel
 oder 50 Gran,
 Zinnober aus Spießglas 1 Skrupel.
Von diesem Pulver morgens und abends eine Messerspitze voll eingenommen.
 Oder:
 Nimm Leberkraut-
 Quecken- } Wasser, jedes 2 Lot,
 Wegweiß-
 Schacharillen-Extrakt 1 halb Quent,
 Bezoard. jovial. 1 Skrupel,
 Gänseblümgens-Sirups 1 Lot.
Misciert. Hiervon morgens und abends, zuvor wohl umgrüttelt, einen Löffel voll eingegeben.

98. Wider die Pestilenz:
Bezoartinktur oder 1 Quent Theriaks, mit ein wenig Kampfers zerlassen, eingenommen.
 Oder:
1 Löffel voll Spiritus Tartari mit 3 Löffel voll Weinessigs getrunken und sogleich damit geschwitzt.
 Oder:
In ein frisch aus dem Backofen genommenes Brot ein Loch gemacht eines Talers weit, darein gegossen Branntenwein, in welchem genugsam Camphors zerlassen, das Loch gerade auf den mit einem einfachen Tuche bedeckten Nabel gelegt, so wird man anfahen zu schwitzen und

das Brot allen Gift in sich ziehen; dieses soll man nachgehends tief unter die Erde vergraben. Ist ein Mittel für diejenigen, so keine Arznei einnehmen mögen.

Oder:

Auf die Pestbeule erstlich ein Attraktiv oder Ventose gesetzt, sodann eine in Wein oder Essig weichgemachte oder aufgedörrte Kröte darübergelegt und, nachdem selbige den Gift in sich gezogen und davon aufgeschwollen, abgenommen und tief unter die Erde vergraben.

Oder:

Eine am Hindern beraufte lebendige Taube oder Henne darauf und zugleich den Schnabel derselben feste zugehalten, so ziehet selbige den Gift in sich, wird braunschwarz und krepieret.

Oder:

Eine mit Theriak gebratene Zwiebel daraufgelegt.

Oder:

Sauerteig mit Honig ofte übergeschlagen.

Oder:

Eierdotter und Salz, soviel dessen der Dotter fassen mag, übergelegt und alle Stunden erneuert, tötet den Gift binnen 24 Stunden.

Zur Präservation:

Schwefelblumen mit Wacholdersaft oder Gesälze auf Butterbrot morgens nüchtern gegessen.

Oder:

In Essig gebeizte Angeliken im Munde gekäuet.

Oder:

Die Luft gereiniget mit angezündetem Salpeter, Schwefel und Lorbeeren, untereinander gemischt.

Oder:

Zu solcher Zeit aller Zwiebeln in Speisen sich enthalten; hingegen viele Zwiebeln mit Kreuzschnitten im Hause und in denen Zimmern umher an die Fenster gehängt und solche nach der Hand vergraben.

Auch alle Furchtsamkeit, Angst und Traurigkeit verbannt und, so es praktikabel, an gesunde Örter sich begeben.

99. Wider Verstopfung oder auch allzu starken und überhaupt allen unordentlichen Fluß der monatlichen Reinigung des Frauenzimmers, sowohlen insgemein, als insbesondere der Kindbetterinnen:

Vor allen andern Mitteln werden in solchen Fällen von ausnehmend vortrefflicher Würkung befunden die Sachsen-Hallische Polychrest-Pillen; um solche Zeit, wenn die verstopfte Reinigung zu fließen bald beginnen sollte oder auch deren überflüssiger Abgang sich äußert; bemeldter Pillen vor eine Kur zum wenigsten 1 Quent genommen, davon nachts, vor Schlafengehen, 9 und frühe morgens darauf 11 Stücke, in ein wenig Weins oder Biers, eingenommen und täglich solchergestalten damit kontinuieret, bis das Quent oder auch anderthalb Quent derselben aufgebraucht worden; sodann läßt mans dabei bewenden bis in den folgenden Monat, wenn man deren fernern Gebrauch vor nötig befände.

Kindbetterinnen dörfen sich deren zur Reinigung, gleich nach der Geburt, sicher bedienen, obbeschriebenermaßen, und können auch zeit währender 6 Wochen, nach ohngefähr verflossenen 3 Wochen, deren Gebrauch wiederholen.

Hiernächst werden zu gleichem Endzwecke auch gerühmet D. Bechers und D. Stahls Pillen; obige aber mögen wohl den Preis behalten, insbesondere, um den übermäßigen Abfluß des Geblüts zu moderieren.

100. Wider den weißen Fluß:

Rosmarin in Wein gesotten und fleißig davon getrunken.
Oder:
Mastix in frisch gelegten entweder ungesottenen oder weich gesottenen Eiern öfters eingenommen.

101. Wider die Mutter-Beschwerung:

Seminis Pastinacae domest. oder Möhren-(gelber Rübgen)-Samens 1 Quent in Wein eingenommen, ist hiervor ein besonderes Arkanum.
Oder:
Bibergeil für die Nase gehalten.

Oder:
Rebhühnerfedern, Schwefelkerzen oder Agtstein angezündet und unter die Nase gehalten.
Oder:
Theriak mit Bibergeile eingegeben.
Oder:
Ein rundes Mutter-Pflaster von Galbano über den Nabel gelegt.
Oder:
Unter den kurzen Rippen sich gebunden.

102. Wider schwere Geburt:

Des Wassers, darinnen Eier gesotten worden, ein paar Löffel voll getrunken.
Oder:
Agtsteinöls 10 Tropfen mit Zimmetwasser eingenommen.
Oder:
Warmen Wein oder warmes Bier genossen, so mit Zimmet, Safran und Borax zugerichtet worden.
Oder:
Einen Adlerstein der Frau um das rechte dicke Bein gebunden.
Oder:
Einige Wochen über vor der Geburt viel weißen Baumöls genossen; auch in und um die Geburt mit Gäns- und Hühnerfett oder süß Mandelöl warm geschmiert.

103. Zur Beförderung der Nachgeburt:

Alsogleich nach der Geburt in eine Zwiebel gebissen und, so die Nachgeburt noch nicht fortgehet, Beifuß in Wasser gesotten und warm auf den Nabel geleget.
Oder:
Safran und Myrrhen nebst dem Gelben aus den Lilien eingegeben.
Oder:
Seven- oder Sadebaum und Zimmet, jedes 10 Gran, in Poleiwasser.
Oder:
Die Milch von einer andern säugenden Frauen getrunken.

104. **Wider die Nachwehen:**
Süß Mandelöl zum öftern getrunken in warmem Biere.
Oder:
Gebratene Zwiebeln mit frischer Butter zustoßen und pflasterweis auf den Nabel gelegt.
Oder:
Kamillen und Leinsamen in ein Säckgen getan, mit Biere gesotten, eines vorn und das andere auf den Rücken geleget.

105. **So die Frau zerrissen und ihr Wasser nicht halten kann:**
Schwarz- oder Wallwurz, eines Fingers lang, in die Geburt gesteckt.
Oder:
Heidnisch-Wundkraut in Wein gekocht und davon getrunken; auch süß Mandelöl äußerlich gebraucht.
Oder:
Blau Papier durch geschmolzenen Hirschtalg oder Hirsch-Inschlitt gezogen und warm über den ganzen Bauch gelegt.

106. **Wider übermäßigen Abgang der Wochen-Reinigung:**
Moos von einem Eichbaume in rotem Wein gekocht und getrunken.
Oder:
Eine Muskate an einem Wachslicht gebraten und gegessen.
Oder:
Den Goldfinger mit einem scharlachroten seidenen Faden gebunden.
Oder:
Unter die Brüste Ventosen gesetzt, jedoch ohne Schröpfen.
Oder:
In dem Trank glühenden Stahl abgelöscht.

107. Wider den Milch-Schauer:

Rp. Tinct. bezoard. D. Wedel. 2 Quent,
Bibergeil- ⎱
Agtstein- ⎰ Essenz, jedes 1 Quent,
Myrrhenessenz, 1 halb Quent.
Misciert. Und wenn der Schauer ankommt, 40 bis 50 Tropfen hiervon eingenommen.

108. Wider die Knoten in den Brüsten:

Das Pflaster von Walrat auf ein Tuch gestrichen, das mitten ein Loch muß haben, um die Warze durchzustecken, und übergelegt.

Oder:

Leinene Lappen in heißes Schmalz oder Schmelzbutter getaucht und zum öftern warm übergelegt.

109. Wider böse Warzen:

Selbige nur mit Wachsöle bestrichen, benimmt allen Schmerzen und heilet gar bald.

Oder:

Tragant, in Rosenwasser zerlassen, aufgelegt.

110. Wider den Krebs an den Brüsten:

Rp. Emplastr. Saturn. Myns. 4 Lot.
Solches appliziert und ein Blech darauf gelegt.

111. Wider die Muttermäler der neugebornen Kinder:

Selbige nur bestrichen mit der Aftergeburt oder mit des Kindes eigenem ersten Kote, und von selbsten lassen trocken werden.

Oder:

Mit dem Geblüte, so von der Kindbetterin abgehet und fast noch besser ist.

112. Daß ein neugebornes Kind zeitlebens von der Epilepsie, bösem Wesen oder Gichtern befreit bleibe:

Des allerfrischesten Bibergeils, als man haben kann, 2 Lot in 2 Maß oder 4 Kannen des allerbesten alten Weins bis auf 1 halb Maß oder 1 Kanne einsieden lassen, kurz vor der Geburt, und solches aufbehalten bis zur Geburt. Alsdann soviel Wassers genommen, als zu einem Kindesbad vonnöten, die 1 halb Maß mit dem Bibergeil gesottenen Weins darein gegossen, das Kind gleich nach der Geburt darein gesetzt und wohl baden lassen; hernach selbiges aus dem Bade genommen, sogleich wohl eingewindelt oder eingefätscht und ihme von dem Lapide bezoardico etwas eingegeben, daß es wohl schwitze. Nachgehends weiter gar nicht gebadet. Ist ein sicher und gewisses Mittel, so anderst der Bibergeil frisch und gut ist, auch das Kind gleich also warm, von Mutterleibe an, in solchem Bade gebadet wird.

Oder:

Bibergeils 6 Lot, Gichtrosenwurzel 3 Hände voll, gedörrter Rosen 2 Hände voll, untereinander gemischt, in 1 Maß oder 2 Kannen Weins bis auf ein Dritteil eingekocht, das neugeborne Kind darein gelegt, eine halbe Stunde lang, und wohl damit gewaschen; selbiges alsdann auf einem warmen Küssen von selbsten lassen trocken werden und in 12 Stunden nicht wieder- oder gar nicht mehr gebadet.

113. Kautele wegen der Säugammen:

Man solle sich hüten, daß man hierzu keine lasterhafte, grausame, unkeusche, dumme oder sonsten übel geartete, sondern eine tugendsame, sanftmütige, keusche, kluge und wohlgesittete Weibsperson erwähle, immaßen die von einer Amme gestillt~ oder gesäugten Kinder aus der Gemütsart ihrer Eltern zu schlagen und hingegen zu denen Tugenden oder Lastern ihrer Ammen zu inklinieren pflegen. Dahero man von dem Wüterich Nerone lieset, daß er von dem Naturell seiner Voreltern (als welche grundgütige Leute gewesen) weit abgewichen und, weilen er eine grausame Person zur Amme gehabt, sogar seine eigene Mutter ermorden lassen.

114. Wider das Herz-Gespann:

Nimm gepülverten Anis 1 halb Quent,
präparierter roter Korallen 15 Gran.

Misciert, und von diesem Pulver dem Kinde im Brei gegeben.
Oder:
Die Brust, die Gegend bei den Rippen und den Unterleib mit roter Butter geschmieret und wohl gestrichen.
Oder:
Ein Pflästergen gemacht von Extracto Angelicae und über das Näbelgen gebunden.

115. Wider das Auffahren der Kinder im Schlafe, auch wider den Jammer:
Eichenmispel oder Elends-Klauen in die Wiege gelegt.
Oder:
Die Fußsohlen warm mit Bibergeil-Öle geschmieret.
Oder:
Rauten in Essig gebeizt und für die Nase gehalten.

116. Wider schweres Zahnen:
Wolfszähne den Kindern angehänget.
Oder:
Die Backen bestrichen mit süß Mandelöle oder mit Ziegenbutter.
Oder:
Ein Lakritzenstäbgen in Honigwasser getaucht und das Zahnfleisch öfters damit bestrichen.
Oder:
Das Blut aus dem Kamm eines Hahns auf das Zahnfleisch gestrichen.
Oder:
Die Kinder öfters an wohl-geräuchertem Speck lassen saugen.

117. Wider die Runzeln und Häßlichkeit des Angesichts:
Nur das Angesicht fleißig mit weiß Lilien-Wassers gewaschen.

118. So jemand eine Ader geschwollen ist:
Ein leinen Tuch in Rautenwasser angefeuchtet und die Ader etliche Mal darmit gerieben.

119. Warzen im Gesichte und auf den Händen zu vertreiben:
Des Morgens, des Mittags und des Abends die Warzen, vermittelst eines Penselgens oder Hölzgens, mit Spiritu Nitri, das ist soviel als Scheidwasser, subtil bestrichen; tut keinen Schaden, ob es schon ziemlich beißet und die Wurzel herausfrißt; jedoch hat man sich in acht zu nehmen, daß nichts davon nebenzu umher auf die Haut kommt.
Oder:
Die Warze mit einem lebendigen von ohngefähr gefundenen roten Schnecken sehr wohl gerieben und selbiges nachmals auf einen Pfahl gesteckt. Wie solcher an der Sonne verdorret, so gehet die Warze hinweg.
Oder:
Reibe die Warzen mit einer Speckschwarten und vergrabe selbige unter einen Tachtrauf, um daselbsten zu verfaulen, so werden sich die Warzen gleichergestalten verlieren.

120. Wider den Wurm am Finger:
Das Häutgen von einer Sau-Gallen darüber gezogen, hülft.
Oder:
Einen lebendigen Regenwurm darüber gebunden und darauf krepieren lassen.

121. Wider böse Nägel:
Gepülverten Weinstein und frisches Wachs untereinander gemischt und warm über den Nagel gelegt mit einem Fingerhut, 20 Tag und Nacht darüber liegenlassen, so wird der Nagel inzwischen gewachsen sein.

122. Wider die Hühneraugen oder Leichdornen:
Bimsenstein glühend gemacht und zerstoßen, das Hühneraug nach einem Fußbade ein wenig abgeschnitten und dieses Pulver mit scharfem Essig daraufgelegt.
Oder:
Die Leichdornen mit warmem Wasser gewaschen und das Pulver von wohl ausgedörrten Fliegen oder Mücken daraufgelegt.

Oder:
Aus Wachs, Mastix, Knoblauch und Safran über einem gelinden Glütgen ein Pflaster gemacht und auf das abgeschnittene Hühneraug gelegt.
Oder:
Auch ein Stückgen ungesalzenen Specks.
Oder:
Die Hühneraugen mit Taubenblut oder mit Blut aus dem Herzen eines Schweins bestrichen.

123. Wider den Brand, so man sich verbrennet hat:
Nur Zwiebeln voneinander geschnitten und auf den Brand geleget, zumalen, wenn der Brand erstlich geschehen ist, sind vortrefflich; sonsten aber, wenn die Haut schon sich abgeschälet, schmerzt es grausam.
Oder:
Zart geriebene Zwiebeln mit Eierdotter und Leinöle zu einem Sälbgen gemacht und aufgestrichen.
Oder:
Ein Sälbgen von ungelöschtem Kalch und Leinöle.
Oder:
Gelben Wachses 4 Lot, Baumöls 4 oder 5 Löffel voll, auch, so es beliebig, 3 Eierdotter von Hühnern über einem Glütgen untereinander gerührt zu einem Sälbgen und mit leinenen Tücheln oder mit grauem Löschpapiere übergeleget des Tages 2mal.
Oder:
Geröstet Salz und Roggenmehl in ein Säckgen getan und auf den Brand geleget.
Oder:
Im Fall der Not nur mit Dinte bestrichen.

124. Wider den kalten Brand:
Ungelöschten Kalch abgelöscht, das Wasser davon durchgeseiget und das brandigte Glied darein gesteckt oder ein damit naß gemachtes leinen Tuch übergeleget.
Oder:
Kampfers ein ziemliches Quantum in starkem Branntenwein aufgelöst und damit auf jetzt gemeldte Weise verfahren.

Oder:
Frischen Pferdemist mit Schweinenschmer geröstet in einer Pfanne, hernach den Saft in einer Presse durch ein Tuch gedrückt, mit diesem Saft den beschädigten Ort gesalbet und ein Papier darüber gelegt.

125. Wenn die Hände und Füße erfroren sind:

Anfänglich gleich nach der Erfrörung muß man die Wärme oder das Feuer sorgfältigst meiden, den Frost aber mit Schnee, kaltem Wasser, gefrornen Rüben oder Äpfeln ausziehen.

So der Frost ausgezogen, so nimmt man Baumöl oder anderes Fett, darinnen weiße Rüben wohl geröstet worden und schmieret das Glied mit dem daraus gedrückten Fett.

Oder:
Seinen eigenen Urin genommen, oder auch Wein, darinnen ein wenig Lorbeeren und dürre Salbei aufgesotten, und warm übergeschlagen.

Oder:
Schnee in eine Schüssel hart eingedrückt und selbige solchergestalten damit angefüllt. Hernach ungesalzene frische Butter zerlassen, heiß in den Schnee gegossen und darinnen gestehen lassen; dann solche wieder zerlassen und beschriebenermaßen in frischen Schnee ausgegossen, solches auch zum 3ten Male getan, so hat man eine herrliche Salbe wider die Erfrörung.

Oder:
Das Sägemehl oder Zusammen-Kehricht von Eichenholz **NB.** und von keinem andern genommen, welches man am füglichsten bei den Glasern kann bekommen; solches auf eine Glut geworfen und das erfrorne schmerzende Gliede darüber wohl gebähet und stark damit beräuchert, so wird der Schmerz balde sich verlieren, auch, so man öfters damit kontinuieret, die Geschwulst völlig sich verziehen. Hat vielen Personen geholfen, da die erfrorne Glieder allbereits begonnen aufzubrechen, ob es gleich das Ansehen eines verächtlichen Mittels hat.

126. Sympathetisches Arkanum wider alle Krankheiten:

Wenn man ein Stück Schweinenfleisch in des Patienten Urin kochet, bis es gar einseudt, alsdann frischen Urin von ebendemselben daran geußt, abermals einkochet und dieses auch zum 3ten Male verrichtet; hernach dasselbige Fleisch einem hungerigen Hunde oder Schwein (aber nicht zum Nachteile anderer Menschen) zu fressen fürwürft, so wird solches Vieh mit der Krankheit infizieret werden und krepieren, der Patiente aber genesen.

127. Sympathetisches Pulver vor allerhand Wunden und Seitenstechen, so, wie es dessen Erfinder, Graf Digby, selbsten beschrieben:

Nimm römischen oder zyprischen Vitriol und Gummi Tragant, eines soviel als des andern, jedes besonders pulverisiert in einem hölzern~, steinern~ oder gläsernen Mörser oder Reibeschalen, aber nur in keinem Metalle, und durch ein Siebgen gelassen; dann beede Pulver, ein jedes besonders, auf einem ringsumher aufgestülpten Pappendeckel oder Papier in die Sonne gesetzt, wenn selbige beginnet in den Löwen zu gehen, nämlich vom 23sten Julii bis zum 23. Augusti, und sobalde man nur die Sonne kann haben, auch bis auf den Abend darinnen stehengelassen und mit der Hand oft aufgerührt, damit sie sowohl unten als oben digerieren und kalzinieren. Wenn aber Regenwetter einfällt, muß man beede Pulver ins Trockne bringen, gleichergestalten auch die Nächte über, damit keine Feuchtigkeit beikomme. Wenn nun die 4 Wochen vorüber, so nimm erstlich etwas von dem Vitriolpulver und verwahre es besonders, hernach das übrige Vitriolpulver gewogen und ebenso schwer von dem Gummi-Tragant-Pulver mit demselbigen wohl vermischt, zur Zeit, da die Sonne in die Jungfrau tritt, nämlich um den 23. Augusti. Dieses Pulver wird sodann in einem reinen hölzernen Gefäße oder Schachtel aufbehalten, an einem temperierten Orte.

Wenn nun jemand verwundet wird, so nimmt man nur ein sauber leinen Lümpgen und läßt von des Verwundten Blut darauf kommen; auf solches Blut auf dem Lümpgen streuet man etwas des letztern Pulvers, wickelt es zusammen und steckt es nur bei sich in die Hosenficke oder hält es sonst in einem gemäßigten Temperament, nicht zu warm und nicht zu kalt; denn nachdeme das Lümpgen in der Hitze oder Kälte irgendwo liegt, empfindet auch der Verwundete starke Hitze oder starke Kälte. Sonsten hat man gar kein Pflaster nötig, auf die Wunde zu legen, sondern beleget selbige nur morgens und abends mit einem reinen leinen Tüchel; nimmt man nun das Tüchel, so abends aufgelegt worden, des Morgens ab, so wird es sänftiglich bis auf den Grund in die Wunde gedrückt, auf die Feuchtigkeit des Tüchels frisches Pulver gestreuet und auf die Wunde wieder ein frisches Tüchel gelegt. Also prozediert man auch gegen Abend mit dem Tüchel, so morgens aufgelegt worden, und steckt allewegen das bestreuete Tüchel in die Hosenficke; und wenn gleich die Wunde sollte Materie ziehen, so prozedieret man damit, wie zuvor. Wenn nun die Wunde geheilet, welches in kurzer Zeit geschiehet, so würft man die Tüchelgen allesamt in ein fließendes Wasser. Solange die Wunde flüssig oder blutig bleibt, muß man täglich mit dem Tüchel-Netzen fortfahren; wenn sie aber anfängt zu trocknen und nicht mehr schweißt, so läßt mans nur bleiben. Dieses Pulver heilet auch alle fließende Schäden, beschriebenermaßen damit prozedieret; ist nicht minder ein herrliches Remedium, wo bei einem Kranken große Hitze ist, die nicht zu löschen, und man ohnehin dem Patienten zur Ader läßt, so netzet man ein Tüchel in dem Blute, wickelt es, nachdeme mans mit dem Pulver bestreuet, zusammen und leget es an ein kühles Ort im Keller, sobalde wird dem Patienten die Hitze vergehen.

Das obgedachte vor der Vermischung besonders verwahrte Vitriolpulver ist ein gutes Mittel wider das Seitenstechen, dessen einer Erbis groß in Holunderblüt-Wasser eingenommen und darauf geschwitzt; könnte aber der Patient selbsten gehen und sich bewegen, wäre es noch besser.

Dieses Pulver ist wegen seiner herrlichen und wunderbaren Kraft zum öftern sehr teur verkauft worden.

128. Sympathetisches Wund-Holz:

Eschenholz an Petri-Pauli-Tag, so auf den 29. Junii fällt, des Morgens frühe vor Aufgang der Sonnen, von unten auf geschnitten, heilet alle frische Wunden, nur das Holz darauf gestrichen, lässet auch die Wunde nicht schwären und stillet das Bluten alsobald.

129. Sympathetische Schwitzkur:

Nimm guten zyprischen oder ungarischen Vitriols 1 halb Pfund, trockenen reinen Salzes 1 viertel Pfund, der von der Sonne grün gemachten Fensterscheiben aus alten Häusern und Stuben 2 Lot, rote Siegelerde und wohl gebrennte neue Ziegel, jedes 6 Quent, fließenden reinen Wassers 1 halb Nößel oder halben Schoppen. Die Spezies zart gestoßen, durch ein Sieb geschlagen und nebst dem Wasser in einen neuen Topf getan mit einer Stürze, dann zusammen langsam lassen kochen, erstlich gelinde und denn nach und nach etwas stärker, jedoch das Überlaufen sorgfältigst verhütet. Wenn nun alles trocken eingekocht, noch ein Weilgen lassen kalzinieren. Hierauf die Materie aus dem Topfe getan, durcheinander zart gestoßen und in einem Glas, wohl zugebunden, an einem trockenen Orte verwahret.

Gebrauch:

Sobald der Patient des Morgens seinen Urin in ein Glas gelassen, muß selbiges sogleich mit Kork und Blasen feste verbunden werden, damit die Geister nicht ausdünsten mögen. Des folgenden Abends, nach Untergang der Sonne, wird von obigem Pulver vor ein Kind 1, 2, vor einer sechzehnjährige Person 3, 4 und vor einen alten Menschen 5 bis 6 Lot zu dessen Urin in das Glas getan, selbiges zugebunden, durcheinandergerüttelt und über Nacht an einen temperierten Ort hingesetzt; des Morgens hierauf bleibet der Patient im Bette liegen, nur mit der ordinären Decke bedecket oder, so es die Kräfte gestatten und die Witterung angenehm ist, mag er auf das Feld spazierengehen, reuten oder fahren oder auf die Jagd sich begeben, inzwischen wird das Glas mit dem Urin und Pulver wohl umgeschüttelt, der Stöpsel herausgenommen und in die Blase, womit man selbiges wieder verbindet, mit einer Steckenadel ein Luftlöchel gestochen, das Glas auf den eingeheizten Ofen, in warmen Sand oder in eine Schüssel mit laulecht warmen Wasser gesetzt und solchergestalten von Grad zu Grad daselbsten lassen erwarmen und heiß werden. Wenn solches eine Viertelstunde gestanden, wird die Person oder der Patient horribel, jedoch ohne Mattigkeit, schwitzen; solange es einem nun beliebet, kann man das Glas stehenlassen, und solange das Glas in der Wärme stehet, wird das Schwitzen kontinuieren; will man aber damit abbrechen, so wird das Glas an einen temperierten Ort und zuletzt an einen etwas kältern hingesetzet, dann ist das Schwitzen vorbei. Diesen Urin mit denen darinnen befindlichen Spezies kann man drei Tage gebrauchen, hernach muß man frischen Urin und frische Spezies nehmen und ferner so, wie gedacht, prozedieren. Was im Glase gewesen, kann man in fließend Wasser gießen oder in die Erde vergraben.

130. Sympathetische Purgation:

Die Excrementa desjenigen, so purgieren will, warm oder kalt in einen großen Federkiel getan, mit Siegellack wohl vermacht und in einem Kessel mit warmem Wasser (es darf aber nicht sieden, man würde sonst lose Händel anstellen) gehalten, so wird er von Stund an zu Stuhle müssen gehen, dergestalten, daß er auch im Schlaf das Bette würde bestuhlgängeln; über eine Viertelstunde den Federkiel wieder in das Wasser gehalten, so gehet er wieder. Solchergestalten kann er laxieren von Viertel- zu Viertelstunden, soofte er will, es kann sichs einer selbsten tun. Ist ein schönes Secretum, besonders vor schwangere Frauen, und tut seine Würkung auch über viele Meilen Weges.

131. Sympathetische Salbe, damit augenblicklich alle Zahnschmerzen, auch in Abwesenheit des Patienten, zu stillen, ingleichem auch alle Wunden zu kurieren:

Einen guten Teil lebendiger Regenwürmer in eine Schüssel mit feuchtem Sand getan, hart gesottene und ganz klein gehackte Eierdotter darauf gestreuet, so werden sie sich davon wohl mästen; alsdenn selbige von der Erden auf das säuberste gereiniget, in ein Geschirre getan, mit einem Deckel bedecket und in einem Backofen wohl dörren lassen, daß man sie pulverisieren kann, jedoch nicht zu hart verbrennt. Dieser zart gepülverten Regenwürmer nun genommen ohngefähr 2 Eierschalen voll, pulverisierten Blutstein und roten Sandel, jedes 4 Lot, Bisams 2 Skrupel, Bärenschmalz von einem Männlen, wild Eberschmalz, jedes 10 Lot, pulverisierte Meisterwurz und gedörrt Froschlaichpulver, jedes 2 Lot; alles wohl untereinander gemischt zu einer Salben und an einem Orte verwahret, da keine Weibsperson, wegen ihrer Monat-Zeit, zukommen kann.

Hat nun jemand große Zahnschmerzen, so laß ihn mit einem subtilen Spängen von Aspenholz das Zahnfleisch um den schmerzhaften Ort stochern, bis es blutig wird, dann bestreiche es mit dieser Salben und verwahre es an einem sichern und temperierten Orte, so vergehet der Schmerz augenblicklich.

132. Zahnschmerzen zu transplantieren:

Solches kann geschehen in einer Weide, Holderbaum, Haselstaude etc. auf diese Weise:

Nachdeme die Rinde am Baum ein wenig abgeschälet worden, so schneide mit einem scharfen Messer ein Spängen heraus. Mit demselben stich in das Zahnfleisch und den schmerzhaften Zahn so lange, bis es blutet, hernach lege das blutige Spängen wieder in die Stelle, da es aus dem Baume herausgeschnitten worden, decke und verbinde die Rinde darüber und verwahre sie wohl mit Kote.

Oder:

Das Zahnfleisch mit einem Nagel aufgehoben, daß er mit Blut beschmieret werde, selbigen hernach bis auf die Kuppe in einen Baum geschlagen.

133. Allerhand Gewächse zu vertreiben:

Das Gewächs mit einem Stücke Specks oder Schweinenfetts unter sich hinab 3- oder 4mal überfahren, alsdann unter einen Stein unter den Tachtrauf vergraben, daß es nach und nach faule, so wird das Gewächs sich auch verlieren.

<u>NB.</u> Ist der Patient eine Mannsperson, so muß das Fett von einem Barg sein, so es aber eine Weibsperson, von einer Schweinsmutter.

134. Wider das Rotlaufen oder die Rose:

Drei also genannte Elefantenläuse durchbohret und an einem Schnürgen an den Hals gehangen, entweder auf die Brust oder über den Rücken, so wird der Patiente das Rotlaufen noch einmal bekommen, aber mit gar großen Schmerzen, als wenn er im höchsten Grad die hitzige Krankheit hätte und er in Gefahr Todes stünde; unter währendem diesem Paroxysmo werden gedachte Elefantenläuse an dem Patienten sich verlieren, welches ein gutes Zeichen, darauf es sich auch bessern wird und der Patiente nachhero niemals mehr von der Rose oder dem Rotlaufen angefallen werden.

135. Brüche zu vertreiben:

Knabenwurz, Stengelwurz, Ragwurz, unter diesen dreien nimm, welchen du willst, und grabe ein Stöckgen mit Kraut, Stengel und Wurz aus der Erde, 3 Tage vor dem neuen Lichte, allezeit auf den Abend oder gegen die Nacht binde solch Stöckgen auf den Bruch, daß es erwarmet; dann legs von dir an einen Ort, da es nicht dürre wird. Den andern und dritten Abend tue auch also. Darnach, ehe der Mond anfäht zuzunehmen, setze solches gebrauchte Stöckgen wieder in die Erde an einen Ort, da es nicht beweget wird, sondern ohne Hindernüs wieder wachsen kann. Wenn es wieder wächst, so vergehet der Bruch.

136. Sympathetische Kur wider das Bettpissen oder Pinkeln:

Ist die Person männlichen Geschlechts, so muß es ein Hacksch oder Barg, ists aber eine Weibsperson, so muß es eine Saue oder Schweinsmutter sein: hiervon die Pudenda genommen und den Fleischer daraus eine Bratwurst lassen machen, solche der Person zu essen gegeben, daß sie nicht weiß, woraus die gemacht, sondern solchergestalten, als wenn es eine gewöhnliche Bratwurst wäre, so vergehet ihr solches Übel.

137. Wanzen zu vertilgen:
Sieben oder 9 Stück Wanzen in ein genau schließendes Schächtelgen verschlossen und zu einem toten Menschen heimlich in den Sarg geleget, daß sie ohnfehlbar mit ins Grab kommen, so wird die zurückgebliebene ganze race dieser Wanzen nach kurzer Frist vertilget sein.

138. Zu verhindern, daß man einem keinen Weidmann, wie es die Jäger nennen, setzen könne:
Nur die Lumpen, wormit man das Gewöhr ausgeputzt, sorgfältig verwahrt und entweder ins fließende Wasser oder ins Feuer oder in ein Kloak geworfen, so darf man sich vor diesen Possen nichts befahren.

139. Daß einem sein Schieß-Gewöhr nicht möge verzaubert werden:
Neun Strohhalmen unter einer Ferkel-Sau, die Junge hat, herausgenommen und darvon 9 Glieder in den Schaft getan, zwischen die 2 Hefte, so kann das Gewöhr nicht verzaubert werden.

<u>NB</u>. Hierbei repliziert man sich auf dasjenige, was oben bei Gelegenheit der Festmacherei erinnert ist worden.

140. Sympathetische Dinte:
Erstlich schreibet man, mit einer neugeschnittenen Feder, auf ein Blatt Papiers, was beliebig, mit einer unsichtbaren Dinte, die aus Silberglätte und destilliertem scharfen Essige binnen 24 Stunden vermittelst oftermaligen Aufschüttelns gemacht ist worden.

Die andere Dinte aber, so die unsichtbare Schrift von der obigen Dinte sichtbar macht, ist diese: Man geußt in ein etwas geraumes Gläsgen reines Fluß- oder Regenwasser, hierein würft man wechselsweise kleine Stückgen von gebrenntem ungelöschtem Kalch und von Auripigmente und schüttelt es durcheinander; solches sodann offen in ein Schüsselgen gesetzt, darinnen es sicher stehet, weil es leicht zerspringet und der Gestank nicht bald wieder wegzubringen ist, wo er sich hineingezogen hat. Nach 24 Stunden wird der Kalch und Auripigment solvieret sein.

Hierein nun einen Pensel oder Gänsefeder eingetaucht und das Blatt, darauf die unsichtbare Schrift ist, damit bestrichen, von welcher Seite man will, so werden die Buchstaben schwarz.

Diese Dinte hat einen Gestank wie faule Eier, (worvor man, wegen dessen Giftigkeit, Mund und Nase, soviel möglich, verwahren kann), und je kräftiger sie ist, je heftiger sie stinkt. Weilen nun dieser Gestank sehr durchdringend ist und die mit Silberglätte geschriebene Buchstaben davon anlaufen und schwarz werden, so hat man nicht nötig, das Blatt, worauf die unsichtbare Schrift ist, selbsten damit zu bestreichen, sondern es ist genug, wenn man nur etwas damit bestreichet, worunter die Schrift lieget. Je heftiger der Gestank ist, je besser dringet er durch, und je tiefer kann das Blatt mit der unsichtbaren Schrift in einem Buche, oder gar unter dasselbige, versteckt werden. Wenn sie stark genug ist, so dringet sie wohl durch ein Brett, auch durch eine dünne Wand hindurch und lässet sich dardurch auf einem leer scheinenden Blatt, so man an die Wand gekleibet, eine Schrift zum Vorscheine bringen, welches ein Unwissender würde vor Zauberei ansehen.

141. Daß dich keine Biene steche:
So nimm 3 Blätter von breitem Wegerich in den Mund unter die Zunge, kreuzweis, und rede nicht, alldieweilen du selbige im Munde hast.

142. Daß dich die Hunde nicht anbellen:
So trage nur Otterkraut bei dir.

143. Hunde, Hühner und dergleichen heimnische Tiergen an sich zu gewöhnen, daß sie einen nicht leichte verlassen, noch außen bleiben:
Gib ihnen das Wasser, darin du deine Hände, ja etwan auch

s. h. deine Füße, zumalen schwitzend, gewaschen hast, je öfter, je besser, zu trinken. Item: Brot unter die schwitzende Achseln gelegt und selbigen zu fressen geben.

144. Das Spielen einem zu vertreiben:

Den Spieler laß die Hände waschen aus einem Wasser, daraus ein toter Mensch ist gesäubert worden.

145. Das Trinken einem zu vertreiben:

Einen grünen Frosch, so bei einer Brunnquell gefunden wird, in einer Maß Weins ersticken lassen und ihn davon ohnwissend trinken lassen.

146. Nachdenklich~ sympathetisches Experiment:

Mercurium sublimatum in einem beschlagenen Phiolgen oder Glas-Kölbgen in trockenem Sande auf ein Feuergen gesetzt und das orificium zugestopft mit einem leinenen Büntelchen, so mit gepülverter Menschen-Hirnschale angefüllet, so fleußt der Mercurius sublimatus wie ein Öl, wenn man aber das Büntelgen wieder hinwegnimmt, so gestockt er wieder.

NOTA: Mehreres von sympathetisch~ und antipathetischen, größtenteils bewährten und gewissen Mitteln findet man, in ziemlicher Menge, in Hrn. D. Jo. Nicol. Martii Unterricht von der Magia naturali, 8vo Frankfurt und Leipzig 1724.

Neuer Anhang

vermischter,
besonders rarer,
angenehm~
und nützlicher
GEHEIMNÜSSE.

1. **Ein schönes Spiel, um zu wissen, wann einer eine Karte ausgezogen und besehen, hernach dieselbe wieder unter die andern ist versteckt worden, was vor eine Karte es gewesen:**

Ihr müsset wohl Achtung geben, daß ehe und bevor ihr eine Karte ausziehen lasset, ihr unvermerkt sehet und behaltet, was die unterste von dem Haufen vor eine Karte gewesen. Wenn ihr nun dieselbe gesehen, möget ihr von einem der herumstehenden Zuschauer frei eine Karte ausziehen lassen. Wenn solches geschehen, so laßt die ausgezogene Karte auf den Tisch niederlegen und leget den ganzen Haufen oben darauf. Alsdenn mögt ihr den Haufen abheben und wieder auflegen, so oft als es euch wird gutdünken. Wollet ihr nun die ausgezogene Karte hervorbringen, so suchet in dem Haufen diejenige Karte, welche ihr gesehen und welche die unterste von dem Haufen gewesen; wenn ihr nun selbige gefunden, so ist die nächst voranliegende eben die ausgezogene Karte und ist solche hiermit entdecket. Dieses Spiel verdienet wohl gefaßt und beobachtet zu werden, denn es ist gleichsam das Fundament von vielen andern dergleichen Spielen, dessen man öfters bedarf, wie nicht minder auch der Geschwindigkeit, immaßen selbige sonderlich zu dieser und andern Kartenkünsten erfordert wird.

2. **Eine Karte ausziehen zu lassen, dieselbe unter die andern wieder zu mengen und hernach zu fragen, in welcher Zahl man verlanget, daß sich seine Karte solle befinden. Ist ein schön und wunderlich Spiel:**

Anfangs macht es mit diesem als wie mit dem vorhergehenden Spiel, und wenn ihr die ausgezogene Karte gefunden habt, so bringet selbige unvermerkt, etwan einer vorgeschützten andern Ursache wegen auf die Seite gehend, oder auch unter dem Tische mit einer Geschwindigkeit wieder zuunterst des Haufens, indeme ihr die von unten her voran liegende Blätter nur dörft oben auf den Haufen legen. Fraget dann, in welcher Zahl die ausgezogene Karte sich befinden solle. Wenn man nun zum Exempel die sechste wählet, so müßt ihr noch unter dem Tische oben von dem Haufen 5 Blätter abnehmen und selbige wieder zuunterst des Haufens unter das ausgezogene Blatt legen. Alsdann möget ihr das Kartenspiel hervorziehen und ihme vor Augen in der sechsten Zahl von unten herauf sein Blatt vorweisen. Solchergestalten wird es euch leichtfallen, jedesmal die Karte in der verlangten Zahl zu liefern.

3. Eine Karte ausziehen zu lassen und, nachdeme sie besehen, wieder unter die andern zu verstecken, hernacher 3 Karten zu zeigen, worunter die ausgezogene Karte nicht zu finden, als aber dieselbigen noch einmal besehen, darunter befunden werden solle. Ist wunderlich anzusehen:

Dieses müßt ihr ebenmäßig wie das erstere Spiel anfangen, und wenn ihr die ausgezogene Karte werdet gefunden haben, dieselbe gleichergestalten zuunterst des Haufens, ohne selbige von denen Zuschauern erkennen zu lassen, stecken, jedoch so, daß sie ein wenig vorausrage, hernach müßt ihr noch eine andere Karte vor jene stecken, die denen übrigen Blättern in der Höhe gleich stehe, damit jenes Blatt durch dieses bedeckt seie. Hierauf könnet ihr diese vor jener zuunterst steckenden Karte, nebst dem ganzen Spiele, vorzeigen und fragen, ob diese das ausgezogene Blatt seie. Wenn man nun nein saget, so lasset das Kartenspiel sinken, und in der Geschwindigkeit ziehet das hervorragende rechte Blatt heraus, so das andere ist von unten her, und leget selbiges, anstatt des vorgezeigten Blattes, verkehrt auf den Tisch nieder. Hierauf verschießet die Karte fein durcheinander und lasset abermals das unterste Blatt sehen mit dieser Frage, ob solches nicht das rechte Blatt seie. Man wird gleichergestalten nein sagen. Alsdann leget auch dieses bei dem vorigen Blatte verkehrt auf den Tisch nieder, und auf jetzt beschriebene Weise zeiget dann noch ein anderes Blatt vor, welches ihr ebenfalls bei den andern beeden hin auf den Tisch leget. Hiebei nun könnet ihr euch etwas fremde erzeigen und, wenn es die Gelegenheit mit sich bringet, eine Wette anschlagen, nämlich daß unter den dreien auf dem Tische liegenden Kartenblättern das ausgezogene rechte gewiß müsse mit befindlich sein, welches sich auch nicht anderst wird befinden und mancher hierüber in nicht geringe Verwunderung geraten; alleine Geschwindigkeit ist keine Hexerei.

4. Ein ganzes Kartenspiel, nach geschehener
  Vermischung, eilfertig und unangesehen
  in viele Häufgen zu zerteilen, dergestalten,
  daß die untersten Blätter nach Belieben
  alle entweder gemalte oder schlechte Karten
  seien:

Hierzu müßt ihr ein absonderliches Kartenspiel bereiten, nämlich ihr müßt die gemalte oder Bilderkarten von unten und oben, die schlechten aber an den Seiten beschneiden oder kürzen, dergestalten, daß jene kürzer als diese, diese aber schmäler als jene seien. Wenn sie solchergestalten verfertiget sind, könnet ihr sie untereinander vermischen und soviel Häufgen davon machen, als euch belieben wird; wollet ihr dann, daß die unterste Blätter alle Bilderkarten seien, so müsset ihr das Kartenspiel, wann ihr Häufgen macht, nach der Breite, im Falle aber ihr lauter schlechte Karten unten haben wollet, dieselben nach der Länge abheben. Und könnet ihr auf solche Weise damit kurzweilen und eure Umstehende verwundernd machen, nach eigenem Gefallen; jedoch befleißiget euch der Behendigkeit, damit man euch eure Kunstgriffe nicht abmerke, und laßt euer Kartenspiel niemanden anders in die Hände kommen.

5. Einem eine Karte in die Hand zu geben,
  welche er schon vorhin besehen,
  und wenn er selbige wieder anschauet,
  solle es schon eine andere sein:

Dieses recht und mit Verwunderung zu bewerkstelligen ist nötig, daß ihrs wie das obige erstere Spiel anfahet, und wenn ihr das ausgezogene Blatt werdet gefunden haben, müßt ihr selbiges zuunterst vorn anfügen und das nächstfolgende Blatt ein wenig oben hinausschießen oder hervorragen lassen, solches auch mit der Hand umgeben, daß mans nicht sehen könne. Diesem nach lasset das unterste Blatt sehen und fraget, ob solches die ausgezogene Karte seie. Und als man ja geantwortet, so lasset die Hand ein wenig sinken, indem ziehet die Karte hervor, welche ihr vorhin ein wenig oben hinaus gebracht, und haltet sie eurem vorhin befragten Freunde in seiner Hand feste. Er aber wird nichts anders vermeinen, als daß es seine ausgezogene und von ihm besehene Karte seie. Inzwischen möget ihr euch mit diesem oder jenem etwas aufhalten und alsdenn sagen, daß er nun seine Karte besehe und hervorbringe, und siehe, da wird er sich verwundern, nichts anders denkend, als sie seie ihm in seiner Hand verwandelt.

6. **Einige Häufgen mit der Karten zu machen, sprechende, ihr wollet wissen und anzeigen, was bei jedem vor ein Blatt obenauf liege:**

Nachdeme ihr die Karte gemischt, müßt ihr wahrnehmen, unvermerkt das oberste von allen Blättern zu sehen und im Gedächtnis zu behalten, ehe und bevor ihr beginnet, die Häufgen zu legen; machet alsdann der Häufgen soviel, wie ihr immer wollet, und wenn ihr dann wollt ansagen, was da vor Karten oben aufliegen, so nehmet von einem Häufgen eine Karte ab, sprechende, das ist diejenige, die ihr nämlich allbereits vorhin gesehen. Die abgenommene Karte, welche ihr wohl, nicht aber die Zuschauer, ansehen dörft, behaltet in der Hand, und wenn ihr von einem andern Häufgen eine nehmet, so nennet dabei diejenige, welche ihr bereits in euer Hand habt, nehmet darnach wieder eine andere, dabei nennende die schon vorher abgenommene und zu der andern in die Hand gesteckte, und so forthin, bis ihr die letzte nehmt, welche diejenige ist, so ihr anfangs gesehen und behalten und die ihr nun unvermerkt in der Hand vornenan müßt stecken. Hernacher zeiget denen Zuschauern alle diejenge Karten, die ihr abgenommen, und sie werden sich darüber verwundern.

7. Einem sein ausgezogenes und wieder hineingestecktes Kartenblatt wieder zu liefern, obschon das Spiel vermischt ist worden:

Nehmt eine ganze Karte (nämlich ein ganzes Spiel) in die Hand und menget sie, merket aber, was das unterste Blatt vor eines seie; tut die Karte unter den Tisch und zählet davon heimlich bei euch selbst von oben herab 10 Blätter hinweg; dann ziehet das unterste hervor und leget es auf die Karte, auf dieses aber die 10 Blätter, so ihr heimlich zuvor hinweggezählt; nehmt die Karte wieder hervor, ziehet davon unten etliche Blätter herfür und leget sie verkehrt einzeln auf den Tisch, nehmet ingleichem von oben etliche Blätter hinweg und leget sie darzu, alsdenn wieder von unten, wie auch von oben; dieses muß fein behende geschehen, daß es der andere nicht merke. Ihr müßt aber die Blätter, so ihr von oben herabnehmt, heimlich bei euch zählen, damit ihr deren nicht mehr, auch nicht weniger als 10 herabziehet, dann ist das 11te Blatt dasjenige, so zuerst unten gelegen und das ihr gemerket habt. Heißt alsdann jemand aus denenjenigen Blättern, so ihr unten hervorgezogen, auch oben herabgenommen, ein Blatt nehmen und dasselbige ansehen, sprecht, er soll es auf dasjenige, von welchem ihr die 10 Blätter oben weggenommen, legen; tut dann die andern alle, so ihr unten herfürgezogen, auch oben herabgenommen, darauf, und mischet die Karte ein wenig, jedoch also, daß ihr diese zwei Blätter nicht voneinander trennet. Dann sehet die Karten durch von unten her, wo die Farben der Blätter sind, und wenn das Blatt kömmt, das zu allererst unten gelegen und ihr in den Sinn genommen, so ist das folgende dasjenige, welches die Person genommen und besehen hat.

8. Ebendieses auf eine leichtere und verwunderungswürdigere Art zu bewerkstelligen. Worzu aber, der Figuren derer Blätter wegen, eine teutsche Karte besser taugt als eine französische:

Leget anfänglich in geheim alle Blätter des ganzen Spiels einen Weg so, daß deren keines unters über sich stecke. Nachgehends mögt ihr solches Spiel bei Gelegenheit zum

Vorschein bringen und, um allen Argwohn um so mehr zu vermeiden, selbiges vor denen Augen aller beiwesenden Personen wohl mengen. Alsdann lasset jemand eine Karte ausziehen und besehen, inzwischen drehet die ganze Karte in eurer Hand behende um (indeme ihr zur Abwendung aller Aufmerksamkeit denen Zuschauern etwas vorplaudern könnet) und lasset das ausgezogene Blatt wieder einstecken. Hierauf mögt ihr das Spiel wieder mengen, solang und soviel ihr wollet, und wenn solches geschehen, so suchet in der Karten, und ihr werdet befinden, daß das ausgezogene Blatt denen andern entgegen lieget, solches ergreifet dann und leget es denen Zuschauern vor Augen. Hütet euch aber, daß bei dem Nachsuchen des Blatts euch niemand anders in die Karte schaue, so wird bei allen Unwissenden eine allgemeine Verwunderung entstehen.

9. Einen eine Karte abheben und besehen,
   auch dieselbe wieder auf das Kartenspiel legen
   zu lassen und zu machen, daß es eine andere
   sein solle:

Anfänglich kehret in geheim 3 oder mehr Karten von einem ganzen Spiel um, also daß unten und oben das Spiel bedeckt seie. Ergreifet selbiges sodann, solches unten mit der Hand wohl bedeckende, und lasset jemanden von oben ein Blatt abheben und besehen und wieder oben drauf legen. Hiemit lasset Hand und Karte sinken und kehret die ganze Karte oder das Spiel mit Geschwindigkeit um und fraget dann, was vor ein Blatt obenauf lieget. Die Zuschauer werden anders nicht denken, als daß diejenige Karte oben lieget, die sie gesehen und selbsten darauf geleget haben: Wollen sie dann solches hartnäckig behaupten, so schlaget eine Wette mit ihnen an und gewinnet eine Kanne Weins, maßen ihr nicht allemal eure Künste müsset umsonst tun.

10. Vier gleiche Karten beieinander zu bringen ohne
    Vermischung der Karten, da ihr doch solche
    an verschiedene Örter verstecket. Ist seltsam
    anzusehen:

Bringet im Anfang angesichts aller Zuschauer 4 gleiche Karten beisammen und füget sie unten an das Spiel; hernacher praktiziret mit Behendigkeit ganz unvermerkt (so ihr der Sache anders nicht zu raten wißt, wenigstens unterm Tische) zwo andere Karten zwischen die unterste und die übrigen dreie von denen 4 gleichen Karten, so, daß jene 2 von der untersten derer 4 gleichen bedecket seie; ziehet alsdann jetzt bemeldte unterste Karte herfür, dergestalten, daß die Zuschauer selbige gleichsam nur von ungefähr sehen, und, daß es eine von den 4 gleichen seie, erkönnen mögen, und leget sie oben auf das Spiel, sagende, das ist eine von den 4 gleichen. Ziehet noch eine (nämlich die nach der jetzt besagten untersten derer 4 gleichen folgende und zwischen ein gesteckte erstere derer 2 ungleichen Karten) von unten aus, sagende, das ist die andere, und, ohne dieselbe sehen zu lassen, stecket sie behende mitten ins Spiel; desgleichen verfahrt auch mit der dritten, als der andern von denen 2 ungleichen Karten, und stecket sie noch an eine andere Stelle des Spiels. Die Zuschauer werden indessen anders nicht vermeinen, als ob die beeden letztern 2 von denen 4 gleichen Blättern wären und deren nur eines oben und eines noch unten läge, da doch würklich noch 3 derselbigen unten beisammen liegen. Alsdann hebet die Karte ab und setzet den untern auf den abgehobenen Haufen, so habt ihr solchergestalten die oft erwähnten 4 gleichen Blätter alle beieinander, welches die Zuschauer beim Nachsuchen selbsten nicht anders finden werden.

NOTA:
Vördersamst wird zu geschickter Vollbringung aller dergleichen Kartenkünsten erfordert, daß ihr, vermittelst vielmaliger Übung, euch eine sonderbare Behendigkeit erlangen und, zeit währenden wohl vergönnten Kurzweilens mit solchen unschuldigen Spielen, die Zuschauer mit allerhand eingestreueten Reden, Erzählungen und Zwischenverrichtungen zu unterhalten und von genauer Aufmerksamkeit auf eure Hände abzuhalten wissen möget, damit durch solche Mittel es das Ansehen gewinne, als ob

ihr fürnehmlich zu der Zeit, da ihr auf glückliches Anbringen ein und andern hauptsächlichen Kunstgriffes bei euch selbsten am aufmerksamsten seid, das Spiel am allernachlässigsten traktieret, ihr könnet zum Exempel öftermalige Absätze bei dem Spiel anbringen unter diesem oder jenem Vorwand (das Kartenspiel, als gleichsam nur aus Unachtsamkeit, entweder in der Hand behaltende oder auch selbiges inzwischen, nach Gestalt der Sachen, jedoch unter eurer genauen Aufsicht, beiseits legende und nachgehends, mit Beobachtung eures Vorteils, solches wieder ergreifende), zu einem oder anderm der Anwesenden einige Augenblicke auf die Seite treten, einen Blick aus dem Fenster tun, in dem Zimmer auf und nieder gehen, eine Pfeife Tobak einstoppen und anstecken, eine Tasse Coffé einschenken und austrinken, eine Prise aus der Tabaquiere nehmen etc. oder, wenn sichs endlich anders nicht tun will lassen, das Kartenspiel öffentlich unter den Tisch nehmen.

11. **Noch ein wunderseltsames Spiel, um ein Kartenblatt, welches einer ungefähr aus dem Kartenspiel gezogen, in dem Spiegel zu weisen oder an einem andern selbsterwählten Orte finden zu lassen:**

Dieses kommt dem Unwissenden fast unglaublich vor und sollten es einige vor Zauberei ansehen; da es doch dem, der die Kunst weiß, ganz leicht ist. Ich lasse einen ein Blatt aus der Karten ziehen und wieder hineinstecken oder auch wohl zum Fenster hinauswerfen und weise ihm solches Blatt in dem Spiegel, entweder, daß das Blatt in dem Spiegel stecket oder daß ich es in meiner Karten vor den Spiegel halte und desselben Figur darinnen sehen lasse. Nun ist die Frage: Wie solches sein könne?

Weil diese Sache selten, muß man sich darzu bereiten, wie solche Brotkünstler zu tun pflegen. Sie lassen bei einem Kartenmacher etliche Kartenspiele machen, deren jegliches besteht nur aus einerlei Blättern, als etwan 36 Blättern Herz-Sechser, 36 Blätter Eichel-Daus etc. Solcher Spiele nehmen sie etliche zu sich und stecken heimlich ein Blatt von deren einem gegen das Spiegelglas in den Rahmen, wenden alsdann den Spiegel um; eines legen sie in ein Buch, wieder eines unter einen Teppich, noch eines verschließen sie irgend in eine Küste oder in ein entlegenes Zimmer, und so weiter, nachdeme sich die Gelegenheit, etwas zu verbergen, füget. Lassen alsdann jemanden ein Blatt aus solchem Spiele nehmen, selbiges besehen, andern weisen und wieder in das Spiel stecken, mischen, zählen und sprechen etliche Worte, um die Kunst zu bergen, sagende: Nun wählet, soll euer Blatt in dem Spiegel stecken, in dem Buche liegen oder unter dem Teppich, in einer Küsten oder in dem und dem Zimmer zu finden sein? Wo man nun saget, da lieget nicht eben das nämliche, aber ein der Figur nach gleiches Blatt.

Will man die Kunst öfter machen, so muß man solcher Kartenspiele zerschiedene haben, damit immerzu ein anderes Blatt zum Vorschein komme und der Meister nicht zuschanden werde. Man hat sich auch wohl vorzusehen, daß man solche Karten niemanden unter die Hände kommen, noch jemand in das Spiel blicken lasse; gleichergestalten muß man die übrigen hin und wieder versteckten gleichen Blätter, nach geendigtem Spiele, wissen in geheim wieder zu sich zu praktizieren, damit sie von niemand gefunden werden. Item: Bei Wiederholung des Spiels hat man sich zu hüten, daß man nicht an einen solchen Orte ein Blatt hin verstecke, wo schon ein anderes verborgen liegt, zu solchem Ende (wo man inzwischen keine Gelegenheit gefunden, die versteckten Blätter heimlich hinweg- und an deren Stelle andere hinzubringen) müssen die zu erwählende Örter jedesmal geändert werden. Derohalben ist am besten, daß dieses Spiel, als ein Prinzipalstück, jederzeit zuletzt allererst auf die Bahn gebracht werde, wenn es an deme ist, daß die Gesellschaft will auseinandergehen, damit man so leicht nicht genötiget möge werden, selbiges zu wiederholen. **NB.** Das Verstecken aber der Blätter muß schon geschehen sein, ehe man zusammenkommt. Summa, es ist nicht wohl möglich, all und jede bei dergleichen Spielen zu beobachten nötige Kautelen zu beschreiben; man muß auch wissen, durch eigene Verschlagenheit sich zu raten.

12. **Zu machen, daß ein Fisch, Bild oder ander Corpus auf einem Tisch, ohne einiges Uhrwerk, hin und her sich bewege, nicht über den Tisch hinabfalle, sondern sich selbst zur rechten Zeit wende:**

Die Operation dieser Aufgabe ist so subtil nicht, als sie anfänglich scheinet: Denn man nimmt nur einen Roßkäfer, setzt ihn verborgenerweise unter ein leichtes, von innen mit ein wenig Wagenschmier bestrichenes Corpus, so unten hohl, oben in die Rundung erhöht und auf dem Tische ganz aufstehet, und läßt ihn also marschieren. Weil nun der arme Gefangene wollte gerne ledig sein, sucht er an allen Orten sein Heil, kreucht auf dem Tische hin und her und führet das Corpus mit sich, darunter er stecket; so darf man sich auch nicht besorgen, wenn er zu einem Ende des Tisches gelanget, daß er hinabfalle, sondern er wird sich wenden und seinen Marsch wieder auf den Tisch hineinwärts nehmen, welches denen Unwissenden ein großes Geheimnis ist.

Gleichergestalten kann man ein leichtes Corpus von subtilem Papier machen und nur eine Fliege oder Mücke darunterstecken oder selbige mit den Fliegeln an das Corpus kleben, dergestalten, daß sie von dem Corpore rund umher umgeben und man derselben nicht könne gewahr werden, doch daß sie kriechen könne. Also kann man auch von Papier Schildkröten formieren, Fliegen darunter kleben und sie an den Wänden kriechen lassen.

13. **Daß ein Ei sich von selbsten auf einem Tische hin und her bewege:**

Blase ein Ei ganz aus, daß keine Materie darinnen bleibe, lasse eine Blutegel in das Ei laufen, vermache die Löchlein mit schneeweißem Wachs und mit großer Geschicklichkeit, damit man das Wachs von der Eierschalen so leicht nicht unterscheiden könne. Weilen nun der Egel kein frischer Luft zukommen kann, wird sie sich, bis sie stirbet, eine geraume Zeit in dem Ei hin und her bewegen und also mit der Zuschauer Verwunderung das Ei auf dem Tische hin und wider treiben.

14. Auf eine wunderbarliche Art zu erraten, wieviel Zahlpfennige eine Person in der Hand hat:

Um diesem Spiele ein sonderbares Ansehen zu geben und, damit die Zuschauer sich um so weniger darein zu finden wissen mögen, wie die Sache zugehe, lasset euch in einen Schubsack des anhabenden Kleides oder in eine besondere Tasche oder Beutel 5, 6, 8, 10 oder mehr unterschiedene Fache machen, in deren jedes ihr mit der Hand geräumlich möget ein- und ausfahren, auch jedes oben mit einem Stückgen Blech oder Pergament versehen, um hierauf nach der Ordnung die Nummern 1, 2, 3, 4 etc. zu setzen, jedoch so, daß von außen die Zuschauer der Fache sowenig als der Blech- oder Pergamentstückgen mit den Nummern können gewahr werden. Nun tut vor angehendem Spiele zu Hause im verborgenen in das erste Fach, Numero 1, nach Belieben zum Exempel 10 Stücke der kleinsten Gattung Zahlpfennige, in das 2te Fach 12 oder 15 Stück derselben, in das 3te deren 20, 21, 22 oder 23, in das 4te 25, 26 oder mehr und so fort in das 5te, 6te, 7de Fach immer eine größere Anzahl; jedoch darf deren in keinem Fache eine größere Menge sein, als man mit der Hand auf einmal fassen und darinnen füglich verbergen kann. Jetzt müßt ihr die ganze Zeit über gar eigentlich im Gedächtnis behalten, wieviel Zahlpfennige ihr in ein jedes Fach getan habt, oder ihr mögt auch, zu eurem Behufe, deren Anzahl bei jeder Nummer auf das Stückgen Blech oder Pergament verzeichnen oder aber auf ein daselbst besonders angenähtes Stückgen Karte, als in welchem letzern Falle man auch sogar keines mit Nummern bezeichneten Blech- oder Pergamentstückgens bedarf. Wenn es euch nun daucht Zeit zu sein, die Gesellschaft durch euer Spiel in Verwunderung zu setzen, so leget aus einem andern Beutel einen Haufen Zahlpfennige auf den Tisch und sprecht, es solle deren soviel in die Hand nehmen, als ihme selbsten beliebet, jedoch daß die Anzahl derselben die Summe zum Exempel von 22 nicht übersteige. Wenn solches nun von einem aus der Gesellschaft verrichtet worden, so kehret euch einen Augenblick um, greifet in euren Schubsack oder Tasche und nehmet aus demjenigen bezeichneten und anjetzo sorgfältig von euch zu beobachtenden Fache, darinnen die benannte Anzahl von 22 Zahlpfennigen stecket, mit großer Behendigkeit selbige alle in eure Hand, ohne aus Versehen deren irgendeinen zurückezulassen, schließet die Hand feste zu und, selbige gegen eures Freundes mit seinen vom Tische genommenen Zahlpfennigen geschlossene Hand haltende, sprechet, er solle nun seine hinweggenommene Zahlpfennige wieder hin auf den Tisch zählen, so wollet ihr von denen aus eurer Tasche ergriffenen Zahlpfennigen denenselbigen soviel Stücke zulegen, bis die mehr benannte Zahl der 22 voll werde, und sodann in eurer Hand noch just soviel übrigbehalten, als er deren anfänglich von dem Tische hinweggenommen und jetzt wieder hingezählet hat; will ers nun nicht glauben, so mögt ihr darauf wetten und euer Vorgeben mit der Tat beweisen, es wird nicht um einen fehlen. Hierauf lasset einen andern eine beliebige Anzahl der Zahlpfennige von dem Tische nehmen, benennet ihme aber eine andere Summe von denen in einem andern Fache eurer Tasche steckenden Zahlpfennigen, die er nicht überschreiten solle, und verfahret im übrigen erstbeschriebenermaßen, und so weiter fort, solange die in denen zerschiedenen Fächern eurer Tasche befindliche Zahlpfennige solches gestatten. So werdet ihr, nach etlichmaliger Wiederholung und gleichwohl immerzu geschehender Veränderung der angegebenen nicht zu überschreitenden Summe, eine große Verwunderung erwecken. Aber hütet euch, daß euch niemand eure Tasche besichtige oder visitiere, noch euch, wenn ihr euch umkehret, von hintenzu den Vorteil abmerke. So werden die Zuschauer glauben, ihr habet die verlangte Anzahl der Zahlpfennige gleich so schlechthin nur im Griffe und daß ihr müßet zaubern können.

15. Einem sein Hembd durch einen seiner Wammes-Ärmel ganz und ohnzerrissen herauszuziehen:

Wie wunderlich dieses einem erstlich vorkommet, ist leichtlich zu erachten; alleine, wenn man es gelernet, wird man des Schnacken müssen lachen. Lasse einem das ganze Hembd hinten über den Rücken hangen und vornen also an dem Halse zuknöpfen; die beeden Ärmel aber durch die Wammes-Ärmel bloß allein durchstecken und vornen bei den Händen auch zumachen, dergestalten, daß die Zuschauer nachgehends nicht anderst meinen, als habe er das Hembd recht an, wie sichs gebühret. Wette nun mit einem andern, du wolltest jenem sein ganzes Hembd durch den rechten Wammes-Ärmel herausziehen: So du nun praktizieren sollst, lasse jenen die Knöffgen an dem Hembde allenthalben, wie auch die Wammes-Ärmel, so weit als man kann, aufmachen, greife ihme oben zu dem Wammes hinein, ziehe den linken Ärmel des Hembdes allgemach durch den Wammes-Ärmel, doch daß er ungesehen in dem Wammes verbleibe; zum andern greife ihm an dem Rücken hinein, hilfe dem hinabhangenden Hembde ein wenig gegen der rechten Hand in die Höhe; drittens fange bei dem rechten Ärmel an, das Hembd zu ziehen, hilf mit der andern Hand immer am Rücken hernach, so bringest du mit Verwunderung aller Umstehenden das Hembd ganz durch den Ärmel.

16. **Eine Katze an einem Messer an die Wand zu hängen, daß es scheinet, als wäre sie ganz durchstochen:**
Nehmet ein etwas stumpfes und ziemlich langes Eßmesser, fasset der Katzen die Haut auf dem Rücken mit der einen Hand, wickelt solche fein gehebe ein paarmal um die Schneide und Rücken des Messers herum, stecket das Messer also in die Wand, so wird die Katze daran hängenbleiben und die Sache ein wunderliches Aussehen bekommen.

17. **Eine ganz unbändige Henne auf eine kurze Zeit so zahm zu machen, daß sie von selbsten unbeweglich stille und in großen Forchten sitze:**
Wollt ihr eine wunderliche Kurzweil anfangen, so nehmt eine Henne, sie seie sonsten so wild, als sie wolle, setzet sie auf einen Tisch, haltet ihr den Schnabel auf den Tisch, fahret ihr mit einer Kreiden über den Schnabel her, nach der Länge hinaus, daß die Kreide von dem Schnabel an einen starken langen Strich auf den Tisch mache, lasset

die Henne also ledig, so wird sie ganz erschrocken stille sitzen, den Strich mit unverwandten Augen ansehen und, wenn nur die Umstehenden sich stille halten, nicht leichtlich von dannen fliegen.

Ebendieses geschiehet auch, wenn man die Henne auf einem Tische hält und ihr über die Augen einen Span leget.

18. Zwo Hennen auf zween Fingern bei Nachtszeiten in eine Stube zu tragen:

Gehet zu nachts in einen Hühnerstall, und wann die Hühner zu ihrer Ruhe aufgesessen, so bringet ihrer zwoen, zween Finger unter die Klauen, so sitzen sie auf und leiden, daß ihr sie traget, wohin euch beliebet, einen so starken Schlaf haben die Hühner; die Hahnen aber sind leichtlich zu erwecken.

19. Eine wunderliche Experienz von Käfern, wie stark sie das Gehör affizieren:

Wollt ihr eine seltsame Experienz machen, so leget einem vor Schlafengehen in geheim eine Düte oder Gucke voll Maienkäfer unter sein Haupt-Küssen. Wenn sich nun derjenige, deme es vermeinet und dem der Possen nicht vorhin schon bekannt muß sein, darauf legt, wird er, weilen die Käfer gedrückt werden, ein überaus großes Getös hören, sobald er aber den Kopf von dem Küssen erhebt, nichts mehr spüren und dies, sooft er den Kopf wieder niederlegt und wieder emporhebt, bis er endlich der Sache so überdrüssig und müde wird, daß, wo er anderst nicht die Düte mit den Käfern entdecket und auf die Seite schafft, er gar aufstehen und das Bett verlassen muß.

20. Licht ohne einige Flamme in einen finstern Ort zu bringen:

Es füget sich vielmals, daß eine Sache zur Nachtzeit einem unter den Tisch fället, wenn man nun solche ohne Licht wieder suchen will, ist ein Spiegel darzu sonderlich dienlich: Man fängt nämlich die Strahlen eines helle brennenden Lichtes in dem Spiegel auf und neiget oder leitet dieselben, wie und wohin man will, in das Finstere, da man denn das Verlorne leichtlich sehen kann.

21. Eine zerbrochene steinerne Tobakspfeife zu leimen:

Es geschiehet öfters, daß eine steinerne Tobakspfeife voneinanderbricht und man nicht alsobald eine andere kann zu kaufen bekommen. Solche nun zu leimen, ritzet euch ein wenig an den Arm, daß ihr nur ein Tröpfgen Bluts bekommet, hiermit leimet die Tobakspfeife.

22. Zu machen, daß ein Degen gerne ausgehet:

Weilen die Degen gemeiniglich an den Spitzen zu rosten und dieser Ursache wegen ungerne aus der Scheide zu gehen pflegen, so kommen die Schwertfeger solchem Übel zuvor damit, daß sie die Spitzen nur mit Inschlitt oder Talg schmieren.

23. Aus Gips schöne Bilder zu machen, auf eine leichte Art:

Zu Liegnitz in Schlesien ist ein Bäckergeselle gewesen, welcher allerhand schöne Bilder von Gips wußte zu machen, indeme er den Gips mit Gummi-Tragant und Zucker anriebe, hernach diese Massam in Formen, die mit Mandelöle geschmiert waren, eindrückte und also trocknen ließe. Diese kleine Statuen sahen sehr sauber und hatten eine annehmliche Glätte; es muß aber der Tragant zuvor zwei oder drei Tage in Wasser weichen.

24. Zu jeder Jahrszeit augenblicklich eine große Kälte ohne Schnee, Eis oder Salpeter zu verursachen:

Solches zu bewerkstelligen lehret uns der große Boyle, Mitglied der Königl. Engelländischen Sozietät, und zwar folgendergestalten:

Man solle 1 Pfund Salmiaks in ungefähr 3 Maß Wassers zergehen lassen, entweder zugleich und auf einmal, wenn man besonders eine starke und heftige, aber nur kurz anhaltende Kälte will verursachen, oder aber zu Teilen und zu unterschiedlichen Malen, wenn eine nicht so heftige, aber langwürige Kälte hervorzubringen begehret wird. Nachdeme nun solches Pulver im Wasser ist, soll man es mit etwas Harts umrühren, damit dieses Salz schleunig zergehe, angemerkt die gedachte Kälte einig und allein durch die Fertigkeit der Zerteilung hervorgebracht wird.

25. Das Feuer im Rauchfange, Schlot oder Kamin zu löschen:

Nehmet einen Löffel voll Schießpulvers, befeuchtet es mit Speichel oder Wasser, daß es zu einem Teige wird, zündet es hernach just unter dem feurigen Rauchfange an, so gibt es einen starken Dunst. Das muß nun zu 2 oder 3 Malen wiederholet werden, so wird man mit Verwunderung sehen, daß sich das obere Feuer von diesem Dampfe löschet, und werden die brennende Rußflocken häufig herabfallen.

Oder:

Man ergreifet eine mit einem guten Schuß Pulvers nur blind geladene Flinte und feuert selbige gerade in den Rauchfang haltende ab.

26. In der Not behende eine Dinte zu machen:

Haltet ein brennendes Wachslicht unter ein sauberes Becken, bis daß sich ein Ziemliches von Ruß daran gehänget, gießet dann ein wenig warmen Gummiwassers darein und temperierts durcheinander, so ist es eine zur Not brauchbare Dinte, fast zu vergleichen einem angeriebenen Tusch, denn es darf mit dem Wasser nicht allzusehr verdünnet werden.

27. Raben oder Krähen lebendig zu fahen auf eine leichte und lustige Weise:

Machet Düten oder Gucken von starkem grau- oder blauen Papiere, beschmieret selbige von innen mit Vogelleim oder Wagenschmiere und tut einige Stückgen stinkenden Fleisches hinein, um hierdurch dergleichen Vögel herbeizulocken. Wenn nun die Vögel den Kopf in solche Düten stecken, um das Fleisch herauszulangen, so hänget sich ihnen der Leim an die Federn, und die Düten bleiben ihnen als Kappen über dem Kopf und einem Teile des Oberleibes stehen, dergestalten daß, wenn sie wollen davonfliegen, sie solches nicht können bewerkstelligen und euch hiernächst nicht schwer wird fallen, sie zu fahen.

28. Besonders Experiment, das Schwaben-Geziefer aus denen Häusern zu vertreiben:

Christian Lehmann in seinem Historischen Schauplatze derer natürlichen Merkwürdigkeiten in dem Meißnischen Ober-Erzgebirge pag. m. 636 sq. erteilet hiervon folgende Nachricht: Zu Schwarzenberg hatte eine Wirtin viel Holunderblüt in die Stube getragen, selbige zu truckenen. Die Schwaben wichen alle aus der Stuben und marschierten in den Stall. Da sie des Dings gewahr wird, spricht sie: Ich will doch Wunders wegen die Holunderblüten in Stall tragen und sehen, ob sie dann darfür auch weichen werden, dann ich sonst nicht wissen kann, warum sie aus der Stuben gezogen. Da sie das tut, weichen sie auch aus dem Stall und begeben sich in des Nachbars Haus.

29. Bei dunkelfarbigen Pferden weiße Sterne an deren Stirnen zuwege zu bringen:

Wenn die Roßtäuscher an den Stirnen der Pferde weiße Sterne verlangen zum Vorschein zu bringen, so pflegen sie ihnen daselbsten zum öftern die Haare auszuraufen und wissen aus der Erfahrung, daß vermittelst solch öftermaligen Ausraufens weiße Haare nachwachsen. Aus diesem Grunde wird gemißbilligt, wenn einige Personen sich der grauen Haare durch das Ausraufen zu entledigen gedenken, welches doch viele im Brauch haben.

30. Auserlesenes Mittel wider die Runzeln und Flecken des Angesichtes:

Dem verrunzelt~ und fleckigten Frauenzimmer zum Dienst und Gefallen wollen wir hier das beste Mittel anführen, dardurch sie können ihr Alter und Häßlichkeit verbergen: Lasset zart geriebenen und mit frischem Eierweiß zuvor wohl geklopft~ und zerrührten Alaun in einem Töpfgen gelinde kochen, unter stetigem Umrühren mit einer hölzernen Spatul, bis es die Dicke eines Sälbgens erlanget. Hiermit binnen 2 oder 3 Tagen das Angesicht morgens und abends bestrichen, so werdet ihr beobachten, daß selbiges nicht allein von Runzeln und Flecken befreiet, sondern auch über die Maßen schön und angenehm wird erscheinen. Sündlichen Mißbrauch mögen leichte Seelen auf ihre Rechnung nehmen, tugendhafte verabscheuen solchen von selbsten.

31. Die Blattergruben und Verunstaltung von Blattern oder Urschlechten zu vermeiden:

Wenn die Blattern oder Urschlechten reif oder zeitig sind und mitten innen gleichsam weiße Äuglein sich zeigen, welches ein Kennzeichen ist guter Zeitigung, so müssen selbige täglich 2mal mit frisch ausgepreßtem süßen Mandelöle, vermittelst einer Feder, linde überstrichen werden, bis sie vollkommen dürre geworden. Solchergestalten werden, wie man vielleicht erfahren, sicherlich keine Merkmale davon zurückebleiben und bringet dieses Öl die abgeschälten Blattern wundersamerweise zur Genesung.

32. Speise oder Kost von ausbündig gutem Geschmack auf großer Herren Tafeln zu verschaffen:

Hierzu wird man gelangen, so man junge Hühngen eine Zeitlang mit Milch und Brotgrumen oder Brosamen füttert, bis sie fett geworden, und selbige sodann zur Tafel bereitet.

Gleichergestalten werden Gänse, mit Feigen gemästet, über die Maßen gut, sowohlen zur Gesundheit, als vor den Geschmack, besonders deren Lebern. Dahero nicht zu verwundern ist, daß die auf der Insul Hispaniola von denen Westindianern mit Zuckerröhren gemästete Schweine von solcher Fürtrefflichkeit befunden werden, daß man deren Fleisch auch denen Febricitanten, ohne allen Nachteil, zu speisen reichet.

33. In einem Teiche häufig Krebse zu zeugen, daß sie darinnen verbleiben und sich sehr vermehren:

Man weiß, daß nicht ein jeder gern Krebse in seinem Teiche hat, weilen sie pflegen die Dämme durchzubohren, besonders wenn neue Teiche angeleget werden. So findet man auch unter 100 Teichen nicht einen, darinnen die Krebse bleiben, sondern kriechen alle heraus und sollte deren gleich eine ansehnliche Menge hineingesetzet werden. Wer aber gern Krebse in seinen Teichen haben und behalten möchte, der lese etliche der schönsten Mutterkrebse aus, die fein große vollkommene Eier haben, tue solche in Fischreusen eingeschlossen in einen Teich und lasse sie so lange darinnen liegen, bis die Eier lebendig geworden und die jungen Krebsgen durch die Reusen hindurch in den Teich gegangen. Diese bleiben nachgehends immerfort darinnen, mehren sich häufig und lassen sich nicht mehr ausrotten.

34. Experiment eines wundersamen Wachstums der Spargen:

Zwischen denen Schilfröhren und Spargen ist eine natürliche sehr große Übereinstimmung zu bemerken: Derohalben wer Verlangen trägt, sowohl schön und große, als auch schmackhaftere Spargen zu zeugen, der seie besorgt, deren Samen an röhrigten Orten zu säen, so wird man selbige aus einer natürlichen Freundschaft wunderbarlicherweise sehen aufwachsen und überhandnehmen. Meines Orts schreibe die Ursache hiervon vielmehr zu einem durch den Wachstum der Röhren (als eines denen Spargen sehr ähnlichen Gewächses) zu erkennen gegebenen bequemen Boden und Gegend als der Würkung einer natürlichen Freundschaft oder Sympathie, welche hiebei nichts besonders zu würken scheinet.

35. Ein herrliches Zimmetöl in Menge zu machen auf einen nicht allzu bekannten Weg:

Nimm 1 Pfund gestoßenen Zimmets, solchen rühre an mit frischem Öle von süßen Mandeln, gleich einem dünnen Müsgen, laß es 12 oder 14 Tage über in einem beschlossenen Geschirre an einem warmen Orte stehen; nachgehends in einer Presse miteinander stark ausgepreßt und filtriert. Solchergestalten erhält man nach Wunsch ein fürtreffliches Öl von Geruch, Farbe und Geschmack des Zimmets. Dienet ungemein sehr, die verlorne Kräfte zu erstatten und die Gesundheit zu erhalten, auch insbesondere denen kreißtend~ oder gebärenden Frauen, und wird bei schwachem Magen sowohlen inn~ als äußerlich gebraucht, vertreibet die kalte Gebresten und ist in Stärkung derer Teile menschlichen Leibes von so kräftiger Würkung, daß seinesgleichen Mittel kaum gefunden kann werden.

36. Dergleichen auf einen andern sehr vorteilhaften Weg:
Nimm die Wässerigkeit, so die Küfer oder Branntenwein-Brennere im Läutern des Branntenweins hinwegzuschütten pflegen, hiermit beize den Zimmet und destilliers in einem Brennzeug, so gibt es nicht allein ein gutes Zimmetwasser, sondern auch zugleich ein herrliches Zimmetöl, aus 1 Pfund Zimmets wohl 4 oder 5 Lot Öls, welches von dem Öle des Weins, das ohnehin etwas Zimmetartiges zu empfinden gibet, herkommen muß.

Derowegen der Versuch zu machen mit dem braunen Öle, so die Küfer haufenweise hinwegzuschütten pflegen, Zimmet mit selbigem zu infundieren und zu destillieren, so erhielte man wohl für 100 Taler Zimmetsöls auf einmal; und ist dieses ein sehr schöner Handgriff. Dann weilen der Spiritus Vini sich complexioniert nach dem extrahendo oder extracto, so wird es das Oleum Vini auch tun und das Zimmetöl daher ebensogut sein, als wenn der Zimmet allein wäre destilliert worden. Welches gleichergestalten auf Gewürznelken, Rosen etc. zu applizieren.

Ein anderer Handgriff ist, wenn man den Spiritum Vini aus dem Branntenwein macht und darnach das Phlegma in einem Glas wohl vermacht eine Zeitlang in digestione stehenläßt, so separiert sich ein weißes Öl und schwimmet oben, und zwar dessen nicht wenig, welches zu obbemeldtem Gebrauche sehr tauglich ist.

37. Kostbar~ und fürtreffliches Zitronenöl:
Solches wird gemacht ohne Feuer und ohne Destillation: Nur das subtileste Gelbe von den Zitronen geschnitten, das Weiße ganz hinweg, so gut man kann; das Gelbe erwärmt oder gebähet, wie bei denen oleis per expressio-

nem gebräuchlich ist, in einer reinen Pfannen, hernach in einer Presse ausgepreßt und filtriert. Zwei Tropfen dieses Öls machen 1 ganze Maß (das ist 2 Leipziger Kannen) Weins sehr wohl nach Zitronen riechen, als ob man viele derselben hätte eingeschnitten, dahingegen das destillierte Zitronenöl, dessen man zwar per destillationem mehr bekommt, widerwärtig ist. Weil. Kurfürst Johann Georg II. in Sachsen hat dieses oleum pro secreto gehalten, dessen Hof-Apotheker zu Dresden selbiges erfunden; allein viele Zitronen werden hierzu erfordert.

38. Pfefferöl:

Nur die Pfefferkörner also ganz mit Wasser begossen und gleich per vesicam destilliert; sodann das Öl von der Wässerigkeit abgesondert, gibt 1 Pfund Pfeffers 1 Quent Öls. Die Pfefferkörner bleiben zum Würzen so gut zu gebrauchen, als sie zuvor gewesen.

Der Handgriff zu bequemer Destillation dieses Öls bestehet darinnen, daß zu 4 oder 5 Pfund der Körner (als welches Gewicht man zu einer Destillation auf einmal nehmen mag) 1 oder 1 und ein halb Quent Terpentins getan werde, so verursacht selbiger, daß das Pfefferöl, welches sehr zähe und sich am Geschirre oder Glas verschmieren würde, fein herabfleußt.

Dieses Pfefferöl ist ein Secretum in Fiebern, ist nicht scharf, hitzet auch nicht, sondern es temperieret sich vielmehr die Hitze dardurch, wie an sich selbsten erfahren hat Hr. D. A.

DOSIS: 1 oder 2 Tropfen auf 1mal.

39. Daß der Acker und der Weinstock beede ihre vollkommene Früchte mögen geben ohne mühsame Düngung:

Nächst bei einem Haufen Viehe-Mists wird ein Loch in die Erde gegraben und darein ein wasserhaltendes Geschirr fest eingestellt, in welches durch eine Rinne das schwarzbraune Wasser von dem Mist jederzeit fließen könne. Solches braune Wasser ist die beste Substanz des Dunges und die einzige vollkommene Nahrung derer Erdgewächse;

gleichwohlen lässet man selbiges insgemein so häufig und so unnützlich hinweglaufen, daß nicht der halbe Teil solcher Essenz in dem Miste bleibet.

Gleichergestalten wird auch der Urin von einer ganzen Familie fleißig gesammlet.

Sodann werden bemeldte beede Wasser, nämlich das vom Miste nebst dem gesammleten Urin, wochentlich oder täglich in eine große Kufe, Bottich oder Ständer gegossen, in ein darunter angebrachtes Öfelein, nach jedes Gelegenheit, von Zeit zu Zeit ein gelindes Feuer angemacht von unnützem Holze, Gespän oder Kohlen, unter ein nächst über dem Öfelein stehendes, zwei Schuh langes Geschirr von Kupfer oder Eisen, in welches aus dem über selbigem, in einiger Erhöhung, feste stehenden Bottich nach Erfordern immerzu etwas von dem Wasser durch ein Zapfenloch abgelassen, von dem heißen Dampf oder Brodem aber der ganze Bottich erwärmt und dämpfend gemacht wird. Solchergestalten geschiehet in dem Bottiche oder Ständer die Digestion und Putrefaktion oder Korruption, welche nachgehends in denen Gewächsen ein edlers gebühret, in dem küpfern~ oder eisernen Geschirre aber wird zugleich die Dickkochung oder Kondensation und Konzentration verrichtet, bei einem Feuer.

Nachdeme nun das Wasser in dcm untern Geschirre von Zeit zu Zeit, einmal wie das andere, bis zur Dicke eines Fürnisses oder Nußöls eingetrocknet, so ists um soviel besser und macht das Korn desto erträglicher, auch bedarf man dessen zu dem Weinstocke desto weniger, etwan zu einem Stock 1 Schoppen oder 1 Nößel. **NB.** Der Bottich oder Ständer muß vor dem Regen bedeckt sein oder unter einem Dache stehen, jedoch wo möglich solchergestalten, daß die Sonne ihn auch bescheinen kann, so ist man manchen Einheizens überhoben.

Gebrauch zu denen Äckern:

Sooft man einerlei Gattung Getreides säen will, wird selbiges zuvor 4 Tag und Nacht über in solcher Essenz erschwellet und erweichen gelassen nur im Kühlen, alsdann mit einer Schaufel in einen großen Korb über dem Bottiche herausgeschöpft, damit die übrige Feistigkeit wieder in den Bottich rinne; hernach solches Getreide ausgesäet.

Auf solche Weise darf man niemals einigen Acker mit Mist überführen und düngen, denn jedes Körnlein nimmt von dieser Essenz sein sattsames Nutriment zu sich, und bleiben die Äcker auf diese Manier von allem Unkraute rein, welches sonsten von dem Mist entstehet, auch also gedünget davon groß und also die Frucht von solchem Unkraut überwachsen und ersticket wird.

So hat man auf gemeldte Weise auch diesen Vorteil zu genießen, daß man keinen Acker darf brachliegen lassen, sondern man kann die Äcker Jahr vor Jahr auf diese neue Weise besäen und hat unter göttlichem Segen gleichwohl jedesmal eine recht vollkommene Ernte einzuführen.

Gebrauch zu dem Weinstocke:

Zu der Wurzel eines jeden Weinstocks wird nur der 4te Teil einer fränkischen Maß oder 1 Nößel geschüttet, und zwar besser vor als nach dem Winter. Man bedarf kein großes Loch zu graben, wenn nur die Erde eines halben Schuhs tief gleich oberhalb der Wurzel hinweggetan wird und solche Essenz in das Loch gegossen, so sinket sie schon hinab zu der Wurzel.

Der Weinstock hat die Kraft dieser Essenz gleich das erste und folgende Jahr zu genießen, da hergegen der Dung erst nach dem andern und dritten Jahre seine Kraft mitteilen kann. Dann wie die Erde solche Kräfte erst in etlichen Jahren zu disponieren vermag, also geschiehet solches durch diese Wissenschaft in kurzer Zeit, vermittelst obgemeldter Kochung und Putrefaktion.

Auch kann bei dieser bequemen Erfindung ein einziger Häcker oder Taglöhner in einer Bütten auf einmal soviel auf einen hohen Berg tragen, als sonsten wohl hundert Personen mit Misttragen zu tun vermögend. Was nun hierdurch für Mühe und Unkosten ersparet, zugleich auch große Nutzbarkeit erhalten wird, stehet einem vernünftigen Manne leicht zu ermessen.

40. Etliche bewährte Künste, wie der arme Landmann mit wenigen Kosten und leichter Mühe sein Gut und Nahrung verbessern könne. Nebst einen nützlichen Anhang, wie solche Vermehrungskünsten in Gärten an Bäumen, Weinstöcken, Blumen und allerhand Pflanzen, ja gar bei dem Viehe nützlich gebraucht werden können. Aus christlicher Liebe zum sonderbaren Nutzen mitgeteilet von einem, der es mit jedem herzlich meinet:

<u>NB</u>. Mein Freund! Verachte nicht, was du noch nicht probiert; dann einem weisen Mann dergleichen nicht gebührt.

In 8vo Büdingen, gedruckt und zu finden bei Johann Friederich Regelein. 1717.

Vorbericht an den Leser.

Weil dem durch bisherigen Krieg, große Geldgaben, Viehe-Sterben und andere Unglücksfälle ruinierten Landmann kaum ein größerer Liebesdienst im Leiblichen erwiesen werden mag, als wann man bemühet wäre, ihm mit Rat und Tat wieder aufzuhelfen, folglich sein Gut und Nahrung nach Inhalt des siebenden Gebots zu verbessern, damit er also seinem Landsherrn seine Schuldigkeit so viel leichter abstatten, die Seinigen desto besser versorgen und denen Dürftigen ein mehrers mitteilen könnte. So habe Gegenwärtiges vornehmlich dem armen Landmann aus christlicher Liebe hiemit bekannt machen wollen, als einen guten Rat, wie er (nächst GOtt) sein Gut und Nahrung verbessern könne. Es sind gewiß keine leere Speculationes, sondern wahrhaftige Geheimnüsse der Natur, welche berühmte, gelehrte und in der Natur hocherfahrene Männer mit vielem Nachsinnen und Mühe erfunden, selbst probiert und der Nachwelt zum besten schriftlich hinterlassen haben. Man verachte deswegen dieses nicht, sondern nehme ohn alles Bedenken und Aufschub davon eine Probe. Ich versichere, es wird niemand seine wenige Mühe und Kosten gereuen. Wer aber hinkünftig den Nutzen davon spüren sollte, der danke GOtt dafür und tue auch denen Armen von seinem Überfluß unermüdet

Gutes, so wird er hier und dort reichlich ernten.

Gehab dich wohl.

Wie man allerlei Sam-Korn zubereiten müsse, daß es mehr denn hundertfältige Früchte tragen könne:

Die I. Manier

Nehmt einen Scheffel Korn, tut solches in einen küpfern Kessel und gießet 6 Eimer Wasser darauf; lasset solches so lang beim Feuer kochen, bis das Korn geborsten und das Wasser von desselben Salz geschwängert ist; hernach wringet dieses Wasser durch ein Tuch und verwahret selbiges. Das Korn aber kann man Hühnern oder Tauben geben. Ferner tut in einen großen Kessel 3 Pfund Salpeter, gieße darauf dieses Kornwasser nebst 4 Eimer voll Mistpfützenwasser und laßt solches zusammen kochen und den Salpeter also zergehen. Hierauf nehmt ein groß hölzern Gefäß und tut darein soviel Korn, es sei Roggen, Weizen und dergleichen, als man säen will, und gießet dieses gekochte Wasser darüber, so daß es noch ein wenig warm oder laulicht ist, auch etwan 4 Finger hoch über dem Korn, als welches bald aufgehen wird, stehe. Bedekket es wohl, damit die Hitze sich länger darin halte und das Salz in Bewegung bringe, lasset es sodann 24 Stunden stehen. Hernach gießet das Korn wieder heraus, lasset es ein wenig im Schatten trocknen und säet es darauf, jedoch sparsamlich, denn man gewiß den dritten Teil weniger nehmen kann, als man sonst von anderm Korn gewöhnlich zu säen gebrauchet, und muß es lieber mit Häckerling vermengen, damit es nicht im Ausstreuen zu dick falle. Das überbliebene zubereitete Wasser kann man noch allezeit zu obigem Zweck weiter gebrauchen, dann es bis auf den letzten Tropfen gut bleibet.

Die II. Manier

1. Sammlet alles, was nur auf der Straßen oder sonsten von allerhand Knochen, Fellwerk, Federn, alten Schuhen, Hörnern, Pferd- oder anderer Tiere Hufen, ja alles, worinnen Salz befindlich, zusammen. Solches zerhacket oder schlagts in Stücken und werfts in drei unterschiedliche

Gefäße. In eines tut die Sachen, so am weichsten sind, ins andere die, so etwas härter, und ins dritte die allerhärteste Materien. Hernach gießet auf alle drei warm Regenwasser oder, in Ermanglung dessen, Flußwasser oder Wasser aus Morasten. Damit lässet mans stehen und zwar, was in dem ersten Gefäß ist, vier Tage, was in dem andern, sechse, und was in dem dritten, acht Tage. Drauf gießet das Wasser ab und verwahrets wohl, die Sachen aber wirft man hinweg.

2. Sammlet auch allerlei Pflanzen, so man in Wäldern, Feldern, Tälern, Hügeln und Gärten nur finden kann, mit ihren Blumen und Samen, und absonderlich diejenige, so viel Salz bei sich haben. Wenn man nun derselben ein gutes Teil hat und dürre sind, brennet man solche zu Aschen, woraus man vermittelst heißen Wassers und dessen Ausdämpfung über gelindem Feuer nach vorhergegangener dessen Abgießung von der Aschen und geschehener Filtrierung, das Salz ziehen muß. Die Rinden der Eichbäume, als worinnen viel Salz ist, sind sehr gut, ingleichem der Rosmarin, Lavendel, Salbei, Betonien, Münze-(Balsam)Kräuter, Johanniskraut, Sonnenblumen und so weiter. Solches Salz muß an trockenen Orten zum Gebrauch aufbehalten werden.

3. Nehmet ebensoviel Pfund Salpeter, als man Morgen Landes besäen will, und laßt jedes Pfund in 6 Quartier oder Maß Mist- oder Pfützenwasser zergehen. Wann der Salpeter geschmolzen, so werft dazu ein wenig von diesem Salz der Pflanzen nach Proportion dessen, was man hat. Dieses ist das Hauptwerk und vornehmste von dem Geheimnüs der Vermehrung, davon der Gebrauch dieser ist: Man bereitet soviel Samenkorn auf einmal, als man etwa auf 2 Morgen Landes in 1 oder 2 Tagen säen kann. Auf 1 Morgen nimmt man 12 Nößel von dem in den Gefäßen zubereiteten Wasser, worin man alsobald die Universal-Materie (oder das Wasser, worin der Salpeter und das aus denen Pflanzen ausgezogene Salz ist) vermenget. Es muß das Gefäß, worin man diese Liquores oder Wasser gießet, so groß sein, daß es gemählich soviel Korn, als auf 1 Morgen gehöret, halten könne. Darauf gießet man das Korn zu gedachtem Was-

ser, und zwar langsam, damit man dasjenige Korn, so auf dem Wasser schwimmen bleibet, abnehmen könne, dann solches zu säen nicht tauget. Das Wasser muß 2 Finger hoch über dem Korn stehen, und wenn man sonst nicht soviel Wasser hat, kann man nur soviel aus der Mistpfütze zugießen. Dieses Korn lässet man 12 Stunden also weichen und rührts alle Stunden einmal um. Wann es nach solcher Zeit nicht aufgequollen, lässet man es noch liegen, bis es brav gequollen, dann mans heraus in einen Sack tut, daß die Nässe ablaufe, und lässet es so etliche Stunden stehen, um zu gären und sich zu erhitzen. Man muß das Wasser, so davon gehet, nicht weglaufen lassen, dann es ist ferner gut und kann an allen Samen und Gewächsen mit großem Nutzen gebraucht werden. Endlich wird das Korn gesäet, wann es noch etwas naß ist, und kann mit dem dritten Teil weniger als sonsten auf den Morgen zukommen. Ja, man darf sicher nur die Hälfte dessen, so man sonst gesäet, nehmen und es mit Häckerling vermengen. Wobei noch dieses in acht zu nehmen: 1) daß man das beste, reineste, größeste und schwereste Korn aussuche. 2) Das fette und schwere Erdreich beizeiten und ehe der Regen, als welcher es noch dicker und schwerer macht, kommt, bearbeite: Und sobald das Land umgepflüget ist, muß man es besäen. Soviel, als immer möglich, muß man dem Regenwetter zuvorkommen. Dann alles Korn, sagt Roi, muß in trockener Erde und etwan 3 oder 4 Tage nach dem starken Regen gesäet werden. Ein anderer berühmter Gärtner schreibet: Es sind gemeiniglich zwei gemeine Fehler beim Land; dann es entweder allzu naß und folglich kalt und schwer ist, oder es ist allzu trocken und dabei gar zu leicht und zu Brand geneigt. Diesen beiden unterschiedenen Arten muß man zwei unterschiedliche Mittel entgegensetzen. Nämlich man muß warmen und leichten Mist, als den Schafe- und Taubenmist, zur feuchten, kalten und schweren Erde nehmen, um sie dadurch leichter und beweglicher zu machen. Ingleichem Kühe- und Ochsenmist in trockene, magere und leichte Erde bringen, damit sie dadurch fetter und materieller werde und der Wärme des Sommers, wie auch der Sonnenhitze im Frühling desto besser widerstehen könne. Soll aber der Mist seine Kraft behalten, so muß man solchen nicht allzuviel beregnen, noch die Sonne austrocknen lassen; sonderlich, wann er auf dem Acker ausgebreitet ist, muß er bald untergeackert werden, sonst ziehet die Luft das Beste aus. Ferner muß das leichte und magere Land nicht so zeitig als das andere besäet werden, es wäre dann, daß es am wässerichten oder morastigen Ort gelegen, dann solchenfalls es gleich als ein fettes und schweres Land zu traktieren sein würde. Übrigens ist auch ein großer Fehler, wann man die Saat zu tief in die Erde machet, dann selbige sodann nicht allein von deren Schwere leicht unterdrücket wird, sondern auch von denen in der Luft sich aufhaltenden salpeterischen Dämpfen nicht soviel als sonst an sich ziehen kann. 3) Sollte die Erde mit schlimmem und bösem Unkraut behaftet sein, so muß man sie notwendig 2- oder 3mal bearbeiten und pflügen, um alle Wurzeln von solchem Kraut herauszukriegen. Folgendes Jahr ist solches nur einmal nötig, jedoch brav tief und daß die Furchen nahe aneinander hergehen. 4) Es ist zwar nicht nötig, das Land zu düngen, aber im Fall, daß man den Mist übrighat, kann es nicht schaden, wann er angewandt wird. Sollte jemand etwa zu verdrießlich sein, dieser Manier in allen vorgeschriebenen Punkten nachzufolgen, so kann man die Infusion in denen 3 Gefäßen auslassen und anstatt dieses also zubereiteten Wassers das Mistwasser nehmen, oder wenn es mangelt, kann man leicht von Pferd-, Hühner- und Taubenkot dergleichen machen und in solches den Salpeter hineintun und zergehen lassen. Wiewohl auch der Sukzeß davon nicht völlig so gut, als sonst, sein wird.

Die III. Manier

Sammlet in einer Gruben vielen Pferdsmist zusammen und gießet öfters Wasser darauf. Wann solches etliche Wochen durch brav durchgefaulet hat, so nehmt dieses Wasser und lassets in einem Kessel ein wenig kochen, tut etwas Salpeter hinein, nehmet es hernach vom Feuer, und wenn es noch laulicht warm, so werft das Korn, so ihr säen wollt, hinein und lasset es also 3 Tage stehen, damit es wohl aufquellen und der Same sich eröffnen und kihren könne. Darauf nehmt es aus dem Wasser, lasset es etwas trocken werden und säet es aus. Davon braucht man auf einen Morgen den 3ten Teil weniger als sonst und vermischets mit Häckerling. Diese Manier gehet gut vonstatten, und haben manche davon eine reiche Ernte genossen.

Die IV. Manier

Nehmt Mist von Tauben, Schafen, Pferden und Kühen, von jedem gleich viel, tut es zusammen in ein Gefäß, gießet siedend heiß Wasser darauf und lasset es etliche Tage durchweichen. Hernach gießet von diesem Wasser in ein ander Gefäß, worin ihr 1 Pfund Salpeter auf jeden Morgen Lands zergehen lassen müsset. Ist dieser zerschmolzen, so tut das Korn hinein und lasset solches 24 Stunden darin weichen. Darauf nehmt das Korn heraus, und falls es eben trockne Zeit ist, so säet es etwas naß; ist aber die Erde naß, so müsset ihr das Korn auf den Boden auf Tücher ausspreiten und es trücknen lassen, ehe ihr es säet. Man darf hiebei den Acker gar nicht düngen und nicht mehr dann einmal ackern. Und wenn das Land sonst noch so mager und unfruchtbar ist, kann man doch gewiß auf eine reiche und frühe Ernte Hoffnung machen.

Die V. Manier

Lasset 10 Scheffel guten reinen Korns so lange kalzinieren (verbrennen), bis es zu grauer Aschen gebrannt ist. Ziehet sodann das Salz aus dieser Aschen, welches am füglichsten vermittelst ordinären Auslaugens geschehen kann. Wenn man anstatt gemeinen Regenwassers Tau vom Monat Mai oder September haben kann, ists um so viel besser. Solve & coagula, das ist, man muß das Salz aus dieser Aschen mit heißem Regenwasser, falls man keinen Tau hat, ausziehen und hierauf filtrieren oder durchseihen und dann koagulieren, welches geschiehet, wenn man die Feuchtigkeit über einem sanften Kohlfeuer ausdämpfen lässet, so findet sich das Salz am Boden, welches an einem trockenen und warmen Orte wohl zu verwahren ist. Nächst dem nehmt von allerhand Art Mist, Pferde-, Tauben-,

Hühner- und Schafmist, letzterer ist der beste, werfet solchen in einen kupfern Kessel, gießet darauf 1 oder 2 Nößel Branntenwein, soviel Tau, als ihr bekommen könnt, und einige Nößel weißen Weins, solches alles nach Proportion der Vermehrung, so man zu machen willens ist. Wenn es nicht Nässe genug hat, kann nur allezeit mehr Regenwasser zugegossen werden. Hiernächst muß man dieses 24 Stunden durch über ein gar kleines Feuer stellen und es öfters umkehren und regen. Wenn solches geschehen, dieses Wasser durchseihen und auf folgende Art gebrauchen. Man nimmt von diesem Wasser soviel, als man zu nächstfolgender Befeuchtung des Korns, so man auf einen Morgen säen will, nötig hat, tut darein von obigem Kornsalz 2 Lot und Salpeters 1 Pfund. Wenn das Salz völlig zergangen ist, so gießet das Korn, so man säen will, auf ein leinen Tuch und befeuchtet es 9 Tage durch, morgens und abends, mit oft erwähntem, bereitetem Wasser; den 10. Tag säet solch Korn, und zwar den dritten Teil weniger, als sonst gewöhnlich. Der Nutze oder die hierauf erfolgende Ernte ersetzet alle angewandte Mühe und bezahlet 10 doppelt alle die Kosten.

Die VI. Manier

Nehmet einen halben Eimer Brunnenwasser, tut dazu noch nicht ganz zubereiteten Salpeters 6 Lot, geraspelt Ochsenhorn 1 Pfund, Geiß- oder Ziegenhorn 6 Lot, Kühnruß 12 Lot, Ochsenmist, soviel man auf einmal mistet, Hühnermist 1 Pfund, Taubenmist 1 Handvoll und 1 Knoblauchshaupt. Mischet alles untereinander, lasset es in einem Kessel 1 Stunde sieden, hernach kalt werden. Alsdann seihet es durch ein Tuch und behaltet es zum Gebrauch. Wollet ihr nun dieses gebrauchen, so nehmt ein groß Geschirr, tut darein den Samen, den ihr säen wollt, und schüttet obgedachtes gesotten Wasser eine Querhand hoch über den Samen, deckt es mit einem Tuch zu, lasset 24 Stunden stehen, (sind es aber Gemüs, 36 Stunden), tut es alsdann heraus, spreitet es voneinander, trocknet es im Schatten und säet es im abnehmenden Mond.

NB. Obgemeldten Salpeter bereitet man also: Man läßt ihn in einem Topf aufsieden, tut darauf geraspelt Horn, bis er nicht mehr braun brennt.

Aus obigem ist folgender Nutzen gewiß zu hoffen: 1. Diese Samen sind von allen Würmern befreiet. 2. Der Acker braucht keines Düngens. 3. Der Acker, so mit diesem Samen besäet, kann alle Jahre wieder mit selbigem bestellet werden. 4. Zum Säen nimmt man halb soviel Samen, der also bereitet, auch davon gewachsen ist. 5. Ein Acker trägt doppelt soviel Frucht.

Die VII. Manier

Nehmt Ofenruß, Salpeter, Tauben-, Schaf- und Kühemist, lasset dieses in einem Kessel mit Wasser wohl durcheinander kochen und sich, wenns kalt worden, setzen. Das Wasser schöpfet ab und lasset das Samenkorn darin 24 Stunden lang weichen und hernach auf den Boden ausgebreitet wieder trocken werden; solches wiederholet etliche Mal. Oder man brenne zu Aschen Bohnenstroh, Flöhkraut und dergleichen Stroh, wie die Frucht ist, die man damit beizen will, mache eine Lauge von der Aschen und verfahre mit dem Samenkorn wie vorhin. Oder man sammle aus den Brunnquellen den grünen Schlamm und ziehe aus demselben die Essenz durch einen Destillierkolben. Damit besprenge man den Samen, den man säen will, so wird man mit Verwunderung sehen, was diese Dinge vor eine Vermehrungskraft dem Samen mitteilen. Es kann der also zubereitete Same in ein ungedüngtes Land gesäet werden. Wollte man die Mühe des 3maligen Ackerns sparen und hinten an das Brett des Pflugs, so die Balken umlegt, 3 oder 4 scharf Eisen anfügen, welche die Balken sofort durchschneiden, hernach mit der Egge, als des Pflugs Meister, die Erde fein locker auseinanderarbeiten, würde solches auch viel zur Vermehrung der Frucht beitragen. Dies ist eine Sache von großem Vorteil, und wird das Getreide doppelt soviel als sonsten tragen, und weil es nur dünn darf gesäet werden, kann damit die Hälfte an der Aussaat ersparet werden.

Die VIII. Manier

Man weichet das Korn 24 Stunden in Tran oder Walfischöl ein. Darauf nimmt mans wieder heraus und bestreuet es mit ungelöschtem Kalch, so mit ein wenig Salpeters vermischt, und lässet es dann trocken werden und säet es bei hellem Wetter. Die Alten haben zu dem Ende das Korn in den Hefen vom Öl, worinnen etwas Salpeters zergangen, eingeweicht, und solches nicht ohne Nutzen.

Anmerkung:

Ich habe mich bemühet, hier allerhand Arten, so nur von Vermehrung der Samen zu finden sind, aus gelehrter und erfahrner Leute Schriften zusammenzutragen, um damit ich allen dienen und ein jeder daraus diejenige, so sich an seinem Orte am besten und leichtesten praktizieren lässet, wählen möge. Wenn etwan eins oder anders von diesen Künsten an einem Orte nicht anginge, soll man deshalb solche nicht gleich verwerfen. Denn wie nicht eine Arznei bei allen und jeden gleich gut anschlägt, also ist kein Mittel auf der Welt, so auf allen Acker dienet und sich allenthalben gleich nützlich gebrauchen lässet. Man kann es erstlich mit wenigem versuchen, ehe man große Kosten anwendet. Inzwischen kann man versichern, durch dieses Mittel (nächst göttlichem Segen) folgenden Nutzen: Daß

1. der Acker niemal dörfe brachliegen, sondern jährlich seine Frucht bringen könne, und zwar viel reicher als sonsten.
2. Man hat keinen Mist nötig, wo nicht, weil man sonst nirgends damit hin wüßte, man selbigen gebrauchen wollte.
3. Darf man den Acker nur einmal umpflügen.
4. Kann man die Hälfte oder gewiß den 3ten Teil der Saat ersparen, weil man nicht so dick als sonst säen darf.
5. Weil man nicht soviel pflüget, so hat man nicht soviel Pferde oder Ochsen, als sonst, nötig.
6. Hat man nicht zu befürchten, daß das Korn so bald von den Winden oder Platzregen niedergeschlagen werde, indem die Halmen nicht allein stärker sind als sonst, sondern auch mehrere Kraft, sich aufzurichten, haben.

7. Hat solches Korn nicht so leicht Not vom Brand und kann denen sonst gegen der Ernte schädlichen Nebeln widerstehen.
8. Man hat sich keiner spaten Ernte zu befürchten, dann durch diese Mittel wird das Korn 14 Tage eher als sonsten reif. Und weil.
9. die ansteckenden Seuchen öfters kommen von dem durch die Nebel und Regen verdorbenen Korn und unreifen Wein, so ist hier nichts zu besorgen, denn der Salpeter verhindert solches.

Nütz-
licher
Anhang

Wie solche Vermehrungskünste auch in andern Dingen, als in Gärten, an Bäumen, Weinstöcken, Blumen und allerhand Pflanzen, ja sogar bei dem Viehe, nützlich gebraucht werden können.

Wenn man einen Baum oder Weinstock pflanzen will, so machet man erst, wie sonst, eine ziemlich weite Grube, auf den Grund derselben tut man 2 Daumen hoch gute Erde und setzt sodann ihn hinein. Hernach legt man bei denen Wurzeln desselben von der Materie, so in der oben angeführten zweiten Manier benennet worden ist, je mehr, je besser. Wann dieses geschehen, so wirft man sodann andere Erde wieder drauf und darf ihn in 15 Jahren nicht düngen.

Wäre aber ein Baum oder Weinstock schon gepflanzet, so nimmt man die Erde von selbigen bis auf einen Daumen breit von der Wurzel weg und gießet gleichfalls von dem bereiteten Wasser der 2ten Manier hinein und wirft die Erde wieder drauf, nur muß das Unkraut nicht geduldet werden. Desgleichen kann man auch die Weinstöcke traktieren. Item: 1 Nößel Wassers der ersten Manier an den Fuß eines jungen Baums zu der Zeit, wenn der Saft in die Höhe steiget, gegossen. Item bei die Weinstöcke, da wird man Wunder sehen. Die Liebhaber der Blumen können das Wasser in der ersten, wie auch in der 2ten Manier mit Nutzen gebrauchen. Die Gärtner können beedes auch mit großem Vorteil bei andern Gartengewächsen gebrauchen, daß sie sich verwundern werden. Man kann auch die Körner, so man stecken will, im Wasser, worin etwas Salpeters gelassen, oder auch in Wein einweichen, und zwar, so sie hart sind, 12 Stunden, auch länger, nachdem sie Härte haben. Mit ebendiesem Wasser kann man nachmals die Pflanzen begießen. Wenn Bohnen, Erbsen und dergleichen in Hefen von Öl oder nur in Urin und Wasser eingeweicht werden, soll es sehr nützlich sein. **NB**. Aller Same in Hauswurzsaft eingeweicht, bewahret ihn vor Würmern und allerhand Ungeziefer.

Endlich bei der Viehe-Zucht können diese Mittel mit großem Nutzen gebraucht werden. Zum Exempel: Das Wasser in der ersten Manier, wenn man das Korn oder den Seih, so sie essen, damit benetzet oder darinnen einweichet, muß aber besonders bereitet und wohl durchgeseihet werden. Wenn man das Salz von denen blühenden und in der Saat stehenden Pflanzen nimmt, dazu Salpeter tut und mit Wasser vermengt, ist es dem Viehe nützlich, davon es sonderlich wächst. Wenn man ein wenig von dergleichen Wasser in der Pferde Haber gießet, tut es ungemeine Dienste und bewahrts vor ansteckenden Krankheiten, wie auch andere Viehe. Die Kühe geben davon viele Milch, die Hühner legen davon viele Eier, macht das junge Federvieh wachsend, frisch und gesund.

Anmerkung des Verfassers dieser natürlichen Zauberkünsten:

Wie feste das wider dergleichen künstliche Vermehrung des Getreides und anderer Gewächse einzustreuen gewöhnliche, gemeine Vorgeben, als sollten die Äcker und Güter dardurch ausgemergelt und mit der Zeit ganz unbrauchbar gemacht werden, gegründet seie, lasse vor jetzo dahingestellet sein und setze (ohne gleichwohlen vor all~ und jede von dem ersten Verfasser hier oben angegebene Gründe und Vermehrungs-Künste die Gewähr zu leisten) nur überhaupt dargegen diese wenige Bedenken:

1. Ob wohl zu vermuten, daß das liebe Bauervolk, nebst andern Feldarbeitern, sowohlen mit erforderter Einsicht in die Kräfte der Natur begabet, als auch mit genügsamen fürsichtigst angestellten Erfahrungsproben, um das Gegenteil zu erweisen, möchte versehen sein?
2. Ob nicht ein großer Unterschied möchte stattfinden zwischen denenjenigen Künsten, die dem Getreide und andern Samen bloß allein einen heftigen Trieb zum Wachstum und zur Vermehrung eindrücken, und denenjenigen, so nebst diesem zugleich in dem Getreide und in denen Samen dem Erdreich den düngenden konzentrierten Nahrungssaft und einen Haupt-Grundteil zur Erzeugung des die Erde fruchtbar machenden, unschätzbaren Nitri mitteilen? als nach welcher Betrachtung man hauptsächlich auch die Wahl obiger Künste anzustellen.
3. Ob im Fall, wenn die Felder ein Jahr wie das andere mit dergleichen auf eine vorteilhafte Art zubereiteten Samen

besäet würden, selbige Felder mit der Zeit ebensowohl eine Ausmergelung möchten zu erkennen geben, als im Fall dieselben nach der Hand wiederum nur mit gemeinen unbereiteten Samen besäet werden? wobei es mag bewenden und ich weiter nichts melden, als daß meines Orts gänzlich der Meinung bin, dergleichen Kunststücke seien noch dato nicht mit so genauer Aufmerksamkeit, noch mit so vielfältiger Wiederholung untersuchet worden, daß man daher zureichenden Grund haben sollte, selbigen so schlechthin zu verwerfen, sondern daß sie vielmehr verdienten, in bessere Achtung gezogen zu werden.

41. **Gemeinem Wasser den Geruch, Geschmack und Farbe des Weins zu geben:**
Nimm zwei weiße Laibgen Brots von Weizenmehle, die anstatt Wassers mit Branntenwein angemacht und gebacken worden, selbige gleich also warm, wie sie aus dem Ofen kommen, in 4 Teile zerteilet und in süßen Weinmost (oder vermittelst Wassers aus frischen Zibeben oder großen Rosinen durch ein Leinewat-Tuch ausgepreßten Saft) eingeweicht, dergestalten, daß das Brot auf 6 Querfinger bedecket seie und selbiges sich dessen recht satt trinken möge. Dieses Brot sodann ausgenommen und an einem warmen Orte gedörret, nachgehends zu Mehl gestoßen, mit Most oder obbemeldtem Zibebensaft wieder einen Teig daraus gemacht und zu Brot gebacken, dann ausgenommen, wie vorhin zerteilet, auf 4 Stunden lang in Most oder Zibebensaft eingetränkt, auch wiederum gedörret, zu Mehl zermalmet und gebacken zum 3ten Male. Mache sodann dieses Brot von neuem zu Mehl, geuß darüber Spiritum vini tartarisatum (oder den vornen unter den ökonomischen Geheimnüssen sub No. 2 beschriebenen Branntenwein) auf 6 Querfinger hoch und laß 24 Stunden stehen. Nach deren Verlauf über den Helm ganz sanfte destilliert, womöglich durch ein Balneum Mariae, bis zur Tröckene, den herübergegangenen Spiritum vini wieder darübergegossen, destilliert und solches zum 3ten Male wiederholet. Hiernächst die trockene Materie genommen und deren 1 Pfund in ein Fäßgen, darein ohngefähr

200 Pint Wassers zuvor gegossen worden, getan, benebst einer Quantität des Branntenweins, solches zusammen 16 Tage liegenlassen, so kann mans einem zutrinken. **NB.** Der Branntewein wird zugleich mit der pulverisierten Materie in das Fäßgen getan und selbiges beschlossen, jedoch solchergestalten, daß es nicht aller Luft beraubet seie; hernach 16 oder mehrere Tage liegengelassen.

42. Guten Malvasier zu machen:

Zu 1 Maß Honigs 2½ Maß Wassers in einen Kessel getan, mit einem Stocke abgestochen und ein Zeichen daran gemacht, 2 Querfinger lassen einsieden und verschäumt ohne Unterlaß, nachmals wieder Wasser zugeschüttet, bis an das Zeichen, abermalen einsieden gelassen 2 Querfinger unter das Zeichen, mit immerwährendem Verschäumen, solches tue auch zum 3ten und zum 4ten Male, bis aller Schaum heraußen ist. Von 6 Maß Wassers müssen die 4 eingehen und hinweggesotten werden. Nachgehends habe ein zubereitetes Fäßgen, wie hernach folgt, und laß den gesottenen Honig durch 2 Filze laufen, wie solche die Apotheker haben, und tue ihn in das Fäßgen, lasse ein wenig leeren Raums zum Gären, legs in eine warme Stube oder an die Sonne einige Zeit über, damit er vergäre; alsdann ziehe ihn ab in ein ander frisches Fäßgen, fülls voll, schlags oben behebe zu und legs in einen Keller. Je länger er liegt, je besser und stärker er wird.

NB. Es soll über einem sanften Kohlfeuer gesotten werden. Auch ist das Aufbrennen der Fäßgen mit dem vornen beschriebenen guten Weinschwefel, sub oeconom. Nro. 6, nicht aus der Acht zu lassen.

1 Maß dieses Malvasiers mag auf 3 gute Groschen oder 3 Batzen zu stehen kommen.

Das Fäßgen, darein man ihn anfänglich tut, solle also zugerichtet werden, damit er einen rechten zapfräsen, malvasierischen Geschmack bekomme und nicht süßele oder nach Honig schmecke, welches wohl zu merken: nämlich, daß man ein wenig, als auf ein Ohm (das ist 24 Maß) ein kleines Trinkgläsgen voll des herrlichen vornen sub oeconom. Nro. 2 beschriebenen Branntenweins zuerst in das Fäßgen schüttet und selbiges alsobald damit hin und wider schwenket, so ziehet und schlucket das Fäßgen den Branntenwein sogleich in sich; darum sollst du dessen soviel hineintun, als selbiges schlucken mag. Alsdann das Fäßgen mit obigem Malvasier gefüllet, so ziehet er im Gären den Branntenwein wieder heraus und bekommt seinen gerechten Geschmack.

Das andere Fäßgen wird vor dem Abziehen des Malvasiers auf gleiche Weise zubereitet.

43. Weizenwein, welcher dem Malvasiere gleichet:

Nimm des besten Weizens ½ oder ⅜ Simri auf 24 Maß Weins oder 1¼ Simri Weizens auf 3 Ohm (das ist 72 Maß) Weins. Tue den Weizen in einen Sack und siede selbigen solchergestalten in dem Wein in einem Kessel, so lang bis der 3te Teil einseudt, das ist, bis aus 3 Ohmen 2 Ohmen Weins geworden. Alsdann hebs ab vom Feuer und laß erkalten. Den Weizen tue aus dem Kessel in ein Fäßgen und schütte den Wein hinnach; jedoch muß das Fäßgen wein-grün sein. Du sollt ihn auch liegenlassen ½ Jahr, je älter, je besser er wird. Soll sein wie Malvasier.

44. Schlehenwein:

¼ Simri Schlehen gestoßen im Mörser und sogleich in ein ohmiges Fäßgen geschüttet. Wenn alles hinein ist, so geuß 1 Schoppen oder 1 Nößel Branntenweins darauf und schlage das Fäßgen zu, bis du Most hast im Herbst. Dann fülle selbiges, so gäret alles durcheinander und wird mächtig stark.

Andere machen aus den gestoßenen Schlehen Ballen und dörren selbige erstlich allgemach. Nachmals, wenn man das Brot ausnimmt, so tun sie solche eine Weile in den Backofen und lassen sie hart backen. Solche Ballen werden sodann in Most geworfen oder in fürnen Wein.

45. Ein Faß zum Wein wohlgeschmack zu machen:

Guten Branntenwein in das Faß gegossen und angezündt; selbiges nachgehends mit gutem Wein gefüllet, so gewinnet er einen herrlichen Geschmack, darob sich jedermann verwundert.

46. Geheime und hochgehaltene Weinkunst:
Nimm der allerschönsten, frischesten, ausgewaschenen und gequetschten, gelb~ und großen Rosinen oder Zibeben 12 Pfund, der kleinen Rosinen oder Korinthen, so gleichergestalten fein frisch sein sollen, 6 Pfund, Melis-Zuckers nur zerstückt 18 Pfund, zusammen in ein zubereitetes wein-grünes Fäßgen getan; geuß darüber guten alten Weins 1 halben Eimer, (den Eimer zu 700 Pfund gerechnet), oder nach Belieben mehr oder minder, auch des mehrermeldten, sub oeconom. vornen Nro. 2 beschriebenen Branntenweins, 1 oder 1 und eine halbe Maß, laß es einige Tage über, bei nicht allzu beheber Verspündung, in der Wärme gären, aber nicht vergären, nachgehends aber in dem Keller liegen, so überkommet man den allerherrlichsten und besten Wein, einem spanischen oder Tokaier gleich. Dienet zugleich, geringere Weine dardurch zu verbessern.

47. Einen Wein in der größten Hitze über Land zu führen, daß er so kühl bleibet als in einem Keller:
Man schenke den Wein in gläserne Flaschen und schließe sie nachgehends in lederne oder auch andere Gefäße, zwischenein aber wird aller Orten Salpeter gestoßen, so bleibet der Wein so frisch, als wann er erst aus dem Keller käme.

48. Bier zu erhalten gegen die Säure:
So das Bier gäret, solle Benediktenwurz hineingeleget werden, bis selbiges vergoren hat. Alsdenn hält sich das Bier bei etlichen Jahren, ohne saur zu werden.

49. Wein gut zu behalten, daß er nicht abstehe vom Auszapfen:
Nimm sauberer und gerädener Asche ein wenig in ein rein leinen Tüchel, schlage das Tüchel damit zusammen und taucht es ein in Brunnenwasser, trücks wieder aus, alsdenn tue selbiges auf und spreite es über das Spundloch, daß es fein breit liege, und setze den Spunden darauf behebe zu.

50. Wider den Kahn des Weins:

Röste Salz in einer Pfanne und hänge selbiges in einem Säcklein oben in den Wein, so zeucht es den Kahn zusammen.

51. Roten Wein zu traktieren:

Roten Wein solle man nicht ablassen, sondern auf der Hefen lassen liegen, so bleibt er stark und behält die Farbe. Wo anderst, so verleurt er selbige. Derohalben ist dieses sein Ablaß, daß man das Faß umwalze und den Wein wiederum sich setzen lasse.

Außerdem wird wohl männiglich bekannt sein, daß die Fässer zum roten Weine, anstatt Schwefels, mit Muskatennuß pflegen aufgebrennt zu werden, alldieweilen der Schwefel dem Wein die rote Farbe entziehet.

52. Fleisch ungesalzen eine geraume Zeit über frisch zu behalten:

Nimm das Fleisch, als eine Schöpskeule oder Kalbfleisch etc., also frisch aus der Metzig, umschlags mit einem reinen weißen Leinewat-Tüchel, tue selbiges in einen saubern Topf, geuß darüber Weinhefen, nachdeme das Fleisch zuvor wohl in den Topf eingetrücket worden, daß solche auf 2 Querfinger darüberstehe. Wende aber Fleiß an, daß keine Luft nebenzu darzwischenkomme, sondern die Hefen an dem Topfe sich wohl anlege. Oben wird der Topf mit einem Papiere zugebunden, ein Deller daraufgedeckt und in den Keller gestellt. Einige legen das Fleisch gar in die Hefen. Es gibt dem Fleische einen feinen, nicht unangenehmen Weingeschmack, als ob es eingebeizt wäre; doch muß mans in Wasser legen, wenn man es herausnimmt.

53. Stiefeln, Kollere und anderes Leder zu bereiten, daß es nicht hart wird, auch Wasser hält:

Nimm Wachs, Schaf-Inschlitt und Terpentin, jedes 1 Teil, untereinander zerlassen und hiermit das Leder geschmiert. Das Inschlitt ist die Schmiere, Wachs hält, und Terpentin macht linde.

54. Inschlitt-Lichter, die lange brennen:

Stoße den Tacht zuvor in Baumöl, laß ihn vertriefen und tauchs hernach in Inschlitt, wie der Gebrauch ist. Soll ein Licht so lange dauren, als sonsten deren 2 oder 1 und ein halbes und auf 1 Pfund Lichter nicht über 1 Pfennig Unkosten vom Baumöle gehen. Die Tächte werden nur einmal in das Baumöl getaucht.

Versuchs auch mit andern Ölen, die hitziger sind, als Wacholder-, Poleien-, Tobak- und Terpentinöle.

55. Hasenkunst:

Wenn du im Abnehmen des Monds oder im letzten Viertel morgens frühe eine Hasen spürest, so richte auf den Abend sogleich einen Draht dahin, es seie auf dem Felde oder in einer Furche; richte der Drähte zween, einen so hin, den andern daher, denn der Hase hat die Art, daß, wo er im Abnehmen des Monds oder im letzten Viertel des Morgens oder Abends geloffen ist, da soll er folgenden Abend oder Morgen wieder laufen. Die Hand und Drähte sollst du mit Äpfel schmieren.

56. Eine andere Kunst, viele Hasen zu fahen:

Nimm den Kot aus dem Magen eines Hasen, ingleichem Hasengeil und spanische Fliegen, diese 3 Stücke durcheinander temperiert und, so man Drähte richten will, untenher die Schuhe damit bestrichen. Dann gehe an einen Ort, wo Hasen gerne laufen und hereinstreichen, etwan auf einer Abwand, und dann in einer Furche hinaus, nach dem Drahte zu. Diesem Geruche sollen die Hasen gerne nachlaufen.

Auf solche Weise solle einer mit dreien Drähten etlich und 70 Hasen gefangen haben.

57. Wohl bewährt~ fürtreffliches Jägerstück, vieles Wild zusammenzubringen und zu stellen, daß es nicht fleucht:

Im Maien, morgens frühe an einem Montage, in der ersten Stunde des Tages, sobald die Sonne aufgehet, so sammle Eberwurz, Hirschwurz, Liebstöckel und Kampfer. Dörre die Wurzeln samt den Kräutern und machs zu Pulver. Hernach nimm Birkenasche und einen neugebrannten ungebrauchten Ziegel, auch die After-Bürde von einem tragenden Wild, dörre sie gleichergestalten und mache alles miteinander zu einem Pulver. Dieses Pulver knete an mit Erbis-Mehl vermittelst eines frischen wildechten Wassers, das aus einer Bach, so aus einem Holz herfürfleußt, genommen worden. Machs solchergestalten zu einem Teige und formiere Kügelgen daraus, die laß dürre werden und behalts zum Gebrauch.

Seine Würkung verbringt es am allerkräftigsten, wenn die Sonne in den 20sten Grad des Krebses tritt, bis auf den 30sten Grad, das ist ohngefähr vom 10den bis auf den 20sten Julii. Wiewohlen es auch außerdem seine Kraft gar wunderbarlich erzeiget, dergestalten, daß Sylvius durch dieses Mittel 25 Stück Wild hat zusammengebracht.

Die Kügelgen aber muß man legen an einen Ort, da das Wild seinen Gang zu haben pfleget, und sobald es deren eines frißt, so weicht es nicht mehr von der Stelle, allein daß es hingehet und ander Wild haufenweis herzuführet. So auch ein Mensch obbemeldte Kügelgen bei sich träget, dem Wilde nahet und das Wild das Kügelgen schon versuchet, so fleucht es nicht, sondern stehet stille, daß man es auch betasten kann.

58. Fischkunst:

Diese Kunst, ein Keder zu machen, damit man Forellen in Wortloffen fahen kann und alle Forellen, so im Wasser sind, von weitem herzukommen, ist von dem alten Herrn Grafen von H. vielfältig probiert und just befunden worden.

Darzu soll man nehmen Grundeln, Neunaugen, Gruppen oder Kressen, welcherlei man am füglichsten haben mag und welche Gattung man denn gebrauchen will, (vielleicht fahet jegliches seinesgleichen), die soll man eine Viertelstunde in guten Branntenwein legen, dann in frisch gemahlenem weißen Mehle wohl wälgern, in Öle wohl backen, sodann mit einem Schaumlöffel selbige herausnehmen, also warm in einen glasürten neuen Topf tun und nebeneinanderlegen, daß sie nicht unmittelbar aufeinander zu liegen kommen, sondern die Lage zuvor mit gestoßenem Pfeffer übersäet, dann aber eine Lage darauf und gleichergestalten übersäet, dann wieder eine Lage, und so fortan, soviel man deren machen will; jedoch muß es alles geschehen, alldieweilen die Fische noch warm sind. Hernach wieder ein wenig Branntenweins darüber gegossen, den Topf behebe zugemacht und also 3 Tage stehenlassen. Nachgehends einen oder zween von den eingemachten Fischen in jedem Wortluffe in die Mitte gebunden und die Wortluffe in die Tiefe des Wassers gestellet. Ist eine Forelle im Wasser, so kommt sie herzu und begehret hinein.

59. Vögel zu versammlen, die sich lassen mit den Händen fangen:

Auf St. Georgentag, um die eilfte Stunde, grabe Wohlgemut, Wurzel und Kraut, behalts schön, nimm die Wurzel, hänge sie an einen Baum, so sammlen sich die Vögel auf 5 Meilen zu dem Baume, und durch die Kraft der gemeldten Wurzel lassen sie sich mit den Händen fangen. Stehet zu versuchen.

60. Melkereikunst:

Wenn man ein Kühe-Kalb, alldieweilen es noch bei der Milch ist, verschneidet oder auswürft, so gewinnet selbiges Rindstück niemals einiges Kalb, gibt aber gleichwohlen ohne Unterlaß Milch, sommers und winters, durch das ganze Jahr; doch muß selbiges durch embsiges Melken darzu gehalten und gewöhnet und also durch tägliche Übung die Milch herzugezogen werden.

Wir haben einen jungen Hund gehabt, den zwo junge Katzen gesogen, daß er Milch gegeben, ehe er tragend worden.

Gleichergestalten könnte eine Jungfrau zum Säugen gebracht und angewöhnet werden. Ein Exempel hiervon hat man an derjenigen Jungfrau in Frankreich, die von selbsten Milch gegeben und dieserwegen mit ihrem Könige gerechnet hat.

61. Schweine zu mästen:

Habern wohl gesalzen, geschwellt in einem Kessel und gewaltig herumgerührt, einen Tag oder zween beschwert in einem Ständer oder Bottiche, gleich dem sauern Kraute. Hiervon denen Schweinen des Morgens um 5 oder 6 Uhren eine Schüssel voll gegeben und dann über eine Stunde hernach zu trinken. Solches des Tags viermal getan.

Ich habe ein Malter Habern zu zwei Schweinen genommen, die in 6 Wochen schwer feist hiervon geworden.

62. Wider die Maden im Fleisch:

Hänge das Fleisch auf an einen von Birkenreis gewundenen Henkel oder Ring, (im geschriebenen Originale stehet: an eine Birken-Wied), so kommt keine Made hinein, und ob deren welche darinnen wären, so werden sie weichen.

63. Wider die Wiebeln im Korne:

Zettle nur Zwiebeln darein.

64. Flöhe zu vertreiben:

Schmiere einen Stecken mit Fuchs- oder Igelschmalz und lege ihn in einem Zimmer wohin, so laufen und springen die Flöhe demselben alle zu und bleibt keine bei dir.

Oder:

Feigbohnen und Wermut in Wasser gesotten und das Haus damit besprenget, so verlieren sich alle Flöhe.

Andere lassen Wermut, Koloquinten und Pfersigblätter in Wasser sieden und das Haus aller Orten darmit besprengen.

65. Fliegen, Mücken und Brämen zu vertreiben:

Kürbisblätter in dem Hause, da des Ungeziefers viel ist, verbrennen lassen, so fliegen sie alsobald von dannen, denn sie können diesen Rauch und Geruch nicht leiden.

Oder:

Gestoßene Salbei mit Öle und Essig wohl vermischt und alle Orte, da sich das Ungeziefer aufhält, damit geschmieret, so soll es hiervon alsobald sterben.

Oder:
Hasengalle mit Milch vermischt und in dem Hause hingesetzt, so sollen hiervon die Fliegen sogleich entfliehen.
Oder: Solche Galle mit Wasser gekocht und hiermit die Wände besprenget.

66. Hasen zu fahen:
Bilsen und Zeitlosen mit dem Blute eines jungen Hasens vermischt und in einen Hasenbalg eingenähet, so kommen viele Hasen hinzu.
Oder:
Der Geilen von Hasen zwei oder drei Stücke, Eberwurz 4 Lot und Zuckers 3 Lot untereinander gemischt. Hernach Birkenruten zwei Tag und Nacht in Herings- oder Fleischlake gebeizt, sodann diese Ruten mit obiger Materie gesalbet zu öberst, nächst beim Ende, dergestalten, daß solches die Hasen nicht mögen erreichen. Alsdann die Ruten hin und wieder in die Erde fest gestecket, wo gewöhnlich die Hasen sich aufzuhalten pflegen, so kommen sie dahin in großer Menge.

67. Vögel zu fahen:
Weiße Erbis Tag und Nacht in Essige lassen liegen. Welcher Vogel deren welche frißt, der liegt, als wäre er tot.
Oder: Das Aas, so die Vögel zu fressen pflegen, etliche Tage über in starker Weinhefen liegenlassen und denen Vögeln wieder hingeleget.

68. Fisch-Beizen:
Egeln in einen Topf geleget, da Honig innen ist, so sterben sie, sodann zerstoß selbige und machs dürre vor dem Ofen. Wenn du sie nun brauchen willst, so lege sie in laues Wasser, daß sie weich werden, schneids voneinander und hängs an den Angel.
Oder: Nimm Kampfer in den Mund, und was du an den Angel hängest, das besprenge darmit.

69. Ein bewährtes Stück zu den Fischen:

Nimm Kampfer, der bereitet ist in der Apotheke, als 1 Erbis, zerstoßenen Bibergeil als 2 Erbis und Otterschmalz als 3 Erbis, machs durcheinander zu einer Salbe, tue es in ein blechern Büchsgen und schmiere die Hand damit, du wirst Wunder sehen. Und wenn du angeln willst, so lege Regenwürmer oder ein anderes Keder über Nacht in die Salbe und stecks an.

70. Fleisch oder Wildpret in der Hitze frisch zu behalten:

Vergrabe solches in Mehl oder in Kleien an einem kühlen Orte, so bleibt es viele Tage frisch.

71. Äpfel oder Birn lang zu erhalten:

Lege selbige nur in trockenen Haber.

72. Hühner bald feist zu machen:

Weizen oder Gerste schwelle in Bier und gibs ihnen zu fressen, aber nicht zu trinken, so hast du sie in 8 Tagen ganz feist.

73. Eine Kugel, darinnen man einen Monat lang oder länger immerzu kann Feuer bei sich tragen:

Im Maien Kühe-Kot an der Sonne wohl gedörret und mit Branntenwein, der dreimal auf das höchste und beste destilliert ist worden, angefeuchtet und Kugeln, so groß als eine Baumnuß, daraus formieret, getrücknet und also zum 3ten Male angefeuchtet und wieder eingetrücknet. Folgends einen Teig gemacht mit ungelöschtem Kalche, Eierklar und zerhacktem Werg, die Kugeln darinnen so lange umher gewälgert, bis hiervon eine dicke Hülse sich darüber zeucht; dann dürre werden lassen, ein Löchel darein gebohrt, das Inwendige mit einem glühenden Eisen angezündet und ein eisern Zäpfgen darfür gesteckt, so kann man allezeit Feuer haben und bei sich tragen.

74. Wohlriechende Seife für große Herren und Frauen:

Rp. Sapon. Venet. lbr. I. Unc. XII.	Venedischer Seife 1¾ Pfund.
Aq. Rosar. lbr. I.	Rosenwassers, 1 Pfund.
Nuc. mosch.	Muskatennuß,
Santali citr. ana Unc.I.	gelben Sandel, jedes 2 Lot.
Iris Florent. Unc. II.	florent. Violwurz, 4 Lot,
Styrac. liquid. Drach. III.	flüssigen Storax, 3 Quent.
Caryophyll.	Gewürznelken,
Cyperi rotundi,	Cameel-Stroh oder wilden Galgant,
Gumm. Benzoen ana Unc. I.	Gummi Benzoen, jedes 2 Lot.
Mosch. or.	orientalischen Bisam,
Zibethi or. an. gr. XXII.	” Zibet, jedes 22 Gran.
Misc. l. art.	Nach den Regeln der Kunst vermischt und zu Kugeln formiert.

75. Gekünstleter Stein:

Nimm einen harten Kieselstein, zerstoß ihn klein, reibe ihn zum reinesten Mehl und lasse ihn durch ein sehr klares Sieb laufen. Solches Mehl mit Eierklar und gutem arabischen Gummi wohl durcheinander gerieben, bis es gar zähe wird. Machs fein zusammen und tue oder verbirg darein was oder färbe es mit was Farbe du willst. So es ertrücknet, wird es hart als ein Stein.

76. Einen schlechten Stein zum guten Reibstein zu bereiten:

Reibe den Stein erstlich mit einem linden Ziegelsteine wohl ab, daß er glatt werde, nachmals tränk ihn ein mit Leinöle in der Wärme, da Öl und Stein zuvor erwärmt muß sein. Lasse den Stein austrücknen, tränke ihn wiederum ein und wiederhole dieses so lange, bis er nichts mehr schluckt, so wird er ganz hart.

Einige hängen den Stein in Rauch unterm Eintränken; sonderlich sagt mir Herr T., er reibe Bleiweiß mit dem Leinöle in die Löcheln des Steins, so werde er ganz hart, eben und schön.

77. Eisen mit Magnetenkraft:
Den Magneten in Wasser wohl gesotten und glühenden Stahl oder Eisen zum öftern darinnen abgelöscht, so solle es die Kraft des Magneten erlangen.

78. Kalch-Öl: NB.
Aus ungelöschtem Kalch eine Lauge gemacht und selbige nachgehends über einen gläsernen Helm destilliert, so bleibt das Salz am Boden sitzen. Dieses Salz laß auf einem Marmorstein an der Luft zerfließen, so hast du das rechte Kalch-Öl, das behalte zu deinen Gefallen.

79. Starkes Paviment, da kein Wasser durchdringen kann zu Kellern, die Wassers wegen sonsten nicht können vertiefet werden, und zu andern dergleichen Gebäuden:
Tuffstein ist ein leichter luckerer Stein, der sich auch sägen läßt und aus welcherlei Gattung Steinen der größte Teil der Stadt Köln erbauet ist. Diesen Stein mache zu Pulver, tue lebendigen Kalch darzu und mache daraus den Mertel, tue aber beileibe keinen Sand darzu. Mit diesem Mertel nun und zweimal gebrannten Steinen mußt du lassen mauren, denn einmal nur gebrannt, ist nicht genug, die Steine müssen 2mal gebacken sein, sollen sie anderst Wasser halten.

In denen Niederlanden findet man viele tausend Keller von dergleichen Mauerwerk. Sie haben besondere Mühlen, darauf die Tuffsteine gemahlen werden, beinahe denen Ölmühlen zu vergleichen, darauf das Nußöl pfleget gemacht zu werden. Andere haben, anstatt eines Mörsers, eines alten hohlen Taufsteins sich bedienet und eines Glockenschwengels anstatt des Stempels, den sie an eine Stange gebunden, so ihn aufgezogen.

Mit solchem Zeuge werden die Keller unten und zur

Seiten gemauert, auch andere Gewölber und Wasserbehälter. Sie sagen, es halte auch Öl.

80. Gläser zuzusiegeln:
Das Mundloch der Phiole auf einem Stein fein glatt und eben angeschliffen und ein Deckel~ oder Scheibgen von anderm Glas darüber, hernach, bekanntermaßen, glühende Kohlen umher. Wenn es anfängt zu glühen, so nimmt das Glas einander an und backt aufeinander oder schweißt sich zusammen. Du magst mit einem heißgemachten Instrumente das Deckelgen sittsam niedertrücken, doch daß du das Hälsgen nicht umtrückest, so wird es dann behebe und ist artig sigilliert.

ITEM: Setze auf das Mundloch ein gläsern Deckelgen und verlutiers nebenzu herum mit Agtstein. Ist auch gut.

Andere nehmen ein Stück Agtstein, zünden es an beim Lichte und versiegeln damit das Glas, wie Anthon Hinderhöfer getan.

Ich habe auch das Gläsgen eingesetzt, und als ich ihm die Hitze gegeben und zugeblasen, ist das Löchel oben von selbsten zugefallen.

81. Lutum sonderlich ins Feuer:
Hausenblasen in Branntenwein zergehen lassen, nachmals daruntergerührt des Staubs von den schwarzen Steinen, die man zu den Formen und Patronen braucht, darein man geußt. Hast du dergleichen nicht, so nimm subtilen Staub von andern Steinen, so gibts eine über die Maßen starke Kitte, daß ehe der Stein anderswo reißt.

ITEM: Mennige und Fürniß untereinander ist auch gut, die Gläser darmit geleimt, halten sehr stark.

82. Eisen kalt zu löten:
Nimm Salmiak, gemein Salz, kalzinierten Weinstein, Glockenspeis, jedes 2 Lot, und Spießglas 6 Lot. Diese Stücke alle wohl zerstoßen und gebeutelt, zusammen in ein leinen Tuch eingeschlagen und mit wohl bereitetem Leimen rings umher eines Fingers dick überzogen; lege es dann auf einen Scherben und stürze einen anderen

Scherben oben darüber, setze es also in ein sanft Kohlenfeuer, laß es allgemach warm werden, dann so mehre das Feuer, bis die Kugel ganz glühend wird, so fleußt es zusammen; laß kalt werden, brichs dann auf, stoß und reibs wohl, daß es ein rein Pulver werde.

Wenn du dann löten willst, so hefte die Stücke auf ein Brett mit den Fugen zusammen, als genau du immer kannst, lege aber vorhin ein Papier darunter und streue des jetzt gemeldten Pulvers ein wenig zwischen und über die Fugen, mache dann auswendig herum ein Kästgen von Leimen, das oben jedoch offen seie. Hiernächst lasse Borax in warmem Weine zergehen, desselbigen Weins streiche mit einem Federgen auf das Pulver, so fahet es an zu sieden, und wenn es nicht mehr seudt, so ist das Gelötete ganz. Was aber von der Materie darauf bleibt, das muß abgeschliffen werden, denn es läßt sich nicht feilen.

Dieses Stück hat in vielen Fällen ausnehmenden Nutzen, besonders beim Marschieren der Armeen, so ein oder anderes Geschütz etc. Not gelitten hätte und in der Eile kein Schmied, nebst der Esse, vorhanden wäre.

83. Im Fall der Not, so daß Wasser zum Mahlen gebricht, als in belagerten Festungen etc., ein gutes Brot zu machen aus der Frucht, wormit ganze Städte und Armeen können erhalten werden:

Die Frucht wird in einen Zuber oder Bottich getan und Wasser daran gegossen, als wenn man wollte Stärk- oder Kraftmehl machen, 24 Stunden oder zwei Tag und Nacht stehengelassen, bis daß die Frucht wohl aufgequollen ist. Die oben auf dem Wasser schwimmende Unreinigkeit und das leichte Wesen wird hinweggetan, das am Boden liegende Schwere aber durchgepreßt oder getreten, wie bei Bereitung des Stärk- oder Kraftmehls gewöhnlich ist.

Levcander hat das Kraft- oder Stärkmehl nicht lassen treten, sondern hat eine bequeme Presse darzu gebraucht, so bleiben die Hülsen, und was nicht taugt, im Sack. Damit solches desto hurtiger vonstatten gehe, hat er seine Frucht zuvor lassen stampfen zu Pulver, zart oder groblecht, oder wie sichs gegeben hat, und dann mit dem Wasser prozediert, wie vor, so gehts mit einem leichten Zwängen durch ein Tuch gar fein durch, daß nichts dahinten bleibt als die Hülsen.

Das Durchgetriebene nun lässet man sich setzen und das Mehl trocken werden, selbiges wird aufgehoben zum Gebrauch.

Zu diesem Mehl wird nachgehends des Ferments zwei- oder dreimal soviel genommen, als sonsten gewöhnlich ist, in warmen Wasser zertrieben und den Teig damit angemacht; es muß aber fein warm gehalten werden, so treibt er sich als ein anderer Teig, und läßt sich ein sehr schön und wohlschmeckend Brot daraus backen, worvon Ihro Hoch-Fürstl. Durchl. unser Herr Generalfeldmarschall **** gekostet und, nebst anderen Generalspersonen, solches gelobt haben. Es ist auch fein gesalzen gewesen.

Zu M. haben sie gleichergestalten einen Versuch hiervon gemacht, es hat aber ihnen nicht wollen aufgehen, ob sie schon Hefel und Bierhefen darzu genommen hatten; der Fehler ist gewesen, daß sie es nicht genugsam fermentiert gehabt.

Zur Zeit der Hungersnot ist zu A. Brot ausgeteilet worden, so gebacken gewesen aus zwei Teilen Mehls und ein Teil geschnitten~ und gemahlenen Strohes. Kann man derjenigen Frucht Stroh haben, da das Mehl von ist, so ist es desto besser, wo nicht, so wird nur gemeines Stroh genommen; jedoch müssen die Ähren davon bleiben.

84. Daß einer im Reisen des Gehens nicht müde werde:

Zerlassen Bocks-Inschlitt mit zerstoßenem Knoblauch vermischt und die Nacht zuvor, ehe du deine Reise antrittst, beede Fußsohlen hiermit geschmiert.

85. Eisen, Stahl, Gewehr und Waffen gegen dem Rost beständig zu bewahren:

Terpentinöl, Spicköl und Petroleum zusammen vermischt und gedachte Dinge damit bestrichen.

Oder: Mit Fett von jungen Spanferkeln.

Baumöl wird in Spanien, Frankreich, Italien etc. der Währhaftigkeit halben gesalzen, das Salz aber verursachet

Rost; sonsten wäre es ausbündig gut hierzu. Jedoch kann selbigem das Salz benommen werden entweder vermittelst Destillierens oder Filtrierens in der Wärme durch eine dünn gedrehete Schüssel von Lindenholze.

86. Eine kurzweilige Phantasei:
Eierklar von drei Eiern und einer Erbis groß Quecksilbers durcheinander geklopft, gemein Wasser in ein Guttur-Glas getan und obiges Gemenge dareingegossen, so steigt es über sich und gibt eine schöne Landschaft mit Türmgen, und auf jedem ein Knöpfgen, sehr lustig anzusehen.

87. Geheimnis von Leinsamen:
Solchen in eine Rettichwurzel getan und in ein gutes Erdreich begraben, macht ein Gewächs einem Drachen gleich, welches schmeckt als Essig und Salz und wird gebraucht im Salat, bedarf keines Salzes.

88. Sal essentiale aus Kräutern: NB.
Die Kräuter zerhackt, den Saft ausgedrückt oder ausgepreßt und mit Eierklar geläutert über einer sanften Glut, auch wohl verschäumt. Hernach abgezogen oder gelinde abdünsten lassen, daß nur der dritte Teil zurücke bleibe, und in den Keller gestellt, so schießen sehr schöne Kristallen. Angelus Sala nennts Cremorem herbarum.

Auf gleichen Schlag die äußere grüne Schalen von Baumnüssen traktiert, geben grüne Kristallen, einem Vitriole ganz ähnlich, wie dergleichen der berühmte D. S. hat gemacht. Von dem grünen Saft solcher Schalen hat er auch unter die Solution anderer Salze gemischt, so sind selbige gleichergestalten grün angeschossen. Mithin können vermittelst solchen Kunstgriffs aus allen Salzen grüne Vitriole werden.

89. Mumie aus Menschenblut: NB.
Vor dem neuen Licht des Mondes einem jungen gesunden Manne eine Ader geöffnet und das Blut in Salz lassen springen; sodann selbiges ein paar Tage über lassen trocken werden, so wird es gleich einem Stücke Fleisches.

Diese Materie in ein Säckgen getan und in einem fließenden Wasser damit auf- und niedergefahren, bis keine Röte mehr davon herausgehet, so findet sich in dem Säckgen eine weißlechte oder fleischfarbige Materie. Diese wird an der Sonne wohl getrocknet und sodann zum Gebrauch aufbehalten. Hiervon in eine Wunde, oder wo ein Stück Fleisch hinweggehauen, ein wenig gestreuet, ergänzet das Fleisch binnen 24 Stunden, denn die Natur nimmt diese Arznei schnelle an.

Einen Teil darvon mit Branntenwein ausgezogen, obschon das Pulver weiß aussiehet, so extrahieret sichs doch blutrot, und ist ein großes Geheimnis, die Lebenskräfte erstattend und erneurend, wie hiervon die ausgefallenen und wieder gewachsenen zween Zähne der weiland Durchlauchtigten Herzogin in Holstein, des Durchl. Herrn Herzog Julii Fürstlicher Frau Mutter, ein Zeugnis können geben.

90. **Geheimer Balsam, dardurch binnen 24 Stunden alle Wunden und Geschwüre zu heilen, welcher weiland von einem portugiesischen Könige einem König in Frankreich als ein kostbares Geschenke zugeschicket worden:**

Nimm 1 Quent feinen Goldes, zu sehr dünnen Blecheln ausgetrieben, zerschnitten und zu Röllgen gemacht.

Nun nimm gemein wohl bereitetes Salz und Salpeters 1 Pfund, mit 4mal so schwer Töpfererde vermischt, mit oder ohne Wasser einen Geist daraus getrieben und in dessen jedes Pfund 12 Lot wohl gebrannten Salzes getan, hiervon das lauterste genommen und darinnen obiges 1 Quent Goldes aufgelöst. Nachgehends den Geist, vermittelst linder Abdünstung, davon getrieben bis fast über die halbe Tröckene; diese Materie sodann an die Nachtluft gesetzt und zu einem Liquore zerfließen lassen in eine untergestellte Glasschale, auch dieses Aussetzen so oft oder so lang kontinuieret, als die Materie einigen Liquorem von sich gibet. Solchen kostbaren Liquorem nun in wohl beschlossenen Gläsgen verwahret und zu dessen Gebrauch ein Tauben- oder Hühnerfedergen mit ein oder anderm Tropfen dieses Liquoris benetzet und damit die Wunden nur von außen rund umher bestrichen, welche jedoch vorher mit weißem warmen Wein von aller Unreinigkeit muß ausgewaschen worden sein. Wäre die Wunde irgend tiefer, als daß sie durch einmaliges Bestreichen könnte aus dem Grunde geheilet werden, so wird selbiges wiederholet.

Dieses ist dasjenige Geheimnis, so weiland die Königin in Frankreich, Anna Austriaca, genennet hat das Öl der Barmherzigkeit und zu dessen Ausspündung jährlich 6000 Livres auszahlen lassen.

91. Sehr edles Geheimnis:

Nimm 1 Teil Schwefels und 2 Teile zart geriebenen Weinsteinsalzes, den Schwefel in einem Tiegel lassen fließen und das Weinsteinsalz allmählich darein getragen, unter stetigem Umrühren, bis sichs wohl zusammen hat vermischet. Wenn es nun eine purpur-blaulechte Farbe gewinnet, vom Glütgen abgehoben und immerzu sorgfältig verhütet, daß der Schwefel von allzu starker Hitze sich nicht entzünde. Dann aus dem Geschirre oder Tiegel genommen, in ein Glas getan und nach und nach tröpfgenweis Scheidewasser darüber, so lang und so viel, bis alle Aufwallung gänzlich nachgelassen, nachgehends in gelindestem Sand-Grad das Scheidwasser abgezogen bis zur Tröckne. Die im Glas zurückgebliebene Materie herausgenommen, destilliertes Regenwasser (damit nämlich das Wasser ganz rein seie) darübergegossen, und so oft und viel ausgesüßet, bis in dem Wasser ganz kein Geschmack weiter empfunden wird. In dem Wasser wird ein Pulver zurücke bleiben, weiß oder grau, je nachdem der Schwefel gut ist: So selbes grau wäre, wird es durch Ausglühen im Tiegel weiß. Das obige Destillatum siehet zuweilen rot aus, zuweilen gelb, etwan auch weiß, welches jedoch nicht hinwegzuschütten, sondern in einem nicht behebe vermachten Gefäß einige Monate über stehenzulassen, nachmals nebst zugegossenem bemeldten Regenwassers in einem Dampfbade (Balneo vaporoso) abzuziehen, so wird ein weißes Pulver zurückbleiben, welches gleichergestalten, wie obiges, auszusüßen und aufzubehalten oder mit jenem zu vermischen.

Dosis des ersten Pulvers ist 8 bis 10 Gran, des letztem aber 3 bis 5 Gran, in einem schweißtreibend~ oder antifebrilischen Wasser.

Dieses Arkanum ist dem orientalischen Bezoar vorzuziehen.

92. Gründliche Heilung gebrochener Personen, ihrer Geschäfte ohngehindert:

Zuerst wird das Nußöl gemacht folgendergestalten: Dürre Baumnüsse, die aber noch schön sind und nicht schimmelnd, deren Kerne zerhackt und geröstet in einer Pfanne, wie das Eieröl pfleget gemacht zu werden, und wenn sie schmierig oder ölig geworden, selbige ausgepreßt: Das Magma von den Nüssen, so dahinden bleibt, ist das Pulver, so man eingibt, und der Autor Caput mortuum nennet.

Nun nimmt man Holz von einer jungen Eichen, hiervon die äußere grobe Rinde, ingleichem auch das mittlere oder den Kern hinweggetan, das andere aber zu zartem Sägemehl gemacht und solches wohl trocken lassen werden.

Der junge Eichbaum, davon das Holz zu nehmen, muß ein Männlein sein; solches erkennet man an dem Laube, welches schwärzer ist als das andere. Auch muß der Baum gehauen werden an einem Freitage, vor Aufgang der Sonnen, wenn der Mond donnerstags oder die Mittwoche zuvor neu geworden, daß man ihn noch nicht siehet.

Über bemeldtes Eichenholzmehl obiges Nußöl gegossen, 3 bis 4 Tag also beizen lassen, daß das Öl sich in das Holzmehl ziehe, und hernach durch eine Retorte destilliert, in freiem Feuer; jedoch gar sanft, alldieweilen es gerne überlauft und stößt, wenn man es zu grob macht.

Das Caput mortuum aus der Retorte genommen, zu Asche kalziniert, das dephlegmierte Öl darübergegossen, ein 14 Tag über also stehengelassen und sodann abgegossen oder abgezogen.

Hiermit hat Autor sehr vielen Personen aus dem Grunde geholfen, unter anderm einem 60jährigen Manne, welcher 18 Jahr gebrochen gewesen. Es heilet sehr wohl und schnelle.

Er gibt 8 oder 14 Tage lang vor dem Gebrauch des Öls,

oder auch drei Wochen, nachdeme einer den Bruch schon lange Zeit hat, täglich morgens und 2 Stunden nach dem Nachtessen 1 Messerspitze voll ein von dem ausgepreßten Nußpulver (solches schmecket fast wie Mumie; zuweilen tut er etwas von Sanikel darunter) in Branntenweine, oder mag man das Pulver also trocken essen, so nimmt man einen Schluck Branntenweins hernach.

Wenn er solches Pulver den Patienten 8 oder 14 Tage gebrauchen lassen, so fragt er selbigen, ob er nichts empfinde. Spricht er nein, so hält er mit dessen Gebrauche noch länger an, bis und dann der Patiente spüret, daß es ihm an dem Ort, wo der Bruch herausgehet, schmerzt und selbiger stark sich einwärts zeucht, sodann adhibieret er oben beschriebenes Öl: Er schmieret nämlich mit einem Finger, gleichergestalten morgens und nachts, nur zwei, drei oder vier Tröpfgen desselbigen (denn es zeucht stark zusammen) über den Ort des Bruchs herum, wo die Gedärme herausgehen, so heilet es, wenn der Bruch noch neu ist, binnen 24 Stunden. In währender Zeit fähret er mit dem Gebrauch des Pulvers dennoch fort, täglich morgens und zwei Stunden nach dem Nachtessen dessen 1 Messerspitze in Branntenwein eingenommen, wie bereits gemeldet.

<u>NB</u>. Der Bruch muß in den Leib eingedrückt sein, sonsten würde er durch das Öl herauser kuriert, dahero man selbigen vermittelst eines Bands muß einbehalten.

S. sagt, daß er habe empfunden, wie dieses herrliche Mittel bei ihme den Bruch hinein- und das Netz wieder zusammengezogen.

Obiges Öl ist auch eine treffliche Brandlöschung. Mit einer Feder aufgestrichen, löschet alsobald den Brand, wie Wasser das Feuer.

93. Brüche zu heilen noch andere gute Mittel:

Durchwachs (Herbae Perfoliatae) in Wein gesotten, ein wenig Honiges dareingetan und alle Morgen nüchtern solchen Trank getrunken; auch dieses Kraut zerstoßen, ein Pflaster daraus gemacht und über den Bruch geleget, heilet bald.

Oder:
Sanikelkraut und Wurzel in Wein gesotten und dem Kranken stets zu trinken gegeben.

Oder:
Aronwurz zu Pulver gestoßen; dieses Pulvers dem Patienten stetigs zu essen gegeben in Eiern, oder in Zugemüse.

Oder:
Den Bruch auswendig gesalbet mit Bärenschmalz. Zugleich auch diesen Wundtranks sich dabei bedienet: Wintergrün gesammlet zwischen denen zween Frauentagen (nämlich vom 15. Augusti bis auf den 7den Septembris, alten Kalenders), solches in Wein und den 3ten Teil eingesotten; hiervon morgens und abends getrunken.

Oder:
Honigseim, Bärenschmalz und Dachsschmalz, jedes gleich viel, miteinander zur Salbe gemacht. Hiermit den Bruch nebst dem Pölstergen, ingleichem den Rücken gesalbet dem Bruche gegenüber, alles bei der Wärme. Heilet binnen 14 Tagen und ist durch dieses Mittel unter andern ein 50jähriger Bruch kurieret worden.

Oder:
Das Bruchband geschmieret mit schweinen Kinnbackenmark.

94. Wider den Brand, so man sich irgend gebrannt hat:

Leinöl und gemein Salz zusammen vermischt und gesotten; hernach die Beschädigung damit bestrichen.

Wer sich gebrannt hat mit heißem Wasser, der schlage nur darüber des weichen s. v. Kots von der Gassen, so bringts ihme weiter keinen Schaden.

ITEM: Frische Krebse mit frischer Butter zerstoßen, durch ein Tuch gezwänget und den Brand damit gesalbet, bis du heil bist. Item: Eierklar 2 Teile und Baumöls 1 Teil untereinander.

95. Wider den Krampf:

Schmiere dich mit Schmalz von Aschen; vertreibet den Krampf und allerlei Gliederflüsse.

96. Wider die Warzen:

C. hat die Hände voll Warzen gehabt, und waren ihm die Gelenke dergestalten davon verdorben, daß er die Hände nicht gebrauchen können. Dieser hat die Hände täglich geschmiert mit Schmalz von Schnecken aus Häusgen und von roten Schnecken, zu gleichen Teilen, aus der Apotheke genomen. Über den 3ten Tag hat er allezeit mit Taubenblute (das Blut aus dem Taubenherzen solls für dem andern Blute tun), also warm die Hände überstrichen. In kurzer Zeit sind die Warzen hinweggekommen, ohne zu wissen wohin.

ITEM: Spitzen-Wegerich-Saft, ausgedrückt und darmit bestrichen.

97. Zum Gedächtnis:

Die große Klettenwurz wohl abgewaschen, im Mörser gestoßen, in eine Kopflauge getan, mit selbiger einen Sud tun lassen und das Haupt darmit gezwaget. Macht auch die Haare stark wachsen und gelbe.

98. Salbe zu allerlei alt- und neuen Schäden:

Nicotianöl, Beimenten-(Krausemünzen)Öl, Jungfrau-Wachs, Hirsch-Inschlitt (Talg), jedes 2 Lot, weiß Harz zweier Nuß groß, alles zusammen auf einem Kohlfeuer zerlassen zu einer Salbe. Es seie ein Schade so schlimm, faul und stinkend, als er wolle, wird er hierdurch geheilet.

99. Wider das Grieß und Stein sehr bewährtes Mittel:

Nimm destilliertes Leinöl (so ohnedem für sich selbst allein gegen diese Beschwerung dienlich), tue darein 3 Körngen von dem schwarzen Geschmeiße, so unter denen Nestern der Schwalben an den Häusern gefunden wird, und gibs dem Patienten zu trinken. Wenn gleich die Nieren schwäreten und eiterten, so heilet es dieselben und vertreibt das Grieß, zerbricht auch den Stein. Ist an vielen Personen jederzeit bewährt befunden worden.

DOSIS: Des destillierten Öls 3, 4 bis 5 Tropfen mit 3 Körngen des Exkrements, (es fällt also körngenweis von den Schwalben), in einer Brühe. Vor dem Gebrauche mag mans pulverisieren, so kann der Patiente nicht wissen, was es ist. So der Geschmack zuwider wäre, mag man was Annehmliches darauf nehmen, zum Exempel etliche Tropfen Zimmetwassers zugleich mit und dessen 1 Löffel voll hernach. Es wird des Tages nur einmal eingegeben, morgens in nüchtern Magen, und in denen 3 oder 4 folgenden Tagen die Dosis wiederholet, so kuriert es, nächst GOtt, gewiß, dergestalten, daß die Patienten nicht rezidiv werden. Man empfindet die heilsame Würkung gleich des ersten Tages.

Nota Signaturam bemeldten Geschmeißes: es sind gleichsam Steingen, wie Sandsteingen, in solcher Gestalt setzt sich das Geschmeiß zusammen und frißt auch nichts als s. v. Kot.

Eine Frau, welche auf das heftigste mit dem Grieß behaftet gewesen, hat, anstatt des destillierten, nur mit gemeinem Leinöle und ermeldten Exkrementen aus dem Grunde sich kurieret.

Wenn man des gemeinen Leinöls sich bedienen will, wird dessen 4mal soviel eingegeben als des destillierten, nämlich 16 bis 18 Tropfen.

J. tut gleichsam Wunder mit diesem Mittel, so, daß die Patienten dardurch von dem Grieße vollkommen befreiet werden.

100. Treffliche Blutstillung:

Capitain P. hat hierdurch einen seiner Bedienten gerettet, der sich sehr verblutet hatte, nämlich:

Des Bluts nur drei Tropfen auf den Crocum Martis, so aus der Apotheken genommen worden, fallen lassen und auf eine Glut gestellet. Wie solches Blut sich einkoaguliert und ausgetröcknet hat, ist auch ebenso gleich das Bluten nachgeblieben.

101. Die verstopfte monatliche Reinigung
bei dem Frauenzimmer zuwege zu bringen,
auch in fast verzweifelten Fällen:

Quittenspalten oder Quittenschnitze, frisch oder aufgedörrte, mit Wein in einem wohl bedeckten Topfe gesotten, bis der Wein von denen Quitten kräftig wird, und dann morgens nüchtern und abends nach der Mahlzeit vor Schlafengehen hiervon ein Glas voll ausgetrunken.

Hat an vielen, auch von fürnehmen Medicis allbereits verlassenen Personen, so gering auch immer das Ansehen solchen Mittels ist, gleichsam Miracul erwiesen und bei einigen binnen drei Tagen die Menstrua wieder hervorgebracht.

102. Quitten das ganze Jahr über frisch und gut aufzubehalten, als wenn sie erst vom Baume kämen:

Selbige nur in Weinhefen geleget und damit bedecket, auch das Gefäß gegen die eindringende Luft wohl verwahret.

103. Tote Frucht und Nachgeburt fortzutreiben:

Nur Schwefelrauch lassen in die Mutter gehen oder eines Dukaten schwer Schwefel eingegeben.

104. Heilsame Erinnerung an die Wehmütter oder Hebammen:

Selbige sollen Sorge tragen, daß sie denen neugebornen Kindern weiblichen Geschlechts die Nabelschnure nicht allzu kurz binden und abschneiden; immaßen, wenn selbige dereinsten Weiber geworden und wieder gebären sollen, sie wegen daher rührender Verhaltung derer zu glücklicher Entbindung erforderlichen Wehen in äußerste Todesgefahr geraten.

105. Korallentinktur Hrn. Chr.: NB.

Reinen Zuckers ein halb Pfund mit einem gar klein wenigen Wassers, nämlich nur zu etlichen Tröpfgen, in einer Glasschale zerlassen, in einer heißen Sandkapelle, sodann wohl abgeriebener (auf die Art, wie in Apotheken gebräuchlich) Korallen ein Pfund darein getragen, immerzu umgerührt, fort und fort, bis die Materie dicke wird und man nicht mehr rühren kann. Selbige wird weiterhin gar zähe, daß sie sich dem Rührstabe nachzeucht, wie ein Pech, und endlich so hart als ein Stein. Dieser wird zerstoßen, Spiritus vini daraufgegossen, auf einen warmen Ofen oder in

Digestion gestellt, so wirds gleich einem Letten oder roter Erde und setzt sich. Wenn sichs gesetzt hat, abgegossen und filtriert, dann wieder in Digestion gesetzt, so läßts binnen acht Tagen viele Unreinigkeiten fallen, die mit durchs Filtrum gegangen sind, und wird schön hochrot, bleibt auch also immerfort tingiert und wird mit der Zeit je länger, je schöner.

Hr. Chr. hat viele Epilepticos hierdurch kurieret, auch bei hohen Standespersonen sich in nicht geringes Ansehen und Ruhm gesetzt.

DOSIS: in paroxysmo 20 Tropfen, instante paroxysmo, oder da man sich desselben befahret, 15 Tropfen.

ITEM: Abends vor Schlafengehen 15 Tropfen.

106. Secretum secretissimum ejusdem, das Podagra, alle Tophos und Kontrakturen zu kurieren:

Drei oder vier Pfund frischen Kalchs in eine irden~ oder gläserne Retorte getan, ein Pfund rektifizierten Branntenweins daraufgegossen, in eine Sandkapelle gesetzt und einen großen Rezipienten vorgeleget, so gehen zwei Tag und Nacht Geister herüber und sind ein Öl. Welches zu bewundern, daß der Branntenwein oder Weingeist den feurigen Geist des ungelöschten Kalchs herüberführt und dargegen das Feuer des ungelöschten Kalches den Weingeist zu einem Öle macht; selbiges verleurt auch den Geruch des Branntenweins und kann niemand erraten, was für ein Öl es ist.

Vor der Mahlzeit morgens und abends, eine halbe Stunde jedesmal zuvor, die Glieder hiermit überfahren oder geschmiert, durchdringet augenblicklich und kurieret alle Kontrakturen; binnen fünf Tagen spüret man schon, wie es die schmerzend~ und kalte erstarrende Glieder erwärmet. Es solvieret alle Härte, als Tophos, und wird im Podagra kein fürtrefflichers Mittel ausgefunden.

NOTA: Hr. Chr. füllet die Retorte so voll Kalches, daß nur nichts von selbigem nachgehends mit dem Öle kann herauslaufen. Der Rezipient ist die ganze Zeit über, solang diese curieuse Destillation fortdauert, immer voll Stryen, so, daß das Öl aller Orten abläuft.

ITEM:

Ein Pfund oder ein Teil Weinsteins und drei Teile Kalchs untereinander zerstoßen und im Töpferofen gebrennt; wäre ihm mit Brennen nun genug geschehen, gut; wo nicht, (immaßen die Töpfer nur einen Tag und Nacht brennen), so kanns folgender Tage einem andern Töpfer in seinen Ofen gegeben werden oder kann mans auch selbst in einem Töpfgen drei Tag und Nacht kalzinieren. Alsdann geuß darüber das gemeine Holunder- oder Holderblütwasser, (wird gemacht, wie in Apotheken der Brauch ist, nämlich die Blüten nur mit gemeinem Wasser infundiert und sodann gewöhnlichermaßen destilliert), laß vierzehen Tage über zusammen stehen, versuchs auf der Zunge, brennt es zu sehr, so geuß des Wassers noch mehr hinzu, bis sichs auf der Zunge wohl erleiden läßt und nicht allzu brennend sich erzeiget, sonsten würde es ätzen.

Hernachmalen filtriert und mit einem vierfachen Leinewat-Tuche warm überschlagen; wenn es trocken wird, wieder erneuert des Tages über, bei Nacht aber kann mans nur liegenlassen. Binnen vier Tagen siehet man ein Miracul, wie es alle Tophos wird resolviert haben. Es zeucht aus denen Gelenken und Nerven erstaunlicherweise allen Tartarum und Kalch, man seie vom Podagra erkrümmt, wie man wolle, so verschafft es Hülfe und zwar ohne Schmerzen, kann auch niemand eigentlich wissen, wo solcher Tartarus hinkommt.

Unter vielen andern Personen ist durch dieses Mittel Herr M. von H. von seinen podagrischen Tophis, daran er ganz erkrümmt gewesen, aus dem Grunde wieder genesen.

NB. Obiges erstere Secretum möchte, innerlich gebraucht, ein herrliches Mittel abgeben wider den Stein und Grieß: in Erwägung der Worte Basilii Valentini, womit er diese Materie berühret.

107. Von denen scheibenrunden Hohlspiegeln:

Um auf bisherige, obgleich der Gesundheit vorträgliche, jedoch dabei ohnschmackhaft und verdrießliche Kost, noch einen süßen und angenehmen Bissen zu setzen, habe von denen runden Hohlspiegeln, in Ansehung derer dadurch zu bewürkenden, über die Maßen anmutig~ und teils wundersamen Repräsentationen, dieses Orts kurze Anregung tun wollen, damit selbige nicht gänzlich aus der Acht gelassen bleiben.

Es wird nämlich eine lange Reihe aneinandergefügter schöner Kupferstiche von Prospekten berühmter Städte, prächtiger Paläste, öffentlicher Plätze, Gärten, Landschaften, Waldungen, Jagden, Feldschlachten, Feuersbrünste, auch merkwürdige Himmelsbegebenheiten etc., zumalen nach der Natur mit Farben künstlich bemalet, in einem hierzu bereiteten Kästgen auf zween hölzernen Rollen aufgerollet, dergestalten, daß auf der einen Rolle dasjenige, was von der andern an Kupferstichen heruntergelassen wird, zu gleicher Zeit wieder sich aufrollet. Solches Kästgen nun wird, nach abgeschobenem Deckel oder eröffnetem Türgen, in gehöriger Weite vor den Hohlspiegel gestellet und, vermittelst nur erwähnter beeder Rollen und umdrehenden Würbels, ein Prospekt nach dem andern fein sachte ab- und aufgerollet, so stellen sich solche Objecta in dem Hohlspiegel denen Zuschauern in ihrer natürlichen Größe und Gestalt, zu deren größter Ergötzung, vor Augen. Je größer der Hohlspiegel ist, je schönere Vorstellung erfolgt, besonders bei dem Scheine der Lichter, zur Nachtzeit, oder auch bei Tage in einem verfinsterten Zimmer.

So ferners in behöriger Weite an das, der Blendung wegen, vorstehenbleibende und mit seinem Deckel wieder beschlossene Kästgen ein oder andere natürlich gemalte oder eine würkliche, mit Beibehaltung der natürlichen Farbe und Gestalt, künstlich aufgedörrte, oder auch eine annoch frische Blume unters über sich angehänget, der Hohlspiegel gebührend hinter sich geneiget und oben auf das Kästgen, an den Ort des aus dem Hohlspiegel hinfallenden Brennpunkts oder Foci, ein Glasschälgen mit Wasser gestellet wird, so präsentieret sich daselbst, außerhalb des Spiegels in freier Luft, die Blume in ihrer vollkommen Gestalt, mit dem Stiele aufrecht in dem Wasser des Schälgens stehend. Wenn nun ein Unwissender dergleichen erblicket, etwas entfernet darhinter stehend, jedoch so, daß er mit der Hand nach der Schattenblume greifen, des Spiegels aber so leichte nicht gewahr werden kann, so wird er solche Vorstellung für Zauberei ansehen. Ein gleiches möchte, anstatt der Blume, auch mit einem sich bewegenden, lebenden Tiergen, zum Exempel einem kurz angebundenen Käfer, Krebs, Frosch etc. zu bewerkstelligen sein.

ITEM: So man mit einem bloßen Degen in der Mitten gegen den Hohlspiegel zustößt, wird einem hinwiederum eine bloße Degenspitze aus dem Spiegel heraus entgegenstoßen.

Beiläufige Anmerkung über das Gespensterwesen:

Sollte ein bescheidener Gelehrter nicht auch hieraus Anlaß nehmen, dem Eigensinne Einhalt zu tun und, so er je vor seine Person selbsten niemals einige überzeugende Erfahrung von Gespenstern gehabt hätte, fremden Erfahrungen aber schlechterdings keinen Glauben beimessen wollte, diesem wahrscheinlichen Vernunftschlusse statt zu gönnen, nämlich: So ein mit einem groben Körper verbundener Geist (verstehe ein Mensch) vermittelst körperlicher Dinge (als des Hohlspiegels und der Lichts-Strahlen, welche letztem einstimmig von allen Lehrern der Naturkunde nicht zur Geisterklasse, sonder wie billig, zu denen körperlichen Dingen noch mitgezählet werden), ein solch gespensterisches Schattenbild, wie zum Exempel obangeführte Blumen etc., kann vor Augen stellen; sollte denn wohl ein in seiner Art vollkommener und mächtiger Geist (verstehe gute und böse Engel, wo nicht auch eine von ihrem Körper entbundene menschliche Seele), nicht ebensowohl eine gleiche, ja auch noch ungleich weit seltsamere, wichtigere und nicht nur unsere Augen, sondern auch unsere übrige Sinnen affizierende Würkung können werkstellig machen, ohne daß er sollte an die uns Menschen bekannte, grobkörperliche Mittel und Werkzeuge (wie dergleichen einige unserer heutigen HHrn. Gelehrten in ihren bekanntgemachten Gedanken von Gespenstern wollen erzwingen, mithin sowohlen hierdurch, als auch durch zugleich geschehende Beziehung auf alberne Gespenster-Märgen, denen ein vernünftiger Mann ohnehin keinen Beifall gibet, deutlich genug zu erkennen geben, was vor einen niederträchtigen, nur allzu körperlichen und tierischen, auch zum Teil lächerlichen Begriff sie von solchen, von ihnen in Zweifel gezogenen, geistlichen Kraftwesen sich machen müssen) schlechterdings gebunden sein, sondern wohl durch andere, uns verborgene und über die Sphaera des Begriffs unserer Vernunft weit erhabene Mittel und Kräften?

Oder sollte wohl ein vollkommener Geist ohnvermögender sein als ein Mensch? Doch das wäre widersprechend. Gleichwohl müßte solches notwendig folgen, wenn die Verrichtungen, ja selbst das ganze Wesen derer gut~ und bösen Engel bloß allein im Gedenken bestehen und selbige nicht auch zugleich einiges Vermögen sollten haben, ihre Willenskraft auszuüben und mit denen Geistern der Menschen, entweder unmittelbar und innerlich, durch die Gedanken, oder auch mittelbar und äußerlich, durch die Sinnen und sinnliche Vorstellungen, als womit die Menschen zum größten Teile sich beschäftigen oder (wie es andere, nicht ohne würkliche Erfahrung, auszudrücken pflegen), durch magische (worvon das lateinische imaginari entsprungen), Kräfte zu kommunizieren.

Hiernächst möchte man fragen: Ob es denn eine vollkommene richtig gemachte Sache seie, daß solche Geister nicht können mit unzerstörlichen und zugleich unsichtbaren Körpern versehen sein? Denn ich sehe keine notwendige Folge, warum außer unserer sichtbaren Sphäre nicht sollten unzerstörliche Körper möglich sein, immaßen unser allgemeiner Begriff von Körpern nur von denen in unserer Sphäre sich befindlichen Körpern hergenommen ist. Jedoch nehmet auch unter diesen zu einem Beispiele den noch zu unserer Sphäre der sichtbaren Natur gezogenen Sonnenkörper, von dessen unveränderlicher Daur, bei so vieltausendjährigem Brennen, noch kein scharfsinniger Naturforscher einigen zu sattsamer Überzeugung zureichenden Grund hat anzugeben gewußt; immaßen unser bekanntes Feuer die zu seiner frischen Nahrung, Versus centrum, wieder zurückfallen sollende Dünste, nebst der selbige tragende Luft, vielmehr von sich stößt als zulässet. Und was sind nicht noch, in ebendem Reiche unserer sonsten genugsam sichtbaren Natur, Luft, Licht und Feuer (verstehe nicht das Flammen-Feuer) vor subtile und öfters ganz unsichtbare, gleichwohlen zum Teil sehr mächtige Körper?

Nichts mag ich hier mit weitläufigen Umständen aufwärmen von denen aus gegenseitiger, die Würkung der Geister in Körper, mithin auch die Gespenster verneinenden Meinung notwendig zu ziehenden, giftigen und dem geoffenbarten Worte GOttes freventlich Hohn sprechenden, spinosistischen und naturalistischen Schlüssen: denn so es ohne allen Widerspruch seine Richtigkeit hätte, daß ein erschaffener Geist (ob ihr Widersprecher nicht ebensowohl die Existenz derselben in eurem Verborgenen möget in gänzlichen Zweifel ziehen, mag der Herzenskündiger zu seiner Zeit offenbar machen), in einen Körper zu würken nicht vermögend wäre; wie hat denn der unerschaffene, allerhöchste Geist alle körperliche Dinge, und zwar aus einem Nichts, erschaffen können? Man antwortet: (zwar nur zum Scheine, aber nicht mit aufrichtigem Herzen, alldieweilen solche nichts, was der Vernunft nicht begreiflich ist, annehmende Widersprecher von einem allmächtigen Geist viel weniger können einen deutlichen Begriff haben, als von einem in die Körper nur würksamen Geiste) dieser ist ein allmächtiges Wesen, jene aber nicht. Ich setze dargegen: woher folgt es denn, daß ein erschaffener Geist, um in die Körper würken oder solche in Bewegung setzen zu können, muß allmächtig sein? Kann nicht der Schöpfer zu solchem Ende selbigem ein gewisses Maß des Vermögens zugeteilet haben?

Gebet doch, ihr samtlichen Herrn Naturforscher, einst einen richtigen oder zureichenden Grund an von dem Ursprunge der Bewegung der Materie und aller natürlichen Körper, ohne einigem Widerspruch oder Zweifel dabei Raum zu lassen. Insbesondere dürftet ihr Herrn Mechanisten wohl letztlich noch euch gedrungen sehen, einem mächtigen Geist gute Worte zu geben, daß er sich eurer Ohnmacht möge erbarmen und eurer toten Welt

Maschine die erste Bewegung mitteilen, auch unterweilen darzu sehen, damit sie, bei ihrer Zerstörlichkeit, sich nicht abnütze, noch daher vor der Zeit ins Stecken gerate oder gar zusammenbreche.

Wenn wollt ihr Sterblichen doch einmal anfangen, klug zu werden, um eure Schwäche und des Nichts eures Wissens zu erkennen und aufhören, der unendlichen Weisheit und Allmacht Grenzen zu setzen? Vermag auch ein unmündiges Kind die Staatsverfassung und Geheimnisse großer Monarchen einzusehen und ein richtiges Urteil davon zu fällen? Ziehet doch, zu einem Exempel, nur in Betrachtung den unermeßlichen, sichtbaren Himmel mit seinen allerprächtigsten Sonnen-Körpern (verstehe die Fixsterne) und deren unzählbare, unserm Gesichtskreise zwar allzuweit entlegene, vermutlich aber nicht öde, noch ohnbewohnte Planetenkugeln. Seid ihr unvermögend, hiervon etwas Überzeugend~ und Gewisses zu bestimmen, was wollt ihr euch denn anmaßen der unsichtbaren Geisterwelt? Könnt ihr euch wohl lassen einbilden, daß in derselbigen eine geringere Menge, auch wenigeres Vermögen, Kraft, Stärke, Macht, Schönheit, Pracht und Herrlichkeit sollte anzutreffen sein als in der sichtbaren Welt?

Ich ziehe zum Beschluß nochmals auch hieher die untrüglichen Worte der H. Schrift: I. Cor. 2. 14. Der natürliche Mensch vernimmt nichts vom Geiste GOttes, es ist ihm eine Torheit und kann es nicht erkennen etc. Denn nichts sein und der menschlichen Vernunft nicht begreiflich sein sind sehr unterschiedene Dinge; Exempel hiervon zu geben wäre nur überflüssig.

108. Palingenesia oder Wiedervorstellung der Blumen und Pflanzen aus ihrem zerstörten Wesen und Asche:

Diesen Prozeß teile hier aus einem geheimen Manuscripto treulich mit, um, weilen noch zur Zeit von denen Naturforschern über der Möglich~ und Würklichkeit dieser Sache gestritten wird und gleichwohlen wenig Gründliches von deren Praxi durch den Druck bekanntgemacht ist, einen beliebigen Versuch hiervon nehmen zu können. Selbsten habe solchen Prozeß niemalen versucht und gestehe diesfalls meinen Zweifel und Mißtrauen.

Nimm von einer Pflanze die Wurzel im Herbst, als im November, wenn der Same abgefallen ist, deren Blume, wenn solche gar heraus ist, und das Kraut, wenn es zu blühen beginnet. Dessen allen einen guten Teil genommen und im Schatten, wo keine Sonne hinscheinet, dürre werden lassen. Hernach kalziniers zwischen zween Töpfen oder Schmelztiegeln. Alsdann ziehe aus solcher Asche mit lauem Wasser das Salz heraus. Ferner nimm von ebendiesem Kraut, Wurzel und Samen einen halben Topf voll Safts und solviere hierinnen das Salz. Dann nimm eine Jungfrau-Erde, so niemals gearbeitet worden, wie man solche auf den Bergen findet und rotlecht ist, rein von allem Unrat, solche durch ein Sieb gereitert, so zart, als möglich ist, in ein erdenes Gefäß getan und mit bemeldtem Safte allgemach besprenget, bis die Pflanze herfürzusprossen beginnet und die Erde allen Saft und Salz in sich gesogen hat. Alsdann mit einem Glase bedeckt, welches so hoch muß sein, als die Pflanze wachsen solle, solches an das Gefäß wohl verlutiert, daß die freie Luft nicht beikommen möge, unten aber soll zu deren Eintritt ein kleines Löchel sein. Wenn nun die Pflanze solle vorstellig gemacht werden, so stells an die Sonne oder auf warme Asche, so nicht sehr heiß seie, so wird selbige, aufs längste in Zeit einer halben Stunde, in ihrer Größe mit Blättern und Blumen erscheinen; darüber sich zu verwundern.

109. Eine treffliche Amalgamierung zum Vergulden:

Gold in aqua regis solviert, mit gemeinem Branntenweine sodann vermischt und mit genugsamen Teilen Quecksilbers, als viel dessen die Goldschmiede sonsten zu nehmen pflegen, niedergeschlagen, so wird es sehr subtil.

110. Wider die Epilepsie, schwere Not oder Gichter, bei erwachsenen Personen sowohl, als bei Kindern:

Des Pulvers von der wilden Baldrianwurzel einen halben Löffel voll in Wein, Wasser, Milch oder einem andern bequemen Safte, 1- oder 2mal eingegeben. Diese Wurzel wird gegraben, bevor sie einen Stengel treibet.

ITEM: Das dreieckichte Beingen aus einem Karpfenkopf (vulgo Karpfenstein) solle hierwider vortrefflich dienen und hiervon diese böse Krankheit auf immerfort vertrieben werden.

ITEM: Die starkriechende Kohlen, so zur Zeit des längsten Tages unter denen Wurzeln des Beifußes gefunden werden, 40 Tage hindurch in einem bequemen Vehiculo eingegeben, des Morgens nüchtern.

ITEM: Des Bluts eines Wiesels, alsogleich es von dem Tiergen kommt, 4 Lot, mit 2 Lot Essiges getrunken.

ITEM: Die Hoden von einem wilden Eber oder nur von einem heimischen Hacksch oder Porken mittleren Alters, ingleichem die Hoden eines Hahns, in einem Ofen dürre gemacht, fein zart gepülvert, mit Zucker vermischt und zu 3 Quenten, 10 Tage hintereinander, in Betonienwasser eingegeben.

ITEM: Eisenkraut gesammlet, alldieweilen die Sonne in Widder gehet, nebst Päonien- oder Gichtrosenkörnern zerstoßen, mit weißem Wein vermischt, durchgeseihet und zu trinken gegeben. Die Wurzel an den Hals gehangen, soll die Kröpfe vertreiben.

ITEM: Päonien- oder Gichtrosenwurzel gegraben vor Aufgang der Sonnen, wenn selbige, nebst dem Monde, in den Widder getreten, pulverisiert und eingegeben. Die Säugemutter der jungen Kinder solle auch von dieser Wurzel trinken.

111. Unzeitige Geburten zu verhüten:

Nur das Holz von einem Nespel-, Mespel- oder Mispelnbaume an dem Hals hangend getragen. Man mags der Bequemlichkeit halben zu Sägespänen machen.

112. Wider die Pestilenz:

Eine ausgehöhlte Haselnuß mit Quecksilber angefüllet, wohl zugespündet, und am Halse hangend getragen, präservieret.

ITEM: Dürre Feigen, welsche Nüsse, Rautenblättgen und Wacholderbeere, in gleichem Gewichte untereinander zerstoßen, mit Rosen- oder gemeinen Essige angemacht, durch ein Tüchel geseihet, lind ausgedrückt und den Saft aufbehalten. Hiervon morgens nüchtern 1 Löffel voll eingenommen, ist man, nächst GOtt, den ganzen Tag gesichert.

ITEM: Gedörrte Kröten auf die Pestbeulen gelegt, wenn deren eine aufgeschwollen, hinweggetan und eine andere dürre Kröte aufgeleget; auch deren jede nachgehends tief vergraben. Man solle aber beim Dörren die Kröten nicht am Bauche verletzen. J. B. Helmont verneinet zwar solches Aufschwellen der Kröten, jedoch lobet er derselben Auflegen, nachdeme er sie zuvor in warmem Wasser erweichet.

ITEM: Lebendige Frösche auf die Pestbeulen geleget, und sooft deren einer darüber krepieret, wieder einen frischen, und so fortan, bis der letzte darauf am Leben bleibet. Selbige auch gleichergestalten tief vergraben.

113. Wider Zahnschmerzen ein besonderes Experiment:

Es seie zur Sommers- oder Winterszeit, wird nur eine etwas zusammengeraffte Serviette oder ein anderes leinen Tüchel in frisches Wasser, so kalt man es erleiden mag, eingetaucht und, zur Präservation, des Tages einmal, als des Morgens, beede Schläfe nebst der Stirne allein aufwärts, <u>NB.</u> nicht hin und wider noch unter sich, ein Weilgen hiermit gerieben.

Ich selbsten bediene mich dieses, den Nordländern nicht ungewöhnlichen, geringen Mittels täglich zur Präservation schon zerschiedene Jahre her mit gewünschtem Erfolg, ohne anderweit den mindesten Nachteil daher zu empfinden, auch ohne bei dem würklichen Anfall von einem hitzigen Flußfieber, jedoch zugleich beobachteten allergenauesten Fasten, davon ausgesetzt zu haben, nachdeme anfänglich einen von hohlen Zähnen entsprungenen, empfindlichst~ und hartnäckigsten Schmerzen zu Beschämung 100 anderer vergeblich versuchter, teils kostbarer, auch sonsten nicht zu verachtender Mittel, (immaßen außer diesem die Zahnschmerzen einen stetigen

Wechsel der darwider dienenden Mittel wollen haben), bloß allein hierdurch gänzlich vertrieben habe, ohne den hohlen Zahn auszunehmen, welcher noch immer gute Dienste tut. In welchem Falle aber des würklich obhandenen Schmerzens der Gebrauch dieses Mittels des Tages zu etlichen Malen muß wiederholet werden, bis selbiger vollkommlich gewichen, welcher Erfolg nicht lange anzustehen pfleget, wie, nebst mir, sehr viele Personen zu rühmen wissen. Jedoch, in Ansehung der ungleichen Komplexionen, will solches Mittel niemanden aufdringen, besonders keinen schwachen und zärtlichen Geschöpfen, noch denen mit gefährlichen Flüssen behafteten, oder wo einige Schwulst sich äußert, immaßen bei dergleichen Umständen, aus fürsichtiger Sorgfalt, noch zur Zeit keinen Versuch hiervon haben machen mögen.

114. Mittel zu einem gesund- und langen Leben:

Die Blätter von Schwarzer Nieswurz nebst Zucker zerstoßen und hiervon einer Nuß groß auf einmal verschlungen. Jedoch solle man sich dieser Blätter der Nieswurz nicht ohne den Rat und Beistand eines gewissenhaften und erfahrnen Medici bedienen.

Hiernächst einen bis zum Glühen stark erhitzten großen Kieselstein in befeuchtete Leinewat-Tücher eingeschlagen und unter die Füße gelegt, solle viel schädlicher Feuchtigkeiten ausziehen.

Sehr dienlich ist auch zu solchem Ende das oben pag. 172 beschriebene Lebenspulver.

Sodann dienet zu solchem Ende hauptsächlich, sehr wenig und kärglich zu speisen von guter und gesunder Kost, nicht im Überfluß zu trinken und dem Leib eine gemäßigte Bewegung oder Arbeit je und je zu verschaffen, auch heftiger Gemütsbewegungen, insbesondere aller Gelegenheiten zum Zorn und Gram, ingleichem venerischer Wollüste sich zu entschlagen.

Sonsten leistet das Extractum der Schwarzen Nieswurz erwünschte Dienste bei zerschiedenen veralteten und eingewurzelten Krankheiten, zum Exempel bei verzweifelten Hüft- und Gliederschmerzen, bei der Epilepsie, Obstruktionen, Verstopfung der mensium wegen grober Feuchtigkeiten etc. Hauptsächlich bei denen von der Milz und melancholischen Säften entstandenen Affekten.

115. Warnung, bei zubereiteten Fisch- und Fleischspeisen zu beobachten:

Selbige, und sonderlich gebratene oder gebackene Fische, sollen weder warm zugedeckt, noch an feuchten Orten, sondern in offenem Gefäß wohl abgekühlet und in der Tröckene aufbehalten werden. Wenn anderst die Gesundheit von deren Genuß nicht solle sehr gefährdet werden.

Einer fast gleichen Warnung erinnere mich hierbei aus den Schriften eines großen Arztes: daß man nämlich mit Sorgfalt meiden solle den Genuß des in bedeckt- oder beschlossenen Gefäßen beim Feuer verdämpften Fleisches.

116. Wider die giftigen Dünste des Quecksilbers, auch daher entstehendes Ausfallen der Haare:

Nur fleißig getrunken und auch mit Brote gegessen warme Ziegen- oder Geißmilch, etwan mit Zucker versüßt.

117. Wider die Stiche von fliegendem Ungeziefer:

Fliegen oder Mücken zerquetscht und aufgeleget, wird Schmerz und Schwulst sich balde verziehen.

118. So man sich womit unter die Nägel der Finger gestochen hätte:

Ist, zu schleuniger Hinwegnehmung der Schmerzen und Heilung, Baumöl das vorträglichste Mittel.

119. Wider das Nasenbluten:

Säckel- oder Täschelkraut zerstoßen, mit Eierklare und Essig vermischt und über die Stirne geschlagen.

120. Wider die Schlafsucht:

Ysopen samt der Blüte in Wein gesotten und warm auf das hindere Teil des Hauptes geleget, auch etliche Tröpfgen hiervon in die Ohren gelassen.

121. Zu einem guten Gedächtnis:
Den schönsten weißen Weihrauch zart gerieben und in Wein getrunken, morgens, mittags und abends bei zunehmendem Monde.

122. Wider heftige Kopfschmerzen:
Nur Eisenkraut also grün an den Hals gehänget.
Oder: Dessen Wasser an Stirne und Schläfe gestrichen.

123. Wider die Hemicraniam:
Kardobenedikt in Speise und Trank genossen, ist ein Verwahrungsmittel dargegen.
Agtsteine am Halse getragen, sollen davon befreien.

124. Wider die Bisse giftiger Tiere und wütender Hunde:
Welcher von einer Spinne, Biene, Wespe, Hornüs, Natter, Schlange etc. verletzt worden wäre, der schmiere den beschädigten Ort mit Baumöle, darein dergleichen Tier lebendig geworfen und erstickt worden, wie mit dem Skorpionöle gewöhnlich ist. Zu wütender Hunde Bissen wird genommen Baumöl, darinnen die Leber des wütenden Hundes gesotten worden.
ITEM: die Wurzel von Heck-Rosen oder Hanbutten eingegeben, soll ein auserlesenes Mittel sein wider die Bisse wütender Hunde.

125. Wider die Würmer im menschlichen Leibe:
Schwefelöls oder Vitriolöls einige Tropfen in Brunnenwasser fallen lassen, daß das Wasser sauerlecht davon wird. Dessen nach Belieben Kindern und erwachsenen Personen zu trinken gegeben, tags und nachts. Tut fürtreffliche Würkung.

126. Wider den Stein und Grieß:
Ein Patiente, welcher am Blasenstein gleich hat sollen geschnitten werden, ist ohne Schnitt durch folgendes Mittel aus dem Grunde davon befreiet worden:
Nimm des Pulvers von den zubereiteten Maur-Eselgen 1 Quent, aufs höchste 4 Skrupel (das ist: 1 Quent, 20 Gran),

Branntenweins 1 Lot und der Brühe von roten Ziser-Erbisen 18 oder 20 Lot. Solches fünf Stunden vor dem Mittagessen warm zu sich genommen.

Hierauf war der Leib auf die zwei Stunden durchaus erhitzet, dem Patienten war bange, ihn durstete und vermochte selbiger kaum auf der Stelle zu stehen, zuweilen fühlete er dringende Schmerzen in der Gegend des Gemächtes. In der fünften Stunde hat angefangen der Urin dick zu werden, aber nicht häufig zu gehen. Des andern Tages ereigneten sich nach dem Gebrauch dieser Arznei gleiche Zufälle, der Urin aber kame in größerer Menge und dicker zum Vorscheine. Des dritten Tages hat sich viel Sandes gezeiget. Endlich am siebenden Tag ist der Urin so voll Sandes gewesen, daß man solchen wohl eine mit Wasser angemachte Sand-Massa hätte nennen mögen. Von nun an hat sich alles bei dem Patienten gebessert, dergestalten, daß er am neunten Tage vollkommen gesund und aus dem Grunde heil gewesen.

Bereitung der Maur-Eselgen wider den Nieren- und Blasenstein:

Der Maur-Eselgen, soviel beliebig, mit gutem weißen Weine wohl und sauber gewaschen, solche in einen glasürten neuen Topf getan, selbigen etwas mit einem Luto beschlagen und sodann in einem Ofen die Eselgen dürre gemacht, damit sie können zart pulverisieret werden. Hierauf des nämlichen guten Weins soviel daran gegossen, als sie mögen in sich schlucken, und wiederum ausgedörret. Dann zum dritten Male eingetränkt und aufgedörret oder getrocknet, wie vorhin. Zum vierten Mal aber solches Pulver besprenget mit dem destillierten Wasser von Erdbeeren und 1 Skrupel (oder 20 Gran) Vitriolöls, alles untereinander gemenget und wieder wohl ausgetrocknet. Wenn solches geschehen und diese Massa nachmals zum zartesten Pulver gerieben worden, selbiges in einem gläsern~, silbern~ oder göldenen Gefäß aufbehalten.

Ein anders:

Eine Unze Cass. extr. (Flor. Cass.) eingenommen vier Tage vor dem neuen Licht; hernach die drei folgenden Tage darauf vor, und dann auch die nächsten drei Tage nach dem neuen Lichte, alle Morgen drei Zehen Knoblauchs hindergeschlungen. Dörfen nicht der größten sein, sondern so, daß man sie bequem verschlingen kann. Dann zuletzt wieder die Cassiam eingenommen. Ist ein gewaltiges Experiment.

Monsr. Grimani hat hierdurch Hrn. B. von *** am Grieß kuriert, der zuvor Schmerzen halber ganz gebückt einhergegangen ist.

127. Probe, welches unter zween Eheleuten fruchtbar oder nicht:

In zween Töpfe Kleien getan und in deren einen jedes also warm den Urin abschlagen, sodann diese Töpfe neun oder zehen Tage still und unbeweglich stehenlassen. Wessen nun die Schuld ist, dessen Urin wird übel stinkend und wachsen viele Würmer darinnen. Findet sich aber solche Anzeigung in der Töpfe keinem, so ist deren keines schuld und mögen sie mit tüchtigen Arzneimitteln sich helfen lassen.

ODER: In den Urin eines jeden eine Linse geworfen. Dessen Linse nun ein Schoß gewinnet, ist fruchtbar, welches keines gewinnet, unfruchtbar.

ITEM: Einer Frauen Urin auf wilde Pappeln gegossen, sind sie des dritten Tages verdorret, so ist die Frau unfruchtbar. Wenn selbige aber binnen solcher Zeit nicht verdorren, so ist sie fruchtbar.

128. Ob ein Kranker an seiner Krankheit binnen Monatsfrist werde sterben:

Lasse ihn seinen Urin in ein Uringlas fahen, solchen schüttle und rüttle, daß er einen Gest bekomme. Dann reime deine Ohren mit einem beinern Ohrlöffelgen, daß das Löffelgen von dem Ohrenschmalz fein fett werde, und stoße solches Ohrlöffelgen unter sich gekehrt in den Gest des Urins, bis auf den Urin. Wird nun der Gest gar bald voneinander fallen und zergehen, so bleibt der Kranke selbigen Monats beim Leben; so er sich aber nicht zerteilet und fest überende bleibt, so stirbt er desselben Monats. Ist sehr viel und oft gewiß befunden worden.

Eines mit der Pest behafteten Patienten Urin wird in ein reines Glas aufgefangen. Wäre nun selbiger eine Mannsperson, so wird von einer Frauen, die ein Knäbgen säuget, wo aber eine Frauensperson, von einer Frauen, die ein Mägdgen säuget, ein Tröpfgen Milch in den Urin gefällt; schwimmt selbiges obenauf, so genest der Patiente bald, bleibet es in der Mitten des Urins schweben, so geneset er wohl, aber langsam; sinket aber das Tröpfgen Milch gen Boden, so stirbt der Patiente binnen 8 Tagen.

129. Ob ein Verwundter das Leben behalten oder sterben werde:

Pulverisierte Krebsaugen demselben zu trinken gegeben. Behält ers bei sich, so genest er. Gibt ers aber wieder von sich, so stirbt er.

130. Ob ein kranker Mensch bezaubert seie oder nicht:

Laß desselben Urin in einem neuen Topfe sieden. Seudt nun selbiger über, so ist die Person nicht bezaubert, wäre sie aber bezaubert, so kann solcher Urin nicht über sich sieden.

NB. Ob gleich hierzu meinen Beifall nicht gebe, so mag doch niemanden eine Sache verwerfen, bevor des Ungrunds derselben mit vollkommener Gewißheit überzeuget bin. Denn Zweifeln ist vernünftig; aber ohne zureichenden Grund etwas schlechthin mit Ernst verneinen, ein unvernünftiger Stolz und Vermessenheit, immaßen Allwissenheit eine Eigenschaft ist, welche solchen Wesen nicht zukömmt, die zu ihrem eigenen Ursprunge weder Wissen, Witz und Kraft beigetragen haben, noch auch das Ende ihres tierischen Lebens vorher zu wissen oder von sich abzuwenden vermögend sind.

131. Auf ein und andern guten Bissen gehöret auch ein guter Trunk, derohalben: Noch eins zum freundlichen Abschiede: Geheime Extraktion des Goldes:

Camphor und Zucker-Kand, zu gleichen Teilen, vermischt mit durch Quecksilber und Schwefel kalziniertem Golde in einem tönernen Schüsselgen, den Camphor angezündt, hernach einen Spiritum vini aufgegossen und 8 Tag digeriert, die Remanenz wieder mit Camphor und Zucker abgebrennt und solches dreimal wiederholet, so wird der Körper des Goldes letzlich ganz weiß.

ITEM: Extraktion der Tinktur und des Schwefels aus dem Golde:

Weinsteinsalzes 4 Teile in einem Treib-Scherben lassen fließen, hierin getragen 1 Teil Schwefels stückergenweise. Wenn beedes miteinander fleußt, so lege darein Gold oder halte solches darüber, so solviert es sich bald. Solches miteinander in ein Geschirre geworfen, alsobald zerstoßen und in gemein frisch Wasser geworfen, so zergeht diese Solution und wird das Wasser grün, welche Grüne nach und nach zu Boden fällt zu einer schwarzen Materie. Solche ausgesüßt wird braun; hieran Spiritum salis gegossen, aber auf einmal dessen nicht viel, über ein Wachslicht gehalten und das Kölbgen oben mit dem Finger zugedeckt, jedoch nicht allzu behebe, so wird der Spiritus gelb und das Corpus des Goldes weiß. Nun ist nach beschehener Abziehung des Spiritus salis vermittelst eines Spiritus vini das Aurum potabile leicht zu erhalten.

Hr. von G. versichert, daß er ohne dieses Mittel längst gestorben wäre.

Schönes Aurum potabile:

Goldblättgens und schön weißen Zucker-Kandis so lang untereinander gerieben, bis man kein Gold mehr siehet. Dann einen rektifizierten Spiritum vini darangegossen und angezündt, je öfter, je besser. Nachgehends eine Quintam Essentiam vini darangegossen, 4 Tag und Nacht digeriert und destilliert, so steigt die Tinktur herüber.

Extraktion der Seele des Goldes, vermittelst dreier Salze:

Zween oder 4 Dukaten lassen durchs Antimonium fallen zum 3ten Male und verblasen, dann auf der Kapelle ablaufen. Hernach zwischen zween Pergamentblättgen aufs dünneste laminiert und zu gar kleinen Schnitzgen gemacht.

Sodann zu 1 Dukaten schwer des Goldes genommen der

nachfolgenden Salze, nämlich: Alaun, Salpeter, gemein Salz (jedoch kein bayrisches), jedes 2 Lot, zart gerieben, untereinander und mit dem Golde vermischt. Dann in ein Kölbgen getan, frisch Brunnenwasser darangegossen, daß es 2 Querfinger darüber geht, in Sand gesetzt und Feuer gegeben, so wird man binnen zwei oder drei Stunden sehen, wie das Gold die Salien safrangelb färbet; hiermit fortgefahren, bis es dicklecht wird wie ein Mus, jedoch nicht gar trocken abgezogen, sondern wieder gleich soviel frisch Brunnenwasser darangegossen und wieder wie vorhin gehandelt, so wirds je länger, je höher.

Diese Anima wird nachgehends mit einem guten gerechten Spiritu vini, so durch den Salmiak geschärft, ausgezogen.

Ich habe nur ein Viertelpfund Salzes genommen und hiervon den Spiritum vini aus einer sehr hohen Phiole durch ein blau Papier herüber in eine Vorlage oder Kolben getrieben. Hiermit habe ich von gedachten Salien die Animam des Goldes extrahiert, alldieweilen eine Farbe darin gewesen. Solchergestalten hat man die Animam.

(Die Salien behalten das Corpus zurücke und lassen die Animam gehen. Auf gleichen Schlag hat der berühmte Drebbelius seine Quintam Essentiam solis gemacht, nämlich daß er Scheidwasser mit Salz angefüllt, soviel dessen das Scheidwasser zu solvieren vermocht.)

Über das hinterstellige Salz hat man heiß Wasser zu gießen und die Salien alle herauszuziehen, so wird man das weiße Corpus des Goldes oder Lunam fixam haben. Wer nun auf solches eine gute Gradation besitzt, der mag auch hiervon seine Nahrung haben.

132. **Abschieds-Konfekt:** Wer hiervon Liebhaber ist, mag zugreifen, jedoch nicht mit beschmutzten Händen, damit man dessen Besudelung nicht mir beimesse, denn die weiße Farbe entdecket sogleich das Unreine; auch wird hierzu nicht undienlich sein ein gutes Gebiß, damit man sich an darunter befindlichen harten Nüssen keinen Zahn ausbeiße und deswegen nicht auf mich fluche:

Rp. Gemeinen Schwefel und Salpeter, jedes 1 Teil, miteinander lassen verpuffen, so wird ein Pulver.

Nimm dieses Pulvers 1 Teil und ungelöschten Kalchs 1 Teil, klein untereinander gerieben.

Dieses Pulvers nun 1 Quent auf 1 Lot Silbers, zementiers 2 Stunden stark, daß das Silber letztlich fließe.

NB. Das Silber fließt hiebei ungerne wegen des ungelöschten Kalches.

Dieses Silbers nimm 2 Teile, Goldes 1 Teil, Messings 1 Teil, laß wohl zusammenfließen, und, wenns im Fluß ist, so rührs mit etwas untereinander, zum Exempel mit einer glühenden Kohlen, vermittelst der Zange.

Das Gradierpulver: **Rp.** Vitriol, Eisenrost (der beste ist, der per se gemacht worden, nämlich reine Eisen- oder Stahlfeil an einen feuchten Ort gestellt, daß sichs selbst zu Rost zerfresse), Grünspan, Tutiae, Salpeter, Rötelstein, jedes 1 Teil, Salmiaks 2 Teile, klein untereinander gerieben, tue es in ein verglästes Töpfgen, setze es in eine linde Wärme, bis alles geflossen und eingesotten ist wie ein dicker Teig. Dann laß hart werden und reibs zu Pulver.

Dieses Pulvers nimm 1 Quent auf 2 Lot Silbers (pars cum parte) und 1 Quent schwer gebrannter Galmei, klein gerieben, zementiers in einem Tiegel zwei Stunden gering, hernach laß wohl fließen, so tingiert es sich zu Golde.

Letzlich wird, nicht um zuzugreifen, sondern als ein bloßes Schaugerichte hierbei noch aufgestellet, was der berufene Philipp Jacob Gustenhover von Offenburg, nachdeme er in seiner Gefängnis Hand an sich geleget, von ihme selbst verzeichnet, hinder sich hat finden lassen.

Von dieses Gustenhovers, bei weil. Kaiser Rudolpho II. gehabten unglückseligen Schicksalen, wegen einer aus Unbesonnenheit oder Übermut durch ihn öffentlich an den Tag gelegten metallischen Verwandelung in Gold, ist weitere Nachricht zu finden in Hrn. Prof. Creilings Ehrenrettung der Alchymie. 8vo.

Ein verständiger Kenner mag von diesem Gerichte nach seiner Einsicht urteilen. Das bloße Beschauen kann niemanden in Unglück oder Schaden setzen. Derohalben wendet nun eure Augen auf hier zugegen stehende seltsame und in dem geheimen Original-Mscrpto so genannte

Tinktur zu Golde:

Rp. ♂ ii crudi ℨj.	Spießglas-Erzes 1 Quent,
☿ ii ℨj.	sublimierten Quecksilbers 1 Quent,
♃ ℨ iß	Schwefels 3 Lot,
Croci orient. (*)	Schwefels aus Eisen,
Lap. Pumicis usti,	gebrannten Bimssteins,
ana ℨj.	jedes 1 Quent,
Cinnabar. nativ.	Berg-Zinnober,
☿ ii, ana ℨjj.	Quecksilber, jedes 1 Quent,
Ol. Olivar. ℨ iiij.	Baumöls, 8 Lot,
♂ ii praep. ℨ ij.	zubereiteten Spießglases 2 Quent,
Auri fini	Feingold,
Goldblüte, ana gr. XV.	Goldblüte, jedes 1/16 Lots, gr. XV.

(*) So stehet es gleichergestalten in dem Origin. Mscrpto, nebst der zur Seite gesetzten Erklärung durch den Sulphur Martis.

Alles zusammen pulverisiert und mit frischem Urine infundieret, 14 Tag lang. Nachgehends destilliert so oft und so viel, bis alles am Boden bleibt; dann zum allerzartesten Pulver zerrieben. Endlich 8 Lot Bleies in einem Tiegel lassen fließen und hierauf 1 Gran dieses Pulvers eingetragen, wird zu feinem Golde.

Der seel. Hr. D. Henckel schreibt in seiner Kies-Historie: Impossibile est, indigentem philosophari.

Deme auch ich beistimmend anjetzo eile zu dieses Werkgens

ENDE.

Anmer-
kungen

Birgit Dietzsch

Bei pharmazeutischen Zubereitungen mit wechselnder Zusammensetzung beruhen die Angaben nach Möglichkeit auf den zeitgenössischen württembergischen Arzneibüchern.

⚡ Einige der angeführten Drogen und Zubereitungen enthalten stark giftige Stoffe.

Abbadei: Jacques Abbadie (1654–1727), Pastor der Hugenotten in Berlin, später in London. Er stand unter dem Einfluß der Ideen von Descartes und Pascal. Sein ›Traité de la verité de la religion chrétienne‹ (Abhandlung von der Wahrheit der christlichen Religion), Rotterdam 1684, wurde hoch geschätzt.

Abtreiben: Treibarbeit bei der Silbergewinnung. Die sich beim Schmelzen unter Luftzutritt bildenden Metalloxide (vor allem Bleioxid) werden von der Oberfläche entfernt bzw. vom Gefäß (Treibscherben) aufgenommen, bis das metallische Silber sichtbar wird.

abziehen: 1. Abgießen einer geklärten Flüssigkeit vom Bodensatz; 2. Entfernen der Schlacke von der Oberfläche der Metallschmelze; 3. Destillieren.

acquiescierende: acquiescieren, es dabei bewenden lassen.

Ader, güldenen: goldene Ader, Hämorrhoiden.

adhibierende: adhibieren, anwenden.

ad hunc scopum: zu diesem Zweck.

Adlerstein: in Toneisenstein eingelagerter Gesteinsklumpen.

affizierten Ort: krankhaft gereizte Stelle.

After-Bürde: Nachgeburt.

Agrippae: Agrippa von Nettesheim, eigtl. Henricus ab (de) Nettesheym, Cornelius Agrippa (1486–1535), Philosoph, Arzt, Magier. ›De occulta philosophia‹, Köln 1510, und ›De Incertitudine et Vanitate Scientiarum‹ (Von der Unsicherheit und Eitelkeit der Wissenschaften), Köln 1527, deutsch 1913, zählen zu seinen Hauptwerken.

Agtstein: gelber oder weißer Bernstein.

Agtsteinessenz: Lösung von Bernstein in Ethanol.

Akeleisamen: Akelei (Aquilegia vulgaris).

Alantwein: aus den Wurzeln des Echten Alant (Inula helenium) und Zucker bereiteter Wein.

Alauns: Alaun, Kalium-Aluminiumsulfat.

Alexipharm(acum) D. Stahlii: ›Mittel gegen Gifte‹ (besonders Krankheitsgifte) nach Doktor Stahl. Alkoholischer Auszug aus den Wurzeln von Pimpinelle, Angelika, Meisterwurz, Eberwurz, Alant, Schwalbenwurz und Scordiumkraut.

Aloes: Aloe, aus den abgeschnittenen Blättern fließender, zu einer spröden Masse eingedickter Saft verschiedener Aloe-Arten.
Aloe(s) cum succo Citri extr(actae) & inspiss(atae) unciam semis: Aloe mit Zitronensaft extrahiert und eingedickt, eine halbe Unze.
Aloes hepaticae: Aloe hepatica, Leber-Aloe, durch vorsichtiges Eindampfen des Saftes erhaltene leberfarbene Masse.
à l'ordinaire: frz., gewöhnlich.
Alum(inis) crudi: Alumen crudum, gewöhnlicher Alaun. Vgl. Alauns.
Alum(en) sciss(ile): Alaunstein (chem.: gemischte Aluminiumsulfate).
Amaranthen: Amaranthus, Fuchsschwanz.
Ambra: weißlich-graue, wachsartige Ausscheidung aus den Eingeweiden des Pottwals (Physeter macrocephalus).
Ambrae, schwarzer: schwarze Ambra, die als Ersatz für die teure graue meist aus Styrax, Bisam, Zibet, hergestellt wurde.
Ambra grisea: graue Ambra. Vgl. Ambra.
ana: je.
Angelicae: Angelica. Vgl. Angelikawurzel.
Angelikawurzel: auch: Engelwurz (Angelica officinalis).
Anima: Seele. Nach alchimistischen Vorstellungen soll sie den Metallen innewohnen und deren charakteristische Eigenschaften enthalten.
Animalcula: kleine Tierchen.
Animalium amphibiorum: Amphibien.
Anis: Pimpinella anisum.
Anisi: Fructus Anisi, Anisfrüchte.
Anna Austriaca: Anna Maria von Österreich (1601–1666), seit 1615 Gemahlin Ludwigs XIII., König von Frankreich 1610–1643.
Antimonii diaphor(etici): Antimonium diaphoreticum simplex, einfacher schweißtreibender Spießglanzkalk (chem.: Antimon(III)-oxid).
antipathetischen: antipathetisch, durch gegenwirkende Mittel.
Antliam pneumaticam: Antlia pneumatica, Luftpumpe.
Apostemata: grch., Geschwüre.
à proportion: frz., im Verhältnis.
aqua regis: Königswasser (chem.: Salpetersäure und Salzsäure 1:3).
Aqua Tanaceti: Rainfarnwasser, wäßriges Destillat von Rainfarnkraut (Tanacetum vulgare).
Aqua vitae: Lebenswasser, ursprünglich durch Destillation gewonnenes Ethanol, später Bezeichnung für Kräuterliköre.
Arcan(um) duplic(atum): Kaliumsulfat.
Aristoloch(ia) sol(ida): Wurzeln des Gefingerten Lerchensporns (Corydalis solida).
Arkanum: Geheimmittel, dessen Bestandteile und Zubereitungsart geheimgehalten wurden. Als Arkanum konnten sowohl wirksame Arzneimittel als auch mysteriöse ›Wundermittel‹ bezeichnet werden.
Armenischen Boli: Vgl. Boli Armeni.
Aromaticae rosatae: Species aromaticae rosatae, Gewürzpulvermischung aus Zimt, Ingwer, Nelken, Muskat, Macis, Galgant u. a.

Aronwurz: Wurzelstock des Aronstabs (Arum maculatum).
Arsenicum cum Minio, vel Lithargyrio fixatum: Arsen mit Mennige oder Bleioxid gebunden.
Asche, eichener: Eichenholzasche.
Aschenschmalz: das Fett von Äschen (Thymallus thymallus).
Aspenholz: Espenholz, das Holz der Zitterpappel (Populus tremula).
Attich: Blätter, Wurzeln und Früchte von Zwerg-Holunder (Sambucus ebulus).
Attichsaft: Saft aus Zwergholunderbeeren.
Augentrost: Kraut des Gemeinen Augentrosts (Euphrasia officinalis).
Auripigments: Auripigment, Arsenerz (Arsentrisulfid).
Aurum potabile: trinkbares Gold, Goldtinktur, enthält kolloidales Gold; war angeblich befähigt zu stärken, zu verjüngen und viele Krankheiten zu heilen.
ausgesüßt: aussüßen, das Abtrennen eines löslichen Körpers von einem unlöslichen durch einen Auswaschprozeß.
Avantage: frz., Vorteil.

Bacc(ae) Alkekeng(i): Beeren der Judenkirsche (Physalis alkekengi).
Bachbungen: Bachbungen-Ehrenpreis (Veronica beccabunga).
Backnelken: Bachnelkenwurz (Geum rivale).
bähen: erwärmen.
Bärlappsamen: Bärlapp-Sporen (von Lycopodium-Arten), ein weiches, gelbes Pulver.
Bärwurz: die Wurzeln von Meum athamanticum.
Baldrianwurz: Wurzeln des Großen Baldrians (Valeriana officinalis).
Balneo Mariae: Balneum Mariae, das der Überlieferung nach von der legendären Alchimistin Maria Judaica erfundene Wasserbad.
Balsam, indianischem: Vgl. Balsam von Peru.
Balsamkrautwasser: wäßriges Destillat aus den Blättern von Krausemünze.
Balsams, orientalischen: Mekkabalsam, weißes bis goldgelbes, flüssiges Harz, vom Balsamstrauch (Commiphora Opobalsamum) gewonnen.
Balsam von Peru: Perubalsam, dunkler Balsam aus den verletzten Stämmen von Myroxylon balsamum; wird durch Auskochen gewonnen.
Balsams von Peru, weißen: blaßgelber, flüssiger Balsam aus der verletzten Rinde von Myroxylon balsamum. Ihm wurden stärker wirkende Kräfte zugeschrieben als dem Balsam von Peru.
Barchewitzens: Ernst-Christoph Barchewitz, ›Allerneueste und wahrhaft Ost-Indianische Reise-Beschreibung, darinnen I. Seine durch Teutsch- und Holland nach Indien getane Reise; II. Sein Eilfjähriger Aufenthalt auf Java, Banda und den Sudwester-Insuln ...; III. Seine Rück-Reise ... beschrieben wird‹, Chemnitz 1730.
Barg, Bargen: verschnittenes männliches Schwein.
Bartholomäizeit: 24. August.

Basilii Valentini: Basilius Valentinus, Klostername eines Benediktinermönchs, der am Anfang des 15. Jahrhunderts am Erfurter Peterskloster gelebt haben soll. Seine historische Existenz ist umstritten. Die unter diesem Namen erschienenen Schriften enthielten zahlreiche neue analytische Methoden und Herstellungsverfahren.
Baumnüsse: Walnüsse.
Baumöle: Baumöl, mindere Qualität des Olivenöls.
Baumöl, weißes: für Speisezwecke geeignetes Olivenöl.
Bechers: Vgl. Pillen, D. Bechers.
Beckerianer: die Anhänger von Balthasar Bekker (1634–1698), einem holländischen Theologen, Anhänger Descartes', der sich entschieden u. a. gegen die Berechtigung von Hexenprozessen wandte.
beheb: fest.
Beifuß: Artemisia vulgaris.
Beimenten, Beimentenkraut: Vgl. Krausemünze.
Benediktenwurz: Echte Nelkenwurz (Geum urbanum), verwendet wird der Wurzelstock.
Benzoe: braunes, innen weißes, wohlriechendes Harz aus der verletzten Rinde von hinterindischen Styrax-Arten.
Bergamottenöl: ätherisches Öl aus den Fruchtschalen von Bergamotten (Citrus aurantium subspecies bergamia).
Bergkristalls: Bergkristall, wasserklares Quarzmineral (chem.: Siliciumdioxid).
Berlich: A. Gottlob Berlich, gab auch die Schriften von Johannes de Monte Snyders ›Tractatus de Medicinae universali‹ (1678) und ›Metamorphosis planetarum‹ heraus.
Berlinerblau: blauer Farbstoff (chem.: Eisen(III)-hexacyanoferrat(II)).
Bertram: die Wurzel von Anacyclus pyrethrum.
Betonien, Betonienkrauts: Heilbetonie oder Heilziest (Betonica officinalis).
Bezoar: giftwidrige, schweißtreibende Mittel.
Bezoard(icum) jovial(e): Zinnbezoar (chem.: Antimon(III,V)oxid und Zinn(IV)-oxid).
Bezoard(icum) mineral(e): mineralischer Bezoar (chem.: Antimon(III, V)-oxid).
Bezoar, orientalischer: Bezoarstein, kugelige Ablagerungen aus dem Pansen der in Persien und im Kaukasus lebenden Bezoarziege (Capra aegagrus) und der Gazelle (Antilope dorcas).
Bezoartinktur: alkoholischer Auszug aus zahlreichen Drogen (u. a. Zitwer, Pimpinelle, Angelika, Scordium, Wacholderbeeren, Holunderblüten) unter Zusatz von Myrrhe, Kampfer, Weinstein u. a.
Bibergeils: Bibergeil, braunes Pulver, aus den getrockneten Bibergeilbeuteln (Sekretionsorgan) des Bibers (Castor fiber).
Biberschmalz: eine Fettmasse aus den Analdrüsen des Bibers; meist wurde statt dessen mit Bibergeil-Tinktur versetztes Schweineschmalz verwendet.

Bilsen: Bilsenkraut (Hyoscyamus niger).
Bimsenstein: Bimsstein, schaumig-feste Lava.
Birckmanns: Vgl. Magenpulvers, D. Birckmanns.
Bisams: Bisam, Moschus, das kostbare, charakteristisch riechende Sekret in einem Beutel des männlichen Moschustiers (Moschus moschiferus).
Blei-Minie: Vgl. Mennige.
Bleiweiß: Malerfarbe (chem.: basisches Bleicarbonat).
Bleizucker: Bleiacetat.
Blick: die Phase bei der Silbergewinnung, in der die glänzende Oberfläche des geschmolzenen Silbers sichtbar wird. Vgl. Abtreiben.
Blutstein: rotes Eisenmineral (chem.: Eisen(III)-oxid).
Bohnenblüt: Blüten der Saubohne (Vicia faba).
Boli Armeni: Bolus armenicus, rote armenische Tonerde (chem.: Aluminiumsilicate).
Boragen: Kraut und Blüten von Borretsch (Borrago officinalis).
Borax: Natriumtetraborat.
Borretsch-Zucker: Zubereitung aus Borretsch-Blüten und Zucker.
Boyle: Robert Boyle (1627–1691), englischer Physiker, beschreibt verschiedene Kältemischungen u. a. in: ›The mechanical origine of heat and cold‹ (Der mechanische Ursprung von Hitze und Kälte), London 1665.
Brämen: Bremsen.
Bräune: Angina.
Brasilienblätter: Folia Jaborandi, Blätter südamerikanischer Pflanzen, u. a. Piper jaborandi und Pilocarpus-Arten.
Brasilienholz: Fernambukholz, vom brasilianischen Caesalpinia echinata.
Brennesseln, große: Urtica dioica, verwendet werden Kraut und Wurzeln.
Brunellenwasser: durch Kochen gewonnener wäßriger Auszug aus dem Kraut der Kleinen Braunelle (Prunella vulgaris).
Brunnkressen: Kraut der Echten Brunnenkresse (Nasturtium officinale).
Buchampferblätter: Kraut des Wald-Sauerklees (Oxalis acetosella).
Butter, roter: rote Butter, hier vielleicht Herzgespann-Salbe, ein Auszug aus Herzgespann (Leonurus cardiaca), den Zweigspitzen des Bittersüßen Nachtschatten, Malven u. a. in Butter.

Caeterum inventis ... addere: Übrigens ist es leicht, den Erfindungen immer irgendeine hinzuzufügen.
Cameram obscuram portatilem: Camera obscura portatilis, tragbare Lochkamera.
Camphora: Vgl. Kampfer.
Canari-Zucker: Kanarischer Zucker, gereinigter Zucker, aus dem auch Kandiszucker hergestellt wurde.
Caput mortuum: Totenkopf, Bezeichnung für den tauben Rückstand in den Gefäßen.

cartesianische: cartesianisch, nach René Descartes (1596–1650), französischer Philosoph und Mathematiker, Begründer des neuzeitlichen Rationalismus.
Caryophill(i): Vgl. Gewürznelken.
Cass(ia) extr(acta): süßes Mus aus den Früchten der Röhren-Cassie (Cassia fistula).
Centaur(ium) min(us): Echtes Tausendgüldenkraut.
Ceratum de Galbano: Galbanum- oder Mutterharz-Pflaster, enthält Galbanum (Gummiharz aus dem getrockneten Milchsaft der Stengel von Ferula-Arten), einfaches Pflaster (aus Bleioxid und Olivenöl), Meloten-Pflaster, Wachs u. a.
certo respectu: in gewisser Hinsicht.
Chilus: grch., durch Galle und Pankreas ausgeschiedener Verdauungssaft.
Chinawurzel: auch: Pockenwurzel, Wurzelstock von Smilax china.
Cinam(omi) acuti: Cinnamomum acutum, Ceylonesische Zimtrinde (Cinnamomum ceylanicum).
Cinnabar(is) Antimonii: Spießglanzzinnober (chem.: Quecksilber(II)-sulfid).
Circul: Circulus, Kreis.
Cochlear(ia): Löffelkraut (Cochlearia officinalis).
Colophonii: Colophonium, der bei der Terpentinöl-Destillation zurückbleibende Anteil.
Complexionen, hitzige: von ›hitziger‹ Leibesbeschaffenheit.
complexionieret: complexionieren, zusammensetzen.
Compositum: Gemisch.
Confect(io) Alkerm(es) compl(eta): enthält den durch Auspressen der weiblichen Kermesschildlaus (Kermes vermilio; vermeintlich: Scharlach-›Beeren‹) gewonnenen Saft nebst Zucker, Zimt, Moschus, Ambra u. a.
Conf(eratur) num(erum) subseq(uens): Vergleiche die nachfolgende Nummer.
Conferenda: zum Vergleich.
Confortans: ›stärkendes Mittel‹.
Consectaria fournieren: Folgesätze liefern.
continue: frz., ununterbrochen.
contrarium: Gegenteil.
Contrefait: frz., Nachbild.
convenable: frz., angemessen.
Coriandr(um): Früchte des Korianders (Coriandrum sativum).
Corpore Juris: Corpus Juris Canonici, eine Zusammenstellung von Kirchenrechtssammlungen des Mittelalters.
Creilings: Johann Conrad Creiling (1673–1752), Professor für Mathematik und Physik in Tübingen. ›Ehrenrettung der Alchymie‹, Tübingen 1730.
Cremor Tartari: Weinsteinrahm, setzt sich bei der Weinbereitung ab (chem.: Kaliumhydrogentartrat).
Cremorem herbarem: Cremor herbarum, Kräuterrahm.

Croci Martis: Crocus Martis (chem.: Eisen(II bzw. III)-oxide).
Croci Mart(is) cachect(ici) Zwelff(eri): Crocus Martis cachecticus nach Zwoelffer, gegen ›böse Säfte‹, enthält Eisenoxide.
Curcume: Wurzelstock der Gelbwurzel (Curcuma domestica).
Cyperi rotundi: Cyperus rotundus, wilder Galgant.

defendiere: defendieren, verteidigen.
de omnibus rebus dubitandum: An allen Dingen ist zu zweifeln.
Depensen: Ausgaben.
dephlegmiert(en): dephlegmieren, entwässern (durch Abdestillation).
Diacinamom(um): Vgl. Spec(ies) Diacinamom(i).
Diambrae: Species Diambrae, die Mischung entspricht etwa der von Species Diacinamomi, die Angaben in den Arzneibüchern weichen geringfügig voneinander ab.
Diameter: grch., Durchmesser.
Diamoschus: Pulvermischung wechselnder Zusammensetzung mit Moschus.
Dianthos: Species Dianthos, Rosmarin-Pulvermischung, Zusammensetzung ähnlich der von Species Diacinamomi, dazu kommen Rosmarin, Anis, Fenchel, Rosen- und Veilchenblüten.
Diapompholygos-Sälbgen: Zinksalbe, enthält u. a. Zinkoxid.
Diarrhod(on) Abbat(i): ein magenstärkendes Pulver, enthält u. a. Sandel- und Süßholz, Zimt, Elfenbeinspäne, Hirschhorn, Perlen.
Digby: Sir Kenelm Digby (1603–1648), bedeutender englischer Heilkünstler und Alchimist, der häufig auch als Scharlatan bezeichnet wurde. Verfasser zahlreicher Schriften, die sich mit Religion, Philosophie, Medizin und Alchimie befassen.
digerieren: wirksame Bestandteile aus einer Substanz langsam ausziehen, indem sie mit Flüssigkeit übergossen eine Zeitlang bei gleichbleibender mäßiger Wärme im zugedeckten Gefäß stehenbleibt.
Digestion: Vgl. digerieren.
Diptams, weißen: Wurzeln des Weißen Diptam (Dictamnus albus).
Dittons: Humphry Ditton (1675–1715), englischer Mathematiker, Verfasser zahlreicher mathematischer Publikationen, u. a. ›General Laws of Nature and Motion‹ (Allgemeine Gesetze der Natur und der Bewegung), 1705.
douce: frz., süß, mild.
Drach(mas): Drachmen, Quent(chen), altes Medizinalgewicht, 1 Drachme = 3 Skrupel = 3,75 g (Preußen 1867).
Drebbelius: vermutlich Cornelius Drebbel (1572–1634), Prinzenerzieher bei Kaiser Ferdinand II. 1619–1637, später als Arzt und Naturforscher in London tätig.
Dubia movieren: Zweifel hegen.
Durchwachs: Vgl. Johanniskraut.

Eberwurz: Karlsdistel, Silberdistel (Carlina acaulis).
echappieren: entspringen.
Edel-Leberkraut: Kraut und Blüten von Hepatica nobilis.
è diametro: it., geradezu.
effectuieren: bewirken.
Ehrenpreis: Echter Ehrenpreis (Veronica officinalis).
Eibisch: Althaea officinalis, verwendet werden Wurzeln, Blätter und Blüten.
Eichenmispel: auf Eichen wachsende Mistelart (Viscum quercinum).
Eimer: früheres württembergisches Flüssigkeitsmaß, 1 Eimer = 16 Imi = 293,9 l (Helleichmaß, für die meisten Flüssigkeiten benutzt) = 306,8 l (Trübeichmaß).
Eisenkraut: Echtes Eisenkraut (Verbena officinalis).
Eiternessel: Brennessel (Urtica urens).
Elefantenläuse: herzförmige oder nierenförmige Früchte (Kaschunüsse) des Anakardienbaumes (Anacardium occidentale bzw. A. orientale).
Elends-Klauen: Elensklauen, Huf vom Elch (Alces alces).
Elixir pectoral(e): Hustenelixier, alkoholischer Auszug von Benzoe, Opium, Kampfer, Anis, Perubalsam u. a.
Emplastri de Cicuta: Emplastrum Cicutae, Schierlingspflaster, bereitet aus Wachs, Olivenöl und Terpentin unter Zusatz von Extrakt und Pulver des Schierlingskrauts (Conium maculatum).
Emplastri splenet(ici): Emplastrum spleneticum, ›Milzpflaster‹, der essigsaure Auszug u. a. von Schierlings- und Tabakblättern mit Ammoniakgummi (vgl. Gummi mit Armoniaci), Wachs, Terpentin und Kapernöl zu einem Pflaster verarbeitet.
Emplastrum saponat(um) Barbett.: Emplastrum saponaceum de Barbette, Bleioxidpflaster, Pflasterzubereitung unter Zusatz von Mennige, Bleiweiß, Rosenöl, venedischer Seife und Kampfer.
Emplastr(um) Saturn(inum) Myns(ichti): Zinkpflaster nach Mynsicht, Pflasterzubereitung unter Zusatz von Zink- und Bleioxid, Aloe, Salpeter, Weihrauch, Myrrhe u. a.
emplojieren: anwenden.
Engelsüß: Tüpfelfarn (Polypodium vulgare).
Enzianwurz: Wurzelstöcke von verschiedenen Gentiana-Arten.
Eppichblätter: vgl. Attich.
Erdrauchwasser: wäßriges Destillat vom Kraut des Gemeinen Erdrauchs (Fumaria officinalis).
Erlenbäumen: Erle (Alnus glutinosa), deren Zapfen ähnlich wie Galläpfel verwendet wurden.
Esch-Baum-Rinde: Esche (Fraxinus excelsior).
Esels-Kürbs: Eselsgurke (Momordica elaterium).
Esprits forts: frz., starke Geister.
Ess(entia) Alexipharm(aca) D. Stahlii: Vgl. Alexipharm(acum) D. Stahlii.
Essentia Pimpinell(ae): Vgl. Pimpinelle, kleine.

Essentiam: Essentia, Hauptbestandteil. Pharm. ein Präparat, das alle wesentlichen Bestandteile einer Droge enthalten soll. Meist hergestellt durch Auszug mit einem geeigneten Lösungsmittel, doch werden mitunter auch Destillate oder ausgepreßte Flüssigkeiten so bezeichnet.
Essentiam solis: Essentia solis, Goldessenz (enthält kolloidales Gold).
Essentiam vini: Essentia vini, durch Destillation aus Wein erhaltenes Ethanol.
Evitierung: Vermeidung.
ex Balneo: vom Wasserbad.
Exceptiones: Ausnahmen.
excusieren: entschuldigen.
Experience: frz., Erfahrung, Experiment.
exprès: frz., ausdrücklich.
ex tempore: aus dem Stegreif.
extendieren: ausbreiten.
Extracto Angelicae: Extractum Angelicae, alkoholischer eingedickter Extrakt aus Angelikawurzeln.
Extr(actum) Card(ui) bened(icti): wäßriger dicker Extrakt aus Kardobenediktenkraut.
extrahendo: das zu Extrahierende.
extra Mathesin: außerhalb der Wissenschaft.

Fabulis Esopi: Fabeln Äsops.
Faeces: Faex, Bodensatz.
Febricitanten: Fieberkranke.
Federweiß: fasriger Ammonium- oder Eisenalaun.
Feg-Erden, weiße: vermutlich Bolus alba, weiße Tonerde (chem.: wasserhaltiges Aluminiumsilicat).
Feigbohnen: Samen der Lupine (Lupinus albus).
Feldkümmel: Quendel (Thymus serpyllum).
Feldrosen: Feldrose (Rosa arvensis).
Felle: Fell (über dem Auge), Bezeichnung für den grauen Star.
Fenchel: Foeniculum capillaceum. Verwendet werden Wurzeln und Früchte.
Festigkeit, Festmacherei: mit Hilfe magischer Mittel gegen Hieb, Stich oder Schuß unempfindlich sein bzw. jemanden auf diese Weise unempfindlich machen.
Feuerklamme, Kluft: Kessel.
figiert: figieren, ›Feuerbeständigmachen‹ durch Fixation (durch Chemikalien bedingte Härtung).
Fliegen, spanische: Cantharides, ein grüner Käfer (Lytta vesicatoria).
Flöhkraut: vgl. Poleien.
Flor(es) Cass(iae): Zimtblüten, von Cinnamomum cassia.
Foeniculi: Früchte des Fenchel.
fräse: fräsen, fressen lassen, zum Fressen bringen.

Frauendistelwasser: aus den Früchten von Silybuum marianum.
Frauen-Eises: Fraueneis, Marienglas, in dünne Platten spaltbarer Gips (Calciumsulfat).
Frauenhaar: Krautwedel von Adiantum capillus-veneris.
Fuchslungen: wahrscheinlich Leber-Aloe. Vgl. Aloes hepaticae.
Fucus: Farbe.
Fuder: Flüssigkeitsmaß, 1 Fuder = 6 Eimer.
fünf Brüder: Vgl. Lukas 16,28.
fürnen: firne oder firn, vorjährig.

G

Gänseblümlein: Bellis perennis.
Galang(a) min(or): Vgl. Galgant.
Galgant: Kleiner Galgant, Wurzelstock von Alpinia-Arten.
Galläpfel: im engeren Sinn die mehr oder weniger kugelförmigen Auswüchse (Gallen), die durch den Stich der verschiedenen Gallwespen auf Blättern, Zweigen und Früchten der Eichen hervorgerufen werden.
Gallus: Vgl. Galläpfel.
Galmeis: Galmei (chem.: Zinkcarbonat).
Galmei, schwer gebrannter: Zinkoxid.
Garbenkraut: Vgl. Schafgarbe.
Geblüt: Blut.
Gemsenwurz: Schwindelwurz (Doronicum pardalianches).
gerädener, geredener: gerad, gered, bereit, fertig.
Gesälze: Gesälz, Mus, Latwerge, Sirup.
Gest: Schaum.
Gewürznelken: Blütenknospen von Eugenia caryophyllata.
Gichtrosenwurzel: Vgl. Päonienwurzel.
Giftwurz: vermutlich die Knollen des giftigen Eisenhuts (Aconitum napellus).
Glas, venedisches: gepulvertes Glas (chem.: Calciumnatriumsilicat).
Glas, venetianischen: Vgl. Glas, venedisches.
Glase, weißen: Vgl. Glas, venedisches.
Glaskraut: Aufrechtes Glaskraut (Parietaria officinalis).
Glaskütte: Glaskitt, Glasleim.
Glockenspeis: Glockenbronze, Legierung aus Kupfer und (20–25%) Zinn.
Gloriett: vielleicht Prachtlilie (Gloriosa superba).
Goldblüte: durch Fällung erhaltenes feinverteiltes Gold.
Goldkies: goldhaltige sulfidische Erze, z. B. Eisenkies.
Goldwurz: die Wurzeln von Asphodill (Asphodelus ramosus).
Goût: frz., Geruch, Geschmack.
gr.: Vgl. Gran.
gradiers: gradieren, auf einen höheren Grad bringen, anreichern, verstärken.
Gradierwasser: Flüssigkeit zum teilweisen bzw. stufenweisen Ausfällen gelöster Stoffe.

Gran: Körnchen, altes deutsches Medizinalgewicht, 1 Gran = 0,06 g (Preußen 1867).
Graswurz: Quecke (Agropyrum repens).
Grieß: Harnsand, Blasen-, Nierenstein.
Grünspan: basisches Kupferacetat.
Gummi: Vgl. Gummi arabicum.
Gummi arabicum: Arabisches Gummi, Ausscheidungsprodukt verschiedener Akazienarten (aus Afrika, wurde über arabische Häfen gehandelt). Wasserlöslicher Schleim- und Klebstoff.
Gummigutti: Gummigutt, rotgelbes Harz verschiedener asiatischer baumartiger Guttiferen.
Gummi Juniperi: Wacholderharz, von Juniperus communis und Juniperus oxycedrus; (Deutscher) Sandarak.
Gummi mit Armoniaci: Gummiharz der Ammoniakdolde (Peucedanum ammoniacum); Ammoniakgummi.
Gummi Sandaracae: Sandarak, Harz afrikanischer Koniferen (Callitris quadrivalis).
Gummi-Tragant: gehärteter Schleim, der sich unter der Rinde verschiedener Astralagus-Sträucher bildet.
Gummiwasser: hergestellt aus Gummi arabicum.
Gundelreben: Kraut von Gundermann (Glechoma hederaceum).
Guttur-Glas: Kelchglas.

Hacksch: Eber.
Hagedornsamen: Weißdornfrüchte (Crataegus oxyacantha).
Hamen: beutelförmiges Fischnetz in einem Ring. Vor dem Hamen fischen, etwas umsonst tun.
Harmonia praestabilata: prästabilierte Harmonie, von Gott im voraus hergestellte Harmonie der Weltordnung; nach Gottfried Wilhelm Leibniz (1646–1716).
Harz, weiß: Kübelharz, Fichten- und Tannenharz.
Hasengeil: Hasenhoden.
Hausenblasen: wasserlöslicher Fischleim, gewonnen aus der inneren Haut der Schwimmblasen von Störarten.
Hauswurz: Echte Hauswurz (Sempervivum tectorum).
Hauswurzsaft: Saft aus dem Kraut von Hauswurz.
Hechtzähne: der mit Zähnen besetzte getrocknete Unterkiefer des Hechts (Esox lucius).
Heidnisch-Wundkraut: Echte Goldrute (Solidago virgaurea).
Hektik: Schwindsucht.
Helm: Der gläserne Destillierkolben war mit einem Aufsatz, dem Helm, versehen, der mit dem Abführungsrohr verbunden war.
Helmont: Johann Baptist van Helmont (1577–1644), bedeutender holländischer Arzt, Philosoph und Naturforscher.
Hemicraniam: Hemicrana, grch., Migräne.

Henckel: Johann Friedrich Hen(c)kel (1679–1744), Arzt und Metallurg in Freiberg; ›Pyritologia oder Kieshistorie, als des vornehmsten Minerals, nach dessen Namen, Arten, Lagerstätten, Ursprung usw.‹, Leipzig 1725.
Herbae Perfoliatae: Herba Perfoliata, vgl. Johanniskraut.
Herz-Gespann: vermutlich Cardialgie (Magenkrampf, Herzklopfen), übernommen von der Anwendung des Krautes von Herzgespann (Leonurus cardiaca).
Himmelbrand: Echte Goldrute (Solidago virgaurea).
Hirsch-Herz-Wasser: frisches Hirschherz, mit Kräutern und Wein destilliert.
Hirschhorngeistes: Hirschhorngeist, verdünnte ammoniakalische Lösung.
Hirschhornpulver: Horn vom Hirsch (Cervus elaphus).
Hirschhornsalz: Ammoniumcarbonat.
Hirschhorns, so philosophicé kalzinieret worden: Hirschhorn ausgekocht und nach dem Trocknen feinst zerrieben.
Hirschwurz: Enzianwurzel (Gentiana lutea).
Hirschzungen: die Blätter der Hirschzunge (Phyllitis scolopendrium).
Hobbesio: Thomas Hobbes (1588–1679), englischer rationalistischer Philosoph.
Holunderblüten: Blüten vom Schwarzen Holunder (Sambucus nigra).

Imaginari: sich einbilden, sich vorstellen.
Imber-Zehen: Vgl. Ingwer, weißen.
Imi: altes Flüssigkeitsmaß, 1 Imi = 10 Helleichmaß = 1/16 Eimer = 18,4 l (Württemberg).
Impossible ... philosophari: Dem Bedürftigen ist es unmöglich, zu philosophieren.
in continenti: augenblicklich.
Indig: Indigo.
infallible: frz., untrüglich.
infallibilitati: Unfehlbarkeit.
infundieren: Herstellen eines wäßrigen Drogenauszugs, meist durch Aufgießen von siedendem Wasser.
Ingreß-Fluß: Zugabe zur Schmelze.
Ingwer, weißen: weißer Ingwer, die geschälten weißen Wurzelknollen von Ingwer (Zingiber officinalis).
inklinieren: geneigt sein.
in loco: am Orte.
in paroxysmo: während des Anfalls.
in recessu: im verborgenen.
Inschlitt: Talg der verschiedensten Tiere.
in specie: im besonderen.
inspissierter: inspissieren, eindicken.
instante paroxysmo: bei bevorstehendem Anfall.

in terminis: in den gehörigen Schranken.
Item: auch, ferner.

Jalappae: Tubera Jalapae, Jalapenknollen; die Wurzelknollen von Exogonium purga.
Johann Georg II.: Kurfürst von Sachsen 1656–1680.
Johannisbrot: Früchte des Johannisbrotbaums (Ceratonia siliqua).
Johanniskraut: Hypericum officinale.
Judaic(us): Lapis Judaicus, Judenstein, die Stacheln des Seeigels (Erinaceus marinus).
Julep: Heiltrank, flüssige Arzneizubereitung, kann Salze, Säuren, Tinkturen, Zuckersäfte enthalten.
Jungfrau-Wachs: weißes Wachs, gebleichtes Bienenwachs.
Juniperi: Vgl. Sal Juniperi.

Kahn: Kahm, Schimmel auf gegorener Flüssigkeit.
Kalch: Kalk, das Endprodukt einer Kalzination, chemisch verschieden je nach den Ausgangsprodukten. Metallkalke sind oft die Metalloxide.
Kalch, ausgesüßten: vermutlich Löschkalk (Calciumhydroxid).
Kalch, getöteten: Löschkalk.
Kalch, ungelöschten: Ätzkalk.
Kalchs, lebendigen: Ätzkalk, gebrannter ungelöschter Kalk (Hauptbestandteil: Calciumoxid).
Kalmus: der Wurzelstock von Acorus calamus.
Kalzination: ein Arbeitsvorgang, bei dem feste Körper durch verschiedenartige Manipulationen brüchig oder pulvrig gemacht werden. Es kann sich um hohes Erhitzen (›Brennen‹) handeln, auch um chemische Umsetzungen auf trocknem oder feuchtem Wege, in der Kälte oder Hitze. Das entstehende Produkt wird Kalk (vgl. Kalch) genannt.
Kamillenblumen, römische: Anthemis nobilis.
Kampfer: durch Wasserdampfdestillation aus dem Holz des Kampferbaums (Cinnamomum camphora) gewonnen.
Kampfergeists: Kampfergeist, Kampferlösung in Ethanol und Wasser.
Kampferöl: Lösung von Kampfer in (Oliven-)Öl.
Kanne: früheres Flüssigkeitsmaß, etwa 1 l, zeitweilig als Liter bezeichnet.
Kanne, Leipziger: Vgl. Nößel, Leipziger.
Kapelle: Vgl. Sand- oder Aschenkapelle.
Kapellierung: oxidierendes Schmelzen der Silberprobe in einer Sandkapelle. Vgl. Abtreiben.
Kardamomen: Früchte der Malabar-Cardamomen (Elettaria cardamomum).
Kardobenedikten: Kardobenediktenkraut (Cnicus benedictus).
Karmin: roter Farbstoff aus Cochenille (Kaktusschildlaus), hergestellt aus dem wäßrigen Auszug durch Fällung mit Alaun.

Karpfenstein: Knorpel zwischen dem Gaumen und dem ersten Wirbel des Karpfens (Cyprinus carpio).
Karweil: Kümmel (Carum carvi).
Kautelen: Vorsichtsmaßregeln.
Kerbelkraut: Anthriscus cerefolium.
kihren: keimen.
Klettenwurz: Arctium lappa, verwendet werden die Wurzeln.
Knabenwurz: Knabenkrautwurzel (Tubera Salep, Salepknollen), die Wurzel von mehreren Orchis-Arten.
koagulieren: gerinnen, ausflocken.
Könige: Metallkönig, sammelt sich beim Schmelzvorgang am Boden des Tiegels oder der Sandkapelle, er besteht aus einer Metall/Edelmetall-Legierung bzw. aus reinem Metall.
Königskerzenkrauts: das Kraut von Verbascum-Arten.
Kohlen, starkriechende: Gemeint sind stark rauchende Kohlen. Es hieß, daß eine solche Kohle am Johannistag (24. Juni) beim Glockenschlag zwölf Uhr mittags unter der Wurzel der Beifußstaude (Artemisia vulgaris) zu finden sei und – schweigend weggenommen – gegen Fieber, Epilepsie und andere Krankheiten helfe.
Koloquinten: die geschälten Früchte von Citrullus coloquinthis.
Konferierung: Vergleich.
kontestieren: bezeugen.
Korallen, rote: Corallium rubrum, sie wurden gepulvert oder gebrannt verwendet.
Korallenmoos: Meeresalgen (u. a. Corallina officinalis).
Kornblume: Centaurea cyanus.
Kranabet: Vgl. Wacholder.
Krausemünze: Krauseminze (Mentha crispae), krausblättrige Form mehrerer Minze-Arten.
Krebsaugen: Krebsstein (Lapis cancrorum), linsenförmige Kalkgebilde, die im Magen des Flußkrebses (Astacus astacus) entstehen. Ihnen wurden magische Heilkräfte zugeschrieben.
Kreuzsalbei: Vgl. Salbeien, Edle.
Kubeben: Früchte des Kubebenpfeffers (Piper cubeba).
Kühnruß: Ruß von Kienholz.
Kupfervitriol: Kupfersulfat.

Lack, Florentiner: roter Aluminiumfarblack, gewonnen durch Fällen mit Pottasche aus der bei der Karmin-Herstellung anfallenden Mutterlauge.
Lärchenschwamms: Lärchenschwamm, ein auf Lärchen (Larix-Arten) schmarotzender Pilz (Polyporus officinalis).
laminiert: zu dünnem Blech geschlagen.
Langelottus: Joel Langelott, vermutlich in: ›Sendschreiben an die Hochberühmte Naturae curiosos. Von etlichen in der Chymie ausgelassenen Stücken ...‹, Nürnberg 1729 (lat. Hamburg 1672).

Lapide bezoardico: Lapis bezoardico, Bezoarstein, kuglige Abscheidungen aus dem Pansen verschiedener Tiere; vgl. z. B. Bezoar, orientalischer.
Lap(is) Spong(iarum): Schwammstein, Einschlüsse aus Schwämmen (Spongia-Arten).
Lattichstengel: Gift-Lattich (Lactuca virosa).
Latwerge: musartige Arzneiform.
Laudan(um) urinar(ium) Michael(i): harntreibendes Opiumpräparat nach Micheli; Opiumextrakt und Süßholz sowie Judenkirschen, Terpentin u. a. mit Gummi-Tragant zu einer dünnen Masse verarbeitet und nach dem Trocknen geschnitten.
Lavanderblümgens: die Blüten von Lavendel (Lavandula officinalis).
l(i)br(am): Vgl. libra.
Leberfluß: Fluxus hepaticus, ruhrartiger Durchfall.
Leberpulver, Dresdnisches rotes: nicht bekannt (württembergisches rotes Leberpulver enthielt Weinsteinrahm, rotes Sandelholz und Rosenblätter).
Leges: Gesetze.
Lehmann: vermutlich Johann Christian Lehmann (1675–1739), Professor der Medizin und Physik in Leipzig.
Leil-Tuch: Leinentuch.
Lendengrieß: Lendenbeschwerden.
Letten: roter oder bunter fetter Ton.
libra: altes Gewichtsmaß, 1 libra = 1 Medizinalpfund = 12 Unzen = 350,8 g (örtlich verschieden).
Ligni Aloes: Lignum Aloes, Aloe-Holz, aromatisches Holz von Aquilaria-Arten (Aloe-Baum).
Lignor(um): Essentia Lignorum, Holz-Essenz, alkoholischer Auszug der Holzspäne von Sassafras, Guajak, rotem und gelbem Sandel und Rhodiserholz.
Lilien, blauen: die Wurzeln der blauen Schwertlilie (Iris germanica).
Lilien, weiße: Blüten von Lilium candidum.
Lilienöls, weißen: Auszug aus den Blüten der weißen Lilie mit Olivenöl.
Lilienwassers, weißen: weißes Lilienwasser, wäßriges Destillat aus den Blüten.
Lilienwurzel, gelbe: Wurzel der gelben Schwertlilie oder Wasserschwertlilie (Iris pseudacorus).
Lilienwurzel, weiße: Zwiebeln von Lilium candidum.
Lindenblütenwasser: wäßriges Destillat von Lindenblüten.
Lock: Büschel.
Löffelkraut: Cochlearia officinalis.
Lohmehle: Lohmehl, vermutlich gemahlene Rinden.
Lohröls: Lohröl, Lorbeeröl, aus den Lorbeeren gepreßtes, butterartiges fettes und ätherisches Öl.
Lorbeeren: die getrockneten Steinfrüchte des Lorbeerbaums (Laurus nobilis).
Lot: altes Gewichtsmaß, 1 Lot = eine halbe Unze = etwa 15 g.

Lunam fixam: Luna fixa, festes Silber.
Lungenkraut: Pulmonaria officinalis.
Lutherum: Martin Luther (1483–1546).
Luto, Lutum: Leim, Kitt. Mit einem Luto beschlagen, den (Ton-)Kitt schichtweise auf Glas- oder Tongefäße auftragen.

Magenpulvers, D. Birckmanns: Birkmanns Pulvis stomachicus, mit Natriumhydrogencarbonat, Zimt, Aronwurz, Kalmus, Pimpinelle und Krebsaugen.
Magen-Triseneth: aromatisches Magenpulver, mit Ingwer, Kalmus, Kardamom, Pfeffer u. a.
Magisterii Perlarum: Magisterium Perlarum, Meisterpulver aus Perlen, hergestellt aus gepulverten Korallen, Perlmutter und Krebsaugen nach der Behandlung mit Essig und einem Zusatz von Kaliumcarbonatlösung.
Magma: Bodensatz.
magnifiqueste: herrlichste.
Magsamenöle: Mohnsamenöl.
Maibutter: Majoran-Butter, aus frischem Majorankraut (Majorana hortensis) und Butter.
Maienblümgens: Maiglöckchen (Convallaria majalis).
Maladie: frz., Krankheit.
Malice: frz., Bosheit, Arglist.
Malmen: Staub, Pulver, modrige Substanz.
Malum: das Übel.
Mandelöls: durch Auspressen süßer Mandeln gewonnenes fettes Öl.
Manus Christi Täfelein: Rosenzucker, aus Rosenblütenblättern und Zucker hergestellt.
Mariendistelsamen: Früchte der Frauendistel (Silybuum marianum).
Martii: Johann Nicolaus Martius, ›De Magia Naturalis cuiusque usu medico ad magice et magica curandum‹, Diss. Erfurt 1699; dt. in verschiedenen Ausgaben: ›Unterricht von der Magia naturali und derselben medicinischen Gebrauch auf magische Weise … welchem beygefüget ein Neu-eröffnetes Kunst-Cabinet ...‹, Frankfurt/Leipzig 1719.
Mase: Wundmal, Fleck.
Maß: altes Flüssigkeitsmaß, 1 Schankmaß = 4 Schoppen = 1,7 l.
Mastichsöl: Lösung von Mastix in Olivenöl mit einem Zusatz von Rosenöl.
Mastix: gelbliches Harz aus der verletzten Rinde des Mastixbaums (Pistacia lentiscus).
Maulbeersaft: Saft von den Früchten des Maulbeerbaums (Morus nigra).
Maur-Eselgen: Mauerasseln (Oniscus asellus).
mediante: it., durch.
Medicamen curativum: Heilmittel.
Meisel: Stück.

Meisner: Lorenz Meisner, Chirurg; gemeint ist: ›Gemma gemmarum alchimistarum. Oder Erläuterung der Parabolischen und Philosophischen Schriften Fratris Basilii (Valentini), der zwölf Schlüssel, vor dem Stein der oralten Weisen, und dessen ausdrückliche und wahrhafte Präparation durch Laurentium Meisnerum‹, Eisleben 1608.
Meisterwurz: Echte Meisterwurz (Imperatoria ostruthium).
Melissen, grüner: Zitronenmelisse (Melissa officinalis).
Melis-Zucker: Maltazucker oder Lumpenzucker, unreinere Qualität des Zuckers.
Melon(is): Semen Melonis, Samen der Melone (Cucumis melo).
Meloten-Pflaster: Steinklee- oder Meliloten-Pflaster (von Melilotus officinalis), enthielt das gepulverte Kraut neben anderen (unterschiedlichen) Zusätzen in einem Pflaster aus gelbem Wachs, Ziegenfett, Terpentin u. a.
menage: hier: Sparsamkeit.
Mennige: Bleiorthoplumbat.
Mercurii sublimati: Mercurius sublimatus, Quecksilbersublimat (Quecksilber(II)-chlorid).
Mercurio coagulato: Mercurius coagulatus, Quecksilber mit Blei verrieben (Amalgam).
Met: durch Vergärung von Honig zubereitetes Getränk.
Methodo demonstrativa: Methodus demonstrativa, überzeugender Lehrsatz.
Metzig: Schlachthaus, Metzgerei.
Millefolium: Vgl. Schafgarbe.
Mineram Bismuthi: Minera Bismuthi, sulfidisches Wismuterz.
Misc(eantur) fiant pilul(ae) gran(i) I & argento obduc(antur): Mische und mache Pillen zu 1 Gran und überziehe mit Silber.
Misceantur, fiat Pulvis: Man mische und mache ein Pulver.
Misc(eantur) l(ege) art(is): Es werde nach den Regeln der Kunst (nach Vorschrift) gemischt.
misciert: miscieren, mischen.
Mithridat: altes legendäres Universalheilmittel, im 18. Jahrhundert in Württemberg noch mit mehr als 60 Bestandteilen, darunter überwiegend Drogen, dazu Harze, Opium, Schlangenfleisch u. a.
Momentum: Ausschlag.
Morsellen: Täfelchen, feste Arzneizubereitungen auf Zuckerbasis mit Drogensäften bzw. gepulverten Arzneistoffen.
Mosch(us) or(ientale): Vgl. Bisams.
Münze-Kräuter: verschiedene Mentha-Arten. Vgl. z. B. Krausemünze.
Muskatenblumen: Muskatblüte, Macis (Samenmantel der Muskatnuß).
Muskatenöl: durch Auspressen der Muskatnuß erhaltenes Gemisch von fettem und ätherischem Öl (Muskatbutter).
Muskatnuß: Frucht des Muskatbaums (Myristica fragans).
Mutterpflaster von Galbano: Vgl. Ceratum de Galbano.
Myrrh(a): Myrrhe, Gummiharz arabischer Commiphora-Arten.

Nachtschattenbeeren: Vgl. Baccae Alkekengi.
Nägelgen: Vgl. Gewürznelken.
Natterwurz: Natterwurzel (Polygonum bistorta).
neglegieret: neglegieren, unterlassen, außer acht lassen.
Nelkenöls: Nelkenöl, ätherisches Öl der Gewürznelken.
Nerone: Nero, römischer Kaiser 54–68.
Nespel-Baum: die Mistel (Viscum album), halbparasitischer Strauch auf Laub- und Nadelbäumen.
Nesselsamens: Früchte der Brennessel (Urtica urens).
Nicht- oder Augensälbgens: Zinkoxidhaltige Augensalbe, in Württemberg mit Schweineschmalz unter Zusatz von gepulverten Korallen und Perlmutter bereitet.
Nicotianöl: aus Tabakblättern mit Olivenöl hergestellt.
Nieswurz: Christrose (Helleborus niger), verwendet wird der Wurzelstock, von dem dicke, oft mit Filz bedeckte Fasern entspringen.
Nitri: Nitrum, Salpeter.
Nößel: altes Flüssigkeitsmaß, 1 Nößel = 0,48 l (Hannover).
Nößel, Leipziger: 1 Leipziger Nößel = ½ Leipziger Schenkkanne = 0,6 l.
Nota Signaturam: Merke die Signatur. Entsprechend der ›Signaturenlehre‹, nach der Naturgegenstände auf Grund gewisser äußerer Merkmale Hinweise auf ihre heilkräftigen Eigenschaften geben.
notifizieren: mitteilen.
Nuc(is) mosch(atae): Nux moschata, Muskatnuß.
Nüsse, welsche: Walnüsse.
Nußöl: Öl von Walnüssen.
Nutriment: Nahrung, Nahrungsmittel.

Obstinates: obstinat, hartnäckig.
Ochsenbrech: Dornige Hauhechel (Ononis spinosa).
Ochsengalle: eingedickte Ochsengalle.
Ohm: altes Flüssigkeitsmaß, 1 Ohm = 24 Maß = 150 l (Württemberg).
Olei Sabinae: Oleum Sabinae, Sadebaumöl.
Oleis per expressionem: Olea per expressionem, durch Auspressen gewonnenes Öl.
Olei Templini: Oleum Templini, Terpentinöl, Öl von der Latschenkiefer (Pinus mugo), gewonnen durch Wasserdampfdestillation aus den jungen Zweigen.
Oleo Salis: Oleum Salis, Salzsäure.
Oleo Tartari: Oleum Tartari, ›Weinsteinöl‹. Am gebräuchlichsten war Oleum Tartari per deliquium.
oleum pro secreto: Öl als Geheimmittel.
Oleum Tartan per deliquium: Lösung von Kaliumcarbonat.
Oleum Vini: (süßes) Weinöl, Nebenprodukt bei der Etherherstellung aus Ethanol und Schwefelsäure.
Ombra: Umbra, braune Farberde.

Opii: Opium, getrockneter Milchsaft der Mohnkapseln (von Papaver somniferum).
orificium: Öffnung.
Original-Mscrpto: Original-Manuskript.
Oss(is) Sepiae: Os Sepiae, Fischbein, Rückenknochen von Tintenfischen (Sepia officinalis).
Otterkraut: Natterkopf (Echium vulgare).
Oxymel(lis) Scyllit(ici): Oxymel Scilliticum, Meerzwiebelhonig, sirupartige Mischung eines essigsauren Auszugs der Meerzwiebel (Urginea maritima) mit Honig.

Päonienwurzel: Wurzel der Pfingstrose (Paeonia officinalis).
pag(ina): Seite.
pag(ina) m(ea) … s(e)q(uens): Seite … und die folgende der benutzten Ausgabe.
Palingenesia: grch., Erneuerung, Wiedererzeugung.
Pappelblumen: Malvenblüten (Malva sylvestris).
Paradieskörner: Früchte der Paradieskörnerpflanze (Cardamomum maximum).
Paroxysmo: Paroxysmus, Anfall.
pars cum parte: Teil für Teil.
Pascals: Blaise Pascal (1623–1662), französischer Mathematiker und Philosoph.
Passauer Kunst: benannt nach dem Scharfrichter zu Passau, der 1611 vorgab, die Mittel zum Festmachen zu besitzen. Vgl. Festigkeit, Festmacherei.
Pastillen: vermutlich die Aromatischen Pastillen. Sie enthielten u. a. Storax, Benzoe und Moschusspiritus.
Paviment: Estrich.
per destillationem: durch Destillation.
Pergamentleim: wasserunlöslicher Leim zum Kleben von Pergament, Zusammensetzung nicht bekannt.
per Gradus: stufenweise.
Perlen, orientalischer: große Ostindische Perlen aus Perlmuttermuscheln, zu feinem Pulver präpariert.
Perlenzuckers: Kügelchen aus Zucker, Rosenwasser und Perlmutterpulver.
per refractionem radiorum: durch Strahlenbrechung.
per vesicam: aus der Destillationsblase.
Petecken: Bezeichnung für ›ansteckendes Hitzfieber‹.
Petroselini: Petersilienfrüchte (Petroselinum hortense).
Pfaffenhütgen: Euonymus europaeus.
Pfeffer, langen: die unreifen Fruchtstände von Piper longum und Piper retrofractum.
Pfersichsteine: Steine des Pfirsichs (Persica vulgaris).
Pflaster: zähe, in der Wärme weich werdende Arzneiform, deren Grundmasse aus natürlichen Fetten, Harzen und Wachsen bestand.

Pfund: Vgl. libra.
Phlegma: 1. alte Bezeichnung für Körperschleim und Entzündung; 2. Destillationsrückstand.
Pillen, D. Bechers: Becherische Polychrest-Pillen, deren genaue Zusammensetzung geheimgehalten wurde. Sie enthielten Aloe mit Gummiharz und bitteren Extrakten.
Pillen, Frankfurter: Geheimrezept der Frankfurter Apotheker mit abweichenden Beschreibungen. Hauptbestandteile waren Aloe und Veilchensaft, vermutlich auch Rhabarber, Lärchenschwamm, Schafgarben- und Erdrauchextrakt.
Pilularum Widegansii: wahrscheinlich Pilulae solares Wildegansii, Goldpillen nach Wildegans, sie enthielten Opium, Aloe, Hirschhornsalz, Knallgold u. a.
Pimpernellwurz: die Wurzel der kleinen Pimpinelle.
Pimpinellae albae: Pimpinella alba, weiße oder kleine Pimpinelle.
Pimpinelle, kleine: Pimpinella saxifraga.
Pint: Pinte. Vgl. Kanne.
Piper(is) longi: Piper longum. Vgl. Pfeffer, langen.
Piper(is) nigri: schwarzer Pfeffer, die unreifen Früchte von Piper nigrum.
Pistile: Pistill, Mörserkeule zum Pulverisieren und Mischen von Chemikalien und Drogen.
Plaga: Himmelsstrich.
Planierwasser: Leimwasser, mit dem die zu planierenden Bogen eines Buches getränkt werden.
Podagraci: Podagricus, Gichtkranker.
Poleien: Polei-Minze, auch Flöhkraut (Mentha pulegium).
Poleienöle: durch Wasserdampfdestillation gewonnenes ätherisches Öl aus dem Kraut der Polei-Minze.
Poleiwasser: wäßriges Destillat von der Polei-Minze.
Polychrest-Pillen, Sachsen-Hallische: Spezialität der Waisenhausapotheke Halle mit unbestimmter Zusammensetzung, vermutlich mit Opium und rotem Quecksilber(II)-oxid. (Polychrestum: ›Mittel, das gegen viele Krankheiten hilft‹).
Pomeranzen: die Früchte von Citrus aurantium.
Pomeranzenschalenessenz: alkoholischer Auszug aus den Schalen der reifen Pomeranzen.
ponderieren: erwägen.
Populeam virgam … tenebat: Die Königinmutter hielt den Pappelzweig.
Porken: Vgl. Barg, Bargen.
Pottaschen: Pottasche, Kaliumcarbonat.
Poudre: frz., Puder.
Praesupposita: Annahmen.
präkaviert: präkavieren, vorbeugen, sich vorsehen.
Präokkupation: vorgefaßte Meinung.
Präservativ: vorbeugendes Mittel.
präservieret: präservieren, vorbeugen.

präsumieren: annehmen, vermuten.
prätendierender: prätendieren, fordern.
Prätext: Vorwand.
präzipitieren: ausfällen, auch: Zerlegen von Metallsulfiden durch Eisen in der Schmelzhitze, wobei das Metall frei wird.
Präzipitierwasser: Flüssigkeit zum Ausfällen gelöster Stoffe.
Presill-Holzes: Vgl. Brasilienholz.
principaliter: hauptsächlich.
principiorum cognoscendi: principa cognoscendi, Erkenntnisprinzipien.
procedere: Verfahren.
pro Veritatibus demonstrativis: als überzeugende Wahrheiten.
prozediere: prozedieren, verfahren.
Pudenda: Geschlechtsteile.
Pulver(is) Secundinar(um) Exsiccat(i): Pulvis Secundinarum exsiccatus, Pulver aus getrockneter Nachgeburt (vom Menschen).
Pulver, sympathetisches, des Grafen Digby: Beschreibung vgl. S. 233.
Purgation: ›Reinigung‹ durch Anwendung von Abführmitteln.
Putrefaktion: Verwesung, Fäulnis.
Putzen: 1. die vertrocknete Blüte oder das Kernhaus des Obstes; 2. der Docht.

Quadrierendes Exempel: angemessenes Beispiel.
Quantitatibus: Quantitäten, Mengen.
quantum satis: eine (für die entsprechende Arzneizubereitung) ausreichende Menge.
Quart: 1. Methode der Scheidung von Gold und Silber. Vgl. quartiers; 2. altes Flüssigkeitsmaß, 1 Quart = 1,15 l (Preußen).
Quartier: altes Flüssigkeitsmaß, 1 Quartier = 2 Nößel = 0,9 bis 1,2 l (örtlich verschieden).
quartiers: quartieren, Gold und Silber durch Salpetersäure voneinander scheiden; die älteste Methode der Scheidung auf nassem Wege, sie wurde Quart oder Quartation genannt.
quatuor: vier.
Queckenwasser: durch Wasserdampfdestillation aus den Wurzeln der Quecke (Agropyrum repens) gewonnen.
Quecksilber ertöten: anhaltendes Verreiben (mit unterschiedlichen Stoffen), bis keine Metallkügelchen mehr zu sehen sind und sich das flüssige Metall in ein graues Pulver verwandelt hat.
Quendelgeist: alkoholischer Auszug aus Quendelkraut (mehrere Thymus serpyllus-Formen).
Quent: Quentchen, auch Quintel. 1 Quent = 3,65 g (bis 1858), vgl. Drach(mas).
quinque: fünf.
Quintam Essentiam solis: Quinta Essentia solis, ›Quintessenz des Goldes‹, als Quinta Essentia wird ein Präparat bezeichnet,

das alle Kräfte und Tugenden von Substanzen aufs reinste und vollkommenste enthält.
Quintel: Vgl. Quent.
Quittenschleim: aus den Samen der Quitte (Cydonia oblonga) hergestellt.
Quittenwasser: aus Quitten nach Vergärung abdestilliert.

race: frz., Rasse.
Rad(ix) Filipend(ulae): Filipendelwurzel, Wurzel vom roten Steinbrech (Filipendula vulgaris).
Rad(ix) Pyrethr(i): Wahre Bertramwurzel (Anacyclus pyrethrum).
Ragwurz: Bezeichnung für mehrere Ophrys-Arten (sie liefern auch Salepknollen).
Rappée-Tobak: Bei der Schnupftabakherstellung wurde der Tabak in verschiedenen Lösungen gebeizt (Gärung), danach rapiert, d. h. zerkleinert, gesiebt, sortiert, evtl. nochmals gebeizt.
Raute: Gartenraute (Ruta graveolus).
Rautenöl: Auszug aus Rautenkraut mit Olivenöl.
Rautenwasser: wäßriges Destillat der Gartenraute.
regardieren: berücksichtigen.
Regenbogengläser: Prismen.
Regulo Antimonii: Regulus Antimonii, Spießglanzkönig, Antimon.
Reißblei: Graphit.
rektifizieren: Reinigung eines Flüssigkeitsgemischs durch fraktionierte Destillation.
Remanenz: Rückstand.
Remedium: Mittel gegen etwas; Arznei-, Heilmittel.
repliziert: replizieren, wiederholen.
residuo: residuum, Überrest, Bodensatz.
resolviert: resolvieren, lösen.
Respiration: Atmung.
reüssieret: reüssieren, Erfolg haben.
reverberieren: glühen lassen.
Reverberierofen: Flammofen.
Rex Angli ... serena: Der König der Engel aus gutem Geschlecht gibt fröhliche Zeichen.
Rhabarbara: Wurzelstock verschiedener Rhabarber- (Rheum-) Arten.
Rhodiser-Holz-Öl: Rosenholzöl, ätherisches Öl aus dem Wurzelholz von Convolvulus scoparius.
ridicule: frz., lächerlich.
Ringelblumen: Calendula officinalis.
Rötelstein: eisenoxidhaltige rote Erde.
Roi: vermutlich Johann Philipp du Roi (1741–1785), Hofmedikus, Stadtphysikus und Garnisonsarzt in Braunschweig. Verfasser zahlreicher botanischer Werke.
Rosenessig: wäßrig-essigsaurer Auszug aus Rosenblütenblättern.
Rosengeistes: wäßrig-alkoholisches Destillat von Rosenblütenblättern.

Rosenholzöl: Vgl. Rhodiser-Holz-Öl.
Rosenhonig: Sirup aus dem wäßrigen Auszug von Rosenblütenblättern und Bienenhonig.
Rosenöl: durch Wasserdampfdestillation aus den Blütenblättern verschiedener Rosenarten gewonnenes ätherisches Öl oder auch Auszug der Blütenblätter mit Olivenöl.
Rosenspiritus: Vgl. Rosengeistes.
Rosenwassers: wäßriges Destillat der Blütenblätter.
Rosenzucker: Zubereitung aus Zucker und Blütenblättern.
Ros Solis: Rosolio, italienischer Rosenlikör.
Ros Solis Persico: Pfirsichlikör.
Roßhub: Huflattich (Tussilago farfara).
Roßkäfer: Geotrupes stercorarius, Mistkäferart.
Roßschwefel: Rückstand bei der Schwefelgewinnung mit geringem Schwefelgehalt.
Rp.: Recipe! Nimm! (Einleitung bei der ärztlichen Verordnung).
Rückgrat-Grallen: die Wirbel.

Sacchari albi: Saccharum album, Zucker.
Sacchar(um) perlat(um): Vgl. Perlenzuckers.
Sadebaum: Juniperus sabina.
Sadebaumöls: Sadebaumöl, durch Wasserdampfdestillation aus den Zweigspitzen des Sadebaums gewonnenes ätherisches Öl.
Safrans: Safran, getrocknete Narben und Narbenschenkel der Blüten des Safran-Crocus (Crocus sativus).
Saftgrün: auch See- oder Beergrün genannt, der Eindampfrückstand des Preßsaftes unreifer Kreuzbeeren (Früchte des Echten Kreuzdorns, Rhamnus cathartica) mit Zusatz von Alaun und Pottasche.
Sala, Angelus: Angelo Sala, in Vicenza geborener Alchimist und Arzt des 17. Jahrhunderts, wirkte in der Schweiz, in Holland, zuletzt als Leibmedikus der Herzöge von Mecklenburg; lebte noch 1637 in Güstrow. Seine gesammelten Schriften (›Opera omnia medico-chymica‹) wurden 1647 und 1680 in Frankfurt herausgegeben.
Salbeien, Edle: Echter Salbei (Salvia officinalis).
Salbeien, lange oder große: Salvia officinalis subspecies major.
Sale alcali: Sal alcali, Aschensalz (Hauptbestandteil: Natriumcarbonat).
Sal essentiale: wesentliches Salz.
Sale Tartari: Sal Tartari, Weinsteinsalz (Hauptbestandteil: Kaliumcarbonat).
Salien: Salze.
Salis Gemmae: Sal Gemmae, Steinsalz (Natriumchlorid).
Sal(is) matr(is) Perlar(um): Sal Matris Perlarum, Perlmuttersalz, hergestellt durch Behandlung der Schalen der Perlmuttermuscheln (Nacra Perlarum) mit Essig (Hauptbestandteil: Calciumacetat).
Sal Juniperi: Wacholderholzsalz, hergestellt durch Veraschen von Wacholderholz und Auslaugen der Asche (Hauptbestandteil: Kaliumcarbonat).

Salmiak: Ammoniumchlorid.
Salmiakgeist: Vgl. Spirit(us) Sal(is) ammon(iaci).
Salniter: Sal Nitri, Kalisalpeter (Hauptbestandteil: Kaliumnitrat).
Salpeter-Kügelgen: Salpeter und Zucker mit Tragant-Schleim zu Kügelchen verarbeitet.
Salpeters: Salpeter, Kaliumnitrat.
Sal Prunell(ae): Prunellensalz, Kaliumnitrat mit unterschiedlichen Anteilen Kaliumsulfat und Kaliumnitrit.
Sal Tamarisci: Tamariskensalz, gewonnen durch Auslaugen der Asche von Tamariskenrinde (Hauptbestandteil: Kaliumcarbonat).
Salve certa ... quies: Sei gegrüßt, zuverlässiger schmaler Pfad der Seele zwischen Leben und Tod.
Sal volatile oleosum Sylvii: alkoholhaltiger Salmiakgeist.
Salz, geschmelztes: verwittertes Salz, wahrscheinlich Salpeter.
Salz, verpufftes: hier wahrscheinlich das Verpuffungsprodukt von Salpeter und Weinstein.
Salzes, gebrannten: gebranntes Salz, Natriumchlorid.
Samen, kühlenden: viel gebrauchte Mischung der Samen von Gurke (Cucumis sativus), Melone (Cucumis melo), Wassermelone (Citrullus lanatus) und Flaschenkürbis (Lagenaria vulgaris).
Sandaracfürnis: Firnis mit Sandarak. Vgl. Gummi Sandaracae.
Sandelholz, gelbes: stammt von dem indischen Baum Santalum album.
Sandelholz, rotes: Kernholz von indischen Pterocarpus-Arten.
Sandels: Sandel. Vgl. Sandelholz.
Sand-Grad: im Sandbad mild erwärmt.
Sand- oder Aschenkapelle: 1. gußeiserner halbkugeliger Kessel, teilweise mit Sand gefüllt, der das zu erhitzende Gefäß aufnimmt und auf den Kapellenofen (Windofen) aufgesetzt wird; 2. kleine aus Knochenasche gepreßte poröse Schälchen, in denen Silberproben geschmolzen wurden (Abtreiben; Kapellierung).
Sanikel: Heildolde (Sanicula europaea).
Santal(um) rubr(um): Vgl. Sandelholz, rotes.
Sapienti Satis: für den Weisen genug.
Sarcocollae: Sarcocolla, Fleisch- oder Fischleimgummi, gummiartige Ausscheidung einer persischen Astragalus-Art.
Sauerampfer: Rumex acetosa.
Sauerbronnens: Sauerbrunnen, Mineralwasser.
Saxifrag(a): die fälschlich als Semen Saxifragae albae bezeichnete Wurzel des Weißen Steinbrechs (Saxifraga granulata).
Schacharillen-Extrakt: Extrakt aus Kaskarille, der Rinde des westindischen Strauches Croton eluteria.
Schafgarbe: Achillea millefolium.
Schaf-Lorbeeren: Schafskot.
Scharbock: Skorbut.
Scharlachrosen: wahrscheinlich Rosa foetida v. foetida.

Scheffel: früheres deutsches Maß für schüttbare Dinge, 1 Scheffel = 8 Simri = 177,2 l (Württemberg).
Scheidewasser: zur Trennung von Gold und Silber benutzt, von denen sich nur das letztere darin löst; Salpetersäure.
Schlagbalsams: Schlagbalsam, enthielt die Öle von Muskatnuß, Wermut, Nelken, Macis, Pomeranzenschalen, Pfefferminz sowie Balsam von Peru, zuweilen auch weitere Bestandteile unter Zusatz von Moschus, Ambra und Zibet.
Schlangenschmalz: wahrscheinlich das Fett der Ringelnatter (Natrix natrix).
Schlehenblütenwasser: wäßriges Destillat der Blüten von Prunus spinosa.
Schmalz von Aschen: Vgl. Aschenschmalz.
Schnallenblume: Blüte vom Klatschmohn (Papaver rhoeas).
Schnallensaft: Saft aus den Blüten des Klatschmohns.
Schnecken, rote: Limax rufus.
Schneckendeckel: die Gehäuse verschiedener Schneckenarten.
Schoppen: Flüssigkeitsmaß, 1 Schoppen = 0,42 l (Württemberg).
Schränkung (des Bindfadens): ihn kreuzweise übereinander legen.
Schwalbenmist: wurde als Stercus Hirundinis gehandelt.
Schwalbenwurz: Vincetoxicum officinale, verwendet wird die Wurzel.
Schwamm von Lindenbäumen: auf Linden wachsender Pilz. Vgl. Lärchenschwamms.
Schwarzkirschenwasser: durch Destillation aus schwarzen Kirschen hergestellt.
Schwarzwurz: Gemeiner Beinwell (Symphytum officinale).
Schwefelbalsam: geschwefeltes Leinöl.
Schwefelblumen: durch Sublimation gereinigter Schwefel.
Schwefelkerzen: in Kerzenform gegossener, mit einem Docht versehener Schwefel.
Schwefelöle: Schwefelöl, durch Destillation gewonnenes geschwefeltes fettes Öl.
Schwertelwurz: Vgl. Lilienwurzel, gelbe.
scilicet: nämlich.
Scordium: Kraut des Knoblauch-Gamander (Teucrium scordium).
Scrupulieren: Nachsinnen.
scrupul(us): Vgl. Skrupel.
Seckelkraut: Gemeines Hirtentäschel (Capsella bursa-pastoris).
Secretum secretissimum eiusdem: desselben (Herrn Chr.) geheimstes Geheimnis.
Seife, venedischer: venedische Seife, medizinische Seife aus Venedig (enthielt hauptsächlich Natriumsalze höherer Fettsäuren).
Seih: das nach dem Einweichen geseihte Saatgut.
semine Lycopodii: Semen Lycopodii. Vgl. Bärlappsamen.
Semin(is) Genist(ae): Semen Genistae, Samen von Besenginster (Sarothamnus scoparius).
Semin(is) Milii Solis: Echter Steinsame (Lithospermum officinale).

Seminis Pastinacae domest(ici): Semen Pastinacae domestici, Samen der Gartenmöhre (Daucus carota subspecies sativa).
semis: ½.
Senfkörner, weißer: weiße Senfkörner, Samen des Weißen Senf (Sinapis alba).
Sennesblätter: die Blätter von Cassia angustifolia und acutifolia.
Sensum: Sensus, Sinn.
Sevenbaum: Vgl. Sadebaum.
sex: sechs.
s(alve) h(onore): mit Erlaubnis zu sagen.
Siegelerde: Pastillen aus Ton mit eingeprägtem Siegel, das die Herkunft kennzeichnete.
Silberglätte: Bleioxid.
Silberlot: zum Löten von Silberarbeiten benutzte Legierung von Silber mit unterschiedlichen Anteilen an Kupfer, meist auch Zink und Messing.
Simri: früheres württembergisches Getreidemaß, 1 Simri = ⅛ Scheffel = 22,2 l.
Sinau: Wiesen-Frauenmantel (Alchemilla vulgaris).
situieret: gestellt.
Skabiosenwasser: durch Wasserdampfdestillation aus Sabiosenkraut, Grindkraut (Knautia arvensis) hergestellt.
Skrupel: altes Medizinalgewicht, 1 Skrupel = 20 Gran = 1,25 g (Preußen 1867).
Solutio Boracis: Auflösung des Borax.
Solution: Lösung.
solve & coagula: löse auf und binde.
solvieret: solvieren, auflösen.
soulagieret: erleichtert.
Spargen: Spargel (Asparagus officinalis).
Spate: Feldspat, silicathaltiges Mineral.
Spatio: Spatium, Raum.
Spec(ies) de Hyacinth(o): zusammengesetztes Pulver mit Hyacinth (böhmischer Amethyst, chem.: Zirkonsilicate) und zahlreichen weiteren Bestandteilen, darunter Korallen, Perlen, Smaragd, Elfenbeinspäne, Armenischen Bolus, philosophisch präpariertes Hirschhorn, Sandelholz, Rosenblüten, verschiedenen Kräutern, Crocus, Myrrhe und komplett mit Moschus und Ambra.
Spec(ies) Diacinamom(i): zusammengesetztes Zimtpulver, enthält außer Zimt Ingwer, Nelken, Galgant, Macis, Muskatnuß.
Spec(ies) Diacret(i) Myns(ichti): zusammengesetztes Kreidepulver nach Mynsicht, Hauptbestandteil ist weiße Kreide.
Spec(ies) Diamosch(i): Vgl. Diamoschus.
Spec(ies) Diarrhod(on) Abbat(i): Vgl. Diarrhod(on) Abbat(i).
Species epatitis: Leberpulver, Mischung aus verschiedenen ›kühlenden‹ und ›eröffnenden‹ gepulverten Kräutern. Vgl. Leberpulver, Dresdnisches rotes.

Spec(ies) Imperat(oris): Kaiserpulver, Mischung aus gepulvertem Galgant, Zimt, Kardamom, Nelken und Macis.
Specifici stomach(ici) Poterii: Specificum stomachicum Poterii, Magenmittel nach Potier, aus speziell bereitetem Spießglanzkönig und Salpeter (Hauptbestandteil vermutlich: Antimon(V)-oxid).
Spicanardenblüte: Indische Narde (Nardostachys jatamansi).
Spickenatenöle: Öl aus den Wurzeln der Indischen Narde.
Spickfürnisse: Firnis auf der Grundlage von Specköl. Vgl. Spicköls.
Spicköls: Specköl, der in der Winterkälte abgepreßte flüssige Teil des Schweinefetts.
Spießglas: Antimon(III)-sulfid.
Spinoza: Baruch Spinoza (1632–1677).
Spiritum vini tartarisatum: Spiritus vini tartarisatus, tartarisierter Weingeist, 90 Vol-% Ethanol.
Spiritus familiaris: dienstbarer Geist.
Spirit(us) Nitri dulcis: versüßter Salpetergeist, stark verdünnte Lösung von Ethylnitrit in Ethanol.
Spiritus Salis: Salzgeist, Salzsäure.
Spirit(us) Sal(is) ammon(iaci): Salmiakgeist, wäßrige Lösung mit Ammoniak und Ammoniumcarbonat.
Spirit(us) Sal(is) ammon(iaci) anis(atus): anishaltiger Salmiakgeist.
Spiritus Tartari: wäßrige saure Flüssigkeit, erhalten bei der Destillation von Weinstein; enthält geringe Mengen Essigsäure und Mengen Brenzweinsäure.
Spiritus theriacal(is) camph(oratus): alkoholischer Auszug aus Theriak, Angelika, Meisterwurz, Scordium, Wacholder, Myrrhe u. a. unter Zugabe von Kampfer nach Destillation.
Spiritus Vini: Weingeist, etwa 40% Ethanol.
Spiritus Vitrioli: Vitriolgeist, stark verdünnte Schwefelsäure.
Spitzen-Wegerich: Spitzwegerich (Plantago lanceolata).
Spong(ia) combust(a) praepar(ata): gebrannter und gepulverter Schwamm.
Stahls berühmte Pillen veritable: Zusammensetzung siehe S. 181.
Steinbrech: Weißer Steinbrech (Saxifraga granulata).
Stengelwurz: wahrscheinlich Stendelwurz, Salep-Knollen liefernde Epipactis-Arten.
St. Georgentag: 23. April.
Storax: Styrax liquidus, dickflüssiges, klebriges Balsamharz des asiatischen Baumes Liquidambar orientalis.
stratum super stratum: Schicht auf Schicht.
Stryen: Striefen, Streifen.
Stuffen: Stück eines Erzes oder Minerals.
sub Num(ero): unter Ziffer.
sub oeconom. Nro. 6: unter Profitable ökonomische Geheimnüsse, Nr. 6 (S. 93).
Süßholz: die geschälten Wurzeln von Glycyrrhiza glabra.
Sukzeß: Erfolg.

Sulphur Martis: Eisenkies, Eisensulfid-Mineral.
s(alva) v(enia): mit Erlaubnis.
sympathetisch: durch geheimnisvolle Kräfte, ohne Arzneimittel wirkend.
Syrup(us) acetos(itatis) Citri: Zitronensirup.
Syrup(us) de Erysim(o) Lobel(ii): Sirup aus Herba Erysimi (Wegsenf, Sisymbrium officinale) sowie Alantwurz, Zichorien, Borretsch, Anis u. a.

Tamariskenrinde: (Wurzel-)Rinde von Tamarix gallica.
Tartari, kalzinierten: Tartarus calcinatus, Kaliumhydroxid.
Tartari vitriolati: Tartarus vitriolatus, Kaliumsulfat.
Tartarum: Tartarus, Weinstein, Kaliumhydrogentartrat.
Tartarum chalybeatum: Tartarus chalybeatus, Eisenweinstein (Hauptbestandteil: Kaliumhydrogentartrat mit wenig Kalium-tartrato-aquo-ferrat(III)).
Tartar(us) Emet(icus): Brechweinstein (Hauptbestandteil: Kalium-tartrato-aquo-antimonat(III)).
Tausendguldenkraut: Echtes Tausendgüldenkraut (Centaurium minus).
Terebinth(ina) venet(a): venetianisches Terpentin, Lärchenterpentin, Harz von Larix decidua und Larix sibirica.
Terebinthinöl: Terpentinöl, durch Wasserdampfdestillation aus Terpentin gewonnenes ätherisches Öl.
Terebinthins: Vgl. Terpentins.
Terminos: Grenzen.
Terpentingeist: Terpentinspiritus, alkoholische Lösung von Terpentin.
Terpentinhanf: Firnis auf der Basis einer Mischung von Hanföl (ein stark trocknendes Öl aus Hanfsamen, Cannabis sativa) und Terpentinöl.
Terpentins: Terpentin, Harz verschiedener Kiefern-Arten.
Terpentin, wahres: Terebinthina cypria, zyprisches Terpentin, von Pistacia terebinthina varietas chia.
Terrae Sigillatae: Terra sigillata. Vgl. Siegelerde.
Teschelkraut: Vgl. Seckelkraut.
Teste: Testa, Schale, flaches Gefäß zum Feintrennen des Silbers.
Teufelsabbißwurz: die Wurzel von Teufelsabbiß (Succisa pratensis).
Thé bou: frz., brauner, an der Sonne getrockneter Tee.
Theriaks: Theriak, als Schwitzmittel und Gegengift eingesetzt, es enthielt noch mehr Bestandteile als Mithridat, darunter Opium und Schlangenfleisch sowie zahlreiche Drogenpulver.
Theriaks, himmlischen: Theriaca coelestis, wie Theriak zusammengesetzt, jedoch mit einer Zugabe anorganischer Stoffe (Zinnober, Antimon(III)-oxid u. a.), die auf das Opium ›einwirken‹ sollten, und ohne Zucker, wurde wegen ›göttlicher Tugenden‹ geschätzt und öffentlich angefertigt (letztmalig 1754 in Nürnberg).
Tinctura Antimonii acris: Spießglanztinktur (Hauptbestandteil: schwache alkoholische Kalilauge).
Tinctur(a) Antimon(ii) tartarisat(a): Spießglanztinktur.

Tinct(ura) bezoard(ica) D. Wedel: Tinctura bezoardica Wedelii, Bezoartinktur nach (Doktor) Wedel, enthielt einen alkoholischen Auszug von Zitwerwurzel, Angelika, Pimpinelle, Scordium, Wacholderbeeren u. a. sowie Zusätze von Holunderblütenspiritus, Spiritus Vitrioli, Spiritus Tartari u. a.

Tincturae anodynae: Tinctura anodyna, schmerzstillende Tinktur, besteht aus einem Auszug von Opium, Crocus, Zimt und Nelken mit Malagawein.

Tincturae Papav(eris) errat(ici): Tinctura papaveris erratici, wäßrige Tinktur aus Klatschmohnsirup und -blüten (Papaver rhoeas).

Tincturae Vitrioli Martis Ludovici: wäßrig-alkoholische Tinktur, die Eisensulfat und Cremor Tartari enthält.

Tinct(ura) Salis Tartar(i): Weinsteintinktur, eine Lösung von Kaliumcarbonat und Kaliumhydroxid in verdünntem Alkohol.

tingieren: färben; alchemistisch auch: umwandeln.

Tingierendes ... einzuführen: einen für den Prozeß wichtigen Bestandteil einzubringen.

Tinktur von Schnallen: Vgl. Tincturae Papav(eris) errat(ici).

Tinktur zu Golde: ♂ ii crudi ʒ j; Antimonii crudi, drachmam 1, Antimonium crudum, vgl. *Spießglas*. ☿ ii ʒ j; Mercurii sublimati, drachmam 1, vgl. *Mercurii sublimati*. ♃ ʒ iß Sulphuris, unicas 1½; Sulphur, Schwefel, 1½ Unzen. Croci orient(alis); Crocus orientalis, vgl. *Sulphur Martis*. Lap(idis) Pumicis usti, ana ʒ j; Lapis Pumicis Ustus, gebrannter Bimsstein, je eine Drachme. Cinnabar(is) nativ(ae); Bergzinnober, Quecksilber(II)-sulfid. ☿ ii, ana ʒ ij; Mercurii, ana drachmas 2, Mereurium, Quecksilber, je zwei Drachmen. Ol(ei) Olivar(um) ʒ iiij; Oleum Olivarum, 4 Unzen, vgl. *Baumöle*. ♂ ii praep(arati) ʒ ij; Antimonii praeparati, drachmas 2, Antimonium praeparatum, 2 Drachmen, Antimonoxide, Auri fini; Aurum finum, Feingold. Goldblüte, ana gr(ana) XV, Goldblüte, je XV Gran.

Tobaköle: Vgl. Nicotianöl.

Tophos: entzündlicher Knoten.

Tormentills: Tormentill, Blutwurz (Potentilla tormentilla), verwendet wird der Wurzelstock.

Tragant: Vgl. Gummi-Tragant.

transplantieren: die Krankheit aus dem Körper an einen anderen Ort verbannen.

Traubenkraut: Mexikanisches Traubenkraut (Chenopodium ambrosioides).

Trifol(ium) fibr(inum): Fieberklee (Menyanthes trifoliata).

Trippel, geschabtem: vielleicht Terra Tripolitana, Erde aus Tripolis (amorphe Kieselsäure).

Trochiscor(um) Alkekeng(i): Trochisci, ›Zeltchen‹, sind im Mund zerfließende Plätzchen, hier aus den Früchten der Judenkirsche (vgl. Bacc(ae) Alkekeng(i)), verschiedenen Samen und Opium mit Gummi arabicum bereitet.

Türkenkorne: Türkenkorn, Mais (Zea mays).
Tutiae: Tutia, Ofenbruch, zinkoxidhaltiges Präparat (fiel bei der Messingherstellung an).

Überenzige: überflüssige.
Ultramarin: Waschblau, natürlich vorkommendes (Lasurit) oder synthetisiertes Natriumaluminiumsilicat.
ungarisch Wasser, aufrichtig: Eau Hongroise, Franzbranntwein mit Zusatz der ätherischen Öle von Pfefferminz, Lavendel, Melisse, Zitronenschalen, Rosmarin, Rosen- und Pomeranzenblüten.
unc(iam); unc(ias): uncia, Unze; altes Gewichtsmaß, 1 Unze = 1½ Pfund = 2 Lot = 8 Drachmen = 30 g (Preußen 1867).
un & semis: anderthalb.
Urschlechten: Pocken.

Venerierung: Verehrung.
Ventose: Schröpfkopf.
verblasen: die bei der Scheidung von Gold und Silber durch Zusammenschmelzen, Abtrennen des Antimon-Gold-Königs und Verflüchtigung des Antimons in einer oxidierenden Flamme genutzte höhere Affinität des Goldes zum Antimon.
veritable: unverfälschte.
verlutieret: verlutieren, das Verkitten der Fugen von chemischen Apparaturen (meist mit einer Mischung aus verschiedenen Mehlen, Mandelkleie, evtl. Bolus, Gips).
versus centrum: zum Mittelpunkt.
verzofften: gezupften.
Violen, blaue: Märzveilchen (Viola odorata).
Violen, gelbe: Goldlackblüten (Cheiranthus cheiri).
Violensirups: Sirup aus den Blütenblättern des Veilchens.
Violenwurzeln: Wurzelstock der Schwertlilien; gemeine Veilchenwurz, blaue Lilienwurzel (Iris germanica).
Violwurz, florentin(ische): Florentinische Veilchenwurzel (Iris florentina).
Vipernschmalz: Fett von der Kreuzotter (Coluber berus).
Viscerum: Viscera, Eingeweide.
Vitriol, blauen: blauer Vitriol, Kupfervitriol (Kupfersulfat).
Vitriolgeistes: Vitriolgeist, Schwefelsäure. Vgl. Spiritus Vitrioli.
Vitriolöle: Vitriolöl, Schwefelsäure.
Vitriols, kalzinierten: kalziniertes Vitriol, Eisen(III)-oxid.
Vitriolum Martis: Eisenvitriol (Eisen(II)-sulfat).
Vitriolwassers: Vitriolwasser, verdünnte Schwefelsäure.
Vogelkraut: Vogelmiere (Stellaria media).
Vomitiv: ›Brechmittel‹, Emetikum.
Vorlaß-Most: der Wein- oder Obstmost, der zuerst, ohne Pressung, von der Kelter abläuft, und das daraus bereitete Getränk.

vulgo: allgemein.
Vulgo: Vulgus, der große Haufe.

Wacholder: Juniperus communis.
Wacholderöl: ätherisches Öl aus Wacholderbeeren abdestilliert.
Wacholdersaft: Auszug der frischen gequetschten Beeren mit heißem Wasser, nach dem Abpressen bis zur Konsistenz von Mus eingedampft.
Wachs, gelbes: Wachs aus Bienenwaben.
Wachs, weiß: gebleichtes Bienenwachs.
Wachsöls: Wachsöl, hergestellt durch trockne Destillation von Bienenwachs mit geglühten Knochen oder Kreide.
Wallwurz: Vgl. Schwarzwurz.
Walrat: wachsartiger Inhalt besonderer Höhlen im Körper der Pottwale, hauptsächlich von Physeter macrocephalus.
Wasser, einfaches ungarisches: Spiritus aromaticus, wäßrig-alkoholisches Destillat aus Rosmarin- und Salbeiblättern und Ingwer (zuweilen außerdem Lavendel und Thymian).
Wegebreit-Blätter: die Blätter von Breitwegerich (Plantago major).
Wegerich, breiten: Plantago major.
Wegerichwurz: die Wurzel von Plantago major, P. media oder P. lanceolata.
Wegrichwasser: wäßriges Destillat aus den Blättern der Wegerich-Arten.
Wegtrittwasser: wäßriges Destillat von Vogelknöterich (Polygonum aviculare).
Wegweißwasser: wäßriges Destillat des Krautes von Wegwarte.
Weidmann: dem Jäger mit magischen Mitteln gespielter, einen Fehlschuß bewirkender Possen.
Weihrauchs: Weihrauch, Olibanum, gelblich-weißes oder blaßrötliches Harz, das nach Verletzung der Rinde verschiedener Boswellia-Arten gewonnen wird.
weingrün: Bezeichnung für Fässer, in denen schon Wein war und aus deren Holz die Gerbsäure ausgelaugt ist.
Wein-Negozianten: Weingroßhändler.
Weinsteinöl, geflossenes: Vgl. Oleum Tartari per deliquium.
Weinsteins, trocknen: trockner Weinstein, Kaliumhydrogentartrat.
Weinsteinsalz: Vgl. Sale Tartari.
Weinsteintinktur: Lösung von Kaliumhydroxid und Kaliumcarbonat in verdünntem Alkohol.
Weiß Andorn-Wasser: Marienwurzel, Weißer Andorn (Marrubium vulgare).
Weißlilienwasser: Vgl. Lilienwassers, weißen.
Weiß Nichts: Nihil album, Weißer Nicht, hauptsächlich Zinkoxid, fiel bei der Messingherstellung an.
Weißwurz: Wurzelstock der Quecke (Agropyrum repens).
Wermut: Artemisia absinthium.
Wermutsalz: durch Veraschen von Wermutkraut und Auslaugen der Asche gewonnen (Hauptbestandteil: Kaliumsalze).

Wiebeln: die Larven des Kornkäfers (Calandra granaria).
Wintergrün: Großes und Kleines Immergrün (Vinca major und minor).
Wohlgemut: Echter Dost (Origanum vulgare).
Wolffen: Christian Wolff (1679–1754), Professor der Mathematik und Philosophie in Halle. In Anlehnung an Gottfried Wilhelm Leibniz (1646–1716) erarbeitete er ein alle Wissensgebiete umfassendes philosophisches System; einflußreicher Vertreter der deutschen Aufklärungsphilosophie des 18. Jahrhunderts.
Wortloffen; Wortluffe: einfache Bügelreuse.
Wullblumenöls: Wullblumenöl, Auszug von Blüten der Königskerzen (Wollblumen; Verbascum-Arten) mit Olivenöl.

Ysopen: Kraut des Echten Ysop (Hyssopus officinalis).

Zapfräsen: Bezeichnung für den säuerlichen Geschmack des in Gärung übergegangenen Weins oder Mosts.
Zederessenz: Zitronenöl, durch Auspressen der frischen Zitronenschalen gewonnenes ätherisches Öl.
Zederöl: Zitronenöl, aus Zitronenschalen durch Wasserdampfdestillation erhaltenes ätherisches Öl.
Zeitlosen: Herbstzeitlose (Colchicum autumnale).
Zibet, oriental(ischer): salbenartiges, stark riechendes Exkret der afrikanischen und asiatischen Zibetkatzen.
Ziegen-Lorbeeren: Ziegenkot.
Zimmet: Zimt, verwendet wurde chinesische Zimtrinde (von Cinnamomum cassia) und ceylonesische Zimtrinde (Cinnamomum ceylanicum).
Zimmet, scharfer: Vgl. Cinam(omi) acuti.
Zinnasche: Zinndioxid.
Zinnober: mineralisch vorkommendes Quecksilbersulfid.
Zinnober aus dem Antimonio: Vgl. Cinnabar(is) Antimonii.
Zinnobers aus Spießglanz: Vgl. Cinnabar(is) Antimonii.
Zinzib(er): Zinziber album. Vgl. Ingwer, weißen.
Zirkumferenz: Umfang.
Zirkumspektion: Umsicht.
Ziser-Erbisen: Kichererbsen (Cicer arietinum).
Zitronenöl: Vgl. Zederessenz und Zederöl.
Zittermäler: Zittermal, Bezeichnung für verschiedene Flechten und krätzeartige Hautkrankheiten und für die Stellen, die diese auf der Haut hinterlassen.
Zitwer: die Blüten von Artemisia cina.
Zoll: Längenmaß, örtlich unterschiedlich, 1 Zoll = 3,0 cm (Baden) = 2,62 cm (Preußen).

Naturmagie

und

geheime Wissenschaften

in der Geschichte von Wissenschaft und Technik

Eine Zeittafel

Zusammengestellt von
Rainer Schmitz

Antike

Am Ursprung aller Wissenschaften steht die Alchimie. Ihre Hochblüte hat sie im Alten Ägypten, und der ibisköpfige Gott Thot gilt als ihr Erfinder. Sie zählt wie die Astrologie, Mathematik, Technik und Medizin zu den magischen Tempelkünsten, also zu jenen Praktiken, mit denen der Mensch seinen Willen auf die Umwelt überträgt und die auch nach naturwissenschaftlicher Betrachtungsweise irrational erscheinen. Die Beschwörungsformeln und Riten sind an das Wort, an Zeichen, Formeln und Symbole gebunden. Diese Geheimlehren suchen in der göttlichen Natur das wahre Potential, das Wunderbare, um es nutzbar zu machen für Welterkenntnis und Menschenerkundung. Als im Zeitalter des Hellenismus Gold und Silber zum Wertmaßstab im Handel und in der Geldwirtschaft werden, beginnen im griechisch-römischen Kulturkreis Versuche, »unedle« Metalle in »edle« umzuwandeln.

um −2000
Babylon: Die bis dahin entwickelte Astronomie und Kalenderberechnung beruhen auf der Mathematik. Das babylonische Weltbild sieht die Erde als Boden eines geschlossenen Raumes: im Zentrum schneebedeckte Berge als Quelle des Euphrats, jenseits himmeltragende Berge.

um −1600
Der Papyrus »Edwin Smith« enthält die medizinischen Anschauungen Ägyptens.

um −1550
Der Papyrus »Ebers« führt mehr als 700 ägyptische Medikamente auf und hält Dämonen, falsche Ernährung und Würmer für Krankheitsursachen.

In Ägypten ist die Glasherstellung bekannt.

um −1500
Medizin wird in den Tempelschulen besonders von Memphis und Theben als Geheimlehre behandelt. Ägyptische Papyri kennen Kot und Harn von Tier und Mensch als Heilmittel. Diese »Drecksapotheke« wird bis in die Gegenwart angewendet.

um −1300
Das Deuten von Träumen hat in der ägyptischen Heilkunde Bedeutung.

um −1200
In Babylonien Einteilung der Sonnenbahn
in die zwölf Tierkreisbilder.

In China Kenntnis der mathematischen Kombinationslehre
(»Buch der Permutationen«) und der »Magischen Quadrate«
(Zahlenquadrate mit den gleichen Quersummen).

um −1100
Babylonier entwickeln das erste mechanische
Rechenhilfsmittel: den Abakus.

um −1050
In China ist die Messung der Sonnenhöhe mit einem
Gnomon (schattenwerfender Stab) gebräuchlich, ebenso die
Berechnung der Neigung der Erdachse gegen ihre Bahn
(Ekliptik).

um −970
Jerusalem erhält ein Wasserleitungssystem.

um −925
Juden haben zweierlei Längenmaße:
»heilige« und »gewöhnliche«.

um −900
Beginn der Eisenkultur in Syrien/Palästina.

um −859
Aššur-nâṣir-apli II. von Assyrien (reg. 883 bis 859)
legt Tiergärten an.

um −850
In Ninive ist das Sprachrohr bekannt.

−achtes Jahrhundert
Sichere chinesische Astronomie und Kalenderberechnung.

um −750
Der indische Arzt Sushruta kennt 760 zum Teil anorganische
Heilmittel und mehr als 1100 Krankheiten.

um −790
In Indien trennen sich Ärzte vom Priesterstand.

um −700
König Sin-ahhe-eriba von Assyrien (um 745 bis 680)
unterhält im Palast in Ninive einen Garten mit seltenen
Pflanzen und Tieren.

−siebtes Jahrhundert
Milet wird Zentrum für die Sammlung von meist noch
phantastischen Nachrichten aus dem Orient.

um −650
König Aššur-bāni-apli (reg. 669 bis 631/27) lässt in Ninive
eine große Tontafel-Bibliothek einrichten, für die er
Schriften in anderen Städten, u. a. in Babylon und Nippur,
kopieren lässt: Astrologie, Kalender, Heilwesen,
historische Texte.

−620
Kaläos von Samos durchfährt als Erster die »Säulen
des Herakles« (die Straße von Gibraltar).

um −604
König Necho von Ägypten beginnt den Bau des Kanals
zwischen Mittel- und Rotem Meer, vollendet −517.

−600
In Rom wird die erste Steinbrücke gebaut.

−sechstes Jahrhundert
Mit genauen Vorhersagen von Gestirnständen
und Finsternissen beginnt sich in Babylonien die
wissenschaftliche Astronomie von der Astrologie zu trennen.

um −595
Im Auftrag des Königs Necho von Ägypten brechen
Phönizier vom Roten Meer aus zur Umfahrt Afrikas auf.
Die Umsegelung dauert drei Jahre.

−585
Thales von Milet formuliert den nach ihm benannten
»Satz des Thales«, der als ältester Lehrsatz der
abendländischen Mathematik gilt: Dreiecke über dem
Durchmesser eines Kreises sind rechtwinklig.

–575
Nebukadnezar II. (642 bis 562) lässt für seine
Gemahlin Amytis in Babylon einen Palast
mit Terrassengärten anlegen. Vermutlich die »Hängenden
Gärten der Semiramis«, eines der Sieben Weltwunder
der Alten Welt.

um –560
Griechische Gelehrte betrachten nach Thales von Milet
die Erde als Scheibe, auf der die Himmelshalbkugel sitzt.
Nach dem Thales-Schüler Anaximander (um 610 bis 547)
schwebt die Scheibe frei in der Himmelskugel. Anaximander
entwirft auch eine Erdkarte, auf der alles Festland eine
zusammenhängende Insel ist, die vom Ozean umgeben ist.

um –547
Die Sonnenuhr kommt von Babylonien nach Sparta.

Athen erhält die erste Wasserleitung.

um –544
In der griechischen Naturphilosophie entsteht der Begriff
des »Elements«.

um –534
Alkmaion von Kroton entdeckt bei der Zergliederung von
Tieren den Unterschied von Venen und Arterien sowie
die Verbindung von Hirn und Sinnesorganen. Krankheit und
Gesundheit erklärt er aus den Mischungsverhältnissen
von feucht und trocken, kalt und warm, bitter, sauer und süß.

um –530
Der karthagische Admiral Hanno gelangt an der Westküste
Afrikas bis auf die Höhe des Kamerunberges.

um –517
Dareios I. (549 bis 486) lässt durch Skylax von Karyanda
die Küste zwischen dem Indus und dem Persischen
Golf erforschen und vollendet den Vorläufer des Suez-Kanals.

um –515
Xenophanes von Kolophon (um 580/70 bis 475)
deutet Fossilien von Meerestieren aus früheren
Überschwemmungen des Landes.

um −509
In Rom wird die »Cloaca maxima« erbaut, das städtische System der Abwasserentsorgung.

um −500
Hekataios von Milet (550 bis 476) erwähnt in seiner Reisebeschreibung »Periegesis« als Erster »Indien«.

Die indischen Ärzte und Chirurgen Atreya und Susrata operieren den Grauen Star und Leistenbrüche und haben Kenntnis von 700 Arzneipflanzen.

Die Kelten kennen die Schweißstahlerzeugung aus manganhaltigen Eisenerzen.

Erfindung der Wasserwaage.

−fünftes Jahrhundert
Hippokrates von Chios (470 bis 410) versucht die Quadratur des Kreises und die Würfelverdopplung.

Die römische Kultur steht unter zunehmendem Einfluss des Wissens der Etrusker und ihrer Technik.

Bei den Griechen und Persern ist die Fackeltelegraphie gebräuchlich.

um −496
Pythagoras von Samos (um 570 bis 496) postuliert sein astronomisches Weltbild: Erde, Mond, Sonne, Planeten, Fixsternsphäre und »Gegenerde« kreisen in Sphärenharmonie um das Zentralfeuer.

um −493
Die babylonische Astronomie erkennt aus ihren tausendjährigen Beobachtungen den Saros-Zyklus: Alle 18 Jahre und etwa 10 bis 11 Tage ereignet sich eine Sonnenfinsternis.

um −483
Der Silberbergbau im Laureion-Gebirge ist die Geldquelle für die Seerüstung Athens.

um −480
Perser schlagen zwei Schiffsbrücken über den Hellespont und graben einen Kanal zur Abschneidung des Vorgebirges Athos.

um –465
Empedokles (um 495 bis um 435) versucht eine mechanistische Erklärung der Entstehung der biologischen Arten. Es ist der früheste Versuch einer Selektionstheorie.

um –450
In Griechenland sind Wasseruhren (Klepshydren) bekannt, die auch zur Begrenzung der Redezeit etwa bei Gerichtsverhandlungen dienen.

um –440
Entwicklung des Atombegriffs durch Leukipp und Demokritos von Abdera (460/59 bis um 371).

um –424
Herodot von Halikarnass (um 490/80 bis um 430/20) unternimmt ausgedehnte Reisen (Griechenland, Italien, Kleinasien, Persien, Arabien, Ägypten, Cyrenaika und Karthago), auf deren Basis er eine relativ zuverlässige Darstellung des bekannten Erdbildes verfasst.

um –406
Hippokrates verfasst eine Schrift über die örtlichen Heilkräfte geeigneter Kurorte.

um –405
Archytas von Tarent (428 bis 347) und später Theodoros von Kyrene (340 bis 250) erkennen die »Inkommensurabilität« der Diagonalen von Quadrat und Würfel.

–viertes Jahrhundert
Mit »Physica et Mystica« eröffnet Demokritos von Abdera (460/459 bis um 371) aus der alexandrinischen Schule die lange Reihe der alchimistischen Werke.

Erste Himmelsbeobachtungen bei den germanischen Völkern zur Berechnung der Zeit und der Feste.

Regenmessungen in Indien.

In China ist Eisen als Werkstoff in Gebrauch.

um –400
Hippokrates begründet in Anlehnung an die Vier-Elemente-Lehre des Empedokles die »Säfte-Lehre«,

nach der durch Lebenswärme aus dem »kalten Schleim« das »warme Blut«, die »trockene gelbe Galle« und die »feuchte schwarze Galle« entstehen; daraus schlussfolgert er, dass Krankheit eine Fehlmischung ist.

Die Schule des Hippokrates auf Kos lehrt eine natürliche Heilkraft des Körpers, die der Arzt zu unterstützen habe.

Bei den Griechen sind armbrustartige Wurfmaschinen für Stein- und Pfeilgeschosse mit einer Reichweite von mehreren hundert Metern im Einsatz.

um −399
Hippokrates entdeckt die Heilkraft des Fiebers.

In Epidauros werden hotelartige Kurhäuser für Heilungssuchende eingerichtet.

um −384
Kidinnu (400 bis 330) entdeckt aus alten babylonischen Beobachtungen die Präzession der Tag-und-Nacht-Gleichen.

um −380
Von einer Reise nach Ägypten bringt der griechische Astronom Eudoxos von Knidos (um 397/90 bis 337) wichtige Anregungen der dortigen Astronomie mit.

um −379
Platon (428/27 bis 348/47) lehrt in »Phaidon« die Kugelgestalt der Erde: Um das »Zentralfeuer« kreisen der Reihe nach Erde und »Gegenerde«, Mond, die dieses »Zentralfeuer« spiegelnde Sonne und die Planeten.
In »Timaios« begründet er sein mathematisches Weltbild der fünf regelmäßigen Körper und des harmonischen Doppelverhältnisses im »Goldenen Schnitt«.
Seine Überlegungen gehen vermutlich nicht nur auf Pythagoras, sondern auf Archytas von Tarent oder dessen Umkreis zurück.

um −372
Theaitetos (um 415 bis 369), ein Freund Platons, beweist, dass es fünf regelmäßige Körper gibt, die sogenannten »Platonischen Körper«, und behandelt irrationale Zahlen.

um –364
Eudoxos von Knidos baut einen Himmelsglobus,
berechnet den Kegelinhalt und findet
die »Exhaustionsmethode«, eine Vorform der
Integralrechnung.

um –356
Eudoxos von Knidos, Schüler des Archytas von Tarent,
entwickelt die mathematische Theorie der Bewegungen
von Sonne, Mond und den Planeten: Sie drehen sich
um verschiedene Achsen von 27 (imaginären) Kugeln,
in deren Mittelpunkt die Erde steht, was auch
die Rückläufigkeit der Planeten erklärt. Er stellt die
Krümmung der Erde fest, teilt Sternbilder ein und schafft
eine mathematische Ähnlichkeitslehre.

um –350
Versuch des Xenokrates von Chalkedon (396/95 bis
314/13), eine atomistische Geometrie zu begründen, indem
er Strecken aus kleinsten unteilbaren Teilen annimmt
(»Dihairesen«). Über diese »Atomlinien« schreibt Theophrast
–320 eine Gegenschrift.

Herakleides Pontikos (387 bis 312) lehrt
die Achsendrehung der Erde und als Erster
das heliozentrische System.

um –330
Pytheas aus Massilia (Marseille) umsegelt Britannien,
erreicht »Thule« (Norwegen oder Shetland-Inseln)
und Jütland. Durch Messungen stellt er die Änderung
der Polhöhe mit der Breite fest. Seine bedeutende Leistung,
die Schrift »Vom Ozean«, wird verkannt.

um –325
Euklid von Alexandria (um 365 bis um 300) führt in den
13 Büchern seiner »Elemente« die Geometrie auf wenige
Grundsätze zurück: Es ist die erste Axiomatisierung einer
Wissenschaft.

Nearchos von Kreta (um 360 bis nach 314), ein Admiral
Alexanders des Großen, befährt die Südküste Asiens von der
Indus- bis zur Euphratmündung. Er beschreibt Land und
Leute in seiner »Küstenfahrt«.

um −324
Aristoteles (384 bis 322) führt die Ganzheitsbetrachtung in die Wissenschaften ein. Er errichtet im Lyzeum eine Lehr- und Forschungsstätte, in der er das Wissen der Zeit zu einem ersten umfassenden Weltbild zusammenfasst. Er führt das geozentrische Weltbild wieder ein und erweitert das Weltbild des Edoxos von 27 auf 56 Kugeln, die er als real annimmt. Seine physikalischen und zoologischen Schriften sammeln das noch sehr spekulative Wissen seiner Zeit und wirken bis ins Mittelalter.

um −323
Die Feldzüge Alexanders des Großen (356 bis 323) erweitern und verändern wesentlich das geographische Weltbild der Antike.

Aristoteles erkennt den freien Fall als beschleunigte Bewegung. Seine Annahme, dass schwerere Körper schneller fallen, wird erst durch Galileo Galilei widerlegt.

um −320
Diokles von Karystos (gest. um 295), ein Schüler des Aristoteles, veröffentlicht eine »Gesundheitslehre« und ein maßgebendes medizinisches »Kräuterbuch«.

um −315
Das Zentrum der griechischen Wissenschaft verlagert sich nach Alexandria.

um −312
Beginn des Baus der Straße von Rom nach Süditalien (Via Appia).

um −306
Demetrios Poliorketes (»Städtebelagerer«, um 336 bis 283) erobert unter Einsatz großer Belagerungsmaschinen die Stadt Salamis.

−305
Für Rom baut Appius Claudius (340 bis 273) die erste Wasserleitung mit großem Aquädukt.

−drittes Jahrhundert
Die Akademie von Gundischapur ist das intellektuelle

Zentrum des Reiches der Sassaniden. Es besteht bis in das 10. Jahrhundert.

um –300

Praxagoras von Kos (geb. 340) erkennt den Unterschied zwischen Arterien und Venen und praktiziert das Pulsfühlen als ärztliche Diagnose.

Schreibtafeln aus Wachs und Blei sind in Gebrauch.

Seide kommt aus China nach Europa.

Wasseruhr und Wasserorgel sind bekannt.

Die »Optik« des Euklid von Alexandria enthält den Satz von der Geradlinigkeit des Lichtes und das Reflexionsgesetz.

Im Auftrag des Königs Seleukos I. Nikator von Mesopotamien (um 358 bis 281) geht Megasthenes (um 350 bis um 290) als Gesandter an den Hof des Chandragupta Maurya (reg. 324/21 bis um 297). In seiner »Indika« beschreibt er ausführlich das Gebiet zwischen Indus und Ganges sowohl geographisch wie auch ethnographisch.

um –287

Theophrastos von Eresos (um 371 bis um 287) erwähnt in seinem Werk »Über die Gesteine« u. a. erstmals die Steinkohle und die Darstellung des Quecksilbers (»flüssiges Silber«). In seiner »Geschichte der Pflanzen« beschreibt er rund 500 Arten und philosophiert über ihre Entstehung.

um –286

In Alexandria wird das Museion mit Bibliothek gegründet. Hier ist ein lebendiger Gelehrtenkreis tätig, der vom Staat finanziert wird. Die Bibliothek, in der schließlich etwa 700.000 Buchrollen zusammengetragen sind, wird –47 zerstört.

um –285

Patrokles (gest. 270), griechischer Gesandter des Seleukos I. in Indien, reist um das Kaspische Meer (bis –282). Vor ihm war niemand so weit in den Norden Asiens vorgedrungen.

um –280

Sostratos von Knidos errichtet im Auftrag von Ptolemaios I. (367/66 bis 283/82) auf der Insel Pharo vor Alexandria einen

Leuchtturm – eines der »Sieben Weltwunder« der Antike. Der Turm soll mehr als 100 Meter hoch gewesen sein.

um –277
In einem umfassenden Werk begründet Herophilos von Chalkedon (335 bis 280), gestützt auf umfängliche Sektionen von Menschen und Tieren, die Anatomie. Er unterscheidet sensorische und motorische Nerven, fördert die Geburtshilfe und diagnostiziert mit Hilfe der Pulsmessung.

um –277
Erasistratos (304 bis 250) erkennt den Zusammenhang zwischen Hirnwindungen und Intelligenz, das Fieber als eine Begleiterscheinung von Krankheiten und forscht nach einer physikalischen Erklärung für die Lehre vom Lebensatem (Pneumenlehre).

um –272
Die Römer verlängern die »Via Appia« von Capua bis Tarent und Brundisium.

um –271
Timaios von Tauromenion (um 345 bis um 250) schreibt eine Geschichte Siziliens mit geographischen Studien.

um –270
Aristarchos von Samos (um 310 bis um 230) begründet mit seinem Werk »Von der Größe und Entfernung von Sonne und Mond« das heliozentrische Weltbild. Er verwirft das aristotelische geozentrische Weltbild. Seine Ansicht setzt sich erst zu Beginn der Neuzeit durch.

um –269
Der babylonische Priesterastronom Berossos entwickelt das Heliotrop: eine kleine schattenwerfende Kugel als Sonnenuhr. Er schreibt auch drei Bücher zur Geschichte Babyloniens.

um –266
Kenntnisse der griechischen Medizin gelangen durch heilkundige Kriegsgefangene nach Rom, wo bislang Aberglauben vorherrschte.

um –262
Aufstellung einer Sonnenuhr in Rom.

um –260
Erwähnung des Flaschenzugs von Archimedes (um 287 bis 212).

Unter Ptolemäus II. (308 bis 246) wird der Kanal zwischen Nil und Rotem Meer mit Schleusenanlagen verbessert.

um –256
In Griechenland ist das Tretrad, von Sklaven betätigt, häufig Antrieb für einfache Maschinen. Zudem ist die Wasser-Kolbenpumpe mit Windkessel in Gebrauch.

um –240
Archimedes kennt die Wasserschnecke zum Heben von Wasser, die vor allem für die Feldbearbeitung eingesetzt wird. Er findet zudem u. a. das Gesetz des Auftriebs (Schwimmen), des Schwerpunktes und des Hebels. In seinen Werken schreibt er über: Kugel und Zylinder, Kreismessung, Spiralen, Quadratur der Parabel, schwimmende Körper, Auftrieb, schiefe Ebene, Brennspiegel, Kreisberechnung, Quadratwurzel, kubische Gleichung u. a. mehr. Er wird in Syrakus von römischen Eroberern erschlagen: »Störe mir meine Kreise nicht!«

Unter Philinos löst sich die Schule der Empiriker von der medizinischen Schule des Herophilos von Chalkedon auf Kos. Sie setzt allein auf direkte Beobachtung, vermeidet jede Theorie.

Ktesibios aus Alexandria (285 bis 222) erfindet Windbüchse, Druckpumpe, Wasserorgel und eine Wasseruhr mit Zahngetriebe, beschreibt Zahnräder und Zahnstange sowie eine auf einem senkrechten Zifferblatt die Zeit anzeigende Schwimmerfigur.

um –246
Philon von Byzanz (280 bis 220) schreibt eine »Mechanik«, in der er u. a. Mechanismen behandelt, deren Bewegungen auf der Ausdehnung von erwärmter Luft beruhen.

um –245
Aratos von Soloi (315 bis 240) schreibt »Himmelserscheinungen«. Das Lehrgedicht wird später mehrfach bearbeitet und wirkt bis ins Mittelalter.

um −240
Kallimachos von Kyrene (um 305 bis um 240) verfasste etwa 800 Bücher, darunter den Katalog der griechischen Klassiker für die Alexandrinische Bibliothek (120 Bücher) sowie »Denkwürdigkeiten«, eine Sammlung von kulturgeschichtlichem Interesse mit Beschreibung von Wundern und Seltsamkeiten.

um −238
In Ägypten wird das Sonnenjahr zu 365 Tagen auf das Sonnenjahr zu 365 ¼ Tage ohne Schalttag umgestellt.

um −230
In Griechenland ist die Öllampe bekannt.

um −221
In China werden Maße und Gewichte vereinheitlicht.

um −220
Baggerartige Schöpfeimerketten mit Antrieb durch Tret-, Wasserrad und Kurbel sind im Einsatz.

Beginn des Baus der Großen Chinesischen Mauer.

Serapion von Alexandria gilt neben Philinos als Begründer der empirisch-praktischen Schule der Medizin.

um −209
China: Unter Kaiser Qin Shi Huang Di (259 bis 210) entsteht ein Zentralarchiv, das einer umfassenden Geschichtsschreibung dient. Die Sammlung verbrennt in den Kämpfen nach dem Tod des Kaisers.

um −202
König Attalos I. (269 bis 197) gründet die Bibliothek von Pergamon als Konkurrenz zu der in Alexandria.

um −201
Bolos von Mendes schreibt über die alchimistische Nachahmung von Edelmetallen und Edelsteinen.

−zweites Jahrhundert
Skymnos von Chios berichtet in »Perigiesis« von einer »Umschiffung Europas« und einer »Umschiffung des Schwarzen Meeres«.

In Griechenland ist ein optischer Buchstabentelegraph bekannt.

um −200
Apollonius von Perge (um 265 bis um 190) berechnet die Kreiszahl Pi, schreibt zusammenfassend über Kegelschnitte (denen er die Namen »Ellipse«, »Parabel« und »Hyperbel« gibt) und entwickelt eine Theorie des Epizykels (»Kreis rollt auf Kreis«). Im »ägyptischen« Weltsystem führt er die Vorstellungen von Eudoxos und Aristoteles (geozentrisch) und des Aristarchos (heliozentrisch) zusammen: die fünf Planeten kreisen um die Erde, diese kreist jedoch um die Sonne.

Eratosthenes (276 bis 194) errechnet aus den verschiedenen Sonnenständen in Alexandria und Assuan den Erdumfang zu 46.000 Kilometern.

Im Zusammenhang mit der Kugelgestalt der Erde vermuten griechische Geographen als Pendant zu den nördlichen Landmassen einen entsprechenden Südkontinent. Dieses »Südland« oder »Terra incognita« wird noch im 18. Jahrhundert vermutet.

Der ägyptische astronomische Papyrus »Kunst des Eudoxos« ist eine der seltenen antiken Schriften, die Bilder enthalten.

Einsatz von pneumatischen Maschinen und Wurfgeschützen.

Die Ägypter übernehmen den Tierkreis aus Babylonien.

Germanische Völker berechnen ihre Zeitzyklen nach den Beobachtungen von Voll- und Neumond und nach Festlegung des Sonnenstandes mit Hilfe von Steinmarken.

um −180
In Pergamon wird eine Druckwasserleitung in Metallröhren angelegt.

um −178
Der Pons Aemilius ist die erste Steinbrücke Roms.

um −159
Die erste Wasseruhr wird in Rom eingerichtet.

um –150

Die »Tabula smaragdina« ist die älteste Urkunde der ägyptischen Alchimie. Sie gehört zu den Geheimschriften, die dem Gott Hermes Trismegistos zugeschrieben werden.

Hippoarchos (um 190 bis um 120) arbeitet mit der Armillarsphäre als astronomisches Messinstrument.

Seleukos von Seleukia (190 bis 150) versucht vergeblich, das heliozentrische Weltbild des Aristarchos wiederzubeleben.

um –149

Der Globus des Kratos von Mallos (gest. um 145) zeigt vier Inselkontinente, die durch zwei ringförmige Meere getrennt sind.

um –146

Der Karthager Mago schreibt ein 40-bändiges Buch über die Landwirtschaft.

um –145

Eine 90 Kilometer lange Wasserleitung zur Versorgung Roms wird angelegt.

Unter der Leitung von Polybios (200 bis um 120) gelangen römische Schiffe an der Westküste Afrikas vermutlich bis zur Mündung des Senegals.

um –141

Römische Brücken entstehen im Bogenbau.

um –138

Zhang Qian (195 bis 114) unternimmt eine Entdeckungsreise nach Innerasien (bis 126) und kommt mit der hellenischen Kultur in Berührung.

um –130

Mit genauen Beobachtungen begründet Hipparchos (190 bis 120) die wissenschaftliche Astronomie: er erkennt die ungleiche Dauer der Sonnentage von Mittag zu Mittag, bestimmt die Mondentfernung annähernd richtig und stellt mit 1025 Fixsternen den ersten Sternenkatalog auf.

um –110

Erfindung des Papiers in China.

um –110
Der griechische Seefahrer Hippalos entdeckt die regelmäßigen Monsunwinde zwischen Afrika und Asien und begründet somit die Seefahrt über den offenen Indischen Ozean nach Indien.

um –98
In Indien entsteht die Lehre von augenblickshaften »Zeitatomen«.

um –90
Asklepiades von Bithynien (120 bis 40) vereinigt als Arzt in Rom Medizin mit der philosophisch-materialistischen Atomlehre. Er fördert im Unterschied zur hippokratischen Viersäftelehre die Naturheilkunde.

In Rom ist die zentrale Fußbodenheizung durch Warmluft (Hypokausten) bekannt, erfunden von Caius Sergius Orata (140 bis um 95).

um –88
In Kabira, Kleinasien, wird eine Getreidemühle mit Wasserantrieb erwähnt.

In Delhi wird eine 18 Meter hohe und 17 Tonnen schwere Eisensäule errichtet. Sie ist weltweit eines der ältesten erhaltenen Monumente aus Metall.

um –85
Poseidonios (135 bis 51) errichtet in Rom eine astronomische Kunstuhr und bestimmt den Erdumfang auf ca. 11 Prozent genau. Er lehrt die Flutentstehung durch den Mond.

um –79
Im Römischen Reich verbreitet sich die aus Griechenland übernommene Ziegelbrennerei.

um –70
Geminos von Rhodos schreibt mit »Eisagoge eis ta phainomena« eine Entwicklungsgeschichte der Mathematik.

–55
Julius Cäsar (100 bis 44) lässt bei Bonn eine Pfahlbrücke über den Rhein errichten.

um −52
In Athen wird ein 12,8 Meter hoher »Turm der Winde« errichtet – mit Windfahne, Sonnen- und Wasseruhr.

um −50
Messing ist bekannt, gab's möglicherweise bereits vorher.

−47
Im Krieg zwischen Cäsar und Pompeius wird die Bibliothek von Alexandria durch Feuer zerstört.

−46
Julius Cäsar führt den »Julianischen Kalender« ein: das reine Sonnenjahr zu 365 ¼ Tagen und alle vier Jahre ein Schaltjahr. Der siebte Monat wird »Juli« genannt.

um −40
Errichtung des Aquädukts Pont du Gard in Südfrankreich.

−36
Der noch heute nutzbare 708 Meter lange Straßentunnel zwischen Neapel und Puzzuoli für die Via Flaminia wird angelegt.

um −33 bis −22
Der römische Architekt und Ingenieur Vitruv (Marcus Vitruvius Pollio, um 80/70 bis um 15) schreibt »De architectura libri decem« (Zehn Bücher über Architektur). In diesem einzigen erhaltenen lateinischen Werk über Architektur ist von Tönen als Bewegung der Luft die Rede. Vitruv erkennt die Wellennatur des Schalls, dessen Ausbreitung er mit der von Wasserwellen vergleicht. Bücher 1 bis 7: Architektur; 8: Wasserleitungen; 9: Uhren; 10: Maschinen.

um −30
Diodor von Sizilien nimmt an, dass Bergkristalle aus Wasser durch Hitze entstehen.

um −25
Ladebäume mit Flaschenzug und Rolle sind im Einsatz.

Im Römischen Reich sind tragbare Sonnenuhren in Gebrauch.

−8
Bei Nîmes wird ein großes Aquädukt erbaut.

−7
Die längere eindrucksvolle Saturn-Jupiter-Konjunktion stärkt in Vorderasien, dem Morgenland, den Messiasglauben und weist auf Palästina. Astrologisch gilt der Saturn als Stern der Juden, Jupiter als Königsstern.

erstes Jahrhundert
Den Römern ist die Brennwirkung einer wassergefüllten Glaskugel bekannt.

um 0
Errichtung des großen römischen Aquädukts von Segovia.

Der Abacus ist im Römischen Reich bekannt.

In China Blütezeit der Astronomie (von −206 bis 220): Berechnung von Finsternissen, Planetenbewegungen und Mondphasen.

Strabon aus Amaseia (um −36 bis 23) beschreibt die bekannte Welt: Buch 1 bis 2: mathematisch-physikalische Geographie; Buch 3 bis 10: Europa; Buch 11 bis 16: Asien; Buch 17: Afrika.

um 30
Aulus Cornelius Celsus (um −25 bis um 50) schreibt eine Enzyklopädie, deren acht Bücher über Medizin von Bedeutung sind.

um 43
Im Römischen Reich sind Wasserräder für Mühlen, Schöpf- und Sägewerke in Gebrauch.

um 48
Sextus Iulius Frontinus (um 35 bis 103) schreibt mit »De aquaeductu urbis Romae« ein Fachbuch über die römische Wasserver- und -entsorgung. Es ist eines der zahlreichen während der Kaiserzeit entstehenden Fachbücher über praktisch-technisches Wissen.

um 50
Pedanios Dioskurides aus Anazarbos behandelt in
»De materia medica« etwa 600 Arzneipflanzen.

Kleomedes erkennt die Brechung der Lichtstrahlen in der Lufthülle der Erde.

54
Fertigstellung des Tunnels zur Regulierung und Ableitung des Fucino-Sees, Abruzzen, in den Lirisfluss. Seit 44 haben 30.000 Arbeiter an dem 5,6 Kilometer langen, 5,8 Meter hohen und 2,8 Meter breiten Tunnel gearbeitet.

55
In Pompeji sind Heißwasserbereiter mit Röhrenrost und Feuerbüchse bekannt.

59
Unter Kaiser Nero wird vergeblich versucht, einen Kanal durch die Landenge von Korinth zu bauen. Das Vorhaben wird erst 1893 verwirklicht.

um 64
Lucius Iunius Moderatus Columella (4 bis 70) beschreibt in zwölf Büchern »Über den Landbau« u. a. die Entwässerung mit Stein- und Faschinengräben.

Heron von Alexandria (10 bis 70) erfindet und beschreibt zahlreiche technische Neuerungen: die Wasserspritze (»Heronsball«), die Kolbenpumpe als Feuerspritze, sich automatisch öffnende Tempeltüren (durch sich ausdehnende Luft), den »Äolsball« (eine Art Dampfturbine) und u. a. einen Weihwasserautomaten.

65
Lucius Annaeus Seneca (um 1 bis 65), meistgelesener Schriftsteller seiner Zeit, schreibt »Naturwissenschaftliche Untersuchungen«, die noch im Mittelalter als Lehrbuch für Physik anerkannt sind.

um 70
In Spanien und Gallien entstehen Glashütten.

77

Gaius Plinius Secundus (23/24 bis 79) behandelt in 37 Büchern seiner »Naturalis historia« Themen aus allen Bereichen: Naturwissenschaften, Geographie, Medizin, Mineralogie und teilt das Tierreich in Land-, Wasser- und Flugtiere. Er schreibt über Metallgewinnung, Ziegelei, Töpferei, Färberei, Gerberei, Großbäckerei, Ölpresserei, Glasherstellung, Einsatz von Dünger, Kosmetika u. a. – überwiegend technische Verfahren, die von anderen Völkern übernommen wurden, die aber im Römischen Reich verbessert werden. Er findet eine neue Formel für den Dreiecksinhalt (»Heronische Formel«).

um 90

Anlegung eines neuen Kanals zwischen Nil und Rotem Meer.

um 98

In der römischen Bautechnik sind Bockkräne bekannt, die teilweise durch Treträder angetrieben werden.

Die Römer lassen einfache Drachen an einer Schnur aufsteigen oder befestigen sie als Feldzeichen an Stangen, wo sie vom Wind aufgeblasen werden.

Im Römischen Reich hält man das über den Landweg erreichbare Sererland (Nordchina) und das zur See erreichbare Thinae (Südchina) für zwei weit auseinanderliegende Gebiete.

zweites Jahrhundert

Nikomachos von Gerasa (60 bis 120) schreibt »Einführung in die Arithmetik«.

In China löst Schreibpapier die Holztäfelchen ab.

In Rom werden fünfstöckige Wohnhäuser errichtet.

um 100

Trotz alchimistischer Fehldeutungen ist im griechisch-römischen Kulturkreis die praktische Gewinnung der wichtigsten Metalle aus den Erzen geläufig, besonders Gold, Silber, Kupfer, Eisen, Blei und Zinn.

Menelaos (um 45/50 bis um 110/120) schreibt über Geometrie auf der Kugel und findet den nach ihm benannten Satz der Dreiecksgeometrie.

In A Coruña an der spanischen Atlantikküste wird ein Leuchtturm errichtet. Dieser »Herkulesturm« ist bis heute in Betrieb.

Die unter- und oberirdischen Wasserleitungen von Rom haben eine Gesamtlänge von 400 Kilometern.

Die römische Wasserleitung zwischen der Eifel und Köln ist ca. 100 Kilometer lang.

105
In China ausführliche Beschreibung der Papierherstellung durch Cai Lun (57 bis 121).

Eine römische Militärexpedition gelangt in das Gebiet des Tschad-Sees.

Apollodor von Damaskus (um 65 bis um 130) baut bei Drobeta beim Eisernen Tor eine ein Kilometer lange Brücke über die Donau.

um 109
Archigenes von Apameia, Modearzt in Rom, operiert Brustkrebs.

um 120
Claudius Ptolemäus (100 bis vor 180) schreibt in »Syntaxis« über Astronomie und Optik. Er untersucht u. a. die Lichtbrechung in Wasser und Luft. In seinem geozentrischen »Großen astronomischen System« (arabisch »Almagest«) formuliert er das »Ptolemäische Weltsystem«. Es verwirft das heliozentrische Weltbild des Aristarchos.

122
Römer errichten bei Trier eine Steinbrücke über die Mosel.

um 125
Ein unbekannter »Physiologus« schreibt das »Tierbuch«. Die christlich-symbolische Zoologie findet im christlichen Orient und im mittelalterlichen Europa weite Verbreitung und ist in viele Sprachen übersetzt.

um 130
Das Pantheon in Rom erhält unter Kaiser Hadrian eine Kuppel von 43 Metern Spannweite.

Soranos aus Ephesos (98 bis 140) schreibt »Über akute und chronische Krankheiten«.

um 135
Antyllos trägt mit Luftröhrenschnitt und Operationen an der Schlagader entscheidend zur Entwicklung der Chirurgie bei.

um 140
Claudius Ptolemäus kennt die Armillarsphäre und den Mauerquadranten als astronomische Messinstrumente.

um 150
Claudius Ptolemäus beschreibt in »Geographia« die geographische Lage von 8000 Orten mit einer Welt- und 26 Länderkarten, eine wichtige politische und kulturelle Quelle. In »Tetrabiblos« versucht Ptolemäus eine wissenschaftliche Begründung der Astrologie.
Beide Schriften wirken bis in das ausgehende Mittelalter.

Nikomachos von Gerasa schreibt auf Griechisch ein Buch über Mathematik, das zum Lehrbuch des Mittelalters wird.

um 175
Die Inder kennen das dezimale Zahlensystem mit Ziffern, die später von den Arabern weiterentwickelt werden.

drittes Jahrhundert
In Gallien und England ist das Emaillieren von Bronze gebräuchlich.

Der Kompass wird in China als Wegweiser für Wagen benutzt.

Die altindische Medizin erlebt ihren Höhepunkt.

um 200
Sextus Iulius Africanus (160 bis 240) begründet mit seiner christlich-synchronistischen Weltgeschichte eine neue Betrachtungsweise.

Galenus von Pergamon (um 128/31 bis 199/206) unterscheidet entsprechend den vier Elementen vier körperlich-seelische Temperamente je nach Überwiegen eines der Körpersäfte: cholerisch (gelbe Galle entspricht Feuer, warm und trocken), melancholisch (schwarze Galle entspricht Erde, kalt und trocken), phlegmatisch

(Schleim entspricht Wasser, kalt und feucht) und sanguinisch (Blut entspricht Luft, warm und feucht). Seine Lehre beherrscht mit der des Hippokrates die Medizin bis ins ausgehende Mittelalter.

Versuche mit der chemischen Destillation bei den Griechen.

Talg- und Wachskerzen sind in Gebrauch.

229
Cassius Dio (um 163 bis um 235) schreibt eine römische Geschichte von der Gründung der Stadt bis zu seinen Lebzeiten in achtzig Büchern.

um 230
Durch wachsende Förderung besonders der Kriegstechnik entstehen in Rom Technikerschulen.

um 235
Einführung der Töpferscheibe, die bereits −2500 in Mesopotamien mit Töpferöfen nachgewiesen ist.

um 250
Diophantos von Alexandria behandelt in den dreizehn Büchern seiner »Arithmetica« erstmals in übersichtlicher Form Gleichungen mit einer und mehreren Unbekannten.

Im Römischen Reich ist die Tischlersäge mit Spannschnur in Gebrauch.

In China werden eiserne Hängebrücken gebaut.

viertes Jahrhundert
Beginn des Zeitalters der Alchimie (bis ins 16. Jahrhundert), zunächst in Alexandria bis ins sechste Jahrhundert.

Bis etwa zum 15. Jahrhundert erlischt im Abendland das selbständige naturwissenschaftliche Forschen.

Pelagonius schreibt mit »Ars veterinaria« die erste überlieferte lateinisch abgefasste Tierheilkunde.

Theon von Alexandria (um 330/35 bis um 400) stellt die Lehre von den optischen Spiegelungen auf, die auch Euklid zugeschrieben wird.

Der Codex, die eigentliche Buchform, verdrängt die Buchrolle und wird mit einem festen Einband versehen, zunächst Holzdeckel, später Leder.

Castorius fertigt eine Straßenkarte des Römischen Reiches, die im zwölften Jahrhundert nachgebildet wird.

um 300
Iulius Firmicus Maternus verwendet in seiner »Mathesis« erstmals die Bezeichnung »Scientia chimae«. »Chemi« bezeichnet ursprünglich Ägypten als Land der schwarzen Erde, was als ägyptische oder dunkle Wissenschaft ausgelegt wird.

313
Bei Köln wird eine Steinbrücke über den Rhein errichtet.

um 320
Pappos von Alexandria (gest. 350) beschreibt die fünf einfachen »Maschinen«: Hebel, Rolle, Wellrad, Keil und Schraube. Er findet den mathematischen Fundamentalsatz über Doppelverhältnisse und die »Guldinsche Regel« für Körperinhalte, die 1641 von Paul Guldin (1577 bis 1643) neu entdeckt wird.

um 330
Das Regionenverzeichnis der Stadt Rom nennt 28 öffentliche Bibliotheken.

um 338
Verbesserung des jüdischen Mondsonnenjahrs durch Einführung verschiedener Jahreslängen. Bis um das Jahr 0 gab es je nach Bedarf Schaltmonate.

um 354
Oreibasios (um 325 bis 403) schreibt ein medizinisches Sammelwerk nach Galen.

um 370
Ein Steinsägewerk mit Wasserradantrieb in der Eifel ist bekannt.

um 375
In Konstantinopel wird eine Wasserleitung gebaut.

um 378
Ammianus Marcellinus (um 330 bis um 400) schreibt
in 31 Bänden eine Geschichte des Römischen Reiches
von 96 bis 378.

um 380
Die »Arzneimittellehre« des Pedanios Dioskorides
(1. Jahrhundert) ist mit 600 farbigen Pflanzenbildern versehen.

Flavius Vegetius Renatus legt »Vier Bücher über die Kunst
der Tierheilkunde« vor.

um 400
Zosimus aus Panapolis schreibt über Verfahren der
mystischen und symbolischen Alchimie.

Die »Surya Siddhanta« ist ein bedeutendes Werk der
indischen Mathematik und Astronomie. Die Blütezeit
der indischen Mathematik reicht bis ins zwölfte Jahrhundert
und hat großen Einfluss auf die arabischen
Wissenschaften.

Germanen benutzen schwere zweirädrige Wagen mit
Scheibenrädern.

Es sind vereinzelt Drucke von Buchstaben und Holzschnitte
nachweisbar.

410
Synesios von Kyrene (um 370 bis nach 412) beschreibt
den ersten Tauch-Dichtemesser zur Prüfung von Trinkwasser.

489
Der oströmische Kaiser Flavius Zenon (reg. 474 bis 491)
lässt die Schule der Nestorianer in Edessa zerstören.
Die Gelehrten fliehen an die Schule ins persische
Gondēšāpur, die auch später im Islam große Bedeutung für
die Medizin hat.

490
König Theoderich der Große (454 bis 526) schenkt König
Gundobad von Burgund (reg. 480 bis 516) eine Wasseruhr.

sechstes Jahrhundert
In Indien sind die negativen Zahlen und die Null bekannt.
Die Kreiszahl Pi wird mit 3,1416 bestimmt.

Mathematik, Medizin und Astronomie sind im späten Reich der Sassaniden stark indisch beeinflusst.

um 500
Blüte der Alchimisten-Schule in Alexandria (400 bis 600). In Anlehnung an die griechische Naturphilosophie werden Versuche unternommen, unedle Metalle in edle zu verwandeln, etwa Gold aus gelbem Schwefel und glänzendem Quecksilber – immer auf der Suche nach dem »Stein der Weisen«, der »Prima materia«, der »Quintessenz«, dem »Alkahest«.

Der indische Astronom Aryabhata (476 bis 550) schreibt über Arithmetik: Quadrat- und Kubikwurzeln, Dreisatz, einfache Gleichungen. Er stellt Sinustafeln auf, berechnet Flächen und Körper, wendet die Algebra auf die Astronomie an. Und entwickelt das vollständige Konzept der Null, die bereits im –siebten Jahrhundert von Babyloniern als Leerzeichen verwendet wurde.

Ancius Manlius Severinus Boëthius (475/480 bis 525) bearbeitet die Arithmetik des Nikomachos aus Gerasa (1. Jahrhundert). Das Werk wird ab etwa 700 in den Klöstern und Domschulen benutzt.

Nemesios von Emesa (spätes 4. Jahrhundert) fasst in »Über die Natur des Menschen« die griechischen Schriften zur Medizin und Philosophie zusammen. Das Buch wird maßgeblich für das Mittelalter.

um 515
Aryabhata schreibt ein astronomisches Lehrbuch, in dem u. a. die Drehung der Erde über eine Achse behandelt wird.

um 525
Der griechische Kaufmann Kosmas Indikopleustes (gest. 550) reist nilaufwärts, dann bis zur ostafrikanischen und indischen Küste. Er schreibt eine »Christliche Ortskunde«, in der er die Erde als viereckige Scheibe darstellt.

um 527
Ein Schaufelradschiff mit Tiergöpel-Antrieb wird beschrieben und abgebildet.

529
Der Benediktinerorden, gegründet in Monte Cassino,
übernimmt später auch die hippokratisch-galenische
Medizin und verbreitet sie nach Mitteleuropa.

534
Johannes Philoponos Grammaticos (um 485 bis um 555)
lehrt, dass ein geworfener Körper eine Kraft mit sich trägt,
die ihn vorantreibt, was durch das Trägheitsgesetz von
Galileo Galilei um 1600 korrigiert wird.

546
Die Goten belagern Rom und setzen erstmalig
Schiffsmühlen ein: durch den Tiber angetriebene
Wasserräder auf verankerten Schiffen.

um 550
Die Handschrift des Pedanios Dioskurides (1. Jahrhundert)
ist eine Arzneimittellehre mit Bildnissen von Ärzten.

583
Cassiodorus (um 490 bis 585) schreibt eine Weltgeschichte
(»Chronica«), die Enzyklopädie »Institutiones divinarum
et saecularium litterarum« und sorgt dafür, dass antike
Literatur durch Abschriften im Kloster Vivarium bewahrt wird.

591
Der fränkische Historiker Gregor von Tours (538 bis 594)
erwähnt Kirchenfenster aus Glas.

siebtes Jahrhundert
Die arabisch-islamische Kultur übernimmt die Bewahrung und teil-
weise auch Weiterentwicklung der antiken Wissenschaft und Kultur,
die später, ab dem Zeitalter der Kreuzzüge, dem Abendland überliefert
wird.

um 600
In China Herstellung von Porzellan und Blockdruck mit
geschnitzten Holztafeln.

Isidorus von Sevilla (um 560 bis 636) verfasst eine
Enzyklopädie aller Wissenschaften.

605
In China Bau des Kaiserkanals (bis 610).

um 620
Erste nachgewiesene Porzellan-Keramik in China.

um 636
Brahmagupta (598 bis nach 665) leitet das astronomische Observatorium in Ujjain, Indien. Sein »Brahmasphutasiddhanta« ist der früheste bekannte Text, in dem die mathematisch vollständige Null als geschriebene Zahl behandelt wird und Regeln für die Arithmetik mit negativen Zahlen aufgestellt werden.

um 640
Paulos von Aigina (625 bis 690) schreibt »Hypomnema«, eine Sammlung medizinischer Schriften.

641
Die Araber erobern Alexandria. Das nach dem Brand der alexandrinischen Bibliothek überlieferte Wissen der Antike wird von ihnen übernommen und gepflegt.

um 645
Bau eines Kanals zwischen Kairo und dem Roten Meer.

um 670
Kallinikos von Heliopolis (geb. 673) erfindet das »Griechische Feuer«, eine hochentzündliche gallertartige Flüssigkeit, deren Zusammensetzung im Einzelnen bis heute nicht geklärt ist. Vermutlich eine Mischung aus Schwefel, Steinsalz, Harz, Erdöl, Asphalt und gebranntem Kalk, die aus Druckspritzen geschleudert wird und auch auf dem Wasser brennt.

674
In englischen Kirchen sind Glasfenster bekannt.

um 680
In Franken ist Fensterverglasung bekannt.

achtes Jahrhundert
Die »Sammlung des Wesens der acht Teile der Medizin« des indischen Arztes Vagbhata (600 bis 650).

Die Handschrift »Compositiones ad tinguenda musiva« ist eine wichtige Quelle über die Chemie des Altertums.

Die Apotheke in Bagdad trennt Arzneikunde von der Heilkunde.

um 700
In Europa sind Wasserräder besonders für den Mühlenantrieb in Gebrauch.

Mit der Einführung der Null in Indien wird das Positionsrechnen möglich.

In Katalonien werden die ersten Hochöfen verwendet.

735
Beda Venerabilis (672/73 bis 735) führt die Zeitrechnung mit der Zählung der Jahreszahlen von Christi Geburt an ein: »De temporum ratione«.

um 750
Der arabische Alchimist Gabir ibn Haiyan, genannt »Geber« (721 bis 815), wendet erstmals die Kristallisation zur Reinigung chemischer Präparate an und beschreibt die Filtration.

In China Gründung der Hanlin-Akademie zur Pflege der chinesischen Literatur, Geschichtsschreibung und Bildung; sie besteht bis ins 20. Jahrhundert.

751
Chinesische Kriegsgefangene aus der Schlacht bei Samarkand bringen die Kenntnis der Papier- und Porzellanherstellung in den arabischen Orient.

um 760
Abū Dscha'far al-Mansūr (714 bis 775), zweiter Kalif der Abbasiden, gründet die neue Hauptstadt Bagdad und gibt die Anweisung, dass überall im islamischen Reich Handschriften mit alten griechischen Texten zu sammeln und zwecks Übersetzung ins Arabische nach Bagdad zu bringen sind. Mit dem »Haus der Weisheit« beginnt eine Blütezeit von Wissenschaft und Kunst. Begründung der arabischen Medizin.

um 782
Alkuin (735 bis 804) versammelt am Hof Karls des Großen
einen Gelehrtenkreis (Akademie).

786 bis 809
Unter Harun ar-Raschid (765/66 bis 809), fünfter Kalif
der Abbasiden in Bagdad, gelangen die Künste und
Wissenschaften zu hoher Blüte. Er lässt griechische und
römische Schriften der Antike ins Arabische übersetzen,
pflegt die Medizin sowie physische und mathematische
Wissenschaften, lässt aber auch Sterndeuterei, Alchimie und
Kabbalistik zu. Unter den Geschenken einer Gesandtschaft
Harun ar-Raschids zu Karl dem Großen (747/48 bis
814) befindet sich »eine mit bewundernswürdiger Kunst
hergestellte Uhr«: »Sie funktioniert mit Wasser und zeigt
die Stunden mit Bronzekugeln an, die in ein Messingbecken
fallen. Um zwölf Uhr mittags treten zwölf Ritter aus zwölf
kleinen Fensterchen heraus, die sich dann hinter ihnen
wieder schließen.« Die Schlaguhr ist die erste, die nach
Europa gelangt. Zu den Geschenken gehört auch
ein Schachspiel, das heute in der Bibliothèque Nationale
in Paris aufbewahrt wird.

793
In Franken wird der Versuch unternommen, einen Kanal
zwischen Rhein und Donau zu bauen.

Die in China 105 erfundene Papierherstellung gelangt nach
Bagdad, später nach Kairo (900), Spanien (1150), Italien
(1265), Frankreich (1350), Nürnberg (1389), England (1494),
Moskau (1564), Nordamerika (1698), Oslo (1698).

796
Alkuin erhebt die Klosterschule in Tours zur Hochschule
antiker Wissenschaft.

um 800
Die in verschiedenen Handschriften überlieferte »Mappae
clavicula de efficiendo auro« ist eine der ersten lateinischen
alchimistischen Schriften.

Normannische Seefahrer erreichen das Nordkap,
die Färöer-Inseln und Island.

um 810
Der Perser Muhammad ibn Musa Al-Chwarazmi
(780 bis 850) verfasst am Kalifenhof in Bagdad ein Buch
über mathematische Gleichungen und prägt mit dem Titel
»Algebra« die Bezeichnung: »Algebra« bedeutet
»Die Gleichungen«.

um 814
Araber übernehmen von den Indern die Ziffern, die Null
und das Stellenwertesystem. Diese werden im Europa
des zwölften Jahrhunderts als »arabische Ziffern« bekannt.

um 820
Kalif Abū l-Abbās Abdallāh al-Ma'mūn (um 786 bis 833)
bestimmt den Erdumfang auf 3,6 Prozent genau.

um 825
Messung eines Meridianbogens durch Araber.

827
Das geozentrische »Große astronomische System« von
Ptolemäus wird als »Almagest« ins Arabische übersetzt.

Eine arabische Gradmessung in Mesopotamien ergibt 11.016
Kilometer für den Erdquadranten Pol-Äquator,
statt bisher 10.001.

830
Kalif Abū l-Abbās Abdallāh al-Ma'mūn gründet in Bagdad
eine Übersetzerakademie und errichtet eine Sternwarte
auf einem der Stadttore von Bagdad.

um 851
In Frankreich ist die Armbrust bekannt.

um 870
Johannes Scottus Eriugena (815 bis 877) schreibt die lat.
Enzyklopädie »Über die Einteilung der Natur«.

873
Abū Zaid Hunain ibn Ishāq al-Ibādī (808 bis 873)
übersetzt die Werke des römischen Arztes Galenus
ins Arabische.

885
»Buch der Wege und Länder« – eine arabische Erdkunde Vorderasiens von Ibn Cordadhbeh (820 bis 912).

um 895
Hufeisen und Steigbügel kommen auf.

um 900
Befestigte Höhenburgen werden bevorzugt Wohnsitze des europäischen Adels.

Anfang zehntes Jahrhundert
Der größte Teil von dem, was von der griechischen Naturerkenntnis des Altertums erhalten geblieben ist, liegt in arabischer Sprache vor.

923
Abū Bakr Muhammad bin Zakaryā ar-Rāzī (854 bis 925) ist Verfasser der medizinischen Quellensammlung »Al-Have« und des »Buches der Medizin«.

929
Mohammed ibn Dschābir al-Battānī (858 bis 929) beobachtete und berechnete Elemente der Sonnenbahn und Präzession, verbesserte trigonometrische Methoden und berechnete astronomische Tafeln.

941
Vernichtung der byzantinischen Kriegsflotte vor Konstantinopel durch das explosive und auf dem Wasser brennende »Griechische Feuer«.

um 945
In China ist Buchdruck mit Kupferplatten bekannt.

um 950
Beginn des Silber- und Kupferbergbaus im Harz.

966
Die Uhr mit Gewichtsantrieb ist bekannt.

Erfindung des Fadentelefons durch Kung Foo Whing.

um 970
Abu l'Wafa (940 bis 998) entwickelt die Trigonometrie weiter durch Einführung des Tangens und Aufstellung von Sinus- und Tangens-Tafeln und schreibt eine »Astronomie«.

982
Von Island aus entdeckt Erik Rauda (der Rote, um 950 bis um 1001) die Westküste Grönlands.

983
Abschluss der chinesischen Enzyklopädie mit 1000 Büchern seit 977.

elftes Jahrhundert
Die Alchimie gelangt aus dem arabischen Spanien über Frankreich und Italien nach Mitteleuropa.

Adam von Bremen (vor 1050 bis 1081/85) hält die Ostsee für ein nach Osten offenes Meer.

um 1000
Ibn Yunus al-Sadafi al-Misri (um 950 bis 1009), Astronom des Kalifen Al-Hakim (985 bis 1021), trägt auf der für ihn errichteten Sternwarte die »Hakimitischen Tafeln« zusammen, genaue Beobachtungen der Planetenbewegungen. Er schreibt mit »Über die Figur der Schneidenden« die erste selbständige Darstellung der Trigonometrie.

Der Wikinger Leif Eriksson (um 970 bis um 1020) erreicht von Island aus Amerika.

um 1010
In Mitteleuropa ist Steinzeug bekannt.

1010
Die medizinische Hochschule im süditalienischen Salerno formiert sich.

1017
Abu Rayhan Muhammad ibn Ahmad al-Biruni (973 bis nach 1050) reist durch Indien und schreibt »Chronologie der orientalischen Völker« und »Geschichte Indiens«.

um 1020
Abū Alī al-Husain ibn Abd Allāh ibn Sīnā, latinisiert
Avicenna (980 bis 1037), verfasst den »Kanon der Heilkunde«
(1685 lateinisch gedruckt) und das »Buch der Genesung«.
Er vermittelt wirksam das griechische Wissen nach Europa.
Er teilt Mineralien in Steine, Salze, Erze und Brenze
(brennbare) ein.

um 1030
In China werden Raketen verwendet.

Alhazen (965 bis 1040) verfasst ein Werk über die Optik.
Er benutzt die Camera obscura zur Beobachtung der Sonne.

1041
In China ist der Typendruck von Einzelbuchstaben aus Holz
und gebranntem Ton bekannt.

Alfanus von Salerno (um 1015 bis 1085) schreibt (lat.)
»Über die vier Säfte« und »Zusammenfassung der Pulslehre«.

um 1045
Alkohol wird aus Wein destilliert.

um 1050
Beschreibung der Herstellung von Tafelglas durch Blasen
und Strecken.

1050
Sema Kuang schreibt den »Allgemeinen Spiegel der
Weltgeschichte« in 294 Büchern – Höhepunkt der
chinesischen Geschichtsschreibung als fortgeschrittenster
Wissenschaft.

1054
Chinesische Astronomen beobachten am 4. Juli den
Supernova-Ausbruch im Sternbild Stier (Krebsnebel).

1063
Alchimistische Studien am Hofe Adalberts von Bremen
(um 1000 bis 1072).

1065
Gründung der »Hohen Schule« von Bagdad, die Mittelpunkt
der arabischen Wissenschaft wird.

1085
In England sind 5624 Wassermühlen in Betrieb.

1086
In China findet sich in einer astronomischen Uhr eine Ankerhemmung von Su Song (1020 bis 1101).

1087
Der Mediziner Constantinus Africanus (1010/20 bis 1087) bringt erstmals arabisches Schrifttum des zehnten Jahrhunderts nach Salerno, übersetzt es ins Lateinische und begründete so die Hochblüte dieser medizinischen Schule im zwölften Jahrhundert.

um 1090
Im Erzgebirge beginnt der Abbau von Silbererz.

In der Schifffahrt ist das Hecksteuerruder bekannt.

um 1098
Das »Antidotarum« (Gegenmittel-Buch) von Nicolas Prevost enthält 2650 medizinische Rezepte aus Salerno. Das Buch wurde 1549 gedruckt und gilt heute als verschollen.

zwölftes Jahrhundert
Zahlreiche wissenschaftliche Werke werden aus dem Arabischen ins Lateinische übersetzt. Förderung mineralogischer Studien durch Ausdehnung des Bergbaus. Höhepunkt der medizinischen Schule in Salerno (bis um 1225). Der steinerne Burgbau erlebt seinen Höhepunkt.

um 1100
Der Benediktinermönch Theophilus (vermutlich der Goldschmied Roger von Helmarshausen) schreibt über die Technik der Herstellung und Verarbeitung von Glas.

Anfänge der Steinkohlegewinnung in Westeuropa.

1101
Beschreibung der Technik des Glockengusses.

Heinrich I. von England (um 1068 bis 1135) bestimmt die Länge seines Unterarms als englisches Normalmaß (Yard).

1104
In Katalonien wird das erste Hammerwerk Europas erwähnt.

um 1110
Nutzung von Salpeter- und Schwefelsäure.

Metallschlösser kommen auf.

Trotula von Salerno schreibt mehrere Abhandlungen über die medizinische Praxis: Entbindung, Missgeburten, Arzneimittel, Kosmetik. Das »Liber Trotula« zählt bis ins 16. Jahrhundert zu den Standardwerken der Frauenheilkunde.

1113
In Deutschland ist die Verwendung von Steinkohle nachweisbar.

1115
Die Nord- und Ostseeküste wird systematisch mit Seezeichen versehen.

1121
Abu'l-Fath Abd al-Rahmān al-Chāzinī (1077 bis um 1131) konstruiert eine Schnellwaage zur Bestimmung der Gewichte von Flüssigkeiten: »Buch vom Gleichgewicht der Weisheit«.

1124
In China ist der Kompass bekannt.

1126
In der Grafschaft Artois wird der erste »artesische« Tiefbrunnen Mitteleuropas gebohrt.

um 1135
Papst Innozenz II. (vor 1088 bis 1143) verbietet die Anwendung der verbesserten Armbrust gegen Christen.

1136
Abraham bar Chyja (um 1070 bis um 1136) ist für sein hebräisches Lehrbuch über islamische Mathematik bekannt: Sein »Ḥibbūr ha-meshīḥah we-ha-tishboret« (Abhandlung über Messen und Rechnen) wird 1145 als »Liber Embadorum« ins Lateinische übersetzt.

um 1137
In Montpellier entsteht eine Medizinschule.

1137
In der lateinischen »Geschichte der Könige der Briten« des Geoffrey of Monmouth (um 1100 bis um 1154) wird erstmals der Zauberer und Prophet Merlin aus der Runde des Königs Artus erwähnt: »Historia Regum Britanniae«.

1140
König Roger II. von Neapel (1095 bis 1154) macht die Zulassung von Ärzten von einer Prüfung vor der medizinischen Fakultät in Salerno abhängig.

1146
In Regensburg Fertigstellung der 305 Meter langen Steinbrücke über die Donau.

um 1150
Für Großbuchstaben werden Holzschnitte verwendet.

Perfekte Ziegelfabrikation und Ziegelsteinbau durch in der Altmark angesiedelte Holländer.

Aufkommen des Trittwebstuhls.

In Nürnberg wird das Handwerk der Goldschläger erwähnt.

In Bologna entsteht eine medizinische Schule.

Arabische Weltbeschreibung mit Karten von al-Idrisi (1100 bis 1165).

1150
In Spanien entsteht die erste Papiermühle Europas.

um 1155
Hildegard von Bingen (1098 bis 1179) kennt, beruhend auf der antiken Viersäftelehre, die spezielle Heilwirkung verschiedener Substanzen: »Physica« und »Causae et curae«.

um 1160
Averroes (Ibn Ruschd, 1126 bis 1198) erkennt die Lichtwahrnehmung der Netzhaut.

1161
Verwendung von eisernen Ankern.

1165
Die Messe in Leipzig wird erstmals urkundlich erwähnt.

1168
In Freiberg Beginn des Silberbergbaus.

um 1180
Fenster aus Glas in englischen Privathäusern.

1180
Die besonders durch jüdische Gelehrte aus dem arabischen Spanien sich entwickelnde medizinische Schule von Montpellier erhält das erste landesherrliche Privileg.

um 1195
In Mansfeld Beginn des Kupferbergbaus.

1195
Der Seekompass wird in Europa bekannt.

um 1200
Trotz der Verbreitung naturwissenschaftlicher und technischer Kenntnisse wird die Entwicklung des kritisch-wissenschaftlichen Denkens nicht stimuliert.

»Weingeist« (Alkohol) findet Anwendung als Heilmittel.

In den »Alexanderromanen«, den literarischen Biographien Alexanders des Großen, spielen technische Phantasien vom Tauchen und Fliegen eine Rolle. In seinen verschiedenen Versionen war der »Alexanderroman« im Mittelalter neben der Bibel das bekannteste und am weitesten verbreitete Buch in Europa.

1201
Eröffnung der Gotthard-Alpenstraße.

um 1202
An der Moschee in Damaskus wird eine Wasserkunstuhr mit Schlagwerk angebracht.

Neben Tiergöpeln sind unterschlächtige Wasserräder
als Kraftquelle in Gebrauch.

In Florenz entstehen Großbetriebe für
die Tuchweberei.

um 1204
Hartmann von Aue (1160 bis 1210) beschreibt in seinem Epos
»Iwein« den arbeitsteiligen Manufakturbetrieb.

um 1205
Leonardo Fibonacci da Pisa (um 1170 bis nach 1240)
macht mit »Liber Abaci« das indisch-arabische Zahlensystem
in Europa bekannt.

1209
In London Errichtung der ersten Steinbrücke
über die Themse.

um 1210
Kachelöfen sind bekannt.

Das Lüneburger Rathaus verfügt über eine Luftheizung.

um 1212
Gervasius von Tilbury (1150 bis 1235) stellt für Kaiser
Otto IV. eine Auswahl aus der römischen Fachliteratur sowie
Geographie und Geschichte Englands zusammen:
»Otia imperialia« (Kaiserliche Mußestunden).

1212
In England wird ein einheitliches Maß- und Gewichtssystem
eingeführt.

Spiegel werden mit Metallhinterlegung hergestellt.

1213
In Bologna entsteht neben der Rechtsschule eine
medizinische Fakultät.

um 1215
Erste Apotheken in deutschen Städten.

Den Priestern wird ärztliche Tätigkeit untersagt.

1215
Baubeginn der Domkirche in Riga; fertiggestellt 1226.

um 1220
Leonardo Fibonacci da Pisa behandelt in »Practica geometriae« u. a. den Wert der Zahl Pi.

Mathematische Schriften von Jordanus Nemorarius (gest. 1237). In »Sphaerae« und »Demonstrationes in Arithmetica« untersucht er mechanische Bewegungsprobleme.

1220
Papst Honorius III. (1150 bis 1227) gründet die medizinische Fakultät von Montpellier; sie wird 1289 zur Volluniversität erweitert.

In Travemünde wird der älteste deutsche Leuchtturm errichtet.

1224
Kaiser Friedrich II. (1194 bis 1250) macht die Zulassung von Ärzten von einer Prüfung vor der medizinischen Fakultät in Salerno abhängig.

1226
Baubeginn der Marienkirche in Krakau; fertiggestellt um 1600.

1227
Baubeginn der Kathedrale von Toledo; fertiggestellt 1493.

Der japanische Töpfer Toshiro bringt von einer Reise nach China (seit 1223) die Kunst des dünnwandigen glasierten Geschirrs in seine Heimat.

1229
Baubeginn des Doms in Siena; fertiggestellt um 1350.

um 1230
Das Schießpulver ist in China bekannt: Geschosse mit Sprengladungen.

Die »Sächsische Weltchronik« ist das erste deutsche Geschichtswerk in Prosa.

1231
Der Reichstag verkündet eine Medizinal- und
Apotheken-Ordnung.

1232
Der ägyptische Sultan übergibt Kaiser Friedrich II.
von Sizilien (1296 bis 1337) eine astronomische Kunstuhr
als Geschenk.

1234
Tierbeschreibungen von Thomas von Cantimpré
(1201 bis 1272) in »Liber de natura rerum«.

um 1235
Arnaldus Villanovanus (Arnold von Villanova), einer der
bedeutendsten Ärzte, Philosophen und Alchimisten des
Mittelalters, wird geboren. Er wirkt als Arzt und Alchimist
am Hofe Friedrichs II., wendet die Alchimie auf die
Heilkunde an (Heilkraft des »Steins der Weisen«), entdeckt
die Giftigkeit des Kohlendioxidgases und des verwesenden
Fleisches. Seine Hauptwerke »Rosarium philosophorum« und
»Breviarium practicae« erscheinen 1504. Villanova stirbt 1311.

Das »Bauhüttenbuch«, eine technische Handschrift des
Franzosen Villard de Honnecourt (1200 bis 1250), enthält
zahlreiche Entwürfe, u.a. erstmals erwähnt ein Perpetuum
mobile und ein Wasserrad-Sägewerk.

1235
Bau einer Kammerschleuse in Holland.

um 1240
Die Schubkarre und der Räderpflug mit Streichbrett
sind in Gebrauch.

1240
König Alfons X. (der Weise) von Kastilien (1221 bis 1284)
beruft einen astronomischen Kongress nach Toledo ein,
an dem 50 arabische, jüdische und christliche Gelehrte
teilnehmen. Die neueren Planetenbeobachtungen werden
mit der ptolemäischen Kreis-auf-Kreis-(Epizyklen-)Theorie
durch Einführung weiterer Kreise in Übereinstimmung
gebracht. Die Ergebnisse werden 1248 in den
»Alfonsinischen Tafeln« niedergelegt.

um 1241
Albertus Magnus (1193 bis 1280) bezieht die Alchimie in seine scholastisch-mystische Philosophie ein.

1242
Der englische Franziskaner Roger Bacon (1219 bis um 1292) berichtet von Schießpulver, das bereits im 12. Jahrhundert in China erfunden worden war.

um 1245
Roger Bacon führt das Gewicht auf die Anziehungskraft des Erdmittelpunktes zurück.

1245
Johann von Carpini (um 1182 bis 1252) reist im Auftrag des Papstes auf dem Landweg zum Mongolen-Großkhan nach Karakorum. 1247 zurückgekehrt, schreibt er »Liber Tartarorum« und »Historia Mongolorum«.

um 1246
Beginn des Einsatzes von Pulvergeschützen in Europa.

1247
Qin Jiushao (1208 bis 1261) belebt mit »Neun Teile der Mathematik« die chinesische Mathematik.

1248
Der arabische Gelehrte Abu Muhammad ibn al-Baitar (1197 bis 1248) fasst die Ergebnisse der arabischen Arzneikunde im »Buch der einfachen Arzneimittel« zusammen.

Die »Chronik der Ärzte« von Yūsuf Ibn al-Qiftī (1172 bis 1248) enthält 414 Biographien von Ärzten, Astronomen und Philosophen.

Tierbeschreibungen von Albertus Magnus in »Opus naturarum«.

Alfons X. von Kastilien lässt »Alfonsinische Tafeln« herstellen (bis 1252), die die ptolemäischen ablösen. Gedruckt werden sie 1483.

um 1250
Nasīr ad-Dīn at-Tūsī (1201 bis 1274) veranlasst den Mongolenfürst Holagu zum Bau einer Sternwarte in Megara.

Seine Beobachtungen behandelt er in
»Über die Figur der Schneidenden«:
sphärische Trigonometrie nebst Fixsternkatalog und
Planetentafeln.

Jordanus Ruffus (gest. nach 1256) fasst erstmals
Pferdekrankheiten und alles, was man über die Haltung der
Pferde weiß, zusammen: »De medicina equorum«.

1250
Albertus Magnus beschreibt Metallfiguren, die, mit Wasser
gefüllt und erhitzt, verschließende Holzkeile wegschleudern
(Püsteriche).

dreizehntes Jahrhundert
*Die Kenntnisse der griechischen, insbesondere der ptolemäischen
Astronomie und Astrologie gelangen durch arabische Überlieferung
nach Europa. Eine besondere Rolle spielt dabei Alfons X. von Kastilien.*

*Erste Formen des Merkantilismus. Auf der Handwerksarbeit beruhend,
bereitet er bis zum 17. Jahrhundert die kapitalistische Wirtschaftsform vor.*

Die venezianische Glasindustrie blüht in Murano.

um 1252
Die »Ebstorfer Weltkarte« entsteht. Sie ist die Nachahmung
einer römischen Weltkarte aus dem 4. Jahrhundert.
Sie beträgt 3,5 Meter im Durchmesser auf
30 Pergamentseiten und hat Jerusalem als Mittelpunkt.

1252
Vinzenz von Beauvais (um 1184/94 bis um 1264) trägt eine
dreiteilige Enzyklopädie zusammen: »Speculum naturale,
historiale, doctrinale«. Sie wird 1473 mit einem zugefügten
vierten Teil »Speculum morale« gedruckt.

Die Inquisition führt die Folter ein.

1253
Wilhelm von Rubruk (um 1225 bis um 1270) unternimmt im
Auftrag des Papstes und des Königs von Frankreich
eine Gesandtschaftsreise an den Mongolenhof in Karakorum
(bis 1255).

1256
König Alfons X. von Kastilien setzt bei astronomischen Beobachtungen Kerzen-, Quecksilber- und Wasseruhren ein.

In seinem »Opus maius« fordert Roger Bacon für die Erforschung der Natur die experimentelle Methode.

um 1260
Roger Bacons Philosophie beruft sich neben Autorität und Vernunft ausdrücklich auf experimentelle Erfahrung und beeinflusst dadurch nachhaltig die Alchimie.

Nach alchimistischer Auffassung bestehen die Metalle aus Quecksilber, Schwefel und Salz und lassen sich mit Hilfe des »Steins der Weisen« ineinander umwandeln.

1260
Die Brüder Maffeo (1252 bis 1309) und Niccolò Polo (1230 bis 1294) unternehmen eine Reise nach China (bis 1269).

1261
Albertus Magnus beschreibt die Goldreinigung und das Veredeln von Bäumen.

um 1265
Nach einem ausschweifenden Leben am aragonesischen Hof wendet sich Raimundus Lullus (1235 bis 1316) der Wissenschaft zu. Er schreibt u. a. über die Alchimie, ohne selbst zu experimentieren. Dadurch werden zahlreiche weitere Spekulationen der kabbalistischen Mystik angeregt.

Beginn der Papierfabrikation in Italien.

Roger Bacon gibt die Lage des Brennpunktes bei Hohlspiegeln an.

1267
Bei einer Truppe des Mongolenherrschers Kublai Khan werden arabische Techniker eingesetzt.

um 1268
Teodorico Borgognoni (1205 bis 1298) verfasst ein Lehrbuch der Chirurgie nach der Schule von Bologna.

1268
Die Leipziger Messe erhält den Schutzbrief.

1269
Der Brief des Pierre Maricourt (1240 bis 1299)
»Epistola Petri Peregrini Maricurtensis de magnete«
ist die älteste bekannte experimental-physikalische
Abhandlung über den Magnetismus.

um 1270
Étienne Boileau (1200 bis 1270) legt mit »Livre des Métiers«
eine Berufskunde vor.

1271
Marco Polo (1254 bis 1324) beginnt seine Reisen durch Asien
(bis 1295).

1272
Erste maschinelle, von Wasserkraft angetriebene Vorrichtung
zum Zwirnen von Seiden (Borghesano).

um 1275
Der Perser Mahmud ibn Masud asch-Schirasi
(1236 bis 1311) erklärt den Regenbogen durch zweimalige
Brechung und einmalige Reflektion des Sonnenlichts
in den Wassertröpfchen der Wolken.

1279
Errichtung einer Sternwarte in Peking.

1282
Ristoro d'Arezzo deutet Fossilien als Überreste der Sintflut,
anders als der seit Aristoteles sonst angenommenen
»plastischen Kraft« der Erde.

Erste Erwähnung von Brillen und geschliffenen Gläsern
in Italien.

1284
Der die Astronomie, Geschichtswissenschaft und die
Übersetzung wissenschaftlicher Werke aus dem Arabischen
ins Lateinische fördernde König Alfons X. stirbt.

1286
Wassermühlen in Berlin und wassergetriebene Gebläse.

1289
Arnaldus Villanovanus in Montpellier schreibt die »Parabolae medicationis« (Parabeln der Heilkunst) sowie ein »Breviarium practicae medicinae«.

um 1295
Mehrstöckige Wohnhäuser in Deutschland.

1298
Marco Polo diktiert in Gefangenschaft in Genua einem Mitgefangenen seine Reiseerlebnisse in Asien.

Erste Erwähnung eines Spinnrades (in Speyer).

vierzehntes Jahrhundert
In Deutschland kommt neben der rational-scholastischen Philosophie der Kirche eine mehr individuell-irrationale Mystik zum Durchbruch.

Das Papier beginnt in Europa das Pergament zu verdrängen.

um 1300
In Italien ist bereits die Räderuhr mit Hemmrad bekannt. Die mechanische Uhr wird zum Sinnbild für menschliches Schöpfertum, das aber noch von einem dämonischen Denken geprägt ist. Mit zunehmender Genauigkeit wird sie zum Vorbild aller Präzisionsinstrumente und Maschinen.

Herstellung von Mineralsäuren.

Gewinnung von flüssigem Eisen in Schachtöfen.

An deutschen Höfen und in Städten bildet sich ein Apothekerstand.

Üblich ist die Harnschau zur Krankheitsdiagnose.

In Italien werden Brillen hergestellt.

Das Spinnen von Hand herrscht noch vor.

Der Trittwebstuhl verbreitet sich.

Mit der Erfindung der Walkmühle verlagert sich die englische Textilindustrie an die Wasserläufe, was im 14. Jahrhundert zur Verdreifachung der Produktion feiner Tuche führt.

Kou Chou King (1231 bis 1316) errichtet auf den Mauern von Peking u.a. große astronomische Instrumente aus Bronze für eine Sternwarte.

1300
Anwendung der Wasserkraft im Bergbau und beim Drahtziehen.

1302
Entdeckung der Steinkohle im Ruhrgebiet.

In Bologna erste nachweisliche gerichtliche Leichenöffnung, begründet dort die Anatomie an menschlichen Leichen.

1304
Erste sichere Erwähnung einer mechanischen Räderuhr (in Erfurt).

Bernhard von Gordon (um 1258 bis 1330) beschreibt in »Lilium medicinae« verschiedene Krankheiten als ansteckend: Pest, Tuberkulose, Krätze, Fallsucht, Milzbrand, Augentripper und Lepra.

Dietrich von Freiberg (1250 bis 1310) erklärt den Regenbogen.

1306
Die erste öffentliche Leichenöffnung durch Mondino dei Luzzi (1270 bis 1326) in Bologna, wiederholt 1315, hat das erste Lehrbuch der Anatomie zur Folge.

Pietro d'Abano (1250 bis 1315) schreibt (lat.) »Vermittler der Abweichungen zu den Problemen der Philosophen und besonders der Ärzte«.

Die Drahtziehmaschine ist bekannt.

1307
In Briefen aus Peking ergänzt Johannes von Montecorvino (1247 bis 1328) Marco Polos Chinabericht.

um 1310
Erste Seekarten, sogenannte »Rumbenkarten«, kommen aus Italien und Spanien.

1310
Wiederentdeckung der Kanarischen Inseln durch Genueser Seefahrer. Sie waren bereits im Altertum den Römern als »Glückliche Inseln« bekannt.

Matthaeus Sylvaticus (1285 bis 1342) legt in Salerno den ersten botanischen Garten Europas an.

1318
Odorico de Pordenone (1286 bis 1331) unternimmt eine große Reise nach Asien (bis 1330): Konstantinopel, Bagdad, Indien, Sunda-Inseln, China und zurück durch Innerasien.

1319
Die Seekarte der Erde von Pietro Visconte zeigt jetzt den Norden oben statt bislang Osten.

1320
In Deutschland ist das Hammerwerk bekannt.

1321
Levin ben Gershon (1288 bis 1344) erwähnt die Lochkamera (Camera obscura) als Hilfsmittel zur Sonnenbeobachtung.

um 1315
Oberschlächtige Wasserräder werden eingesetzt.

1323
Ibn Battūta (1304 bis 1368 oder 1377) bereist Vorderasien, Südrussland, Persien, Indien, China, die Sunda-Inseln und Ostafrika (bis 1352).

um 1325
Erste Hochöfen sind im Einsatz.

um 1328
Die Erfindung der Sägemühle beeinflusst die Handwerkstechniken, vor allem der Möbeltischlerei.

um 1330
In Lüneburg ist ein großer Drehkran mit Tretantrieb in Benutzung.

1330
Thomas Bradwardine (1300 bis 1349) behandelt in
»Geometria speculativa« die Stereometrie.

Die Darstellung eines englischen Geschützes gilt
als bisher älteste.

Beginn der planmäßigen Hexenverfolgungen. Sie nehmen
ihren Anfang in den Pyrenäen und breiten sich rasch nach
Mitteleuropa aus.

1331
Bei der Belagerung von Cividale im Friaul kommen erstmals
Geschütze und Handfeuerwaffen zum Einsatz.

1333
Erster öffentlicher botanischer Garten in Venedig.

1337
In Oxford erste regelmäßige Wetterbeobachtung, noch ohne
Messungen.

um 1345
In der Nähe von Zwickau wird der Steinkohlebergbau
aufgenommen.

Erste Fenster aus Glas in deutschen
Wohnhäusern.

1348
Gründung der ersten reichsdeutschen Universität in Prag
durch Karl IV.

Eine Schrift der Pariser Universität über die Pest nennt,
sich berufend auf Aristoteles und Albertus Magnus,
als Hauptursache die Konjunktion von Saturn, Jupiter und
Mars am 20. März 1345. Sie empfiehlt Flucht, saure Speisen,
Duftmittel und Edelsteinamulette.

1349
Konrad von Megenberg (um 1309 bis 1374), deutscher
Gelehrter und Domherr in Regensburg, schreibt das erste
deutsche Kräuterbuch, das »Buch der Natur«,
eine Naturgeschichte vermischt mit Sagen.
Von ihm stammt auch das erste deutsche Handbuch
der Physik (»Sphaera«). Kräuterbücher im Sinne von

(medizinischen) Heilkräuterbüchern lassen sich bis in die Antike zurückverfolgen.

um 1350
Die Wissenschaften beginnen, sich an der erfahrungsgemäßen Ableitung von Erkenntnissen aus allgemeinen Begriffen zu orientieren.

In Nordeuropa sind Hochöfen mit Holzkohlenfeuerung in Betrieb.

In England entstehen Tuchmanufakturen.

Leichensezierungen werden als sündhaft untersagt, erst ab 1560 wieder allgemein gestattet.

In Frankreich ist die Papierherstellung bekannt.

In China ist dünnwandiges glasiertes Hartporzellan in Gebrauch.

1351
Der »Mediceische Seeatlas« enthält neue, durch Einsatz des Kompasses gewonnene Erfahrungen.

1352
Erste Kunstfigur für das Straßburger Münster mit Glockenspiel und beweglichen Figuren (krähender Hahn).

1354
Errichtung einer 216 Meter langen, gedeckten Brücke über den Ticino in Patvia, Lombardei.

1358
Der französische Scholastiker Johann Buridan (um 1300 bis um 1358) nähert sich mit seinem Begriff »Impetus« dem physikalischen »Impuls«-Begriff, der dann durch Isaac Newton (1643 bis 1727) exakt formuliert wurde.

Nikolaus von Oresme (1325 bis 1382) leistet wichtige Vorarbeiten zum Begriff der Funktion und ihrer graphischen Darstellung.

um 1359
Berthold Schwarz soll durch Zufall das Schwarzpulver entdeckt haben, was die Entwicklung der Feuerwaffen vorantreibt (»Schwarzpulver«).

1361
Kunstuhr an der Frauenkirche in Nürnberg mit beweglichen Figuren: Sieben Kurfürsten verneigen sich stündlich vor dem Kaiser.

1363
Guy de Chauliac (1300 bis 1368) veröffentlicht mit »Chirurgia magna« ein Sammelwerk der Chirurgie, das bis in die Mitte des 16. Jahrhunderts maßgebend ist.

Nach einer Handwerkerzählung in Nürnberg sind hier 1216 Meister in 50 Gewerben tätig.

1364
Heinrich von Wiek baut für das Palais Karls V. in Paris eine Turmuhr mit Gewichtsantrieb und Schlagwerk.

Normannen erreichen und besiedeln die Senegalmündung an der westafrikanischen Küste.

1368
Bau einer Turmuhr in Breslau.

1370
Das Handwerk des Drahtziehens führt zur Herstellung von Nadeln, zuerst in Nürnberg.

um 1371
Die physikalischen Bewegungsgrößen werden erstmals durch Nikolaus Oresmius (um 1320 bis 1382) graphisch dargestellt.

1376
Die Kirche gestattet den Medizinern der Universität Montpellier, jährlich eine Leiche zu sezieren.

um 1377
Eiserne Geschützkugeln kommen zum Einsatz.

1377
Erste Quarantäne in europäischen Häfen gegen die Verbreitung der Pest, so 1403 die Einrichtung eines Quarantänekrankenhauses in Venedig, verbunden mit Desinfektion der Häuser und des Inventars durch Ausräuchern, Lüften und Sonnen.

In Amsterdam Vorstellung eines großen Eisengeschützes
für 360 Pfund schwere Steingeschosse.

um 1381
In Nürnberg ist der Trittwebstuhl bildlich nachgewiesen.

In Augsburg werden Gewehre gefertigt.

1381
Der Begriff der »Handelsbilanz« wird zum zentralen Begriff
des Merkantilismus.

1382
Nikolaus von Oresme entwickelt eine Theorie der Bewegung
der Erde und der Ruhe des Himmels.

1388
Konrad Mendel gründet in Nürnberg ein Altersheim für
Handwerker. Bis 1535 wird laufend Buch geführt und ihre
Arbeitstechniken durch Bilder erläutert. Dieses »Hausbuch
der Mendelschen Stiftung« ist eine wichtige Quelle für
die Erforschung der Entwicklung handwerklicher Techniken.

1389
In Nürnberg nimmt Ulman Stromer (1329 bis 1407)
die erste deutsche Papiermühle in Betrieb.

Fingerhutherstellung in Nürnberg.

In Augsburg arbeitet eine Schleiferei mit Wasserradantrieb.

Die Frankfurter Chronik nennt zwischen 1389 und 1497
insgesamt 15 Ärztinnen, darunter Chirurginnen und
Leibärztinnen.

1390
Eine Pariser Bilderhandschrift erwähnt Windmühlen
in feststehender Richtung. Vor den Kreuzzügen
sind Windmühlen nur bei den Arabern nachgewiesen.

Bau des Elbe-Trave-Kanals mit einfachen Schleusen
von Lauenburg nach Lübeck (bis 1398).

1394
In Bremen Bau einer Wasserleitung
mit wasserradbetriebener Pumpe.

Abbildung der Herstellung von Ringpanzern (Panzerhemden) in Nürnberg.

um 1395
Gründung der medizinischen Fakultät in Köln.

1397
In Köln Verbot eines Geräts zur Herstellung von Nadelköpfen. Erstes überliefertes Verbot einer Maschine.

Im Nürnberger Handwerk ist ein Pfahl mit Einkerbungen zum Halten von Werkstücken bekannt, Vorläufer des Schraubstocks.

um 1399
Nach der Aufgabe der Gottesurteile (Feuerprobe, Wasserprobe, Zweikampf) führt die Tendenz, nur Urteile nach Geständnissen zu fällen, zur Verbreitung der Folter in Gerichtsverfahren.

1399
Die Visconti in Mailand erlassen die erste bekannte Desinfektionsordnung (gegen die Pest).

um 1400
Der Humanismus verbreitet sich in Deutschland.

Die medizinische Schule in Bologna beschränkt sich im Wesentlichen auf die Ordnung und Auslegung der antiken und arabischen Schriften.

Unter dem englischen König Heinrich IV. (1367 bis 1413) überschwemmt eine Kompanie von »Goldmachern« das Land mit falschem Gold und falscher Münze. In ähnlicher Weise manipuliert um dieselbe Zeit unter Karl VII. (1403 bis 1461) in Frankreich ein gewisser Le Cœur.

Nürnberger Handwerker benutzen eine Drehbank mit einfachem Schnurantrieb.

1400
Erste Ausgrabungen des antiken Roms durch Filippo Brunelleschi (1377 bis 1446).

1403
In Korea Buchdruck mit beweglichen Lettern.

um 1405
Nürnberg ist die führende deutsche Handelsstadt.

Am Lauf des Rheins befinden sich 62 Zollstellen.

Geschützrohre werden aus Schmiedeeisen
oder im Bronzeguss hergestellt.

1405
Konrad Kyeser von Eichstädt (1366 bis 1405) beschreibt
in »Bellifortis«, dem ältesten deutschen Feuerwerksbuch,
einen Warmluftdrachen – eine schlangenförmige Tierform
aus Pergament, Leinen und Seide, in deren Rachen eine
Petroleumlampe brennt und dem Drachen Auftrieb gibt.
Diese der Nachrichtenübermittlung dienenden Drachen
waren aus China durch die Mongolen nach Europa gelangt.
Kyeser beschreibt ebenfalls eine Höllenmaschine.

1407
Für die Marienkirche in Lübeck wird eine astronomische
Kunstuhr gebaut.

1411
Darstellung einer Seilschwebebahn. Erste gesicherte
Anwendung in Danzig im Jahre 1644.

1413
Die »Faule Mette«: das Geschütz aus Eisenguss wiegt
180 Zentner, schießt mit 30-pfündiger Pulverladung
Steingeschosse von 750 Pfund.

1416
Heinrich der Seefahrer (1394 bis 1460), Sohn König Johanns I.
von Portugal, entsendet aus seiner Seefahrtsschule
Expeditionen, um über Gambia und den Senegal das
sagenhafte Reich des Erzpriesters Johannes von Abessinien
zu erreichen.

1419
Astronomische Kunstuhr von Anton Pohl am Rathaus
von Olmütz. Sie ist 15 Meter hoch mit Datumsangabe,
Mondphasen, Planetenstand, Orts- und Sternzeit,
Glockenspiel und zahlreichen beweglichen Figuren.

1420
Der Italiener Joanes Fontana (1395 bis 1455) entwirft einen raketengetriebenen Torpedo und einen Selbstfahrer durch Seilantrieb.

In Nürnberg ist das Drahtziehen mit Muskelkraft erwähnt.

Abraham von Memmingen stimuliert mit seinem »Feuerwerksbuch« die breitere Anwendung des Schießpulvers.

1421
Erstmals Handfeuerwaffen in China nachgewiesen.

um 1422
Technische Bilderhandschrift von Jacopo Marino aus Siena.

1424
Jan Žižka von Trocnov (um 1360 bis 1424), Feldherr der Hussiten, setzt erstmals Haubitzen ein.

um 1425
Es entstehen einfachste Eisenwalzwerke.

1427
Wahrscheinlich erstmals Verwendung der Uhrfeder an Stelle von Gewichten.

um 1428
Hans Schiltberger (1381 bis 1440), Teilnehmer am Kreuzzug von Nikopolis, schildert seine Reisen und Abenteuer in Asien als türkischer (seit 1396) und mongolischer (seit 1402) Kriegsgefangener. Sein Bericht erscheint 1473.

um 1430
Erfindung des Luftgewehrs (Luftbüchse) in Nürnberg.

In einer kriegstechnischen Bilderhandschrift werden eisenbeschlagene Holzschienen erwähnt.

1430
Beschreibung einer Wassermühle, die durch ein Rad mit senkrechter Achse betrieben wird.

1431/32
Entdeckung der Azoren.

1435
Leon Battista Alberti (1404 bis 1472) erfindet einen Apparat zur perspektivischen Abzeichnung.

Konstruktion einer Standuhr mit Federzug und Schnecke für Herzog Philipp den Guten von Burgund.

1438
Wasserradantrieb mit Gebläse wird bekannt.

Eine Skizze italienischer Herkunft zeigt eine Flut-, also eine Gezeiten-Mühle, die aber erst im 17. Jahrhundert Anwendung findet.

1439
Johannes von Gmünd (um 1320/30 bis 1442) gibt den ersten im Holztafel- bzw. Blockdruckverfahren hergestellten deutschen Kalender heraus.

Nikolaus von Kues (1401 bis 1464) konstruiert sein erstes Hygrometer.

um 1440
Nach Nikolaus von Kues ist die Mathematik die einzige sichere Wissenschaft.

1440
Der Timuriden-Fürst Ulugh-Beg, eigentlich Mīrzā Muhammad Tāriq ibn Schāh-Ruch Ulugh-Beg (1394 bis 1449), lässt in Samarkand eine Sternwarte mit riesigen Instrumenten errichten. Mit großer Genauigkeit verbessert er die Positionen von 1018 Sternen des Ptolemäischen Sternenkatalogs.

1444
Niccolò di Conti (1395 bis 1469) veröffentlicht einen Bericht über seine Reisen nach Indien und den Sunda-Inseln in den Jahren ab 1419. Die »Vier Bücher mit Geschichten eines wechselvollen Schicksals« entstehen auf Forderung des Papstes als Sühne für seinen Übertritt zum Islam.

Portugiesische Seefahrer erreichen den Senegal und bringen erste afrikanische Sklaven nach Portugal.

Diniz Diaz (vor 1442 bis nach 1446) erreicht die Westspitze Afrikas (Kap Verde).

In Nürnberg werden Feilhauer erwähnt.

um 1445
Johannes Gutenberg (um 1400 bis 1468) in Mainz erfindet ein Gießgerät zur Herstellung von auswechselbaren Lettern, erste Drucke. Rasche Ausbreitung des Buchdrucks: Straßburg 1458, Bamberg 1461, Köln 1465, Rom 1467, Augsburg, Basel, Barcelona und Pilsen 1468, Utrecht und Venedig 1469, Nürnberg und Paris 1470, Florenz und Neapel 1471, Ulm, Lübeck und Valencia 1472, Utrecht, Budapest und Messina 1473, Krakau, Genua, Löwen und Valencia 1474, Breslau 1475, London 1476, Leipzig 1481, Wien und München 1482, Moskau 1564.

1447
In Memmingen wird ein durch Menschenkraft bewegter Selbstfahrer erwähnt.

1449
Georg von Peuerbach (1423 bis 1461) erfindet das »Geometrische Quadrat« als Distanzmesser.

um 1450
Die Erfindung des Seigerverfahrens zur Herstellung von Reinkupfer führt zu einer starken Produktionssteigerung.

Eisenhütten verbreiten sich von den Niederlanden nach England und Schweden.

1450
»De Staticis« von Nikolaus von Kues enthält Dialoge über Versuche mit der Waage.

Felix Hemmerlin (1388/89 bis 1458/61) entdeckt in den Schweizer Alpen Fossilien von Meerestieren.

1451
Johannes Gutenberg richtet eine Druckerei ein. Er druckt von 1454 bis 1456 die 42-zeilige lateinische Bibel.

Christoph Kolumbus und Amerigo Vespucci werden geboren.

um 1453
Eine Kasseler Handschrift behandelt die sieben
»Eigenkünste« als Diener der freien Künste: Baukunst,
Webkunst, Schifffahrt, Ackerbau, Kochkunst, Medizin
und Hofkunst (Spiele, Unterhaltung).

1455
Alvise Cadamosto (um 1432 bis 1483) entdeckt einen Teil
der Kapverdischen Inseln.

1456
Lodewyk van Bercken entwickelt den Rosettenschliff
für Edelsteine (Diamant mit Diamant).

1459
Gründung der »Academia Platonica«
(Schule der Plato-Übersetzer) durch Cosimo de Medici
(1389 bis 1464) in Florenz. Sie existiert bis etwa 1521.

Fra Mauro (um 1400 bis 1464) zeichnet eine kreisförmige
Weltkarte von 2 Metern Durchmesser.

um 1460
Die Räderuhr mit Hemmrad ist nachweisbar.
Sie wird zunächst mit Waaghemmung verwendet.

1460
Einrichtung einer Buchdruckerei in Straßburg.

Heinrich von Pfalspeundt gibt Vorschriften für den Verband
bei Verletzungen: »Bünd-Aerzney«.

Nikolaus von Kues fertigt eine Karte von Deutschland
(gedruckt 1491).

Johannes Regiomontanus (1436 bis 1476) entwickelt die
Dezimalbruchrechnung.

Portugiesen entdecken die Kapverdischen Inseln vor der
Westküste Afrikas.

1461
Einrichtung einer Buchdruckerei in Bamberg.

Pedro de Cintra (gest. 1484) entdeckt die Küste
der heutigen Sierra Leone und Liberia als zunächst
südlichsten Punkt.

421

1463

Johannes Regiomontanus behandelt alle Arten von Dreiecken: »De Triangulis omnimodis libri V« (gedruckt 1533).

1464

Nikolaus von Kues erkennt die Drehung der Erde über eine Achse.

1469

In Venedig wird eine Buchdruckerei eingerichtet. Die Stadt wird dank der Brüder Johannes (gest. 1469/70) und Wendelin von Speyer (gest. 1477) zum bedeutendsten Druckort und Buchhandelsplatz der Zeit.

Der russische Kaufmann Afanasij Nikitin (1433 bis 1472) bereist Indien (bis 1472).

1470

Den ersten größeren Silbererzfunden im Erzgebirge folgt ein allgemeiner Aufschwung des Silbererzbergbaus, vor allem auch in Tirol.

Kunstuhr an der Marienkirche zu Danzig von Hans Düringer (um 1420 bis 1477), nach dem Vorbild der Lübecker Uhr von 1407.

Pedro de Escobar entdeckt (bis 1471) weitere Gebiete an der Westküste Afrikas.

1472

Erster Druck eines technischen Werkes in Verona, verfasst von Roberto Valturio (1405 bis 1475) aus Rimini: »De re militari« (insgesamt 12 Bände). Es enthält u. a. anderem die Zeichnung eines Windradwagens.

Georg von Peuerbach legt eine neue Planetentheorie vor: »Theoricae novae planetarum« (siehe 1515).

Johannes Regiomontanus beobachtet auf seiner Sternwarte in Nürnberg einen Kometen so genau, dass Edmond Halley dessen Bahn nach der Newtonschen Theorie berechnen kann.

1474
Johannes Regiomontanus gibt die »Ephemeriden« heraus, die ersten gedruckten astronomischen Jahrbücher Deutschlands.

Piero della Francesca behandelt die Perspektive in der Malerei: »De prospectiva pingendi«.

um 1475
Im Bergbau werden von Pferden getriebene Göpel eingesetzt.

1475
Geschütze sind hochentwickelt. Mit Räderlafetten entsteht eine bewegliche Feldartillerie.

1476
In Schneeberg, Erzgebirge, wird erstmals eine Wasserhebeanlage im Bergbau eingesetzt.

In London richtet William Caxton (1424 bis 1491) eine Buchdruckerei ein.

Ulrich Han (um 1425 bis nach 1478) erfindet den Musiknotendruck.

1477
Ortolf von Baierland (um 1300) schreibt das erste deutsche Apothekerbuch (1491 gedruckt). Es ist auf dem neuesten Stand seiner Zeit.

In einem »Freiheitsbrief« für die Universität Tübingen verbietet der Graf von Württemberg als Erster in Deutschland die Kurpfuscherei.

1478
Erste mit Kupferstich vervielfältigte Landkarten.

um 1480
Flügelspinnrad mit Handantrieb.

Einsatz von Wasserradantrieb für Springbrunnen.

1480
Alessandro Achillini (1463 bis 1512) entdeckt den inneren Aufbau des Ohres.

Bau des ersten Alpentunnels (Monte Viso).

K. Zöllner aus Wien stellt gezogene Gewehrläufe her.

1482
Diogo Cão (1450 bis um 1486) entdeckt das Kongoreich und gründet ein Fort an der Goldküste.

In Ulm erscheint eine »Ptolemäus«-Ausgabe mit 27 antiken und 5 neuen Karten, herausgegeben von Donnus Nikolaus Germanus (1420 bis 1490).

1483
In Nürnberg gibt es eine Zunft der Brillenmacher.

Erste Druckausgabe der euklidischen Geometrie im »Rechenbuch« von Ulrich Wagner (gest. um 1490), das als das älteste deutsche gilt.

Von Johann Bämler (um 1425/30 bis 1503) erscheint »Regimen sanitatis, von Ordnung und Gesundheit«, es ist das älteste deutsche medizinische Lehrbuch.

1484
Die »Hexenbulle« von Papst Innozenz VIII. löst eine groß angelegte und systematische Hexenverfolgung aus.

»Le Triparty en la science des nombres« von Nicolas Chuquet (1445 bis 1488) enthält erstmals Potenzen in heutiger Schreibweise. Er verwendet als Erster das Zahlwort »Billion« (Byllion) für eine Million Millionen.

Peter Schöffer (1425 bis 1503) druckt das erste Heilpflanzenbuch: In »Herbarius« sind 150 Arten beschrieben.

1485
Der »Hortus sanitatis, Gart der Gesundheit« des Johann Wonnecke von Kaub (1430 bis 1503) ist das erste Heilkräuterbuch in deutscher Sprache.

Diogo Cão und Martin Behaim (1459 bis 1507) erreichen zur See Kap Cross in Westafrika.

1486
Bartolomeu Diaz (1450 bis 1500) erreicht (bis 1487) das Kap der Guten Hoffnung.

1487
Pedro da Covilhão (1460 bis 1530) gelangt über Ägypten und das Rote Meer nach Indien (bis 1490).

1488
In Berlin wird die erste Apotheke eröffnet.

1489
Der »Hexenhammer« der päpstlichen Inquisitoren Heinrich Institoris (um 1430 bis 1505) und Jakob Sprenger (1435 bis 1495), veröffentlicht zuerst 1486, leitet eine unbekannt große Zahl von Hexenprozessen mit dem Ziel der »Seelenrettung« ein. Bis 1669 erscheint das für die Gerichtspraxis maßgebliche Gesetzbuch der verschiedenen Formen des Hexenglaubens und der Zauberdelikte in 29 Auflagen.

In seinem Rechenbuch »Behennd und hübsch Rechnung uff allen kauffmannschaften« verwendet Johannes Widmann (1460 bis 1498) erstmals die heute üblichen Ziffern und Zeichen.

um 1490
Mit den geographischen Entdeckungen erweitert sich das Bild von der Erde.

Die Buchbinderei entwickelt sich zum selbständigen Gewerbe.

Für die Wasserversorgung werden Kolbenpumpen eingesetzt.

Verwendung wellblechartiger Panzerplatten mit erhöhter Festigkeit.

Es formieren sich akademieartige wissenschaftliche Genossenschaften (Sodalitates) u. a. in Krakau, Pest und Worms.

1490
Leonardo da Vinci (1452 bis 1519) konstruiert ein Hygrometer.

1490 bis 1520
Das Hauptwerk des arabischen Alchimisten Geber erscheint unter dem Titel »Summa perfectionis magisterii in sua natura« in lateinischer Sprache (deutsch erst 1682 in Danzig). Grundidee der um 900 aufgezeichneten Schriften ist die

Hypothese, dass alle Metalle zusammengesetzter Natur bzw. in ihrer Substanz wandelbare Stoffe sind.

1491
Die erste gedruckte Karte von Deutschland erscheint, erarbeitet 1460 von Nikolaus von Kues.

1492
Die erste Reise (bis 1493) des Christoph Kolumbus (1452 bis 1506): Entdeckung Amerikas (Bahamas, Cuba, Haiti).

Leonardo da Vinci entwickelt das Modell einer Flugmaschine.

Martin Behaim baut in Nürnberg den ersten Erdglobus, noch ohne Australien und Amerika.

1493
Die zweite Reise (bis 1496) des Christoph Kolumbus: Entdeckung von Puerto Rico und Besiedlung von Santo Domingo.

Christoph Kolumbus' Brief über die Entdeckung »Westindiens« wird verbreitet.

Von Hartmann Schedel (1440 bis 1514) erscheint eine illustrierte »Weltchronik«.

1494
Die Fuggers eröffnen in Antwerpen eine Faktorei.

Erste Papierfabrik in England.

Christoph Kolumbus entdeckt Jamaica.

Die »Summa de arithmetica, geometria, proporcioni e proproporcione« von Luca Pacioli (1447 bis 1517) ist das erste gedruckte Lehrbuch der Arithmetik und Algebra, enthält u.a. die doppelte Buchführung.

Aldus Manutius (1449 bis 1515) gründet in Venedig seine Offizin (Druckerei und Verlag), die durch ihre vorbildlichen griechischen und lateinischen Texteditionen berühmt wird.

um 1495
Das Nürnberger Metallgewerbe ist führend in Europa.

Der Schraubstock ist in Gebrauch.

Der »Jakobsstab«, ein Instrument zur Winkelmessung, wird in Europa bekannt.

Entdeckung des Äthers.

1495
In Portsmouth wird das erste Trockendock gebaut.

um 1497
In Antwerpen entsteht die erste Zuckerraffinerie.

1497
Giovanni Caboto (um 1450 bis nach 1498) und sein Sohn Sebastiano (1477 bis 1557) entdecken Neufundland und Labrador.

Vasco da Gama (1469 bis 1524) beginnt seine Indienfahrt (bis 1498): Entdeckung des Seeweges nach Indien.

um 1498
Leonardo da Vinci fertigt zahlreiche technische und wissenschaftliche Zeichnungen an.

1498
Die dritte Reise (bis 1500) des Christoph Kolumbus: Entdeckung von Trinidad, Tobago und Venezuela.

In Florenz erscheint das erste gesetzliche Arzneibuch.

um 1499
Sprenggeschosse (Sprengladungs-Hohlgeschosse) finden Anwendung.

1499
Vicente Yáñez Pinzón (1462 bis 1514) entdeckt Brasilien.

Amerigo Vespucci (1554 bis 1512) entdeckt die kolumbianische Küste (bis 1502).

Älteste bildliche Darstellung einer Buchdruckerei in einer französischen »Totentanz«-Holzschnittfolge.

um 1500
Die Glaswerkstätten in Murano stellen farbloses Glas her.

Anwendung von Kolbenpumpen im Bergbau und Einsatz von Schienenwagen.

Bohrmaschinen kommen auf, u.a. für Geschützrohre.

Terrakotten aus Ziegelton zum Schmuck von Bauwerken.

In Deutschland existieren etwa 50 Papiermühlen.

Ausbreitung des Weinanbaus.

Schreibstifte mit Graphit in England.

Ulrich Rülein von Calw (1465 bis 1523) vermittelt in seinem »Bergbüchlein« Produktionserfahrungen.

1500
Erster erfolgreicher Kaiserschnitt an einer Lebenden durch Jacob Nufer im Thurgau.

Das Kräuterbuch von Hieronymus Brunschwig (1450 bis 1512) erscheint: »Das Buch der rechten Kunst zu destillieren…«.

Pedro Álvarez Cabral (1467 bis 1520) nimmt Brasilien für Portugal in Besitz, erreicht Ostindien, wo er portugiesische Faktoreien errichtet.

Juan de la Cosa (1460 bis 1510) zeichnet eine Weltkarte: »Mapa mundi«.

um 1501
Leonardo da Vinci beschreibt die Camera obscura.

Rasche Entwicklung und Ausbreitung der Buchdruckerkunst des Johannes Gutenberg. Seit 1445 sind in Europa mehr als tausend Druckereien entstanden, die über 35.000 Druckerzeugnisse in einer Gesamtauflage von etwa 10 Millionen Exemplaren herstellten.

Bei den Inkas Zahlenregistrierung mit Knotenschnüren auf dezimaler Basis.

1501
Amerigo Vespucci (1454 bis 1512) segelt nach Südamerika. Amerika wird als selbständiger Erdteil erkannt.

Girolamo Fracastoro (1478 bis 1553) beschreibt erstmals Flecktyphus.

1502
Vasco da Gama unternimmt die zweite Indienfahrt (bis 1503).

Vierte Reise des Christoph Kolumbus (bis 1504):
Entdeckung von Martinique, Honduras, Panama und des
mittelamerikanischen Festlandes.

1503
Gregor Reisch (1467 bis 1525) veröffentlicht »Margarita
philosophica«, eine allgemeine Enzyklopädie.

1504
Franz von Taxis (1459 bis 1517) richtet die öffentliche
Reiterpost zwischen Wien und Brüssel ein.

um 1505
Aus Frankreich ist eine Drehbank mit Fußantrieb,
Schwungrad und Kurbel bekannt.

Scipione de Ferro (1465 bis 1526) löst erstmals Gleichungen
dritten Grades.

1505
Götz von Berlichingen (1480 bis 1562) lässt sich eine eiserne
Hand anfertigen.

Ein Wetterbuch mit prognostischen Regeln
wird veröffentlicht, das in 34 Jahren 17 Auflagen erlebt.

Jakob Fugger (1459 bis 1525) bezieht ostindische Gewürze
auf dem Seeweg.

Sigismund von Maltitz (gest. 1520) erfindet
das Nasspochwerk zur Aufbereitung armer Erze.

Leonardo da Vinci entwirft eine Feilenhaumaschine,
eine Schleifmaschine und einen Gewindebohrer.

um 1507
Der Nürnberger Peter Henlein (um 1479 oder um 1485 bis
1542) baut tragbare Uhren mit Federzug.

1507
Orlando Gallo verbessert in Venedig die Technik der
Herstellung gläserner Spiegel.

Martin Waldseemüller (1470 bis 1520) benennt
auf seiner Weltkarte den neu entdeckten südlichen Erdteil
»America«.

1508
Juan Ponce de León (um 1460 bis 1521) kolonisiert Puerto Rico.

um 1510
In England werden Schiffe mit zwei Decks und 70 Kanonen gebaut.

1510
Leonardo da Vinci entwirft ein horizontales Wasserrad nach dem Prinzip der Turbine.

Es erscheint die bedeutende alchimistische Schrift »De occulta philosophia« des Heinrich Cornelius Agrippa von Nettesheim (1486 bis 1535).

Paul Dox erstellt eine erste Reliefkarte.

Entdeckung der Ostküste Nordamerikas bis in die Gegend des heutigen Charleston.

Alessandro Alexandri (1461 bis 1523) behauptet, dass alle Versteinerungen von der Sintflut herstammen.

1512
Nikolaus Kopernikus (Mikolaj Kopernik, 1473 bis 1543) veröffentlicht in »Commentariolus« die Grundlagen seines neuen Weltbildes: Die Erde dreht sich mit den anderen Planeten um die Sonne.

Die älteste deutsche Medizinal-Ordnung mit Kurpfuscherverbot wird in Augsburg erlassen.

um 1513
In Frankreich entstehen die ersten Manufakturen sowie staatliche Waffen- und Tapetenfabriken.

Verbreitung der Technik der graphischen Radierung (Metallplattenätzung).

1513
Vasco Núñez de Balboa (1475 bis 1519) erreicht den Stillen Ozean.

Juan Ponce de León landet an der Ostküste Floridas.

Martin Waldseemüller fügt einer Ausgabe des Ptolemäus 20 »Tabulae modernae« bei: erster moderner Atlas.

1515
Von Georg von Peuerbach erscheint »Theoricarum novarum planetarum testus«.

Auf dem Erdglobus von Johann Schöner (1477 bis 1547) erscheint das sagenhafte »Südland«, eine Vorstellung, die von den Arabern aus der Antike überliefert ist.

Die lateinische Übersetzung des »Almagest« von Ptolemäus durch Gerhard von Cremona (1114 bis 1187) erscheint in Venedig im Druck.

um 1516
Kaffee ist in Europa bekannt.

1516
Der Farbstoff Indigo kommt nach Europa.

um 1517
Seit der Antike bekannte »Schlafschwämme« mit Opium, Bilsenkraut und anderen Narkotika werden wegen ihrer Gefährlichkeit nicht mehr verwendet.

1517
Maximilian I. erlässt eine Bergordnung.

Johann Kiefuss verbessert das Radschloss des Gewehrs.

Hans von Gersdorff (1455 bia 1529) veröffentlicht ein »Feldbuch der Wundarznay«.

Girolamo Fracastoro bekämpft die kirchliche Lehre von den Versteinerungen, wie sie Alessandri 1510 aufgestellt hat.

um 1518
Kakao wird in Europa bekannt.

Entwicklung einer Brille für Kurzsichtige.

1518
Die fahrbare Feuerspritze wird bekannt.

Jacopo Berengario da Carpi (1460 bis 1530) beschreibt als Erster den Blinddarm.

Adam Ries (1492 bis 1559) veröffentlicht das Rechenbuch »Rechnung nach der Lenge auff der linihen«. Es ist für Kinder gedacht.

431

Juan de Grijalva (1490 bis 1527) entdeckt Mexiko.

1519
Fernão de Magalhães (1480 bis 1521) beginnt die erste Weltumseglung (bis 1522), womit der Nachweis der Kugelgestalt der Erde erbracht ist.

Alonso Álvarez de Pineda (1494 bis 1520) entdeckt die Mississippi-Mündung.

Johannes Aventinus (1477 bis 1534) veröffentlicht eine »Bayrische Chronik« (siehe 1523).

um 1520
Wanderfahrten durch Europa des Theophrastus Bombast von Hohenheim, genannt Paracelsus (1493 oder 1494 bis 1541).

1520
Peter Weidenhammer (um 1480 bis um 1540) aus Schneeberg im Erzgebirge stellt Kobaltblau und Kobaltglas her.

Girolamo Fracastoro begründet eine neue Periode der Epidemiographie: »De morbis contagiosis«.

Das »Repertorium librorum trium de omnium gentium ritibus« von Johannes Böhm (um 1485 bis 1534) gilt als erster Versuch einer umfassenden Völkerkunde.

1522
Johannes Werner (1468 bis 1522) veröffentlicht ein meteorologisches Beobachtungsbuch.

Juan de Bermúdez (gest. 1570) entdeckt die nach ihm benannten Bermuda-Inseln.

Von Adam Ries erscheint das Rechenbuch »Rechnung nach der Lenge auff der linihen und federn«. Es begründet seinen Ruf als deutscher Rechenmeister. Allein zu seinen Lebzeiten wurde das Buch mindestens 120 Mal aufgelegt.

1523
Giovanni da Verrazzano (1485 bis 1528) erforscht in französischen Diensten die Hudsonmündung.

Johannes Aventinus fertigt die erste Landkarte von Bayern an.

Hans Rudthard veröffentlicht »Von dem weitbekannten Bergwerk St. Joachimsthal«.

Johannes Rynmann (1460 bis 1522) sagt in »Practica über die grossen vnd manigfeltigen Coniunction der Planeten...« den Bauernkrieg voraus.

1524
Mit der Errichtung der »Lautenberger Hütte« verlagert sich der Schwerpunkt der Hüttenindustrie nach Süddeutschland.

Peter Apianus (1495 bis 1552) veröffentlicht eine »Cosmographie«. Darin der Vorschlag der Messung der Monddistanz für die geographische Längenbestimmung.

Adam Ries erfindet das Wurzelzeichen.

Spanier entdecken in Mittelamerika die Reste der alten Maya-Kultur.

In Augsburg erster Zeugdruck nachgewiesen.

1525
Verfolgung des Paracelsus wegen seiner Unterstützung der Bauernaufstände.

Österreich besitzt das Quecksilbermonopol.

Albrecht Dürer (1471 bis 1528) veröffentlicht »Underweysung der messung mit dem zirckel und richtschey, in linien ebenen und gantzen corporen«. Es ist das erste deutsche Lehrbuch der perspektivischen Geometrie.

Musiknotendruck im einfachen statt doppelten Verfahren durch Pierre Haultin (um 1510 bis 1587).

Gründung eines botanischen Gartens in Erfurt.

1526
Spanische Seefahrer entdecken Neuguinea.

Von Christoph Rudolf von Janer erscheint ein »Rechenbuch«.

1527
Paracelsus gibt an der Universität Basel das Programm seiner neuen Heilkunde bekannt und verbrennt Bücher der scholastischen Medizin.

Agrippa von Nettesheim veröffentlicht »De Incertitudine et Vanitate Scientiarium« (Von der Unsicherheit und Eitelkeit der Wissenschaften; deutsch 1913).

Von Albrecht Dürer erscheint die »Befestigungslehre«: »Etlicher Unterricht zur Befestigung der Schloß und Flecken«.

1528
Albrecht Dürer veröffentlicht »Vier Bücher von der menschlichen Proportion«.

1529
Michelangelo wird Aufseher der Festungswerke in Florenz.

um 1530
Der Schraubstock verbreitet sich.

1530
Konstruktion eines Spinnrades mit Tretantrieb von Johann Jürgen, das schon vor 1300 erwähnt, aber erst 1480 bildlich nachweisbar ist.

Otto Brunfels (1488 bis 1534) veröffentlicht »Herbarum vivae eicones« mit sehr guten Abbildungen. 1532/37 unter dem Titel »Contrafeyt Kräuterbuch«. Begründung der neueren Botanik.

Georgius Agricola (1494 bis 1555) veröffentlicht mit »De re metallica« die erste deutsche bahnbrechende Metallurgie; deutsch 1557 als »Bergwerksbuch«.

Girolamo Fracastoro beschreibt und benennt die »Syphilis«.

um 1531
Giovanni Battista da Monte (1498 bis 1551) führt in Padua den klinischen Unterricht am Krankenbett ein.

1531
Die Hütten von Arnstadt, Gräfenthal, Steinach und Schwarza schließen sich zu einem Syndikat zusammen.

In Antwerpen Eröffnung der ersten Börse von Weltgeltung.

Peter Apianus stellt die Kometenbewegung dar.

1534

Erster Versuch einer wissenschaftlichen Pflanzenkunde durch Euricius Cordus (1486 bis 1535): »Botanologicon«.

Das »Weltbuch« von Sebastian Franck (1499 bis 1543) ist die erste volkstümliche Weltbeschreibung.

1535

Erste Versuche von Francesco De Marchi (1504 bis 1576) mit Taucherglocken im See Nemi in der Nähe von Rom.

Anfänge einer Börse in London.

1536

Der erste Teil der »Großen Wundarznei« von Paracelsus wird veröffentlicht und festigt seinen Ruf als bedeutendster Arzt seiner Zeit.

Andreas Vesalius (1514 bis 1564) entführt die Leiche eines Gehenkten und fordert die Leichensezierung als zuverlässige Erkenntnisquelle.

Pierre de la Ramé (1515 bis 1572) verteidigt die These: »Alles, was Aristoteles gesagt hat, ist falsch.«

Erwähnung des von den amerikanischen Ureinwohnern verwendeten Kautschuks.

1537

Das astrologisch orientierte Werk »Große Astronomie« von Paracelsus liegt vor.

Niccoló Fontana Tartaglia (1499/1500 bis 1557) veröffentlicht »Della nuova scienza« (Die neue Wissenschaft) und begründet in »Queseti et inventione diverse« u. a. die Ballistik.

1538

Paracelsus veröffentlicht »Irrgang der Ärzte«.

Von Johannes de Sacrobosco (1195 bis 1256) erscheint »De Sphaera«.

Erhard Schön legt das Lehrbuch »Unterweisung der Proportion« vor.

Mercators Weltkarte verwendet die Bezeichnung »Amerika« auch für den Nordteil des Kontinents.

1539
Hieronymus Bock veröffentlicht sein »New Kreutterbuch, von Underscheidt, Würckung und Namen der Kreutter, so in teutschen Landen wachsen«.

Gegossene Bleiröhren für Wasserleitungen werden eingeführt.

1540
Gründung der Ordensgemeinschaft »Gesellschaft Jesu« durch Ignatius von Loyola (1491 bis 1556). Jesuiten spielen über Jahrhunderte eine bedeutende Rolle im Bildungssystem Europas. Die Bildungsstätten lehren außer Theologie ganz besonders Logik, antike Klassiker, Mathematik, Astronomie, Physik und Philosophie.

Einführung einer einheitlichen Elle in Frankreich.

Wasserleitung mit großen Schöpfrädern in Augsburg.

Francisco Vásquez de Coronado (1510 bis 1554) durchquert den Südwesten Nordamerikas bis Kansas (bis 1542).

Georg Hartmann (1489 bis 1564) erfindet den Kaliberstab für die Maße von Rundgeschossen.

Vannoccio Biringuccio (1480 bis 1539) veröffentlicht »De la Pirotechnica«.

um 1541
Ätherherstellung aus Alkohol und Schwefelsäure.

1541
Todesjahr des Paracelsus. Auf der Suche nach der »Universalmedizin« hat er zahlreiche Medikamente auf anorganisch-chemischer Basis entwickelt und ist so zum Begründer der Chemiatrie geworden.

Von Peru kommend entdeckt Francisco de Orellana (1511 bis 1546) den Amazonas.

um 1542
Georg Hartmann entdeckt die magnetische Inklination.

1542
Leonhart Fuchs (1501 bis 1566) unternimmt in seinem »Historia Stirpium« (deutsch 1543: »New Kreutterbuch«) den ersten Versuch einer botanischen Nomenklatur.

Auf einem Feldzug erreichen Spanier den Grand Canyon und den Arkansas in Nordamerika.

Der Portugiese Fernão Mendes Pinto (1509 bis 1583) erreicht Japan.

1543
Das Hauptwerk von Nikolaus Kopernikus erscheint: »De revolutionibus orbium coelestium« (Über die Umdrehungen der Himmelskörper). Es begründet das heliozentrische Weltbild, das das geozentrische Weltbild des Ptolemäus ablöst.

Andreas Vesalius veröffentlicht »De humani corporis fabrica« (Vom Bau des menschlichen Körpers).

In Bunzlau wird eine Kanalisationsanlage mit Rieselfeldern errichtet.

1544
Errichtung einer Zuckerraffinerie in London.

Sebastian Münster (1488 bis 1552) beschreibt alle Länder in »Cosmographia universalis«. Die 471 Holzschnitte und 26 Karten enthalten noch zahlreiche Irrtümer.

Michael Stifel (1487 bis 1567) behandelt Gleichungen und Logarithmen in »Arithmetica integra«.

Luca Ghini (1490 bis 1556) veröffentlicht sein erstes Herbarium.

um 1545
Große Wasserräder werden als Fördermaschinen eingesetzt.

1545
Conrad Gessner (1516 bis 1665) legt mit seiner »Bibliotheca universalis« eine schweizerische Literaturgeschichte und Enzyklopädie vor (4 Bände bis 1555).

Ambroise Paré (1510 bis 1590) humanisiert und verbessert die Methoden der Chirurgie.

Gerolamo Cardano (1501 bis 1576) veröffentlicht »Ars magna sive de regulis algebraicis« (Die große Kunst oder über die algebraischen Regeln)

Eröffnung eines botanischen Gartens in Padua.

1546
Postum erscheint das erste deutsche Arzneibuch
des Valerius Cordus (1515 bis 1544):
»Pharmocorum conficiendorum ratio…«.

Girolamo Fracastoro entwickelt genauere Vorstellungen über
ansteckende Krankheiten.

1547
Ambroise Paré gelingt erstmals Geburtshilfe durch Wendung
des Kindes in die Fußlage.

1549
Ablehnung des heliozentrischen Weltbildes des Kopernikus
durch Philipp Melanchthon (1497 bis 1560).

Die Spindeldrehbank mit Kardangelenk wird entwickelt.

Eröffnung des »Anatomischen Theaters« in Padua.

1550 bis 1600
Weltherrschaft der spanischen Krone. Zeitalter der Entdeckungen.

1550
Große astronomische Kunstuhr von Hans Paulus
und Isaak Habrecht (1544 bis 1620) im Heilbronner Rathaus.

Im Elsässer Bergbau werden hölzerne Gleise für
Schienenwagen verwendet.

»Holländische Windmühlen« mit drehbarem Aufsatz.

Hans Lobsinger (um 1510 bis 1584) konstruiert eine
Hobelmaschine für Metall und verbessert den Blasebalg.

Der Pariser Arzt Hollerius (gest. 1563) verordnet Brillen
für Kurzsichtige.

Andrea Palladio (1508 bis 1580) baut die erste bekannte
Hängebrücke über den Fluss Cismone.

Georg Agricola legt eine Gesteins-
und Fossilienkunde vor: »De natura fossilium«.

Von Georg Joachim Rheticus (1514 bis 1574) erscheinen
trigonometrische Tafeln.

Erstmalige Verwendung von Siegellack.

1551
In Königsberg wird ein Botanischer Garten mit einer Heilkräutersammlung angelegt.

Im Bergbau werden Treträder, Göpel und Wasserräder eingesetzt.

Konrad von Gesner veröffentlicht »Historia animalium« (4 Bände bis 1558); erscheint 1669 bis 1670 als »Allgemeines Tierbuch« mit Holzschnitten.

1552
Der provençalische Arzt Michel de Nostradame (1503 bis 1566) veröffentlicht seine prophetischen Gedichte, die aus Gruppen von je 100 zusammengefassten Vierzeilern (Quatrains) bestehen, den »Centurien«.

Bartolomeo Eustachi (um 1500 bis 1574) legt anatomische Tafeln vor.

Von Edward Wotton (1492 bis 1555) erscheint seine Untersuchung über Unterscheidungen im Tierreich: »De differentiis animalium«.

Spanier gründen die Universität Mexiko, die erste Universität Amerikas.

In Schweden eröffnet die erste Apotheke.

1553
Silber wird durch Amalgamieren gewonnen.

1554
Das »Herbarium« von Ulisse Aldrovandi (1522 bis 1605) enthält in 17 Bänden rund 15.000 Pflanzen.

Gerhard Mercator (1512 bis 1594) zeichnet eine Karte von Europa.

1555 bis 1618
Mit dem Augsburger Frieden 1555, beginnend bereits 1548 mit dem Schmalkaldischen Frieden, erlebt Deutschland eine lange Friedensperiode, in der sich die Wissenschaften konsolidieren können. Ende mit dem Ausbruch des Dreißigjährigen Krieges 1618.

1555
Zuckerrohr- und Baumwollanbau in Brasilien.

Pierre Belon (1517 bis 1564) veröffentlicht
»Geschichte und Natur der Vögel«.

um 1556
Franciscus Maurolicus (1494 bis 1575) vergleicht
die Augenlinse mit dem Brennglas und erklärt die Wirkung
der Brille.

1556
Begründung der modernen Mineralogie und Bergbaukunde
durch Georg Agricola: »De re metallica libri XII«.

Stephen Borough (1525 bis 1584) entdeckt Nowaja Semlja.

1558
Der neapolitanische Naturforscher Giambattista della Porta
(um 1538 bis 1615) schreibt seine »Magia naturalis«,
die bis 1589 auf zwanzig Bände erweitert wird.

Eröffnung einer Börse in Hamburg.

Zum Prägen von Münzen werden Stoß- und Spindelwerke
eingesetzt.

1559
Realdo Colombo (1516 bis 1559) beschreibt Lage und Haltung
des menschlichen Embryos.

1560
Der sächsische Kurfürst August I. (1526 bis 1586) begründet
eine Sammlung technischer Sehenswürdigkeiten: heute
»Mathematisch-physikalischer Salon« in Dresden.

Erste wissenschaftliche Gesellschaft »Accademia secretorum
naturae« in Neapel durch Giambattista della Porta
gegründet.

Die Sezierung von Leichen, insbesondere von Verbrechern,
wird wieder gestattet. Sie war seit etwa 1350 als sündhaft verboten.

1561
Barbara Uttmann (1514 bis 1575) führt in Annaberg,
Erzgebirge, die Spitzenklöppelei ein.

Hans Spaichel verbessert die Drehbank mit Support.

Gabriello Falloppio (1523 bis 1562) veröffentlicht
»Anatomische Beobachtungen«.

1562
In Prag Gründung des jesuitischen Klementinums
als Gegengewicht zur Karlsuniversität.

1563
Ambroise Paré veröffentlicht »Cinq livres de Chirurgie«
(Fünf Bücher über Chirurgie).

um 1564
Entwicklung der Strumpfstrickerei in England.

1564
Erster Buchdruck in Russland auf französischem Papier.

1565
Die erste Eisenschneidemühle entsteht in Deutschland,
ein Vorläufer der Walzwerke.

Bernardino Telesio (1531 bis 1589) begründet die Naturlehre
aus den Prinzipien Materie, Wärme und Kälte.

In Neapel Gründung der naturwissenschaftlichen
»Academia Telesiana«.

um 1566
Im Bergbau werden Paternoster-Hebewerke errichtet.

1566
Conrad Gessner (1516 bis 1565) schreibt über
die Fossilien in der Gegend von Genf:
»De omni rerum fossilium genere«.

Philipp Apianus (1531 bis 1589) legt die
»Bayerischen Landtafeln« vor,
die erste Landvermessung Bayerns.

um 1567
Die Hanse verliert ihre Vormachtstellung
im europäischen Handel.

1567
Alvaro Mendana de Neyra (1541 bis 1595) entdeckt
auf der Suche nach dem sagenhaften »Südland«
die Salomon-Inseln im Stillen Ozean.

1568
Juanelo Turriano (1500 bis 1585) errichtet für den Alcazar (in Toledo) ein großes Wasserhebewerk mit Kolbenpumpen.

Daniel Barbaro (1513 bis 1570) entwickelt eine Camera obscura mit Linse.

Constanzo Varolio (1543 bis 1575) begründet die Anatomie des Gehirns.

2. Hälfte des 16. Jahrhunderts
Durch die Stimulierung des Experiments wurde die instrumentelle Rationalität gefördert. Zeugnisse dieser Entwicklung sind die zahlreichen und gut illustrierten Maschinen-Bücher vor allem des 16. wie dann auch des 17. Jahrhunderts. In ihnen werden verwirklichte Ideen eingehend beschrieben, Beispiele und Vorschläge für die weitere praktische Nutzung gegeben.

1569
Jacques Besson (um 1540 bis um 1576) legt mit dem »Theatrum instrumentorum« eine reich illustrierte Maschinenkunde vor. Es ist das erste Buch der Neuzeit über Maschinentechnik.

Tycho Brahe (1546 bis 1601) erhöht mit Riesenquadranten die Genauigkeit der Sternbeobachtung.

Jacques Grévin (um 1539 bis 15170) veröffentlicht eine illustrierte Anatomie.

Gerhard Mercator entwickelt eine Weltkarte in neuer Projektion, die bis heute von großer Bedeutung ist.

1570
Das erste Wasserwerk mit Kolbenpumpen entsteht in Danzig.

Das Buchdruckgewerbe wird genehmigungspflichtig.

Abraham Ortelius (1527 bis 1598) veröffentlicht eine Sammlung von Landkarten: »Theatrum orbis terrarum«, ein Erdatlas auf 53 Blättern.

Felix Platter (1536 bis 1614) systematisiert Geisteskrankheiten und setzt sich für eine humane Behandlung der Geisteskranken ein.

1571
Konrad Heresbach (1496 bis 1576) legt das erste deutsche Buch über die Landwirtschaft vor: »Rei rusticae libri quatuor«.

Der topographisch-anatomische Atlas von Volcher Coiter
(1534 bis 1576) behandelt die Lage der Organe zueinander.

1572 bis 1612
Regierungszeit Rudolfs II. (1552 bis 1612), deutscher Kaiser und König von Böhmen, residiert in Prag, das zu einem bedeutenden Zentrum der Alchimie und Astrologie/Astronomie wird.

um 1572
Geschütze lösen endgültig Steinschleudern ab.

1572
Raffaele Bombelli (1526 bis 1572) benutzt in seiner »Algebra« imaginäre Zahlen zur Lösung kubischer Gleichungen.

Tycho Brahe entdeckt in der Milchstraße einen »Neuen Stern«, eine überhelle Supernova, wie sie nur etwa 2 bis 3 Mal in 2000 Jahren zu beobachten ist.

1573
In Augsburg nimmt die erste deutsche Rohrzuckerraffinerie den Betrieb auf.

Jacques Peletier (1517 bis 1582) forscht zur Distanzmessung: »De l'usage de la géométrie«.

Der Frankfurter Stadtphysikus Adam Lonicerus (1528 bis 1586) behauptet, dass Krankheiten Folgen der Erbsünde seien.

1574
Die astronomische Kunstuhr im Straßburger Münster, im Bau seit 1547, wird von den Brüdern Isaak (1544 bis 1620) und Josias Habrecht (1552 bis 1575) vollendet und in Betrieb genommen.

Das »Probierbuch« von Lazarus Erkner behandelt die chemische Metallurgie.

Gründung der Universität Bern.

um 1575
»Nürnberger Eier« (Taschenuhren) kommen in den Handel.

Der Sohn des Nostradamus wird hingerichtet, weil er einen von ihm astrologisch vorausgesagten Stadtbrand selbst gelegt hatte.

Jacques Besson baut eine Drehbank mit Gewichtsantrieb.

1575
Gründung der Universität Leiden (Leyden), Niederlande.

1576
Medici-Porzellan in Italien, die erste Nachahmung des chinesischen Porzellans.

Tycho Brahe errichtet auf der dänischen Sundinsel zwei Großsternwarten.

François Viète (1540 bis 1603) entwickelt die Dezimalbruchrechnung.

Martin Frobisher (um 1535 bis 1594) entdeckt Baffinland und Grönland.

Gründung der Universitäten Warschau und Helmstedt (besteht bis 1810).

1577
Logleine von William Bourne zur Messung der Schiffsgeschwindigkeit gebräuchlich: »A regiment for the Sea«.

Francis Drake (um 1540 bis 1596) unternimmt eine zweite Erdumseglung (bis 1580).

1578
Leonhardt Thurnheysser (1530 bis 1596), der unter Kurfürst Johann Sigismund (1572 bis 1619) in Berlin mit ungeheurem Erfolg ein alchimistisch-pharmazeutisches Laboratorium führt, legt ein »Magisches Kräuterbuch« vor.

Jacques Besson beschreibt mathematische und mechanische Instrumente in »Théâtre des instruments mathématiques et méchaniques…«

In Mannheim entsteht das erste Gradierwerk.

1579
François Viète begründet die Goniometrie, sie gilt als vorbereitende Wissenschaft für die Trigonometrie.

In Würzburg mit dem »Julius-Spital« Gründung des ersten neueren Krankenhauses.

Johann Helffrich (gest. 1588) macht die Pyramiden und die Sphinx bei Kairo durch sein Tagebuch bekannt: »Kurtzer und warhafftiger Bericht«.

1580
Versuch eines Perpetuum mobile mit Wasserkreislauf von Jacopo de Strada (1507 bis 1588). Erste Versuche zu einem Perpetuum mobile lassen sich bereits Mitte des 13. Jahrhunderts belegen.

François Viète verwendet eine Buchstabenrechnung.

Bernard Palissy (1510 bis 1589) erkennt Zusammenhänge zwischen der Entstehung der Fossilien und der Erdgeschichte, was im Gegensatz zur Autorität der Bibel steht.

In Leipzig wird ein Botanischer Garten angelegt.

um 1581
Bau zahlreicher mechanischer Automaten in Gestalt von Lebewesen vor allem im Raum Nürnberg und Augsburg.

1582
Scaruffi veröffentlicht seinen »Diskurs über das Geld«.

Gründung der Universität Würzburg.

1583
Andrea Cesalpino (1524 bis 1603) findet den Rückstrom des Blutes in den Venen und veröffentlicht 16 Bücher über die Pflanzen (»De plantis libri XVI«).

Galileo Galilei (1564 bis 1642) entdeckt die Zeitengleichheit der Pendelschwingungen.

Thomas Fincke (1561 bis 1656) behandelt die Geometrie des Kreises: »Geometria rotundi«.

Gründung der Universität Edinburgh.

1584
Reginald Scot (vor 1538 bis 1599) veröffentlicht mit »Discoverie of Witchcraft« das erste Zauberbuch im modernen Sinn, in dem er das Treiben der Hexen und Zauberer nach naturwissenschaftlichen und logischen Gesichtspunkten untersucht.

Tycho Brahe stellt mit rund 1000 Sternen den genauesten vorteleskopischen Fixsternkatalog auf.

Walter Raleigh (1552 bis 1618) bringt die Kartoffel nach Irland, von wo aus sie sich über ganz Europa verbreitet.

1585
Simon Stevin (1548 bis 1620) begründet die Unmöglichkeit eines Perpetuum mobile: »Practique d'Arithmétique«. Er führt die systematische Dezimalbruchrechnung ein, findet das Gesetz der schiefen Ebene (Parallelogramm der Kräfte) und gibt der Statik fester und flüssiger Körper abschließende Gestalt.

John Davis (1550 bis 1605) durchfährt die Meerenge zwischen Grönland und Nordamerika.

Gründung der Universität Graz.

1586
Delfter Fayence: Nachahmung chinesischen Porzellans in den Niederlanden.

Thomas Cavendish (1560 bis 1592) unternimmt die dritte Weltumseglung (bis 1588).

Galileo Galilei erfindet die hydrostatische Waage (Tauch-Dichtemesser).

Niederländer setzen Sprengschiffe mit Lunten- und Uhrwerkzündung ein.

In Rom wird ein 25,5 Meter hoher und 487 Tonnen schwerer Obelisk versetzt. Beteiligt sind 900 Menschen, 140 Pferde und 40 Winden.

1587
Das Volksbuch von der »Historia von Dr. Johan Fausten, dem weitbeschreyten Zauberer und Schwartzkünstler« erscheint in Frankfurt am Main. Vorbild der Sage ist vermutlich der deutsche Zauberkünstler Georg Faust (um 1480 bis um 1539).

Die Brillenmacher Hans (gest. 1619) und Zacharias Janssen (um 1588 bis um 1631) konstruieren ein Mikroskop.

1589
William Lee stellt in Cambridge einen Wirkstuhl (Handkulierstuhl) vor.

Tycho Brahe bezweifelt das kopernikanische Weltbild.

Galileo Galilei erhält den Lehrstuhl für Mathematik in Pisa.

Gründung der Akademie in Kiew.

um 1590
Steinkohlegewinnung im Ruhrgebiet, Deutschland.

Zweilinsiges Mikroskop in Holland.

1590
Galileo Galilei unternimmt Fallversuche vom Turm zu Pisa.

Theodor de Bry (1528 bis 1598) veröffentlicht Bilderatlanten über die großen Reisen der Zeit. Band 1: »Wunderbarlichste, doch wahrhaftige Erklärung von der Gelegenheit und Sitten in Virginia«. Insgesamt erscheinen 17 Bände bis 1634.

Simon Stevin veröffentlicht eine Theorie der Gezeiten: »Hylovynesie«.

um 1591
Windmühlen in den unterschiedlichsten Formen dienen als Antriebsmittel.

1591
Faustus Verantius (1551 bis 1617) baut die erste Baggermaschine.

Johann Coler (1566 bis 1639) veröffentlicht mit »Oeconomia ruralis et domestica« (bis 1604; deutsch 1672) eines der frühesten bedeutenden Werke der Hausväterliteratur – eine Literaturgattung, die sich mit der »Ökonomik« befasst, im Grunde Ratgeberliteratur mit Tipps und Hinweisen zur Haushaltsführung, Land- und Viehwirtschaft, mit Kochrezepten und insbesondere protestantischen (lutherischen) Regeln für Familie, Ehe und Kindererziehung.

um 1592
Galileo Galilei entwickelt das Thermoskop mit Luftausdehnung.

1592
John Davis entdeckt die Falklandinseln.

Galileo Galilei ist Professor in Padua.

Jooris Hoefnagel (1542 bis 1601) stellt auf 50 Kupferbildtafeln die ersten mikroskopischen Untersuchungsergebnisse an Insekten vor.

1593
Der »Canon medicinae« von Avicenna (980 bis 1037) wird veröffentlicht; deutsch 1658.

1594
Galileo Galilei entdeckt die »Goldene Regel« der Mechanik: das Gesetz der mechanischen Energieerhaltung.

»The honorable History of Frier Bacon, and Frier Bongay« erscheint in London. Das englische Volksbuch ist mit dem des deutschen »Faust« vergleichbar.

Willem Barents (1550 bis 1597) bereist das nördliche Eismeer, Nowaja Semlja und Spitzbergen (bis 1597).

um 1595
Galileo Galilei findet die Pendelgesetze, womit eine quantitativ messende Naturwissenschaft beginnt.

1595
Der deutsche Alchimist Andreas Libavius (1546 bis 1616) legt mit seiner »Alchymie« ein Lehrbuch vor, das von der Alchimie zur wissenschaftlichen Chemie überleitet.

Der »Atlas« von Gerhard Mercator erscheint postum.

1596
Ludolph van Ceulen (1540 bis 1610) berechnet die Kreiszahl Pi auf 35 Stellen.

David Fabricius (1564 bis 1617) entdeckt den ersten veränderlichen Stern (Mira).

Andrea Cesalpino schreibt über die Metalle: »De metallis«.

Johannes Kepler versucht, die Planetenbahnen pythagoreisch auf die fünf regelmäßigen Vielflächner zurückzuführen: »Mysterium cosmographicum« (Geheimnis des Weltenbaus).

Willem Barents und Jacob van Heemskerk (1567 bis 1607) entdecken die Bäreninsel und Spitzbergen.

um 1597
Es entstehen erste Feldlazarette und Feldapotheken.

1597
Galileo Galilei entwickelt einen Proportionalzirkel, gilt als Vorläufer des Rechenschiebers.

um 1598
Die »Goldmacherei« der Alchimisten gelangt zu hoher Blüte und schädigt die (meist fürstlichen) Auftraggeber.

1598
Olivier van Noort (1558 bis 1627) vollbringt die vierte Erdumseglung seit Magellan (bis 1601).

Tycho Brahe schreibt über Sternwarten und Instrumente: »Astronomiae instauratae mechanica«.

Von Carlo Ruini (1530 bis 1598) erscheint eine Anatomie des Pferdes mit Holzschnitten: »Anatomia del Cavallo«.

um 1599
Aufschwung der Eisenindustrie.

Stagnation im Silberbergbau.

1599
Ulisse Aldrovendi veröffentlicht eine Vogelkunde: »Ornithologia« (3 Bände bis 1603).

17. Jahrhundert
Trotz der Ausweitung und Verbreitung chemischer Kenntnisse erlebt die phantastische Alchimie einen Höhepunkt. Etwa 5000 alchimistische Schriften sind nachweisbar.

um 1600
Kaiser Rudolf II. (1552 bis 1612) ist Mäzen der fahrenden Alchimisten. Seine Residenz auf dem Hradschin in Prag bildet den Mittelpunkt für die phantastischen wissenschaftlichen Bestrebungen seiner Zeit. Von seinen Schützlingen wird er nach dem sagenhaften Ahnherrn der Alchimie der deutsche Hermes Trismegistos genannt.

1600
Tycho Brahe und Johannes Kepler (1571 bis 1630) arbeiten in Prag zusammen. Die späteren Keplerschen Gesetze beruhen auf Brahes Planetenbeobachtungen.

Galileo Galilei erkennt das Trägheitsgesetz der Körper.

Hieronymus Fabricius (1533 bis 1619) veröffentlicht erste Abbildungen menschlicher Embryos.

In seinem Buch über Erdmagnetismus »De magnete, magneticisque…« prägt William Gilbert (1544 bis 1603) das Wort »Elektrizität«: Er nennt die Kraft des geriebenen Bernsteins »vis electra« nach dem griechischen Namen für Bernstein.

Francis Bacon (1561 bis 1626) misst die Schallgeschwindigkeit in der Luft.

1601
Nicolas Barnaud (1538 bis 1604) bahnt mit »De Occulta Philosophia« den Rosenkreuzern den Weg in die Öffentlichkeit.

Johannes Kepler wird kaiserlicher Astronom und Astrologe.

Thomas Harriot (um 1560 bis 1621) formuliert das Lichtbrechungsgesetz, bleibt unveröffentlicht.

um 1602
Blüte der Erzbergwerke im Harz und im Erzgebirge. Einstellung der Produktion im Dreißigjährigen Krieg.

Galileo Galilei beginnt Fallgesetze abzuleiten.

Gewehre mit Feuersteinschloss verdrängen das mit Luntenschloss.

Es finden sich letzte Anhänger der Lehre von den vier Elementen Wasser, Erde, Feuer, Luft.

1602
Gründung des Krankenhauses »Charité« in Paris.

1603
Gründung der »Accademia dei Lincei« in Rom.

Christoph Scheiner (1575 bis 1650) erfindet den Storchschnabel (Pantograph).

Johann Bayer (1572 bis 1625) veröffentlicht den Himmelsatlas »Uranometria« und führt moderne Sternenbezeichnungen ein.

1604

In Europa ist etwa die Hälfte der Erdoberfläche bekannt.

In »Astronomia pars Optica« behandelt Johannes Kepler theoretisch die astronomische Strahlenbrechung.

Einführung von Kupferscheidemünzen in Deutschland.

um 1605
»Teufelsbeschwörungen« mit der Camera obscura.

1605
Willem Janszoon (1570 bis 1630) entdeckt Australien.

Pedro Fernández de Quirós (1665 bis 1615) entdeckt Tahiti und die Neuen Hebriden (bis 1606).

Caspar Bauhin (1560 bis 1624) legt in »Theatrum anatomicum« eine neuere Nomenklatur der Anatomie vor.

Jost Bürgi (1552 bis 1632) berechnet Logarithmen.

Gründung einer Börse in Lübeck.

1606
Das »Kreutterbuch« von Bartholomäus Carrichter erscheint.

Herstellung von Schokolade durch Antonio Carletti.

In England entsteht ein Eisenschneidewerk.

Joseph Juste Scaliger (1540 bis 1609) begründet mit »Thesaurus temporum« die neuzeitliche historische Chronologie.

Luis Váez de Torres (1665 bis 1610) durchfährt die nach ihm benannte Straße zwischen Neuguinea und Australien.

1607
»Theatrum machinarum«, das mehrbändige Werk von Heinrich Zeising (gest. um 1610 oder 1613), erscheint bis 1622. Es ist das erste deutschsprachige Buch über den Maschinenbau.

1608
Gründung der protestantischen Union (Pfalz führend).

Johannes Lipperhey (1570 bis 1619) erfindet ein Fernrohr; er erhält das Patent für eine binokulare Brille. Beinahe zeitgleich entwerfen auch Jacob Metius (nach 1571 bis 1628) und Zacharias Janssen (um 1588 bis um 1631) und dessen Vater das Fernrohr. Galileo Galilei und Johannes Kepler entwickeln es weiter.

1609
Gründung der katholischen Liga (Bayern führend).

Johannes Kepler beschreibt in »Astronomia Nova« die Planetengesetze (erstes und zweites Keplersches Gesetz der Planetenbahnen, abgeleitet aus den Marsbeobachtungen von Tycho Brahe).

Galileo Galilei verbessert das holländische Fernrohr von der 3fachen auf die 50fache Vergrößerung und begründet die Fallgesetze.

Henry Hudson (um 1565 bis 1611) entdeckt den nach ihm benannten Fluss in Nordamerika.

1610
Galileo Galilei bestätigt in »Sidereus nuncius« Kopernikus. Als Hofgelehrter in Florenz entdeckt er Jupitermonde, Venusphasen, Mondgebirge, Sonnenflecken sowie Andeutungen des Saturnrings und die Milchstraße als Sternenanhäufung.

Das »Kräuterbuch« von Pedanius Dioscorides erscheint. Der griechische Arzt lebte im 1. Jahrhundert der Epoche des römischen Kaisers Nero.

1611
Johannes Kepler beschreibt in »Dioptrice« und konstruiert das astronomische (bildverkehrte) Fernrohr. Seine Schrift über den »sechseckigen Schnee« ist Beginn einer Kristalltheorie.

Santorio Santorio (1561 bis 1636) konstruiert das Thermoskop.

1612
Englische Kolonisten beginnen in Virginia mit dem Tabakanbau.

Simon Marius (1573 bis 1625) entdeckt den Andromedanebel.

1613

Galileo Galilei vertritt in einer Veröffentlichung das kopernikanische Weltbild.

Christoph Scheiner bestimmt die Periode der Sonnenrotation aus der Beobachtung der Sonnenflecken.

1614

John Napier (1550 bis 1617) veröffentlicht mit »Descriptio mirifici logarithmorum canonis« erste Logarithmentafeln und entwickelt das Rechenstäbchen als Vorläufer des Rechenschiebers.

Mit Roderich von Castro (1546 bis 1627) beginnt eine wissenschaftliche gerichtliche Medizin.

um 1615

Ausnutzung der Sonnenstrahlung als Energiequelle für kleine mechanische Vorrichtungen, etwa Springbrunnen.

1615

Zahlreiche reich illustrierte Werke über den Maschinenbau erscheinen, darunter:

Salomon de Caus (1576 bis 1626) schreibt über die »Gewaltzamen Bewegungen«.

Die »Machinae novae« (Neue Maschinen) von Faustus Verantius (1551 bis 1617) liegen vor.

Die Post geht als Lehen an die Fürsten von Thurn und Taxis (Reste bis 1866).

Johan Baptista van Helmont (1577 bis 1644), Alchimist, Arzt und Philosoph und der bedeutendste Nachfolger des Paracelsus, veröffentlicht mit »Pharmacopolium ac dispensatorium modernum« eine Arzneimittelkunde mit christlich-mythischen Zügen.

Von Andreas Libavius (1555 bis 1616) erscheint »Chirurgia transfusoria« (Bluttransfusion).

Antoine de Montchrétien (1575 bis 1621) prägt den Begriff »politische Ökonomie«.

Galileo Galilei muss wegen kopernikanischer »Irrlehren« vor der Inquisition erscheinen.

Der Bund der Rosenkreuzer ist nachweisbar, eine mystische Geheimgesellschaft, deren Geisteswelt von einem seltsamen

Konglomerat christlicher und alchimistischer Allegorien, humanitärer Erlösungssehnsüchte und Sektierertum bestimmt ist. Als eigentlicher Begründer gilt der Tübinger Theologe Johann Valentin Andreae (1586 bis 1654). Die drei grundlegenden Schriften »Fama Fraternitatis, oder Entdeckung der Brüderschaft des hochlöblichen Ordens des Rosenkreutzes«, gedruckt anonym zu Kassel 1614, »Confessio Fraternitatis R.C.«, 1615, und »Chymische Hochzeit Christiani Rosenkreutz. Anno 1459«, Straßburg 1616, stammen von ihm oder aus seinem Umkreis.

1616

Verbot der Lehre des Kopernikus. Sein Werk kommt auf den Index der katholischen Kirche.

William Baffin (1584 bis 1622) gelangt bis zu den Nordwestausgängen der nach ihm benannten Baffin-Bay.

Willem Cornelisz Schouten (1567 bis 1625) umsegelt Kap Horn.

In Siegen wird die erste deutsche Militärschule eröffnet.

1617

Henry Briggs (1561 bis 1630) erfindet dekadische Logarithmen, Einführung 1624.

Willebrord van Roijen Snell (1580 bis 1626) vollendet seine erste Meridianmessung mit Hilfe der Triangulation und entdeckt das Brechungsgesetz.

Michael Majer (1568 bis 1622) sucht in der Alchimie das »philosophische Gold«. Zu seinen Hauptwerken zählt »Atalanta fugiens«.

1618 bis 1648
Dreißigjähriger Krieg.

1618

»Künstlicher Abriss allerhand Wasser-, Hand- und Rossmühlen« von Jacopo de Strada à Rosberg (1507 bis 1588) wird veröffentlicht.

Von Martin Böhme (1552 bis 1619) erscheint die Tierheilkunde »Ein Neu-Buch von bewehrten Rosz-Artzeneyen«.

Johann Baptist Cysat (1587 bis 1657) entdeckt den Orion-Nebel.

William Harvey (1578 bis 1658) entdeckt den doppelten Blutkreislauf, veröffentlicht 1628.

In Schweden wird die Königliche Kupferkompagnie gegründet.

1619
In England ist eine Ziegelformmaschine bekannt.

Dud Dudley (1600 bis 1684) erhält das erste Patent für die Verhüttung von Eisenerz (Erz, Kohle, Koks). Seine Fabrik wird von seinen Konkurrenten zerstört und sein Verfahren ausgeschaltet.

Christoph Scheiner untersucht die Optik des Auges.

Johannes Kepler veröffentlicht »Harmonices mundi« (mit dem 3. Gesetz der Planetenbewegung).

um 1620
Johan Baptista van Helmont weist auf die Substanzerhaltung bei chemischen Prozessen hin.

Das Thermometer wird aus dem Thermoskop entwickelt.

Im Erzgebirge wird Weißblech hergestellt.

1620
Francis Bacon (1561 bis 1626) veröffentlicht sein »Novum organum scientiarum« (Neues Organon der Wissenschaften). Er verlangt, dass sich die Philosophie von der Scholastik befreien und mit den Naturwissenschaften verbünden müsse, womit er die empirische Forschung fördert.

In Leipzig erscheint in deutscher Sprache die »Schatzkammer Mechanischer Künste« von Agostino Ramelli (1531 bis 1600).

Von Jost Bürgi erscheinen die Logarithmentafeln »Arithmetische und geometrische Progress-Tabulen«.

Edmund Gunter (1581 bis 1626) entwickelt logarithmische Skalen. Mit William Oughtred (1574 bis 1660) erfindet er den Rechenschieber.

1621
Einführung des Bandwebstuhls.

Erste Kartoffelpflanzungen in Herborn, Deutschland, durch Johannes Matthäus (1563 bis 1621).

Beginn der wissenschaftlichen Nordlicht-Beobachtung durch Pierre Gassendi (1592 bis 1655).

Willebrord Snell entdeckt das Gesetz des Brechungswinkels der Lichtstrahlen.

Erste Keilschriftzeichen kommen nach Europa.

Universitätsgründungen in Straßburg und in Rinteln (bis 1809).

1622
Johannes Kepler regt die Konstruktion von Rechenmaschinen an.

Cornelis Jacobszoon Drebbel (1572 bis 1633) konstruiert ein Tauchboot.

1623
Wilhelm Schickard (1592 bis 1635) konstruiert die erste mechanische Rechenmaschine für die vier Grundrechenarten.

Caspar Bauhin veröffentlicht mit »Pinax theatri botanici« eine systematische Botanik mit Nomenklatur für etwa 6000 Pflanzen.

Joachim Jungius (1587 bis 1657) gründet in Rostock eine Akademie auf antischolastischer, empirischer Grundlage.

Gründung der Universitäten in Salzburg (von schwäbischen Benediktinern) und in Altdorf (von Jesuiten).

1624
Vorherrschaft der niederländischen Handelsflotte.

Patentschutz für Erfindungen in England.

Philipp Clüver (1580 bis 1622) veröffentlicht »Introductio in geographiam universam« (Einführung in die allgemeine historische Geographie).

1625
Französische Erstausgabe der »Schutz-Schrifft. Worin Alle vornehmen Leute, die der Zauberey fälschlich beschuldiget sind, vertheidigt werden« von Gabriel Naudé (1600 bis 1653); deutsch erst 1704.

Georg Meichsner veröffentlicht »Arithmetica Practica«, u. a. mit Rechenaufgaben aus der Bibel.

Christoph Scheiner liefert den experimentellen Nachweis des umgekehrten Netzhautbildes.

1626

Das »Kreuterbuch« von Pierandrea Matthiolus (1500 oder 1501 bis 1577) liegt in mindestens 70 Ausgaben vor.

In England wird das erste Patent auf eine Dampfmaschine erteilt.

In Paris wird ein botanischer Garten eröffnet.

1627

Johannes Kepler veröffentlicht genauere Planetentafeln: »Tabulae Rudolphinae«.

Die französische Artillerie verwendet erstmals zylindrische Geschosse.

Santorio Santorio misst Fieber mit dem Thermometer und erfindet den Feuchtigkeitsmesser.

Im Bergbau wird Schwarzpulver zum Sprengen verwendet.

1628

William Harvey veröffentlicht über den Blutkreislauf »De motu cordis et sanguinis«, den er 1618 entdeckt hatte.

In Frankreich Erhebung der Branntweinsteuer.

Johannes Kepler geht zu Wallenstein (1583 bis 1634), der ihm aber die Gehaltsrückstände des Kaisers nicht zahlt.

1629

Giovanni Branca (1571 bis 1645) entwirft die Dampfturbine.

Albert Girard (1595 bis 1632) veröffentlicht erste Formeln für die Inhalte sphärischer Dreiecke: »Invention nouvelle en l'algèbre«.

Daniel Mögling (1596 bis 1635) veröffentlicht »Die edle Kunst Mechanica«.

Pierre de Fermat (1607 bis 1665) behandelt Tangenten-Probleme nach einer die Differentialrechnung vorbereitenden Methode.

China beruft Jesuiten zur Kalenderreform, während Jesuiten in Europa entscheidend zur Kenntnis über China beitragen.

1630
Santorio Santorio konstruiert eine medizinische Waage zum Studium des Stoffwechsels.

Christoph Scheiner berichtet über seine Beobachtungen der Sonnenflecken (seit 1611): »Rosa ursina, sive sol«.

Büchsenläufe werden mit Drall versehen.

1631
Pierre Vernier (1580 bis 1637) erfindet einen Messschieber zur Verbesserung der Längenmessungen; genannt »Nonius« nach dem portugiesischen Mathematiker Petrus Nonius (1502 bis 1578).

1632
Der »Dialogo sopra i due massimi sistemi del mundo« (Dialog über die beiden hauptsächlichen Weltsysteme) von Galileo Galilei steht von 1633 bis 1822 auf dem Index der katholischen Kirche.

In Leiden wird eine Sternwarte mit Teleskop errichtet.

1633
Im zweiten Prozess der Inquisition gegen Galileo Galilei schwört dieser der kopernikanischen Lehre ab und wird inhaftiert, darf aber schon bald auf seinem Landsitz leben.

Optischer Telegraph von V. Worcester. Solcherart »Telegraphie« ist schon aus der Antike bekannt.

1634
Es erscheint ein astrologischer »Immerwährender Hauskalender« als Vorläufer des »Hundertjährigen Kalenders« von 1701.

Der englische Mechaniker John Bate (aktiv 1626 bis 1635) beschreibt in »The mysterys of Nature and Art« verschiedene mechanische, chemische, pyrotechnische und andere Experimente.

1635
Der Jesuit Christoph Scheiner beschreibt den 1603 von ihm erfundenen »Storchschnabel« (Pantograph), eine Vorrichtung zum Vergrößern und Verkleinern von Zeichnungen.

Deutsche Persien-Expedition (bis 1639) mit Adam Olearius und Paul Fleming.

Paul Guldin (1577 bis 1643) veröffentlicht seine Untersuchungen zum Schwerpunkt: »Centrobaryca« (4 Bände bis 1641).

Bonaventura Cavalieri (1598 bis 1647) behandelt in »Geometria« das Prinzip der Inhaltsgleichheit zweier Körper.

In Paris Gründung der »Académie française«.

1636
Galileo Galilei entdeckt das Prinzip der Relativität.

Juan Locatelli baut die erste Drillmaschine (Sambrador).

Einführung der Chinarinde aus Nordamerika als Mittel gegen Malariafieber.

Gründungen der Universitäten Utrecht (Niederlande) und Harvard in Cambridge (Nordamerika).

1637
»Discourse de la méthode« – mechanistisch-deistische Erklärung des Weltganzen von René Descartes (1596 bis 1650).

René Descartes formuliert eine Theorie des Regenbogens.

In England Bau des ersten Kriegsschiffs mit drei Decks und hundert Kanonen.

Pierre de Fermat entwickelt die analytische Geometrie.

1638
Galileo Galilei veröffentlicht »Dialoghi delle nuove scienze« (Gespräche über die neuen Wissenschaften).

In »Nova Atlantis« beschreibt Francis Bacon u.a. die akustischen Werkstätten des Hauses Salomons, in denen Töne und ihre Erzeugungsarten untersucht werden.

In der Papierfabrikation wird der »Holländer« eingesetzt, ein rotierender kugelförmiger Hadernkocher oder auch Stoffmühle.

1639
Gérard Desargues (1591 bis 1661) entwickelt die synthetische projektive Geometrie der Kegelschnitte.

1640 bis 1688
Regierung Friedrich Wilhelms, Großer Kurfürst von Preußen.

1640

Marin Mersenne (1588 bis 1648) misst die Schallgeschwindigkeit in der Luft anhand von Blitz und Knall einer Kanone.

Werner Rolfinck (1599 bis 1673) erhält die Erlaubnis zur Sektion von (Verbrecher-)Leichen.

Gründung der Universität Turku, Finnland.

um 1641

Aufschwung der Eisenindustrie in Schweden.

Entwicklung eines Weingeistthermometers.

1641

Der »Trattato del moto« (Über die Bewegung der schweren Körper) von Evangelista Torricelli (1608 bis 1647), einem Schüler und Nachfolger Galileo Galileis, liegt vor.

1642 bis 1649
Bürgerkrieg in England.

1642

Blaise Pascal (1623 bis 1662) baut eine mechanische Rechenmaschine für Addition und Subtraktion.

Abel Tasman (1603 bis 1659) bereist die Südküste Australiens und entdeckt das nach ihm benannte Tasmanien (bis 1853: Van Diemens Land) sowie Neuseeland, die Tonga- und die Fidschi-Inseln.

Joachim Jungius (1587 bis 1657) erkennt die Bedeutung der Waage und begründet »Atom« und »Element« für die Chemie.

Von Ulisse Aldrovandri erscheint postum seine Untersuchung der Weich- und Schalentiere: »De mollibus, crustaceis, testaceis et zoophytis«.

Matthäus Merian der Ältere (1593 bis 1650) legt den ersten Band seines »Theatrum Europeum« vor. Bis 1688 erscheinen 30 Bände mit Karten und Stadtansichten.

1643 bis 1715
Regierung Ludwigs XIV. von Frankreich.

1643
In Massachusetts (Nordamerika) wird die erste Eisenhütte in Betrieb genommen.

Evangelista Torricelli erfindet (mit Vincenzo Viviani) das Quecksilberthermometer und entdeckt die Veränderlichkeit des Luftdrucks.

Entdeckung des Baikalsees.

1644
Johan Baptista van Helmont untersucht als einer der Ersten »Gase« und prägt den Begriff »Ferment«.

Joachim Jungius erkennt die Unteilbarkeit chemischer Elemente.

Evangelista Torricelli entdeckt das Gesetz für den Ausfluss von Flüssigkeiten, und er veröffentlicht ein Werk über die Geometrie: »Opera geometrica«.

um 1645
Thomas Bartholinus (1616 bis 1680) unternimmt Versuche zur örtlichen Betäubung mit Eis- und Schneekühlung.

1645
Giovanni Riccioli (1598 bis 1671) und Francesco Maria Grimaldi (1618 bis 1663) bestätigen Galileis Fallgesetze an frei fallenden Körpern.

Anton Maria Schyrl (1604 bis 1660) baut ein »terrestrisches« Fernrohr mit aufrechtem Bild.

1646
Der Jesuit Athanasius Kircher (1601 bis 1680) beschreibt in »Ars magna lucis et Umbrae« u. a. die Laterna magica zur Erzeugung von Spukbildern sowie Fluoreszenzerscheinungen.

Hans Hautsch (1595 bis 1670) baut einen Prunkwagen mit »Muskelantrieb«.

1647
Veröffentlichung der ersten Mondkarte

(Zeichnung und Beschreibung der Mondoberfläche) durch Johannes Hevelius (1611 bis 1687): »Selenographie«.

um 1648
In Venetien Herstellung von Lüstern und Spiegeln.

Facettenschliff von Diamanten in Deutschland bekannt.

1648
Der deutsche Chemiker Johann Rudolf Glauber (1604 bis 1668) verbessert das Destillierverfahren in der Chemie (bis 1660); er entwickelt verschiedene Verfahren zur Herstellung von anorganischen Säuren und Salzen.

Blaise Pascal unternimmt erste barometrische Höhenmessungen.

Semjon Iwanowitsch Deschnjow (1605 bis 1673) umsegelt bis 1654 die Tschuktschen-Halbinsel und entdeckt die nordöstliche Ausfahrt.

1649
Francesco Redi (1626 bis 1697) widerlegt die Möglichkeit der Urzeugung von Lebewesen aus Schlamm.

1650
Athanasius Kircher beschreibt in »Musurgia universalis« verschiedene akustische Phänomene, u. a. »sprechende Köpfe« und die Herstellung von Musikautomaten.

Gründung der Calwer »Zeughandlungskompanie« (besteht bis 1797).

Erste sächsische Postverbindungen nach Prag und Thüringen.

Jerofei Pawlowitsch Schabarow (1603 bis 1671) erreicht von Russland aus die Mandschurei.

Francis Glisson (1597 bis 1677) beschreibt die Rachitis (»Englische Krankheit«).

Bernhardus Varenius (1622 bis 1650/51) veröffentlicht »Geographia generalis«: Beginn der allgemeinen vergleichenden Geographie mit Einteilung der Erdgroßformen.

Giovanni Battista Riccioli (1598 bis 1671) entdeckt den ersten Doppelstern »Mizar«.

1651
William Harvey, der Entdecker des Blutkreislaufs, schreibt in »Omne animal ex ovo« und »De generatione animalium«, dass alles Leben aus dem Ei hervorgehe.

Johann Rudolf Glauber macht erste chemische Analysen von Meteorsteinen.

Astronomische Schrift von Giovanni Battista Riccioli: »Almagestum novum«.

Gründung der Universität Duisburg (besteht bis 1818).

1652
In Schweinfurt wird mit der »Academia Naturae«, der »Kaiserlich Leopoldinischen-Carolinisch Deutschen Akademie der Naturforscher«, die erste wissenschaftliche Akademie Deutschlands gegründet (ab 1878 in Halle/Saale). Es folgen Akademiegründungen in London (1662), Paris (1666), Moskau (1681), Berlin (1700), Madrid (1713).

Thomas Bartholinus beschreibt Lymphgefäße.

um 1653
Otto von Guericke (1602 bis 1686) erfindet die Kolben-Luftpumpe zur Herstellung luftleerer Räume.

Stadtpost mit Briefkästen in Paris.

Erster Lichtbildvortrag durch André Tacquet (1612 bis 1660).

1654
Otto von Guericke führt dem Regensburger Reichstag die Wirkung des Luftdrucks an den »Magdeburger Halbkugeln« vor.

Bestimmung des spezifischen Gewichts von Luft.

Blaise Pascal und Pierre de Fermat begründen die Wahrscheinlichkeitsrechnung anhand des Würfelspiels.

Christiaan Huygens (1629 bis 1695) veröffentlicht »Von der Bestimmung der Größe des Kreises«.

1655
Hans Hautsch entwickelt eine Feuerspritze mit Windkessel.

Bekannt ist ein Krankenstuhl zum Selbstfahren.

Giovanni Alfonso Borelli (1608 bis 1679) erforscht die Kapillaritätserscheinungen.

1656

Johann Rudolf Glauber experimentiert mit künstlicher Düngung.

Christiaan Huygens verbessert die Schleiftechnik von Teleskoplinsen und entdeckt den Orionnebel und den Saturnring.

Thomas Wharton (1614 bis 1673) erforscht und beschreibt die Anatomie der Drüsen.

Der französische Astrologe Jean Baptiste Morin (geb. 1589) stirbt. Er gilt als letzter großer Astrologe.

Blaise Pascal wendet sich von Mathematik und Physik ab zu einer religiösen Philosophie.

Mit dem Fortschreiten naturwissenschaftlicher und besonders astronomischer Kenntnisse wird die Astrologie zunehmend als Aberglaube betrachtet, behält jedoch viele Anhänger.

1657

In Florenz wird die »Accademia del Cimento« durch die Medici-Familie gegründet und finanziert. Die naturwissenschaftliche Gesellschaft verfolgt ein konsequentes experimentelles Programm.

Johann Rudolf Glauber stellt Messing her.

Christiaan Huygens erhält das Patent auf die Pendeluhr.

Christiaan Huygens berechnet das Würfelspiel: »De ratiociniis in ludo aleae«.

Otto von Guericke erfindet ein Wasserbarometer.

1658

Der französische Staatsmann Jean-Baptiste Colbert (1614 bis 1683), Vertreter des Merkantilismus, lehrt, dass der Reichtum eines Volkes in seinem Besitz an Edelmetallen bestehe.

Jan Swammerdam (1637 bis 1680) entdeckt im Froschblut rote Blutkörperchen.

Pierre de Fermat veröffentlicht seine Zahlentheorie mit dem »Fermatischen Problem«.

1659
Patentierung der Unruhfeder der Uhr.

Christiaan Huygens und Robert Hooke (1635 bis 1703) bestimmen den konstanten Tiefpunkt des Thermometers.

Christiaan Huygens beschreibt die wahre Gestalt des Saturnringes und entdeckt den ersten Saturnmond.

1660
Friedrich Staedtler (1636 bis 1688) errichtet in Nürnberg eine Bleistiftmanufaktur.

Robert Hooke entdeckt das Gesetz der proportionalen Abhängigkeit zwischen der auf einen elastischen Körper einwirkenden Kraft und seiner Deformation.

Thomas Sydenham (1624 bis 1689) fasst Krankheit als Prozess auf und erkennt die Nützlichkeit des Fiebers.

Robert Boyle (1627 bis 1691) veröffentlicht »New Experiments Physico-mechanical«.

1661
In »The sceptical Chymist« des englischen Chemikers Robert Boyle spielt der Elemente-Begriff eine zentrale Rolle. Die Vier-Elemente-Hypothese der Alchimisten wird stark erschüttert. Boyle entwickelte die Grundlagen der chemischen Analyse.

Marcello Malpighi (1628 bis 1694) entdeckt den Blutkreislauf in Haargefäßen.

Beginn der mikroskopischen Anatomie.

Georg Andreas Böckler (um 1617 bis 1687) veröffentlicht »Theatrum machinarium novum«.

Von Johann Sperling (1603 bis 1658) erscheint »Zoologia physica«.

Otto von Guericke sagt mit Hilfe des Barometers Sturm voraus.

Hermann Conring (1606 bis 1681) begründet in »Examen rerum publicarum« die Sozialstatistik.

1662
Otto von Guericke erfindet das Manometer.

Robert Boyle und Edmonde Mariotte finden das Gesetz über den Druck und das Volumen idealer Gase.

John Graunt begründet mit einer Sterblichkeitstafel von
London die Bevölkerungsstatistik:
erstmalige Medizin-Statistik.

In Wien Gründung der »Academia Leopoldina«.

In Paris wird der fahrplanmäßige Verkehr mit achtsitzigen
Pferdegespannen (Omnibus) aufgenommen.

1663
Die »Royal Society of London« wird eröffnet; die älteste
wissenschaftliche Akademie Nord- und Westeuropas pflegt
ausschließlich Naturwissenschaften und Mathematik.
Ihre Veröffentlichungen sind: »Philosophical Transactions«
und »Proceedings of the Royal Society«.

Otto von Guericke erfindet die »Elektrisiermaschine«,
eine von Hand geriebene Schwefelkugel.

Der Arzt Franciscus Sylvius (1614 bis 1672) stellt eine
chemische Theorie der Verdauung auf.

Der Engländer Samuel Morland (1625 bis 1695) baut eine
mechanische Rechenmaschine.

Isaac Newton schlägt Dampfwagen mit Rückstoßantrieb vor.

Edward Somerset (1601 bis 1667) erhält das Patent auf eine
dampfbetriebene Wasserhebemaschine.

Nicolaus Steno (1638 bis 1686) lehrt, dass das Herz
ein Muskel ist.

F. Generin (1593 bis 1663) verwendet als Erster das
Fadenkreuz im astronomischen Fernrohrokular.

um 1664
Die Laterna magica findet Verbreitung.

1664
Taucherglocken werden erwähnt.

Isaac Newton formuliert den Binomischen Lehrsatz.

Kaspar Schott (1608 bis 1666) veröffentlicht
»Technica curiosa«.

1665
Fabrikation von Glasspiegeln in Frankreich.

Robert Hooke deutet erstmals Licht als Wellenbewegung.

Giuseppe Campani (1635 bis 1715) baut große astronomische Fernrohre.

In Paris entsteht ein Observatorium.

Gründung der Universität Kiel.

1666
In Paris Gründung der »Académie des sciences« durch Jean-Baptiste Colbert (1619 bis 1683). Ihre Veröffentlichung sind die »Mémoires«, die erste wissenschaftliche Zeitschrift in Frankreich.

Gottfried Wilhelm Leibniz (1646 bis 1716) vertritt in »De arte combinatoria« eine noch alchimistisch beeinflusste Lehre der Begriffskombination.

Entwicklung der Infinitesimalrechnung durch Isaac Newton und Gottfried Wilhelm Leibniz.

Johannes Praetorius (1630 bis 1680) schildert in »Anthropodemus Plutonica, Das ist eine Neue Weltbeschreibung von allerley wunderbaren Menschen…« verschiedene Möglichkeiten, Homunculi zu erzeugen.

Der Merkantilist Johann Joachim Becher (1635 bis 1682) gründet auf dem Tabor bei Wien ein »Kunst- und Werkhaus«: eine gewerbliche Lehr- und Versuchsanstalt.

Otto Tachenius (1610 bis 1680) klärt in »Hippokrates chimicus« u. a. den chemischen Begriff »Salz«.

Isaac Newton erforscht die Zerlegung des Lichts (Korpuskulartheorie).

Robert Boyle veröffentlicht »Hydrostatisches Paradoxon«: der Druck einer Flüssigkeitssäule ist nur von ihrer Höhe, nicht von ihrer Form abhängig.

1667
Jean Denis (um 1603 bis 1704) führt die erste Bluttransfusion vom Tier zum Menschen durch.

Von Robert Hooke erscheint »Mikrographie«.

Walther Neeham entdeckt, dass der Embryo sich durch die Plazenta ernährt: »Disquisito anatomica de formato foetu«.

Franciscus Mercurius van Helmont spekuliert in »Kurtzer Entwurff des Eigentlichen Natur-Alphabets der

Heiligen Sprache« über eine Ursprache, die dem Hebräischen sehr nahe stehen muss. Die Zeichen des hebräischen Alphabets leitet er aus der Stellung der Zunge beim Sprechen ab und folgert daraus, dass Taubstumme dies durch Lippenlesen erfassen können.

Johann Joachim Becher gründet in Österreich die »Orientalische Compagnie«.

1668
Johann Rudolf Glauber erzeugt u. a. Salzsäure und »Glaubersalz« aus Kochsalz und Schwefelsäure.

Fertigstellung des Oder-Spree-Kanals (seit 1662).

Johann Daniel Major (1634 bis 1693) versucht intravenöse Injektionen.

Isaac Newton konstruiert ein Spiegelteleskop.

Gründung der Universität Lund in Schweden.

1669
Auf der Suche nach der alchimistischen »materia prima« entdeckt der deutsche Apotheker Henning Brand (1630 bis 1710) den Phosphor im Harn.

Entdeckung der Niagarafälle.

Erasmus Bartholin (1625 bis 1698) entdeckt die Lichtstrahlverdopplung im Kalkspat.

Von Nicolaus Steno erscheint »In solido intra solidum naturaliter contento« (Neptunismus).

John Mayow (1641 bis 1679) untersucht die Rolle der Luft bei der Atmung.

Gründung der Universität Zagreb in Kroatien.

um 1670
Die Uhren erhalten den Minutenzeiger.

1670
Thomas Willis (1621 bis 1675) entdeckt die Süße des diabetischen Harns.

In England Konstruktion einer Walzmaschine für Bleiplatten.

Gründung der »Hudson's Bay Company«.

Isaac Barrow (1630 bis 1677) erkennt die geometrische Flächenbestimmung als Umkehrung der Tangentenbestimmung.

Jean Picard (1620 bis 1682) unternimmt genauere Gradmessungen zur Bestimmung der Erdgröße.

1671
Gottfried Wilhelm Leibniz konstruiert eine mechanische Rechenmaschine für die Multiplikation.

Reinier de Graaf (1641 bis 1673) entdeckt die reifen Follikel im Eierstock der Frau.

Athanasius Kircher beschreibt eine transportable Camera obscura zum Zeichnen von Landschaften.

Eröffnung einer Sternwarte in Paris.

Verwendung der Wahrscheinlichkeitsrechnung zur Rentenbestimmung durch Witt.

1672
In Linz, Österreich, entsteht eine staatliche Tuchmanufaktur.

Gottfried Wilhelm Leibniz entdeckt elektrische Funken an einer geriebenen Schwefelkugel.

Richard Cumberland (1631/32 bis 1718) veröffentlicht »Disquisitiones de legibus naturae« (Untersuchungen über die Naturgesetze).

Francis Glisson behandelt die Reizbarkeit lebender Gewebe in »Tractatus de natura substantiae energetica«.

Otto von Guericke veröffentlicht »Experimenta nova«: Versuche mit der Luft und Luftpumpe.

Durch Untersuchungen am bebrüteten Ei legt Marcello Malpighi die Grundlagen für die moderne Embryologie.

Isaac Newton zerlegt das Sonnenlicht mit einem Prisma in die Spektralfarben und formuliert die korpuskulare Lichttheorie.

Gründung der Universität Innsbruck.

1673
Christiaan Huygens veröffentlicht einen Traktat über die Pendeluhr (»Horologium oscillatorium«); er konstruiert

eine Schießpulvermaschine, die erste Verbrennungskraftmaschine der Welt; er formuliert die Theorie der Fliehkraft und der Erdabflachung sowie den Energieerhaltungssatz für mechanische Vorgänge.

Antoni van Leeuwenhoek (1632 bis 1723) verbessert das Mikroskop und entdeckt rote Blutkörperchen im Menschenblut.

Gottfried Wilhelm Leibniz konstruiert eine Rechenmaschine für alle vier Grundrechenarten.

Robert Cavelier de La Salle (1643 bis 1687) erforscht das Gebiet des Mississippi (bis 1687).

1674

Robert Boyle bestätigt die Gewichtszunahme der Metalle bei der Oxydation und bemerkt die »Luftverschlechterung« durch das Atmen.

Robert Hooke erfindet die Kreisteilmaschine.

Christiaan Huygens entwickelt die Spiralfederunruhe für Uhren.

Denis Papin (1647 bis 1712) verbessert die Hahnluftpumpe und baut den nach ihm benannten Papinschen Dampfkochtopf mit Sicherheitsventil.

Feuerwehrschläuche werden eingesetzt.

In Leipzig Gründung einer Tuch- und Seidenmanufaktur.

1675

In England wird die Greenwich-Sternwarte errichtet.

Giovanni Domenico Cassini entdeckt die Teilung des Saturnringes (»Cassinische Teilung«).

Antoni van Leeuwenhoek entdeckt mikroskopisch einzellige Infusorien (Protozoen).

Ole Christensen Rømer (1644 bis 1710) bestimmt aus der Verfinsterung der Jupitermonde erstmals die Lichtgeschwindigkeit (300.000 km/Sek.).

Von Nicolas Lémery (1645 bis 1715) erscheint das Lehrbuch »Cours de Chimie«.

Marcello Malpighi veröffentlicht »Anatomia plantarum«.

In dem erst später veröffentlichten Manuskript

»Analysis tetragonistica« erwähnt Gottfried Wilhelm Leibniz das »Integralzeichen«.

um 1676
Zuckerkrankheit (diabetis mellitus) wird durch Urinschmecken festgestellt, wohl schon früher angewandt, chemischer Nachweis erst ab 1841.

1676
Der englische Uhrmacher Edward Barlow (1636 bis 1716) baut die erste Repetieruhr.

Edmond Mariotte untersucht das Verhalten der Gase.

Isaac Newton beobachtet und misst die nach ihm benannten Interferenzringe.

Johann Wilhelm Leibniz begründet und entwickelt weitgehend selbständig die Infinitesimalrechnung (mit »unendlich kleinen« Größen).

Ole Christensen Rømer konstruiert ein Planetarium.

1677
Christiaan Huygens entwickelt die Wellentheorie des Lichts, 1690 veröffentlicht.

Antoni van Leeuwenhoek veröffentlicht mikroskopische Untersuchungen über tierische Samenfäden.

Gottfried Wilhelm Leibniz berichtet an Isaac Newton über seine Infinitesimalrechnung, der ihm seine diesbezüglichen Ergebnisse in einem Anagramm mitgeteilt hatte.

Es erscheint der erste Band der »Kabbala denudata« von Christian Knorr von Rosenroth (1631 oder 1636 bis 1689), dem zusammenfassenden Werk über die hebräische Mystik. Der zweite Band folgt 1684.

1678
Gottfried Wilhelm Leibniz plant eine allgemeine wissenschaftliche Zeichensprache.

Der Streit über die Wellen- und Korpuskulartheorie des Lichts wird erst durch die Interferenz-Versuche 1816 bis 1821 von Augustin Jean Fresnel (1788 bis 1827) geklärt.

471

Von Robert Hooke erscheint »De potentia restitutiva« (Das Wiederherstellungsvermögen).

Eröffnung der Börse in Leipzig.

1679
Robert Hooke konstruiert eine tragbare Camera obscura und formuliert das Grundgesetz der Elastizität.

Von Adam Lonicerus (1528 bis 1586) erscheint ein »Kreuterbuch«.

Bei München eröffnet eine staatliche Tuchmanufaktur.

Der »Goldmacher« Johann Kunckel von Löwenstern (1630 bis 1703) stellt Rubinglas her. Mit »Ars vitraria experimentalis« (Vollkommene Glasmacherkunst) schreibt er das bedeutendste Buch seiner Zeit über diese Materie.

Antoni van Leeuwenhoek entdeckt die Querstreifung der willkürlichen Muskeln.

Giovanni Alfonso Borelli untersucht die Körperbewegung bei Muskelkontraktion: »De motu animalium«.

Eröffnung des Botanischen Gartens in Berlin.

1680
In Modena wird eine »Accademia reale delle scienze« gegründet.

William Clement (1638 bis 1704) entwickelt die Pendeluhr mit Ankerhemmung.

Wilhelm von Schröder (1640 bis 1688) verteidigt in »Fürstliche Schatz- und Rent-Cammer nebst einem Traktat vom Goldmachen« die Verschwendungssucht an den Fürstenhöfen.

Giovanni Domenico Cassini entdeckt die Rotation des Planeten Mars.

Christiaan Huygens formuliert das Gesetz des elastischen Stoßes.

1681
In Marly, Frankreich, Errichtung von Wasserpumpwerken.

J. Moore weist nach, dass auf der Erde die Wasserfläche deutlich größer ist als die Landfläche.

Gründung der Akademie der Wissenschaften in Moskau.

1682
Isaac Newton leitet aus den Keplerschen Gesetzen das Gravitationsgesetz ab.

Johann Joachim Bechers »Närrische Weißheit Und Weise Narrheit« bietet Beispiele, wie die Erkenntnisse von Naturwissenschaft und Technik ausgebeutet werden können (Merkantilismus). Darunter die Brennbarkeit des Steinkohlegases, das erst um 1800 technisch verwertet wird.

Die »Große chymische Concordantz« von Johann Joachim Becher erscheint.

Jean Picard verwendet Feinmesseinrichtungen (Schrauben-Mikrometer) am astronomischen Fernrohr, Voraussetzung für »astronomische Genauigkeit«.

Emanuel König (1658 bis 1731) behandelt in »Regnum vegetabile et animale« die Welt der Pflanzen und das Tierreich.

Nehemia Grew (1628 bis 1711) veröffentlicht »Anatomie der Pflanzen«.

Der Halleysche Komet erscheint. 1705 wird seine Wiederkehr für 1758 von Halley nach Newtons Mechanik vorausberechnet.

um 1683
Isaac Newton formuliert das Gravitationsgesetz.

1683
Letzte Belagerung Wiens durch die Türken.

1683
Versuche mit Dampfmaschinen durch Denis Papin.

Edmond Halley entwickelt die Theorie von vier magnetischen Polen der Erde.

Antoni van Leeuwenhoek entdeckt mikroskopisch Bakterien im menschlichen Speichel.

Schaumweinherstellung in der Champagne.

1684
Robert Hooke schlägt ein optisches Telegraphen-System mit Fernrohren vor, das nicht realisiert wird.

In Frankreich Fertigstellung des Canal du Midi zwischen Atlantik und Mittelmeer: 240 Kilometer lang, 1,8 Meter tief (seit 1666).

Eröffnung einer Manufaktur in Soběchleby, Österreich.

1685
Der holländische Theosoph und Chemiker Franciscus Mercurius van Helmont (1614 bis 1699) meditiert in »The paradoxal discourse concerning the macrocosm and microcosm« über das neue Mikrokosmos-Makrokosmos-Denken (deutsche Ausgabe 1691 in Hamburg).

Gottfried Wilhelm Leibniz konstruiert eine Stecknadelmaschine.

Jakob Bernoulli fasst die mathematische Kombinations- und Wahrscheinlichkeitslehre zusammen. Die Ergebnisse erscheinen postum 1713: »Ars conjectandi«.

Hugenotten führen in Magdeburg den Strumpfwirkstuhl ein (1687 auch in Berlin).

1686
Gottfried Wilhelm Leibniz veröffentlicht in der Zeitschrift »Acta eruditorum« einen Aufsatz über die Erhaltung der Kraft.

Johann Andreas von Krautt (1661 bis 1723) gründet in Berlin eine Gold- und Silbermanufaktur.

Edmond Halley zeichnet eine erste meteorologische Karte (Windkarte).

1687
Ehrenfried Walter Graf von Tschirnhaus (1651 bis 1708) veröffentlicht seine »Medicina mentis et corporis« (Heilkunde des Geistes und des Körpers).

Isaac Newton veröffentlicht »Philosophiae naturalis principia mathematica« (Mathematische Grundlagen der Naturwissenschaft), die erste geschlossene mathematisierte naturwissenschaftliche Theorie. Aus den hier behandelten Trägheits-, Kraft-, Impuls- und Gravitationsgesetzen wird das Keplersche Gesetz abgeleitet werden.

1688 bis 1697
Krieg Frankreichs gegen die Pfalz.

1688
In Frankreich Guss von Spiegelglas.

Christian Thomasius (1655 bis 1728) gibt die erste wissenschaftliche Zeitschrift in deutscher Sprache heraus: Die »Monatsgespräche« sind allein von ihm verfasst.

1689 bis 1725
Regierung Peters des Großen von Russland.

1689
Denis Papin entwickelt die Zentrifugalpumpe.

1690 bis 1730
Französische Vorherrschaft in Europa.

1690
Denis Papin baut die erste Dampfmaschine.

Johann Bernoulli führt das mathematische Zeichen »Integral« ein.

Edmond Halley leitet die Abbildungsgleichung für optische Linsen ab.

Christiaan Huygens' Abhandlung über das Licht erscheint: »Traité de la lumière«: Prinzip der Wellenausbreitung des Lichts und Beobachtung der Polarisation des doppelt gebrochenen Lichts im Kalkspat.

Engelbert Kaempfer (1651 bis 1716) bereist Japan (bis 1692).

Nach Günther Joseph Schellhammer (1649 bis 1718) entsteht Schall durch Luftwellen.

1692
Denis Papin konstruiert ein Tauchschiff.

Clopton Havers (1657 bis 1702) veröffentlicht »Osteologia nova« (Neue Lehre von den Knochen).

1693
Edmond Halley veröffentlicht die erste wissenschaftliche Sterbetafel.

John Ray (1627 bis 1705) klassifiziert Tiere auf anatomischer Grundlage, rechnet erstmals richtig den Wal zu den Säugetieren.

Georg Holyk (1630/40 bis um 1700) veredelt Bäume durch Kopulierung.

1694
Ehrenfried Walther von Tschirnhaus beginnt Versuche zur Porzellanherstellung.

Rudolf Jacob Camerarius (1665 bis 1721) beweist die geschlechtliche Fortpflanzung der Pflanzen.

Die erste überblicksartige Darstellung der amüsanten Physik, »Récréations mathématiques et physiques« von Jacques Ozanam (1640 bis 1718) erscheint in Paris.

Gründung der Universität Halle.

1695
Der Londoner Uhrmacher Thomas Tompion (1639 bis 1713) entwickelt die Uhr mit Zylinderhemmung.

In Neustadt an der Dosse entsteht eine Spiegelmanufaktur.

Antoni van Leeuwenhoek entdeckt mikroskopisch den Blutumlauf bei Froschlarven.

1696
Johann Bernoulli löst das erste Problem der Variationsrechnung: Brachistochrone (die Kurve kürzester Fallzeit).

Guillaume François Antoine de L'Hôpital (1661 bis 1704) veröffentlicht das erste Lehrbuch der Differentialrechnung.

In Sibirien entsteht die erste Eisengießerei.

Erste Beschreibung der Pfefferminze durch John Ray.

1697
In Ossegg, Böhmen, entsteht eine Textilmanufaktur.

Wladimir Wassiljewitsch Atlassow (1661 bis 1711) entdeckt Kamtschatka.

Der Südsee-Forscher William Dampier (1652 bis 1715) veröffentlicht »Neue Reise um die Welt« (3 Bände bis 1709).

1698
Thomas Saverey erhält das Patent für eine kolbenlose

Bergwerkspumpe mit Dampfantrieb nach dem heutigen Pulsometerprinzip.

Von Christiaan Huygens erscheint postum »Cosmo theoros«: Er schätzte erstmals Fixsternentfernungen aus der Helligkeit des Sirius.

Johann Bernoulli berechnet die kürzesten Linien auf einer krummen Fläche.

Papierherstellung in Nordamerika.

In zunehmendem Maße werden an der Wende zum 18. Jahrhundert die Effekte der Naturwissenschaft und Mechanik für unterhaltende Zwecke genutzt. Der Spieltrieb wird zum Erkenntnisprinzip. Zahlreiche Pionierleistungen der kommenden Epoche gehen aus einer »Vergnügungsphase« hervor.

1699
In Offenbach entsteht eine Spiegelglasmanufaktur.

Guillaume Amontons stellt Gesetze für die gleitende Reibung auf.

Schüler von Isaac Newton werfen Leibniz vor, die Infinitesimalrechnung nicht selbständig entwickelt zu haben.

In Paris und Guben erste regelmäßige meteorologische Messungen.

Edward Tyson beschreibt »Orang-Utan oder Waldmenschen«.

Von Johann Nicolaus Martius »De Magia Naturalis cuiusque usu medico ad magice et magia curandum«, Dissertation in Erfurt; auf Deutsch in verschiedenen Ausgaben unter dem Titel »Unterricht von der Magia naturalis und derselben medicinischen Gebrauch auf magische Weise … welchem beygefüget ein Neu-eröffnetes Kunst-Cabinet«, Frankfurt und Leipzig 1719.

um 1700
Stephan F. Geoffrey (1672 bis 1751) entdeckt »Wahlverwandtschaften« (Affinitäten) zwischen den Elementen.

1700 bis 1721
Nordischer Krieg.

1700
Auf Anregung und nach dem Plan von Gottfried Wilhelm Leibniz (1646 bis 1716) wird die Preußische Akademie zu Berlin gestiftet. Sie wird 1711 als »Societät der Wissenschaften« mit Leibniz als erstem Präsidenten eröffnet.

Edmond Halley entwickelt Magnetfeldkarten für die Schifffahrt.

Johann Kunckel von Löwenstern (um 1630 bis 1703) veröffentlicht »Laboratorium chymicum«.

Joseph-Pitton de Tournefort (1656 bis 1708) entwirft ein künstliches System der Pflanzen.

1701 bis 1714
Spanischer Erbfolgekrieg, erster Krieg mit europäischen Dimensionen.

1701
Michelangelo Andridi verwendet Mohnsaft als Arznei.

»Neues Hebammenlicht« von Hendrik van Deventer (1651 bis 1724) gilt als erstes wissenschaftliches Werk zur Geburtshilfe.

In Deutschland dienen Öllampen zur Straßenbeleuchtung.

Rubine werden als Lagersteine für Uhren eingesetzt.

Isaac Newton entwickelt die Idee des Spiegelsextanten zur Bestimmung der Sternenhöhe auf Schiffen.

Joseph Sauveur (1653 bis 1716) untersucht akustische Grundlagen der Musik.

um 1702
Einige Chemiker halten es noch für möglich, Wasser in Erde umzuwandeln.

1702
Georg Ernst Stahl (1695 bis 1734) stellt die Phlogiston-Theorie auf, nach der beim Verbrennen eine Substanz entweicht. Zwar wurde die Theorie 1777 von Antoine Lavoisier widerlegt, doch ermöglichte sie erstmals den Versuch, bestimmte chemische Reaktionen unter einem einheitlichen Gesichtspunkt zu erklären und angesammelte Tatsachen zusammenhängend zu betrachten, zu einer Zeit, als die Entwicklung der Mechanik die Physik definitiv von der Chemie geschieden hatte.

Guillaume Amontons (1663 bis 1705) entwickelt das Luftthermometer (absoluter Nullpunkt bei −240 Grad).

Johann Baptist Homann (1664 bis 1724) gründet in Nürnberg eine wissenschaftlich-geographische Kartenstecherei.

Gründung der Universität Breslau.

um 1703
Erste Beobachtung der Jungfernzeugung (Parthenogenese) am Schmetterling durch Antoni van Leeuwenhoek (1632 bis 1723).

In Oberschlesien wird der erste Hochofen errichtet.

1703
Isaac Newton ist Präsident der Royal Society.

1704
Johann Friedrich Böttger (1682 bis 1719), Alchimist, der im Ruf eines Goldmachers steht, erfindet im Dienste Augusts des Starken (1670 bis 1733) unter ständiger Bewachung und ständigem Druck bei dem vergeblichen Versuch, Gold herzustellen, das braune Jaspisporzellan (Böttger-Steinzeug).

Isaac Newton veröffentlicht »Optics or a Treatise of the Reflexions, Inflexions and Colours of Light«.

1705
»General Laws of Nature and Motion« von Humphry Ditton (1675 bis 1715).

Peter Kolb (1675 bis 1726) bereist bis 1712 Kapland (Südafrika) und beschreibt erstmals die Hottentotten.

Edmond Halley sagt die Wiederkehr des Kometen von 1682 für 1758 voraus.

Francis Hauksbee (1660 bis 1713) unternimmt Versuche zur Erforschung der Schallausbreitung.

In Berlin wird eine Sternwarte errichtet.

Maria Sibylla Merian (1647 bis 1717) versieht in »Metamorphose der Insekten in Surinam« Forschungsergebnisse mit eigenen Kupferstichen.

um 1706
Georg Ernst Stahl (1659 bis 1734) vertritt den »Animismus« in der Medizin.

1706
Beim Bau des Berliner Münzturms verwendet Andreas Schlüter (1634 bis 1714) erstmals größere Eisenkonstruktionen.

In Marseille richtet Luigi Fernando de Marsigli (1658 bis 1730) ein maritimes Laboratorium ein.

Christoph Semler (1669 bis 1740) eröffnet in Halle eine mechanische und mathematische Realschule.

Der Engländer Henry Mill (1683 bis 1771) erfindet die Wagenfederung.

1707
Georg Ernst Stahl veröffentlicht mit »Theoria medica vera« eine grundlegende Theorie der Medizin.

Eröffnung einer technischen Schule in Prag (Vorläufer der Technischen Hochschule von 1803).

1708
Abraham Darby I (1678 bis 1717) führt in England die Kastenformerei für Eisenguss ein.

Bernard de Montfaucon (1655 bis 1741) begründet die griechische Paläographie.

William Wall vergleicht den Blitz mit elektrischen Funken.

1709
Beim Versuch, Gold zu erzeugen, erfindet Böttger das erste weiße Hartporzellan in Europa. Dabei erhält er bei gemeinsamen Versuchen entscheidende Anregungen von dem Mathematiker und Physiker Graf von Tschirnhaus.

»Eau de Cologne« (Kölnisches Wasser) von Johann Maria Farina (1685 bis 1766).

In Österreich entstehen Manufakturen für Seide, Porzellan und Spiegel.

Der Portugiese Bartolomeu Lourenço de Gusmão (1685 bis 1724) entwirft den Prototyp eines Luftschiffs auf Heißluftbasis.

George Berkeley (1685 bis 1753) veröffentlicht mit »Eine neue Theorie des Sehens« einen Vorläufer der modernen Sinnesphysiologie.

Der Adept Caetano, genannt Graf Ruggiero, ein geborener Neapolitaner, der an den Höfen von München, Wien und Berlin betrügerische Alchimie betrieb, findet in Berlin ein schmähliches Ende an einem mit Flittergold beklebten Galgen.

1710
Gründung der Meißner Porzellanmanufaktur.

Jacob Christoph Le Blon (1667 bis 1741) entwickelt den Drei- und Vierfarbendruck.

Gründung der »Regia societas scientiarum« zu Upsala.

Johann Jacob Diesbach entdeckt das »Berliner Blau«, das erste synthetische Farbpigment.

In Berlin Gründung des Krankenhauses »Charité«.

In »Harmonia mensuarum« beschäftigt Roger Cotes (1682 bis 1716) sich mit der Integralrechnung.

Herman Boerhaave (1668 bis 1738) richtet in den Niederlanden Treibhäuser ein.

In Deutschland gibt es massive, gebohrte Kanonenrohre.

François Pourfour du Petit (1664 bis 1741) entdeckt, dass die linke bzw. rechte Hirnhälfte die rechte bzw. linke Körperhälfte steuert.

1711
Thomas Newcomen (1664 bis 1729) baut eine »atmosphärische« Dampfmaschine (Vakuumdampfmaschine). Meist für Grubenentwässerung und Wasserwerke wird sie auch in Russland 1717, in Wien 1722, 1725 in Deutschland und in Paris und 1727 in Schweden eingesetzt.

Johann Justus Bartels (gest. 1721) entwickelt den Grubenventilator.

Eröffnung der Akademie der Wissenschaften in Berlin.

In England etabliert sich die Staatlich privilegierte Südseegesellschaft.

Isaac Newton veröffentlicht »De analysi per aequationes numero terminorum infinitas« – eine Analyse durch

Angleichungen, die durch die Zahl der Grenzwerte unendlich sind.

1712
Die Akademie »Istituto di Bologna« wird gegründet.

Ernst Elias Orffyré (1679/81 bis 1745) täuscht mit seinem »Perpetuum mobile« selbst Gelehrtenkreise.

Letzte Hinrichtung einer Hexe in England.

Andrej Konstantinowitsch Nartow (1683 bis 1756) konstruiert eine Drehbank mit mechanischem Support.

John Flamsteed (1646 bis 1719) veröffentlicht den Sternenkatalog »Historia Coelestis Britannica«.

1713
Gründung der »Real Academía espagnol«.

Abraham Darbey sen. (1676 bis 1717) gelingt in England die Kokserzeugung im Meiler – Voraussetzung für den Betrieb von Kokshochöfen.

Johann Justus Bartels konstruiert eine Bergbohrmaschine.

Johann Andreas Kraut (1661 bis 1723) gründet in Berlin die Wollmanufaktur »Lagerhaus«.

Eines der wichtigsten Werke von Jakob Bernoulli (1654/55 bis 1705) erscheint acht Jahre nach seinem Tod: seine »Ars conjectandi« behandelt das Gesetz der großen Zahl.

Hans Carl von Carlowitz (1645 bis 1714) veröffentlicht »Sylvicultura Oeconomica oder Anweisung zur wilden Baumzucht«, das als erstes forstwissenschaftliches Werk gilt.

1714
Henry Mill erhält ein Patent auf einen Apparat zur mechanischen Wiedergabe von Buchstaben (Schreibmaschine).

Aufhebung der Hexenprozesse in Preußen.

In Österreich formiert sich ein »Merkantilkollegium« zur Förderung von Handel und Wirtschaft.

1715
Die erste einseitig wirkende atmosphärische Dampfmaschine nach Denis Papin und Thomas Newcomen wird in

Deutschland gebaut und findet Anwendung etwa für Wasserkunst in Kassel.

Im österreichischen Oberleutensdorf entsteht eine große Tuchmanufaktur.

Gabriel Daniel Fahrenheit (1686 bis 1736) konstruiert das Quecksilberthermometer.

Brook Taylor (1685 bis 1731) behandelt in »Methodus incrementorum« den Lehrsatz der mathematischen Reihenentwicklung.

1716
Das »Laboratorium chymicum, Collegium physico-chymicum experimentale« von Johann Kunckel von Löwenstern (1630 bis 1703) erscheint postum, ein Werk, das Antoine Lavoisier und Carl Wilhelm Scheele beeinflussen wird.

In Berlin öffnet eine Börse.

Martin Trienwald beheizt Gewächshäuser mit Warmwasser.

Abraham de Moivre (1667 bis 1754) behandelt in »Doctrine of chances« die Wahrscheinlichkeitsrechnung.

Johann Jakob Scheuchzer (1672 bis 1733) veröffentlicht erste Erforschungen über die Schweizer Alpen: »Naturhistorie des Schweizerlandes«.

Adam von Pernau (1660 bis 1731) untersucht das Verhalten von Vögeln.

1717
In England wird die Pockenschutzimpfung eingeführt.

Erste Banknoten in Frankreich.

1718
Friedrich Hoffmann (1660 bis 1742) veröffentlicht »Medicina rationalis« (System der vernünftigen Medizin).

Hoffmanns Tropfen als Magenmedizin.

Edmond Halley erkennt die Eigenbewegung der Fixsterne.

In Preußen und Sachsen Verbot der Wollausfuhr.

Die Selbststeuerung der Newcomen-Dampfmaschine wird entwickelt.

Andrej Konstantinowitsch Nartow konstruiert Nachformdrehmaschinen.

In Wien wird eine Porzellanmanufaktur errichtet.

In Preußen Entwässerung der Havelbrüche (bis 1725).

Erfindung der Fuhrwerkswaage in Leipzig.

1719
In Berlin Beginn exakter Wetterbeobachtungen und Aufzeichnungen.

In Hamburg wird der mechanische Bandwebstuhl verboten.

England exportiert weißes Steingut.

In Österreich wird die »Orientalische Kompanie« gegründet.

1720
Verbot des mechanischen Bandwebstuhls in Sachsen (bis 1765).

George Graham (1673 oder 1674 bis 1751) verbessert die Taschenuhr durch die Unruhe mit Spiralfeder.

Gründung der »Leih- und Kommerzbank« in Hessen-Kassel.

England beansprucht das Seeversicherungsmonopol.

Entwicklung der Papiertapete in England.

Gabriel Daniel Fahrenheit entwickelt die Temperaturskala.

1721
Jean Palfyn (1650 bis 1730) erfindet die moderne Geburtszange.

1722
René Réaumur (1683 bis 1757) und Emanuel Swedenborg (1688 bis 1772) schaffen unabhängig voneinander die wissenschaftlichen Grundlagen der Eisenhüttenkunde.

Das Bank- und Handelshaus Splitgerber & Daum (David Splitberger, 1683 bis 1764; Gottfried Adolph Daum, 1679 bis 1743) und Friedrich Wilhelm I. gründen in Preußen eine Gewehrmanufaktur.

Zum Betreiben einer Wasserkunst wird in Wien eine englische Dampfmaschine eingesetzt.

Gründung der »Ostindischen Handelsgesellschaft«.

Die Post wird verstaatlicht.

Jakob Roggeveen (1659 bis 1729) entdeckt die Osterinsel mit riesigen Steinfiguren einer polynesischen Kultur, darauf die Gruppe der Samoa-Inseln.

In England wird Porterbier gebraut.

1723
Im österreichischen Schwechat entsteht eine staatliche Baumwollmanufaktur.

Ebenfalls in Österreich: Staatliches Monopol für Tabakverarbeitung und Tabakhandel.

1724
Das »Theatrum machinarum generale oder Schauplatz des Grundes der mechanischen Wissenschaften« von Jacob Leupold (1674 bis 1727) ist das erste umfassende Handbuch des Maschinenwesens (insgesamt acht Bände bis 1739).

In Westfalen entsteht der Münstersche Kanal.

Frankreichs offizielle Börse wird in Paris eröffnet.

In Sankt Petersburg gründet Peter der Große die »Russische Akademie der Wissenschaften«.

1725
Johann Heinrich Hen(c)kell (1679 bis 1744) veröffentlicht »Pyritologia oder Kieshistorie, als des vornehmsten Minerals...«

Johann Georg Wegely (1714 bis 1764) gründet in Preußen eine Wollzeugmanufaktur.

Guillaume Delisle (1675 bis 1726) legt eine Karte von Europa vor.

Von Jacob Leupold erscheint »Theatrum machinarium oder: Schau-Platz der Heb-Zeuge«.

1726
Johann Georg Walch (1693 bis 1775) prägt den Satz: »Arbeit, Rauch, Hunger, Gestank, Frost und zuletzt der Galgen sind der Gewinn des törichten Goldmachens.«

In Bayern wird die »Sozietät zur Errichtung der Commercia« gegründet.

Der Uhrmacher John Harrison (1693 bis 1776)
erfindet das Kompensationspendel.

Stephen Hales (1677 bis 1761) veröffentlicht
»Vegetable Staticks« (Pflanzenstatik).

Johann Jakob Scheuchzer ist der Ansicht,
dass Fossilien die organischen Reste der Sintflut darstellen.
Er verdrängt die Ansicht einer spielerischen plastischen
Kraft der Erde.

1727
Johann Heinrich Schulze (1687 bis 1744) entdeckt
die Lichtempfindlichkeit der Silbersalze (Grundlage der
Photographie). Herstellung erster, noch vergänglicher
Lichtbilder.

1728
In Österreich Edikt zur Unterstützung
der Manufakturen in Böhmen.

Walzen von Eisenblechen in England,
statt Schmiedeblechen.

In England auch Entstehung eines Walzwerkes
für Bleiröhren.

Vitus Bering (1681 bis 1741) umsegelt das Nordostkap Asiens
(Beringstraße).

James Bradley (1692 bis 1762) entdeckt die Aberration des
Fixsternlichtes.

Pierre Fauchard (1679 bis 1761) veröffentlicht über die
Zahnchirurgie »Le chirurgien dentiste ou traité des dents«.

Gründung der Universität La Habana auf Cuba.

1729
Stephen Gray (1666 bis 1736) unterscheidet elektrische Leiter
und Nichtleiter.

In England Vervielfältigung von Druckplatten
durch Stereotypie.

John Flamsteed veröffentlicht den Sternenatlas »Atlas
coelestis« auf der Basis von Beobachtungen mit dem Fernrohr.

Justus Christoph Dithmar (1678 bis 1737) gibt die Zeitschrift
»Oekonomische Fama« heraus.

1730
»Ehrenrettung der Alchymie« von Johann Conrad Creiling
(1673 bis 1752).

Henry Jethro William Tull (1674 bis 1741) entwickelt
eine Drillmaschine.

Erste Uhren mit Sekundenzeiger.

René Réaumur (1683 bis 1757) baut ein
Weingeistthermometer und entwickelt eine nach ihm
benannte Temperaturskala.

Charles François de Cisternay du Fay (1698 bis 1739)
unterscheidet Glas- und Harzelektrizität.

um 1731
Die chemischen Zusammenhänge zwischen Base,
Säure und Salz werden zunehmend klarer erfasst.

1731
Aufhebung der Autonomie der Zünfte.

Die »Physica sacra oder Naturwissenschaft der
Heiligen Schrift« von Johann Jakob Scheuchzer erscheint
in vier Bänden bis 1735.

Georg Ernst Stahl (1659 bis 1734) veröffentlicht
»Experimenta et observationes chemicae«
(Chemische Experimente und Beobachtungen).

John Hadley (1682 bis 1744) entwickelt den Spiegelsextanten.

1732
Die »Elementa Chemicae« des niederländischen Mediziners
Herman Boerhaave (1668 bis 1738) sind ein bedeutendes
Lehrbuch der medizinischen Chemie.

Jean Théophile Desaguliers (1683 bis 1744) misst
die Reibungsverluste an Rollen.

1733
John Kay (1704 bis 1780) erfindet das schnellschießende
Weber-Schiffchen.

John Wyatt (1700 bis 1766) entwickelt das Modell einer
Spinnmaschine.

Unter Vitus Bering Große Nordische Expedition der
Sankt Petersburger Akademie (bis 1743).

Entdeckung Alaskas und der Aleuten, Umschiffung des asiatischen Nordkaps.

Von Emanuel Swedenborg erscheinen »Philosophische und mineralogische Werke« (3 Bände bis 1734).

1734
In Moskau wird für den Kreml die größte Glocke der Welt gegossen: 190.000 Kilogramm.

René-Antoine Réaumur veröffentlicht »Mémoires pour servir à l'histoire naturelle des insectes« (bis 1742).

Ein Handbuch für Eisenhüttenkunde kommt von Emanuel Swedenborg: »De ferro«.

Gründung der Universität Fulda (besteht bis 1805).

1735
Abraham Darbey jun. (1698 bis 1754) schmilzt Eisenerz im Kokshochofen.

Die rosenkreuzerische Schrift »Opus magno-cabbalisticum et theosophicum« von Georg von Welling (1655 bis 1727) erscheint.

Künstliches Mineralwasser in Deutschland.

Carl von Linné (1707 bis 1778) veröffentlicht eine Klassifizierung für Mineralien, Pflanzen und Tiere: »Systema naturae«.

1736
Joshua Ward (1685 bis 1761) schafft die Grundlagen für die Schwefelsäureherstellung im Bleikammerprozess (industrielle Anwendung ab 1746).

In England fahren Grubenbahnen auf Eisenschienen.

Jonathan Hull (1699 bis 1758) erhält das Patent für ein Schleppschiff, das mit einer atmosphärischen Dampfmaschine angetrieben wird.

John Harrison (1693 bis 1776) baut das schiffstaugliche Chronometer.

Charles-Marie de La Condamine (1701 bis 1774) und Pierre Bouguer (1698 bis 1758) unternehmen zur genauen Bestimmung der Erdfigur eine Expedition nach Südamerika (bis 1742).

Leonhard Euler veröffentlicht »Mechanica sive Motus scientia analytice exposita«.

Systematische Anwendung des Fieberthermometers.

Herman Boerhaave prägt das Wort:
»Der Arzt ist der Diener der Natur.«

Kautschuk kommt nach Europa.

1737
Gründung der Universität Göttingen.

Johann Siegmund Hahn (1696 bis 1773) veröffentlicht »Die Heilkraft des Wassers«.

Gradmessungen in Lappland und Peru (bis 1744) durch die französische Akademie belegen die Abplattung der Erde an den Polen.

1738
Daniel Bernoulli (1700 bis 1782) leitet das Gasgesetz von Robert Boyle (1662) aus der Vorstellung bewegter Atome ab und formuliert das Gesetz strömender Flüssigkeiten (»Hydrodynamica«).

John Wyatt konstruiert Streckwalzen für Spinnmaschinen.

Jacques de Vaucanson (1709 bis 1782) stellt der Akademie der Wissenschaften in Paris seine mechanischen Flötenspieler und Trommler vor sowie eine ebenfalls mechanische Ente, die fressen und defäkieren kann.

In der »Bibliotheca, Acta et Scripta Magica« des aufgeklärten evangelischen Theologen Eberhard David Hauber (die bis 1744 erscheint) siegt die Vernunft über Teufelsglaube und Hexenwahn, denen nach Schätzungen mehrere Millionen Menschen zum Opfer gefallen sind.

Schwarzwälder Kuckucksuhren sind bekannt.

Georg Wilhelm Steller (1709 bis 1746) erforscht in russischem Auftrag Kamtschatka.

Leonhard Euler begründet die Variationsrechnung: »De fractionibus continuis«.

1739
In Stockholm gründen Anders Johan von Höpken

(1712 bis 1789) und Carl von Linné die »Kongliga Svenska Vetenskaps Akademien«.

Versuche, Gas aus Steinkohle herzustellen, durch John Clayton in England.

Die »Göttingischen Anzeigen von gelehrten Sachen« beginnen zu erscheinen.

um 1740

Kokshochöfen sind in England verbreitet, 1796 in Gleiwitz, um 1800 die ersten in Deutschland.

Der Stoffdruck mit Holzplatten setzt sich durch.

Anton Lazzaro Moro (1687 bis 1764) erklärt die Landmassen und Gebirge mit vulkanischen Hebungen (Vulkanismus).

1740 bis 1786
Regierung Friedrichs II. von Preußen.

1740

Lewis Paul (gest. 1759) konstruiert eine Spinnmaschine mit Streckwalzen.

Abschaffung der Folter in Preußen und der Hexenprozesse in Österreich.

Gründung der Universität Philadelphia, Nordamerika.

1741

In England wird der Straßenbau gesetzlich gefördert.

Tiegelgussstahl durch Benjamin Huntsman (1704 bis 1776).

Nicolaus Andry de Boisregard (1658 bis 1742) veröffentlicht die orthopädische Schrift »Die Kunst bei den Kindern die Ungestaltheit des Körpers zu verhüten und zu verbessern«.

1742

In Kopenhagen wird »Det kongelige dansk Videnskabernes Selskab« gegründet.

Benjamin Franklin (1706 bis 1790) zieht während eines Gewitters Funken aus der Schnur eines Drachens.

Gründung der Universität Bayreuth, 1743 nach Erlangen verlegt.

In Preußen Bau des Plaueschen Kanals.

Semjon Iwanowitsch Tscheljuskin (1700 bis 1764) umfährt auf Schlitten das nördlichste Kap Asiens.

Anders Celsius (1701 bis 1744) führt die nach ihm benannte Temperaturskala ein.

Colin Maclaurin (1698 bis 1746) veröffentlicht »A Treatise of Fluxions«.

um 1743
Erste Hufeisenmagnete.

Großherstellung von Zink in England.

1743
In den nordamerikanischen Kolonien wird die erste wissenschaftliche Gesellschaft gegründet: die »American Philosophical Society« in Philadelphia.

Jean Baptiste le Rond d'Alembert (1717 bis 1783) entwickelt sein Prinzip des Kräftegleichgewichts bei Bewegungsvorgängen: »Traité de dynamique«.

Gründung der Universität Santiago, Chile.

1744
Die Elektrisiermaschine wird durch den Zusatz von Reibekissen und Konduktor verbessert. Sie dient bald als modisches Spielzeug.

Gründung einer Baumwollmanufaktur in Berlin.

Bau des Finow-Kanals in Preußen (bis 1746).

Schweden richtet ein »Eisenkontor« ein.

Leonhard Euler (1707 bis 1783) veröffentlicht »Theorie der Bewegung der Planeten und Kometen«.

1745
In Frankreich entwickelt Jacques de Vaucanson einen mechanischen Webstuhl.

Pieter van Musschenbroek (1692 bis 1761) und – unabhängig von ihm – Ewald Georg von Kleist (1700 bis 1748) erfinden die sogenannte »Leidener Flasche« (Kondensator).

Charles de Bonnet (1720 bis 1793) geht von einer durchgehenden Stufenfolge aus: von der niedersten Pflanze bis zum höchsten Tier.

Gerard van Swieten (1700 bis 1772), Begründer der
»Älteren Wiener medizinischen Schule«, wird Leibarzt
von Kaiserin Maria Theresia.

In Braunschweig wird das »Collegium Carolinum«
gegründet (Vorläufer der Technischen Hochschule).

Von Johann Wallberg erscheint ein »Compieuses natürliches
Zauber-Buch«, das bis in die jüngste Gegenwart meist
unter dem Titel »Sammlung Natürlicher Zauberkünste«
(1748, 1754, 1760, 1768, 1805, 1855, 1988, 1994/95, 2003, 2016;
2009 vertont von Tilo Medek) beliebt und weit verbreitet ist.

um 1746
*Die Astrologie wird in aufgeklärten Kreisen zunehmend als Aberglaube
betrachtet.*

1746
Pierre Louis Maupertuis (1698 bis 1759) formuliert
das »Prinzip der kleinsten Wirkung« für die Mechanik.

Großherstellung von Schwefelsäure in Bleikammern in
Birmingham.

In Preußen Trockenlegung des Oderbruchs (bis 1753) und
Bau des Storkower Kanals.

Errichtung einer Porzellanmanufaktur in Höchst.

Johann Heinrich Winkler (1703 bis 1770) leitet Elektrizität
durch Drähte weiter.

In Österreich Gründung des »Kommerzdirektoriums«
zur Förderung der Manufakturen und des Handels.

In Bayern soll eine »Deputation« die Arbeit
der Manufakturen erleichtern.

August Johann Rösel von Rosenhof (1705 bis 1759)
veröffentlicht »Insektenbelustigungen« (bis 1761).

1747
Benjamin Franklin behauptet, es gibt nur eine elektrische Substanz.

Der Schwede Albrecht von Lautingshausen stellt Alkohol
aus Kartoffeln her.

Andreas Sigismund Marggraf (1709 bis 1782) entdeckt den
Zuckergehalt der Rübe und benutzt als Erster das Mikroskop
zu chemischen Untersuchungen: »Chymische Versuche,

einen wahren Zucker aus verschiedenen Pflanzen,
die in unseren Ländern wachsen zu ziehen«.

James Bradley (1692 bis 1762) entdeckt die Rotation
der Erdachse.

Gründung der »Landwirtschaftlichen Gesellschaft« in Zürich.

um 1748
In der Medizin finden elektrische Verfahren Anwendung
(Elektrisieren). Die Elektrotherapie wird erst um 1848 durch
Guillaume-Benjamin Duchenne de Bologne
(1806 bis 1875) begründet.

1748
Julien Offray La Mettrie (1709 bis 1751) begründet
in »L'homme machine« (Der Mensch eine Maschine)
eine materialistische Philosophie.

Bis 1756 wird das Wiener mathematische und physikalische
Kabinett im Wesentlichen eingerichtet.

Lewis Paul erfindet die Baumwoll-Kardiermaschine.

Die Stahlschreibfeder und der elektrische Plattenkondensator
sind bekannt.

Jean Antoine Nollet entdeckt die Osmose.

Leonhard Eulers Überlegungen zur Kurvenlehre erscheinen
in »Introductio in analysin infinitorum«.

Michail W. Lomonossow (1711 bis 1765) formuliert noch
vor Antoine Lavoisier (1743 bis 1794) das Gesetz von der
Erhaltung der Masse und Energie in chemischen Prozessen.

1749
John Roebuck produziert Schwefelsäure nach dem
Bleikammerverfahren.

Jonathan Hull konstruiert eine Wassersäulenmaschine.

Georges-Louis Leclerc de Buffon (1707 bis 1788)
veröffentlicht »Histoire naturelle, générale et particulière«
(36 illustrierte Bände bis 1788).

Johann Georg Gmelin (1748 bis 1804) veröffentlicht
über die Pflanzenwelt Sibiriens »Flora Sibirica«.

Edmond Halley legt astronomische Tafeln vor:
»Tabulae astronomicae«.

Gottfried Achenwall (1719 bis 1772) legt mit »Abriß der neuesten Staatswissenschaft der vornehmsten europäischen Reiche und Republiken« das erste Lehrbuch der Statistik vor.

1750
Große zentralisierte Seidenmanufaktur in Berlin durch Johann Ernst Gotzkowsky (1710 bis 1775).

Abraham Dürninger (1706 bis 1773) gründet in Herrnhut eine Leinwandmanufaktur.

Gründung einer Kartoffelbrennerei in Monsheim.

Johann Andreas von Segner (1704 bis 1777) erfindet das Reaktionswasserrad. Angewendet 1760; gilt als Vorläufer der Pelton-Turbine.

Die »Anfangsgründe zur metallurgischen Chemie« von Christian Ehrenfried Gellert erscheinen.

Abschaffung der Hexenprozesse in Deutschland.

In Deutschland Einführung der Personenpost.

Die englische Regierung verbietet in Nordamerika den Bau von Eisenhütten.

Tobias Mayer (1723 bis 1762) veröffentlicht eine Generalkarte des Mondes und stellt das Fehlen einer Mondatmosphäre fest.

In »An Original Theory, Or New Hypothese of the Universe« behandelt Thomas Wright (1711 bis 1786) die Entstehung des Sonnensystems.

Erste Luftheizungsanlage in Sankt Petersburg.

In England kommt der Tapetendruck auf.

1751
Die »Gesellschaft der Wissenschaften zu Göttingen« wird von Albrecht von Haller gegründet.

Die »Encyclopédie ou Dictionnaire raisonné des sciences, des arts et des métiers«, herausgegeben von Denis Diderot (1713 bis 1784) und Jean Baptiste le Rond d'Alembert, beginnt zu erscheinen. Bis 1780 liegen von diesem bedeutendsten enzyklopädischen Werk der Aufklärung 35 Bände vor. Es enthält am Ende etwa 70.000 Artikel von 144 Beiträgern, den sogenannten »Enzyklopädisten«.

Friedrich II. zahlt einer Frau von Pfuel zehntausend Taler für Versuche, Gold zu machen.

Erste preußische Porzellanmanufaktur in Berlin durch Wilhelm Caspar Wegely.

Bau des Heidelberger Fasses (220.000 Liter).

Axel Fredric Cronstedt (1722 bis 1765) entdeckt Nickel.

In Göttingen Gründung der »Gesellschaft der Wissenschaften« (Zeitschrift: Commentarii).

Erste geburtshilfliche Klinik in Göttingen.

Isaac de la Chaumette verbessert das Hinterladergewehr.

Älteste bekannte Metallhobelmaschine durch N. Focq.

Carl von Linné legt in »Philosophica botanica« eine binäre Nomenklatur vor.

Erste Irrenanstalt in London, das Bethlem Royal Hospital, verballhornt: Bedlam.

1752
Benjamin Franklin (1706 bis 1790), Gründervater der Vereinigten Staaten von Nordamerika, entwickelt den Blitzableiter.

Herstellung von Steingut in England.

Der Baseler Goldschmied Johann Dietrich führt den Hufeisenmagneten ein.

In Schönbrunn bei Wien wird eine Menagerie eingerichtet.

1753
Zwischen 1753 und 1760 konstruiert und baut der am Darmstädter und Wiener Hof tätige Mechaniker Friedrich Knaus (1724 bis 1789) vier Schreibautomaten, die in der Technikgeschichte einen herausragenden Ruf genießen.

Carl von Linné vertieft in »Species plantarum« seine binäre Nomenklatur.

Zwischen Nördlingen und Oettingen entsteht die erste angelegte Straße in Deutschland.

Jacques Daviel (1696 bis 1762) führt Star-Operationen durch.

Leonhard Euler fördert durch Untersuchungen die sphärische Trigonometrie.

1754
Die »Preußische Akademie gemeinnütziger Wissenschaften« wird in Erfurt gegründet.

In England entsteht das erste Eisenwalzwerk durch Henry Cort (1740 bis 1800).

Gründung einer Kattundruckerei in Plauen (Sachsen) durch Johann August Neumeister (1730 bis 1802).

Jacob Christian Schäffer (1718 bis 1790) entwickelt eine Waschmaschine.

In Wien wird eine Ingenieurakademie gegründet.

John Canton (1718 bis 1772) entdeckt die elektrische Influenz.

Prokop Diviš (1698 bis 1765) konstruiert einen Blitzableiter.

Anton Friedrich Büsching (1724 bis 1793) veröffentlicht »Neue Erdbeschreibung« (bis 1792).

Gründung der Columbia-Universität New York.

1755
Gründung der Universität Moskau.

Letzter Wisent in Ostpreußen erlegt.

Das Potsdamer Stadtschloss ist mit einer Warmluftheizung ausgestattet.

Die »Allgemeine Naturgeschichte und Theorie des Himmels« von Immanuel Kant (1724 bis 1804) entwickelt bereits die Vorstellung zahlreicher rotierender Galaxien.

Alexandre Savérien (1720 bis 1805) veröffentlicht das erste französische Wörterbuch der Physik.

1756 bis 1763
Siebenjähriger Krieg: Kampf um Schlesien und Teil des weltweiten Ringens Englands gegen Frankreich um die Vorherrschaft in Nordamerika und Indien.

1756
Der Orden der Rosenkreuzer erfährt als Orden der Gold- und Rosenkreuzer eine Neubelebung durch den schlesischen Prediger Samuel Richter (gest. nach 1722), der bereits 1710 unter dem Pseudonym Sincerus Renatus Theophilus das Buch »Die Wahrhaffte und Vollkommene Bereitung des

philosophischen Steines der Bruderschafft aus dem Orden des Gülden- und Rosen Kreutzes« veröffentlicht hatte. Es handelt sich um ein System von christlicher Mystik sowie alchimistischen, magischen und kabbalistischen Gedankengängen.

Philipp Pfaff (1710 bis 1766) veröffentlicht das erste Buch über Zahnheilkunde in deutscher Sprache: »Abhandlung von den Zähnen«.

In Wien wird eine Sternwarte errichtet.

In Ludwigsburg wird eine Porzellanfabrik eröffnet.

Die Häckselmaschine ist in Deutschland bekannt.

1757
David Hume (1711 bis 1776) veröffentlicht »Natural History of Religion«.

John und Peter Dollond konstruieren das erste farbfehlerfreie Linsenfernrohr. Achromatische Linsen sind bereits seit 1729 durch Chester Moor Hall bekannt.

Albrecht von Haller veröffentlicht »Physiologische Elemente«: eine Zusammenfassung der physiologischen Kenntnisse der Zeit (8 Bände bis 1766) sowie zahlreiche eigene Beiträge zur menschlichen Physiologie.

1758
John Wyatt und Lewis Paul (gest. 1759) erhalten das Patent auf eine verbesserte Spinnmaschine.

Von Henri-Louis Duhamel du Monceau (1700 bis 1782) erscheint »Physique d'arbres« (Physik des Waldes).

1759
Johann Heinrich von Schüle (1720 bis 1811) errichtet in Augsburg eine Kattunmanufaktur mit Druckerei.

Die »Bayerische Akademie« wird in München gestiftet, aber erst 1858 mit einer mathematischen und physikalischen Klasse ausgestattet.

Robert Symmer (1707 bis 1763) postuliert: Elektrizität besteht aus zwei »Fluida« (Benjamin Franklin sprach von einem Fluidum).

Alexis-Claude Clairaut (1713 bis 1765) schließt auf einen noch unbekannten Planeten, den dann 1781 entdeckten Uranus.

Johann Heinrich Lambert (1728 bis 1777) veröffentlicht »Die freie Perspektive«.

Von Franz Ulrich Aepinus (1724 bis 1802) erscheint der »Versuch zur Theorie der Elektrizität und des Magnetismus«.

In »Theoria generationes« belegt Kaspar Friedrich Wolff (1733 bis 1794), dass Organe durch Differenzierung des einfachen Keimes entstehen (Epigenese); erscheint 1764 als »Theorie von der Generation in zwo Abhandlungen erklärt und bewiesen«.

1760

In Trondheim wird die »Kongelige norske Videnskabernes Selskab« gegründet.

Joseph Blake (1728 bis 1799) unterscheidet »Temperatur« und »Wärmemenge« und begründet damit die Kalorimetrie.

Erster Blitzableiter in Europa auf dem Eddystone-Leuchtturm im Ärmelkanal.

Neugründung der Porzellanfabrik in Berlin durch Johann Ernst Gotzkowsky; zuvor 1751 bis 1757 von Wilhelm Caspar Wegely betrieben; ab 1763 Königliche Porzellan-Manufaktur Berlin.

Erste Taschenuhren mit Selbstaufzug.

Der belgische Konstrukteur Jean-Joseph Merlin (1735 bis 1803) erfindet Rollschuhe.

Pieter Camper (1722 bis 1789) nimmt erste Schädelmessungen vor.

Joseph-Louis Lagrange (1736 bis 1813) begründet die Variationsrechnung.

Der elsässische Gelehrte Johann Heinrich Lambert begründet mit seiner »Photometria« die Lichtmessung.

Der Venezianer Giovanni Arduino (1714 bis 1795) verwendet erstmals die Begriffe Primär, Sekundär, Tertiär und Quartär für verschiedene geologische Schichten und Erdzeitalter.

Der englische Geologe John Mitchell (1711 bis 1768) postuliert, dass Erdbeben das Ergebnis der Reibung zwischen Gebirgen sind.

Der französische Astronom Charles Messier (1730 bis 1817) beginnt den später nach ihm benannten Katalog der Kometen, Galaxien, Sternenhaufen und Nebel.

John Kay (1704 bis 1780) entwickelt die Wechsellade am Webstuhl.

Flachspinnmaschine mit Wasserantrieb in Russland.

Maschinenstürmerbewegung (Ludditen) in England.

Eröffnung der Botanischen Gärten in Kew, London.

1761
Leopold Auenbrugger (1722 bis 1809) entwickelt die Perkussion (Abklopfen) als medizinische Untersuchungsmethode.

Giovanni Battista Morgagni (1682 bis 1771) begründet die pathologische Anatomie (»De sedibus et causis morborum per anatomen indagatis libri quinque«).

Joseph Gottlieb Kölreuter (1733 bis 1806) beweist die Sexualität von Pflanzen und erklärt die Bestäubung.

Joseph-Louis Lagrange entwickelt die Infinitesimalrechnung.

Claude Bourgelat (1712 bis 1779) gründet in Lyon die weltweit erste tiermedizinische Lehrschule (Vorläufer der Tierärztlichen Hochschulen).

Entwicklung der Feuerwehr-Schubleiter.

Der ökonomisch bedeutsame Bridgewater-Kanal zwischen Liverpool und Leeds wird eröffnet.

Versuche mit Schrämm-Maschinen im Bergbau.

Carsten Niebuhr (1733 bis 1815) bereist seit 1761 Arabien (»Reisebeschreibung nach Arabien«; 3 Bände ab 1774).

1762
In Österreich wird mit »Bancozettel« der Wiener Stadtbanco erstmals Papiergeld ausgegeben.

Kaiserin Maria Theresia von Österreich gründet die Bergakademie Schemnitz für montanwissenschaftliche Ausbildung.

Gründung der Staatlichen Wollmanufaktur in Landshut/Bayern.

Der niederländische Naturwissenschaftler Pieter van Musschenbroek (1692 bis 1761) beschreibt in »Introduction de la Philosophie naturelle« erstmals den Meteoritenstrom der »Perseiden« als jährlich wiederkehrendes Ereignis.

Giovanni Battista Morgagni: »Adversa Anatomica Omnia« (erweiterte Ausgabe des sechsbändigen Werkes).

Beginn der Herstellung von »Braunschweiger Salmiak« durch die 1779 gegründete »Chemische Fabrik Gebrüder Gravenhorst«.

Entwicklung der Krempelmaschine in England durch Peels.

Georg Christian Füchsel (1722 bis 1773) begründet die Lehre von den geologischen Formationen (Stratigraphie).

Marc Anton von Plenciz (1705 bis 1786) erkennt Mikroorganismen als Krankheitskeime.

1763

Baumwoll- und Leinwandmanufaktur mit Druckerei in Großenhain (Sachsen).

In Weißensee bei Sömmerda wird die »Thüringische Landwirtschaftsgesellschaft« gegründet.

Die Gewerbeausstellung in Paris gilt als erste derartige Veranstaltung.

Die erste »Messe Kassel« wird im Berlepschen Haus eröffnet.

Installierung der Königlichen Porzellan-Manufaktur Berlin (KPM) durch Friedrich den Großen.

Kurfürst Karl Theodor von der Pfalz stiftet die »Kurpfälzische Akademie der Wissenschaften« mit Sitz in Mannheim.

Der Töpfer Josiah Wedgewood (1730 bis 1795) produziert cremefarbiges Geschirr für den Massenmarkt.

Der Franzose Nicolas-Joseph Cugnot (1725 bis 1804) entwirft den Straßendampfwagen (vorgestellt 1769, gebaut 1770).

Iwan Iwanowitsch Polsunow (1728 bis 1766) arbeitet an einer Zwei-Zylinder-Dampfmaschine für den Einsatz im Bergbau.

Wegen Grenzstreitigkeiten zwischen den Kolonien Pennsylvania und Maryland beginnen der Astronom Charles Mason (1728 bis 1786) und der Geometer Jeremiah Dixon (1733 bis 1779) mit der Grenzvermessung (bis 1767). Die »Mason-Dixon-Linie« ist noch heute die Grenze zwischen den beiden Staaten.

1764

Das von John Harrison (1693 bis 1776) seit 1735 entwickelte Chronometer, für die exakte Navigation von großer Bedeutung, wird prämiert.

James Hargreave (1720 bis 1778) benennt die von ihm konstruierte Wagenspinnmaschine nach seiner Tochter »Spinning Jenny«.

Zwischen 1764 und 1774 konstruieren die Schweizer Uhrmacher und Feinmechaniker Pierre Jaquet-Droz (1721 bis 1790), Henri-Louis Jaquet-Droz (1752 bis 1791) und ihr Mitarbeiter Jean Frédéric Leschot (1746 bis 1824) drei lebensechte mechanische Androiden: einen schreibenden und einen zeichnenden Knaben sowie eine Clavecin-Spielerin. Sie erregen großes Aufsehen vor allem in höfischen Kreisen.

1765

James Watt (1736 bis 1819) entwickelt die erste direkt wirkende Niederdruck(dampf)maschine mit vom Zylinder getrenntem Kondensator; patentiert 1769, gebaut 1773.

Jacob Christian Schäffer (1718 bis 1790) stellt Papier aus Holz her.

Lazzaro Spallanzini (1729 bis 1799) gelingt die Konservierung durch Luftabschluss.

Iwan Petrowitsch Kulibin (1735 bis 1818) entwirft einen Muskelkraftwagen.

Nach Plänen von Friedrich Wilhelm von Oppel (1720 bis 1769) und Friedrich Anton von Heynitz (1725 bis 1802) Stiftung der Bergakademie in Freiberg in Sachsen: die älteste bergbautechnische Hochschule der Welt.

In Hamburg gründet sich die »Gesellschaft zur Beförderung der Künste, der Manufakturen und nützlichen Gewerbe«.

In der »Landes-Oekonomie-Gesellschaft« bündeln sich bayerische Interessen.

1766

Henry Cavendish (1731 bis 1810) entdeckt Wasserstoff und Kohlendioxid.

In Paris wird eine tierärztliche Hochschule gegründet.

Louis Antoine de Bougainville (1729 bis 1811) beginnt seine Weltreise (bis 1769).

Iwan Iwanowitsch Polsunow konstruiert eine atmosphärische Dampfmaschine, führt sein Projekt jedoch nicht weiter.

In Preußen Einführung der »Regie«, ein staatliches Handelsmonopol auf bestimmte Waren.

Johann Daniel Titius (1729 bis 1796) findet das Abstandsgesetz der Planeten; von Johann Elert Bode (1747 bis 1826) bekannt gemacht (Bode-Titius'sche Reihe).

um 1767
Die Elektrisiermaschine mit Glasscheibe ist auch als modisches Spielzeug in Gebrauch.

Ausweisung der Jesuiten aus Spanien und den amerikanischen Kolonien.

1767
Der schwedische Chemieprofessor T. Olaf Bergman (1735 bis 1784) fördert die chemische Analyse und erforscht die chemischen »Wahlverwandtschaften« (Affinität).

Optische Telegraphenlinie zwischen London und New Market.

Bau der ersten eisernen Spurbahn im Bergbau.

Entwässerung des Warthe-Bruchs in Preußen (bis 1785).

Townshend-Gesetze in England: Da die Kolonien englische Waren boykottieren, werden die Zölle erhöht.

Samuel Wallis entdeckt die Gesellschaftsinseln.

In Hamburg wird eine »Handelsakademie« gegründet.

Joseph Priestley veröffentlicht »History and Present State of Electricity«.

1768
Fürstlich Jablonowskische Gesellschaft der Wissenschaften in Sachsen gegründet.

Joseph Black (1728 bis 1799) entdeckt die latente Wärme von Wasser und Dampf.

Antoine Baumé (1728 bis 1804) verbessert das Aräometer.

Caspar Friedrich Wolf (1733 bis 1794) wendet sich gegen

die Präformationshypothese in der Biologie und begründet die wissenschaftliche Embryologie.

Es erscheint die Schrift »Allerneueste Entdeckung der verborgensten Geheimnisse der hohen Stufe der Freimaurerei oder der wahre Rosenkreuzer« mit phantastischen alchimistischen Gedankengängen.

Die erste Ausgabe der »Encyclopaedia Britannica« liegt in drei Bänden vor.

Der erste Band der »Lettres à une princesse d'Allemagne sur quelques sujets de physique et de philosophie« erscheint. Verfasser dieses wichtigen Werkes der Populärwissenschaft und Volksaufklärung im 18. Jahrhundert ist der Mathematiker Leonhard Euler. Die deutsche Übersetzung folgt von 1769 bis 1776 in drei Bänden.

Gusseisen wird Werkstoff für den Maschinenbau.

James Cook beginnt eine Weltreise (bis 1771).

1769

Richard Arkwright (1732 bis 1792) konstruiert die Flügelspinnmaschine »Drossel«, die ab 1771 mit Wasserkraft betrieben wird. Arkwrights Spinnerei in Nottingham gilt als die erste moderne »Fabrik«.

James Watt erhält das Patent auf die wesentlich verbesserte Dampfmaschine.

John Smeaton entwickelt Zylindergebläse für Hochöfen.

Von Edmond-Gilles Guyot (1706 bis 1786) erscheinen in Paris nach dem Vorbild von Jacques Ozanam die »Nouvelles récréations physiques et mathématiques« in vier Bänden. Deutsch unter dem Titel »Neue physikalische und mathematische Belustigungen« in sieben Bänden von 1772 bis 1777.

Der »Schachautomat« des Wolfgang von Kempelen (1734 bis 1804), der großes Aufsehen in ganz Europa erregt, erweist sich später als Trug.

Nicolas-Joseph Cugnot stellt seinen Straßendampfwagen vor (gebaut 1770).

In mehreren Schriften macht ein Pfarrer Meyer darauf aufmerksam, Kalk und Gips als Düngemittel einzusetzen.

In Lautern gründet sich die »Kurpfälzische Physikalisch-Oekonomische Gesellschaft«.

Erster Blitzableiter in Deutschland an der Jakobikirche in Hamburg.

um 1770
Von England ausgehend beginnt mit den bürgerlichen Freiheiten, den Welthandelsbeziehungen, den Textilmaschinen und vor allem der Dampfkraft das Maschinenzeitalter, das das wirtschaftliche wie gesellschaftliche Leben weltweit tiefgehend umgestalten wird.

1770
Charles Bonnet veröffentlicht Arbeiten über die Regeneration von Würmern und beobachtet die Jungfernzeugung der Blattläuse.

Eiweißnachweis im Urin.

Joseph Priestley untersucht Kautschuk chemisch mit dem Ergebnis der Erfindung des Radiergummis.

James Cook entdeckt die Ostküste Australiens und erklärt das Land ostwärts des 135. Längengrades zum englischen Besitz.

Erwähnung des Spiralbohrers.

Leonhard Euler veröffentlicht »Vollständige Anleitung zur Algebra«.

Als Nachfolgewerk der »Encyclopédie« erscheint die »Encyclopédie d'Yverdon« von Fortunato Bartolomeo de Felice (1723 bis 1789) – bis 1780.

1771
Carl Wilhelm Scheele (1742 bis 1786) entdeckt neben der Flusssäure den gasförmigen Sauerstoff (»Feuerluft«), unabhängig von ihm 1774 John Priestley (1733 bis 1804).

Fabrikmäßige Produktion mit einer wasserradgetriebenen Spinnmaschine durch Richard Arkwright.

Richard Arkwright konstruiert eine Walzenkrempelmaschine.

John Wilkinson (1728 bis 1808) entwickelt den Kupolofen.

Johann Georg Gmelin veröffentlicht »Onomatologia botanica completa oder Vollständiges botanisches Wörterbuch nach der Lehrart des Ritters v. Linné« (bis 1777).

1772

Entdeckung des gasförmigen Stickstoffs durch Daniel Rutherford (1749 bis 1819).

Antoine-Laurent Lavoisier entdeckt, dass der Verbrennungsvorgang Gewichtszunahme zur Folge hat.

In Preußen Gründung der »Königlichen Handelsgesellschaft für den Überseehandel«.

Erste eiserne Buchdruckpresse in Deutschland.

James Cook unternimmt seine zweite Weltreise (bis 1775) zu wissenschaftlichen Zwecken. Er wird begleitet von Johann Reinhold Forster (1729 bis 1798) und dessen Sohn Georg Forster (1754 bis 1794).

Johann Heinrich Lambert entwickelt die flächentreue Kartenprojektion.

Die Brennerstraße ist die erste große Fahrstraße über die Alpen.

Gründung der »Ökonomischen Gesellschaft« in Magdeburg.

In Schlesien entsteht die »Ökonomisch-patriotische Sozietät von Breslau und in den Fürstentümern Schweidnitz und Jauer«.

Jean-Baptiste Louis Romé de L'Isle (1736 bis 1790) entdeckt das Gesetz der konstanten Flächenwinkel bei Kristallen (veröffentlicht 1783).

1773

Gründung der »Académie royale des sciences, des lettres et des beaux-arts« in Brüssel.

Auflösung des Jesuitenordens durch Papst Clemens XIV.

Fabrikmäßiger Bau der Dampfmaschine in England durch James Watt und Matthew Boulton (1728 bis 1809).

Abraham Darby (1750 bis 1791) baut die erste gusseiserne Brücke über den Severn (bis 1779).

Die »Ökonomisch-technologische Encyklopädie oder Allgemeines System der Staats-, Stadt- und Landwirtschaft« von Johann Georg Krünitz (1728 bis 1796) beginnt zu erscheinen (242 Bände bis 1858).

Gründung der Westfälischen Wilhelms-Universität in Münster.

In den USA Gründung des »Philadelphia Museum«,
u. a. mit naturgeschichtlichen Präparaten.

1774
Mit Lavoisiers Untersuchungen zur Erhaltung der Masse
bei chemischen Prozessen beginnt die moderne Chemie
(»Opuscules physiques et chimiques«).

John Priestley entdeckt Sauerstoff, Stickstoff und Ammoniak
(»Experiments and Observations on Different Kinds of Air«).

Johann Christian Wiegleb (1732 bis 1800), Chemiker und
Apotheker in Langensalza, ein entschiedener Gegner der
Alchimie, veröffentlicht »Chemische Versuche über alkalische
Salze«. Er ist der »Verwissenschaftler« der Pharmazie.

Der schwedische Chemiker Carl Wilhelm Scheele entdeckt
diverse Chloride und Mangan.

Johann Georg Schrepfer (geb. 1730) führt die »Geisterseherei«
in die Gesellschaft der Freimaurer ein.

Philipp Matthäus Hahn (1739 bis 1790) konstruiert
die erste brauchbare Rechenmaschine für die Multiplikation.
Sie wird in größerer Stückzahl gebaut.

Johann Friedrich Esper (1732 bis 1781) veröffentlicht
»Nachricht von den neu entdeckten Zoolithen«.

Johann Elert Bode (1747 bis 1826) gibt die Zeitschrift
»Berliner Astronomisches Jahrbuch« heraus.

William Hunter (1718 bis 1783) veröffentlicht »The Anatomy
of the Gravid Uterus« (Anatomie der schwangeren
Gebärmutter).

Martin Heinrich Klaproth (1743 bis 1817) entwickelt
Verfahren zur Aufbereitung von Altpapier.

John Wilkinson erhält das Patent für eine
Präzisionsbohrmaschine.

1775
John Priestley stellt Schwefelsäure und Salzsäure dar.

Alessandro Volta (1745 bis 1827) konstruiert nach einer
Entdeckung von Wilke (1762) das Elektrophor zur
kontinuierlichen Ladungserzeugung.

Letzte Hinrichtung einer Frau als
»Hexe« in Deutschland.

In England wird das erste Patent auf einen Abort mit Wasserspülung erteilt.

In Österreich Zollreform im Sinne des Merkantilismus: einheitlicher Tarif für alle Staatsteile.

Gründung einer »Bergakademie« in Clausthal-Zellerfeld (Harz).

Im Harzer Bergbau (Clausthal) werden gusseiserne Schienen eingesetzt.

Aufstellung der ersten englischen Dampfmaschinen vom System Watt im Halleschen Braunkohlenbergbau.

Abraham Gottlob Werner (1749 bis 1817) veröffentlicht »Grundlagen einer beschreibenden Mineralogie«.

Es erscheint der erste Band (von vier bis 1778) der »Physiognomischen Fragmente, zur Beförderung der Menschenkenntniß und Menschenliebe« von Johann Caspar Lavater (1741 bis 1801). Diese »Theorie der Physiognomik«, die verschiedene Charaktere aus Gesichtszügen und Köperhaltungen erkennen will, wird heftig diskutiert und trägt zur Popularität des Schattenrisses bei.

Die Rosenkreuzer Graf Ferdinand von Kueffstein (1727 bis 1789) und Abbé Geloni zeugen nach paracelsischen Rezepten mehrere Homunculi, die in Wien während magischer Séancen wahrsagen.

Franz Mesmer (1733 bis 1815) veröffentlicht das »Schreiben an einen auswärtigen Arzt über Magnetismus«. Er postuliert ein dem menschlichen Organismus angeblich innewohnendes Fluidum (»tierischer Magnetismus«), das den Menschen mit kosmischen Kräfte verbinde, von Mensch zu Mensch übertragbar sei und so auch zu Heilzwecken in der Medizin unmittelbar oder durch magnetisierte Gegenstände aktiviert werden könne. Der »Mesmerismus« wird von heftigen publizistischen Fehden und einer ausgeprägten Scharlatanerie begleitet.

1776
Unabhängigkeitserklärung der dreizehn Vereinigten Staaten von Amerika und Erklärung der Menschenrechte.

Abschaffung der Folter in Österreich.

Watts Dampfmaschine findet Einsatz in einem englischen Hüttenwerk.

Der Engländer Hatton erfindet die Hobelmaschine.

Thomas Wood konstruiert die Spinnmaschine »Billy«.

Die Weltproduktion von Gusseisen beträgt 200.000 Tonnen.

Johann Christian Wiegleb veröffentlicht »Neuer Begriff von der Gährung«.

Adam Smith (1723 bis 1790) veröffentlicht »An Inquiry into the Nature and Causes of the Wealth of Nations« (Untersuchungen über Wesen und Ursachen des Reichtums der Völker) – bahnbrechendes Werk des schottischen Moralphilosophen, Rechtstheoretikers und Nationalökonomen.

Adam Weishaupt (1748 bis 1830) gründet in Ingolstadt den Illuminatenorden.

Der Amerikaner David Bushnell (1740 bis 1824) entwickelt das Unterwasserboot.

Die Pariser Akademie lehnt die Prüfung von Vorschlägen für ein »Perpetuum mobile« ab.

Begründung der Technologie als Wissenschaft durch Johannes Beckmann in »Anleitung zur Technologie«.

Jean-André Deluc (1727 bis 1817) entdeckt die anomale Wärmeausdehnung des Wassers (Ausdehnung bei Abkühlung auf den Gefrierpunkt).

1777

Antoine Lavoisier widerlegt die Phlogiston-Hypothese (1702). Verbrennung ist chemische Verbindung mit Sauerstoff. Lavoisier erkennt auch, dass Atmung Verbrennung (Oxydation) ist. Mit der Oxydationstheorie war eine wesentliche Voraussetzung für die rasche Entwicklung der Chemie im 19. Jahrhundert geschaffen worden.

Carl Wilhelm Scheele stellt fest: Luft besteht aus den beiden Komponenten Sauerstoff und Stickstoff. Zudem entdeckt er die Wärmestrahlung.

Johann Christian Wiegleb veröffentlicht »Historisch-critische Untersuchung der Alchemie oder der eingebildeten

Goldmacherkunst, von ihrem Ursprunge sowohl als Fortgange und was nun von ihr zu halten sey«.

Beginn des Baus des Eiderkanals als Verbindung zwischen Nord- und Ostsee (bis 1784).

Erste Gewerbeanzeigen in Zeitungen.

Joseph Priestley veröffentlicht »Disquisition of matter and spirit«.

Von Eberhard August Wilhelm von Zimmermann (1743 bis 1815) erscheint die »Erdkarte von der Verbreitung der Säugetiere«.

1778
Franz Mesmer erobert die Pariser Gesellschaft mit magnetischen Séancen.

Die »Gelehrten Gesellschaften« werden in Batavia gegründet.

In Hannover wird die erste deutsche Tierärztliche Hochschule gegründet (in Berlin und München 1790).

Georg Christoph Lichtenberg (1742 bis 1799) führt die Bezeichnung »positive« und »negative« Elektrizität ein.

John Smeaton (1724 bis 1792) setzt die Taucherglocke beim Bau von Unterwasserfundamenten ein.

James Cook entdeckt Hawaii.

Wolfgang von Kempelen baut eine Sprechmaschine, die über eine Klaviatur betätigt wird.

James Hutton (1726 bis 1797) bestimmt die Dichte der Erde.

In Hamburg eröffnet die erste Sparkasse.

Georges-Louis Leclerc de Buffon veröffentlicht »Epoques de la nature«. Er nimmt an, dass es in der Erdgeschichte mehrere sintflutartige Katastrophen gab, widerruft später.

Von Jean-Baptiste de Lamarck (1744 bis 1829) erscheint »Flore Française«.

1779
Samuel Crompton (1753 bis 1827) konstruiert eine Spinnmaschine mit fahrbarem Spindelwagen, selbsttätiger Garnzuführung und 48 Spindeln für Maschinenantrieb. Diese »Mule-Jenny« produziert Garne großer Gleichheit und Feinheit.

In Lissabon wird die »Academia Real das Ciências« gegründet.

In Padua Gründung der »Accademia di scienze, letteri ed arti«.

Die alchimistische Schrift der Rosenkreuzer »Der Compaß der Weisen« erscheint.

Das englische Parlament zahlt einem Fräulein für das Rezept zum »Stein der Weisen« 5000 Pfund.

Die »Pyrometrie« von Johann Heinrich Lambert erscheint.

Der erste Band der »Natürlichen Magie, aus allerhand belustigenden und nützlichen Kunststücken bestehend…« von Johann Christian Wiegleb liegt vor. Es ist die vollständige Umarbeitung des »Neu-eröffneten Kunst-Cabinet« von Martius und Hauptbestandteil des 20-bändigen Sammelwerks »Die natürliche Magie, aus allerhand belustigenden und nützlichen Kunststücken bestehend«, 1786 bis 1805. Es ist ein wichtiges Werk einer populär wirkenden aufklärerischen Wissenschaft am Ende des Jahrhunderts.

In London wird die erste Klinik für Kinder eröffnet. Johann Peter Franck (1745 bis 1821) entwickelt in »System einer vollständigen medizinischen Polizei« Hygienekonzepte.

Christian Cay Lorenz Hirschfeld (1742 bis 1792) legt seine »Theorie der Gartenkunst« vor (5 Bände bis 1785).

In Italien wird erneut der vergebliche Versuch unternommen, die Pontinischen Sümpfe trockenzulegen.

1780
Herstellung von Rübenzucker durch Franz Carl Achard (1753 bis 1821) in Berlin (»Chymisch-physische Schriften«).

Felice Fontana (1730 bis 1805) erzeugt Wassergas (industriell erst 1873).

Johann Helfrich Müller (1746 bis 1830) konstruiert eine Rechenmaschine für Addition, Subtraktion und Multiplikation.

Georg Forster (1754 bis 1794) sucht im Morgentau auf Wiesen nach Sternschnuppensubstanz, in der nach Auffassung der Rosenkreuzer die »materia prima« für den »Stein der Weisen« enthalten sei.

Luigi Galvani (1773 bis 1798) beginnt mit Versuchen zur »tierischen« Elektrizität.

In Mannheim Einrichtung der ersten deutschen meteorologischen Station.

In Boston (USA) wird die »Amerikanische Akademie der Künste und Wissenschaften« gegründet.

Versuche mit Dampfschiffen durch Claude François Jouffroy d'Abbans (1751 bis 1832).

In Frankreich wird Papier aus Pflanzen und Rinden hergestellt.

Carl Wilhelm Scheele beobachtet Erscheinungen der fraktionierten Destillation.

Abraham Gottlob Werner lehrt, dass Gesteine sich im Urozean bildeten (Neptunismus).

Der letzte Band der von Denis Diderot edierten »Encyclopédie« erscheint. 35 Bände seit 1751.

1781
In der Berliner Baumwollmanufaktur wird erstmals eine englische Spinnmaschine eingesetzt.

Henry Cavendish (1731 bis 1810) erkennt, dass Wasserstoff und Sauerstoff sich zu Wasser verbinden.

René Just Haüy (1743 bis 1822) führt den Kristallaufbau auf Raumgitter zurück.

Carl Wilhelm Scheele entdeckt das Wolfram.

Claude François Jouffroy d'Abbans führt einen der ersten erfolgreichen Versuche mit einem Dampfschiff durch.

Jonathan Carter Hornblower (1753 bis 1815) erhält das Patent für die Compound-Dampfmaschine.

Johann Christian Wiegleb veröffentlicht das »Handbuch der allgemeinen Chemie«.

Die »Abhandlung von den Salzen« von Ludwig Rousseau erscheint.

Friedrich Wilhelm Herschel entdeckt den Planeten Uranus.

Um 1781 erste Fallschirmerprobungen.

1782
Die »letzte Hexe Europas« wird in Glarus (Schweiz) geköpft.

James Watt baut eine »doppeltwirkende« Dampfmaschine mit Drehbewegung und Schwungrad (Patent 1784); die ersten Dampfmaschinen verlassen seine Fabrik.

Pierre-Simon Laplace (1749 bis 1827) stellt die Differentialgleichung für Mechanik auf. Bei ihrer alleinigen Geltung wäre alle Zukunft durch einen »Dämon« vorausberechenbar.

Josiah Wedgwood (1730 bis 1795) führt Hitzemessungen mit Schmelzkörpern (Pyrometer) durch.

Friedrich Wilhelm Herschel entdeckt die Eigenbewegung des Sonnensystems und zeichnet einen Katalog der Doppelsterne.

»Die Kunst, Gold und Silber zu probiren, oder Erfolg der Koppelirung verschiedener metallischer Substanzen mit Blei und Wismut« von Balthazar Georges Sage (1740 bis 1824) erscheint.

Georg Christoph Lichtenberg hält es durchaus für wahrscheinlich, aus Quecksilber Gold zu machen.

Als Nachfolgewerk der französischen »Encyclopédie« erscheint die »Encyclopédie méthodique« in der Neubearbeitung, Erweiterung und Neuaufteilung von Charles-Joseph Panckoucke (1736 bis 1798) und Thérèse-Charlotte Agasse (1775 bis 1838) bis 1832 in etwa 210 bis 216 Bänden.

1783
Gründung der »Royal Society« in Edinburgh.

In Turin wird die »Accademia reale delle scienze« gegründet.

In Spanien wird gegen Konstrukteure von Automaten ein Inquisitionsverfahren eröffnet.

Der französische Mathematiker und Enzyklopädist Jean-Baptiste Le Rond d'Alembert (geb. 1717) stirbt; er schrieb dem Wissen soziale Funktion zu.

Entwicklung der Ballonfahrt: Wasserstoffballon von Jacques Alexandre César Charles (1746 bis 1823) und Heißluftballon der Brüder Joseph Michel (1740 bis 1810) und Jacques Étienne Montgolfier (1745 bis 1799) – bemannt, mit Tieren, mit Passagieren.

»Natürliche Magie oder Erklärung verschiedener Wahrsager- und Natürlicher Zauberkünste« von Christlieb Benedict Funk (1736 bis 1786).

Der englische Arzt James Price (Suizid 1784) erklärt vor der Königlichen Gesellschaft der Wissenschaften, ein rotes und ein weißes Pulver erfunden zu haben, womit man Quecksilber beliebig in Gold und Silber verwandeln könne. Als er ernstlich bedrängt wird, die Beweise zu erbringen, vergiftet er sich.

Henry Cort erhält das Patent auf Formstahl- und Walzverfahren.

Claude Louis de Berthollet (1748 bis 1822) erkennt die bleichende Wirkung des Chlors.

Horace-Bénédict de Saussure (1740 bis 1799) konstruiert ein Haar-Hygrometer.

Alessandro Volta entwickelt den Kondensator.

In Ratingen bei Düsseldorf wird die erste mit Wasserkraft betriebene mechanische Baumwollspinnerei in Betrieb genommen.

Jan Pieter Minckelaers (1748 bis 1824) erzeugt Leuchtgas aus Steinkohle.

Beginn des Baus des Rhein-Rhône-Kanals (bis 1834).

Aimé Argand (1750 bis 1803) verbessert den Brenner für Öllampen.

um 1784
Mitteleuropa geht zur modernen Landschaft über – Folgen der Industrie- und Landwirtschaftsentwicklung, Straßen- und Kanalbau, Schienenwege, moderne Siedlungen.

1784
Der Königsberger Philosoph Immanuel Kant veröffentlicht im Dezember 1784 in der »Berlinischen Monatsschrift« den Aufsatz »Was ist Aufklärung?« mit der berühmten Definition:
»Aufklärung ist der Ausgang des Menschen aus seiner selbstverschuldeten Unmündigkeit.«
Und: »Habe Mut, dich deines *eigenen* Verstandes zu bedienen!«

Der Franzose Henry Decremps (1746 bis 1826), ein großer Kenner der Taschenspielereien seiner Zeit, veröffentlicht in Paris die ersten Teile einer mehrbändigen »Magie blanche dévoilée« (fünf Bände bis 1785).

Joseph Pinetti Willedale de Merci (1750 bis 1805) legt ein Buch über die »Amusements physiques« vor.

Siegmund Heinrich Güldenfalk (gest. 1787)
erzählt in seiner »Sammlung von mehr als hundert
wahrhaften Transmutationsgeschichten
oder gantz ausserordentlich merkwürdiger Beyspiele
von Verwandlung der Metallen in Gold und
Silber« phantastische Geschichten von Adepten der
Goldmacherkunst.

Von Johann Samuel Halle (1727 bis 1810) erscheint der erste
von vier Bänden »Magie, oder die Zauberkräfte der Natur,
so auf den Nutzen und die Belustigung angewendet werden«
(bis 1786), dem schließen sich zwölf Bände einer
»Fortgesetzten Magie« (1784 bis 1802) und als siebzehnter
Teil eine »Neue fortgesetzte Magie« (1802) an.

Die Schrift »Herr Graf Morozzo an den Herrn Macquer
über die Zerlegung der fixen und Salpeterluft« erscheint
in Stendal.

Der Schriftsteller Karl Philipp Moritz (1756 bis 1793)
gibt in Berlin das »Magazin der Erfahrungsseelenkunde«
heraus. Die erste psychologische Fachzeitschrift
der Welt erscheint bis 1794.

In England erster brauchbarer mechanischer Webstuhl
von Edmund Cartwright (1743 bis 1823).

Johann Wolfgang Goethe entdeckt
den Zwischenkieferknochen beim Menschen.

Friedrich Wilhelm Herschel veröffentlicht
»Untersuchungen über die Struktur des
Milchstraßensystems«.

Jean-Baptiste Meusnier de la Place (1754 bis 1793)
erhält das Patent auf ein Luftschiff.

Johann Wunderlich erfindet die Drillmaschine.

Watts Dampfmaschine wird in einer Spinnerei eingesetzt.

Henry Cort erhält das Patent für das Puddelverfahren
zur Herstellung von Schmiedeeisen aus Roheisen,
das zur Grundlage der Schmiedeeisenproduktion wird.

Joseph Bramah (1748 bis 1814) erfindet
das Sicherheitsschloss.

William Murdock (1754 bis 1839) legt ein
Dampfwagenmodell vor.

1785
Mit der ersten Dampfmaschine in Preußen und den ersten Spinnmaschinen in Sachsen, Berlin und im Rheinland wird die maschinelle Produktion in Deutschland eingeführt.

Charles Augustin de Colomb (1736 bis 1806) beginnt Versuche mit der Drehwaage und entdeckt Gesetze für elektrische und magnetische Kräfte (bis 1789).

In der Nachfolge Franz Mesmers hebt Marquis Amand-Marc-Jacques de Chastenet de Puységur (1751 bis 1825) die Psychoanalyse aus der Taufe. Er erzielt Heilerfolge mit Suggestion und Hypnose, indem er seine Patienten mit Stricken an einen »Zauberbaum« bindet.

Jean-Pierre François Blanchard (1753 bis 1809) und John Jeffries (1744 bis 1819) überqueren erstmals den Ärmelkanal im Freiballon.

William Murdock entwickelt eine Dampfmaschine mit schwingendem Zylinder.

John Cooke baut eine Sämaschine.

James Hutton stellt die Theorie des Plutonismus auf.

Abraham Gottlob Werner begründet die Geognosie.

Antoine-Laurent Lavoisier veröffentlicht »Traité élémentaire de chimie«.

Der neapolitanische Uhrmacher Domenica Salsano konstruiert das Seismometer (Erdbebenmesser).

um 1786
James Watt stellt die Dampfmaschine mit Kolbenstange und Zentrifugalregulator vor.

1786
Der italienische Abenteurer und Geisterbeschwörer Alexander von Cagliostro (1743 bis 1795) wird nach der »Halsbandaffäre« aus Paris ausgewiesen, später in Rom zu lebenslanger Haft verurteilt.

Um 1786 baut der Leipziger Mechanikus Scheller eine »Reiseschreibfeder mit beständig Dinten«, den Füllfederhalter.

Der italienische Naturforscher Lazzaro Spallanzani (1729 bis 1799) widerlegt durch abenteuerliche Versuche, Tiere künstlich zu erzeugen, die Urzeugungslehre.

Erste Versuche mit Gasbeleuchtung für Innenräume in England und Deutschland.

Andrew Meikle (1719 bis 1811) konstruiert eine einsatzreife Dreschmaschine.

Patrick Miller experimentiert mit Wasserfahrzeugen aus mehreren Rümpfen.

Oliver Evans (1755 bis 1819) verbessert den Dampfkessel.

Gründung der Universität Bonn.

Gustav III. gründet die »Schwedische Akademie der Künste und Wissenschaften«.

Erstbesteigung des Montblanc.

um 1787
Antoine Laurent de Lavoisier (1743 bis 1794) und Claude-Louis de Berthollet (1748 bis 1822) begründen die chemische Nomenklatur.

1787
Ernst Chladni (1756 bis 1825) entdeckt die »Klangfiguren« tönend-schwingender Platten.

Johann Samuel Traugott Gehler (1751 bis 1795) veröffentlicht bis 1795 fünf Teile des »Physikalischen Wörterbuchs«, das zwischen 1822 und 1848 auf elf Bände erweitert wird.

Dampfmaschinen in der Textilindustrie: verbesserte Krempelmaschine.

Joseph Baader (1763 bis 1835) entwickelt das mechanische Gebläse.

Friedrich Wilhelm Herschel entdeckt zwei Uranusmonde.

William Nicholson (1753 bis 1815) konstruiert das Aerometer.

Horace-Bénédict de Saussure besteigt den Montblanc für meteorologische Messungen.

um 1788
Antoine Lavoisier zählt 31 chemische Elemente auf.

1788

Joseph-Louis Lagrande (1736 bis 1813) veröffentlicht »Mécanique analytique« (Analytische Mechanik).

Von Karl von Eckartshausen (1752 bis 1803) erscheinen »Aufschlüsse zur Magie aus geprüften Erfahrungen über verborgene philosophische Wissenschaften und versteckte Geheimnisse der Natur« (vier Bände bis 1791).

Der Engländer William Symington (1763 bis 1831) konstruiert einen Raddampfer, der US-Amerikaner John Fitch (1743 bis 1798) ein Schrauben-Dampfschiff.

1789 bis 1795
Europaweite Auswirkungen der Französischen Revolution.

1789
Beginn der Französischen Revolution; Sturm auf die Bastille; Deklaration der Menschen- und Bürgerrechte / George Washington wird erster Präsident der U.S.A. / Verfassung der U.S.A. tritt in Kraft.

Zerlegung des Wassers in Wasserstoff und Sauerstoff mit Hilfe des elektrischen Stromes durch Adriaan Paets van Troostwijk (1752 bis 1837) und Johan Rudolph Deiman (1743 bis 1808).

Der englische Illusionist deutscher Herkunft Paul de Philidor, eigentlich Philippsthal (gest. 1829), beschwört im aufklärerischen Berlin Geister mit Hilfe der Laterna magica.

Martin Heinrich Klaproth entdeckt die Elemente Uran und Cer und erkennt die chemische Eigenart von Strontium und Tellur.

Erzeugung von Gusseisen im Kupolofen.

Errichtung der ersten amerikanischen Spinnereifabrik.

Friedrich Wilhelm Herschel (1738 bis 1822) entdeckt den 6. und 7. Saturnmond und veröffentlicht seine Klassifikation der Sternnebel.

Antoine-Laurent de Jussieu (1748 bis 1836) stellt das erste natürliche Pflanzensystem auf: »Genera Plantarum«.

Abel Burja (1752 bis 1816) veröffentlicht »Grundlehre der Statik oder desjenigen Teils der Mechanik, welcher vom Gesamtgewichte bei festen Körpern und Maschinen handelt«.

Von Antoine-Laurent Lavoisier erscheint »Traité de chimie«.

1790
Erstes Walzwerk mit Dampfkraft in England.

Karl von Eckartshausen veröffentlicht »Entdeckte Geheimnisse der Zauberer, zur Aufklärung des Volkes über Aberglaube und Irrwahn«.

Erste deutsche Gewerbeausstellung in Hamburg.

Johann Wolfgang Goethe (1749 bis 1832) veröffentlicht »Die Metamorphose der Pflanzen« (Idee vom Blatt als Urorgan).

In den USA wird ein Patentamt gegründet.

Thomas Clifford baut eine Maschine zur Herstellung von Nägeln.

Thomas Saint konstruiert eine Kettenstichmaschine.

1791
»Über die elektrischen Kräfte der Muskelbewegung« von Luigi Galvani. Ausgehend von seinem berühmten Froschschenkelversuch begründet Galvani den Bau der chemischen Elemente und die Verwendung »galvanischer« Ströme.

Mit der Sodafabrik von Nicolas Leblanc (1742 bis 1806) beginnt in Frankreich die chemische Großindustrie.

»Verschiedenes zum Unterricht und zur Unterhaltung für Liebhaber der Gauckeltasche« von Karl von Eckartshausen erscheint.

Der Deutsche Michael Kag entwickelt die Dachpappe.

John Barber (1734 bis 1793) erhält das erste Patent für eine Gasturbine.

Samuel Thomas Soemmering (1755 bis 1830) veröffentlicht »Vom Bau des menschlichen Körpers« (Schriften, bis 1796).

Johann Wolfgang Goethe liefert »Beiträge zur Optik«.

Georg Ludwig Hartig (1764 bis 1837) legt mit »Anweisung zur Holzzucht für Förster« ein wichtiges Lehrbuch für den Waldbau vor.

Der Hauslehrer Peter Plett (1766 bis 1823) impft drei Kinder erfolgreich gegen Pocken. Sein Bericht wird von der Christian-Albrechts-Universität Kiel unterdrückt.

Jeremy Bentham (1748 bis 1832) entwickelt das Ordnungsprinzip des Panopticon (Modell moderner Überwachungsmethoden).

Einführung des Ur-Meters.

Wilhelm Herschel entdeckt im Sternbild Großer Bär die später als NGC 2880 katalogisierte Galaxie.

1792
Claude Chappe (1763 bis 1805) stellt einen optischen Telegraphen vor.

Steinkohlengas-Beleuchtung von William Murdock (1754 bis 1837).

Jeremias Benjamin Richter (1762 bis 1807) misst mit hoher Genauigkeit chemische Äquivalentgewichte: »Stöchiometrie oder Meßkunst chemischer Elemente« (bis 1802).

Schwefeldioxid wird als erstes Gas verflüssigt.

Die erste chemische Gesellschaft der Welt wird in Philadelphia (USA) gegründet.

John Wilkinson entwickelt ein Kehrwalzwerk zur Blechherstellung.

Edmund Cartwright baut eine Wollkämmmaschine.

Christian Conrad Sprengel (1750 bis 1816) entdeckt die Insektenbestäubung: »Das entdeckte Geheimnis der Natur im Bau und in der Befruchtung der Blumen«.

1793
Der Amerikaner Eli Whitney (1765 bis 1825) entwickelt die erste Baumwoll-Entkörnungsmaschine (Patent am 14. März 1793).

Georg Joseph Beer veröffentlicht »Lehre der Augenkrankheiten«.

Jean-Baptiste de Lamarck gründet in Paris das Nationalmuseum für Naturgeschichte.

um 1794
Johann Friedrich Blumenbach (1752 bis 1840) unterscheidet mehrere Wurzeln der Menschheit entsprechend den verschiedenen Ethnien. Das steht sehr im Gegensatz zur

biblischen Darstellung – gilt aber als Begründung der modernen Anthropologie.

1794

Der finnische Chemiker Johann Gadolin (1760 bis 1852) entdeckt die ersten »seltenen Erden« (weitere durch Jöns Jakob Berzelius 1803).

In Paris wird die »École polytechnique« gegründet, die erste technische Hochschule.

Ernst Chladni weist den außerirdischen Charakter der Meteore nach.

Henry Maudslay (1771 bis 1831) entwickelt den Kreuzsupport für Werkzeugmaschinen.

Beginn des Baus der ersten eisernen Brücke auf dem Kontinent bei Laasan (Schlesien). Fertigstellung 1796.

Optische Telegraphen in Russland durch Iwan Petrowitsch Kulibin.

Joseph Marie Jacquard (1752 bis 1834) entwickelt einen Webstuhl für Muster.

1795

Inbetriebnahme der ersten Pferdeeisenbahn in England.

Joseph Bramah konstruiert eine hydraulische Presse.

Eine automatische Getreidemühle von Oliver Evans in den USA.

Joseph Hardtmuth (1758 bis 1816) beginnt eine Bleistiftfabrikation.

Mungo Park (1771 bis 1806) bereist von Gambia aus den mittleren Niger. Beginn der Erforschung Innerafrikas.

James Hutton veröffentlicht »Theory of the Earth«.

Von Gaspard Monge (1746 bis 1818) erscheint »Géométrie descriptive«.

Einführung des Meter-Maßsystems in Frankreich.

1796

Johann Gottlieb Fichte (1762 bis 1814) veröffentlicht die »Grundlage des Naturrechts«.

Richard Trevithick (1771 bis 1833) stellt erste
Dampfwagenmodelle vor.

Der Schriftsteller und Arzt Karl Arnold Kortum
(1754 bis 1834) gründet eine Gesellschaft von Alchimisten
(Hermetische Gesellschaft), die bis 1819 besteht.

Der erste Kokshochofen Europas, entwickelt von Johann
Friedrich Wedding (1759 bis 1830), wird in Königshütte/
Gleiwitz in Betrieb genommen.

Alessandro Volta führt den Begriff »Galvanismus« ein.

Errichtung der ersten Kettenhängebrücke
in den USA.

Alois Senefelder (1771 bis 1834) erfindet den Steindruck
(Lithographie).

Georges Baron de Cuvier (1769 bis 1832) begründet
am Mammut die Wirbeltier-Paläontologie.

Edward Jenner (1749 bis 1823) begründet die moderne
Pockenschutzimpfung.

Christoph Wilhelm Hufeland (1762 bis 1836) veröffentlicht
»Makrobiotik oder die Kunst, das menschliche Leben
zu verlängern«.

Von Pierre-Simon Laplace erscheint
»Exposition du système du monde«
(Aufbau der Welt).

1797
Henry Maudslay konstruiert
eine Supportdrehbank mit Schraubenspindel
(Leit- und Zugspindelbank).

William Smith (1769 bis 1839) bestimmt die Reihenfolge
der Erdschichten aus Leitfossilien und begründet damit die
relative geologische Zeitskala (Stratigraphie).

In Annaberg (Sachsen) Arbeiteraufstand gegen
Bandwebmaschinen.

Australien führt Merinoschafe ein.

André-Jacques Garnerin (1769 bis 1823) wagt den ersten
Sprung mit einem Fallschirm aus einem Ballon.
Seine Frau Jeanne-Geneviève Labrosse wird 1799 die erste
Fallschirmspringerin der Welt.

1798

Henry Cavendish (1731 bis 1810) misst direkt die Gravitationskraft und berechnet die Erddichte.

Richard Trevithick baut die erste Hochdruckdampfmaschine.

Étienne Gaspard Robertson (1763 bis 1837) veranstaltet mit der von ihm weiterentwickelten Laterna magica »Phantasmagorien« im Pariser Kapuzinerkloster.

»Erster Entwurf eines Systems der Naturphilosophie« von Friedrich Wilhelm Schelling (1755 bis 1854) entsteht.

Darstellende Geometrie von Gaspard Monge (1746 bis 1818).

In England wird erstmals eine Einkommenssteuer erhoben.

Erwähnung einer Häckselmaschine.

Benjamin Thompson Rumford (1753 bis 1814) erkennt die Zusammenhänge zwischen Bewegung und Wärme.

Der Amerikaner John Stevens (1749 bis 1838) baut ein Dampfboot.

Eli Whitney entwickelt die Serienanfertigung genormter austauschbarer Teile beim Bau von Gewehren.

Gothaer Astronomenkongress: Treffen von 15 europäischen Astronomen.

1799

Philippe Lebon (1767 bis 1804) erhält ein Patent für eine mit Gas betriebene, von ihm sogenannte »Thermolampe«.

Im Bergbau des Ruhrgebiets werden die ersten Dampfmaschinen eingesetzt.

In England wird ein erstes Patent auf eine Mähmaschine erteilt.

George Cayley konzipiert ein Gleitflugzeug.

Nicolas-Louis Robert (1761 bis 1828) entwickelt die erste Langsieb-Papiermaschine nach dem Prinzip des endlosen Bandes (Rolle). Beginn der maschinellen Papierherstellung.

Joseph-Louis Proust isoliert Traubenzucker.

Carl Friedrich Gauß (1777 bis 1855) beweist den Fundamentalsatz der Algebra.

Alexander von Humboldt (1769 bis 1859) beginnt seine Forschungsreise nach Südamerika (bis 1804).

Pierre-Simon Laplace veröffentlicht »Mécanique céleste« (bis 1825).

Georges Cuvier begründet die vergleichende Anatomie.

Frankreich gründet in Kairo das »Ägyptische Institut«.

Kanalverbindung zwischen Sankt Petersburg und Wolga fertiggestellt.

1800

Erste Dampfmaschine in der Berliner Porzellanmanufaktur.

Einführung der Briefpost in Berlin.

In Rathenow beginnt die industrielle Brillenherstellung.

Die Entdeckung des ersten elektrischen Elements durch Alessandro Volta gestattet die Verwendung größerer Ströme. Er erfindet eine Ladesäule.

Wasserzerlegung in Knallgas durch galvanischen Strom.

Entdeckung der Elektrolyse durch William Nicholson (1753 bis 1815), Anthony Carlisle (1768 bis 1840) und Johann Wilhelm Ritter (1776 bis 1810).

»Optische Täuschungen, oder Erklärung verschiedener Erscheinungen in der Natur« von Johann Heinrich Moritz Poppe (1776 bis 1834).

Richard Trevithick erhält ein Patent für eine Hochdruckdampfmaschine.

Henry Maudslay verbessert seine Support-Drehmaschine (seit 1794).

Carl Friedrich Gauß untersucht den Magnetismus des Erdfeldes.

Friedrich Wilhelm Herschel entdeckt ultrarote Strahlen im Sonnenspektrum.

Erstbesteigung des Großglockners durch Franz Josef Horasch.

1801

In Brescia wird die Akademie »Ateneo di scienze e belle lettre« gegründet.

Franz Carl Achard gewinnt Zucker aus Runkelrüben.

Robert Fulton (1765 bis 1815) entwirft das U-Boot »Nautilus« für eine dreiköpfige Besatzung. Es wird 1805 in Brest erprobt, erregt die Aufmerksamkeit Napoleons, erweist sich aber für militärische Zwecke als ungeeignet.

Joseph Marie Jacquard konstruiert eine Webmaschine mit einzeln gesteuerten Kettfäden.

Philippe Lebon projektiert einen doppeltwirkenden Verbrennungsmotor.

Oliver Evans entwirft eine Hochdruckdampfmaschine mit Kondensation.

Jean-Baptiste de Lamarck führt die Bezeichnung »Wirbeltiere« ein.

Giuseppe Piazzi (1746 bis 1826) entdeckt Ceres, den ersten Planetoiden.

Johann Wilhelm Ritter entdeckt ultraviolette Strahlen und baut eine Ladesäule.

Alessandro Volta stellt das Spannungsgesetz der Metalle auf.

Interferenzversuche durch Thomas Young (1773 bis 1829).

Carl Friedrich Gauß veröffentlicht mit »Disquisitiones Arithmeticae« ein grundlegendes Werk für die moderne Zahlentheorie.

Thomas Young (1773 bis 1829) misst als Erster die Wellenlängen des Lichts und nutzt die Interferenz. Eines seiner Experimente ist das Doppelspaltexperiment, das später in der Quantenmechanik eine wichtige Rolle spielt.

Kaiser Franz II. verbietet in Wien die Vorlesungen des Franz Joseph Gall (1758 bis 1828) über Phrenologie, weil sie gegen die Grundsätze von Moral und Religion verstoßen. Mit seiner Schädellehre, der Phrenologie als »Seelenlehre«, begründet Gall die Auffassung, dass das Gehirn das Zentrum für alle mentalen Funktionen sei und ein Zusammenhang zwischen Schädel- und Gehirnform sowie zwischen Charakter und Geistesgaben bestehe.

1802

Friedrich Koenig (1774 bis 1833) entwickelt die Schnellpresse für den Buchdruck.

Richard Trevithick erhält ein Patent für den Dampfwagen.

Humphry Davy (1778 bis 1829) und Thomas Wedgwood (1771 bis 1805) nutzen die Lichtempfindlichkeit der Silbersalze für einfache Kopien.

John Dalton (1766 bis 1844) stellt das Diffusionsgesetz der Gase auf.

Luke Howard (1772 bis 1864) führt die Wolken-Nomenklatur ein.

Heinrich Wilhelm Olbers (1758 bis 1840) entdeckt Pallas, den zweiten der Planetoiden.

Wassili Wladimirowitsch Petrow (1761 bis 1834) untersucht den Lichtbogen.

Alexander von Humboldt besteigt in Ecuador den Chimborazo bis 5400 Meter (Gipfel 6310).

1803
In den USA wird erstmals die Dampfkraft in der Produktion eingesetzt.

Johann Wilhelm Ritter konstruiert eine Ladesäule (Akkumulator).

Richard Trevithick baut die erste einsatzfähige Schienenlokomotive für den Grubenbau.

Nicolas Appert (1749 bis 1841) entwickelt Konservierungsverfahren für Lebensmittel.

Auf der Seine fährt ein Dampfschiff von Robert Fulton.

Erste Liniiermaschine in Deutschland.

Joseph Jérôme de Lalande (1732 bis 1807) veröffentlicht mit »Bibliographie astronomique« ein Sachwörterbuch der Astronomie.

Matthew Flinders (1774 bis 1814) umschifft erstmals Australien.

Gründung des »Polytechnischen Instituts« in Prag.

1804
Oliver Evans unternimmt mit einem Straßendampfwagen eine Probefahrt durch Philadelphia (USA); er baut einen Dampfbagger.

In Berlin beginnt die Königliche Eisengießerei ihre Arbeit.

Arthur Woolf (1766 bis 1837) entwickelt eine Hochdruck-Verbund-Dampfmaschine.

William Congreve (1772 bis 1826) baut eine Pulverrakete.

Joseph Marie Jacquard konstruiert eine Netzstrickmaschine.

Louis-Joseph Guy-Lussac (1778 bis 1850) und Jean-Baptiste Biot (1774 bis 1862) steigen im Freiballon für physikalische Messungen über 7000 Meter auf.

Henry Salt (1780 bis 1827) bereist Äthiopien (bis 1810).

Joseph von Fraunhofer (1787 bis 1826) und Georg Friedrich von Reichenbach (1771 bis 1826) gründen in München ein Optisch-mechanisches Institut.

1805
Friedrich Adolf Sertürner (1783 bis 1834) entdeckt das Morphium.

Joseph Marie Jacquard konstruiert eine Webmaschine mit Lochstreifensteuerung für Muster (»Jacquard-Muster«). Einsatz ab 1808.

Karl Johann Bernhard Karsten (1782 bis 1853) errichtet in Gleiwitz/Schlesien die erste Steinkohlenteeranlage.

Der Engländer Joseph Bramah entwickelt die Rundsieb-Papiermaschine.

Schmetterlingsbrenner für Gasbeleuchtung in England.

Pierre-Simon Laplace misst Molekularkräfte in Flüssigkeiten und untersucht kapillare Kräfte.

1806
Alois Senefelder gründet in München eine Steindruckerei (Lithographie).

In Frankreich wird ein Patent auf einen Verbrennungsmotor erteilt, das aber ungenutzt bleibt.

Jöns Jakob Berzelius hält Vorlesungen über Tierchemie.

Thomas Andrew Knight (1759 bis 1838) vertritt die These, dass die Schwerkraft das Wachstum von Pflanzen bestimmt (Geotropismus).

Adalbert Friedrich Marcus (1753 bis 1816) gibt die »Jahrbücher der Medizin als Wissenschaft« heraus (bis 1808).

Albrecht Daniel Thaer (1752 bis 1828) gründet in Möglin,
einem Rittergut in der Mark Brandenburg,
ein landwirtschaftliches Institut.

1807
Humphry Davy entdeckt durch Elektrolyse
die Alkali-Metalle Natrium und Kalium;
1808 die weiteren Elemente Magnesium, Kalzium,
Strontium und Barium.

Robert Fulton gelingt die Dampfschifffahrt auf dem
Hudson von New York nach Albany. Er gilt als Erfinder des
Dampfschiffs mit Schaufelrädern.

Anfänge der Straßengasbeleuchtung in London.

Heinrich Wilhelm Olbers entdeckt Vespa, den vierten
der kleineren Asteroiden.

Jakob Degen (1760 bis 1848) entwickelt ein Flugmodell.

Aus Deutschland ist eine Maschine zur Herstellung
von Ziegeln bekannt.

In England wird eine Nähmaschine
für Handschuhe erwähnt.

Alexander John Forsyth (1768 bis 1843) konstruiert
ein Perkussionsgewehr (Schlagzündung).

1808
In Neapel wird die »Società Reale« gegründet.

John Dalton (1766 bis 1844) veröffentlicht in »A New System
of Chemical Philosophy« eine chemische Atomtheorie.

Die »Ansichten der Natur« von Alexander von Humboldt
erscheinen.

»Ansichten von der Nachtseite der Naturwissenschaften«
von Gotthilf Heinrich von Schubert (1780 bis 1860).
Eine vierte, »großentheils umgearbeitete und sehr vermehrte
Auflage« erscheint 1840.

Richard Trevithick entwirft eine Ringbahn
für London.

Humphry Davy entdeckt durch Elektrolyse die Elemente
Barium, Calcium, Magnesium und Strontium.

Louis-Joseph Gay-Lussac und Louis-Jacques de Thénard
(1777 bis 1857) entdecken das Element Bor.

Étienne Louis Malus (1775 bis 1812) entdeckt
die Polarisation des Lichts.

Beginn größerer Ausgrabungen in Pompeji.

1809
Der Arzt Samuel Thomas Soemmering (1755 bis 1833)
erfindet einen Telegraphen auf elektro-chemischer
Grundlage.

Jean-Baptiste de Lamarck veröffentlicht
»Philosophie zoologique«.

Johann Friedrich Merkel legt
»Beiträge zur vergleichenden Anatomie« vor.

Erfindung des Schleudergusses in England.

Sir George Cayley (1773 bis 1857) beschäftigt sich als
Erster mit der Wissenschaft des Fluges und entwirft
Flugzeugmodelle.

Carl Friedrich Gauß veröffentlicht die
»Theorie der Bewegung der Himmelskörper«.

Die »Beschreibung Ägyptens« wertet die französische
wissenschaftliche Expedition Napoleons 1798 bis 1801 aus.
Bis 1813 erscheinen 24 illustrierte Bände.

1810
Jöns Jakob Berzelius entdeckt das Element Silizium.

Samuel Hahnemann (1755 bis 1843) begründet die
Homöopathie: »Organon der Heilkunde«.

Georg Henschel (1759 bis 1835) gründet in Kassel eine
Maschinenfabrik, in der später vor allem Lokomotiven
gebaut werden.

Albrecht Daniel Thaer veröffentlicht »Grundsätze der
rationellen Landwirtschaft« (bis 1812).

Johann Wolfgang Goethes »Farbenlehre«
ersetzt nicht die physikalische Optik Newtons,
wie Goethe meint.

um 1811
Unterscheidung von »Atomen«
und »Molekülen«.

1811
Amadeo Avogadro (1776 bis 1856) stellt die Molekulartheorie der Gase auf.

Jöns Jakob Berzelius veröffentlicht eine chemische Nomenklatur.

Der »Schneider von Ulm« Albrecht Ludwig Berblinger (1770 bis 1829) verunglückt bei einem Flugversuch.

Joseph Nicéphore Nièpce (1765 bis 1833) und Louis-Jacques-Mandé Daguerre (1787 bis 1851) unternehmen Versuche zur Fixierung von Lichtbildern.

Friedrich Carl Krupp (1787 bis 1826) eröffnet in Altenessen eine Stahlgießerei und Maschinenfabrik, womit erstmals in Europa schwere Gussstahlblöcke hergestellt werden können.

Franz Dinnendahl (1775 bis 1826) setzt als Erster Dampfmaschinen, die er seit 1803 herstellt, als Fördermittel im Ruhrgebiet ein.

In Frankreich erste brauchbare Flachspinnmaschine durch Philippe Henri de Girard (1775 bis 1845).

Carl Friedrich Gauß veranschaulicht imaginäre Zahlen.

Gründung der Universität Oslo.

Neugründung der Universität Breslau.

um 1812
Elektrische Zündungen für Sprengladungen.

1812
Jöns Jakob Berzelius führt die chemischen Bildungskräfte auf die elektrische Anziehung zurück. Damit vertieft sich die Verbindung von Chemie und Physik.

Mit der »Comet« zwischen Glasgow und Greenock beginnt die europäische Dampfschifffahrt.

Friedrich Koenig und Andreas Friedrich Bauer (1783 bis 1860) arbeiten an der Zylinder-Flachdruck-Schnellpresse, die die Druckleistung bis zum Achtfachen steigert.

Richard Trevithick entwickelt die erste Dampfmaschine für landwirtschaftliche Zwecke.

Der Österreicher Joseph Ressel (1793 bis 1857) entwickelt die Schiffsschraube.

Pierre-Simon Laplace vertieft die Wahrscheinlichkeitsrechnung mit mathematischen Hilfsmitteln.

Johann Gottlieb Koppe (1782 bis 1863) veröffentlicht »Unterricht im Ackerbau und in der Viehzucht«.

1813
Humphry Davy stellt den elektrischen Lichtbogen dar und veröffentlicht »Elements of Agricultural Chemistry« (deutsch 1814: Elemente der Agrikulturchemie).

In England mit der »Puffing Billy« erste verwendungsfähige Lokomotive durch William Hedley (1779 bis 1843).

Kunstwollefabrikation in England.

Franz Joseph von Gerstner (1756 bis 1832) veröffentlicht »Ob und in welchen Fällen der Bau schiffbarer Kanäle Eisenwegen oder gemachten Straßen vorzuziehen sei«.

1814
George Stephenson (1781 bis 1848) begründet in England mit der Lokomotive »Blücher« die Eisenbahn.

London erhält Straßengasbeleuchtung, Paris 1815 und Berlin 1826.

Analyse der alkoholischen Gärung durch Louis-Joseph Gay-Lussac.

Joseph Louis Proust (1754 bis 1826) behauptet, dass Wasserstoff der einzige Baustein aller chemischen Elemente sei (die »Proustsche Hypothese« wird teilweise bestätigt).

Robert Fulton baut das erste US-amerikanische dampfbetriebene Kriegsschiff (»Demologos«).

Der Österreicher Josef Madersperger (1768 bis 1850) entwickelt eine Nähmaschine (Verbesserungen bis 1839).

In Brasilien nimmt die erste Eisenhütte den Betrieb auf.

»The Times« wird auf einer Schnellpresse von Friedrich Koenig gedruckt.

1815
Preußen führt ein Patentgesetz ein.

William Church (um 1778 bis 1863) konstruiert eine Typensetzmaschine und eine Typengießmaschine, patentiert 1822.

Humphry Davy entwickelt die Sicherheitsgrubenlampe.

Zwischen Sankt Petersburg und Kronstadt wird der Dampfschiffverkehr eingeführt.

In Wien eröffnet die Technische Hochschule.

In Erlangen nimmt die erste chirurgische Universitätsklinik den Betrieb auf.

Joseph von Fraunhofer entdeckt im Sonnenlicht dunkle Absorptionslinien.

Augustin Jean Fresnel (1788 bis 1827) entwickelt aus dem Wellenprinzip des Lichtes und dem Prinzip der Interferenz eine Lichttheorie, die 1816 bis 1819 in Versuchen gemeinsam mit François Arago (1786 bis 1853) erprobt wird.

Jean-Baptist de Lamarck veröffentlicht »Histoire des animaux sans vertèbres« (Naturgeschichte der wirbellosen Tiere, bis 1822).

Beginn des industriellen Zeitalters.
Durchsetzung moderner Forschungsmethoden.

Wichtige Quellen u. a.:
→ Eberhard Buchner: Das Neueste von gestern. München 1912
→ Joachim Kirchner (Hg.): Lexikon des Buchwesens. Stuttgart 1952 bis 1956
→ Neville Williams: Chronology of the Modern World. New York 1966
→ Günter Albus: Kulturgeschichtliche Tabellen zur deutschen Literatur. Berlin 1985
→ Robert-Henri Bautier (Hg.): Lexikon des Mittelalters. München, Zürich, Lachen 1977 bis 1999
→ Lexikon der Antike. München, Zürich 1990
→ Paulys Realencyclopädie der classischen Altertumswissenschaft. Stuttgart 1893 bis 1978 (Der Neue Pauly 1996)
→ Arno Peters: Synchronoptische Weltgeschichte. Frankfurt am Main 2000
→ Werner Stein: Der neue Kulturfahrplan. Die wichtigsten Daten der Weltgeschichte. München 2004
→ Werner E. Gabarek u. a. (Hg.): Enzyklopädie der Medizingeschichte. Berlin, New York 2005
→ Hywell Williams: Cassell's Chronology of World History. London 2005
→ Christoph J. Scriba u. a.: 5000 Jahre Geometrie. Geschichte, Kulturen, Menschen. Berlin u. a. 2005
→ Der Große Ploetz. Die Enzyklopädie der Weltgeschichte. Freiburg im Breisgau 2008
→ Hans Wußing u. a.: 6000 Jahre Mathematik. Eine kulturgeschichtliche Zeitreise. Von den Anfängen bis Leibniz und Newton. Berlin u. a. 2008
→ Dietmar Henze: Enzyklopädie der Entdecker und Erforscher der Erde. Darmstadt 2011

Das Jahrhundert der Zauber-

Eine Bestandsaufnahme

bücher

von
Rainer Schmitz

I. »Noch eines müssen wir wegen dem natürlichen Zauberbuch erinnern. Man könnte sagen: Was natürlich zugehet, das ist nicht gezaubert. Die Einwendung läßt sich hören. Eben deßwegen ist auch der Glaube, an die Zauberey und das Hexen-Wesen, fast ausser der Gewohnheit bey der heutigen gesitteten Welt gekommen. Vor Zeiten sind viele berühmte Männer, Gottesgelehrte, Aerzte, Sternseher, Weltweise und sonderlich die Mathematick-Verständige, wegen ihrer gründlichen Naturwissenschaft, in den Verdacht der Zauberey gekommen: Warum? weil der unverständige Pöbel, und die, so ihm am Verstand nicht viel nachgeben, die verborgenen Künste derselben mit Staaren-sichtigen Augen ansahen. Gewiß muß es dergleichen Leute sehr wohl gefallen haben, daß man sie manchmalen vor Zauberer gehalten. Ein Theophrastus Paracelsus suchte auch solchen Verdacht unter dem Pöbel bestmöglich zu erhalten, weil er seinen größten Nutzen daher ziehen konnte. Wie sperret ein Unwissender sein Maul auf, über einen Savoiarden, der an die weisse Wand, durch ein mit Farben erleuchtetes Glas, bewegte Bilder mahlet? Wie stutzt er nicht, wann ein Electrischer Raritätenmann seine feurige Versuche anstellet? Wie schauret ihm nicht der Überzug seines Leibes, wann er einen Eisen-vesten Johannes Dante erblickt, der mit einer Pistolen-Kugel auf den Pelz sich brennen läßt, und doch eben so wenig eine Wunde davon bekommt, als ein verliebter Haasen-Kopf von den feurigen Blicken seiner schönen Melusine. Wunder über Wunder, wann ein anderer Tausend-Künstler einen brennenden Pech-Salat und feurige Kohlen frißt, auf glühenden Eisen mit blossen Füßen läuft, eine Gabel ohne Schmerzen in den Schedel stößt, und so weiter. Allein eben diese Wunder-Werke verlieren vieles von ihrem Ansehen, wann sie genau untersucht werden. Der Nutzen liegt also an dem Tag, den auch auf dieser Seiten, ein natürliches Zauberbuch bringt. Die Natur und Mechanick nehmen dasjenige wieder zurück, was ihnen geraubet worden, und von ihren gemeinen Gesezen den Ursprung hat.«

Johann Wallbergen im Vorwort zur Ausgabe von 1768

II. Seit Mitte des 18. Jahrhunderts erscheint unter den Namen Johann Wallberg, Wallberger und Wallbergen in leicht abweichenden Titeln und teils veränderten Zusammenstellungen ein Buch über »Zauber-Künste«, über »ergötzende Kunst-Stücke«, über die »Entdeckung von Geheimnüssen und Kräften der Natur« zur »Belustigung«, auch »nutzen- und gewinneinbringend für Wein-Negozianten«. Angekündigt werden »ungemeine Geheimnisse und rare erstaunliche Kunststücke« bis hin zu Wundermitteln, Tote zu erwecken, Blei in Gold zu verwandeln und überhaupt alles, was gut und nützlich ist.

Die Existenz eines Autors namens Johann Wallberg, Wallberger oder Wallbergen ist nicht nachweisbar. Es liegt nahe, dass es sich um ein Pseudonym handelt. Dass der Autor – oder eine Gruppe von Autoren – insbesondere »Wein-Negotianten«, also Weinbauern, -verarbeiter und -händler, im Blick hat, lässt auf eine geographische Region, auf ein regionales Umfeld schließen: eine Gegend, in der Wein angebaut und Schnaps gebrannt wird, wie etwa in Südwestdeutschland. Gestützt wird diese Annahme durch die gelegentliche Erwähnung der altwürttembergischen Maßeinheit »Simri« (= 22,2 Liter).

In europäischen Bibliotheken lassen sich als Einzeldrucke nachweisen:

1745

Johann Wallberg:
Compendieuses natürliches Zauber-Buch, Oder Aufrichtige Entdeckung, Vieler der allerbewährtesten, nicht nur Belustigend- sondern auch Nutzen- und Gewinn-einbringender Geheimnüsse, insbesondere denen Wein-Negotianten dienende. Benebst Einem Anhang Der untrüglichsten, theils medicinisch, theils sympathetisch- und antipathetischer Geheimnüsse.

Franckfurt, Leipzig 1745

Ohne Angabe des Verlegers.

1748

Johann Wallberg:
Sammlung natürlicher Zauberkünste, oder aufrichtige Entdeckung vieler Geheimnisse, welche den Wein-Negotianten dienen.

Stuttgart 1748

Ohne Angabe des Verlegers.

1748

Johann Wallbergens Sammlung natürlicher Zauberkünste, oder aufrichtige Entdeckung vieler bewährter, lustiger und nützlicher Geheimnüsse, insbesondere denen Wein-Negotianten dienende. Nebst einem Anhange von medizinisch-, sympathetisch-antipathetisch- und ergötzenden Kunst-Stücken.

Stuttgart 1748

Ohne Angabe des Verlegers.

1754

Johann Wallbergens Sammlung natürlicher Zauberkünste, oder aufrichtige Entdeckung verschiedener bewährter, lustiger und nützlicher Geheimnisse nebst vielen raren Kunststücken, so zur Haushaltung, Gärtnerey, Wein- und Feldbau gehören, wie auch allerley Professionen und Künstlern, insbesondere aber denen Wein-Negotianten dienlich sind, bey dieser neuen Auflage in bessere Ordnung gebracht und mit vielen ganz neuen Zusätzen und vollständigem Register vermehrt.

Stuttgart 1754

Ohne Angabe des Verlegers.

1760

Joh. Wallberger's Berühmtes Zauberbuch, oder aufrichtige Entdeckung bewährter ungemeiner Geheimnisse und rarer erstaunlicher Kunststücke, deren manches einzelne der

Herausgeber zu hohen Preisen erworben. Sechshundert an der Zahl. Durchweg nur vielfach Erprobtes enthaltend und die verschiedensten Bedürfnisse und Heimlichkeiten umfassend.

Frankfurt und Leipzig 1760

Ohne Angabe des Verlegers.

1768

Johann Wallbergens Sammlung natürlicher Zauberkünste, oder aufrichtige Entdeckung verschiedener bewährter, lustiger und nützlicher Geheimnisse, nebst vielen raren Kunststücken, so zur Haushaltung, Gärtnerey, Wein- und Feldbau gehören; wie auch allerley Professionen und Künstlern, insbesondere aber denen Wein-Negotianten dienlich sind. Neue Auflage in bessere Ordnung gebracht und mit vielen ganz neuen Zusätzen und vollständigem Register vermehrt.

Mit einer Titelvignette.

Stuttgart: bey Johann Benedict Mezler 1768

Vermehrter Nachdruck der »neuen Auflage« von 1754.

1805

Wallbergers natürliches Zauberbuch.

Speyer: Jac. Chr. Kolb 1805

1805

Johann Wallberg:
Neues unentbehrliches Kunst- und Haußbuch, worinnen man viele erprobte und bisher ganz verborgen gehaltene Künste und Geheimnisse, welche zum Theil mit vielem Gelde bezahlt worden sind, gründlich erlernen kann; ein Buch für Oekonomen, Hausväter, Hausmütter und Liebhaber.

Mannheim: bei Tobias Löffler 1805

1855

Joh. Wallberger's Berühmtes Zauberbuch, oder aufrichtige Entdeckung bewährter ungemeiner Geheimnisse und rarer erstaunlicher Kunststücke, deren manches einzelne der Herausgeber zu hohen Preisen erworben. Sechshundert an der Zahl. Durchweg nur vielfach Erprobtes enthaltend und die verschiedensten Bedürfnisse und Heimlichkeiten umfassend.

Frankfurt und Leipzig 1855

Ohne Angabe des Verlegers; i.e. Stuttgart: Scheible.

Nachdruck der Ausgabe von 1760:
»Zu Nutz und Lust auf vieles Begehren abermals neu gedruckt«.

1988

Johann Wallbergens Sammlung natürlicher Zauberkünste oder aufrichtige Entdeckung vieler bewährter, lustiger und nützlicher Geheimnüsse, insbesondere denen Wein-Negozianten dienende. Nebst einem Anhange von medizinisch-, sympathetisch-antipathetisch- und ergötzenden Kunst-Stücken. Herausgegeben, mit einem Essay und einem Register von Christoph Hein. Anmerkungen von Birgit Dietzsch. Zeittafel von Rainer Schmitz.

Leipzig, Weimar: Kiepenheuer 1988
(Bibliothek des 18. Jahrhunderts)

Nachdruck der Ausgabe von 1768.

Liegt der vorliegenden veränderten Neuedition zugrunde:
Berlin: Die Andere Bibliothek, Band 448, April 2022.

1988

Johann Wallbergens Sammlung natürlicher Zauberkünste oder aufrichtige Entdeckung vieler bewährter, lustiger und nützlicher Geheimnüsse, insbesondere denen Wein-Negozianten dienende. Nebst einem Anhange von medizinisch-, sympathetisch-antipathetisch- und ergötzenden Kunst-Stücken.

Herausgegeben, mit einem Essay und einem Register von Christoph Hein. Anmerkungen von Birgit Dietzsch. Zeittafel von Rainer Schmitz.

München: C.H. Beck 1988
(Bibliothek des 18. Jahrhunderts)

Nachdruck der Ausgabe von 1768.

Parallel- bzw. Mitdruck der Ausgabe Leipzig, Weimar desselben Jahres.

1994/95

Johann Wallbergens Sammlung natürlicher Zauberkünste, oder aufrichtige Entdeckung verschiedener bewährter, lustiger und nützlicher Geheimnisse, nebst vielen raren Kunststücken, so zur Haushaltung, Gärtnerey, Wein- und Feldbau gehören; wie auch allerley Professionen und Künstlern, insbesondere aber denen Wein-Negotianten dienlich sind. Neue Auflage in bessere Ordnung gebracht mit vielen ganz neuen Zusätzen und vollständigem Register vermehrt.

Mit einem Nachwort von Dieter Kreidt.

Stuttgart, Weimar: Verlag J.B. Metzler 1994/95

Faksimiledruck der Ausgabe von 1768 in zwei Bänden.

2003

Auserlesene Geheimnüsse. Ein Leporello mit Texten von Johann Wallbergen.

Chemnitz: Sonnenberg-Presse 2003

Einmalige Auflage von 50 Exemplaren mit Acrylstichen von Bettina Haller, die auch den Druck und die Bindung übernahm. Nummeriert und von der Künstlerin signiert.

2009

Tilo Medek: Johann Wallbergens natürliche Zauberkünste 1768. Eine musikalische Kontemplation in 22 Teilen. Für Sopran, Sprecher und Salonorchester (Wiener Besetzung, i.e.: Alt-Saxophon, Violine, Violoncello, Reißnagelklavier, Harmonium und Schlagzeug)

Remagen: Edition Tilo Medek 2009

Partitur und Klavierauszug.

Die »musikalischen Kontemplationen« von Tilo Medek (1940 bis 2006) aus dem Jahre 1965 erschienen auszugsweise zuerst im Juni 1967 in »Marginalien. Zeitschrift für Buchkunst und Bibliophilie«. Die achtseitige Beilage enthält Texte, Notenbeispiele sowie Zeichnungen von Heinz Zander.

Im Archiv der Franz-Liszt-Hochschule Weimar sind Tonaufzeichnungen zu finden:

CD 089 M-K060, M089 (Rundfunkproduktion 1967)

CD 087 M115, M119 (Zu Gast bei Tilo Müller-Medek)

2016

Johann Wallberg: Zauberkünste.

Norderstedt: Hansebooks 2016

Nachdruck der Ausgabe von 1768 (on demand und/oder E-Book)

III.

Spätestens an der Wende vom 17. zum 18. Jahrhundert trennen sich die Wege von streng rationaler Wissenschaft und leichtfüßiger Publizistik. Die Popularisierung der »Naturmagie« und der »geheimen Wissenschaften« beginnt aber bereits in der zweiten Hälfte des 16. Jahrhunderts mit oft nachgedruckten und übersetzten, erweiterten und ergänzten sowie neu zusammengestellten Werken:

Giambattista della Porta 1558

Der neapolitanische Naturforscher Giambattista della Porta (1535 bis 1615) veröffentlicht seine lateinische »Magiae naturalis sive de miraculis rerum naturalium«, die bis 1589 auf zwanzig Bände anwächst. In diesem einst weitverbreiteten phantastischen Werk verbindet sich Aberglaube mit einfachen naturwissenschaftlichen und technischen Erkenntnissen. So beschreibt er etwa neben der Camera obscura auch, wie man die Treue einer Frau mit einem Magneten prüfen kann, gibt eine Bauanleitung für einen Fesseldrachen und überliefert eines der wenigen existierenden Hexensalbenrezepte.

Eine deutsche Ausgabe in der Übersetzung von Christian Knorr von Rosenroth (1636 bis 1689) erscheint 1680 in Nürnberg: »Des vortrefflichen Herrn Johann Baptista Portae von Neapolis Magia Naturalis, Oder: Hauß-, Kunst- und Wunderbuch«, eine weitere 1714/15 ebenfalls in Nürnberg unter dem Titel »Magia naturalis. Oder Hauß-, Kunst- und Wunderbuch«, im zweiten Teil vermehrt.

Levinus Lemnius 1564

Von dem niederländischen Mediziner Levinus Lemnius (1505 bis 1568) erscheint 1564 »Occulta naturae miracula«; die deutsche Übersetzung »Occulta naturae miracula, das ist wunderbarliche Geheimnisse der Natur« folgt erst 1672.

Antoine Mizauld 1574

Von dem französischen Arzt und Astronomen Antoine Mizauld (1510 bis 1578) erscheint in Basel »Neünhundert Gedächtnuß-würdige Geheimnuß vnnd Wunderwerck.

Von mancherley Kreutern, Metallen, Thieren, Vögeln vnnd andern natürlichen Künsten und Historien«. Ausgaben sind 1582 und 1615 nachweisbar. Hundert Stücke daraus hat Martius 1719 übernommen (siehe 1699).

Reginald Scot 1584
Der englische Arzt Reginald Scot (vor 1538 bis 1599), ein Skeptiker in Sachen Zauberei und Hexerei, veröffentlicht mit »Discouerie of Witchcraft« das erste Zauberbuch im modernen Sinn, in dem er das Treiben der Hexen und Zauberer nach naturwissenschaftlichen und logischen Gesichtspunkten untersucht.

Michael Bapst 1590/91
Von Michael Bapst von Rochlitz (1540 bis 1603) erscheinen zwei Teile seines »Ein newes vnd nützlichs Ertzney, Kunst und Wunderbuch, desgleichen hiebeuorn nicht gesehen, darinnen neben allerley Alchymistischen vnd andern Künsten, wunderbarlichen sachen, vnd Historien, vornehmlichen angezeiget wird.«

Wolfgang Hildebrand 1611
Der Jurist Wolfgang Hildebrand (1571 bis 1635) veröffentlicht »Magia Naturalis. Das ist Kunst- und Wunderbuch. Darinnen begriffen wunderbahre Secreta, Geheimnüsse vnd KunstStücke, wie man ... fast vnerhörte wunderbarliche Sachen verrichten ... kan«

»New augirte, weitverbesserte und vielvermehrte« Ausgaben erscheinen 1616, 1634, 1650, 1663, 1664 und 1690.

John Bate 1634
Der englische Mechaniker John Bate (aktiv 1626 bis 1635) beschreibt in »The mysteries of nature and art« verschiedene mechanische, chemische, pyrotechnische und andere Experimente.

1634

In London erscheint »Hocus Pocus Junior. The Anatomy of Legerdemain«. Es ist das erste Zauberbuch, das Zauberkunststücke als Anleitung zur Selbstvorführung beschreibt und illustriert. Ausgaben sind nachgewiesen für 1638, 1658, 1671, 1683, 1686, 1691. Eine deutsche Ausgabe erschien 1667 unter dem Titel »Hocus Pocus Junior. Oder die Taschenspielkunst, gar deutlich und fleißig beschrieben, auch mit Figuren erklärt«. Die englische Ausgabe wie die deutsche Übersetzung wurden bis heute vielfach nachgedruckt.

Daniel Schwenter 1636

Der Altdorfer Mathematiker Daniel Schwenter (1585 bis 1636) veröffentlicht »Deliciae Physico-Mathematicae. Oder Mathemat. und physikalische Erquickstunden, darinnen Sechshundert drey und Sechzig Schöne, Liebliche und Annehmliche Kunststücklein,

Auffgaben und Fragen, auß der Rechenkunst, Landtmessen, Perspectiv, Naturkündigung und andern Wissenschafften genommen, begriffen seindt, Wie solche uf der andern seiten dieses blats Ordentlich nacheinander verzeichnet worden: Allen Kunstliebenden zu Ehren, Nutz, Ergötzung des Gemüths und sonderbahren Wolgefallen am tag gegeben«.

Ein zweiter Teil erscheint 1651, verfasst von Georg Philipp Harsdörffer (1607 bis 1658), der sich auf »Athanasio Kirchero, Petro Bettino, Marino Mersennio, Renato des Cartes, Orontio Fineo, Marino Gethaldo, Cornelio Drebbelio, Alexandro Tassoni, Sanctorio Sanctorii, Marco Marci, und vielen andern Mathematicis und Physicis« beruft.

Ein dritter Teil, ebenfalls von Harsdörffer, »Bestehend in fünffhundert nutzlichen und lustigen Kunstfragen / deroselben gründlichen Erklärung«, erscheint 1653.

Kaspar Schott 1657

Der jesuitische Gelehrte Kaspar Schott (1608 bis 1666) veröffentlicht »Magia universalis naturae et artis« in vier Bänden bis 1659, Nachdruck im Jahre 1664. Auf Deutsch erscheint 1672 »Allerhand Merck-würdige Stücke: Von Schimpff und

Ernst Genommen Aus der Kunst und Natur, Oder Natürliche Magia«, neue Ausgabe 1677.

Simon Witgeest 1684

Von Simon Witgeest (vermutlich das Pseudonym von Willem Goeree, 1635 bis 1711) erscheint »Het Natuurlyk Tover-Boek, oft nieuw speel-toneel der Konsten, Verhandelende omtrent zestien hondert Natuurlyke Toverkonsten, zoo uit de Goocheltas, als Kaartspeelen, Mathematische Konsten, ook de Verligtteikenkunde en't afzetten van Bloemen, en meer andere diergelyke aardigheden, die tot vermaak en tydkorting strekken«, eine vermehrte und verbesserte Ausgabe folgt 1725.

Eine deutsche Ausgabe erscheint 1702 in Nürnberg »Natürliches Zauber-Buch, Oder Neuer Spielplatz der Künste«. Eine Neuausgabe unter dem barocken Titel »Natürliches Zauber-Buch, Oder: Neu eröffneter Spiel-Platz rarer Künste, in welchem nicht allein alle Taschen-Spieler und andere curiöse Mathematik und Physicalische Künste, sondern auch die gebräuchlichen Karten-Würfel-Billard und andere Spiele, aufs genaueste beschrieben und mit vielen Figuren erläutert werden. Nebst einer Anleitung zu Verfertigung allerley Farben, wohlriechender Wasser und anderer dem Frauenzimmer nützlichen und angenehmen Sachen« folgt 1740 ebenfalls in Nürnberg. Bekannt sind weitere Ausgaben von 1745, 1753, 1762, 1781, 1786, 1798 sowie eine »achte und vermehrte« aus dem Jahre 1808. Ein Faksimiledruck nach der Ausgabe 1745 erscheint 1977.

Jacques Ozanam 1694

Die erste überblicksartige Darstellung der amüsanten Physik, »Récréations mathématiques et physiques« des französischen Mathematikers Jacques Ozanam (1640 bis 1718) erscheint 1694 in zwei Bänden in Paris. Weitere Ausgaben: 1750; 1778 von Jean-Étienne Montucla revidiert und auf vier Bände erweitert, diese nachgedruckt 1790, 1814. Englische Übersetzungen erscheinen 1709 (London) und 1759 (Dublin), eine erweiterte englische Ausgabe 1814 und 1844 in London unter dem Titel »Recreations in science and natural philosophy«.

IV. Bücher über Zauberei, Naturmagie, Weiße Magie, amüsante Physik und mathematische Belustigungen haben im Zeitalter der Aufklärung Konjunktur. Besonders in der zweiten Hälfte des 18. Jahrhunderts nimmt die Zahl der Veröffentlichungen wie auch der Nachauflagen bemerkenswert zu:

Johann Nikolaus Martius 1699

Die lateinische »Dissertatio Inauguralis Physico-Medica, De Magia Naturali, Ejusqve Usu Medico Ad Magice Et Magica Curandum« von Johann Nikolaus Martius, 1699 eingereicht an der Universität Erfurt, wurde 1705 und 1715 nachgedruckt.

Eine deutsche Übersetzung erschien 1717: das »Neu-eröffnete Kunst-Cabinet« ist hier ergänzt um Antoine Mizaulds »Hundert Curieuse Kunst-Stucke« und um »Ein Neu-eröffnetes Kunst-Cabinet in 178 Artikeln« eines Germanus Philotechnus. Weitere Ausgaben sind für 1719, 1724, 1740 und 1751 belegt, Letztere »Verlegt bei Christoph Gottlieb Nicolai in Franckfurth und Leipzig«.

Dann arbeitet Johann Christian Wiegleb (1732 bis 1800), Chemiker und Apotheker aus Langensalza, Martius völlig um, ergänzt aus zahlreichen anderen Quellen und entwickelt daraus unter dem Titel »Die natürliche Magie, aus allerhand belustigenden und nützlichen Kunststücken bestehend« ein populäres Sammelwerk. Es erscheint erstmals 1779 und wird 1782 neu aufgelegt. Die dritte Auflage von 1789 ist dann im Nachhinein zum ersten Band einer Reihe geworden, deren zweiter Band bereits 1786 erschienen war und die bis 1805 auf 20 Bände anwuchs, verlegt bei Friedrich Nicolai in Berlin, dem bedeutendsten Verleger der deutschen Aufklärung. Wiegleb starb 1800; Gottfried Erich Rosenthal (1745 bis 1813) setzte dessen Arbeit fort. Ein Nachdruck erschien 1978.

Johann Georg Job 1717

Von Johann Georg Job erscheint 1717 in Frankfurt »Anleitung zu denen Curiösen Wissenschafften, Nehmlich der Physiognomia, Chiromantia, Astrologia, Geomantia, Oniromantia, Onomantia, Teratoscopia, Sympathia u. Antipathia

Worinnen Denen Curiosen Gemüthern aufs deut- und gründlichste gezeiget wird wie man aus des Menschen Gesichte, Händen u. Geburths-Stunden, nach der Sonnen- Mond und Sternen-Lauff, item Punctiren Träumen, Nahmen und erscheinenden Wunder-Zeichen Ein Prognosticon und Nativität Von seinem bevorstehenden Glück und Unglück stellen könne«. Eine zweite und dritte Auflage folgen 1737 und 1747.

Christian Wolff 1721
Christian Wolff (1679 bis 1754) veröffentlicht »Allerhand nützliche Versuche, dadurch zu genauer Erkäntnis der Natur und Kunst der Weg gebähnet wird, denen Liebhabern der Wahrheit mitgetheilet«. Von 1721 bis 1723 erscheinen drei Teile, Nachdrucke folgen 1727/29, 1738 und 1747, ein Reprint 1999.

Johann Wallberg 1745
Von Johann Wallberg erscheint die erste Ausgabe seines »Compendieuses natürliches Zauber-Buch, Oder Aufrichtige Entdeckung, Vieler der allerbewährtesten, nicht nur Belustigend- sondern auch Nutzen- und Gewinn-einbringender Geheimnüsse, insbesondere denen Wein-Negotianten dienende. Benebst Einem Anhang Der untrüglichsten, theils medicinisch, theils sympathetisch- und antipathetischer Geheimnüsse« (ausführlich oben unter II.).

Johann Christian Wiegleb 1759
Johann Christian Wiegleb gibt heraus: »Onomatologia Cvriosa Artificiosa Et Magica oder ganz natürliches Zauber-Lexicon, welches das nöthigste, nützlichste und angenehmste in allen realen Wissenschaften überhaupt und besonders in der Naturlehre, Mathematick, der Haußhaltungs- und natürlichen Zauberkunst, und aller andern, vornemlich auch curieuser Künste deutlich und vollständig nach alphabetischer Ordnung beschreibet; zum Nutzen und Vergnügen der Gelehrten, der Künstler, der Professionisten, der Handwerker und des Landmanns zusammen getragen von einer in diesen Wissenschaften sich sehr viele Jahre übenden Gesellschaft«. 1784 erscheint eine dritte Auflage.

Leonhard Euler 1768

Der erste Band der »Lettres à une princesse d'Allemagne sur quelques sujets de physique et de philosophie« erscheint. Verfasser dieses wichtigen Werkes der Populärwissenschaft und Volksaufklärung im 18. Jahrhundert ist der Schweizer Mathematiker Leonhard Euler (1707 bis 1783). Die erste deutsche Übersetzung folgt von 1769 bis 1776 in drei Bänden.

Edmond-Gilles Guyot 1769

Von Edmond-Gilles Guyot (1706 bis 1786) erscheinen in Paris die »Nouvelles récréations physiques et mathematiques« in vier Bänden (bis 1770). Deutsch unter dem Titel »Neue physikalische und mathematische Belustigungen, oder Sammlung von neuen Kunststücken zum Vergnügen« in sieben Bänden von 1772 bis 1777.

Johann Christian Wiegleb 1779

Der erste Band der »Natürlichen Magie, aus allerhand belustigenden und nützlichen Kunststücken bestehend …« von Johann Christian Wiegleb liegt vor. Es ist die vollständige Umarbeitung des »Neu-eröffneten Kunst-Cabinet« von Martius (siehe 1699) zu dem am Ende 20-bändigen Sammelwerk »Die natürliche Magie, aus allerhand belustigenden und nützlichen Kunststücken bestehend«, 1786 bis 1805.

Christlieb Benedict Funk 1783

Die »Natürliche Magie oder Erklärung verschiedener Wahrsager- und Natürlicher Zauberkünste« des Physikers und Mathematikers Christlieb Benedict Funk (1736 bis 1786) erscheint.

Johann Samuel Halle 1784

Von Johann Samuel Halle (1727 bis 1810), Professor am Königlich-Preußischen Corps des Cadets in Berlin, erscheint der erste von vier Bänden über »Magie, oder die Zauberkräfte der Natur, so auf den Nutzen und die Belustigung angewendet werden« (bis 1786), dem schließen sich zwölf Bände einer »Fortgesetzten Magie« (1784 bis 1802) und als siebzehnter

Teil eine »Neue fortgesetzte Magie« (1802) an. Nachdrucke erscheinen 1787 bis 1803 in 13 Bänden in Wien. Eine zweite, verbesserte Auflage ist 1803 nachweisbar.

Henry Decremps 1784
Der Franzose Henry Decremps (1746 bis 1826), ein großer Kenner der Taschenspielereien seiner Zeit, veröffentlicht in Paris die ersten Teile einer mehrbändigen »Magie blanche dévoilée« (fünf Bände bis 1785).

Giuseppe Pinetti 1784
Der Zauberkünstler Giuseppe Pinetti Willedale de Merci (1750 bis 1805) veröffentlicht in London ein Buch über »Physical amusements and diverting experiments. Composed and performed in different capitals of Europe, and in London«.

Karl von Eckartshausen 1788
Von Karl von Eckartshausen (1752 bis 1803), Illuminat und Geheimer Archivar in München, erscheinen mehrere Bücher zur Naturmagie:

»Aufschlüsse zur Magie aus geprüften Erfahrungen über verborgene philosophische Wissenschaften und versteckte Geheimnisse der Natur« (1788, vier Bände bis 1792).

»Neuer Beytrag zur natürlichen Magie. Ein Lesebuch so wohl zur gesellschaftlichen Unterhaltung mit Kunststücken als auch zur Belehrung wider Aberglauben und Hexerey in angenehmen Erzählungen vorgetragen« (1788).

»Mistische Nächte oder der Schlüssel zu den Geheimnissen des Wunderbaren. Ein Nachtrag zu den Aufschlüssen über Magie« (1791; Reprint 1978)

»Verschiedenes zum Unterricht und zur Unterhaltung für Liebhaber der Gauckeltasche, des Magnetismus, und anderer Seltenheiten« (1791). Davon 1827 als dritte vermehrte und verbesserte Ausgabe: »Die Gaukeltasche oder vollständiger Unterricht in den unterhaltendsten Taschenspieler- und Karten-Künsten und anderen Belustigungen aus der natürlichen Magie, nebst Belehrung über Geheimschrift, Magnetismus und Somnambulismus«.

Johann Christoph Heppe 1788
Der Nürnberger Privatgelehrte Johann Christoph Heppe (1745 bis 1806) veröffentlicht das »Lehrbuch einer Experimental-Naturlehre für junge Personen und Kinder«.

Peter Friedrich Catel 1790
Von Peter Friedrich Catel (1747 bis 1791), Feinmechaniker in Berlin, erscheint »Mathematisches und physikalisches Kunst-Cabinet, dem Unterrichte und der Belustigung der Jugend gewidmet«.

Gerhard Ulrich Anton Vieth 1798
Der Pädagoge Gerhard Ulrich Anton Vieth (1763 bis 1836) veröffentlicht »Physikalischer Kinderfreund« in acht Bänden (bis 1806).

Heinrich August Kerndörffer 1791
Heinrich August Kerndörffer (1769 bis 1846) hat mehrere Zauberbücher geschrieben, darunter: »Curiositätenkabinet, bestehend in einer Sammlung der besten Kartenkünste, magischen und chymischen Kunststücken, imgleichen in angenehmen und witzigen Scherz und Pfänderspielen, um in großen Gesellschaften die Langeweile zu tödten u. freundschaftlichen Cirkeln«, das um 1825 in vollständig veränderter siebenter Auflage unter dem Titel »Carl der Tausendkünstler, oder: Sammlung einfacher und künstlicher, großentheils neuer mechanischer, chemischer, magnetischer und Kartenkunststücke und arithmetischer Belustigungen, zur angenehmen geselligen Unterhaltung« erscheint.

Johann Conrad Gütle 1791
Der Nürnberger Instrumentenbauer Johann Conrad Gütle (1747 bis 1827) veröffentlicht »Versuche Unterhaltungen und Belustigungen aus der natürlichen Magie. Zur Lehre zum Nutzen und zum Vergnügen bestimmt«.

1792
In Paris erscheint der »Dictionnaire encyclopédique des amusemens des sciences mathématiques et physiques, des procédés curieux des arts, des tours récréatifs & subtils de la magie blanche, & des découvertes ingénieuses & variées de l'industrie«.

Johann Heinrich Moritz Poppe 1800
Johann Heinrich Moritz Poppe (1776 bis 1854), Mathematiker und Physiker, behandelt »Optische Täuschungen, oder Erklärung verschiedener Erscheinungen in der Natur«.

1802
Ebenfalls in Paris veröffentlicht: »Le manuel des sorciers, ou cours de récréations physiques, mathématiques, tours de cartes et de gibecière, suivi des jeux de société«.

Johann Heinrich Moritz Poppe 1821
Von Poppe erscheint: »Der physikalische Jugendfreund oder faßliche und unterhaltende Darstellung der Naturlehre: mit der genauesten Beschreibung aller anzustellenden Experimente, der dazu nöthigen Instrumente, und selbst mit Beyfügung vieler belustigenden physikalischen Kunststücke«.

Carl Ferdinand Leischner 1831
Von Carl Ferdinand Leischners »Die Zauberkunst aller Zeiten und Nationen, namentlich des ägyptischen Alterthums und des neunzehnten Jahrhunderts. Enth. die enthüllten Geheimnisse der äg. Wahrsager, der Orakel, der Bauchrednerei, der Telegraphie, der Cartomancie in 280. Kunststücken aus der Physik, Chemie, Mathematik u. Experimentierkunst nach Philadelphia, Bosco, Petorelli, Comte und Anderen« sind bis 1872 zehn verbesserte Auflagen bekannt.

Heinrich Rockstroh 1831
Von »Mechanemata oder der Tausendkünstler. Eine reichhaltige Sammlung leicht ausführbarer physikalischer Experimente und mathematischer, physikalischer, technischer

und anderer Belustigungen, zur Selbstbelehrung, so wie auch zur Unterhaltung im geselligen Kreise, für die Jugend und für Erwachsene« des Mathematikers Heinrich Rockstroh (geb. 1770) erscheinen mehrere Auflagen.

Johann Heinrich Moritz Poppe 1839

Johann Heinrich Moritz Poppe fasst noch einmal alles zusammen in »Neuer Wunder-Schauplatz der Künste und interessantesten Erscheinungen im Gebiete der Magie, Alchymie, Chemie, Physik, Geheimnisse und Kräfte der Natur, Magnetismus, Sympathie und verwandte Wissenschaften. Nach den Aufschlüssen der bekanntesten Forscher von Theophrastus Paracelsus an bis in die neuste Zeit«.

V. »Zauberbücher« sind ein Phänomen der europäischen Aufklärung. Ihre Geschichte ist noch nicht geschrieben. »Zauberbücher« sind ein neues und ein durchaus erfolgreiches Genre. Sie handeln von »Natürlicher Magie« – nicht von »Schwarzer Magie«, also düsteren Teufels-, Dämonen- und Hexenbeschwörungen, und sind auch nicht nekromantische Grimoires. »Zauberbücher« im Sinne der »Weißen Magie« sind Sachbuch und Ratgeber in einem. Sie nehmen neue Erkenntnisse aus Naturwissenschaft, Technik, Medizin und Mathematik auf, ohne die »Magie der geheimen Wissenschaften« ganz aufzugeben. Sie sind wichtige, oft mit instruktiven Illustrationen versehene Werke einer populär wirkenden aufklärerischen Wissenschaft – einerseits. Andererseits lässt sich verfolgen, wie die »Natürliche Magie« sich von der rationalen, aufgeklärten Wissenschaft löst. Im 18. Jahrhundert erfährt die »Natürliche Magie« eine vollständige Transformation und Umfunktionalisierung hin zur »amüsanten Physik«, die nur noch der Unterhaltung dient – und vielleicht doch noch ein wenig der Belehrung.

Die einst weite Verbreitung mit ungezählten Auflagen, Bearbeitungen und Übersetzungen lässt auf ein breites Interesse schließen. In dieser Hinsicht dürfte »Wallbergens natürliche Zauberkünste«, auch wegen des überschaubaren Umfangs, eines der beliebtesten und das am weitesten verbreitete Einzelwerk sein, das noch bis in unsere Zeit wahrgenommen wird.

Die barocken Titel sprechen für sich: Sie sind mit »schönen, curieusen, nützlichen und angenehmen, wie auch zur Gesundheit dienenden Natürlichen Geheimnissen angefüllet So theils aus eigener Erfahrung theils aber aus raren Autoribus zusammen getragen worden«. Angepriesen werden elektrische, magnetische, optische, akustische, chemische, mechanische, »oekonomische« Kunststücke sowie Rechen- und Kartenkünste. Versprochen wird aber auch »allerhand zur Haushaltung, Gärtnerei und Feldbau« sowie »auserlesene theils medicinische, theils sympathetische und antipathetische Geheimnisse«.

Man mag das heute für eine magisch-phantastische

Weltsicht halten, und manches durchaus für banal und reißerisch, nicht unbedingt nachahmenswert, sogar für obskur und teils auch für gefährlich. Als Handreichungen für den Alltag und für geheime Stunden hatten »Zauberbücher« aber durchaus praktische Bedeutung. Denn sie enthalten eine kaum überschaubare Menge und Vielfalt an Tipps, Tricks und Gebrauchsanweisungen. In der Regel unsortiert, schöpfen die Sammelsurien aus unterschiedlichsten Quellen: Rezepte und Anleitungen, um Arzneien zu präparieren und zu applizieren, Zubereitungen von Kräutern, wie sie seit der Antike bekannt sind, naturkundliche Demonstrationen, Regeln für Karten- und Würfelspiele, Bastelanleitungen, hilfreiche Hinweise für Haus und Hof, für Küche, Stall und Landwirtschaft, für Familie, Ehe und Kindererziehung – wie sie auch in der lutherisch geprägten Hausväter- und Hausmütterliteratur, in Wundersammlungen der Zeit zu finden sind.

Die angepriesenen duftenden Essenzen, Pomaden und Schönheitsmittel für die Damen etwa entsprechen durchaus bereits den Verheißungen einer späteren Kosmetik-Industrie, die seinerzeit mit »hülft gewiß« und »ist bewährt« apostrophiert sind.

Hervorzuheben ist die instrumentelle Raffinesse der Zauber- und Spiegelkabinette, der Vorführungen mit der Laterna magica, der Demonstrationen chemischer Prozesse mit Blitz, Knall und Rauch, der akustischen Phänomene, der funkensprühenden Elektrisiermaschinen, der geheimnisvollen Automaten. Sie gehören zum Programm der »Professoren für amüsante Physik«, die auf ihren Tourneen quer durch Europa ziehen.

Zu den bekanntesten – neben den Zauberkünstlern Pinetti, Jerome Sharp, Philidor, um nur drei zu nennen – zählt Étienne-Gaspard Robertson. Der clevere belgische Showmaster präsentiert mit seiner weiterentwickelten Laterna magica spektakuläre Phantasmagorien. Das ist weitaus mehr als nur billiger Jahrmarktstrubel für ein neugierig-staunendes und zahlendes Publikum – wenn auch immer noch ein weites Feld für Schausteller, Taschenspieler, Trickbetrüger und Scharlatane.

Diese Amüsierphase der Experimentalphysik geht dann am Ende doch wieder auf in Aufklärung und Bildung: nämlich mit dem Aufbau von Naturkabinetten in den Schulen, der Entwicklung didaktisch strukturierter Lehrbücher, und findet sich wieder in den Zauber-, Experimentier- und Baukästen, den Spiel- und Bastelbüchern für die Jugend – bis in die Gegenwart. Der Spieltrieb, der der Popularisierung des magischen Wissens innewohnt, wird hier zum Erkenntnisprinzip.

Auch die zahlreichen Wissens-Dokumentationen heutiger Medien (»Geheimnisse des Universums«) lassen sich an dieser Traditionslinie der »amüsanten Physik« festmachen.

München im Februar 2022

Von der Magie

Christoph Hein

und
den
Magiern

In der ehrwürdigen und fantastischen Familie der Geisterseher, in der großen, jahrtausendealten Gemeinschaft der Philosophen, Naturforscher, Schriftsteller und aller anderen Herren und Knechte des menschlichen Geistes waren die Magier die stets mißtrauisch betrachteten Verwandten, anfangs geehrt, gelegentlich gefürchtet, später verachtet und nicht selten erbarmungslos bekämpft.

Die Magie hatte ihren Ursprung und ihre Aufgabe in der Erklärung der Kräfte und Eigenschaften der Dinge zum Zwecke ihrer Handhabbarkeit, und sie betrieb ihre Kunst gleichermaßen mit wissenschaftlichen, religiösen und künstlerischen Mitteln. Die Naturwissenschaft verdrängte die Magie, indem sie fortschreitend natürliche Zusammenhänge statt der magischen Erklärungen setzen und beweisen konnte. Die Naturwissenschaft ist auch ein Kind der Magie, wenngleich sie es heute vorzieht, nur ihre anderen Väter namhaft zu machen; und wie sie unsere Kultur prägt, prägte die Magie eine frühere Kultur. Magie und Naturwissenschaft hatten das übereinstimmende Ziel, die Dinge dieser Welt zu erkennen, die Gesetze ihrer Bewegungen zu erforschen, um die Erde dem Menschen untertan zu machen. Die Antworten fielen verschieden aus, doch ihr Unterschied war der der Zeit, der ungleichen Kulturstufen. Insofern standen sich Naturwissenschaft und Magie nie feindlich gegenüber, eine spätere Erkenntnisform löste eine frühere ab, doch sie diskriminierte sie nicht, sondern ersetzte sie, hob sie auf oder verdrängte sie.

Die frühe Diffamierung der Magie, lange bevor die Forschung in der Lage war, die magische Erklärung der Welt durch eine wissenschaftliche zu ersetzen, erfolgte durch die Religion, genauer gesagt: durch die monotheistischen Kirchen. Als eifrigster Gegner erwies sich dabei das Christentum, das vorgab, den Aberglauben auszurotten, und durch die gewählten Methoden ebendiesen Aberglauben in Europa nachhaltig kräftigte und neu belebte. Alle monotheistischen Religionen mußten die Magie bekämpfen, da diese selbst ein religiöses System war und zudem ausschließlich polytheistisch. Die Magie war die Naturwissenschaft und Religion einer frühen Stufe menschlicher Kultur, und so wie sich die entwickelnde Wissenschaft der beengenden Hülle ihrer religiös gebundenen Mutter entledigte, so versuchten die neuen, monotheistischen Religionen sich von einer Götterlehre zu befreien, die sich als Naturerklärung verstand. Die Allmacht der Magie, die sich aus der ursprünglichen Einheit von Naturerkenntnis und Glauben ergab, war endgültig mit dem Ptolemäischen Weltbild zerbrochen worden. Die sich langsam emanzipierenden Wissenschaften verstanden sich immer weniger dazu, die Vereinbarkeit ihrer Forschungen mit den Glaubenssätzen der herrschenden Theologie nachzuweisen. Der Kampf des Monotheismus für einen Gott, dessen Macht unteilbar ist, vernichtete die Magie, aber auch die jahrtausendealte Verknüpfung von Wissenschaft und Religion. Und wenn auch der schließlich sich durchsetzende Monotheismus versuchte, der Wissenschaft wieder die Zügel des Glaubens anzulegen, und ihm gelegentlich blutige Erfolge beschieden waren, mit der Magie war das ehemals feste und einende Band endgültig zerstört worden. Der Monotheismus konnte polytheistische Weltanschauungen nur zurückdrängen und ausrotten, indem er unwillentlich die Einheit von Wissenschaft und Glauben zerstörte, auf denen die Allmacht der Magie und der Naturreligionen beruhte.

Die Magie war in den frühen Kulturen aller Völker anzutreffen. Mit dem sich aus dem Tierreich erhebenden Menschen, mit dem arbeitenden, denkenden und spielenden Lebewesen Mensch, dem die Befriedigung der ursprünglichen Bedürfnisse nicht ausreichte und der für seine weitere Existenz und Tätigkeit der weit vorgreifenden Vorstellungen bedurfte, entstand die Unendlichkeit einer geistigen Welt, die fortan die ihn selbst erweiternde und potenzierende zweite Heimat des Menschen wurde. Das Denken und die Fantasie, Mythos, Magie und Glauben waren die Produkte dieser Welt, wie diese selbst ihr Produkt war.

Der Wissenschaftler und Magier Heinrich Cornelius Agrippa von Nettesheim, ein Zeitgenosse Luthers, stellte die ursprüngliche Magie in seinem Werk ›De occulta philosophia‹ (1510) an die Spitze aller Wissenschaften und menschlichen Tätigkeiten: »Die magische Wissenschaft, der so viele Kräfte zu Gebot stehen und die eine Fülle der erhabensten Mysterien besitzt, umfaßt die tiefste Betrachtung der verborgensten Dinge, das Wesen, die Macht, die Beschaffenheit, den Stoff, die Kraft und die Kenntnis der ganzen Natur. Sie lehrt uns die Verschiedenheit und die Übereinstimmung der Dinge kennen. Daraus folgen ihre wunderbaren Wirkungen; indem sie die verschiedenen Kräfte miteinander vereinigt und überall das entsprechende Untere mit den Gaben und Kräften des Oberen verbindet und vermählt. Diese Wissenschaft ist daher die vollkommenste und höchste, sie ist eine erhabene und heilige Philosophie, ja sie ist die absolute Vollendung der edelsten Philosophie. Jede regelmäßige Philosophie wird in Physik, Mathematik und Religion geteilt. Die Physik lehrt die Natur dessen, was in der Welt ist: sie erforscht und betrachtet die Ursachen, die Wirkungen, die Zeit, den Ort, die Art, die Erscheinungen, das Ganze und die Teile ... Die Mathematik dagegen lehrt uns die ebene und die nach drei Richtungen sich erstreckende Natur kennen, sowie den Lauf der Himmelskörper beobachten ... Die Theologie endlich lehrt uns, was Gott, was der Geist, was eine Intelligenz, was ein Engel, was ein Dämon, was die Seele, was die Religion sei; welche heiligen Einrichtungen, Gebräuche, geweihte Örter, Observanzen und Mysterien es gebe; auch unterrichtet sie uns über den Glauben, die Wunder, die Kraft der Worte und Zeichen ... Es sind also die Physik, die Mathematik und die Theologie die drei mächtigsten Zweige der Gelehrsamkeit, welche die Magie umfaßt, miteinander verbindet und in Ausübung bringt, weshalb diese von den Alten mit Recht für die höchste und heiligste Wissenschaft gehalten wurde.«

Der Traum und die Idee von noch nicht existierenden Dingen, die Verknüpfung von Erscheinungen, um auf ihren Grund und ihr Gesetz zu kommen, das Erforschen von wirkenden, jedoch nicht greifbaren oder sichtbaren Kräften der Natur drängten den Menschen in mythische, religiöse und magische Theoreme, um so ein brauchbares

System für eine vorwissenschaftliche Aneignung seiner natürlichen Welt zu erhalten. Und er erschuf sich mit der geistigen Welt einen Himmel und eine Hölle, bevölkerte sie mit den Geschöpfen seiner Fantasie und erfüllte sie mit den personifizierten Ergebnissen seiner Forschungen und Spekulationen. Glaube und Naturerkenntnis waren voneinander abhängig und ergänzten sich im Maß ihres Fortschritts, des Fortschreitens des Menschen.

In der Magie verkörperten sich gleichzeitig die neuesten Ergebnisse der Naturerfahrung wie des spekulativen Denkens und der religiösen Welterklärungen, der Astronomie wie der Astrologie, der Physik und der Metaphysik, der Lehre vom Ackerbau und der Geisterbeschwörung. Wo es der Magie an Erkenntnis gebrach, behalf sie sich mit Zaubersprüchen, um – lange bevor die Voraussetzungen dafür gegeben waren und in einem Vorgriff auf eine erträumte Zukunft – dem Verlangen des Menschen zu genügen, sich die Erde untertan zu machen. Eine Magierin der Literatur, die Priesterin Önothea in dem Fragment des Petronius Arbiter, benennt diesen Menschheitstraum mit der Schilderung ihrer Macht: ›Alles, was du auf Erden siehst, gehorcht mir. Sobald ich will, vertrocknet das blühende Gewand der Erde oder spendet reichen Erntesegen, sooft ich es wünsche. Wenn ich es will, fließt Wasser aus dem Fels, und aus trocknen Klippen sprudeln verschwenderische Quellen. Die reißenden Wogen der Meere gehorchen mir, die Winde legen gezähmt mir ihre Gewalt zu Füßen. Mir gehorchen die Ströme, mir gehorcht der Tiger, der von mir beschworene Drachen weicht nicht von der Stelle … Durch meine zauberischen Kräfte zwinge ich den Fluß, daß er sein Wasser hinauf auf Berge schafft.‹

Das fehlende Wissen um die Gesetze der Natur wurde mit dem Zauber ergänzt. Unverständliche, fremde Worte, Zauberlieder und zumeist sinnleere Beschwörungssprüche oder pseudomathematische Figuren und Instrumente, Zeichen und Körper mit vornehmlich drei, sieben oder neun Ecken, fantastische Zeichnungen von Tieren und Fabelwesen sollten die Kräfte der Natur zu den erwünschten Bewegungen nötigen. Eindeutiger wirksam als die

Zauberworte und -zeichen waren die heilenden oder narkotisierenden Zaubertränke aus Kräutern und Wurzeln. All dies diente dazu, sich mit den Göttern zu verbinden, über die guten und bösen Geister zu gebieten, um schließlich als ihr Meister zu erscheinen. Der Magier hatte den Anspruch, sich zum Herren der Götter und damit des Schicksals zu machen, um so, frei und allmächtig, furchtlos und furchtbar, selbst der Gott der Erde zu sein, der uneingeschränkte Beherrscher der Natur.

Die Macht der Magie beruhte auf der Beobachtung von erkannten und unerkannten Abhängigkeiten, von zufälligen Zusammenhängen und dem Versuch, aus früher gewonnenen Erfahrungen und angenommenen, wenn auch unsinnigen Prinzipien das erwünschte Resultat zu bewirken. Wenn auf zwei gleichzeitig stattfindende Bewegungen eine dritte folgte, schloß man auf Ursache und Wirkung und hielt daran fest, bis durch weitere Beobachtungen neue Kausalzusammenhänge gesetzt wurden. Trial and error, Versuch und Irrtum war die methodische Grundlage der Magie, die sich nur darin von der Wissenschaft unterschied, daß sie zusätzliche Ergänzungen – religiöse oder irrationale Verbrämungen und Ersatzstücke – unverzichtbar enthielt. Insofern waren Magier wissenschaftliche Priester, die fast ausnahmslos in den frühen Kulturen aller Völker in hohem Ansehen standen.

Mit dem Christentum wird die Magie, die zuvor nur durch den vereinzelten Mißbrauch verdächtigt und verfolgt wurde, grundsätzlich diskriminiert. Die Unterscheidung zwischen einer weißen und einer schwarzen Magie – einer höheren und einer niederen, einer Magie der Himmelskräfte und guten Geister und einer der irdischen und höllischen Kräfte und bösen Geister – erfolgte im Bestreben, auch im neuen Weltbild der Magie einen Platz einzuräumen. Doch nun war der Magier nicht weiter die Vorwegnahme menschlicher Möglichkeiten, der formulierte Anspruch auf die Allmacht und die bizarre, fantastische Herrschaft über die Natur, die Magie wurde nun Gotteslästerung, Teufelswerk. Mit dem Monotheismus trat der Teufel in die Welt. Die Gemeinschaft der Geister wurde aufgelöst, das menschliche Denken und die Fantasie polarisiert. Die naturwissenschaftliche Forschung wie die philosophische Spekulation unterliegen den Dogmen der neuen Weltanschauung, und was – unter dem Himmel uneinheitlicher, sich bekämpfender und damit vielfältig und auch widersprüchlich verwendbarer Götter – zuvor wahr oder falsch, entsprechend und zutreffend oder inkongruent und fehlerhaft war, es wird nun ›gut‹ oder ›böse‹. Das monotheistische Denken machte es dazu.

Das zentristische Denken von einem Gott, dem Allmächtigen und Allgewaltigen, entmündigte die Fantasie des Menschen und kastrierte vorübergehend die Wissenschaft, da es ihr die Richtung und das Maß ihrer Schritte vorgab, nach denen sie ihre Forschungen zu betreiben hatte. Aus dem grenzenlosen Sohn der Götter, der kraft seiner Fähigkeiten sich die Erde unterwarf, wurde der hinfällige, demütige, aus der Gnade eines ihm unendlich überlegenen Gottes lebende Mensch. Alles, was er künftig zu schaffen imstande war, tat er gemäß einem ihm unbekannten, göttlichen Plan. Jeden seiner Schritte ging er an der Hand eines anbetungswürdigen, einzigartigen Wesens, das ihn lenkte, bestrafte und belohnte und das der eigentliche Schöpfer der geistigen und materiellen Reichtümer des Menschen war. So war der Monotheismus von seiner Grundlage her eine fatalistische Weltanschauung, zu der mit dem Christentum und der nun ausdrücklichen Trennung des irdischen und des himmlischen Reiches, der irdischen und der himmlischen Macht noch die politische Willfährigkeit und Ohnmacht hinzukam. Der Magier, stets bedrängt von der sich entwickelnden Wissenschaft, die sich von den Glaubenssätzen und sowohl von den Göttern wie von Gott zu emanzipieren suchte, war nun existenziell gefährdet durch den neuen Glauben, der der Magie jede Berechtigung bestritt.

Georg Conrad Horst, ein Großherzoglich-Hessischer Kirchenrat und Pfarrer zu Lindheim, im 19. Jahrhundert einer der verständigsten und aufgeschlossensten Historiker der Magie, der die Schriften dieser Kunst und Wissenschaft sammelte und einzuordnen suchte, schrieb zum

Unterschied der Magie im polytheistischen und monotheistischen Zeitalter: »Die Ansicht des Heidenthums von seiner Zauberei war in ihrer Art consequent, indeß die ganze christliche Zauberwelt Widerspruch und Unsinn in sich ist.

Wenn die Götter selbst unvollkommen, dem Schicksal unterworfen, oft unter sich uneins, oft in ihren Aussprüchen ungerecht, in ihrem Thun beschränkt waren: – welche Kunst konnte dann ehrenvoller an sich, und welche mußte zu gleicher Zeit erwünschter seyn als die, die Macht solcher Gottheiten zu brechen, sich über das Schicksal zu erheben, und so Götter, Menschen, Himmel, Erde zu beherrschen? ... Inconsequent, nichtig, erbärmlich erscheint, damit verglichen, die christliche Zauberei.

Die welthistorische Parallele zwischen Heidenthum und Christenthum drängt sich nun auch in diesem unbedeutend scheinenden, und doch höchst wichtigen Punkt von selbst auf. Es sind keine gesuchten, sondern ganz nahe liegenden Antithesen, worin sie sich ausspricht.

Im Christenthum herrscht ›Gott‹, der Unendliche, Mächtige, und – Alleinige.

Alle Zauberei im Christenthum ist daher ein Widerspruch in sich, eine Herausforderung Gottes, ein Verlust der Seele ewiger Seligkeit.

Im Heidenthum herrschen der guten und bösen ›Götter‹ eine Menge. Der heidnische Zauberer ist ein Freund, ein Vertrauter der Götter; der christliche ein Bundesgenosse des Teufels.

Der heidnische Zauberer macht auf die hohe Auszeichnung, der Götter Gewalt nach seinem Sinn zu gebrauchen, Anspruch, und darf sich seiner Kunst rühmen. Der christliche Zauberer ist nur ein Schwarzkünstler, wie sein Gott, der schwarze Höllenfürst, und seine Kunst, die aus der Hölle stammt, ist mit Schmach bedeckt.

Der heidnische Zauberer kann Ansprüche selbst auf die Religiosität machen, denn der Geist der Götter (vergl. Daniel V. 14 f.) ist in ihm. Der christliche Zauberer ist ein Gottesleugner, und seine Kunst Abfall von Gott, Aufruhr gegen den Himmel.

Der heidnische Zauberer ist trotzig und ein Stolzer; der christliche feig und ein Elender.

Mit einem Wort alles zusammen zu fassen: Dort thut ein Gott das Zauberwunder, hier thut's der Teufel. Dort erhebt sich durch Zauberkraft der Mensch über das Schicksal, und macht sich so selbst zu einem Gott. Hier erniedrigt er sich unter das Schicksal, und macht sich von der Hölle abhängig. Endlich, die heidnische Zauberkunst führte zu Ruhm und Ehre; die christliche – auf den Scheiterhaufen.«

In der Sprache der Theologie ist der entscheidende Wandel des Magierbilds erfaßt: der göttergleiche Mensch der polytheistischen Kultur wird in der christlichen zum ohnmächtigen Geschöpf Gottes, von ihm abhängig oder – so er sich gegen Gott empört – von der Hölle.

Die neuen Priester können die Priester des alten Glaubens, die ›heidnischen‹, nicht – wie die Naturwissenschaften – mit Beweisen zurückdrängen und aufheben, sie haben keine anderen Mittel zur Hand wie die von ihnen verachteten Magier. Sie setzen Glaubensspruch gegen Glaubensspruch, Zauberei gegen Zauberei, Dogma gegen Dogma. Im Buch Exodus (2. Mose 7, 8–12) werden diese Kämpfe der neuen Ideologen gegen die alten beschrieben: »Jahwe sprach zu Mose und Aaron: ›Wenn der Pharao euch auffordert: ›Wirket doch ein Wunder!‹ dann sprich zu Aaron: ›Nimm deinen Stab und wirf ihn vor den Pharao hin.‹ Er wird zu einer Schlange werden.‹ Mose und Aaron kamen zu dem Pharao und taten, wie Jahwe befohlen hatte. Aaron warf seinen Stab vor den Pharao und seine Diener hin, und er wurde zu einer Schlange. Da ließ der Pharao die Weisen und Zauberer rufen, und die ägyptischen Zauberer taten dasselbe mit ihren Zauberkünsten. Alle warfen ihre Stäbe hin, und diese wurden zu Schlangen. Aber der Stab Aarons verschlang ihre Stäbe.«

Ausrottbar aber war der Magier noch nicht. Die Naturwissenschaft war bis ins späte Mittelalter hinein nicht in der Lage, ihn vollständig zu ersetzen. Zum anderen war er, im Mythos wurzelnd, die Verkörperung menschlicher Möglichkeiten. Über allen natürlichen und politischen Grenzen stehend, war er die Freiheit und die Macht. Jeder das Individuum bedrückende Zwang konnte durch den Magier gelöst werden. Das abstrakte Paradies, die Herrlichkeit nach dem Tod, fand im Magier seine konkrete, irdische Entsprechung. Er war die Mensch gewordene Legende, die Inkarnation der Gottähnlichkeit, der lebendige Traum seiner Allmacht.

Und der Magier war gefürchtet. Auch dies half ihm weiterzuleben. Seine Macht war grenzenlos und somit auch furchtbar und dämonisch. Trotz Verbot und Verfolgung, trotz der tödlich bedrohlichen Ächtung als Häretiker blieb er als hilfreicher oder verderblicher Beherrscher der Geister im verängstigten Bewußtsein der Völker. Vor allem der Mißbrauch seiner Kunst, die den Magier in ein Zwielicht von Heiligkeit und Diabolie brachten, half ihm nun gelegentlich, die Zaubergläubigkeit seiner Zeitgenossen nutzend, den inquisitorischen Verfolgungen durch die neue Ideologie zu begegnen.

Überdies versuchte die Magie, sich dem Christentum zu assimilieren, das sich schnell ausbreitete und – durch wechselnde Bündnisse von der Unmündigkeit und Uneinigkeit der politischen Mächte Europas profitierend – selbst zur politischen Großmacht aufstieg. Nun erschien die Magie, bisher selbst göttliche Kunst, demütig und gottgefällig. Sie trennte sich von den alten ›heidnischen‹ Göttern, der schwarzen Magie, und unterwarf sich mit der weißen Magie den christlichen Dogmen erlaubter Forschung und Praxis. Johann Nicolaus Martius, ein ›Aufgeklärter Med.-Doctor und Practicus zu Braunschweig‹, unterteilte in seiner Schrift ›Unterricht von der Magia naturalis und derselben medicinischen Gebrauch‹ (1699) die Magie in mathematische, diabolische und natürliche. Die letztere, die natürliche Magie, besteht aus einem – aus christlicher Sicht – ›zugelassenen‹ und einem ›nicht zugelassenen‹ Teil.

Agrippa von Nettesheim bemühte sich in seinem Werk fortgesetzt um den Nachweis, daß die magischen Künste nur dem Gottgläubigen möglich seien, daß allein Gott die Fähigkeit zur Magie verleihen kann: »Manche aber werden, teils aus Vorurteil und Beschränktheit, teils aus Bosheit und Übelwollen gegen uns, ob sie gleich die Sache nicht verstehen, den Namen Magie im üblen Sinne nehmen und ausrufen: Dieser lehrt verbotene Künste, er streut den Samen der Ketzerei aus, beleidigt fromme Ohren und erregt bei gebildeten Leuten Anstoß; er ist ein Hexenmeister, ein Mensch, der dem Aberglauben huldigt, der mit bösen Geistern umgeht. Nein, ich bin ein Magier, und ein Magier bedeutet, wie jeder Gelehrte weiß, keinen Zauberer, keinen Abergläubischen, keinen, der mit bösen Geistern im Bunde steht, sondern einen Weisen, einen Priester, einen Propheten. Was zum Nutzen der Menschen, zur Abwendung von Unglück, zur Zerstörung von Zauberwerk, zur Heilung von Krankheiten, Vertreibung von Gespenstern, Erhaltung des Lebens und der Ehre, und zum zeitlichen Wohlergehen, ohne Gott und die Religion zu beleidigen, geschehen kann, wer wollte dies nicht sowohl für nützlich als für notwendig erachten? ... Vor allen Dingen ist zu bemerken, daß wir das Wort Magier in dieser Schrift so verstanden wissen wollen, daß der ein Magier sei und heiße, dem aus göttlicher Gnade geistige Wesen augenscheinlich dienen, zur Erkenntnis der ganzen Welt und der darin enthaltenen Naturen, sie seien sichtbar oder unsichtbar ... Alles ist möglich dem, der glaubt, alles aber unmöglich dem Ungläubigen und Nichtwollenden. Nichts ist hier mehr hinderlich als die Wankelmütigkeit und Unbeständigkeit des Gemüts, unnützes Treiben, Völlerei, Unzucht und Ungehorsam gegen das Wort Gottes. Deshalb soll der Magier ein gottesfürchtiger, frommer Mann sein, standhaft in Worten und Werken, eines starken und festen Vertrauens zu Gott, vorsichtig und keines Dinges zu viel begehrend, außer der Weisheit in göttlichen Dingen.«

Und sein Zeitgenosse Paracelsus setzte den Magier wieder auf den alten Thron der Auserwählten in unmittelbarer Gottesnähe, nun in der Gnade und Abhängigkeit eines einzigen Gottes und den Platz teilend mit dem hohen Klerus, wenn er in seiner ›Philosophia sagax‹ schrieb: »Nun ist der Anfang der Magie eine Auslegung der unnatürlichen Zeichen, um diese zu erkennen, wie Gott sie übernatürlich an den Himmel stellt, und die doch wie natürlich erscheinen. So wurde unter anderem der östliche Stern über Bethlehem erkannt. Ebenso wie Christus auf Erden wie ein Mensch gewandelt hat, so hat auch jener Stern unter anderen Sternen gestanden. Und wie Christus allein von den Seinigen erkannt wurde, so werden die Sterne allein von den Magiern erkannt. Darum sind die Magier die Ausleger solch übernatürlicher Zeichen am Himmel, wie die Apostel Erkennende Christi, und sind dazu gesetzt, das Wort auszulegen, welches Christus spricht: Es werden Zeichen in Sonne, Mond und Sterne usw. So sind die Magier auch Ausleger aller Propheten und der apokalyptischen Offenbarung.«

Trotz aller Wandlungen des Magiebegriffs waren bis zu Beginn der Neuzeit Bestimmungen, Aufgaben und Bestandteile der Magie in ihrem Anspruch, gleichermaßen Wissenschaft und Religion zu sein, unverändert geblieben. Der Magier war ursprünglich ein ›Weltweiser‹, der die Geheimnisse der Natur zu erforschen suchte und dabei die unterschiedlichsten, zumeist im Orient verbreiteten Philosopheme nutzte. Bis zum Mittelalter war er Astronom und Astrologe, Mathematiker und Nekromant (also Toten- und Geisterbeschwörer), Physiker und Zauberer, Chemiker und Goldmacher, Zeichendeuter und Wahrsager. Er beherrschte die Geomantie (Erdwahrsagekunst), die Chiromantie (Handwahrsagekunst), die Physiognomie (Gesichtsausdruckskunst), die Hydromantie (Wahrsagekunst aus dem Wasser), die Pyromantie (Wahrsagekunst aus dem Feuer), die Berillistica (Anwendung gewisser Steine in Kristallform), er beherrschte die umwandelnde Magie, die ihn befähigte, lebende Körper zu bilden, und die kabbalistische Kunst, durch die er ungebunden an Natur, Zeit und Raum wirken konnte.

Noch in der Renaissance finden wir ihn im Vollbesitz dieser Kräfte und Fähigkeiten, wenngleich der Anspruch auf göttliche Gewalt durch das Christentum zerstört und sein Vermögen als Gnade aus der Hand Gottes empfangen wurde. Nun war nur dem alles möglich, der an Gott glaubt, und der Magier war – bei Strafe seines Lebens –

genötigt, Gott um die Geheimnisse zu bitten und diese ›zum Lob und zur Ehre Gottes, und zu des Nächsten Nutzen‹ zu gebrauchen. Die Künste der Magier wurden in einen christlichen Mantel gehüllt, wenngleich ihre archaische, unchristliche Natur – wie die folgende Aufzählung der Magierkünste durch Agrippa zeigt – überdeutlich hervorlugte und eine unbedeckte, gefährdete Blöße blieb:

»Der höchsten und größten Geheimnisse sind sieben.

1. Alle Krankheiten kurieren und heilen können, innerhalb sieben Tagen, entweder durch Charaktere oder natürliche Mittel, oder durch die oberen Geister, mit der Hilfe Gottes.
2. Leben, so lange es einem gefällt, das Leben auf ein jedes Alter verlängern können, nämlich das natürliche körperliche Leben. Dieses Geheimnis haben die ersten Eltern gehabt.
3. Die Kreaturen, die in Gestalt persönlicher Geister in den Elementen wohnen, zu seinem Dienst haben; desgleichen die Zwerge, Nymphen, Dryaden und Waldmännlein.
4. Mit den Intelligenzen aller sichtbaren und unsichtbaren Dinge reden können, und von einem jeden Ding hören, wozu es verordnet und was es nützt.
5. Sich selbst regieren können, zu dem Ende und Ziel, das einem von Gott vorgesetzt und verordnet ist.
6. Gott, Christum und den heiligen Geist erkennen, das ist die Vollkommenheit des Mikrokosmos.
7. Wieder geboren und verwandelt werden wie Enoch. Diese sieben Geheimnisse kann der Mensch ohne Beleidigung Gottes von den Geistern Gottes erlernen, wenn er ein ehrbares und standhaftes Gemüt hat.

Der mittleren Geheimnisse sind auch sieben.

1. Die Verwandlung der Metalle, oder die Alchemie, welche Kunst an sich selbst zuverlässig und wahr ist; sie wird aber sehr wenigen verliehen, und nicht ohne besondere Gnade und Barmherzigkeit Gottes, denn es liegt nicht an jemandes Wollen oder Trachten, sondern an Gottes Erbarmen.

2. Die Heilung der Krankheiten durch metallische Arznei, Edelsteine, den Stein der Weisen und Ähnliches.
3. Astronomische und mathematische Wunder zu verrichten, wie mit etlichen Wasserkünsten; ferner, nach des Himmels Influenz alle Sachen und Geschäfte zu ordnen und was dergleichen mehr ist.
4. Allerlei Wirkungen aus der natürlichen Magie zu vollbringen.
5. Zukünftige Dinge natürlicher Weise vorherzusagen.
6. Alle Künste, wozu Handarbeit gehört, gründlich zu erlernen.
7. Alle Künste, die durch die engelhafte oder geistige Natur des Menschen ausgeübt werden, gründlich kennen zu lernen.

Die sieben geringeren Geheimnisse sind diese:

1. Reich zu werden und viel Geld und Gut zu bekommen.
2. Von einem geringen Stande zu hohen Ehren zu gelangen, und sich und die Seinigen hoch empor zu bringen und große Taten zu verrichten.
3. In Kriegssachen sich auszuzeichnen, große Dinge glücklich auszuführen und in allem der Erste zu sein.
4. Auf dem Lande und in der Stadt ein guter Haushalter zu sein.
5. Ein kluger und geschickter Handelsmann zu sein.
6. Ein guter Philosoph, Mathematiker und Arzt zu sein, der seinen Aristoteles, Plato, Euklid, Hippokrates, Galen etc. wohl versteht.
7. Ein guter Theologe zu sein, der die Bibel gehörig gelesen, ein Scholastiker, der alle alten und neuen Skribenten in der Theologie kennengelernt hat.«

In Agrippas Zeit fiel auch die Entstehung der Sage von Faust, dem berühmtesten Magier der neueren Literatur. Aus dem Buchdrucker Johann Faust und dem Taschenspieler Georg Sabellicus, der sich Faust der Jüngere nannte, entstand jene Faustfigur, die uns die Volksbücher überlieferten. Nach neueren Forschungen wurde ›Faustus junior‹ um 1480 geboren und starb etwa 1540. Er stammte aus Kundling in Württemberg (heute: Knittlingen), war bäuerlicher Herkunft und führte Magister- wie Doktortitel zu Unrecht, jedoch zu großem eigenen Nutzen. ›Sabellicus‹ nannte er sich nach einem italienischen Gelehrten. Die ersten Manuskripte von und über Faust entstanden Ende des 16. Jahrhunderts, die ersten gedruckten Bücher erst gegen Ende des 17. Jahrhunderts, wenn auch einige Buchdrucker mit falschen Druckdaten den Eindruck zu erwecken suchten, ihre Bücher seien bereits um 1500 geschrieben und gesetzt worden. Die vielen Zauberbücher des Dr. Faust (›Fausti Höllenzwang‹, ›Dr. Fausts Großer Höllenzwang‹, ›Dr. Fausts Dreifacher Höllenzwang‹, ›Dr. Faust Großer und Gewaltiger Höllenzwang‹ usf.) gewannen rasch Verbreitung, und zumal für Manuskripte wurden riesige Summen bezahlt. (Einer der Autoren solcher Faustbücher läßt seinen Faust sehr doppelsinnig sagen: ›»Die Geister zu bezwingen,/Daß sie uns Schätze bringen:/Das lehre ich./Wer reich seyn will auf Erden,/Kans durch dies Buch leicht werden:/Das wurde ich.«) Die Faustbücher wurden schnell Spekulationsobjekte. Scharlatane und Hochstapler – ein Übel, an dem die Magie stets und zunehmend zu leiden hatte – traten in unübersehbarer Zahl auf den Märkten auf, bis das Ansehen dieser Kunst durch den Mißbrauch als Jahrmarktszauber heruntergewirtschaftet war und man unter Magie nur noch verbrecherische Machenschaften aus Eigennutz und zum Schaden anderer verstand.

Obgleich nicht nur die Magier, sondern auch die hervorragendsten Gelehrten der Renaissance sich für die Magie einsetzten und sie mit den Glaubenssätzen der katholischen Kirche in Übereinstimmung zu bringen suchten, war die Entscheidung der Kirche gefallen. Die Hexenbulle ›Summis desiderantes affectibus‹ des Papstes Innozenz VIII. (1484) und der ›Hexenhammer‹ (Malleus maleficarum), wie die deutschen Dominikanermönche Heinrich Kramer Institoris und Jakob Sprenger ihre Übersetzung und Auslegung der päpstlichen Bulle nannten, verurteilten die der Magie, der Zauberei und des Umgangs mit dem Teufel verdächtigen Personen zu einem qualvollen Tod.

Der Hexenwahn wurde zum Ende des 15. Jahrhunderts durch den Klerus initiiert und herrschte in den folgenden Jahrhunderten auf entsetzlichste Weise in Europa. Nach ungenauen Schätzungen waren es Millionen, die dieses mörderischen religiösen Wahns der Kirche und ihrer Statthalter wegen ihr Leben lassen mußten. Als Hexenwahn nämlich können nicht die magischen und wunderlichen Vorstellungen bezeichnet werden, die sich aus dem Stand der Naturerkenntnis, einer fehlenden Psychologie und dem begreifbaren, weit vorgreifenden Wunsch nach der vollständigen Herrschaft über die Natur ergaben, und auch nicht die betrügerischen Absichten von Scharlatanen, die sich auf Kosten eines unwissenden Volkes zu bereichern suchten. Mit Hexenwahn als unverantwortlichem und gefährlichem Irrsinn sind allein jene Vorstellungen zu bezeichnen, die die herrschende Geistlichkeit dahin brachte, ein ihr unverständliches, manchmal wunderliches oder törichtes Verhalten von Forschern und von unmündigen, einfältigen, in den abergläubischen Vorstellungen der Zeit verhafteten Menschen als ein mit dem Tod zu strafendes Vergehen zu ahnden. Der Teufel wurde in ein System gebracht und damit und durch diese wahnwitzigen Systematiker in die Welt gesetzt. Er war in den Jahrhunderten dieses religiösen Wahns weit wirklicher vorhanden als Gott, Christus oder die Heiligen, denn wer sich auf göttliche Stimmen oder Erscheinungen berief, hatte wenig Aussicht, damit bei der Obrigkeit Gehör oder gar Glauben zu finden, dagegen war der Teufel bei jedem weltlichen oder geistlichen Herrn, vor jedem Gericht eine zugelassene, akkreditierte Person. Über Wunder, Zauber- und Hexenkünste wurde zu Gericht gesessen, die unsinnigsten Behauptungen wurden als erwiesene Tatsachen registriert und, in diesem Wahn befangen, die fürchterlichen Urteile gesprochen und vollstreckt.

G. C. Horst schrieb in der ›Dämonomagie‹, seiner Geschichte des Glaubens an Zauberei und dämonische Wunder: »Kurz, die Wirkungen von dem Glauben an Hexerei auf das häusliche, bürgerliche und gesammte gesellschaftliche Leben waren in der Hexenperiode weit über alle Vorstellungen hinaus, die wir uns jetzt noch davon machen können, traurig, zerfleischend und empörend ... Zum Beispiel, zwei Weiber zanken sich miteinander, und im Eifer nennt die Eine die Andere eine Drachenh – – –; ein Scheltwort, das zur Ehre der Menschheit ausgestorben ist, und nur Mitleid, oder Lachen erregen kann, das aber in der Hexenperiode eine bedeutende Rolle spielt. Die Obrigkeit erfährt durch ein drittes altes Waschweib diese Zänkerei, läßt beide Weiber unversehens festsetzen, die Drachenh – – – wird auf die Folterbank geworfen, sie gesteht, daß sie eine Hexe sey, bekennt aber auf zwei andere Weiber im Orte, diese kommen, wie sie, auf die Folter und denunciiren andere Sieben, die meisten Familien verlassen nun Haus und Hof und flüchten in andere Dörfer oder in Wälder, nach kurzem Proceß werden vier Weiber verbrannt, die Hälfte der Familien ist zu Grunde gerichtet, Niedergeschlagenheit, Mißtrauen, Verzweiflung herrschen, der Ort ist wie von der Pest verwüstet. Dieß ist ein treues Bild eines Hexenprocesses, wie ich es aus Inquisitionsacten genommen habe.«

Der religiöse Wahn richtete sich mit seinen verheerenden Folgen vor allem gegen die Frau, die im durch die christliche Lehre bestärkten Patriarchat als das Geschöpf der Unreinheit und der teuflischen Verführung angesehen war. In der Frau fand der Teufel das Schlupfloch, um auf die Welt zu kommen, und eine Ideologie, die jeden Mann aufforderte, bei seinem Seelenheil keine Frau zu berühren (Paulus' Korintherbriefe), nutzte folgerichtig die Zeiten des hysterischen Hexenwahns und der Vernichtung der Dissidenten zu einem mörderischen Feldzug gegen das weibliche Geschlecht. In dem Bestreben, das Christentum auszudehnen und zu stärken, bestärkte die Kirche die Denunziation und Heuchelei, den Aberglauben und das Teufelscredo und ließ erbarmungslos und qualvoll die ihr Verdächtigen hinrichten. Der berüchtigte ›Hexenhammer‹, ein katholisches Gesetzbuch, das zum bürgerlichen erhoben wurde, ein deutsches Hexenprozeßrecht, in dem der Hexenglaube in ein förmliches System gebracht wurde und die Gerichtsverfahren in allen Einzelheiten bis zur Tortur und dem Urteil auf Verbrennen festgeschrieben waren, wurde von den nachfolgenden Päpsten sukzessive für weitere Länder sanktioniert, bis schließlich in ganz Europa der Hexenwahn die geistliche und weltliche Obrigkeit beherrschte. Auch in den protestantischen Ländern wurden Hexen ausfindig gemacht, verurteilt und verbrannt, und der Eifer der protestantischen Hexenjäger war nicht geringer als der der katholischen Foltermeister, zumal der Besitz der Verurteilten zum größten Teil den christlichen Inquisitoren zufiel.

In Bamberg wurden in zwanzig Jahren mehrere hundert Frauen und Männer öffentlich hingerichtet, die man der Zauberei beschuldigte. Der spanische Großinquisitor Tomás de Torquemada verurteilte in den achtzehn Jahren seiner Tätigkeit als Hexenjäger über 100 000 Menschen.

Ein Historiker, der Däne Alfred Lehmann, bemerkt dazu in seinem Werk ›Aberglaube und Zauberei‹ (1898): ›Wie viele im Laufe der Jahrhunderte ihr Leben als Hexen eingebüßt haben, ist unmöglich zu sagen, aber man hat es während eines Jahres in einer einzelnen Stadt so weit getrieben, daß man tausend Menschen mordete, und als man die Verfolgung einstellte, gab es in Deutschland ganze Landstriche, in denen nur noch zwei Weiber am Leben waren; dabei waren die Männer aber lange nicht immer frei ausgegangen. Alle Sachverständigen sind sich deshalb darin einig, daß die Anzahl der verbrannten Hexen Millionen betragen hat.‹

Der Hexenwahn der christlichen Kirchen wütete bis ins 17. Jahrhundert, vereinzelt wurden sogar bis in das 19. Jahrhundert Hexen zu Tode gebracht.

Geistliche, Juristen, Ärzte und Philosophen wandten sich bald nach Beginn der amtlichen Hexenverfolgung gegen diesen Wahn und sprachen sich – zunehmend offener – gegen das kirchliche Dogma aus. Von größter Bedeutung – neben den entscheidenden politischen Veränderungen in Europa und dem daraus folgenden Machtverlust Roms – waren die Fortschritte der Naturwissenschaft, deren Ergebnisse den Teufels- und Hexenglauben immer aberwitziger erscheinen ließen und damit wirksam zur Beendigung des religiösen Wahnsinns beitrugen. Newton und die Dampfmaschine, Descartes und die politische Ökonomie entzogen einer magischen Welt- und Naturbetrachtung den Boden. Der Magier hatte ausgedient.

Ebendiese Entwicklung der Naturwissenschaften veränderte nachhaltig die gesamte Magie. Sie trennte sich von den Glaubenssätzen und den Zaubersprüchen. Astrologie und Nekromantie verschwanden aus der Kunst der Magier, diese noch bis ins ausgehende Mittelalter sakrosankten Bestandteile wurden ersatzlos aufgegeben, genauer gesagt: sie wurden durch die entdeckten Gesetze der Natur aufgehoben. Es waren Hilfsmittel einer unwissenden Menschheit, um sich auf dieser Erde einzurichten, sie waren nicht stimmig, jedoch auch nicht falsch. Sie waren die hilfreichen Krücken eines menschlichen Anspruchs auf die Welt und die gesamte Natur. Falsch und unsinnig wurden sie erst, als die experimentelle Wissenschaft die tatsächlich wirkenden Gesetze erkannte und zu beweisen vermochte.

Wenn auch die magische Wissenschaft durch die Ergebnisse der Naturwissenschaft immer weiter verdrängt wurde und an Bedeutung verlor, war die neue, experimentelle Forschung ein Kind der buntschillernden und oftmals zwielichtigen Magie. Ihr philosophischer Anspruch einte sie, so sehr auch ihre Methoden und Mittel sie unterschied. Die Alchimie bereitete die Chemie vor, die Physik hat ihren Ursprung in der Magia naturalis, Astronomie und Mathematik haben in ihrer Geschichte die alten Magier und Astrologen. Noch Newton, dessen Entdeckungen in der Mathematik, der Optik und der Mechanik ihn zum Begründer der klassischen Physik werden lassen, experimentierte zeit seines Lebens auch als Alchimist; ebenso Paracelsus, der Arzt und Naturwissenschaftler, und viele der berühmtesten Forscher jener Jahrhunderte.

Die Magia naturalis, in der Frühgeschichte lediglich ein Bestandteil der Magie, wurde zu Beginn und im Verlauf der naturwissenschaftlichen Revolution zum alleinigen Tätigkeitsfeld der magischen Forscher. Nun wurde die Magie zu der Kunst, Kräfte zwischen Körpern wirken zu lassen, deren natürliche Herkunft noch zweifelhaft erschien und also magisch. Ein Vertreter der weißen Magie, Caspar Schott, schrieb 1657 in seiner ›Magia universalis naturae et artis‹: »Natürliche Magie nenne ich eine gewisse verborgene Kenntnis der Geheimnisse der Natur, wodurch man, wenn man die Natur, die Eigenschaften, verborgene Kräfte, Sympathien und Antipathien der einzelnen Dinge erkannt hat, gewisse Wirkungen hervorrufen kann, die diejenigen, welche mit den Ursachen unbekannt sind, seltsam oder gar wunderbar erscheinen.«

Mit dem 18. Jahrhundert endet die Geschichte der Magie. Die letzten Zauberbücher sind nur noch populäre Wissenschaft, die neuere Erkenntnisse, soweit sie im Alltag von unmittelbarem Nutzen sind, unter das Volk bringen und sich dabei der alten Form der Zaubersprüche bedienen, um sich auf diesem traditionellen Weg leichter Gehör zu verschaffen. Das vorliegende Buch, Wallbergens ›Sammlung natürlicher Zauberkünste‹, enthält kaum noch tatsächliche Zaubersprüche, Beschwörungen, wie sie bis ins ausgehende Mittelalter in der magischen Literatur zu finden waren. Diese letzten Zauberbücher bieten Ratschläge für Haus und Hof, mehr oder weniger nutzvolle Hinweise für Acker- und Weinbau, probate und fragwürdige Hausmittel, etwas Metall- und Gesteinskunde sowie einige Experimente, die den Zeitgenossen zu verblüffen oder zu unterhalten vermochten. Wallbergen (oder auch: Wallberg) – über seine Person und sein Leben ist nichts bekannt – nutzte die Pharmakologie der Zeit für sein Zauberbuch und gab seinem Publikum damit eine volkstümliche Medikamentenkunde (er stützte sich hauptsächlich auf die württembergische Pharmakopöe des 18. Jahrhunderts). In seiner Sammlung von Zauberkünsten ist nur noch wenig von dem Glanz der Magie und der einstigen Größe der Magier zu erkennen. Völlig verlorengegangen ist der große, antizipative Griff auf die Welt, der Anspruch, totale Wissenschaft zu sein, also Naturforschung wie auch Philosophie und Religion. Jedoch diese letzten Zauberbücher vermitteln uns ein lebendiges Bild eines Alltagsbewußtseins jenseits der herrschenden Ideologie und Kultur. Die Zaubersprüche und Rezepte, die unterhaltenden

Kunststücke und nutzbaren Ratschläge geben uns in ihren Themen und ihrer ›bezaubernden‹ Präsentation eine Vorstellung von einer Volkskultur und Tradition, für die eine der Religion verpflichtete Staatsmacht wie die offizielle Geschichtsschreibung nur eins der Schwarzen Löcher der Historie bereithielten.

Andererseits verdeutlichen die Zauberbücher des 18. Jahrhunderts weit mehr als die früheren Schriften der Magie den Zusammenhang von heutigem Aberglauben und vorwissenschaftlicher Naturerfahrung. Ihre Kenntnis kann dazu beitragen, den Ursprung und die Begründungen des Aberglaubens in unserem Jahrhundert bewußt zu machen und als Rudimente einer magischen Weltbetrachtung zu verstehen.

In diesen Zauberbüchern erfolgte der letzte und banale Auftritt jenes vormals geachteten und gefürchteten Beherrschers der Natur und aller Geister, ein Auftritt bereits auf dem Jahrmarkt. Nach ihm kamen, gefördert vom Spiritismus, der um die Mitte des 19. Jahrhunderts auflebte, die Gaukler, Scharlatane und Hochstapler, die Salonastrologen und politischen Okkultisten, die Schwärmer und Schwindler, die sich noch auf die Magie beriefen, aber zur Kriminalhistorie gehören, zur Geschichte des Betruges, des politischen Verbrechens oder der Dummheit. Sie vermochten es, der Magie unwiderruflich den Geruch der Beutelschneiderei, der Lüge und der Häresie zu geben. Der Zauberkünstler Cagliostro und der mit Magnetismus und Elektrizität sein Publikum verblüffende und schröpfende Mesmer, der Teufelsaustreiber Gassner und der Geisterbeschwörer Schrepfer sind die Väter der nun wirksam werdenden ›Magie‹. Ihre Künste gründeten weder auf Wissenschaft noch auf der Religion, ihr Kapital war, wie Chledowski sagte, ihr Glaube an die menschliche Dummheit, und dieses Kapital trug hohe Zinsen.

Die Anziehungskraft, die diese ›verspäteten‹ Zauberbücher des 18. Jahrhunderts noch ausüben konnten, wie auch der große Zulauf, den bis in unsere Zeit jene Scharlatane haben, die mit obskuren magischen Wissenschaften ihr Publikum zu verzaubern suchen und vermögen, verweist auf das menschliche Bedürfnis, sich über die Natur und den tatsächlichen Stand unserer Kenntnisse zu erheben. Selbst der Reiz der unschuldigen Zaubererkünste des Zirkus und des Varietés wurzelt in dieser menschlichen Sehnsucht. Es ist die in der Magie verkörperte Forderung nach einem ›Reich der Freiheit über dem Reich der Notwendigkeit‹, und es ist ein Traum, der den Menschen unaufhörlich zu inspirieren vermochte. Das magische, irrationale und absurde Denken hat in der Geschichte die tatsächlichen menschlichen Möglichkeiten häufig eröffnet und potenziert. Wenn ›das Wunder des Glaubens liebstes Kind war‹, so war die Magie, der Zauber auch die Projektion einer vorerst unmöglich erscheinenden, künftigen Realität.

Die ursprüngliche Kraft der Magie, ihrer Zaubersprüche und ihrer fantastischen, surrealen und realistischen Weltbilder, die eine Wirklichkeit erfinden, um die existierende erfassen und weiter bewegen zu können, die großen Beschwörungen der Magier, die unseren Verstand übersteigen, um die Möglichkeit zu eröffnen, uns auch jenem, noch unfaßbaren Bereich dieser Welt zu nähern, für den uns positives Wissen fehlt, den wir uns noch nicht mit Wissenschaft und rationalen Betrachtungen aufschließen können, sondern vorerst allein durch die unbegrenzten Fähigkeiten der Fantasie, des Mythos, des Märchens, des Magischen – diese Kraft und Fähigkeit sind unbeschadet und uneingeschränkt nur bei einem Mitglied der alten Gemeinschaft der Geisterseher erhalten, dessen besondere Nähe zur Magie immer deutlich war.

Wenn Cicero in seinem Werk ›De natura deorum‹ schrieb, daß man »die Wunder der Zauberer und Ägypter mit den Dichtungen der Poeten in eine Klasse setzen« muß, denn es sind alles »Fantasiespiele von der nämlichen Art«, so steckt in seiner pejorativen Wertung der Magie auch eine Anerkennung der magischen Kräfte der Poesie. Und wenn G. C. Horst in seiner ›Dämonomagie‹ angesichts der Zauberei und magischen Wunder sich fragte: »Träum ich? Darf ich den Sinnen trauen, oder gehn Sinn und Verstand bei mir irre? Ist was ich höre, sehe, lese,

Wahrheit oder Unsinn, Ernst oder Hohn? – Leb' ich in der Wirklichkeit, wo die Gesetze der Natur herrschen, oder in einer Welt, mit der Dämonen und Phantasiewesen ihr Spiel treiben? – –‹, so ist man an Shakespeares Sommernachtstraum erinnert, in dem Zettel der Weber nach seiner Begegnung mit der Zauberwelt der Elfen verwirrt erzählt: ›Ich habe ein äußerst rares Gesicht gehabt. Ich hatte 'nen Traum – 's geht über Menschenwitz, zu sagen, was es für ein Traum war. Der Mensch ist nur ein Esel, wenn er sich einfallen läßt, diesen Traum auszulegen. Mir war, als wär' ich – kein Menschenkind kann sagen, was. Mir war, als wär' ich, und mir war, als hätt' ich – aber der Mensch ist nur ein lumpiger Hanswurst, wenn er sich unterfängt zu sagen, was mir war, als hätt' ich's. Des Menschen Auge hat's nicht gehört, des Menschen Ohr hat's nicht gesehen; des Menschen Hand kann's nicht schmecken, seine Zunge kann's nicht begreifen und sein Herz nicht wiedersagen, was mein Traum war.«

Tatsächlich ist nur in der Poesie die Magie wirksam und zauberkräftig geblieben, und mit der natürlichsten Berechtigung werden mitten in unserem aufgeklärten und wissenschaftlichen Jahrhundert Zaubersprüche gedichtet und Hexenromane geschrieben. Die Verwandlung eines Handlungsreisenden in ein Tier, in einen Käfer, gelang einem Meister der Magie so vollendet, daß sich kein Leser dieser Kafka-Erzählung dem Zauber der glaubhaften Unmöglichkeit entziehen kann. Und ein anderer großer Magier unseres Jahrhunderts, García Márquez, beschwört in seinem Jahrhundertroman der Einsamkeit die fantastischen Möglichkeiten heutiger Magie. Und wie einer der persischen Zauberer oder mittelalterlichen Magier beginnt dieses moderne Zauberbuch Lateinamerikas mit der Verkündigung des Zigeuners Melchiades: »Die Dinge haben ihr Eigenleben ... es kommt nur darauf an, ihre Seelen zu erwecken.«

Diese Literatur wird als magischer Realismus bezeichnet. Platos und Ciceros Verdikten über die Literatur und Magie folgend, könnte man die gesamte Literatur magischen Realismus nennen, denn die Literatur ist Magie geblieben, Zauberei und Beschwörung. Die ›Wunder der Zauberer und Ägypter‹ und die ›Dichtungen der Poeten‹ sind alles ›Fantasiespiele von der nämlichen Art‹.

Magie war und ist Ausdruck menschlicher Möglichkeiten, der unbegrenzten Fähigkeiten und der reichen geistigen Welt der Menschheit. Sie ist die mögliche Unmöglichkeit, die erreichbare Unendlichkeit, der erklärte Anspruch auf den göttlichen Thron. Dies ist der Stein der Weisen, den die Magie suchte und den sie auch fand, wie uns ein Wort des Magiers Agrippa von Nettesheim beweist: »Wer möchte behaupten, daß die Überlieferungen großer und ernster Philosophen, die über solche Dinge schrieben, falsch seien? Nein, es wäre unrecht, sie für Lügen zu halten; nur ist der Sinn ein anderer, als wie die nackten Buchstaben ihn geben. Wir dürfen das Princip so großer Operationen nicht außer uns suchen: es wohnt ein Geist in uns, der sehr gut vollbringen kann, was immer die Mathematiker, Magier, Alchemisten und Nekromanten Wunderbares und Erstaunliches zu leisten im Stande sind.«

Juni 1984

Register

A

Aale zu zeugen und einen Teich damit zu besetzen ... *145*
Acker, daß dieser vollkommene Früchte gebe ohne mühsame
  Düngung ... *135, 262*
— auf ewig zu düngen ... *135*
Ader, Mittel wider die blinde, güldene ... *205*
—, Fluß der güldenen, Mittel dargegen ... *205*
—, geschwollene, Mittel dargegen ... *230*
Aetna, den feuerspeienden Berg, vorstellig zu machen ... *73*
Afterdarm, wenn dieser ausgehet ... *219*
Amalgamierung, treffliche, zum Vergulden ... *315*
Angesicht, ein schönes, zu machen ... *142*
Anisessenz zu machen ... *104*
Apfel zu zerschneiden, daß die Schelfe ganz bleibe ... *22*
— lang zu erhalten ... *292*
Appetit, verlorner, Mittel dargegen ... *198*
Aqua Vitae zu machen, der Brust dienlich ... *105*
—, ein anderes, zu machen ... *105*
—, danziger, zu machen ... *112*
—, wittenbergisches rotes, zu machen ... *112*
Arkanum, fürtreffliches, den Wein süß zu erhalten ... *94*
—, unschätzbares, die Zähne von Jugend auf bis ins hohe Alter zu
  erhalten ... *118*
Armee Volks zu erkennen, ob es sich bewege oder stille stehe ... *55*
Aufdünstung des Leibes, Mittel dargegen ... *206*
Augen, wider die Felle der ... *186*
Augen-Blödigkeit, Mittel dargegen ... *185*
Augensalbe, fürtreffliche, wider die Eiterblattern und alle
  Krankheiten der Augen, auch den Star ... *186*
Augenschmerzen, Mittel dargegen ... *185*
Augenwasser wider scharfe Flüsse, Schmerzen, Röte und Jucken
  der Augen ... *185*
Aurum potabile ... *325*
Ausfallen der Haare, Mittel dargegen ... *188, 318*
Ausmustern, dreißig gute und schlimme Personen oder Dinge ... *44*

B

Ballen, der im Wasser brennt ... *74*
Balsam, geheimer, alle Wunden und Geschwüre zu heilen ... *299*
Baum, auf einem Papier grünen und ausschlagen zu lassen ... *77*
— vor Frost und Erfrörung zu bewahren ... *149*
Baumwachs zu machen ... *136*
—, sehr gutes, zu machen ... *136*
Beimenten-Branntenwein zu machen ... *154*
Beimenten-Essenz zu machen ... *103*

Bettpissen, sympathetische Kur dargegen ... 238
Bienenstiche zu vermeiden ... 240
Bier, damit zu schreiben als wie mit der schwärzesten Dinte ... 121
— zu erhalten gegen die Säure ... 285
Bild auf einem Tisch sich bewegen zu lassen ohne hinabzufallen ... 253
Bilder, schöne, aus Gips zu machen ... 258
Birn lang zu erhalten ... 292
Bisse giftiger Tiere und wütender Hunde, Mittel dargegen ... 319
Blasenentzündung, Mittel dargegen ... 217
Blasengeschwür, Mittel dargegen ... 217
Blasenstein, Mittel dargegen ... 215
Blattergruben und Verunstaltung zu vermeiden ... 261
Bleichsucht des Frauenzimmers, Mittel dargegen ... 207
— des Leibes, Mittel dargegen ... 206
Blödigkeit der Augen, Mittel dargegen ... 185
Blumen aufzudörren, daß sie ihr natürliches Ansehen behalten ... 139
Blut-Harnen, Mittel dargegen ... 214
Blutspeien, Mittel dargegen ... 194
Blutstillung, treffliche ... 305
Brämen zu vertreiben ... 290
Bräune, Mittel dargegen ... 190
Brand, kalten, Mittel dargegen ... 231
—, so man sich verbrennet hat, Mittel dargegen ... 231 303
Branntenwein seinen widerwärtigen Geschmack und Geruch
    zu benehmen ... 92
— von Maienblümgen zu machen ... 113
Brechen, Mittel dargegen ... 200
Brech- und Gallensucht, Cholera genannt, Mittel dargegen ... 200
Brennglas, einen entlegenen Ort damit lichte zu machen ... 32
Brett mit einem Stumpen Lichts zu durchschießen ... 41
Brief in ein Ei zu bringen ... 21
Brot im Fall der Not ohne Wasser zu machen ... 296
Brüche zu vertreiben ... 238
— gründlich zu heilen ohngehindert der Geschäfte ... 301
Brunnenwasser, mit ihm zu schießen, daß es knallt wie von
    Schießpulver ... 42
Brust gegen die Kälte zu bewahren, so man im Winter reiten will ... 133
Brust-Aqua-Vitae zu machen ... 105
Buchstaben, feurige, in einem finstern Zimmer oder nachts
    erscheinend zu machen ... 59
—, schwarze, auf einem silbernen Blättgen erscheinend zu machen ... 69
—, verbrannte, wiederum erscheinend zu machen ... 13
— vom Papiere hinwegzubringen ... 36
Bücher vor Würmern und Milben unversehrt zu erhalten ... 140

C

Camera obscura 47
Champagne-Wein auf der Stelle zu machen *102*
Chocolate zu machen *109*
Cholera, Mittel dargegen *200*
Cirkul-Riß von freier Faust auf ein Papier zu zeichnen 67

D

Danziger Aqua Vitae zu machen *112*
Darmgicht, Mittel dargegen *204*
Degen, zu machen, daß er gerne aus der Scheide gehet *258*
Dinge, dreißig gute und schlimme, ausmustern 44
Dinte aus einer gedruckten Schrift zu bringen 36
— aus zweien durchsichtigen Wassern zu machen *11*
— behende zu machen *258*
—, eine besondere, ohne Galläpfel 67
—, frische, von dem Papiere zu vertilgen *150*
—, gute schwarze, zu machen *117*
—, rote, ex tempore zu machen *119*
—, rote, von Zinnober zu machen *119*
—, schöne rote aus Presill-Holz *118*
—, schöne sitt-grüne, zu machen *121*
—, sympathetische *239*
—, unsichtbare *10*
— zum Linienziehen, so balde wieder vom Papiere zu bringen *152*
Dukaten in einer Schüssel wieder sichtbar zu machen 65
Durchfall, Mittel dargegen *200*
Durst, Mittel wider großen *198*

E

Eau des Carmes, veritables, zu machen *104*
Eheleute, Probe, welches unter beeden fruchtbar *321*
Ei, Brief hineinzubringen *21*
—, inwendig lesen, was von außen drauf geschrieben 39
—, langes Pferd-Haar hineinzubringen *21*
— von selbsten sich auf einem Tische bewegen zu lassen *253*
Eidechsen und dergleichen Tiergen unverweslich zu erhalten *138*
Eis aus Wasser in warmer Stube zu machen *15*
Eisen gegen Rost beständig zu bewahren *125, 297*
— harte zu machen wie Stahl *70*
— kalt zu löten *295*
— mit Magnetenkraft *294*
— Eiterblattern der Augen, Salbe dargegen *186*
Ekel, Mittel dargegen *199*

Elixier wider vielerlei Krankheiten dienlich ... *174*
Engbrüstigkeit ohne Auswurf, Mittel dargegen ... *193*
Entzündung der Nieren und der Blasen, Mittel dargegen ... *217*
Epilepsie, Mittel dargegen ... *227, 314*
Erfrorne Glieder wieder zurecht zu bringen ... *15, 232*
Erinnerung, heilsame, an die Wehmütter oder Hebammen ... *306*
Erlenholz in Stein zu verwandeln ... *130*
Erraten, die oberen Blätter von Kartenhäufgen ... *247*
—, die von 3 Personen berührten 3 Dinge ... *17*
—, eine Karte, die einer gezogen ... *244*
—, eine Zahl, die ein anderer verborgen geschrieben ... *45*
—, ein Kartenblatt unter 21 Kartenblättern ... *16*
—, wieviel Geldes jemand bei sich habe ... *19*
—, wieviel Zahlpfennige eine Person in der Hand habe ... *254*
Ertrunkene Menschen wieder zurechte zu bringen ... *170*
Esel, daß sie in der Größe bleiben, wie sie gefallen ... *71*
Essig aus Regenwasser zu machen ... *154*
Eßlöffel auf wunderbare Weise auf dem Tisch liegend zu machen ... *20*
Experiment, nachdenklich~ sympathetisches ... *241*
Extraktion, geheime, des Goldes ... *322*

F

Faden, nicht brennend in der Flamme ... *23*
—, vermittelst dessen jemanden ein Geheimnüs zu entdecken ... *60*
Fallende Sucht, Mittel dargegen ... *184*
Farbe, gute schwarze, zu machen ... *150*
Faß wohlgeschmack zum Wein zu machen ... *284*
Federbetten, daß sie von Motten und Milben unangegriffen bleiben ... *140*
Felle der Augen, Mittel dargegen ... *186*
Fenster, farbträchtige Lustschau darin vorzustellen ... *59*
—, hell leuchtende, von Leinwad-Tuch zu machen ... *55*
— von Papier, das einem gläsernen ähnlich scheine ... *61, 68*
— von Pergamente, das einem gläsernen ähnlich scheine ... *61*
Festigkeit im Falle erforderter Notwehre aufzulösen ... *155*
Fettflecken aus Seidenzeug zu bringen, auch aus wüllenem Tuche ... *146*
Feuer aus dem Munde ohne Schaden zu speien ... *27*
— im Rauchfange, Schlot oder Kamin zu löschen ... *259*
—, dessen ein Zimmer voll erscheinend zu machen ... *25*
— mit einem Hohlspiegel anzuzünden ... *53*
Feuerleitende Kugel zu machen ... *33*
Feurige Schlangen in der Luft zu präsentieren ... *26*
Fieber, Mittel wider allerlei kalte oder mit Frost und Hitze abwechslende ... *218*

—, Mittel wider das hitzige ... *220*
—, Mittel wider das verzehrende ... *222*
Filzhüte, schwarze, mit unauslöschlichen Buchstaben zu signieren ... *39*
Fingernägel, unterstochene, zu heilen ... *320*
Fische auf einem Tisch sich bewegen zu lassen ohne hinabzufallen ... *253*
— zu beizen ... *291*
— zu versammlen und mit den Händen zu fangen ... *167*
Fischkunst ... *288*
Fischspeisen, Warnung vor gefährlichem Genuß ... *318*
Flachs zu bereiten, daß er der Seide gleich werde ... *152*
Flamme oder Blitz im Zimmer ohne Gefahr zu erregen ... *24*
Flecken des Angesichts, Mittel dargegen ... *151, 260*
—, blaue, zu vertreiben, die vom Stoßen oder Fallen herrühren ... *150*
Fleckfieber, Mittel dargegen ... *221*
Fleisch, den widrigen Geruch und Geschmack zu vertreiben ... *153*
— ungesalzen frisch zu behalten ... *286, 292*
Fleischspeisen, Warnung vor gefährlichem Genuß ... *318*
Fliegen auszudörren und in ihrer natürlichen Gestalt zu erhalten ... *140*
—, ertrunkene, wieder lebend zu machen ... *12*
—, Mittel dargegen ... *141*
— zu vertreiben ... *290*
Flöhe zu töten ... *146*
— zu vertreiben ... *290*
Fluß der güldenen Ader, Mittel dargegen ... *205*
—, Mittel wider allzu starken und allen unordentlichen Fluß der monatlichen Reinigung des Frauenzimmers ... *224*
—, Mittel wider den weißen ... *224*
Flußfieber, Mittel dargegen ... *222*
Frauen, so über der Geburt zerrissen und ihr Wasser nicht halten können, Mittel darbei ... *226*
Frieren, Mittel dargegen ... *135*
Friesel, Mittel dargegen ... *221*
Fruchtbarkeit unter zween Eheleuten, Probe, welches von beeden fruchtbar ... *321*
Fürnis, der von keiner Nässe angegriffen werden mag ... *68*
—, womit man die Metallen überziehen und vergulden kann ... *124*
Füße, frieren zur Winterszeit zu vermeiden ... *133*
— gegen die Kälte zu bewahren, so man im Winter reiten will ... *133*
—, Mittel wider ihr Geschwulst ... *207*

G

Gänse zu mästen, daß sie große Lebern bekommen ... *143*
Gallen- und Brechsucht, Cholera genannt, Mittel dargegen ... *200*
Galonen, silberne, zu säubern ... *147*
Garten auf ewig zu düngen ... *135*

Geburt, schwere, Mittel dargegen ... 225
—, unzeitige, zu verhüten ... 315
Gedächtnis, gutes, zu verschaffen ... 304, 319
—, schwaches, Mittel dargegen ... 182
Geheimnüs, sehr edles, dem orientalischen Bezoar vorzuziehen ... 300
— vermittelst eines Fadens jemanden zu entdecken ... 60
Gehör, schweres, Mittel dargegen ... 188
—, verlornes, Mittel dargegen ... 187
Gelbesucht, Mittel dargegen ... 205
Gemälde, alte, zu erneuren und wieder glänzend zu machen ... 147
Geschirr, porcellainen, wieder ganz zu machen ... 127
Geschwür der Nieren und Blasen, Mittel dargegen ... 217
—, geheimer Balsam dargegen ... 299
Geschwulst der Füße, Mittel dargegen ... 207
— der Mandeln, Mittel dargegen ... 191
—, Mittel dargegen ... 207
Gesicht zu stärken ... 185
Gespenst, vermeintes, einem Unwissenden zu zeigen ... 15, 62
Gestalt, seine eigene, von hinten zu sehen ... 66
Getös der Ohren, Mittel dargegen ... 187
Getreide, daß es nicht von Würmern angegriffen noch lebendig werde ... 136
Gewächse, allerhand, zu vertreiben ... 237
Gewöhr, mit einem jeden 3mal so weit schießen ... 149
— gegen Rost beständig zu bewahren ... 297
Gicht, Mittel wider die reißende ... 211
Gichter, Mittel dargegen ... 227, 314
Gläser schön, rein und helle zu machen ... 125
—, zerbrochene, behende zu leimen ... 70, 126
— zu leimen und wieder ganz zu machen ... 126, 127
— zuzusiegeln ... 295
Glas, ein volles, mit einem Strohhalmen aufzuheben ... 12
— mit Wasser, darin wunderbarliche Dinge zu präsentiren ... 52
— mit Wasser heulend oder schreiend zu machen ... 64
Glaskugel ohne Pulver mit Knall zerspringen zu lassen ... 34
Glaslaternen, schöne buntfärbige, zu machen ... 61
Glasleim, guten, zu machen ... 127
Gliederschmerzen, Mittel dargegen ... 211
Glocken von Erfurt oder Wien zu vernehmen ... 32
Gold, altes, schön reine zu machen ... 126
— aus der Feder zu schreiben oder damit zu malen ... 119
— aus gemeinem Silber zu scheiden ... 85
—, geheime Extraktion dessen ... 322
— in Silber zu bringen ... 79, 84, 87
Goldschrift ohne Gold ... 120
Granaten, die im Wasser brennen ... 71

Grieß, Mittel dargegen..215
—, sehr bewährtes Mittel dargegen...304, 319
Grieß-Pulver, vortrefflich bewährtes... 216

H

Haare, wider ihr Ausfallen..188, 318
Hahn, mit diesem eine lustige Komödie anzustellen 34
Hämmel binnen Monatsfrist über die Maßen fett und mast
    zu machen...143
Häßlichkeit des Angesichts, Mittel dargegen............................229
Hals, so er dick, Mittel dargegen 191
Halszapfen, so er einem geschossen ist, Mittel dargegen 190
Handzwehle nicht durchschießen zu können............................41
Hanf zu bereiten, daß er der Seide gleich werde 152
Harnen, Mittel wider schmerzhaftes.. 214
Harnisch mit einer Kugel zu durchschießen 59
Hasen zu fahen 287, 291
Hebammen, heilsame Erinnerung an dieselben 306
Heiserkeit, Mittel dargegen 189
Hembd einem durch seinen Wammes-Ärmel herauszuziehen...... 255
Hemicraniam, Mittel dargegen...319
Henne, ganz unbändige, zahm zu machen 256
Hennen, zwo von ihnen auf zween Fingern bei Nachtzeiten
    in eine Stube zu tragen 257
Herz-Gespann, Mittel dargegen 228
Herzklopfen, Mittel dargegen 196
Hohlspiegel, scheibenrunde, dadurch geschehene angenehme
    und wundersame Repräsentation 308
Holzwerk dauerhaft zu machen 131
— für Feuer zu bewahren 131
— vor Würmern zu bewahren, selbigem zugleich
    eine schöne Farbe zu geben 131
Hüftweh, Mittel dargegen 211
Hühner an sich zu gewöhnen 240
— bald feist zu machen 292
—, daß sie den ganzen Winter über Eier legen 145
Hühneraugen, Mittel dargegen 230
Hunde an sich zu gewöhnen 240
—, daß sie in der Größe bleiben, wie sie gefallen 71
—, wütende, Mittel gegen ihre Bisse 319
Hunde-Anbellen zu vermeiden 240
Husten, Mittel dargegen 192

I

Inschlitt-Lichter, die lange brennen ... 287
Instrumenten, die Eisen schneiden als wie Blei ... 126
Irrwisch, mit einem vermeinten, jemanden zu erschröcken ... 15, 62

J

Jägerstück, bewährt~ fürtreffliches ... 287
Jammer der Kinder, Mittel dargegen ... 229
Julep zu machen, kühlend angenehm zur Sommerszeit ... 106

K

Käfer auszudörren und in ihrer natürlichen Gestalt zu erhalten ... 140
—, von selbigen eine wunderliche Experienz ... 257
Kälber binnen Monatsfrist über die Maßen fett und mast
    zu machen ... 143
Kälte zu jeder Jahrszeit zu verursachen ... 258
Kalch-Öl ... 294
Karmeliterwasser zu machen ... 104
Kartenblatt an gewünschtem Ort erscheinen zu lassen ... 251
— nach gewünschter Zahl vorzuweisen ... 244
— nach Vermischung in gewünschte Häufgen zu zerteilen ... 246
— nach Vermischung wieder vorzuweisen ... 248
— zu erraten ... 18
— zu verstecken und danach wunderlich vorzuzeigen ... 245
— zu vertauschen, als sei sie verwandelt ... 249
— zusammenzubringen ohne Vermischung ... 249
Kastanien frisch und gut zu erhalten ... 137
Katarrhen-Fieber, Mittel dargegen ... 222
Katze an einem Messer an die Wand zu hängen, als sei sie
    durchstochen ... 256
—, lebendige, fliegend zu machen ... 34
—, fürchterlicher Spaß mit dieser zur Nachtszeit ... 34
Kelchglas in einer Schneckenlinie entzweizuschneiden ... 35
Kindbetterinnen, Mittel wider Verstopfung und ihren
    unordentlichen Fluß der monatlichen Reinigung ... 224
Kinder, deren Auffahren im Schlafe, Mittel dargegen ... 229
Kirschen und dergleichen Früchte über Winter zu bewahren ... 137
Klang großer Glocken zu vernehmen ... 32
Kleiderläuse, Mittel dargegen ... 141
Klinge, auf einer zu ätzen ... 70
— zu parfümieren ... 70
Klingen der Ohren, Mittel dargegen ... 187
Knallpulver ... 43
Knoten in den Brüsten, Mittel dargegen ... 227

Kohlekreuz, auf den Tisch gezeichnet, auf der Hand erscheinend zu machen ... 14
Kolik im Leibe, Mittel dargegen ... 204
Kollere zu bereiten, daß es nicht hart wird ... 286
Kontrakturen zu kurieren ... 307
Kopfschmerzen, Mittel dargegen ... 184, 319
Korallentinktur ... 306
Korn, daß es nicht von Würmern angegriffen noch lebendig werde ... 136
Kornsaat ohne Düngung des Ackers, daß sie reichlich Frucht bringe ... 135
Kost von ausbündig gutem Geschmack zu verschaffen ... 261
Krähen lebendig zu fahen ... 259
Kräuter aufzudörren zu lebendigen Kräuterbüchern ... 139
Krampf, Mittel dargegen ... 184, 303
Kranker, Probe, ob er an seiner Krankheit sterbe ... 321
—, Probe, ob er bezaubert sei ... 322
Krankheiten, alle, sympathetisches Arkanum dargegen ... 233
Krausemünze, Branntenwein aus weißer, zu machen ... 154
Krausemünze-Essenz zu machen ... 103
Krebs an den Brüsten, Mittel dargegen ... 227
Krebse, zu machen, daß sie in einem Teiche bleiben und sich sehr vermehren ... 259
— zu zeugen ... 145
Kristallen zu leimen ... 127
Kröpfe, Mittel dargegen ... 191
Krüge, zerbrochene, behende zu leimen ... 70, 127
Kühlwasser, das Getränk darinnen zu kühlen ... 153
Künste, etliche, wie der arme Landmann mit wenigen Kosten und leichter Mühe sein Gut und Nahrung verbessern könne ... 267
Küraß mit einer Kugel zu durchschießen ... 59
Kütte, gute, zu machen ... 125, 126, 149
Kugel, darinnen lange Zeit Feuer bei sich zu tragen ... 292
—, die im Wasser brennt ... 74
—, durch einen Küraß oder Harnisch zu schießen ... 59
—, gläserne, ohne Pulver mit Knall zerspringen zu lassen ... 34
—, gläserne, wie ein Brennglas zu brauchen ... 64
—, nachts zu erkennen, wo sie hingetroffen ... 40
—, windblasende und feuerleitende, zu machen ... 33
— zu schießen, ohne die Sache zu beschädigen ... 40
Kupferstich, einen jeden abzudrucken ... 57
— klar und durchsichtig zu machen ... 57
— von dem Papiere auf ein Glas zu bringen ... 56
Kurzweil, lustige, anzustellen auf einem Tanzboden ... 35

L

Lampe, langbrennende, zu machen 131
– zu machen, bei welcher Umstehende totenfarbig erscheinen 28
Laternen, gläserne, schöne buntfärbige, zu machen 61
Lavander-Wasser zu machen, das sich bewährt in Ohnmachten
    und großen Schwachheiten 104
Leben, zu einem gesund- und langen, die Mittel 317
Lebensbalsam, flüssiger, von sehr herrlichem Geruch 181
Lebenspulver 172
Leber, Mittel wider ihre Verhärtung 210
Leberfluß, Mittel dargegen 200
Leder zu bereiten, daß es nicht hart wird 286
– zum Gewöhrpolieren 126
Leichdornen, Mittel dargegen 230
Leim, der fester hält, als das Brett an ihme selber ist 130
–, guten, zu machen 151
–, womit man Glas, Messing und dergleichen kann auf Holz
    leimen 128
–, womit man Holz, Gläser, Steine, auch sogar Metallen kann
    zusammenleimen 129
Leinsamen, Geheimnis davon 298
Leinwad-Tuch, davon hell leuchtende Fenster zu machen 55
Leinwat-Tüchel anzuzünden, daß es unversehrt bleibe 23
Lendenweh, Mittel dargegen 211
Licht ohne einige Flamme in einen finstern Ort zu bringen 257
Lichter, langbrennende, die zugleich einen lieblichen Geruch
    von sich geben 131
– von Inschlitt, die lange brennen 287
Lichtgen, brennende, zur Nacht in die Luft zu schießen 41
Lichtschein, gleichsam himmlischen, vorstellig zu machen 76
Liebestränke, Mittel wider beigebrachte 183
Liqueur, damit zu schreiben als wie mit der schwärzesten Dinte 121
Liquores, dreierlei unvermischt in einem Glase vorzustellen 65
Lunge, Mittel wider ihre Entzündung 195
Lungengeschwür, Mittel dargegen 195
Lustschau, farbträchtige, in Fenstern 59
Lutum sonderlich ins Feuer 295

M

Maden im Fleisch, Mittel dargegen 290
Mäler, blaue, zu vertreiben, die vom Stoßen oder Fallen herrühren . 150
– von Pocken und Urschlechten, Mittel dargegen 114
Magen-Aqua-Vitae, grünes, zu machen 111
Magenbrennen, Mittel dargegen 198
Magenruhr, Mittel dargegen 201

Magenweh, Mittel dargegen	199
Maienblümgen-Branntenwein zu machen	113
Malvasier zu machen	283
Mandeln, Geschwulst, Mittel dargegen	191
Masern, Mittel dargegen	221
Mattigkeit beim Marschieren und Laufen zu verhindern	71, 297
–, fürtreffliche Stärkung dargegen	172
Maulwürfe zu fangen	149
Meißel, die Eisen schneiden als wie Blei	126
Melancholie, Mittel dargegen	183
Melkereikunst	289
Messer, die Eisen schneiden als wie Blei	126
Messingarbeiten dem Golde gleich zu machen	124
Met, moskowitischen, zu machen	107
Milchfluß, Mittel dargegen	200
Milch-Schauer, Mittel dargegen	227
Milz, Mittel wider ihre Verhärtung	210
Milz-Beschwerung, Mittel dargegen	209
Monate, zu wissen, welche 30 und welche 31 Tage haben	43
Monatliche Reinigung der Frauenzimmer, so verstopft, Mittel darbei	305
Mond, zu sehen, ob er im Zu- oder Abnehmen begriffen	31
Mondenuhr aus einer Sonnenuhr zu haben	31
Motten der Kleider, Mittel dargegen	142
Mücken auszudörren und in ihrer natürlichen Gestalt zu erhalten	140
–, ertrunkene, wieder lebend zu machen	12
–, Mittel dargegen	141
– zu vertreiben	290
Müdigkeit der Füße, Mittel dargegen	133, 297
Münze in einer Nußschale zu schmelzen	70
Mumie aus Menschenblut	298
Mund-Leim zu machen	130
– ein anderer	130
– noch ein anderer	130
Mutter-Beschwerung, Mittel dargegen	224
Muttermäler der neugebornen Kinder und andere Flecken, Mittel dargegen	151, 227

N

Nachgeburt fortzutreiben	225, 306
Nachts brennende Lichtgen oder Sterngen in die Luft zu schießen	41
– erschröckliche und wundersame Abbildungen zu präsentieren	47
– feurige Buchstaben erscheinen zu machen	59
– mit vermeinten Gespenstern oder Irrwischen jemanden zu erschröcken	15, 62

– mit einem Brennglas einen entlegenen Ort lichte zu machen............ 32
– vermittelst eines Hohlspiegels und Lichtes weit entlegene
    Dinge sichtbar zu machen 52
– zu erkennen die Gefahr, von einem feindlichen Stückgeschütz
    getroffen zu werden 34
– zu erkennen die Kugel und den Ort, wo sie hingetroffen...................... 40
Nachwehen, Mittel dargegen 226
Nägel, böse, Mittel dargegen 230
Narben von Pocken und Urschlechten, Mittel dargegen......................114
Nasenbluten, Mittel dargegen 69, 186, 316
Nierenentzündung, Mittel dargegen 217
Nierengeschwür, Mittel dargegen 217
Nierenstein, Mittel dargegen 215
Norden, dessen Punkt ohne Kompaß zu finden.................................... 12
Nüsse, welsche, die dürre geworden, schälen zu können..................... 71
–, lange Zeit frisch zu erhalten 137

O

Ochsen binnen Monatsfrist über die Maßen fett und mast
    zu machen 143
Öl, daß es im Brennen nicht rauche noch ruße...................................133
Ohnmachten, fürtreffliche Stärkung dargegen....................................172
–, Mittel dargegen 197
Ohren, Mittel wider das Klingen, Getös und Sausen derselben...........187
Ohrenschmerzen, Mittel dargegen 187

P

Palingenesia 313
Papier anzuölen, daß es dem schönsten Glase gleicht......................... 68
–, auf radiertes, besser als vorher schreiben zu können 67
–, daß es nicht brenne 23
Papierfenster, das einem gläsernen ähnlich scheine 61
Passauer Kunst oder Festmachung menschlicher Leiber 156
Paviment, starkes, zu bereiten 294
Pergamentfenster, das einem gläsernen ähnlich scheine 61
Perpetuo mobili 54
Personen, dreißig gute und schlimme ausmustern 44
Pestilenz, Mittel dargegen 224, 315
Petschaft zu glasüren oder zu emaillieren 65
Pfefferöl zu machen 264
Pferde, bei dunkelfarbigen, weiße Sterne an deren Stirnen
    zuwege zu bringen 260
–, daß sie in der Größe bleiben, wie sie gefallen 71
–, vernagelte, Mittel dargegen 144

– zu stärken, daß sie bei kontinuierlichem Reiten 2 bis 3 Tage
    ohne Futter können ausdauren *143*
Pferd-Haar, langes, in ein Ei zu bringen *21*
Pflaster, wunderbares Universal- 179
Pflaumen und dergleichen Früchte über Winter zu bewahren *137*
Phantasei, eine kurzweilige *298*
Pillen, D. Stahls berühmte veritable *180*
Pinkeln, sympathetische Kur dargegen *238*
Pisse, Mittel wider die kalte *214*
Pocken, Mittel dargegen *221*
Podagra, Mittel dargegen *212*
– zu kurieren *307*
Pomade, sehr geheime, zur Schönheit des Angesichts *115*
–, gelbe, zu machen *116*
–, rote, zu machen *116*
Pomeranzen-Ros Solis zu machen *103*
Pomeranzenwein zu machen *100*
Porcellainen Geschirr wieder ganz zu machen *127*
Possen, kurzweiligen, einem Freunde zu spielen *62*
Poudre, fürtrefflichen, zu machen *113*
Präservativ, oftbewährtes vor dem Schlag *176*
– Universal- *172*
Presill-Dinte, schöne rote, zu machen *118*
Pulver, stilles, davon veritable Komposition *42*
Purgation, gute *217*
–, sympathetische *245*

Q

Quecksilber zu koagulieren, daß es sich hämmern läßt *78*
–, wider dessen giftige Dünste *318*
Quitten, das ganze Jahr über frisch aufzubehalten *306*

R

Raben lebendig zu fahen *259*
Ratzen, Mittel dargegen *142*
Rauchtobak einen lieblichen Goût zu geben *67*
Rechenblätter oder Rechenhäute zu machen *122*
Regiment Volks zu erkennen, ob es sich bewege oder stille stehe *55*
Reinigung, monatliche, der Frauenzimmer, so verstopft,
    Mittel darbei *222, 303*
Reisemäntel von Leinwat, die keinen Regen lassen durchdringen *134*
Reißen im Leibe, Mittel dargegen *203*
Reißkohlen, so feste zu machen, daß man trocken damit malen
    kann *123*

– zu brennen *123*
Rindsblase von selbsten mit Knallen zerbersten zu lassen *34*
Röcke von Leinwat, die keinen Regen lassen durchdringen *134*
Rose, eine rote, augenblicklich weiß zu machen *66*
– zu zeugen von fürtrefflichem Geruche *66*
Ros Solis auf gemeine Weise zu machen... *110*
– auf eine andere Art zu machen *111*
–, sehr herrlichen, zu machen *113*
Ros Solis Persico zu machen... *102*
Rost an Eisen zu vertreiben.. *69*
Rotlaufen oder Rose, Mittel dargegen..*238*
Rückenschmerzen, Mittel dargegen..*211*
Ruhr, rote, Mittel dargegen..*201*
Runzeln des Angesichts, Mittel dargegen..*229, 260*

S

Saal, großen, mit wenigen Lichtern sehr helle zu machen *53*
Saat des Korns ohne Düngung des Ackers, daß sie reichlich
 Frucht bringe *135*
Säugammen, Kautele dieserwegen..*228*
Salbe, herrliche, für allerlei Wunden *182*
–, köstliche, für schwindende Glieder *182*
–, sympathetische, gegen Zahnschmerzen und alle Wunden *236*
– zu allerlei alt- und neuen Schäden *304*
Sal essentiale aus Kräutern..*298*
Sausen der Ohren, Mittel dargegen *187*
Scharbock, Mittel dargegen *210*
Schauspiel, fürtreffliches, im Zimmer vorzustellen................................ *50*
Schießen, brennende Lichtgen oder Sterngen zur Nacht....................... *41*
– mit gemeinem Brunnenwasser, daß es knallt wie von
 Schießpulver *42*
– mit Donnern und Beben des Erdbodens *41*
– nach einer Sache, ohne diese zu beschädigen.....................................*40*
– nach einer Handzwehle, ohne sie durchschießen zu können *41*
Schieß-Gewöhr, Mittel gegen Verzauberung *239*
Schlafsucht, Mittel dargegen..*184, 318*
Schlag, oftbewährtes Präservativ dargegen..*176*
–, so jemand davon getroffen *176*
Schlagbalsam.. *181*
Schlagwasser, herrliches *175*
Schlangen, feurige, in der Luft zu präsentieren *26*
Schlangen und dergleichen Tiergen unverweslich zu erhalten *138*
Schlehenwein zu machen *100, 284*
Schlucken, Mittel dargegen..*197*
Schmerzen der Augen, Mittel dargegen..*183*

Schmerzen der Ohren, Mittel dargegen 187
Schneeballen anzuzünden 72
Schneiden des Urins, Mittel dargegen 214
Schnupftobak, fürtrefflichen roten, zu machen 110
—, fürtrefflich wohlriechenden, wider alle Hauptflüsse dienlich 150
—, dergleichen, wider den Schlag und kalte Hauptflüsse dienlich 150
— sehr guten, der dem Haupt, Gesichte und der Brust dienlich 150
— von Blumen zu machen 109
Schnuppen, Mittel dargegen 185
Schöpsen binnen Monatsfrist über die Maßen fett und mast
    zu machen 143
Schreiben, einen ganzen Tag, ohne in Dinte einzutauchen 43
Schreibtäfelgen zu machen 122
Schrift auf schwarzem Papier, daß sie in gelblechten Buchstaben
    erscheine 38
—, gedruckte, von Dinte zu befreien 36
—, goldene, ohne Gold 120
—, eine jede abzudrucken 57
—, silberne, ohne Silber 120
—, unsichtbare, in beliebiger Farbe erscheinen zu lassen 38
—, unverbrennliche, zu machen 121
— vermittelst eines Spiegels an einer Wand vorstellig zu machen 29
—, verschwindende, an deren Stelle eine andere erscheint 37
— vom Papiere hinwegzubringen 36
— zu lesen ohne Licht beim Schein des Mondes 28
Schuhwachs, wunderbares und geheimes 147
Schurli-Murli zu machen 100
Schwaben-Geziefer aus Häusern zu vertreiben 260
Schwachheiten, fürtreffliche Stärkung dargegen 172
Schweine, finnige, zu heilen 145
— zu mästen 290
Schweinsblase von selbsten mit Knallen zerbersten zu lassen 34
Schwere Not, Mittel dargegen 184, 314
Schwermütigkeit, Mittel dargegen 183
Schwindel, Mittel dargegen 183
Schwindende Glieder, köstliche Salbe dargegen 182
Schwindsucht, Mittel dargegen 196
Schwitzen beim Marschieren und Laufen zu verhindern 71
Schwitzkur, sympathetische 235
Secretum secretissimum wider das Podagra, alle Tophos und
    Kontrakturen 307
Seife, vermittelst deren schöne Hände zu machen 151
—, wohlriechende, für große Herren und Frauen 293
Seitenstechen, sympathetisches Pulver dargegen 233
— Mixtur dargegen 195
Siegellack zu glasüren oder zu emaillieren 65

Silber aus der Feder zu schreiben oder damit zu malen ... 119
– in einer Nußschale zu schmelzen ... 70
– wiederum helle zu machen ... 69
Silberschrift ohne Silber ... 120
Skorbut, Mittel dargegen ... 210
Sod, Mittel dargegen ... 198
Sommersprossen, Mittel dargegen ... 114
Sonnenfinsternis bequemlich zu observieren ... 28
Sonnenuhr bei Mondenschein zu gebrauchen ... 31
Sorbet zu machen ... 107
Spargen, wundersames Wachstum ... 262
Spargen-Kunst, die rechte ... 134
Spaß, fürchterlicher, mit einer Katze ... 34
Speise von ausbündig gutem Geschmack zu verschaffen ... 261
Spiegel, vermittelst dessen eine Schrift an einer Wand vorstellig zu machen ... 29
Spielen einem zu vertreiben ... 241
Spinnen, Mittel dargegen ... 142
Spitzen, goldene, zu säubern ... 147
–, halb golden~ und halb silberne, zu reinigen ... 147
–, silberne, zu säubern ... 147
Stämme vor Frost und Erfrörung zu bewahren ... 149
Stärke, außerordentliche, sich zu geben ... 13
Stärkung in Ohnmachten, Schwachheiten und Mattigkeit des Leibes ... 172
Stahl gegen Rost beständig zu bewahren ... 297
Stahls, D., Pillen berühmte veritable ... 180
Star, anfahender, fürtreffliche Augensalbe dargegen ... 186
–, Mittel dargegen ... 186
Staub aus denen Kleidern zu bringen ... 146
Stein, sehr bewährtes Mittel dargegen ... 304, 319
–, gekünstleter ... 293
–, schlechten, zum guten Reibstein zu bereiten ... 293
– zu zermalmen und ohne Schmerzen abzuführen ... 216
Stein-Leim, guten, zu machen ... 128
Sterbende den Zuspruch des Geistlichen vernehmen zu lassen ... 33
Sterngen zur Nacht in die Luft zu schießen ... 41
Stiche von fliegendem Ungeziefer, Mittel dargegen ... 318
Stickflüsse, Mittel dargegen ... 194
Stiefeln zu bereiten, daß kein Wasser durchdringe ... 148
– zu bereiten, daß sie nicht hart werden ... 286
Stilles Pulver, veritable Komposition ... 42
Stuhlgang, Zwang zum, ein Mittel dargegen ... 202

T

Tanzboden, eine lustige Kurzweil anzustellen 35
Tapeten, mit allermagnifiquesten, ein Zimmer bekleidet und
   ausgezieret erscheinen zu lassen 58
Tauben bei sich zu bringen 145
— zu fahen 145
Tauben-Aas oder Beize, gutes 144
Tauber, daß er den Klang von einer Laute etc. höre 32
Tiere, giftige, Mittel gegen ihre Bisse 319
Tinktur zu Golde 326
—, fürtreffliche, wohlriechende, zu machen 109
Tobakspfeife, zerbrochene steinerne, zu leimen 258
Töpfe, zerbrochene, behende zu leimen 70
Tollheit, Mittel dargegen 183
Tophos zu kurieren 307
Tote Frucht fortzutreiben 306
Träume, anmutige, zu machen 52
Trinken einem zu vertreiben 241
Trunkenheit leichtlich vorzubeugen 13
— zu vertreiben 155
Tuch, schwarzes, mit unauslöschlichen Buchstaben zu signieren 39

U

Uhrwerk, welches die Stunden mit Kanonenknalle anzeiget 74
Ungeziefer, fliegendes, Mittel wider ihre Stiche 318
—, allerlei, aus den Gärten zu vertilgen 149
Universal-Pflaster, wunderbares 178
Universal-Präservativ 172
Universal-Wundbalsam, fürtrefflicher 177
Urin, Mittel wider das Schneiden dessen 214
—, Mittel wider Verhaltung dessen 215
Urschlechten, Mittel dargegen 219

V

Verhaltung des Urins, Mittel dargegen 215
Verstopfung des Leibes, Mittel dargegen 202
— der Frauenzimmer, Mittel dargegen 224
Verwundter, Probe, ob er das Leben behalten werde 324
Verzauberung des Schieß-Gewöhrs, Mittel dargegen 239
Vexierpulver 43
Viehsterben, Mittel dargegen 142
Vögel abzurichten, daß sie ausfliegen und wiederkehren 63
— zu fahen 143, 287, 289

Waage, eine falsche, zu erkennen 153
Wachs zum Pelzen oder Pfropfen der Bäume 136
Waffen, die Eisen schneiden als wie Blei 126
– gegen Rost beständig zu bewahren 297
Wanzen zu vertilgen 140, 239
Warnung bei Fisch- und Fleischspeisen 318
Warzen, böse, Mittel dargegen 2327, 230, 302
Wasser, damit zu schreiben als wie mit der schwärzesten Dinte 121
–, das Angesicht schön damit zu machen und die Runzeln
    zu vertreiben 113
–, das von einem umgestürzten Topf ausgesoffen wird 11
– den Geruch, Geschmack und Farbe des Weins zu geben 282
– Getränk darinnen zu kühlen 153
– in Wein zu verwandeln 102
– klar zu machen 153
– vom Weine abzusondern 64
– wider die Narben und Mäler von Pocken und Urschlechten 114
Wassersucht, Mittel dargegen 207
Wehmütter, heilsame Erinnerung an dieselben 306
Weidmann zu vermeiden 239
Wein, abgestandenem, wiederum aufzuhelfen 96
– ablassen desselben 97
–, alten verdorbenen wieder frisch und gut zu machen 98
–, angemachten süßen, allerlei Gattung zu machen 101
– aus Wasser zu machen 102
–, damit zu schreiben als wie mit der schwärzesten Dinte 121
–, das Wasser daraus abzusondern 64
–, daß er nicht kahnicht werde 95
–, daß er sich nicht verkehre oder zäh werde, solange man davon
    trinkt 98
– gut zu behalten, daß er nicht abstehe 285
– häßlichen Geschmack vom Fasse zu vertreiben 95
– in der größten Hitze kühl über Land zu führen 285
–, roten oder weißen, zu streichen, daß er nicht widerspenstig
    werde 97
–, roten, zu traktieren 286
–, sauer gewachsenen, zu versüßen 99
–, sonderheitlich roter, daß er süß bleibe 94
–, spanischen, zu machen 99
– stark, lieblich und gut zu machen 93
– süß zu erhalten, fürtreffliches Arkanum darbei 94
–, über die Maßen herrlichen und süßen, zu machen 96
–, überschwefelter, Mittel dargegen 97
–, verdorbenen, wieder zurechte zu bringen 96
–, wider den Kahn desselben 95, 286

Weinberg auf ewig zu düngen *135*
Weinkirschen zu kondieren oder einzumachen *138*
Weinkunst, geheime und hochgehaltene *285*
Wein-Schöne, die allerbeste zu zäh~ und trüben Weinen *92*
Weinschwefel, der allerfürtrefflichste, zum Einbrennen der Fässer *95*
Weinstock, daß dieser vollkommene Früchte gebe ohne
    mühsame Düngung *266*
Weintinktur, die alle saure und geringe Weine lieblich machet *99*
Weintrauben wohl aufzubehalten *138*
Weizenwein, welcher dem Malvasier gleichet, zu machen *284*
Wetterpropheten, lebendigen zu haben *63*
Wetterregeln, etliche wenige der untrüglichsten *165*
Wiebeln im Korne, Mittel dargegen *290*
Wiedervorstellung der Blumen und Pflanzen *313*
Wiese auf ewig zu düngen *135*
Wild zusammenzubringen und zu stellen *287*
Wildpret frisch zu behalten *292*
Windblasende Kugel zu machen *33*
Windweiser zu verfertigen, der auch im Zimmer weiset,
    wo der Wind hergehet *55*
Wittenbergisches rotes Aqua Vitae zu machen *112*
Wochen-Reinigung, wider ihren übermäßigen Abgang *226*
Würmer im menschlichen Leibe, Mittel dargegen *204, 319*
–, anderes Mittel dargegen *205*
Wundbalsam, fürtrefflicher Universal *177*
Wunden, geheimer Balsam dargegen *299*
–, herrliche Salbe dargegen *182*
–, sympathetisches Pulver dargegen *233*
–, sympathetische Salbe dargegen *236*
Wunderbarliche Dinge in einem Glase mit Wasser zu präsentieren *52*
Wund-Holz, sympathetisches *235*
Wurm am Finger, Mittel dargegen *230*

Z

Zähne von Jugend auf bis ins hohe Alter zu erhalten,
    unschätzbares Arkanum darbei *116*
Zahl erraten, die ein anderer verborgen geschrieben *45*
Zahnen, schweres, Mittel dargegen *229*
Zahnschmerzen, Mittel dargegen *116, 189 316*
–, sympathetische Salbe dargegen *236*
– zu transplantieren in einen Baum *237*
Zapfen im Hals, so er einem geschossen ist, Mittel dargegen *190*
Zauberei, daher rührende Krankheit zu erkennen *322*
Zimmer, daß es wie mit allermagnifiquesten Tapeten bekleidet
    und ausgezieret erscheine *58*

Zimmetöl, ein herrliches, in Menge zu machen *262*
Zimmetwasser, welches nicht hitzet, zu machen *104*
Zinnober-Dinte, rote, zu machen *119*
Zipperlein, Mittel dargegen *212*
Zitronenöl, kostbar~ und fürtreffliches, zu machen *263*
Zitronenwein zu machen *100*
Zucker zu läutern *106*
Zuspruch des Geistlichen Sterbende vernehmen zu lassen *33*
Zwieback, sehr nützlich~ und nahrhaften *153*

Vorerinnerung an den geneigten Leser ....

I. Curieuser, ergötzend~
und ganz leichter Geheimnüsse ....

II. Profitable ökonomische Geheimnüsse ....

Anhang auserlesener, teils medizinisch~,
teils sympathetisch~
und antipathetischer Geheimnüsse ....

Neuer Anhang vermischter, besonders rarer,
angenehm~ und nützlicher Geheimnüsse ......

Nützlicher Anhang ....

Anmerkungen von Birgit Dietzsch ....

»Naturmagie« und »geheime Wissenschaften«
in der Geschichte von Wissenschaft
und Technik. Eine Zeittafel –
zusammengestellt von Rainer Schmitz ....

Das Jahrhundert der Zauberbücher.
Eine Bestandsaufnahme
von Rainer Schmitz ....

Von der Magie und den Magiern
von Christoph Hein ....

Register ....

Inhalt

....5

....8
....90

....168

....242
....278
....328

....362

....532

....556
....582

Johann Wallbergens Sammlung Natürlicher Zauberkünste
ist im April 2022 als vierhundertachtundvierzigster Band
der ANDEREN BIBLIOTHEK erschienen.

Die Herausgabe lag in den Händen von Christian Döring.

Die Textgrundlage der vorliegenden Ausgabe ist
die 1988 im Verlag Gustav Kiepenheuer Leipzig und Weimar
erschienene Edition. Ihr ist auch das Register
von Birgit Dietzsch entnommen.

Rainer Schmitz hat seine Zeittafel von 1985 vollständig
überarbeitet und »Das Jahrhundert der Zauberbücher«
speziell für die vorliegende Neuausgabe verfasst.
Von ihm erschien 2011 die Studie *Schwärmer – Schwindler –
Scharlatane. Magie und geheime Wissenschaften*, Böhlau Verlag
(Wien, Köln, Weimar). Schmitz lebt als Redakteur
und Publizist in München, wo er von 2010 bis 2018
an der Ludwig-Maximilians-Universität lehrte.
© 2022 Rainer Schmitz (für die »Zeittafel« und
»Das Jahrhundert der Zauberbücher«)

Der Essay »Von der Magie und den Magiern« stammt
von Christoph Hein. Von ihm erschien zuletzt der Roman
Guldenberg, Suhrkamp Verlag, Berlin 2021

Dieses Buch wurde mit den Mitteln der »Schwarzen Kunst«
von Jonas Vogler und Paul Soujon, Berlin, gestaltet,
ausgestattet und mit den Schriften JJannon und Zangezi gesetzt.

Die Herstellung lag bei Katja Jaeger, Berlin.

Das Memminger MedienCentrum druckte auf 100 g/m²
holz- und säurefreies, ungestrichenes Munken Pure.
Dieses wurde von Arctic Paper ressourcenschonend
hergestellt.

Den Einband besorgte die Verlagsbuchbinderei Conzella
in Aschheim-Dornach.

Die Originalausgaben der ANDEREN BIBLIOTHEK
sind limitiert und nummeriert.

1. – 3.333
2022

DIESES BUCH TRÄGT DIE NUMMER

3025

ISBN 978-3-8477-0448-5
Die Andere Bibliothek
© Aufbau Verlage GmbH & Co. KG
Berlin 2022

Die Andere
Bibliothek